Hamburger Edition
Institut für Sozialforschung

Gerd Hankel / Gerhard Stuby (Hg.)

Strafgerichte gegen Menschheitsverbrechen

Zum Völkerstrafrecht 50 Jahre nach den Nürnberger Prozessen

Hamburger Edition

Hamburger Edition HIS Verlagsges. mbH
Mittelweg 36
20148 Hamburg

Umschlaggestaltung: Wilfried Gandras
Herstellung: Jan Enns
Satz: Sabon-Antiqua
von Dörlemann Satz, Lemförde
Druck und Bindung: Clausen & Bosse, Leck
Printed in Germany
ISBN 3-930908-10-7

Die Deutsche Bibliothek – CIP-Einheitsaufnahme

Strafgerichte gegen Menschheitsverbrechen: zum Völkerstrafrecht
50 Jahre nach den Nürnberger Prozessen / Gerd Hankel/Gerhard Stuby (Hg.).
– Hamburg: Hamburger Ed., 1995
ISBN 3-930908-10-7
NB: Hankel, Gerd [Hrsg.]

Inhalt

III. Einzelne Problemfelder

Anhang

Einleitung

Vor fünfzig Jahren, am 8. August 1945, unterzeichneten die vier Alliierten der Anti-Hitler-Koalition das Londoner Abkommen über die Verfolgung und Bestrafung der Hauptkriegsverbrecher der Europäischen Achsenmächte. Dem Abkommen beigefügt war ein Statut für einen Internationalen Militärgerichtshof. Es legte das anzuwendende Recht fest und bestimmte, daß der erste Prozeß in Nürnberg stattfinden sollte.

Die Alliierten entsprachen mit diesem Schritt zwei Punkten eines breiten Konsenses im Bewußtsein der internationalen Öffentlichkeit: Der Nationalsozialismus war ein ungeheuerlicher und in seinen Erscheinungsformen eindeutiger Zivilisationsbruch. Auf diesen Zivilisationsbruch mußte einerseits spezifisch – aus dem Rahmen bis dahin praktizierter internationaler Regulierungen herausfallend – geantwortet werden, andererseits hatte diese Antwort Kriterien zu beachten, die auch für die Zukunft gelten könnten.

Das Dilemma einer angemessenen Antwort formulierte Thomas Mann treffend. Um in irgendeinem Sinn eine »adäquate« Bestrafung Deutschlands zu erreichen, meinte er, müßten mindestens eine Million Menschen hingerichtet werden. Wenn man das tun wollte, müßte man aber gegen die Prinzipien verstoßen, um derentwillen man gegen Nazi-Deutschland Krieg geführt habe. Die versuchte Lösung des Dilemmas waren dann die Prozesse von Nürnberg (Hauptkriegsverbrecherprozeß und zwölf Nachfolgeprozesse) und mit gewissen Abwandlungen die Prozesse von Tokio gegen die japanischen Kriegsverbrecher – eine Lösung also »through the channel of organized justice« (Telford Taylor).

Die Vision und der anfängliche Elan, aus Nürnberg und Tokio eine ständige Einrichtung für die Zukunft zu machen, um potentielle Täter allein durch ihre Existenz vor Handlungen wie Angriffskrieg, Kriegsverbrechen oder Verbrechen gegen die Menschlichkeit abzuschrecken, versandeten bald in den Expertendebatten des Kalten Krieges. Zwar konnte die Menschheit bislang vor der Wiederholung der quantitativen und qualitativen Dimension der Verbrechensbegehung, wie sie mit dem Barbarossa-Plan und der fabrikmäßigen Massenvernichtung von Auschwitz erreicht wurden, bewahrt werden. Bis in die jüngste Vergangenheit hinein ereigneten sich jedoch massenhafte und systematisch durchgeführte Greueltaten, die unmittelbar nach 1945 niemand mehr für möglich gehalten hatte. Der Krieg im ehemaligen Jugoslawien hat deutlich gemacht, daß auch Europa gegen derartige Entwicklungen nicht gefeit ist.

Das Ende der Systemauseinandersetzung und des Kalten Krieges hat zu einer Rückbesinnung auf die nach 1945 geschaffenen kollektiven Reaktionsmöglichkeiten im Rahmen der UNO geführt. Die anfänglichen Hoffnungen und die Freude über die Reaktivierung der in der UN-Charta vorgesehenen kollektiven Instrumente sind inzwischen – hält man sich das Eingreifen der UNO zum Beispiel in Somalia oder im ehemaligen Jugoslawien vor Augen – deutlich gedämpft. Ernüchterung und gar Skepsis machen auch vor einer weiteren kollektiven Maßnahme der UNO nicht halt, die vor Jahren ebenfalls noch undenkbar schien: die Einsetzung von Ad-hoc-Strafgerichtshöfen zur Ahndung von Kriegsverbrechen und Verbrechen gegen die Menschlichkeit. Doch wie auch immer der Nutzen und die Effektivität der Ad-hoc-Tribunale für das ehemalige Jugoslawien und für Ruanda im einzelnen bewertet werden mögen, sicher ist schon heute, daß ihre Einsetzung der Frage nach den Möglichkeiten und Grenzen einer internationalen Strafgerichtsbarkeit neue Aktualität verliehen hat.

Die Beiträge des vorliegenden Sammelbandes sind größtenteils aus einer Diskussion zwischen Völkerrechtlern und Strafrechtlern entstanden, die vor zwei Jahren mit Blick auf den fünfzigsten Jahrestag des Londoner Abkommens und des Nürnberger Hauptkriegsverbrecherprozesses begann. Sie ist Teil des Projekts »Gewalt und Destruktivität im 20. Jahrhundert«, das vom Hamburger Institut für Sozialforschung initiiert und – in bezug auf den Untersuchungsgegenstand dieses Sammelbandes – gemeinsam mit der WIVRA* an der Universität Bremen durchgeführt wurde. Ausgehend vom NS-Regime als »ungeheuerlichen Zivilisationsbruch« und in Gegenüberstellung zu den beiden anderen Komponenten der makrokriminellen Trias: Gulag und Hiroshima, hat es die allgemeine Zielsetzung, 50 Jahre nach 1945 gewissermaßen Bilanz zu ziehen und Antworten vorzulegen, die zur Verhinderung von Gewalt und Destruktivität entwikkelt worden sind.

Der Nürnberger Hauptkriegsverbrecherprozeß nimmt innerhalb der Bandbreite dieser Antworten eine zentrale Stelle ein. Von daher lag es nahe, Juristen zu befragen, ob er noch eine Aussagekraft für die Gegenwart

* Wissenschaftliche Einheit »Internationale Beziehungen, Völkerrecht, Rechtsvergleichung und politische Anthropologie«

hat oder lediglich eine historische Reminiszenz auslöst. Die zwischenzeitlich erfolgte Einsetzung der Ad-hoc-Tribunale für das ehemalige Jugoslawien und für Ruanda führte dabei zwar zu einer stärkeren Schwerpunktverschiebung auf aktuelle Problematiken, als ursprünglich geplant und erwartet worden war. Doch war gerade dadurch auch die Möglichkeit gegeben, die Entwicklung seit Nürnberg an diesen beiden Tribunalen zu messen und anschaulich zu machen.

Die Struktur des Sammelbandes ist durch die erwähnte Fragestellung vorgezeichnet. Im ersten Teil geht es um die Bedeutung von Nürnberg aus heutiger Sicht. *Bassiouni* skizziert die Vorgeschichte des Londoner Abkommens und überprüft die Einwände gegen den Prozeß auf ihre Bestandskraft. Sodann arbeitet er die verschiedenen Aspekte der »Nürnberger Botschaft« heraus und untersucht sie auf den Grad ihrer späteren Umsetzung. Insgesamt kommt er zu einem positiven Ergebnis, das er allerdings durch das Desinteresse der Staaten an der Schaffung einer internationalen Durchsetzungsinstanz getrübt sieht. Daß dieses Desinteresse bereits 1945, als noch ein neuer Anfang möglich schien, vorhanden war, weist *Simpson* in seinem Beitrag nach. Die Kontroverse zwischen den alliierten Siegermächten, insbesondere aber in der US-amerikanischen Administration, über die Strafbarkeit des Holocaust machte schon im Vorfeld von Nürnberg deutlich, daß auch künftig wieder das Recht von der Realpolitik verdrängt werden würde. Politische Opportunitätserwägungen beeinflußten ebenfalls die Auswirkung von Nürnberg auf die Gesetzgebung und Justiz. Am Beispiel der bundesdeutschen Praxis zeigt *Ostendorf*, daß vor allem die Justiz Gehilfin des kollektiven Verdrängungsprozesses war. Kriegsverbrechen und die NS-Justiz blieben weitgehend ausgeklammert, Ermittlungen in anderen Unrechtsbereichen waren eher zufallsbedingt oder die Folge des Engagements einzelner. In den sozialistischen Staaten wurde zwar die strafrechtliche Verfolgung von NS-Tätern mit größerer Energie betrieben, die Beachtung der Nürnberger Prinzipien durch die Legislative und Judikative der einzelnen Länder war aber, wie *Wieland* anhand vieler Beispiele darstellt, sehr unterschiedlich.

Das Mißverhältnis zwischen dem von Nürnberg ausgehenden Anspruch und der politischen Realität spiegelt sich auch in der aktuellen Situation des Völkerstrafrechts wider. Im zweiten Teil des Bandes stellt zunächst *de La Pradelle* die grundlegende und richtungweisende Funktion der Nürnberger Prinzipien für das Völkerstrafrecht heraus. In Ermangelung einer realistischen Perspektive für die Einrichtung einer ständigen internationalen Strafgerichtsbarkeit hält er jedoch letztlich die Durchsetzung der Prinzipien mittels des Weltrechtsprinzips für erfolgversprechender. Möglichkeiten zur Überwindung der staatlichen Verweigerungshaltung aufzuzeigen, ist das Anliegen des Beitrags von *Rigaux*. Er beschreibt, wie die fehlende institutionelle Verankerung von »Nürnberg« im Völkerrecht zu Surrogaten beziehungsweise Aktionen der internationalen Öffentlichkeit führte, um menschenverachtende Regime anzuprangern und potentielle Täter abzuschrecken. Das Fehlen eines institutionellen Fundaments konnte allerdings die inhaltliche Präzisierung und normative Ausgestaltung des materiellen Völkerstrafrechts nicht verhindern. In einer umfassenden und detaillierten Bestandsaufnahme legt *Triffterer* das derzeit geltende Völkerstrafrecht dar. Als wesentlicher Indikator dienen ihm dabei die Statute des Jugoslawien- und Ruanda-Tribunals, in deren Einsetzung er einen ersten Schritt zur Schaffung eines Ständigen Internationalen Strafgerichtshofs sieht. In dem Beitrag von *Tomuschat* ist darüber hinaus eine spezielle Darstellung und Bewertung des Diskussionsverlaufs in der UN-Völkerrechtskommission (International Law Commission / ILC) zum materiellen Völkerstrafrecht und insbesondere ein kritischer Vergleich der verschiedenen Entwürfe für ein internationales Strafgesetzbuch nachzulesen. Die verfahrensrechtliche Seite des Völkerstrafrechts wird von *Graefrath* auf dem Hintergrund des aktuellen ILC-Entwurfs für einen Internationalen Strafgerichtshof analysiert. Er äußert sich skeptisch zur Installierung einer internationalen Ad-hoc-Strafgerichtsbarkeit durch den UN-Sicherheitsrat als Maßnahme nach Kapitel VII der UN-Charta. Vor allem die Abweichung von den Vorschlägen der ILC, die die Schaffung einer internationalen Strafgerichtsbarkeit durch einen multinationalen Vertrag propagiert, ist Gegenstand seiner Kritik. Der Unterschied der für die internationale Strafgerichtsbarkeit in Frage stehenden Verbrechenskategorien zur »normalen« innerstaatlichen Kriminalität wird in dem Beitrag von *Jäger* mit dem von ihm geschaffenen Begriff der Makrokriminalität zu fassen gesucht. Unter verschiedenen Aspekten problematisiert er die Übertragung des Verbrechensbegriffs und des Strafrechts auf die Makrodimension des kollektiven Handelns. Indem sie zu einer Bewußtseinsbildung beiträgt, die destruktiven Energien gewisse Schranken zu setzen vermag, erscheint eine Völkerkriminalrechtsordnung als wichtiger Baustein einer humanitären Weltordnung. Mit dem Bewußtsein, genauer: mit dem Rechtsbewußtsein befaßt sich auch der Beitrag von *Weber*. Er zeichnet die schwierige Entwicklung des kollektiven Konsenses über das, was als zivilisatorisches Minimum und damit als Kern des internationalen Rechtsbewußtseins gelten kann, nach.

Im dritten Teil schließlich werden einige Probleme untersucht, die in den vorangegangenen Beiträgen nur gestreift werden konnten oder gänzlich unberücksichtigt bleiben mußten. Er beginnt mit dem Beitrag von

Mohr über das Verhältnis und die Wechselwirkung zwischen individueller strafrechtlicher Verantwortlichkeit und Staatenverantwortlichkeit. Überschneidungen und Übereinstimmungen in der Tatbestandsbestimmung und der Verantwortungszuordnung erachtet Mohr als notwendig und wünschenswert. Allerdings fordert er ihre Präzisierung sowie eine genaue Unterscheidung hinsichtlich der Folgen bei deliktischem Handeln je nach Individuum oder Staat.

Mit der allgemein geforderten Relativierung des Prinzips der staatlichen Souveränität zugunsten einer obligatorischen internationalen Strafgerichtsbarkeit setzt sich *Stuby* auseinander. Am Beispiel des Deutschen Reichs stellt er dar, daß die Aufhebung von dessen Souveränität und der folgende Prozeß in Nürnberg gegen seine höchsten politischen und militärischen Repräsentanten als ein Sonderfall angesichts der verbrecherischen Perversion des deutschen Staates durch den Nationalsozialismus zu verstehen ist. Unter den heutigen, andersgearteten Bedingungen sollte eine internationale Strafgerichtsbarkeit daher durch einen Völkerrechtsvertrag begründet werden, der die Verteilung der gerichtlichen Verfolgungskompetenzen zwischen nationaler und internationaler Gerichtsbarkeit nach dem Subsidiaritätsprinzip regelt.

Asmal beschäftigt sich in seinem Beitrag mit dem gegenwärtigen politischen Umbruch in Südafrika. Nach seiner Ansicht bedarf es dazu keines internationalen Tribunals zur Ahndung der Apartheidverbrechen. Überhaupt zeigt er sich skeptisch gegenüber dem Strafrecht als Instrument der Vergangenheitsaufarbeitung. Vielmehr plädiert er für eine Einbindung der vielen »kleinen« Täter in den gesellschaftlichen Erneuerungsprozeß.

Die nukleare Abschreckungdoktrin als Negation all dessen, wofür Nürnberg steht, ist für *Paech* Anlaß, das Völkerrecht auf die Möglichkeit einer Ächtung dieser Doktrin zu überprüfen. Er schildert zudem die bisher unternommenen Anstrengungen für ein Verbot des Atomwaffeneinsatzes, wobei sein besonderes Augenmerk den entsprechenden Arbeiten von John H. E. Fried gilt.

Massive Menschenrechtsverletzungen bis hin zu Völkermord haben den Ruf nach Interventionen durch die Völkerrechtsgemeinschaft laut werden lassen. Der Frage, ob die Durchsetzung der Nürnberger Prinzipien humanitäre Interventionen rechtfertigt oder ob sie dem allgemeinen Gewalt- und Interventionsverbot der UN-Charta unterliegen, geht *Falk* in seinem Beitrag nach.

Das Völkerstrafrecht erhebt von seiner theoretischen Konzeption her einen hohen Anspruch: Die Bestrafung von Verbrechen – namentlich Verbrechen gegen den Frieden, Kriegsverbrechen und Verbrechen gegen die Menschlichkeit –, die sich gegen die menschliche Zivilisation richten und darum Menschheitsverbrechen sind, deren Aburteilung nicht allein zur inneren Zuständigkeit eines Staates gehört. Materiell-rechtlich ist dieser Anspruch seit Nürnberg weit entwickelt. Scheitern kann die Durchsetzung des materiellen Rechts jedoch daran, daß eine internationale Strafgerichtsinstanz fehlt, die auch da, wo nationale Gerichte versagen, weil die staatlichen Instanzen selbst in derartige Verbrechen verstrickt sind, für die Wahrung eines menschenrechtlichen Mindeststandards sorgt. Ob die Einsetzung der Ad-hoc-Tribunale für das ehemalige Jugoslawien und für Ruanda als ein ermutigendes Zeichen für die Schaffung einer ständigen internationalen Strafgerichtsbarkeit gewertet werden kann, ist noch eine offene Frage. Erweist sie sich nicht als eine leere Geste zur kurzfristigen Beruhigung des Menschheitsgewissens, besteht immerhin die bislang einmalige Chance, daß eine solche Strafgerichtsbarkeit nicht mehr länger als ein zwar wünschenswertes, in der Verwirklichung aber utopisches Ziel erscheint.

Gerd Hankel, Gerhard Stuby
Bremen, im Juni 1995

I. Nürnberg in der Retrospektive

M. Cherif Bassiouni

Das »Vermächtnis von Nürnberg«: eine historische Bewertung fünfzig Jahre danach

I. Einführung[1]

Mit der Unterzeichnung des Londoner Abkommens am 8. August 1945 wurde der Weg geebnet für die vor dem Internationalen Militärtribunal (IMT) in Nürnberg[2] durchgeführten Prozesse gegen die Hauptkriegsverbrecher des Kriegsschauplatzes Europa. Im darauffolgenden Jahr setzten die Alliierten in Tokio das Internationale Militärtribunal für den Fernen Osten (IMTFE) ein, das in Entsprechung zum IMT Verfahren gegen die Hauptkriegsverbrecher des Krieges im asiatisch-pazifischen Raum[3] durchführte. Vom juristischen Standpunkt her gesehen unterscheiden sich die beiden Tribunale grundlegend. Das IMT wurde auf der Grundlage eines Vertrags geschaffen, der ursprünglich von den vier Alliierten unterzeichnet wurde und dem sich neunzehn weitere Staaten anschlossen; das IMTFE hingegen wurde auf Befehl General Douglas MacArthurs in seiner Eigenschaft als Oberbefehlshaber der alliierten Truppen im Pazifik eingesetzt. Nach dem Zweiten Weltkrieg bestand in der Weltgemeinschaft überwiegend die Erwartung, daß die Verfahren gegen die Hauptkriegsverbrecher, insbesondere die Prozesse vor dem IMT, zur Schaffung eines Ständigen Internationalen Strafgerichtshofs führen würden – eine Erwartung, die bereits seit dem Ende des Ersten Weltkriegs bestand.

Die Verfahren vor dem IMT wurden abgelöst von den Nachfolgeprozessen gemäß Kontrollratsgesetz Nr. 10,[4] die die vier Alliierten in ihren jeweiligen Besatzungszonen durchführten. In verschiedenen, während des Zweiten Weltkrieges von den Achsenmächten besetzten europäischen Ländern fanden außerdem Verfahren vor ordentlichen Gerichten statt. Diese Verfahren richteten sich aber hauptsächlich gegen Staatsbürger des jeweiligen Landes, die mit den Besatzungstruppen kollaboriert hatten.[5] Die Vereinigten Staaten haben noch – gestützt auf die militärischen Vollmachten General Douglas MacArthurs in seiner Funktion als Oberbefehlshaber der US-Streitkräfte im Pazifik – japanische Offiziere für Kriegsverbrechen zur Verantwortung gezogen. Unter anderem wurde auf den

Philippinen General Yamashita angeklagt, doch gereichte dieses Verfahren der Justiz keineswegs zur Ehre.[6]

Seit dem Zweiten Weltkrieg haben nur wenige Länder Kriegsverbrecher aufgrund nationaler Gesetze vor Gericht gestellt. Diese Länder sind: Deutschland,[7] Israel,[8] Frankreich[9] und Kanada. In den drei erstgenannten Ländern wurden die entsprechenden Gesetze in der Folgezeit des Zweiten Weltkrieges erlassen, in Kanada erst 1987[10]. In Australien gab es drei Versuche, Kriegsverbrecher vor Gericht zu bringen. Die hierzu erforderlichen Gesetze entstanden nach kanadischem Vorbild.[11] Die Versuche scheiterten jedoch. Auch in Großbritannien wurden ähnliche, wenn auch weniger strenge Gesetze geschaffen. Bislang wurde auf deren Grundlage allerdings noch niemand angeklagt.[12] Die Gesetzgebung der Vereinigten Staaten ermöglicht es den bundesstaatlichen Gerichten, Personen, die ihre Mitgliedschaft in kriminellen Organisationen oder ihre Beteiligung an Kriegsverbrechen während des Zweiten Weltkrieges verheimlicht oder vorsätzlich falsch dargestellt haben, auszubürgern und des Landes zu verweisen.[13] Um eine gerichtliche Verfolgung von Kriegsverbrechern sicherzustellen, arbeitete die UNO 1968 eine Konvention über die Nichtanwendbarkeit gesetzlicher Verjährungsfristen auf Kriegsverbrechen und Verbrechen gegen die Menschlichkeit aus,[14] die bis heute aber erst von weniger als der Hälfte der UN-Mitgliedsstaaten ratifiziert wurde. Der Europarat folgte 1974 dem Beispiel der UNO mit einer ähnlichen Konvention.[15] Darüber hinaus nahm die UN-Generalversammlung 1971[16] und 1973[17] zwei Resolutionen an, in denen sich die Mitgliedsstaaten verpflichteten, Personen, denen Kriegsverbrechen oder Verbrechen gegen die Menschlichkeit zur Last gelegt werden, auszuliefern oder vor Gericht zu bringen. Diese Resolutionen hatten jedoch kaum Wirkung auf die Rechtspraxis in den Unterzeichnerstaaten.[18] Außerdem wurden zwischen 1945 und 1994 zum internationalen Strafrecht zahlreiche weitere Abkommen geschlossen und Erklärungen abgegeben, die im folgenden noch besprochen werden sollen.[19]

Die mit Nürnberg begonnene Entwicklung dauert bis heute an. Der jüngste und wichtigste Schritt in dieser Entwicklung ist die Einsetzung von Internationalen Tribunalen für das ehemalige Jugoslawien (ICTFY)[20] und für Ruanda[21]. Doch obwohl seit dem Nürnberger Prozeß bereits fünfzig Jahre und seit der Unterzeichnung des Versailler Vertrages[22] 75 Jahre verstrichen sind, ist bislang noch kein Ständiger Internationaler Strafgerichtshof geschaffen[23] und in der Kodifizierung internationaler Verbrechen[24] sind auch nur geringe Fortschritte erzielt worden. Viele Hoffnungen wurden enttäuscht, und die Behauptung, bei den Nürnberger und

Tokioter Prozessen habe es sich um Siegerjustiz gehandelt, gewinnt an Glaubwürdigkeit.[25]

Eine Weiterentwicklung des Rechts kann dazu beitragen, Fehler und Schwachstellen der Vergangenheit zu beseitigen und die Hoffnung auf künftige Verbesserungen zu stärken. Ohne diese Weiterentwicklung könnten sich die ursprünglichen Schwachstellen der ersten Prozesse verfestigen. Es besteht auch die Gefahr, daß einmal geschaffenes Recht, unter ähnlichen Umständen nicht wieder angewandt, ungebräuchlich wird.[26] Die erneute Anwendung eines Gesetzes nach langer Zeit stellt die Rechtmäßigkeit dieser Anwendung in Frage. Nürnberg hat zwar – mit Ausnahme des ICTFY und des Ruanda-Tribunals – seit 1945[27] keine Nachfolge gefunden, aber das Erbe von Nürnberg bleibt bedeutsam und ist fest im Gedächtnis der Menschen verankert. Man kann also nicht behaupten, daß der Nürnberger Prozeß vergessen sei, nur weil er nicht wiederholt wurde und man sich außerhalb Deutschlands[28] nur äußerst selten in Gerichtsverfahren darauf bezog.

Die historische Bedeutung und Wirkung einmalig geschaffener Institutionen wird individuell und kollektiv unterschiedlich wahrgenommen. Die menschliche Wahrnehmung wird allgemein von einer Vielzahl von Faktoren – einschließlich Wertvorstellungen, Zielen und persönlichen Erfahrungen – beeinflußt. Aber jede A-posteriori-Einschätzung der Bedeutung und Wirkung historischer Institutionen wirft zunächst methodische Fragen auf. Zu ihnen zählen: (1) Welche Methoden der Rechtsanalyse werden angewandt; (2) anhand welcher Maßstäbe und Kriterien wird das Geschehene beurteilt; (3) was war die erhoffte Wirkung zum Zeitpunkt der Schaffung einer Institution, was ist sie zum Zeitpunkt ihrer Beurteilung; und (4) falls die Erwartungshaltungen sich unterscheiden, wie sind sie zu vergleichen? Darüber hinaus ist es bei A-posteriori-Bewertungen historischer juristischer Ereignisse schwierig, alle sich aus dem damaligen Umfeld ergebenden Faktoren ausreichend zu berücksichtigen. Selbst wenn es möglich ist, mit einem gewissen Maß an intellektueller Objektivität an die Aufgabe heranzugehen, lassen sich subjektive Wahrnehmungen nicht ausblenden. Wer die Vergangenheit nicht erlebt hat, kann im nachhinein nicht völlig erfassen, was seinerzeit – unter Bedingungen und Anforderungen, die fünfzig Jahre später anders erscheinen – geschah und getan wurde. Es gibt außerdem Tatsachen, die niemals die Öffentlichkeit erreichen und nirgends festgehalten werden und die folglich später nicht in die Bewertung einfließen können.[29] Eine rein intellektuelle Analyse ist nicht in der Lage, alle Tatsachen und Umstände der Vergangenheit zu erfassen. Deshalb ist ein Großteil der Geschichte revisionistisch. Dabei müßte doch klar sein, daß sowohl Institutionen als auch historische Geschehnisse maßgeblich von Menschen geprägt sind und demnach all den Faktoren unterliegen, die menschliche Motivation und Interaktion bestimmen. Gelegentlich wird die Größe einzelner den Verlauf des Geschehens beherrschen und das Verhalten der jeweiligen Akteure bestimmen. Im allgemeinen werden aber die Entscheidungen und Ergebnisse von der Summe persönlicher und persönlichkeitsgebundener Faktoren vieler beeinflußt.

Was heute das Vermächtnis von Nürnberg genannt wird, umfaßt all das und vieles mehr. Der Ausgangspunkt ist das IMT, und das IMT steht wiederum für das, was wir mit »Nürnberg« assoziieren. Die folgende Bewertung befaßt sich deshalb mit dem IMT als dem Ursprung der nachfolgenden Entwicklung und basiert auf drei eng miteinander in bezug stehenden Untersuchungsebenen: 1. Das institutionelle Vermächtnis: Das IMT und die vor ihm geführten Prozesse. 2. Das juristische Vermächtnis: Das vom IMT angewandte Recht und hieraus resultierende Entwicklungen. 3. Das moralisch-ethische Vermächtnis: Die Wirkung eines Prinzips, der grundlegenden menschlichen Wertvorstellungen und Erwartungen entspricht und sein Einfluß auf die Weiterentwicklung des Rechts.

II. Das institutionelle Vermächtnis: Das IMT und die vor ihm geführten Prozesse[30]

Eine wesentliche Leistung des IMT besteht schon allein darin, daß es das erste internationale Strafgericht in der Geschichte der Menschheit war.[31] Dies ist um so bemerkenswerter, als die Siegermächte, die das IMT schufen, durchaus eine Alternative hatten: die summarische Hinrichtung derer, von denen die Sieger annahmen, sie hätten Kriegsverbrechen begangen.[32] Die Sieger hätten völlig willkürlich vorgehen können und sich damit nach dem vorherrschenden Rechtsgefühl sogar richtig verhalten. Sie hätten sich nicht dazu entschließen müssen, eine internationale gerichtliche Instanz zu schaffen, die notwendigerweise schwerfällig, teuer und in einem gewissen Maße unberechenbar war.[33]

Die Briten rechtfertigten die Befürwortung summarischer Hinrichtungen und die Ablehnung von Gerichtsverfahren mit dem Argument, die Deutschen würden die Legalität des Verfahrens anzweifeln. Sie würden das Verfahren zu einem Forum für ihre Ansprüche und zu ihrer Rechtfertigung machen und damit in der deutschen – und sogar einem Teil der internationalen Öffentlichkeit – den Prozeß zu einer Farce werden lassen. Nicht zuletzt befürchteten die Briten auch, die Angeklagten könnten als Märtyrer erscheinen.[34]

Die Vereinigten Staaten hielten dagegen, daß ein solches Verfahren einen Präzedenzfall schaffen würde und sich daraus dauerhafte internationale Rechtsstandards entwickeln könnten. Der Prozeß hätte für zukünftige politische Verantwortliche eine abschreckende Wirkung und würde ein neues Kapitel in der Nachkriegsgeschichte Deutschlands aufschlagen, und zwar das der Rechtsstaatlichkeit. Er könnte auch verhindern, daß aus Nazis Märtyrer würden. Selbst wenn die Verteidigung versuchen sollte, den Prozeß für Propagandazwecke zu mißbrauchen, sei es angesichts der überwältigenden Tatsachen äußerst unwahrscheinlich, daß Mitgefühl für die Angeklagten aufkäme.[35] – Es ist aus geschichtlicher Sicht zu begrüßen, daß die Vereinigten Staaten, allen voran Justice Robert Jackson, einer der entschiedensten Fürsprecher der Prozesse, sich durchsetzten. Nach monatelangen Verhandlungen unterzeichneten die vier Alliierten am 8. August 1945 das Londoner Abkommen, das im Anhang das Statut des IMT enthielt.[36]

Allein die Schaffung des Tribunals hat schon eine Präzedenzfall-Funktion für die späteren Bemühungen zur Einsetzung der Ad-hoc-Tribunale für das ehemalige Jugoslawien und für Ruanda und damit für die Schaffung eines Ständigen Internationalen Strafgerichtshofs. Was Nürnberg Glaubwürdigkeit verleiht, ist erstens, daß das IMT bestrebt war, ein »ordentliches« internationales Strafgericht zu sein und kein »außerordentliches« Siegertribunal, das selbstherrlich über die Besiegten zu Gericht sitzt; zweitens, daß es Personen aus Führungskreisen anklagte, deren Verantwortung für Greueltaten vor und während des Kriegs weithin bekannt war;[37] drittens, daß es mit Fakten in bezug auf Art und Umfang der Verbrechen zu tun hatte, die so erdrückend waren, daß sie juristische Überlegungen überschatteten,[38] und viertens, daß das IMT in seiner Verfahrensweise so fair war, wie es unter den Bedingungen und gemessen am ordentlichen Strafrecht in den meisten Ländern der Zeit nur erwartet werden konnte.[39] Diese und andere Faktoren trugen dazu bei, Einwänden, die unter normalen Umständen in ordentlichen Strafverfahren die Gesetzmäßigkeit des Verfahrens beeinträchtigt hätten, das Gewicht zu nehmen. Zu diesen Einwänden zählen die folgenden: der Ad-hoc-Status des Tribunals; ein Teil der angewandten Gesetze war auf den Sachverhalt zugeschnitten, und einige Bestimmungen schufen rückwirkende Tatbestände; die Urheber der Gesetze waren auch die Richter und Anklagevertreter; die Angeklagten kamen ausschließlich aus den Reihen der Besiegten, und von den Siegern wurde niemand, der sich ähnlichen Verletzungen des Kriegsrechts schuldig gemacht hatte, angeklagt; die Angeklagten wurden willkürlich von denen ausgewählt, die über sie zu Gericht saßen; die Richter wurden ausschließlich von den

Siegern gestellt; die Sieger – unter ihnen einige Richter – bestimmten die wesentlichen Rechtsgrundlagen und Verfahrensmethoden; der gesamte Prozeß lag in den Händen der Sieger; die Verteidigung hing vom Wohlwollen der Anklage und der Richter ab; das Strafmaß wurde nicht anhand bestehender Gesetze festgelegt, sondern allein nach dem Ermessen der Richter.

Diese wichtigen Einwände sind von vielen Kritikern geäußert worden.[40] Die Einschätzung und Meinung der Weltöffentlichkeit ging und geht trotz dieser vom juristischen Standpunkt her gesehen sicherlich kritikwürdigen Punkte dahin, daß der Prozeß im wesentlichen fair war. Was neben den Fakten und Persönlichkeitsbildern der Angeklagten der Glaubwürdigkeit des IMT zugute kommt und die Argumente der Kritiker überwiegt, ist: daß die Einrichtung des IMT auf einem von den vier Siegermächten unterzeichneten Vertrag basierte, dem sich 19 weitere Länder anschlossen; daß der Vertrag die wesentliche gesetzliche und verfahrenstechnische Grundlage bot, die Bestand vor dem Gesetz und weitestgehende Gerechtigkeit zu gewährleisten schien; daß das Tribunal fair handelte und daß die Verfahren in einem von Würde geprägten gerichtlichen Rahmen stattfanden.

Soweit die Beurteilung der institutionellen Seite des Nürnberger Präzedenzfalls, unabhängig und unbeschadet davon, was kritische Rechtsexperten zu bemängeln haben mögen. Im Laufe der Zeit hat die zu dem Nürnberger Prozeß vorgebrachte Kritik, ob gerechtfertigt oder nicht, die insgesamt positive Einschätzung von Nürnberg kaum zu beeinträchtigen vermocht. Die erwähnten Schwachpunkte sind ganz im Gegenteil in Vergessenheit geraten und der Symbolcharakter und die Präzedenzfallwirkung des IMT sind im Laufe der Jahre stärker geworden. Durch die Einsetzung des ICTFY und des Ruanda-Tribunals[41] und dank der fortdauernden Arbeit der Völkerrechtskommission (International Law Commission / ILC) an einem Entwurf für die Schaffung eines Ständigen Internationalen Strafgerichtshofs[42] ist der Gedanke an Nürnberg lebendig geblieben. Doch mehr noch: Angesichts der Tatsache, daß Politiker die Einrichtung eines Ständigen Internationalen Strafgerichtshofs ständig gefährden und es bislang kein dem IMT überlegenes Vorbild gibt, erscheint das institutionelle Vermächtnis von Nürnberg in den Augen der Öffentlichkeit immer positiver.

Eine Frage drängt sich aber trotzdem auf: Ist es der eigentliche Wert des institutionellen Vorbilds, der das Vermächtnis zu einem positiven macht, oder sind es die Bedürfnisse und Bestrebungen einer Weltgemeinschaft auf der Suche nach einem als wertvoll idealisierbaren Vorbild? Diese Frage kann nicht rein juristisch beantwortet werden, denn es ist die Summe all der Aspekte, die in dieser und in anderen Untersuchungen analysiert werden, welche die Bewertung des institutionellen Vermächtnisses ausmacht.

III. Das juristische Vermächtnis

Hier sind zwei Aspekte zu unterscheiden. Erstens geht es um das in den Verfahren vor dem IMT angewandte Recht und zweitens um die daraus resultierende Rechtsentwicklung. Zum ersten Aspekt zählen unter anderem:

a) die gesetzliche Bestandskraft und Geeignetheit der Tatbestände;

b) die gesetzliche Bestandskraft der angewandten Grundsätze der Verantwortlichkeit.

Zum zweiten Aspekt gehören unter anderem:

a) die materiell-rechtliche Weiterentwicklung nach Nürnberg;

b) die Anstöße, die von dem Nürnberger Modell für die Kodifizierung eines internationalen Strafrechts und für die Schaffung eines Ständigen Internationalen Strafgerichtshofs ausgingen.

Art. 6 des IMT-Statuts enthielt die wichtigsten, seinerzeit unter Anklage gestellten Punkte: »Verbrechen gegen den Frieden«, »Kriegsverbrechen« und »Verbrechen gegen die Menschlichkeit«.[43] Sie führten zu Meinungsverschiedenheiten über den Legalitätsgrundsatz im Strafrecht, der in gewisser Weise Bestandteil der »allgemeinen Rechtsgrundsätze« ist. Die lateinische Maxime *nullum crimen, nulla poena sine lege previa* gibt diesen Grundsatz wieder, und seine (angebliche) Nichtbeachtung gehört zu den schwerwiegendsten Einwänden gegen die IMT-Verfahren.[44] Weitere Einwände im Zusammenhang mit dem Rückwirkungsverbot betrafen den bis dahin anerkannten Rechtfertigungsgrund des »Handelns auf höheren Befehl«, der durch Art. 8 des Statuts[45] ausgeschlossen war. Die Urteile des IMT bestätigten diesen Ausschluß. Ebenfalls ausgeschlossen war in Art. 7, daß die amtliche Stellung eines Angeklagten als Strafausschließungs- oder Strafmilderungsgrund dienen konnte. Noch andere neue Straftatbestimmungen standen in einem problematischen Verhältnis zum Rückwirkungsverbot. Art. 9 führte das neue Konzept der Gruppen- oder Organisationskriminalität ein. Art. 10 legte die individuelle strafrechtliche Verantwortlichkeit für die Zugehörigkeit zu einer für verbrecherisch erklärten Gruppe oder Organisation fest, was seinerzeit den »allgemeinen Grundsätzen« strafrechtlicher Verantwortlichkeit in allen kontinentaleuropäischen Rechtssystemen doch erheblich zuwiderlief.[46]

Bei dem angeklagten Tatbestand »Verbrechen gegen den Frieden« bestand das Problem darin, daß es keine spezielle Konvention gab, in der die Aggression als ein justitiables internationales Verbrechen definiert wurde und die die individuelle Strafbarkeit ihrer Urheber vorsah. Der Verweis auf verschiedene internationale Übereinkünfte wie den Vertrag von Paris (Briand-Kellogg-Pakt) oder von Locarno war mit Sicherheit nicht das probate Mittel, um dem Legalitätsgrundsatz – selbst in extensiver Auslegung – Genüge zu tun. Vor dem Londoner Abkommen gab es schlichtweg kein internationales Übereinkommen, in dem festgeschrieben worden wäre, daß das Verhalten von Personen, die wegen »Verbrechen gegen den Frieden« angeklagt werden, ein internationales Verbrechen darstellt, für das sie strafrechtlich belangt werden können.[47] Das ist unbestreitbar, obwohl die Alliierten Ende des Ersten Weltkriegs – wenn auch ohne Erfolg – versuchten, Kaiser Wilhelm II. auf der Grundlage von Art. 227 des Versailler Vertrags vor Gericht zu stellen.[48] Die strafrechtliche Verfolgung von »Verbrechen gegen den Frieden« war also eine rückwirkende Anwendung von bislang nicht gefestigten internationalen Rechtsnormen.[49]

Anders bei dem Tatbestand der »Kriegsverbrechen«. Hier hatte das völkerrechtliche Gewohnheits- und Vertragsrecht zur Regelung bewaffneter Konflikte ausreichend Rechtsnormen entwickelt, um das Rückwirkungsproblem erst gar nicht aufkommen zu lassen.[50] Auch stellte der Versailler Vertrag in gewissen Grenzen einen Präzedenzfall dar. Art. 228 und 229 des Vertrags sahen die strafrechtliche Verfolgung von Kriegsverbrechern vor. Doch sein Wert als Präzedenzfall war begrenzt, da es keine entsprechende internationale Strafverfolgung gegeben hatte und letztlich nur wenige Personen vor das Reichsgericht in Leipzig gestellt wurden.[51]

Bei den »Verbrechen gegen die Menschlichkeit« stellte sich das Rückwirkungsproblem erneut.[52] Im Statut fand man den Ausweg, die Kategorie »Verbrechen gegen die Menschlichkeit« mit den Tatbeständen »Verbrechen gegen den Frieden« und »Kriegsverbrechen« zu verbinden.[53] Damit schlossen »Verbrechen gegen die Menschlichkeit« nur die Verbrechen ein, die im Zusammenhang mit der Herbeiführung und der Führung des Kriegs begangen wurden, wobei ähnliche, vor 1939 begangene Verbrechen nicht unter das Tatbild der »Verbrechen gegen die Menschlichkeit« fielen.[54] In Nürnberg wurden aber letztlich nur sehr wenige Angeklagte wegen »Verbrechen gegen die Menschlichkeit« verurteilt.[55]

Da die Verletzung des Legalitätsgrundsatzes als Hauptargument gegen die Bestandskraft der Anklagen angeführt wurde, kann dieser Punkt nicht unberücksichtigt bleiben. Nach Auffassung des Autors dieses Beitrags gibt es drei juristisch bedeutsame Faktoren, die diese Kritik entkräften. Diese sind:

1) Der im deutschen Strafgesetzbuch von 1871[56] verankerte »Legalitäts-

grundsatz« wurde 1935 völlig revidiert, wobei dieser Schritt einer völligen Abschaffung des Legalitätsgrundsatzes gleichkam.[57]

2) Die nationalsozialistische Führung hatte auf diese Änderung hingewirkt, um wegen der Verbrechen, die sie beging, anordnete oder zuließ, straffrei bleiben zu können. Die Forderung der Nationalsozialisten, das Gesetz, das 1935 auf ihr Betreiben hin praktisch außer Kraft gesetzt wurde, 1945 anzuwenden, entbehrte also jeglicher Berechtigung.

3) Der im deutschen Strafrecht vor 1935 kodifizierte Legalitätsgrundsatz entsprach nicht den Ansätzen der bedeutendsten Rechtssysteme der damaligen Zeit. Der rigide Rechtspositivismus in der deutschen Strafrechtslehre war kein »allgemeiner Rechtsgrundsatz«, wie er in allen oder den meisten der Strafrechtssysteme der Welt Gültigkeit besaß.

Von besonderer Bedeutung für das juristische Vermächtnis sind die in der Folge der IMT-Prozesse eingetretenen Entwicklungen. Diese waren im wesentlichen:

1) Die Bestätigung der »Nürnberger Prinzipien« als Bestandteil des internationalen Rechts;[58]

2) die Tatsache, daß diese Prinzipien der Ausgangspunkt für die Kodifizierung dessen waren, was später anerkanntes internationales Strafrecht werden sollte;[59]

3) die auf dem Nürnberger Prozeß gründenden Bestrebungen, einen Ständigen Internationalen Strafgerichtshof zu schaffen.[60]

Eine objektive Bewertung der weiteren rechtlichen Entwicklung kann am besten auf der Grundlage von Rechtsinstrumenten erfolgen, die ihren Ausgangspunkt mehr oder minder direkt in Nürnberg haben. Diese sind:

- die Resolution der UN-Generalversammlung von 1947, in der die Prinzipien, wie sie vom Statut des IMT und von dessen Urteilen anerkannt worden waren, bestätigt wurden;[61]
- der ILC-Bericht von 1950, in dem die »Nürnberger Prinzipien« formuliert wurden;[62]
- die Völkermordkonvention von 1948;[63]
- die Genfer Konventionen von 1949, allerdings mit Einschränkungen;[64]
- die beiden 1951[65] und 1953[66] von einem Sonderausschuß der UN-Generalversammlung ausgearbeiteten Entwürfe zur Schaffung eines Internationalen Strafgerichtshofs;
- der Entwurf eines internationalen Strafgesetzbuchs über Verstöße gegen den Frieden und die Sicherheit der Menschheit aus dem Jahre 1954,[67] einschließlich der Folge-Entwürfe von 1978 bis 1991;[68]
- das Übereinkommen über die Nichtanwendbarkeit von gesetzlichen Verjährungsfristen auf Kriegsverbrechen und Verbrechen gegen die Menschlichkeit;[69]

- die Resolutionen der UN-Generalversammlung aus den Jahren 1971[70] und 1973[71] über die Verpflichtung zur strafrechtlichen Verfolgung und Auslieferung von Personen, denen Kriegsverbrechen und Verbrechen gegen die Menschlichkeit zur Last gelegt werden;
- die Konsens-Resolution der UN-Generalversammlung von 1974 über die Definition der Aggression.[72]

Diese völkerrechtlichen Entwicklungsschritte bedürfen einer jeweils gesonderten Untersuchung:

1. Die Aggression, die den Anklagepunkt »Verbrechen gegen den Frieden« in Art. 6 (a) des IMT-Statuts widerspiegelt, wird in keiner internationalen Konvention als ein internationales Verbrechen bezeichnet, für das Einzelpersonen verantwortlich gemacht und bestraft werden könnten. Bislang ist die Aggression nur in der erwähnten Konsens-Resolution der UN-Generalversammlung erfaßt.[73] Außerdem gibt es – wenn man die Zahl der Fälle betrachtet, in denen das Verbot von Aggression übertreten wurde – kaum Anhaltspunkte dafür, daß die Rechtspraxis der UN-Mitgliedsstaaten mit dieser Resolution übereinstimmt. Man kann jedoch sagen, daß »allgemeine Rechtsgrundsätze« Aggression eindeutig verbieten. Die Frage lautet aber nicht, ob Verträge, Gewohnheitsrecht und »allgemeine Grundsätze« Aggression verbieten, sondern ob dieses Verbot strafrechtlich bewährt ist. Die Antwort darauf ist leider höchst ungewiß, das heißt das Vermächtnis des Art. 6 (a) muß erst noch seine echte Wirkung zeigen.

2. In den vier Genfer Konventionen vom 12. August 1949 und in den beiden Zusatzprotokollen von 1977[74] sind »Kriegsverbrechen« umfassend kodifiziert. Darüber hinaus wurden seit 1945[75] verschiedene andere Konventionen zur Regelung bewaffneter Konflikte ausgearbeitet. In dem Maße, wie der Nürnberger Prozeß die Ausarbeitung dieser Konventionen direkt beeinflußt hat, ist das juristische Vermächtnis positiv zu bewerten.

3. Zu den »Verbrechen gegen die Menschlichkeit« ist bislang keine spezielle Konvention ausgearbeitet worden.[76] Die Völkermordkonvention von 1948[77] deckt einen Großteil der Straftaten ab, die unter das Tatbild »Verbrechen gegen die Menschlichkeit« fallen. Sie schließt jedoch gesellschaftliche und politische Gruppen nicht in ihren Schutz ein. Außerdem sind von ihr Massenmorde und massive Verletzungen der Menschenrechte nicht abgedeckt, sofern sie nicht mit der Absicht geschehen, die geschützte Gruppe »gänzlich oder teilweise zu zerstören«. Eine Reihe von Massenmorden unvorstellbarer Dimension, wie die in Biafra,[78] Bangladesh[79] und Kambodscha,[80] fallen daher nicht unbedingt unter den Begriff Völkermord im Sinne der Konvention. Dies wiederum bedeutet, daß zahlenmäßig angeblich niedrigere, aber doch nicht weniger gravierende

Menschenrechtsverletzungen, wie sie in verschiedenen Ländern vorkamen, von der Konvention ebenfalls nicht erfaßt sind. Die Aufnahme dieser und ähnlicher Verletzungen des humanitären Völkerrechts in das Konzept »Verbrechen gegen die Menschlichkeit« kann am besten durch eine Sonderkonvention zu dieser Art von Verbrechen erfolgen.[81]

4. Was die Schaffung eines Internationalen Strafgerichtshofs anbelangt, so hat sich das Vermächtnis des IMT in der Ausarbeitung von zwei UN-Entwürfen in den Jahren 1951 und 1953 und später – 1993 und 1994 – in den Berichten der ILC[82] niedergeschlagen. Bisher wurden das ICTFY und das Ruanda-Tribunal geschaffen, zwei Ad-hoc-Gerichtshöfe,[83] eine ständige internationale Instanz steht aber noch aus.

5. Zur Kodifizierung internationaler Verbrechen ist zu erwähnen, daß der Entwurf von 1954 für ein internationales Strafgesetzbuch über Verstöße gegen den Frieden und die Sicherheit der Menschheit 1993 durch den Entwurf über Verbrechen gegen den Frieden und die Sicherheit der Menschheit ersetzt wurde, der noch im Sechsten Ausschuß der UN-Generalversammlung behandelt wird. Angesichts des zähen Fortschritts und der mangelnden Spezifizität des gegenwärtigen Entwurfs kann mit einer Annahme durch die UN-Generalversammlung aber nicht gerechnet werden, es sei denn in Form einer nicht bindenden Resolution. Insgesamt gesehen sind also bei der Kodifizierung eines internationalen Strafrechts keine nennenswerten Fortschritte erzielt worden.

6. Nürnberg stellte auf die individuelle strafrechtliche Verantwortlichkeit von Privat- beziehungsweise Einzelpersonen für Taten ab, die das Ergebnis der damaligen Regierungspolitik waren und die nach den Kriterien der Kollektiv- und Staatshaftung hätten beurteilt werden können. Die Begründer des IMT waren aber sorgsam darauf bedacht, die Begriffe Staats- und Kollektivhaftung zu vermeiden, es sei denn, es ging um kriminelle Organisationen wie die SS, SD und SA.[84] Hierfür gab es einen einfachen Grund: Die Regierungen der Alliierten wollten keinen Grundsatz schaffen, der sich eines Tages möglicherweise gegen sie wenden könnte. Das Konzept der strafrechtlichen Kollektivhaftung bei einer Mitgliedschaft in einer kriminellen Vereinigung scheint heute jedoch mehr zu sein als eine bloße Übernahme des im angloamerikanischen Common Law enthaltenen Tatbestands der kriminellen Verschwörung. Nach der Gesetzgebung kontinentaleuropäischer und anderer Staaten zur Bekämpfung des organisierten Verbrechens ist der einzelne allein wegen seiner Mitgliedschaft in einer kriminellen Organisation oder Gruppierung strafbar.

7. Neben den spezifischen, oben genannten Rechtsinstrumenten gab es Übereinkünfte und Erklärungen, in die auf die Erfahrung von Nürnberg gründende, moralisch-ethische Werte und intellektuelle Impulse einflos-

sen. Zu diesen gehören im weiteren Sinne auch die seit Ende des Zweiten Weltkriegs unterzeichneten Verträge zum Schutz der Menschenrechte.[85]

Aus den eingangs genannten Gründen ist es schwierig, den vielfältigen Einfluß des Nürnberger Vermächtnisses auf die Entwicklung des Rechts und seiner Durchsetzungsorgane im Bereich des humanitären Völkerrechts und der Menschenrechte genau zu messen. Sicher ist jedenfalls, daß ihm eine gewissen Wirkung nicht abgesprochen werden kann.

IV. Das moralisch-ethische Vermächtnis

Es gibt ein nicht greifbares Nürnberger Vermächtnis, das in der Zeit seit 1945 die Wertvorstellungen der Gesellschaft durchdrungen und das sozio-politische Bewußtsein der nachfolgenden Generationen geprägt hat. Es ist allerdings nicht einfach, die Wirkung von subjektiven Faktoren auf die seit damals gewachsenen individuellen und kollektiven Wertvorstellungen einzuschätzen und zu bewerten. Was man aber eindeutig feststellen kann, ist, daß es zumindest eine gewisse moralisch-ethische Wirkung auf individuelle und gesellschaftliche Wertvorstellungen und auf das sozio-politische Bewußtsein, das diese Wertvorstellungen widerspiegelt, gegeben hat. Das zeigt sich zum Teil darin, daß Meinungen und Wertvorstellungen zum Thema Frieden und Rüstungskontrolle einen Wandel erfahren haben, und zwar dergestalt, daß man sich nicht mehr in erster Linie auf den Versuch konzentriert, durch Gesetze Aggression zu verbieten oder Verbrechen gegen den Frieden strafbar zu machen, sondern daß man bemüht ist, Normen zu formulieren, die das Recht auf Frieden sichern. Die Entstehung einer weltweiten Friedensbewegung, die die aktuelle Abrüstungspolitik maßgeblich beeinflußt hat, kann zumindest als ein Phänomen verstanden werden, das seine geistigen Wurzeln in Nürnberg hat. Zweifelsohne war der Prozeß von Nürnberg als Symbol dessen, was im Zweiten Weltkrieg geschah, ein Hauptbeweggrund und wichtiger Impuls für diejenigen, die eine Wiederholung der Geschehnisse des Zweiten Weltkriegs verhindern wollen.

Zugegebenermaßen ist es nicht leicht, und zuzeiten ebensowenig wünschenswert oder dienlich, zwischen moralischen und ethischen, moralisch-ethischen und juristischen Wertvorstellungen zu unterscheiden. Das liegt an dem Umstand, daß all diese Wertvorstellungen Faktoren ein und desselben Kontinuums sind: Moralisch-ethische Überlegungen prägen das sozio-politische Bewußtsein, und dieses wiederum beeinflußt die Entwicklung von Gesetzen und rechtlichen Institutionen. Allerdings – und das ist vielleicht noch wichtiger – ist die Wirkung moralisch-ethischer

Faktoren auf das sozio-politische Bewußtsein für die Verhinderung von Straftaten wahrscheinlich größer als die abschreckende Wirkung von Gesetzen, obwohl beide eng miteinander verknüpft sind. Soziale Wertvorstellungen und das von ihnen geprägte Bewußtsein haben eine größere abschreckende Wirkung als das Gesetz, vor allem wenn das Gesetz nicht durchgesetzt wird. Daß nach wie vor weltweit schwerste Verbrechen begangen werden, stellt diese traurige Feststellung unter Beweis.[86]

Wenn man die Wirkung der Vergangenheit auf die Zukunft einschätzen will, muß man neue und gemeinhin in der Weltgemeinschaft geteilte Wertvorstellungen berücksichtigen. Man muß in diese Bewertung auch das empfindlicher gewordene sozio-politische Bewußtsein einfließen lassen, das auf moralisch-ethischen und sozialen Wertvorstellungen basiert, wobei diese Wertvorstellungen im internationalen Kontext und im Verbund mit den Gesetzen und Rechtsorganen zu sehen sind, zu deren Entstehung sie maßgeblich beitragen.

Es wirkt zunächst paradox, wenn die Alliierten durch die Einsetzung des IMT deutlich zu machen versuchten, daß Macht nicht über Recht und Unrecht entscheidet. Aber ohne die Macht der Alliierten hätte dem Recht nicht Genüge getan werden können, zumindest hätte es keinen Prozeß gegeben.[87] Der französische Philosoph Blaise Pascal formulierte es einmal so:

> »Recht ohne Macht ist ohnmächtig. Macht ohne Recht ist tyrannisch. Einem ohnmächtigen Recht wird widersprochen, denn Bösewichte gibt es immer. So muß man denn Recht und Macht in Übereinstimmung bringen und, um dies zu erreichen, darauf bedacht sein, daß das, was Recht ist, mächtig oder das, was mächtig ist, gerecht sei.«[88]

V. Schlußfolgerung

Das Vermächtnis von Nürnberg findet seinen deutlichsten Ausdruck im geistigen Aufbruch nach dem Ende des Zweiten Weltkriegs. Dieser Aufbruch ist in Sachbüchern und Romanen, in Artikeln, in Spiel- und Dokumentarfilmen, in Vorträgen, Debatten und öffentlichen Reden, im Lehrmaterial, Unterricht, in der Rechtslehre und Rechtsprechung, in den Äußerungen und im Handeln von Regierungen, zwischenstaatlichen, nichtstaatlichen und internationalen Institutionen zum Greifen nahe. In all diesen Äußerungsformen zeigt sich eine geistige Aufbruchsstimmung, und es ist insbesondere die moralisch-ethische Komponente des Nürnberger Vermächtnisses, die diesen Prozeß in Gang gesetzt hat.

Es würde den Rahmen dieses Beitrags sprengen, zu versuchen, eine Theorie aufzustellen, mit der die Bedeutung und Wirkung von Nürnberg auf das sozio-politische Bewußtsein und auf die Entwicklung von Gesetzen und Rechtsinstitutionen bewertet werden könnte. Trotzdem muß darauf hingewiesen werden, daß objektiv und subjektiv alle genannten Faktoren eng miteinander verknüpft sind und zueinander in wechselseitiger Beziehung stehen. Vieles spricht für die Annahme, daß der geistige Aufbruch, der die Entwicklung seit Nürnberg getragen hat, zu einer Festigung individueller und kollektiver Wertvorstellungen in vielen Gesellschaften beigetragen hat. Dank der festen Verankerung dieser Wertvorstellungen hat sich das sozio-politische Bewußtsein geschärft, und dies wiederum hat die Entwicklung von Gesetzen und Rechtsinstitutionen entscheidend mitbestimmt. Das juristische Vermächtnis von Nürnberg könnte also weitgehend als direktes Ergebnis der kumulativen Wirkung dieser Faktoren, die in gewisser Hinsicht auf dem moralisch-ethischen Erbe von Nürnberg fußen, gesehen werden.

Bedauerlicherweise hat keine der oben getroffenen Feststellungen dazu beigetragen, in der Zeit nach dem Nürnberger Prozeß das Ausmaß menschlicher Tragödien zu verringern; die Zahl der zu beklagenden Todesopfer übersteigt sogar die des Zweiten Weltkriegs. Die derzeitigen kriegerischen Auseinandersetzungen (in Kambodscha, im ehemaligen Jugoslawien und in Ruanda) sowie die dabei begangenen Greueltaten legen beredt Zeugnis hiervon ab. Das Prinzip der Abschreckung, das vorrangige Ziel des Nürnberger Prozesses, harrt somit in einer Welt, die stärker gespalten ist als vor fünfzig Jahren, noch seiner Verwirklichung.

Das Gerechtigkeitsgefühl ist meiner Auffassung nach – ganz gleich wie Philosophen, Gesellschaftswissenschaftler oder Verhaltensforscher dazu stehen mögen – ein unabdingbares soziales Erfordernis. Seit der *homo sapiens* in sozialen Gefügen lebt, gehört dieses Gefühl für Gerechtigkeit zu den grundlegenden Wertvorstellungen der verschiedensten Zivilisationen. Die menschliche Erfahrung zeigt jedoch, daß die Vorstellungen von Gerechtigkeit und ihrer Verwirklichung von Individuum zu Individuum und von einer gesellschaftlichen Gruppe zur anderen variieren und zusätzlich noch einem zeitbedingten Wandel unterliegen. Aber selbst auf die Gefahr hin, diese komplexe Frage zu sehr zu vereinfachen, wage ich zu behaupten, daß die gegenwärtigen sozialen Wertvorstellungen in fast allen Gesellschaften das Streben nach internationaler Gerechtigkeit enthalten. Eine bessere Welt würde auf einem gerechten internationalen Rechtssystem gründen, das die Weltordnung stärken, eine abschreckende Wirkung besitzen und bei Verbrechen mit internationalem Bezug ohne Ansehen der Person, also auch für Entscheidungsträger und Haupttäter, gelten würde. Aber ungeachtet der Notwendigkeit eines solchen Rechtssystems werden die Pläne zu seiner Schaffung von politischen Entscheidungsträgern durchkreuzt. Ihr Zynismus und ihre Abgestumpftheit sticht denjenigen, die sie sehen wollen, allzu deutlich ins Auge. Anstatt den Gedanken und das Projekt der internationalen Gerechtigkeit zu fördern, unterminieren und hintertreiben sie sie, auch wenn ihre Äußerungen eher das Gegenteil vermuten lassen. Als jemand, der die Entwicklung des internationalen Strafrechts sorgsam verfolgt und erst kürzlich eine der oben genannten Tragödien erlebt hat,[89] muß ich bedauerlicherweise zu dem Schluß kommen, daß wir – solange wir nicht in der Lage oder gewillt sind, eine ständige Instanz der internationaler Strafgerichtsbarkeit zu schaffen, die unabhängig von politischer Einflußnahme, vom Ort des Verbrechens und der Person des Straftäters ihre Urteile fällen und durchsetzen kann – dazu verurteilt sind, die Fehler der Vergangenheit zu wiederholen und ihre Folgen zu erleiden.

Das Nürnberger Versprechen muß erst noch eingelöst werden, doch ohne das Nürnberger Vermächtnis wüßten wir nicht, welche Fortschritte wir auf dem Weg zu einer internationalen Strafgerichtsbarkeit gemacht haben und welche Schritte noch notwendig sind, um dieses Ziel zu erreichen.

Aus dem Amerikanischen von Silvia Heller

Anmerkungen

1 Vgl. allgemein: M. Lippman, *Nuremberg: Forty-Five Years Later*, in: Conneticut Journal of International Law, 7 (1991), S. 1 ff; M. Cherif Bassiouni, *Nuremberg Forty Years After: An Introduction*, in: Case Western Reserve Journal of International Law, 18 (1986), S. 261 ff; ders., *Forty Years After the Nuremberg and Tokyo Tribunals: The Impact of the War Crimes Trials on International and National Law*, in: Proceedings of the eightieth annual meeting of the American Society of International Law, April 1986, mit Beiträgen von Telford Taylor, Jordan Faust, Richard Falk und M. Cherif Bassiouni; ders., *International Law and the Holocaust*, in: California Western International Law Journal, 9 (1979), S. 202 ff; H. Ehard, *The Nuremberg Trial against Major War Criminals and International Law*, in: American Journal of International Law (AJIL), 43 (1949), S. 223 ff; R. H. Jackson, *Nuremberg in Retrospect: Legal Answer to International Lawlessness*, in: American Bar Association Journal, 35 (1949), S. 813 ff; H. Kelsen, *Will the Nuremberg Trial Constitute a Precedent in International Law?*, in: International Law Quarterly, 1 (1947), S. 153 ff; G. Schwarzenberg, *The Judgment of Nuremberg*, in: Tula Law Review, 21 (1947), S. 329 ff; Q. Wright, *The Law of the Nuremberg Trial*, in: AJIL 41 (1947), S. 38 ff.

2 Vgl. Verfolgung und Bestrafung der Hauptkriegsverbrecher der Europäischen Achse (Londoner Abkommen), London, 8. August 1945, 82 U.N.T.S. 279, 59 Stat.

1544. E.A.S. Nr. 472, abgedruckt in: Treaties and other International Agreements of the United States of America, 3, S. 1238 (Charles I. Bevans Ed. 1970/nachfolgend Bevans); Anhang zu Verfolgung und Bestrafung der Hauptkriegsverbrecher der Europäischen Achse (Londoner Abkommen), London, 8. August 1945, 82 U.N.T.S. 279, 59 Stat. 1544, E.A.S. Nr. 472, in: Bevans, S. 1239. Ursprünglich wurde das Londoner Abkommen von den vier Alliierten unterzeichnet; letztlich traten neunzehn weitere Länder dem Abkommen bei.

3 Internationales Militärtribunal für den Fernen Osten, Sonderproklamation des Oberbefehlshabers der Alliierten in Tokio, 19. Januar 1946; Vertrag vom 19. Januar 1946, T.I.A.S. 1589, in: Bevans 4, S. 20; geänderter Vertrag vom 26. April 1946, in: Bevans 4, S. 27. Zur Analyse des Tokioter Protokolls vgl. B. V. A. Röling, *The Tokio Trials and beyond: Reflexions of a Peacemonger*, 1993; A. C. Brackman, *The other Nuremberg: The untold Story of the Tokyo War Crimes Trials*, 1987; The *Tokyo War Crimes Trial: An International Symposium*, 1986; R. H. Minear, *Victor's Justice: The Tokyo War Crimes Trials*, Princeton (1971).

4 Kontrollratsgesetz Nr. 10 vom 20. Dezember 1945 über die Bestrafung von Personen, die sich Kriegsverbrechen, Verbrechen gegen den Frieden oder Verbrechen gegen die Menschlichkeit schuldig gemacht haben, in: Amtsblatt des Kontrollrats in Deutschland, Nr. 3, Berlin, 31. Januar 1946, weiterhin in: B. B. Ferencz, *An International Criminal Court: A Step towards World Peace*, London/Rom/New York 1980, S. 488 (nachfolgend: Ferencz). Die Vereinigten Staaten führten ihre Prozesse in dem Nürnberger Gerichtsgebäude durch, in dem auch die Verfahren vor dem IMT stattfanden, was zu einer gewissen Verwirrung führte bezüglich der Unterscheidung zwischen den IMT-Verfahren und den damals als »Amerikanische« Prozesse bezeichneten Verhandlungen, vgl. F. M. Buscher, *The U.S. War Crimes Trial Program in Germany 1946–1955*, 1989.

5 Vgl. A. Maunoir, *La Répression des Crimes de Guerre devant les Tribunaux français et alliés*, Genf 1956; H. Meyrowitz, *La Répression par les Tribunaux allemands des Crimes contre l'Humanité et de l'Appartenance à une Organisation Criminelle en application de la Loi n° 10 du Conseil de Contrôle Allié*, Paris 1960.

6 In re Yamashita, 327 U.S. 1 (1945) mit starken Meinungsverschiedenheiten zwischen Richter Rutledge und Richter Murphy. Vgl. allgemein R. Lael, *The Yamashita Precedent: War Crimes and Command Responsibility*, Wilmington (Delaware) 1982; A. F. Reel, *The Case of General Yamashita*, Chicago 1949. Frank Reel verteidigte General Yamashita vor dem Militärausschuß, der auf den Philippinen über den General Gericht hielt.

7 Berichten zufolge hat Deutschland in nationalen Verfahren zwischen 1947 und 1990 mehr als 60 000 Kriegsverbrecher vor Gericht gebracht. Vgl. M. Cherif Bassiouni, *Crimes against Humanity in International Criminal Law*, Dordrecht/Boston/London 1992, S. 226 (nachfolgend: *Crimes against Humanity*).

8 Vgl. z.B. Generalstaatsanwalt von Israel v. Eichmann (israelisches Bezirksgericht Jerusalem 1961), in: International Law Reports (ILR), 36 (1962), S. 5; Generalstaatsanwalt von Israel v. Eichmann (Oberster Gerichtshof Israels 1962), in: ILR 36 (1962), S. 227; vgl. auch G. Hausner, *Justice in Jerusalem*, 1966.

9 Siehe z.B. L'Affaire Barbie (Der Fall Barbie), in: Gazette du Palais, 1983, II, S. 710; siehe auch Angevin, *Enseignements de l'Affaire Barbie en Matière de Crimes contre*

l'Humanité, in: La Semaine Juridique, Nr. 5, 14. Dez. 1988, S. 2149; Doman, *Aftermath of Nuremberg: The Trial of Klaus Barbie*, in: Colorado Law Review, 60 (1989), S. 449 ff. Der »Fall Paul Touvier« stellt ein Beispiel aus der jüngeren Vergangenheit dar. Touvier wurde verhaftet und am 19. April 1994 zu lebenslanger Haft verurteilt. Vgl. T. Morgan, *The Hidden Henchman*, in: New York Times v. 22. Mai 1994, Teil 6, S. 31; L. Sadat Wexler, *The Interpretation of the Nuremberg Principles by the French Court of Cassation: From Touvier to Barbie and Back Again*, 1994 (unveröffentlichtes Manuskript, im Archiv des Autors).

10 Criminal Code, R.S.C. 1927, Chapter c. 36, s. 7 3.71–3.77 (Can). Zur Information über einen Fall, in dem dieses Gesetz zur Anwendung kam, vgl. Regina v. Finta, in: 50 C.C.C. 3. Aufl., S. 247; 61 D.L.R., 4. Aufl. 1989, S. 85 ff; vgl. auch Jacquart, *La Notion de Crime contre l'Humanité en Droit International Contemporain et en Droit Canadien*, in: Revue Générale de Droit, 21 (1990), S. 607 ff; Green, *Canadian Law, War Crimes and Crimes against Humanity*, in: British Yearbook of International Law, 59 (1988), S. 217 ff; Green, *Canadian Law and the Punishment of War Crimes*, in: Chitty's Law Journal, 28 (1980), S. 249 ff.

11 War Crimes Amendment Act, 1988, No. 3 (1989) (Austr.)

12 War Crimes Act 1991, Chapter 13 (U.K.); vgl. *War Crimes: Report of the War Crimes Inquiry*, von Sir Thomas Hetherington und William Chalmers, Mitglieder des Untersuchungsausschusses 1988.

13 Ein Einbürgerungsbescheid wird widerrufen, wenn die Regierung nachweisen kann, daß der Bescheid unrechtmäßig erging oder auf Grundlage der Verheimlichung eines Sachverhaltes oder auf Grundlage der vorsätzlichen Fehldarstellung eines Sachverhaltes, vgl. U.S.C.S. § 1451 (1994); vgl. auch M. Lippman, *The Denaturalization of Nazi War Criminals in the United States: Is Justice being Served?*, in: Houston Law Review, 7 (1982), S. 169 ff; zur Information über den kanadischen Standpunkt, vgl. J. Rikhof, *War Crimes, Crimes against Humanity and Immigration Law*, in: Immigration Law Review, 19 (1992), S. 18 ff.

14 Convention on the Non-Applicability of Statutory Limitations to War Crimes and Crimes Against Humanity, GA-Res. 2391 (XXIII), 23 U.N. GAOR Supp. (No. 18) S. 40, UN-Doc. A/7218 (1986). Vgl. auch Chr. van den Wijngaert, *War Crimes, Crimes against Humanity and Statutory Limitations*, in: Bassiouni (Hg.), *International Criminal Law*, New York 1987, S. 89 ff; dies., *La Protection des Droits des Personnes suspectées, inculpées et accusées d'Infraction à la Loi Pénale*, in: Revue Internationale de Droit Pénal, 37 (1966), S. 11 ff.

15 European Convention on the Non-Applicability of Statutory Limitations to Crimes Against Humanity and War Crimes (Europäisches Übereinkommen über die Nichtanwendbarkeit gesetzlicher Verjährungsfristen auf Kriegsverbrechen und Verbrechen gegen die Menschlichkeit) vom 25. Januar 1974, ETS Nr. 82, in: International Legal Materials (ILM), 13 (1974), S. 540 ff.

16 GA-Res. 2840 (XXVI), 26 U. N. GAOR Supp. (Nr. 29), S. 88, UN-Doc. A/8429 (1971) (nachfolgend GV-Resolution 2840).

17 Principles of International Co-operation in the Detention, Arrest, Extradition and Punishment of Persons Guilty of War Crimes and Crimes Against Humanity (Prinzipien über die internationale Zusammenarbeit bei der Ermittlung, Inhaftierung, Auslieferung, und Bestrafung von Personen, die sich Kriegsverbrechen oder Verbrechen gegen die Menschlichkeit schuldig gemacht gaben), GA-Res. 3074

(XXXVII), 28 U.N. GAOR Supp. (Nr. 30), S. 78, UN-Doc. A/9030, v. 3. Dezember 1973 (nachfolgend bezeichnet als GV-Resolution 3074).

18 In der internationalen Rechtsliteratur zum Thema Auslieferung gibt es nicht einen einzigen Bericht über einen nationalen Fall, der sich auf diese Resolutionen stützt oder sie zitiert. Vgl. auch Bassiouni, *International Extradition: United States Law and Practice*, 2. Aufl. 1987 und 3. überarb. Aufl. in Druck; siehe auch *Crimes against Humanity* (Anm. 7), S. 470–527.

19 Siehe z.B. Bassiouni, *International Criminal Law: A Digest/Index of Conventions 1815–1985*, 1985.

20 Vgl. Resolution 808 des Sicherheitsrates (1993), S/RES/808 v. 22. Februar 1993, (Schaffung des Tribunals) und SR-Resolution 827 (1993), S/RES/827 v. 25. Mai 1993 (Annahme des Statuts), nachfolgend bezeichnet als SR-Resolutionen 808, 827.

21 SR-Resolution 955 (1994) v. 8. November 1994.

22 Friedensvertrag mit Deutschland (Versailler Vertrag) v. 28. Juni 1919, in: 11 Martens Nouveau Recueil (3.), S. 323.

23 Vgl. auch den *Report of the International Law Commission*, 46. Sitzung, 2. Mai–22. Juli 1994, U.N. GAOR, 49. Sitzung, UN-Doc. A/49/10 (1994), nachfolgend bezeichnet als ILC-Bericht 1994; Bassiouni (Hg.), *Draft Statute for an International Criminal Tribunal,* Nouvelles Etudes Pénales, Bd. 9, 2. Aufl., 1993.

24 Die International Law Commission / ILC (Völkerrechtskommission) arbeitet seit 1947 an der Kodifizierung von Verbrechen gegen den Frieden und die Sicherheit der Menschheit, hat aber noch nicht alle internationalen Verbrechen kodifiziert; siehe ILC-Bericht 1994 (Anm. 23); Bassiouni (Hg.), *Commentaries on the International Law Commission's 1991 Draft Code of Crimes Against the Peace and Security of Mankind*, in: Nouvelles Etudes Pénales, Bd. 11, 1993. Siehe auch ders., *A Draft International Criminal Code and a Draft Statute for an International Criminal Tribunal*, Dordrecht/Boston/Lancaster 1987 (nachfolgend bezeichnet als *Draft Code and Statute*).

25 Das trifft insbesondere auf Verbrechen gegen die Menschlichkeit zu. Vgl. Bassiouni, *Crimes against Humanity: The Need for a Specialized Convention*, in: Columbia Journal of Transnational Law, 31 (1993), S. 457 ff (nachfolgend bezeichnet als *Specialized Convention*).

26 Professor Antonio Casesse, jetziger Präsident des ICTFY, erklärte, daß die »aus den Nürnberger Prozessen hervorgegangenen Konzepte – einer der Höhepunkte in unserem Streben nach einer auf Rechtsnormen beruhenden Zivilisation und in der Entwicklung eines auf die Würde des Menschen ausgerichteten Bewußtseins – Gefahr laufen, unterzugehen« (»(...) the concepts that emerged from Nuremberg – one of the highest points in our march towards legal civilisation and an awarness of human dignity – are in danger of being silted up«), zitiert aus: A. Cassese, *Violence and Law in the Modern Age*, Princeton 1988, S. 147 f.

27 Vgl. SR-Resolutionen 808, 827 (Anm. 20).

28 Seit 1950 hat Deutschland eine Vielzahl von Personen strafrechtlich verfolgt, denen Verbrechen während des Zweiten Weltkriegs zur Last gelegt wurden, vgl. Anm. 7.

29 Vgl. T. Taylor, *The Anatomy of the Nuremberg Trials*, New York 1992; ein persönlicher Bericht mit einer Darstellung vieler hinter den Kulissen getroffener Entscheidungen.

30 Vgl. z.B. G. Ginsburgs, Vl. N. Kudiravtsev (Hg.), *The Nuremberg Trial and International Law*, Dordrecht/Boston/London 1990.

31 Vgl. Bassiouni/Blakesly, *The Need for an International Criminal Court in the New World Order*, in: Vanderbilt Journal of Transnational Law, 25 (1992), S. 151ff; Bassiouni, *The Time has Come for an International Criminal Court*, in: Indian International and Comparative Law Review, 1 (1991), S. 1ff.

32 Im September 1944 schlug Churchill vor, die führenden Vertreter der Nationalsozialismus summarisch hinzurichten. Roosevelt stimmte zu, doch 1945 haben die Vereinigten Staaten ihre Meinung geändert. Vgl. B. F. Smith, The Road to Nuremberg, 1981, S. 46f. Die Briten blieben bei ihrer Auffassung, wie aus dem Aide Mémoire Großbritanniens an die Vereinigten Staaten vom 23. April 1945 deutlich wird, vgl. R. H. Jackson, *Report of Robert H. Jackson, United States Representative to the International Conference on Military Trials* (U.S. Govt. Prtg. Office 1949), S. 11f. Dem britischen Aide Mémoire zufolge »führt am Tod der führenden Vertreter der Nationalsozialismus kein Weg vorbei, und eine summarische Hinrichtung stellt die geeignetste Lösung dar«. Ebenda, S. 18. Vgl. auch H. L. Simson, *The Nuremberg Trial: Landmark in Law*, in: Foreign Affairs, 25 (1947), S. 179ff, in dem dem großen Sieg der Rechtsstaatlichkeit Tribut gezollt und u. a. erwähnt wird, daß »den Angeklagten gewährt wurde, was diese ihren Gegnern verwehrten – den Schutz des Gesetzes« (S. 180).

33 Während der Debatten zum Londoner Abkommen führte der französische Professor André Gros wiederholte Male an, es gäbe kein internationales Recht in puncto »Verbrechen gegen den Frieden«, worauf Sir David Maxwell Fyfe aus Großbritannien konterte: »Wir erklären, was internationales Recht ist (...) und es wird keine weiteren Diskussionen mehr darüber geben, ob das internationales Recht ist oder nicht«. Vgl. *Jackson Report* (Anm. 32), S. 97–99. Die von General Nikitchenko vertretene Position der UdSSR basierte auf einer These Professor Trainins, derzufolge all diese Verbrechen aus nazistischer Aggression resultierten. (Ebenda.) Die Positionen der Briten und der UdSSR paßten zu der US-amerikanischen These, wonach all diese Verbrechen das Ergebnis von Konspiration und Aggressionspolitik darstellten und diese beiden Taten wiederum Ausgangspunkt für die begangenen Verbrechen waren.

34 Ebenda, S. 18f.

35 Ebenda, S. 28–34.

36 In diesem Zusammenhang sollte darauf hingewiesen werden, daß das Statut des IMT auf der Annahme basierte, daß auf jeden Fall Schuldsprüche ergehen würden, ohne jegliches Risiko dahingehend, daß die Prinzipien, anhand derer die Schuld festgemacht werden sollte, auf die Alliierten angewendet werden würden. Die Alliierten entschieden sich also für den Rechtsweg und waren sich dabei sicher, daß die von ihnen geschaffenen Gesetze angewandt und die Angeklagten für schuldig befunden werden würden, ohne daß ihre eigenen führenden Kräfte rechtliche Konsequenzen zu fürchten hätten.

37 Die Auswahl der 24 Angeklagten erfolgte trotzdem willkürlich. Unter den Angeklagten befand sich kein Unternehmer, obwohl viele Zwangsarbeiter beschäftigt hatten und folglich wegen »Verbrechen gegen die Menschlichkeit« hätten angeklagt werden können. Einige der Angeklagten wurden nur deshalb strafrechtlich belangt, weil sie symbolisch für eine Organisation oder für gewisses Gedankengut

standen. Diese Kritik äußern u.a. E. Davidson, *The Trial of the Germans*, 1966; A. Tusa, J. Tusa, *The Nuremberg Trial*, 1984; R. E. Conot, *Justice at Nuremberg*, 1983; Hausner (Anm. 8).

38 Vgl. Anm. 1.

39 R. Clark, *Crimes against Humanity at Nuremberg*, in: Ginsburgs, Kudriavtsev (Anm. 30), S. 177 ff.

40 Vgl. H. Laternser, *Looking Back at the Nuremberg Trials with Special Consideration of the Processes Against Military Leaders*, in: Whittier Law Review, 9 (1985), S. 557 ff; A. von Knieriem, *Nürnberg. Rechtliche und menschliche Probleme*, Stuttgart 1953; H.-H. Jescheck, *Die Verantwortlichkeit der Staatsorgane nach Völkerstrafrecht*, Bonn 1952; Ehard (Anm. 1); G. Ireland, *Ex Post Facto From Rome to Tokyo*, in: Temp. Law Quarterly, 21 (1948), S. 22 ff; B. D. Meltzer, *A Note on Some Aspects of the Nuremberg Debate*, in: University of Chicago Law Review, 14 (1947), S. 455 ff. Interessante Einblicke in die Arbeit von vier Verteidigern bieten: C. Haensells, *The Nuremberg Trial Revisited*, in: DePaul Law Review, 13 (1964), S. 248 ff; H. Kraus, *The Nuremberg Trial of the Major War Criminals: Reflections after Seventeen Years*, ebenda, S. 233; O. Kranzbühler, *Nuremberg Eighteen Years Afterwards*, in: DePaul Law Review 14 (1965), S. 333 ff; O. Pannenbecker, *The Nuremberg War-Crimes Tribunal*, ebenda, S. 348 ff.

41 Vgl. SR-Resolution(en) 808, 827 (Anm. 20); *Report of the Secretary-General pursuant to Paragraph 2 of Security Council Resolution 808* (1993), UN-Doc. Nr. S/25704 (3. Mai 1993); SR-Resolution 955 (1994) v. 8. November 1994.

42 Siehe ILC-Bericht 1994 (Anm. 23); *Revised Report of the Working Group on the Draft Statute for an International Criminal Court*, ILC, 45. Sitzung, 3. Mai–23. Juli 1993, A/CN.4/L/490 (19. Juli 1993); *Revised Report of the Working Group on the Draft Statute for an International Criminal Court: Addendum*, ILC, 45. Sitzung, 3. Mai–23. Juli 1993, A/CN.4/L.490/ADD.1 (19. Juli 1993).

43 Alle drei Tatbestandskategorien werden unter anderem von den in Anmerkung 1 genannten Autoren behandelt.

44 Zum Legalitätsprinzip vgl. Bassiouni, *Crimes against Humanity* (Anm. 7), S. 87 ff.

45 Vgl. z.B. L. Green, *Essays on the Modern Law of War*, 1985; N. Keijzer, *Military Obedience*, 1978; Y. Dinstein, *The Defence of »Obedience to Superior Orders« in International Law*, Leyden 1965; E. Müller-Rappard, *L'Ordre Supérieur Militaire et la Responsabilité Pénale du Subordonné*, Paris 1965.

46 Vgl. von Knieriem (Anm. 40).

47 Vgl. auch Glueck, *The Nuremberg Trial and Aggressive War*, in: Harvard Law Review, 59 (1946), S. 396 ff.

48 Für weitere Informationen vgl. Taylor (Anm. 28), S. 14 – 16; J. F. Willis, *Prologue to Nuremberg: The Politics and Diplomacy of Punishing War Criminals of the First World War*, Westport (Conn.) 1982; G. Battle, *The Trials before the Leipzig Supreme Court of Germans Accused of War Crimes*, in: Virginia Law Review, 8 (1921/1922), S. 1 ff; Cl. Mullins, *The Leipzig Trials*, 1921; Q. Wright, *The Legality of the Kaiser*, in: American Political Science Review, 13 (1919), S. 120 ff.

49 Vgl. Jescheck, *Developments and Future Prospects of International Criminal Law*, in: Bassiouni, *International Criminal Law*, New York 1986; D. de Vabres, *Le Procès de Nuremberg Devant les Principes Modernes du Droit Pénal International*, in: Recueil des Cours 70 (1947), S. 481 ff.

50 Vgl. die Haager Landkriegsordnung (Anlage zum IV. Haager Abkommen vom 18. Oktober 1907, in: 3 Martens (3.), S. 461, 36 Stat. 2277, T.S. Nr. 539, ebenfalls in: AJIL 2 (Supp. 1908), S. 90ff; Genfer Abkommen zur Verbesserung des Loses der Verwundeten und Kranken der Streitkräfte im Felde (Dritte Rotkreuz-Konvention vom 27. Juli 1929), in: 118 L.N.T.S. 303, 47 Stat. 2074, T.S. Nr. 847; Genfer Abkommen über die Behandlung der Kriegsgefangenen vom 27. Juli 1929, in: 118 L.N.T.S. 343, 47 Stat. 2021, T.S. Nr. 846. vgl. auch H. Lauterpacht, *The Law of Nations and the Punishment of War Crimes*, in: The British Yearbook of International Law, 21 (1944), S. 58ff; G. Manner, *The Legal Nature and Punishment of Criminal Acts of Violence Contrary to the Laws of War*, in: AJIL 37 (1943), S. 407ff; J. W. Garner, *Punishment of Offenders Against the Laws and Customs of War*, in: AJIL 14 (1920), S. 70ff; H. Bellot, *War Crimes: Their Prevention and Punishment*, in: Transactions of the Grotius Society, 2 (1917), S. 31ff; Wright (Anm. 1).

51 Vgl. Mullins (Anm. 48) sowie Battle (Anm. 48). Zur Information über drei dieser Fälle vgl. das Urteil im Fall Karl Neumann, RGSt, 4. Juni 1921, das Urteil im Fall Emil Müller, RGSt, 30. Mai 1921 und das Urteil in den Fällen des Leutnants Dittmar und des Leutnants Boldt, RGSt, 16. Juli 1921. Das Reichsgericht hatte entschieden, aus einer Gruppe von 895 Personen 45 vor Gericht zu bringen, letztlich wurden aber nur 16 angeklagt.

52 Vgl. Bassiouni, *Crimes against Humanity* (Anm. 7), S. 1–32.

53 Ebenda, S. 176–191.

54 Vgl. L. Davidovicz, *The War against the Jews 1933–1945*, 1975.

55 Nur zwei Angeklagte, Streicher und von Schirach, wurden wegen Verbrechen gegen die Menschlichkeit verurteilt. 14 Angeklagte wurden sowohl wegen Kriegsverbrechen als auch wegen Verbrechen gegen die Menschlichkeit verurteilt.

56 Vgl. Bassiouni, *Crimes against Humanity* (Anm. 7), S. 97–99. Zur historischen Sicht hinsichtlich des Legalitätsgrundsatzes vgl. B. Carpzow, *Practica nova imperialis saxonica rerum criminalium*, Pars III, questio 133 (*de arbitraris sen extraordinarus poenis*), Frankfurt 1758. Für die Entwicklung nach 1800 vgl. Guertner-Freisler, *Das neue Strafrecht*, 1936; Schinnerer, *Analogie und Rechtsschärfung*, in: Zeitschrift für die gesamte Strafrechtswissenschaft (ZStW), 55 (1936), S. 75ff; Schem, *Die Analogie im Strafrecht in ihrer geschichtlichen Entwicklung und heutigen Bedeutung*, Strafrechtliche Abhandlungen (Fasc. 369, 1936); B. Ackermann, *Das Analogieverbot im geltenden und zukünftigen Strafrecht*, 1934; Goetzeler, *Der Grundsatz nulla poena sine lege*, in: Gerichtssaal, 104 (1934), S. 343ff; K. Siegert, *Grundzüge des Strafrechts im neuen Staate*, 1934; H. Henkel, *Strafrecht und Gesetz im neuen Staate*, 1934; A. v. Feuerbach, *Lehrbuch des gemeinen in Deutschland gültigen peinlichen Rechts*, 14. Aufl., 1847. Aus österreichischer Sicht: F. von Liszt, *Lehrbuch des Strafrechts*, 1891; ders., *Die Deterministischen Gegner der Zweckstrafen*, in: ZStW 13 (1893).

57 Der § 2 StGB erhielt durch das Gesetz vom 28. Juni 1935 folgende Fassung: »Bestraft wird, wer eine Tat begeht, die das Gesetz für strafbar erklärt oder die nach dem Grundgedanken eines Strafgesetzes und nach gesundem Volksempfinden Bestrafung verdient. Findet auf die Tat kein bestimmtes Strafgesetz unmittelbar Anwendung, so wird die Tat nach dem Gesetz bestraft, dessen Grundgedanke auf sie am besten zutrifft.«

58 Principles of the Nuremberg Tribunal, 1950 Report of the ILC (Principles of International Law Recognized in the Tribunal), 29. Juli 1950, 5 U.N. GAOR Supp.

(Nr. 12) S. 11, UN-Doc. A/1316 (1950). Auch abgedruckt in: AJIL 4 (1950/Supp.), S. 126ff (nachfolgend: ILC Report 1950).

59 Zur Information über die Arbeiten der ILC bezüglich der Kodifizierung vgl. Bassiouni, *The History of the Draft Code of Crimes Against the Peace and Security of Mankind*, Commentaries on the International Law Commission's 1991 Draft Code of Crimes Against the Peace and Security of Mankind, in: Nouvelles Etudes Pénales, Bd. 11, 1993; zum Draft Code von 1950 und von 1954 vgl. Anmerkungen 67 und 68.

60 Vgl. *Draft Code and Statute* (Anm. 24).

61 Affirmation of the Principles of International Law recognized by the Charter of the Nuremberg Tribunal, 11. Dezember 1946, U.N. G.A. Res. 95 (I), I U.N. GAOR (Part II) S. 188, UN-Doc. A/64/Add. 1 (1946).

62 Vgl. ILC-Report von 1950 (Anm. 57).

63 Convention on the Prevention and Suppression of the Crime of Genocide (Konvention über die Verhütung und Bestrafung des Völkermordes) vom 9. Dezember 1948, 78 U.N.T.S. 277 (nachfolgend: Genozid-Konvention von 1948).

64 I. Genfer Abkommen zur Verbesserung des Loses der Verwundeten und Kranken der Streitkräfte im Felde vom 12. August 1949, 75 U.N.T.S. 31; II. Genfer Abkommen zur Verbesserung des Loses der Verwundeten, Kranken und Schiffbrüchigen der Streitkräfte zur See vom 12. August 1949, 75 U.N.T.S. 85; III. Genfer Abkommen über die Behandlung der Kriegsgefangenen vom 12. August 1949, 75 U.N.T.S. 155; IV. Genfer Abkommen zum Schutze von Zivilpersonen in Kriegszeiten vom 12. August 1949, 75 U.N.T.S. 287 (nachfolgend bezeichnet als Genfer Konventionen).

65 Draft Statute for an International Criminal Court (Annex to the Report of the Committee on International Criminal Jurisdiction, 31 August 1951), 7 U.N. GAOR Supp. 11, UN-Doc. A/2136 S. 23 (1952).

66 Revised Draft Statute for an International Court (Annex to the Report on International Jurisdiction, 20 August 1953), 9 U.N. GAOR Supp. 12, UN-Doc. A/2645 S. 21 (1954).

67 Draft Code of Offences Against the Peace and Security of Mankind, 19 July 1954, 9 U.N. GAOR Supp. (Nr. 9), S. 11, UN-Doc. A/26/93 (1954).

68 Draft Code of Crimes Against the Peace and Security of Mankind, 19 July 1991, in: ILC-Report von 1991, Supp. Nr. 10 (A/46/10), S. 238.

69 Convention on the Non-Applicability of Statutory Limitations to War Crimes and Crimes against Humanity vom 26. November 1968, 754 U.N.T.S. 73 (in Kraft getreten am 11. November 1970).

70 Vgl. GV-Resolution 2840 (Anm. 16).

71 Vgl. GV-Resolution 3074 (Anm. 17).

72 GV-Resolution vom 14. Dezember 1974, U.N. G.A. Res. 3314 (XXIX), 29 U.N. GAOR Supp. (Nr. 31) S. 142.

73 Vgl. Anm. 72.

74 Vgl. Genfer Konventionen von 1949 (Anm. 64); Ergänzungsprotokoll I zu den Genfer Konventionen vom 12. August 1949, UN-Doc. A/32/144 Anlage I, in: ILM 16 (1971), S. 1391; Ergänzungsprotokoll II zu den Genfer Konventionen vom 12. August 1949, U.N. Doc. A/32/144 Anlage II, in: ILM 16 (1972), S. 1442; Convention for the Protection of Cultural Property in the Event of Armed Conflict vom 14. Mai 1954, 249 U.N.T.S. 240.

75 Vgl. H. S. Levie, *The Code of International Armed Conflict*, Bd. I & II, 1986; D. Schindler, J. Toman (Hg.), *The Law of Armed Conflict*, Bd. I & II, 1981; L. Friedman (Hg.), The Law of Armed Conflict: A Documentary History, Bd. I & II, 1972.

76 Vgl. *Special Convention* (Anm. 25).

77 Vgl. Genozid-Konvention von 1948 (Anm. 63).

78 Vgl. J. Stremlau, *The International Politics of the Nigerian Civil War 1967–1970*, 1977.

79 Vgl. L. Kuper, *Genocide: Its political use in the twentieth century*, 1982; allgemein dazu: N. MacDermot, *Crimes Against Humanity in Bangladesh*, in: International Law, 7 (1973), S. 476ff.

80 Vgl. z.B. H. Hannum, *International Law and Cambodian Genocide: The Sounds of Silence*, in: HUM. RTS. Q. 11 (1989), S. 82 und 94; M. J. Bazyler, *Reexamining the Doctrine of Humanitarian Intervention in Light of Atrocities in Kampuchea and Ethiopia*, in: Stanford Journal of International Law, 23(1987), S. 547ff; G. H. Stanton, *Kampuchean Genocide and the World Court*, in: Conneticut Journal of International Law, 2 (1987), S. 341ff; N. Blodgett, *Campodia case-Lawyer wants genocide trial*, in: American Bar Association Journal 7 (1985), S. 31ff; K. Kilunjen, *Kampuchea: Decade of Genocide*, 1984; International Commission of Jurists, *Human Rights in the World*, in: International Court of Justice Revue, 20 (1978), S. 1 und 6.

81 Vgl. *Special Convention* (Anm. 25).

82 Zur Information über die Schaffung eines Ständigen Internationalen Strafgerichtshofs vgl. ILC-Bericht von 1994 (Anm. 23); vgl. auch Bassiouni, *The Codification of International Criminal Law and the Establishment of an International Criminal Court*, in: *Draft Code and Statute* (Anm. 24).

83 Vgl. die Resolutionen 808, 827 und 955 (Anm. 20 und 21).

84 Vgl. R. Arens, *Nuremberg and Group Prosecution*, in: Notre Dame Lawyer, 23 (1948), S. 431ff; H. Kelsen, *Collective and Individual Responsibility in International Law with Particular Regard to the Punishment of War Criminals*, in: California Law Review, 31 (1943), S. 530ff.

85 Vgl. z.B. Bassiouni (Hg.), *The Protection of Human Rights in the Administration of Justice*, 1994; R. B. Lillich, *International Human Rights: Problems of Law, Policy and Practice*, 2. Aufl., 1991; Th. Meron, *Human Rights and Humanitarian Law Norms as Customary Law*, 1989; ders. (Hg.), *Human Rights in International Law*, 1984.

86 Vgl. z.B. F. Malekian, *International Criminal Law: The legal and critical Analysis of International Crimes*, 2 Vols., Stockholm/Uppsala 1991; Jescheck (Anm. 49); D. Oehler, *Internationales Strafrecht*, Köln 1983; O. Triffterer, *Dogmatische Untersuchung zur Entwicklung des materiellen Völkerstrafrechts seit Nürnberg*, Freiburg i. Br. 1966; A. Quintano Ripollès, *Tratado de Derecho Penal Internacional e Internacional Penal*, 1955; de Vabre (Anm. 49).

87 Vgl. R. L. Holmes, *On War and Morality*, 1989; D. Ghandy McIntyre, *The Nuremberg Trials*, in: University of Pittsburgh Law Review 24 (1962), S. 73ff (110f).

88 »La justice sans la force est impuissante; la force sans la justice est tyrannique. La justice sans force est contredite, parce qu'ill y a toujours des méchants; la force sans la justice est accusée. Il faut donc mettre ensemble la justice et la force; et pour cela faire ce qui est juste soit fort, ou que ce qui est fort soit juste.« Zitiert nach: H. Massis (Hg.), *Œuvres de Blaise Pascal*, T. 3, Paris 1926, S. 156.

89 Der Autor war Vorsitzender und Berichterstatter der Sachverständigenkommission, die gemäß SR-Resolution 780 (1992) zur Untersuchung von Verletzungen des humanitären Völkerrechts im Hoheitsgebiet des ehemaligen Jugoslawien eingesetzt wurde. Vgl. auch den Abschlußbericht der Sachverständigenkommission, U.N. SCOR, UN-Doc. S/1994/674 (27 May 1994); Bassiouni, *The United Nations Commission of Experts Established Pursuant to Security Council Resolution 780* (1992), in: AJIL 88 (1994), S. 784ff.

Christopher Simpson

Die seinerzeitige Diskussion über die in Nürnberg zu verhandelnden Delikte

Völkermord und die unterschiedlichen Erscheinungsformen des totalen Krieges waren durch das ganze 20. Jahrhundert hindurch Mittel zum Zweck der Machterhaltung der alten Weltreiche wie der neuzeitlichen Kolonialreiche und der auf nationale Sicherheit bedachten modernen Staaten – andauernder weltweiter Verdammung solcher Praktiken in Verträgen, der öffentlichen Meinung und offiziellen Regierungserklärungen zum Trotz. Das gleiche gilt für die Verbrechen gegen die Menschlichkeit, die allgemein mit Völkermord assoziiert werden, für massenhafte Vergewaltigungen, willkürliche Ermordung von Zivilisten und institutionalisierte Folter.

Obgleich Völkermord und ähnliche Verbrechen nahezu universell geächtet werden – in manchen Fällen sogar in öffentlichen Erklärungen durch dieselben Organisationen, die diese Verbrechen begehen –, geschehen sie immer. Eine Analyse dieses Paradoxon hilft uns die Natur von Verbrechen im allgemeinen und die Institutionalisierung von Verfolgung in Gesellschaften zu verstehen, die sich selbst als »fortschrittlich« und »zivilisiert« preisen.

In diesem Beitrag soll kurz untersucht werden, wie die formale, juristische Antwort auf den Holocaust im Rahmen des bestehenden internationalen Rechts oft eine stillschweigende internationale Beteiligung an den Verbrechen förderte, die angeblich durch dieses Recht bekämpft werden sollten. Im Gegensatz zu den tröstlichen Mythen über die Entwicklung der internationalen Rechtsordnung fanden die Nürnberger Prozesse nur gegen den starken Widerstand der leitenden juristischen Sachverständigen im britischen und amerikanischen Außenministerium statt. Den wenigen Vorreitern im internationalen Recht, die vor Jahresmitte 1945 auf eine Strafverfolgung der Naziverbrecher drangen, wurde aus den westlichen Außenministerien häufig nur Spott entgegengebracht; in einigen Fällen wurden sie sogar aus ihren Führungspositionen verdrängt und mußten ihre Karrieren dem Versuch opfern, die strafrechtliche Verfolgung der Naziverbrechen durchzusetzen.[1]

Die Prozesse vor dem Internationalen Militärgerichtshof in Nürnberg fanden schließlich statt, genauso wie die Verfahren gegen zahlreiche Naziverbrecher gemäß den verschiedenen militärischen, nationalen und besatzungszonalen Strafvorschriften. Diese Verfahren verhalfen nicht allein dazu, einzelne Nazis für ihre Taten zu bestrafen; sie erweiterten auch die allgemeinen Vorstellungen vom Inhalt der Menschenrechte und schufen ein unwiderlegbares historisches Aktenzeugnis über das Ausmaß und die Methode der Naziverbrechen. In dieser Hinsicht sind die Nürnberger Prozesse als eine der herausragendsten Errungenschaften zum Schutz der Menschenrechte in die Geschichte eingegangen.

Es gibt jedoch noch eine andere Seite der Nürnberger – allgemein formuliert – »Präzedenzfälle«, die beunruhigend ist. In den Nürnberger Prozessen wurden beispielsweise unzweideutig die Gaskammern, die Morde der SS-Einsatzgruppen, die Arbeitslager und die Versuche zur Ausrottung der Juden und anderer Bevölkerungsgruppen verurteilt. Gleichzeitig aber hatten sie zur Folge, daß Massenmord an der Zivilbevölkerung durch Bombardierungen und Raketenangriffe als »legal« institutionalisiert wurde, wohl auch deshalb, weil sowohl Sieger als auch Besiegte den ganzen Krieg hindurch stark auf diese Taktiken bauten. Diese Dimension des Vermächtnisses von Nürnberg wurde 25 Jahre später in besonders tragischer Weise veranschaulicht, als der ehemalige Nürnberger Chefankläger Telford Taylor – einer der beredtsten und wirkungsvollsten Verteidiger der Nürnberger Prinzipien während der gesamten Zeit des Kalten Krieges hindurch – die Vereinigten Staaten öffentlich von jeder strafrechtlichen Verantwortung für die entsetzlichen Bombardierungen in Südostasien freisprach.[2]

Anders formuliert: Das System des internationalen Rechts und der Präzedenzfälle, das für den größten Teil dieses Jahrhunderts funktionierte, hat häufig den Fortschritt in der Kontrolle des Völkermords und ähnlicher Massenverbrechen behindert. Darüber hinaus wurden in dem gleichen Ausmaß, in dem Reformen innerhalb dieses Systems durchgeführt wurden, diese von den Vertretern der herrschenden Meinung auf diesem Fachgebiet genauso umfassend bekämpft; häufig genug wurden diese Reformen auch »rückerobert« oder in ihr Gegenteil verkehrt durch die Großmächte, die die hauptsächlichen Nutznießer des internationalen Rechts in seiner gegenwärtigen Form bleiben. Leser, die beispielsweise mit der Geschichte des Handelsrechts vertraut sind, wissen sehr wohl, daß die Ansätze zur rechtlichen Kontrolle von wirtschaftlichem Mißbrauch oft den Rahmen für die Legalisierung und Institutionalisierung einer neuen Form des Mißbrauchs bereitstellen, die neben dem Recht existiert.[3] Eine ähnliche Dialektik scheint im internationalen Recht im Hinblick auf Völkermord, Kriegs- und Menschlichkeitsverbrechen zu bestehen, obgleich auf diesen Schauplätzen der Preis, den gewöhnliche Menschen dafür zahlen müssen, bedeutend höher ist.

Die Auseinandersetzung darüber, nach welchem Rechtssystem Naziverbrecher bestraft werden sollten, knüpft in gewisser Weise an die Diskussionen Ende des Ersten Weltkriegs an. Die Bestrafung der besiegten Staaten für Kriegs- und Menschlichkeitsverbrechen stand als erster Punkt auf der Tagesordnung der Friedenskonferenz, die 1919 in Paris eröffnet wurde. Der Völkermord der Türkei an den Armeniern, dem zwischen 1915 und 1918 etwa eine Million Menschen durch Pogrome, Massenmord und Deportationen zum Opfer fielen, wurde zum Schwerpunkt der Debatte darüber, wie »Sittengesetz, das Rechtsempfinden der Menschheit und Gewohnheitsrecht« – vorgeblich die Grundlagen des internationalen Rechts[4] – in der Praxis Anwendung finden sollten.

Das Problem der Bestrafung von Kriegsgreueltaten spielte aus mindestens drei Gründen in den damaligen Verhandlungsgesprächen eine weit größere Rolle als in jedem anderen Krieg zuvor. Erstens nahm die öffentliche Meinung in der Kriegführung einen größeren Stellenwert als früher ein, und sie begünstigte deshalb auch nachdrücklich die strenge Bestrafung der Feinde, die Greueltaten verübt hatten. Den ganzen Krieg hindurch hatten die Propagandaabteilungen der Kriegsministerien mit den Schilderungen feindlicher Grausamkeiten, Racheschwüren und rührenden Geschichten von gefallenen Helden versucht, die öffentliche Begeisterung für den andauernden Kampf aufrechtzuerhalten. Als sich der Kampf dem Ende näherte, wurde die Forderung der breiten Masse, dem deutschen Kaiser und den für den Völkermord an den Armeniern verantwortlichen jungtürkischen Führern den Prozeß zu machen, ein zentrales Thema bei den Wahlen sowohl in Großbritannien als auch in den Vereinigten Staaten.[5]

Zweitens gab es inzwischen genau formulierte Vereinbarungen, was als »Kriegsverbrechen« abgeurteilt werden sollte, obgleich sich dieser Konsens nicht auf solche Verbrechen erstreckte, die heute als »Verbrechen gegen die Menschlichkeit« bezeichnet werden. Die wichtigsten kriegführenden Parteien hatten die Bestimmungen der Haager Konvention von 1899 und 1907 und der Genfer Konventionen von 1864 und 1906 (auch bekannt als Rotkreuz-Konventionen), die grundlegende Prinzipien für die Kriegführung aufstellten, öffentlich gebilligt. Ebenso hatten sie die Regeln über die ehrenvolle Behandlung von Kriegs- und Handelsschiffen akzeptiert.[6]

Der für den einfachen Soldaten wohltätige Aspekt der Haager und Genfer Konventionen ist heutzutage allgemein bekannt. In der Praxis erwiesen sich diese Konventionen jedoch oft auch als Richtlinien für eine stärker »rationale« Kriegführung und Eroberungspolitik. Die beiden Haager Konventionen kamen weitgehend deshalb zum Abschluß, weil auf seiten der untergehenden europäischen Monarchien ein dringendes Bedürfnis bestand, den Rüstungswettlauf zu beschränken, der die Weltreiche in den Konkurs zu treiben begann. Die meisten ihrer Bestimmungen waren aus europäischen Handelsabkommen über die Beschlagnahme von Seefracht hergeleitet worden und hatten nichts mit dem Schutz von Menschenrechten zu tun. Darüber hinaus hatte jede der Großmächte im Vertragstext oder seinen begründenden Dokumenten Lücken belassen, in der Absicht, damit bei Bedarf der Anwendung der Konventionen auf sie selbst zu entgehen. Die Vereinigten Staaten, zum Beispiel, behielten sich in den Bestimmungen der Haager Vereinbarungen ausdrücklich jede Handlungsmöglichkeit vor, die sie in Zentral- und Südamerika sowie auf den Philippinen in Betracht ziehen könnten.[7]

Die Haager Konventionen schrieben eine nahezu absolute Autorität der Staatsregierungen über ihre »eigene« Zivilbevölkerung fest, die nach Völkerrecht keinerlei subjektiven Rechtsanspruch genoß, einen Schutz einzuklagen. Zur gleichen Zeit versuchten die Großmächte sich der Konventionen zu bedienen, um Europa zu stabilisieren und ihre Macht über die brüchigen Kolonialreiche zu untermauern. Zum Beispiel verboten sie offiziell jeden Widerstand von Guerillagruppen und nichtregulären Truppen gegen ihre Herrschaft, die für die imperialistischen Mächte weltweit in zunehmendem Maße zum Problem geworden waren. Die Konvention anerkannte die militärische und rechtliche Doktrin der »Vergeltung«, die den Armeen im Krieg zur Abschreckung und Bestrafung der Feinde für deren (angebliche) Kriegsverbrechen das gestattete, was anderenfalls klar als Verbrechen gekennzeichnet würde – die Massenhinrichtung von Geiseln, die Folter von Kriegsgefangenen etc.[8] Das bedeutete, daß Bauernaufstände auf »legale« Weise mit außerordentlicher Brutalität unterdrückt werden konnten, teilweise weil die grundlegende revolutionäre Taktik des Guerillakampfes durch irreguläre Truppen selbst zum Kriegsverbrechen erklärt worden war. Mit dieser Begründung verfolgten zum Beispiel die amerikanische und die deutsche Regierung ihre imperialen Ansprüche auf den Philippinen beziehungsweise in Südwestafrika mit beispiellosem Terror und Grausamkeit sogar dann noch, als die Diskussionen in Den Haag schon im Gange waren.[9]

Trotzdem stellten die Haager und Genfer Konventionen einen frühen rechtlichen Rahmen bereit, innerhalb dessen insbesondere die europäischen Staaten für einige Kriegsverbrechen Wiedergutmachung verlangen konnten. Sie lieferten einen wichtigen Bezugspunkt beim Nachweis, daß die Großmächte einige formale Beschränkungen in der Kriegführung akzeptierten.

Drittens wurde die Frage der Entschädigung für Kriegsverbrechen, die von den besiegten Mächten verübt wurden, eng verknüpft mit der Debatte über Reparationen. Bis zum Jahr 1919 waren Millionen Menschen durch Giftgas, Bombardierungen, U-Boot-Angriffe auf Zivilschiffe oder Mißhandlungen in der Kriegsgefangenschaft getötet oder verstümmelt worden – alles Handlungen, die als Bruch der Haager oder Genfer Konventionen erschienen. Die endgültige Summe der Schadensersatzleistungen an diese Menschen (oder, wahrscheinlicher, an ihre Regierungen) würde einen Betrag zwischen 10 und 100 Milliarden Dollar ausmachen, je nachdem, wie man den Begriff »Kriegsverbrechen« definierte und wie man die Verantwortung für diese Straftaten zumaß.[10] In dieser Hinsicht kam der internationalen Reaktion auf die Grausamkeiten des Ersten Weltkriegs ein beträchtliches ökonomisches Gewicht zu – ein nicht unbedeutender Aspekt zusätzlich zu ihrer weit mehr anerkannten moralischen, politischen und juristischen Dimension.

Das Ringen um die rechtlichen Definitionen für »Kriegsverbrechen« und verwandte Grausamkeiten wurde so auf der Pariser Konferenz zum zentralen Thema sowohl unter symbolischen als auch praktischen Aspekten. Es war mehr als eine wichtige juristische Angelegenheit; an ihm entzündete sich eine weitreichende Debatte darüber, welche Art von Gesellschaft Europa nach dem Krieg aufbauen würde.

Das Definitionsproblem wurde von der Pariser Konferenz als erster offizieller Akt auf die Tagesordnung gebracht. Sie rief eine »Kommission über die Verantwortlichkeit der Kriegsurheber und die Durchsetzung von Strafen« (*Commission on the Responsibility of the Authors of the War and the Enforcement of Penalties*) ins Leben, die über die Verantwortlichkeit für die Auslösung des Kriegs und die Mechanismen zur Strafverfolgung der zur Last gelegten Kriegsverbrechen entscheiden sollte. Vorsitzender der Kommission wurde der Außenminister der Vereinigten Staaten, Robert Lansing.[11]

Lansing aber betrachtete Vereinbarungen wie die Haager und Genfer Konventionen als Eingriff in die staatliche Souveränität der Vereinigten Staaten. Er widersetzte sich energisch jedem Gedanken an Prozesse für Kriegsverbrechen und Greueltaten – außer solchen, die die besiegten Mächte aus eigenem Antrieb gegen ihre eigenen Offiziere durchführen würden. »Lansing zeigte eine merkwürdige Geisteshaltung«, bemerkte der US-amerikanische Präsidentenberater Edward House während einer früheren Debatte über die Antwort der Vereinigten Staaten auf die Versenkung der Lousitania. »Er glaubt, daß nahezu jede Form von Greueltaten erlaubt sei, wenn die nationale Sicherheit auf dem Spiel steht.« Als House Lansing fragte, wer denn am besten den zum Schutz der Nation geeigneten Grad an Greueltaten bestimmen könnte, antwortete Lansing, »die verantwortlichen Militärs, die diese Greueltaten verüben«[12]. Die Führer jener Streitkräfte also, die beschuldigt werden, das Verbrechen begangen zu haben, sollten als letzte Instanz darüber entscheiden, ob es im Interesse der Nation gerechtfertigt war. Lansing befürchtete, daß jeder auf der Pariser Konferenz neu geschaffene Straftatbestand zur Verfolgung von Kriegsverbrechen oder ähnlichen Greueltaten die Handlungsfreiheit der Vereinigten Staaten in einer zukünftigen Krise einschränken würde und vielleicht auch zu einer internationalen Anklage wegen ihrer Rolle in der Sklaverei, der Dezimierung der Eingeborenenvölker oder der andauernden Verteidigung der amerikanischen Interessen im Ausland führen könnte.

Für Lansing war eine Bestrafung der Führer der besiegten Zentralmächte des Ersten Weltkriegs sowohl aus politischen wie ökonomischen Gründen unerwünscht. »Wie weit sollten wir die gegenwärtige politische Organisation der Zentralmächte niederreißen oder sie durch Militäreinsätze vollkommen wehrlos machen?« schrieb Lansing während der Pariser Verhandlungen. »Wir haben die furchtbaren Konsequenzen der bolschewistischen Herrschaft in Rußland gesehen, und wir wissen, daß sich ihre Lehren westwärts ausbreiten. Die Vorstellung einer proletarischen Tyrannei über Zentraleuropa ist schreckenerregend (...). Dieser Situation muß man sich stellen. (...) Wir müssen in die Zukunft schauen, auch wenn wir dabei die unmittelbaren Forderungen nach Gerechtigkeit vergessen. Vergeltungsmaßnahmen und Reparationen sind gut und schön, aber werden sie die Gesellschaft vor Anarchismus bewahren und der Welt dauerhaften Frieden schenken?«[13] Lansing versuchte einflußreiche Freunde vor und während der Konferenz von seiner Ansicht zu überzeugen, daß »jeder Zusammenbruch der öffentlichen Ordnung in Deutschland vermieden werden muß, um die Ausbreitung des Bolschewismus zu verhindern«[14].

Trotz aller Anstrengungen Lansings verabschiedete die Kommission über Kriegsverbrechen, der er vorsaß, mit breiter Mehrheit eine Resolution, die die Verstöße gegen die von ihr so bezeichneten »Gesetze der Menschlichkeit« verurteilte, insbesondere die türkischen Massaker und Deportationen der Armenier. Mit dieser Formulierung wurde stillschweigend anerkannt, daß die Bestimmungen der Haager und Genfer Konventionen keinen eindeutigen Anknüpfungspunkt im internationalen Recht für die Bestrafung von Staatsoberhäuptern für Verbrechen gegen die einheimische Bevölkerung lieferten. Die Kommission versuchte mit der Berufung auf die »Gesetze der Menschlichkeit« und deren Widerpart, den »Verbrechen gegen die Menschlichkeit«, internationalen Prozessen gegen die türkischen Führer wegen ihrer Rolle in der Organisierung des Völkermordes einen Weg zu eröffnen und vielleicht ebenso Prozessen gegen andere Führer der Zentralmächte, die beschuldigt wurden, minderschwere Verfolgungsakte verübt zu haben.[15]

Als Vorsitzender der Kommission weigerte sich Robert Lansing jedoch, die Resolution an den höchsten Rat der Pariser Konferenz weiterzuleiten und blockierte sie dadurch erfolgreich. Dieser Streit griff bald über auf die persönlichen Gespräche zwischen den damaligen »Großen Vier« – der Präsident der Vereinigten Staaten, Woodrow Wilson, der britische Premierminister David Lloyd George, der französische Ministerpräsident Georges Clemenceau und der italienische Ministerpräsident Vittorio Orlando. Für eine gewisse Zeit drohte der Widerstand der amerikanischen Delegation die Pariser Konferenz sogar vollständig zum Scheitern zu bringen.

Schließlich ließ sich Wilson erweichen (Lansing indessen nicht), und die Großen Vier billigten eine abgeschwächte Version der Kommissionsvorschläge. Die Delegierten in Paris verlangten, daß in dem Versailler Vertrag der deutschen Regierung die alleinige Kriegsschuld auferlegt werden sollte – eine sogar im Jahre 1919 fragwürdige Forderung – sowie die Verpflichtung, verdächtige Kriegsverbrecher und Beweismaterial den Militärgerichten der Sieger zu überstellen. Lansings Weigerung jedoch, einen Präzedenzfall zur Abwehr von »Verbrechen gegen die Menschlichkeit« zu schaffen, gab letztlich den Ausschlag; ein derartiger Passus ist in keinem der Friedensverträge zu finden, die diesen Krieg beendeten.

Präsident Wilson glaubte, daß der gefundene Kompromiß die öffentliche Meinung beschwichtigen und die Aufmerksamkeit von der Streitfrage der Menschlichkeitsverbrechen ablenken würde. »Indem er seinen Einwand gegen die Klauseln über die Kriegsverbrechen zurücknahm«, schrieb Arthur Walworth, »gab Wilson zu, daß diese zu schwach waren, um einen entschlossenen Widerstand gegen sie zu rechtfertigen. Als der [amerikanische] Botschafter [John W.] Davis ihn fragte, ob er erwartete, ›damit durchzukommen‹, antwortete [Wilson] mit Nein, ›das Ganze war eine verdammte Torheit‹.«[16]

Diese Antwort auf Völkermord und die Greueltaten des Ersten Weltkriegs erschöpfte sich nach dem Kriege schließlich im Bruch der westlichen Versprechen den Armeniern gegenüber und in den wohlbekannten deutschen Kriegsverbrecherprozessen vor dem Reichsgericht in Leipzig – Prozesse, die als Farce bezeichnet werden könnten, wären nicht durch die Hand zweier verurteilter Offiziere bei der Torpedierung eines britischen Lazarettschiffes mehr als tausend Menschen gestorben. Gleichzeitig lehnten es die verbündeten Siegermächte (auch bekannt als »Entente«) ab, Anklagen wegen Kriegsverbrechen gegen ihre eigenen Truppen und Offiziere zu erheben, selbst als diese Männer nachweislich schwerer Straftaten beschuldigt wurden. Diese gebrochenen Versprechen und Ausflüchte sind an anderer Stelle ausführlich erörtert worden und brauchen uns hier nicht weiter zu beschäftigen.[17] Die Vorgaben für das internationale Recht aber waren klar: Die Furcht vor »proletarischer Tyrannei«, vor dem Zusammenbruch der westlich geprägten Ordnung und persönlicher Haftbarmachung für die Grausamkeiten der eigenen Regierung ließ es den Führern der Großmächte jener Tage nicht angeraten sein, Völkermord, Zwangsarbeit und die meisten Formen systematischer Verfolgung als »Verbrechen gegen die Menschlichkeit« oder auch nur als strafrechtlich verfolgbare Handlungen anzuerkennen, außer insoweit, als die Gerichte des Verletzerstaates von sich aus tätig würden. Sie gewährleisteten auch, daß die strafrechtliche Immunität der Staatsoberhäupter und Oberbefehlshaber sakrosant blieb, genauso wie das Gewohnheitsrecht, eine De-facto-Immunität auf die Befehlshaber und Truppen der Siegermächte auszudehnen.

Weniger als zwei Jahrzehnte später spielten jene Entscheidungen eine bedeutende Rolle in der Reaktion des Westens auf den Nazi-Holocaust. Das System des internationalen Rechts, wie es sich Lansing vorstellte, blockierte ausnahmslos jeden Versuch, den Naziverbrechen gegen die Zivilbevölkerung in den Ländern der Achse entgegenzutreten.

Ein Großteil des Sachverstands im internationalen Recht sowohl in den Vereinigten Staaten wie im Vereinigten Königreich konzentrierte sich in ihren Außenministerien, die sich täglich mit internationalen Rechtsangelegenheiten befaßten. Diese Experten jedoch hatten große Schwierigkeiten, die wachsenden Beweise des Naziverbrechertums vor und während des Zweiten Weltkriegs zu erfassen. Noch bis etwa 1940 war die herrschende Meinung unter ihnen, daß die öffentlich stattfindenden Verfolgungsmaßnahmen, die Zerschlagung der Gewerkschaften und die durch Gesetze sanktionierte Enteignung jüdischen Vermögens wenn auch noch so verabscheuenswerte Taten, so doch ganz und gar durch das Völkerrecht geschützt waren, zumindest solange sie innerhalb der Hoheitsgebiete Deutschlands und seiner Achsenpartner ausgeführt wurden. Mehr noch, so argumentierte der führende Rechtsberater im amerikanischen Außenministerium, Green Hackworth, diese Handlungen sollten auch durch das internationale Recht geschützt werden, denn Einspruch dagegen würde einen Präzedenzfall schaffen, den die anderen Großmächte ebenfalls nicht zu befolgen wünschten.[18]

Bis Anfang 1942 jedoch wurde es einerseits immer schwerer, über die Berichte von Nazigreueltaten hinwegzugehen, andererseits wurden sie als Thema für die alliierte Propaganda immer nützlicher. Im Januar verfaßten im Londoner St. James Palace neun europäische Exilregierungen gemeinsam die erste politische Erklärung dieses Krieges zur strafrechtlichen Verfolgung der Naziverbrecher. Diese »Erklärung von St. James« klagte Deutschland der Errichtung eines Terrorregimes in den besetzten Ländern an, das gekennzeichnet sei von »Einkerkerungen, Massenvertreibungen, der Hinrichtung von Geiseln und Mord«. Fortan, so erklärten sie, sollte es eines der Hauptziele des Krieges sein, »durch organisierte Gerechtigkeit die Bestrafung derjenigen, die sich (...) dieser Verbrechen schuldig gemacht haben, durchzusetzen. Die Nazis sollten aufgespürt, der Gerechtigkeit übergeben und gerichtet werden.«[19]

Dem britischen Außenministerium jedoch war die Erklärung von St. James – wie überhaupt jedes öffentliche Versprechen, Kriegsverbrecher zu bestrafen – äußerst unwillkommen. »Das kommt der ›Hängt-den-Kaiser‹-Geschichte ziemlich nahe«, bemerkte ein Berater des Außenministeriums, Orme Sargent, gegenüber dem Außenminister Anthony Eden. Die Erklärung »wirft das Netz sehr weit aus« mit ihrer Definition von Kriegsverbrechen, kommentierte ein anderer Berater, Roger Makin, »und führt uns auf Pfade, die wir nur sehr ungern beschreiten.«[20]

Was Makin mit seiner verunglückten Metapher ausdrückte, waren sehr komplexe Bedenken über die weitreichenden Folgen der Naziverbrechen für die britische Außenpolitik. Makin folgerte, daß eine zu starke Konzentration der Alliierten auf diese Frage den Druck auf Großbritannien, die jüdische Immigration nach Palästina zu liberalisieren, sicherlich erhöhen würde – und tatsächlich nahm der Druck seitens der jüdischen Organisationen im In- und Ausland bereits zu. Das britische Außenministerium hatte herkömmlich einen strengen Kurs gegenüber der jüdischen Immigration nach Palästina verfolgt und war »fürchterlich beunruhigt«, wie Franklin Roosevelt es formulierte, daß es zu einem arabischen Aufstand gegen die Briten kommen könnte, falls sich dieser ändern würde. Diese Besorgnis wurde durch die Lage in Nordafrika noch gesteigert. Während britische Truppen einen Durchbruch durch Rommels Linien suchten, versuchten die Deutschen, die arabischen Führer auf ihre Seite zu ziehen.

Gleichermaßen wichtig war die Kontroverse darüber, wie der Krieg beendet werden sollte. Im Jahre 1942 war es keinesfalls klar, wie die Bedingungen für einen Waffenstillstand aussehen würden. Die Akten des britischen Außen- und des Kriegsministeriums jener Zeit geben die Mutmaßung wieder, daß Deutschland unter Umständen nicht bedingungslos kapitulieren und die Kontrolle über wesentliche Teile des Gebietes behalten würde, das es zum Zeitpunkt eines Friedensvertragsschlusses erobert hatte. Diese Annahme war verknüpft mit der brisantesten strategischen Frage dieses Krieges: der Möglichkeit eines Separatfriedens zwischen einem der Hauptverbündeten und Nazideutschland – zu Bedingungen vielleicht, die es den Deutschen erlauben würde, ihren Krieg gegen die Sowjetunion fortzusetzen. Sollten die Briten einen harten Kurs gegenüber Kriegsverbrechern verfolgen und insbesondere auf internationalen Prozessen gegen die führenden Mitglieder der deutschen Regierung bestehen, würde unweigerlich jeder Versuch, einen britischen Separatfrieden auszuhandeln, untergraben.[21]

Das Kriegsministerium machte schließlich geltend, daß eine harsche britische Erklärung zu den deutschen Kriegsverbrechen Prozesse gegen englische Kriegsgefangene in Deutschland zur Folge haben könnte. Deutschland hatte verlautbart, daß es die britischen Bombenabwürfe auf die deutsche Zivilbevölkerung in unverteidigten Städten nach der Haager Konvention als Kriegsverbrechen betrachtete. Dies zuzugeben, waren selbst einige alliierte Rechtsexperten geneigt. Das Außen- und das Kriegsministerium waren sich darin einig, daß die Drohung der Hitlerregierung, gefangengenommene britische Flieger anzuklagen und zu hängen, ernstgenommen werden müßte – ungeachtet der deutschen Bombardierungen alliierter Städte.[22]

Das Außenministerium war deshalb entschlossen, jede öffentliche Äußerung zur Aburteilung von Naziverbrechern zu unterdrücken. Es nahm eine strenge »formaljuristische« Haltung zu dieser Frage ein, nach der der rechtliche Begriff der Kriegsverbrechen so eng wie möglich ausgelegt werden sollte. Die britischen Diplomaten hatten die Vorstellung, ihn auf einige wenige konkrete Taten zu beschränken, die typischerweise von einzelnen Soldaten entgegen konkreter Befehle verübt würden, wie die Vergewaltigung von Zivilisten oder unerlaubte Plünderung. Eden war der Meinung, daß alliierte Versprechen, Nazis ausfindig zu machen und sie vor Gericht zu bringen, für den Augenblick zwar eine Propagandawirkung erzielen könnten, jedoch letztlich seine Verhandlungsmöglichkeiten mit den Deutschen behinderten.

Die herrschende Auffassung im Völkerrecht über die Ausübung der staatlichen Souveränität gab den Regierungen Nazideutschlands und der anderen Achsenstaaten eine praktisch unbeschränkte Gewalt über ihre eigene Bevölkerung. Juden und die sogenannten staatenlosen Flüchtlinge in Deutschland, Österreich, Ungarn, Italien und Rumänien besaßen nach Völkerrecht keinen wirklichen Schutz vor Verfolgung durch diese Regierungen. Das gleiche galt möglicherweise für die Zivilbevölkerung in den Nazi-Marionettenstaaten wie Vichy-Frankreich, der Slowakei und Kroatien, obgleich es hier wenigstens einige Anknüpfungspunkte für eine andere rechtliche Beurteilung gab.

Von Edens Standpunkt aus empfahl es sich daher, zündende Versprechen von Gerechtigkeit, die England unmöglich halten konnte, zu vermeiden. Edens Stellungnahme bei der Zeremonie im St. James Palace unterschied die britische Haltung sorgfältig von derjenigen der Erklärung. Während er diese einerseits »begrüßte«, gab er sich andererseits große Mühe zu betonen, daß die Bestrafung von Kriegsverbrechen ein politisches Ziel der Alliierten und nicht der Briten war.

Die Reaktion Edens auf die Bemühungen, eine Sonderkommission für die Sammlung von Beweismaterial über Naziverbrechen ins Leben zu rufen, veranschaulicht, wie solche unabhängigen Versuche, das internationale Recht zu reformieren, sogar noch auf dem Höhepunkt des Nazi-Holocaust vereinnahmt und durchkreuzt werden konnten. Die Initiative für eine gemeinsame alliierte Kommission zur Untersuchung der Nazigreueltaten, die im Lauf der Zeit zur Kommission der Vereinten Nationen für Kriegsverbrechen (*United Nations War Crimes Commission*/UNWCC) wurde, kann zurückverfolgt werden auf eine Kampagne, die von dem einflußreichen Journalisten Walter Lippmann unterstützt und größtenteils von dem ehemaligen Völkerbundfunktionär Arthur Sweetser organisiert wurde.

Lippmann und Sweetser setzten sich dafür ein, daß die Alliierten den Schutz des Lebens und der Menschenrechte der Zivilbevölkerung, die in den von den Nazis besetzten Gebieten in der Falle saßen, zum Schwerpunkt ihrer Kriegsbemühungen machten. Um den Naziterror zu brechen, schlugen sie vor, für die Naziverbrechen an der Zivilbevölkerung militärische Vergeltungsschläge gegen Deutschland zu führen und öffentlich anzukündigen, daß die Nazis und ihre Kollaborateure für ihre Greueltaten nach Kriegsende vor Gericht gestellt würden. Darüber hinaus sollte ein »zentraler Aufbewahrungsort der Vereinten Nationen« eingerichtet werden, an dem Beweismaterial über die Naziverbrechen gesammelt werden sollte. Nach den Vorstellungen von Lippmann und Sweetser sollten die alliierten Nachrichtendienste und Untergrundbewegungen überall im nazibesetzten Europa solches Beweismaterial systematisch an diesen Ort schicken, wo ein »absolut qualifiziertes juristisches Komitee« jeden Fall prüfen und für eine Gerichtsverhandlung nach Kriegsende vorbereiten würde.[23] Lippmann und Sweetser und ihre Mitstreiter wandten sich mit diesem Plan im Frühjahr des Jahres 1942 an Franklin Roosevelt und Winston Churchill. Beide stimmten ihm zu.

Der britische Außenminister Anthony Eden stand dem Plan der Kommission von Anfang an mißtrauisch gegenüber, aber er beabsichtigte, sich seiner zu bedienen, um weitergehende Maßnahmen zu verhindern. Auf einer Kabinettssitzung am 6. Juli 1942 referierte Eden neueste Abhandlungen von Rechtsexperten des Außen- und des Kriegsministeriums, denen zufolge die Verfolgung der Juden und der Widerstandskämpfer durch die Nazis »nach internationalem Recht nicht als Verbrechen angesehen würde, die man vor einem Gericht verhandeln und aburteilen könne«. Darüber hinaus sei es besser, die Bestrafung höherer deutscher Führer erst nach Beendigung des Konflikts zu regeln, wenn sie zum Gegenstand von Waffenstillstandsverhandlungen gemacht werden könnten.[24]

Gegen den Widerstand Edens stimmte das Kabinett im Grundsatz zu, die »Kommission zur Untersuchung der Greueltaten« (*Commission on Atrocities*), die bei den Treffen mit Churchill und Roosevelt konzipiert worden war, zu unterstützen. Es war jedoch Eden, der den Vorsitz des Unterausschusses übernahm, der die Einzelheiten des Vorhabens ausarbeiten sollte. Als der ursprüngliche Vorschlag schließlich die ganze Maschinerie durchlaufen hatte, hatte er sich in bürokratische Widersprüche und Formalitäten verfangen, die zu entwirren Jahre dauern würde.[25]

Edens Unterausschuß brachte zuerst die Empfehlung zu Fall, daß die alliierten Nachrichtendienste Beweismaterial über Kriegsverbrechen einer zentralen Kommission übermitteln sollten. Statt dessen sollte weniger als ein Dutzend Kommissionsangestellte beauftragt werden, Beweismaterial über Naziverbrechen überall in Europa zu sammeln und den Gerichten der alliierten Länder sowie den nationalen Ermittlern auszuhändigen. Wie sich der unter Federführung Edens formulierten Satzung entnehmen ließ, sollte der neue Ausschuß »vielleicht« Empfehlungen geben, wie die gefangenen Kriegsverbrecher zu behandeln waren; gleichzeitig aber sollte jeder »Vorschlag eines internationalen Gerichtshofs für Kriegsverbrecher verworfen werden«. Die Satzung betonte, daß es weder »notwendig noch wünschenswert sei, neue gesetzliche Bestimmungen zu schaffen, denn Kriegsverbrechen seien schon ausreichend genug definiert«.[26] Auffallend war, daß später bei der Ankündigung des Vorhabens im Herbst 1943 jeder Hinweis fehlte, wie die Ermittlungsarbeit der Kommission ausgeführt werden sollte. Die neue UNWCC existierte daher in einem bürokratischen Schwebezustand ohne Mitarbeiterstab, Aufbau und Mittel – mit nichts anderem als einem höchst unbestimmt formulierten Auftrag.

Die britische Regierung versuchte der entscheidenden Frage, ob die entwürdigende Behandlung und Ermordung von Zivilisten durch die Nazis in den Ländern der Achse von der UNWCC als Kriegsverbrechen behandelt werden sollte, auszuweichen und sie herunterzuspielen. Statt dessen verbreitete das Kriegskabinett eine scharfe Anklage gegen die Nazis im allgemeinen und überließ es der Öffentlichkeit, daraus zu entnehmen, daß die UNWCC den Massenmord an den deutschen Juden untersuchen würde.

Tatsächlich waren jedoch solche Tötungen nicht vom Mandat der UNWCC umfaßt, zumindest nicht nach der Auffassung des britischen Außenministeriums. Nur zwei Tage nach der formellen Ankündigung der UNWCC am 7. Oktober 1943 ersuchte der Sekretär des Jüdischen Hilfskomitees für Emigration in Zürich, Leon Rosengarten, das Außenministerium um Klarstellung: »Soll das heißen«, fragte Rosengarten, »daß die Grausamkeiten und Massaker an den staatenlosen Menschen, die früher einmal deutsche, österreichische und rumänische Juden waren, einbezogen werden« in die Untersuchungen der neuen Kommission? Die britische Erwiderung darauf war vage und unverbindlich.

Die Wahrheit war, daß Edens Mitarbeiterstab im Außenministerium die UNWCC als ein Mittel ansah, verfahrensmäßige Hürden gegen die Strafverfolgung der Nazis zu errichten. Ein Mitglied dieses Stabes, Roger Allen, kommentierte im internen Schriftverkehr, der durch den Brief Rosengartens hervorgerufen wurde, daß diese Frage »für die Kommission sicherlich zu groß [war]: es handelt sich um nichts Geringeres als die Frage, ob die Innenpolitik der Nazis während der gesamten Dauer ihrer Herrschaft unter Anklage gestellt werden kann. Dies ist eine politische und keine rechtliche Streitfrage und sollte als solche behandelt werden.« Es sei »schwierig, sich ein geeignetes Tribunal vorzustellen«, vor das die Nazis wegen ihrer Verbrechen an den deutschen Juden zur Aburteilung gebracht werden könnten, fuhr er fort. Darüber hinaus würde es für Juden als solche unzweckmäßig sein, direkt durch die Kommission vertreten zu werden, da sie, wie er es ausdrückte, keine »eigene selbständige Staatsangehörigkeit« besäßen.[27]

Während die Außenministerien in London und Washington an den Definitionen der Kriegsverbrechen arbeiteten, brachten alliierte Juristen, die eine abweichende Meinung vertraten, zwei Komitees engagierter Kollegen zusammen, die versuchten, die Rechtsfrage der Kriegsverbrechen neu zu bestimmen, um das beispiellose Ausmaß der Nazigreueltaten zu erfassen. Es waren halbamtliche Organisationen, und ihre Empfehlungen waren für die alliierten Regierungen nicht bindend. Ihre Arbeitsergebnisse jedoch waren bedeutsam, weil es ihnen gelang, verschiedene komplexe Fragen zu klären, die bei jedem Versuch der strafrechtlichen Verfolgung von Kriegsverbrechen aufgeworfen werden. Sie machten ebenso darauf aufmerksam – wie schon im Frühsommer des Jahres 1942 eine Reihe einflußreicher Juristen in Europa und den Vereinigten Staaten –, daß die herkömmliche Auslegung des internationalen Rechts den Naziverbrechen gegenüber nicht nur wirkungslos war, sondern gewissermaßen eine Atmosphäre erzeugte, in der sie gediehen.

An der Universität von Cambridge gründete die langjährige, verhältnismäßig konservative Internationale Kommission für die Reformierung und Entwicklung des Strafrechts (*International Commission for Penal Reconstruction and Development*) anläßlich einer internationalen Konferenz am 14. November 1941 ein Komitee zur Untersuchung der mit einer möglichen Strafverfolgung der Nazifunktionäre und ihrer Kollaborateure zusammenhängenden Rechtsfragen. Zehn prominente europäische Juristen stellten sich für diese Aufgabe zur Verfügung (sieben von ihnen repräsentierten später ihre jeweiligen Heimatländer bei der UNWCC). Die Gruppe in Cambridge kam zu dem Schluß, daß ein Durchschnittsmensch zwar ohne weiteres die Notwendigkeit verstehen könne, einen einzelnen Nazi für zum Beispiel Mord durch Verhungernlassen an tausend polnischen Juden strafrechtlich zu verfolgen. Es sei aber eine ganz andere Sache, diesen Deutschen in einem geordneten Rechtssystem tatsächlich vor Gericht zu bringen. Die Problematik erwies sich als besonders kompliziert in den Fällen, in denen nach internationalem Recht der Massenmord an Zivilisten an sich als »legal« erschien, da die Tötungen als Reaktion auf Guerillaoperationen erfolgten, die gemäß der früheren Haager Konventionen unter Strafe gestellt worden waren. So hatten die Nazis versucht, zahlreiche Verfolgungshandlungen, die Deportationen, Zwangsarbeit oder die Inbesitznahme fremden Eigentums als kriegsbedingte Notstandsmaßnahmen anordneten, durch Gesetze und Verordnungen zu »legalisieren«.

Die Cambridge-Kommission kam bald zu dem Schluß, daß es keine eindeutige Befugnis für irgendein Gericht gab, Nazis für die zahllosen Greueltaten, die ihre Herrschaft in den besetzten Gebieten kennzeichneten, unter Anklage zu stellen. Die Strafgerichte der Niederlande könnten zwar möglicherweise nach dem Krieg zum Beispiel Nazis und ihre Kollaborateure für gewöhnliche Verbrechen wie Mord, Vergewaltigung oder Raub anklagen, die in den Niederlanden verübt worden waren. Das Komitee bezweifelte jedoch, ob die Deportation der holländischen Juden und Widerstandskämpfer durch die Nazis als ein Verstoß gegen das holländische Recht angesehen werden könnte, insbesondere nachdem die Nazis diese Deportationen als kriegsbedingte Notstandsmaßnahmen für »rechtens« erklärt hatten. Selbst wenn die holländischen Gerichte dafür die Zuständigkeit hätten, sei es unwahrscheinlich, daß sie die deutsche Regierung zwingen könnten, die Verdächtigen für ein Verfahren auszuliefern. Die alliierten Staaten erachteten es als ebensowenig zweckmäßig, den Schutzbereich ihres nationalen Rechts auf die Zivilbevölkerung innerhalb Deutschlands oder der an deren Achsenstaaten zu erstrecken. Und was die deutschen Gerichte anbelangte, so hatten sie zwar die Zuständigkeit für Verbrechen, die in Deutschland oder von Deutschen im Ausland begangen wurden; in Cambridge bestand jedoch wenig Hoffnung, daß die deutschen Gerichte imstande wären, der Gerechtigkeit in solchen Fällen Genüge zu tun.[28]

Die Überlegung, Naziverbrecher vor alliierten Militärgerichten unter Anklage zu stellen, brachte noch weitere Probleme mit sich. Die Militärgerichte verschiedener besetzter Länder besaßen offensichtlich keinerlei Befugnis, gegen Zivilisten zu verhandeln; in anderen Ländern konnten sie nur Anklage erheben, wenn die verübten Verbrechen einen direkten Bezug zum Militär hatten. Folglich konnten zwar Verdächtige aus den Achsenstaaten, die alliierte Kriegsgefangene zur Zwangsarbeit mißbraucht hatten, vor ein Militärgericht gestellt werden; jene aber, die Zivilgefangene im gleichen Lager gequält hatten, hätten nicht belangt werden können.

Nach dem damaligen Stand des Völkerrechts erschien daher die systematische Verfolgung der Juden und anderer, die in den Achsenstaaten eingeschlossen waren, tatsächlich als »legal«. In der Praxis wäre es danach auch fast jedem Nazi mit einem fähigen Rechtsbeistand möglich gewesen, nach dem Krieg der Bestrafung zu entgehen, vorausgesetzt, er würde überhaupt gefangen und angeklagt werden.

Unterdessen versuchte eine zweite halbamtliche Kommission, Lösungen für die juristischen Probleme zu formulieren, die die Cambridge-Kommission herausgearbeitet hatte. Sie wurde im März 1942 von der Londoner Internationalen Versammlung (*London International Assembly*) gebildet und bestand aus 29 Mitgliedern des Völkerbundes. Von diesem Londoner Zusammenschluß ist heute wenig bekannt; aber etwa im Laufe des Zeitraums 1942 bis 1943 entwickelte diese Versammlung zahlreiche juristische und theoretische Grundlagen für die Tätigkeit der UNWCC und für die internationalen Prozesse in Nürnberg. Viele Neuerungen im internationalen Recht – ebenso wie in den internationalen Angelegenheiten –, die in Nürnberg formuliert wurden, waren zuerst umfassend von der Londoner Vereinigung artikuliert worden.

Einige der prominenteren Mitglieder der Londoner Versammlung waren ebenfalls Mitglieder der Kommission von Cambridge, so Marcel de Baer, Richter am belgischen Revisionsgericht; René Cassin, juristischer Berater der französischen provisorischen Regierung, und Victor Bodson, der luxemburgische Justizminister. Das Mitglied der Vereinigten Staaten, Sheldon Glueck, war Doktor der Harvard-Universität.[29]

Die Londoner Versammlung brachte wesentliche juristische Argumente zusammen. Erstens machte sie geltend, daß die Entscheidung der Achse, in Europa einen Krieg anzuzetteln, ein internationales Verbrechen war – insbesondere eine Verletzung des 1928 unterzeichneten Briand-Kellogg-Paktes, in dem Deutschland und die meisten Alliierten gelobten, nicht gegeneinander Krieg zu führen. Weiterhin befürwortete das Londoner Bündnis die Schaffung eines neuen internationalen Strafgerichtshofs zur Aburteilung von Verbrechen unabhängig von der Zuständigkeit der alliierten Gerichte und ungeachtet ihrer »Legalisierung« in den von den Deutschen besetzten Gebieten.

In die Zuständigkeit dieses geplanten internationalen Gerichtshofs sollten vor allem die Verbrechen gegen Juden und Staatenlose fallen, die in den Achsenstaten lebten. »Bloße Terminologie oder formale Spitzfindigkeiten sollten nicht das Hauptproblem verbergen«, führte die Londoner Versammlung zur Begründung an. »Die Verhüllung ihrer Verbrechen unter einem Deckmantel scheinbarer Legalität sollte den Nazis nicht dazu verhelfen, der Gerechtigkeit zu entgehen.«[30] Die Versammlung bahnte auch der rechtlichen Definition der später so genannten »Verbrechen gegen die Menschlichkeit« einen Weg, indem sie die Meinung vertrat, daß die Spitze der deutschen Regierung, die »die Pläne für Überfälle auf fremde Staaten und rassische Ausrottung, den systematischen Terror, den Massenmord und die Deportationen, die wirtschaftliche Plünderung (...) und die Errichtung der Konzentrationslager entwickelt und ausgearbeitet hatte«, gegen solche fundamentale Regeln der menschlichen Gesellschaft verstoßen hatten, daß sie allein auf dieser Grundlage vor Gericht gestellt werden könnte.

Darüber hinaus wurde die Frage der Verantwortlichkeit der Staatsoberhäupter für die unter ihrem Regime begangenen Taten aufgeworfen. Nach der damals vorherrschenden Rechtslehre, die vor allem von den Vereinigten Staaten vertreten wurde, konnte ein Staatsoberhaupt nicht vor einem internationalen Tribunal für die Handlungen der Mitglieder seiner Regierung angeklagt werden. Viele Sachverständige traten dafür ein, daß diese De-facto-Immunität weit ausgelegt werden sollte: Nach Ansicht einiger Juristen konnte danach auch der Feldmarschall einer Armee, in der Kriegsverbrechen zur routinemäßigen Handlungsweise geworden waren, nicht vor Gericht gebracht werden, solange er nicht den Soldaten persönlich befohlen hatte, diese Verbrechen auszuführen. Von der Londoner Versammlung wurde diese herrschende Auslegung einstimmig verworfen.[31] In Abweichung von der herkömmlichen Auffassung bejahte sie die Verantwortlichkeit der Führer für die Taten ihrer Untergebenen.

Die Konzipierung von Rechtsgrundsätzen ist eine Sache, diesen in der Praxis aber Geltung zu verschaffen eine ganz andere. Ungeachtet der Schändlichkeit der Naziverbrechen spielte der Schutz der Menschenrechte per se eine sehr kleine Rolle in den tagtäglichen strategischen Überlegungen der Alliierten. Dies wurde besonders augenfällig daran, daß auch auf die Kenntnis der Geschehnisse in Auschwitz und die Deportation der ungarischen Juden in die Todeslager eine Reaktion der Alliierten ausblieb.[32]

Erst als die alliierten Führer die *politische* Nutzbarkeit der Strafverfolgung von Kriegsverbrechen erkannten, erlangten die Empfehlungen der Londonder Versammlung eine praktische Bedeutung. Wie immer in der Politik, wurde diese Erkenntnis erst allmählich und nicht immer konsequent in die Tat umgesetzt. Dennoch stellte die Konferenz der alliierten Außenminister in Moskau 1943 einen wichtigen Wendepunkt in der Haltung der Alliierten zu dieser Frage dar. Der Erklärung neuer Ziele in der Behandlung der Naziverbrechen auf der Moskauer Konferenz lagen international-politische und militärische Überlegungen zugrunde; die Sorge um Menschenrechte und Gerechtigkeit stand weiter unten auf der alliierten Prioritätenliste.

Das Kernproblem für jeden der Alliierten auf der Moskauer Konferenz im Herbst 1943 war, ob und zu welchen Bedingungen das amerikanisch-britisch-sowjetische Bündnis, das ständig an seinen politischen Gegensätzen zu zerbrechen drohte, in der Endphase des Zweiten Weltkriegs und der unmittelbaren Nachkriegszeit aufrechterhalten werden könnte. Diese weitreichende strategische Frage hing wiederum in einem überraschend großen Ausmaß oft von der politischen Frage ab, was mit den Führern der Achsenmächte und den Kriegsverbrechern geschehen sollte.

Die Alliierten bemühten sich in der Moskauer Erklärung, die aus dem Außenministertreffen hervorging, um die Klarstellung, daß sie einander während des Krieges nicht betrügen würden. Sie vereinbarten, sich gegenseitig zu informieren, wenn ein Achsenstaat seine Friedensfühler ausstrecken sollte, und Waffenstillstandsdiskussionen mit den kleineren Verbündeten der Achse wie Ungarn, Rumänien und Bulgarien gemeinsam zu führen. Die Vereinigten Staaten und Großbritannien erneuerten ihre Verpflichtung, die lange hinausgeschobene zweite Front in Westeuropa zu eröffnen. Alle drei Mächte besiegelten ihr Einverständnis, von Deutschland die bedingungslose Kapitulation zu verlangen.[33]

Die Frage der Behandlung der Naziverbrecher wurde zum Prüfstein für die Absichten jeder Regierung, was mit Deutschland nach dem Kriege geschehen sollte; denn sie zielte auf den Kern der Überlegung, welche Gestalt das Nachkriegsdeutschland annehmen sollte. Die Moskauer Erklärung wurde eröffnet mit der Vereinbarung, das Strafverfahren gegen die Naziverbrecher gemeinsam zu betreiben, die vollständige Abrüstung Deutschlands und die Auslieferung aller Naziverdächtigen an die Staaten zu fordern, in denen sie der Begehung ihrer Taten beschuldigt wurden.[34]

Zwei Gesichtspunkte sollten hervorgehoben werden. Erstens: Falls die Vereinbarung der Westalliierten, daß jedes Waffenstillstandsabkommen die Bestimmung enthalten sollte, Naziverbrecher an den Ort ihrer Verbrechen zu überstellen, eingehalten würde, trüge dies zu einer erneuerten Garantie bei, daß ein solches Abkommen mit Deutschland nicht ohne sowjetische Beteiligung getroffen würde. Zweitens fand der Mord an den Juden, den Staatenlosen und Zivilisten in den Achsenstaaten keinerlei Erwähnung als Verbrechen, weil die Rechtsexperten im amerikanischen und britischen Außenministerium darauf bestanden, daß es kein solches war. Juden wurden in der Erklärung noch nicht einmal auf der Liste der Opfer von Greueltaten aufgeführt. Diese Schlüsselfrage der Gerechtigkeit und des materiellen Rechts wurde totgeschwiegen.

Während der Jahre 1943 und 1944 war es die UNWCC allein, die sich im Rechtssystem der Westalliierten mit dem Problem auseinandersetzte, wie Nazis für ihre Verbrechen an der Zivilbevölkerung in den Achsenstaaten der Prozeß gemacht werden konnte. Die Bemühungen der UNWCC wurden oft von Herbert Pell, dem amerikanischen Kommissionsvertreter, vorangetrieben. Pell war ein bilderstürmender Nichtjurist, der den formaljuristischen Standpunkten des internationalen Rechts mit einem Mißtrauen gegenüberstand, das manchmal an Verachtung grenzte. Er war ein persönlicher Freund und Hauptfinanzierer von US-Präsident Franklin Roosevelt. Pells Feinde innerhalb der Roosevelt-Regierung unterstellten, daß Pell in erster Linie in die UNWCC berufen wurde, um ihn aus dem Weg zu schaffen. – Eine Anschuldigung, die ein Licht darauf wirft, was die Rechtsexperten in Washington von Pell, von der UNWCC und allgemein von dem Problem der Kriegsverbrechen hielten.[35]

Herbert Pell bombardierte Washington mit Berichten über die Aktivitäten der UNWCC und Ersuchen nach neuen »Instruktionen«, womit er eine Rücknahme des amerikanischen Vetos in bezug auf die Strafverfolgung der Nazis für Verbrechen an den Juden in Deutschland, Österreich und Ungarn meinte. Der Rechtsberater des Außenministeriums, Green Hackworth, ignorierte ihn. Er betrachtete ein früheres Schreiben an Pell (das die Unterschrift des Außenministers Hull trug) als vollkommen klar: Die UNWCC sollte sich keine neuen Ansätze in der rechtlichen Beurteilung der Kriegsverbrechen zu eigen machen. Hackworth beabsichtigte weder, neue »Instruktionen« herauszugeben, und noch weniger, seine Meinung über die Zuständigkeit der UNWCC zu ändern.

Aber die Lage wurde für das Außenministerium in zunehmendem Maße peinlich. Der Vorsitzende der UNWCC, Cecil Hurst, ließ auf der Pressekonferenz im späten August des Jahres 1944 eine Bombe platzen: Bisher seien noch keine Anklagen wegen Kriegsverbrechen gegen Adolf

Hitler und andere Führer der Achsenstaaten vorbereitet worden, sagte Hurst. Auf der UNWCC-Liste der Verdächtigen standen bisher nur 350 Namen, wovon die meisten rangniedrige Soldaten und SS-Männer waren, die Verbrechen an britischen Kriegsgefangenen verübt hatten. Die *Washington Post*, die *Chicago Sun* und andere große Zeitungen brachten gleichzeitig auf den Titelseiten einen Bericht aus London, in dem es hieß, daß Herbert Pell »für eine umgehend zu übende Gerechtigkeit einen Kampf auf verlorenem Posten geführt, andere aber alles verzögert« hätten.

Diesen 350 Namen auf der Liste wurden »halbamtliche Schätzungen« gegenübergestellt – die mit großer Wahrscheinlichkeit Pell selbst hatte durchsickern lassen –, nach denen die Zahl der Nazi-»Kriegsverbrecher« auf 6 Millionen beziffert wurde: 1,5 Millionen Gestapo- und SS-Funktionäre und 4,5 Millionen Angehörige der SA. Diese Männer seien Verbrecher und gleichzeitig »das größte Potential und die Reserve für eine Wiedergeburt des Nazi-Militarismus«, fuhr der Pressebericht fort. »Die Rechtsgrundlage für die Arbeit der Kommission verbietet zum gegenwärtigen Zeitpunkt die Bestrafung der Nazis für die Mißhandlung und massenhafte Tötung der Juden deutscher und der Staatsangehörigkeit der Achsenstaaten, der staatenlosen deutsch-jüdischen Bürger polnischer, tschechischer, französischer oder anderer alliierter Herkunft, [weil] die Haager Konvention ein Kriegsverbrechen als einen Verstoß durch eine kriegführende Partei gegen die Armee oder die Bürgerschaft einer anderen kriegführenden Partei definiert.«[36]

Pell unterbreitete seine Lösung durch die Zeitungen. Der Begriff der internationalen Verbrechen sollte neu definiert werden, brachte er vor, und »alle Straftaten gegen Menschen aufgrund ihrer Rasse, Religion oder politischen Überzeugung beinhalten, unabhängig von der Staatsangehörigkeit des Opfers oder des Hoheitsgebietes, auf dem die Verbrechen verübt wurden«[37].

Dieser Vorschlag war visionär, und er stand im Einklang mit den früheren rechtlichen Schlußfolgerungen der Londoner Internationalen Versammlung und ähnlicher Gruppen. Aber er machte Hackworth wütend. Sich in der Presse für politische Veränderungen einzusetzen, war für US-Repräsentanten im Ausland streng verboten. Noch schlimmer war, daß das herrschende politische Klima den Schluß zuließ, daß Pell mit seinen Bemühungen Erfolg haben könnte.

Im amerikanischen Außenministerium begann Hackworth einen entschlossenen Feldzug, der vom britischen Außenministerium unterstützt wurde, um die Abberufung Pells von seinem Posten bei der UNWCC zu erreichen. Der britische Rechtsattaché in Washington spielte Hackworth die geheimen Grundsatzpapiere der Vereinigten Stabschefs (*Combined Chiefs of Staff*/CCS) über Kriegsverbrechen zum »persönlichen Gebrauch« zu, indem er andere Dienststellen in Washington davon überzeugte, die herrschende Rechtslehre der Kriegsverbrecherprozesse zu verteidigen.[38] Die Weisungen der CCS begrenzten solche Strafverfahren auf eng definierte Fälle. Menschlichkeitsverbrechen fanden darin keine Erwähnung. Insbesondere schlossen sie von der Strafverfolgung nach dem Krieg jede »Tat, die durch feindliche Behörden gegen ihre eigenen Staatsangehörigen verübt wurden« aus, und damit also die meisten Verbrechen gegen europäische Juden. Es gab auch keine Diskussion darüber, alliierte Führer für die Bombardierungen der Zivilbevölkerung in den Achsenstaaten unter Anklage zu stellen.

Das US-Kriegsministerium unternahm zwischenzeitlich eigene Anstrengungen, unter dem Gesichtspunkt der staatlichen Souveränität die Auslegung des Begriffs der »Kriegsverbrechen« zu beschränken und in der Definition der »Gesetze der Menschlichkeit« eine Präzedenzwirkung zu vermeiden. Dieses Projekt wurde von dem damaligen Unterstaatssekretär (*Assistant Secretary*) im Verteidigungsministerium, John J. McCloy, geleitet. McCloy übertrug seinerseits das Problem der Ausarbeitung einer Strafverfolgungsstrategie für Naziverbrechen seinem Wehrstrafrechtsspezialisten Murray Bernays. In den ersten beiden Septemberwochen des Jahres 1944 verfaßte Bernays ein 6-Seiten-Memorandum, aus dem später ein Großteil der Rechtsgrundlagen für das Militärtribunal in Nürnberg hervorging.

Bernays sah seine Aufgabe darin, ein Handeln in bezug auf das Problem der Kriegsverbrechen noch einmal zu verzögern bis der Krieg vorbei war, um auf diese Weise mögliche Vergeltungsmaßnahmen gegen US-amerikanische Kriegsgefangene zu verhindern, die in deutschen Händen waren. Er trat – im Gegensatz zu Pell, dem US-Finanzminister Henry Morgenthau und anderen – nicht dafür ein, einen Plan auszuarbeiten mit dem Ziel, das Tempo der Nazigreueltaten zu verlangsamen, die damals in vollem Gange waren. Die Arbeit Bernays im Kriegsministerium hatte bis zu diesem Zeitpunkt größtenteils darin bestanden, die Initiativen der Gemeinschaft amerikanischer Juden ebenso wie seitens des militärischen Auslandsnachrichtendienstes OSS (*Office of Strategic Services*) und anderer US-Dienste zurückzudrängen, die die Eröffnung von Nazi-Kriegsverbrecherprozessen als Mittel der psychologischen Kriegführung propagierten.

»Bernays hatte Schwierigkeiten, sich mit den Kriegsgreueltaten zu befassen«, schrieb der Historiker Bradley F. Smith. »Bis zum Jahr 1944 muß er die Berichte über die Ausrottungen wahrgenommen haben, aber offensichtlich drangen sie in sein Bewußtsein nicht mehr ein als in das der meisten anderen in Washington. Tief eingewurzelte Zweifel an den Schilderungen über die Greueltaten, das Unvermögen, die Realität des Holocaust zu erfassen, und die scheinbare Vergeblichkeit jeden Versuchs, ihn zu stoppen, spielten eine Rolle in diesem Versagen, die Berichte von Auschwitz und anderen Lagern zu begreifen.«[39] Bernays berufliches Interesse galt in erster Linie den amerikanischen Kriegsgefangenen in deutscher Hand und nicht den europäischen Flüchtlingen.

Das Konzept zur Strafverfolgung von Kriegsverbrechen, das Bernays und das Kriegsministerium schließlich schufen, entstand nicht aus eigener Kraft: Sie wurden dazu gedrängt durch das Weiße Haus, durch Pell und Henry Morgenthau und durch die in der Öffentlichkeit hervorgerufenen Gefühle. Es weist alles darauf hin, daß ohne diesen Druck von außen das Kriegsministerium die Angelegenheit wie in den vergangenen drei Jahren hätte weiter treiben lassen. Mag Murray Bernays vielleicht auch andere Absichten verfolgt haben – das Kriegsministerium nutzte seinen Rechtsrat in erster Linie als Vorwand, konkrete Maßnahmen gegen Auschwitz und andere Lager zu vermeiden.

Bernays wird heute weithin Anerkennung dafür gezollt, die *conspiracy* (Verschwörung) zur Verübung von Greueltaten als strafbare Teilnahmeform formuliert zu haben [in Ergänzung zu den konventionelleren Straftatbeständen wie Mord oder Plünderung]. Mit der allgemeinen Strafbarkeit der *conspiracy* gelang der Kunstgriff, die Kluft zu überbrücken zwischen der vom amerikanischen und britischen Außenministerium bevorzugten Beschränkungen des internationalen Rechts auf der einen Seite und der wachsenden politischen Notwendigkeit, Nazis für die Verbrechen gegen die Zivilbevölkerung in den Achsenstaaten strafrechtlich zu verfolgen, auf der anderen Seite. Die Anklage, daß die Nazis einen »gemeinsamen Plan« hatten, Kriegsverbrechen, Verbrechen gegen den Frieden und – wie weiter unten noch ausgeführt wird – Verbrechen gegen die Menschlichkeit zu verüben, wurde zum Kernstück der Anklagevertretung in Nürnberg.

Tatsächlich aber war der Gedanke der Verschwörung von Naziorganisationen als Form der Teilnahme an Kriegsverbrechen in Ansätzen von einigen Völkerrechtlern bereits seit Kriegsbeginn diskutiert worden. Er erscheint in den Arbeiten von Sheldon Glueck, Professor für Strafrecht an der Universität von Harvard, die er in den Zeitschriften *New Republic* und *Harvard Law* sowie in seinem im Jahr 1944 erschienenen Buch *War Criminals: Their Prosecution and Punishment* veröffentlichte. Sogar Präsident Roosevelt bezeichnete in einer Anordnung an das Kriegsministerium, die die Grundlage für die Arbeit von Bernays schuf, das Handeln der Nazis wörtlich als »gesetzlose Verschwörung«[40].

Wie dem auch sei, es war Bernays, der das Memorandum entwarf, das den Kurs des Kriegsministeriums bestimmte. Nach US-amerikanischem Strafrecht kann die Anklagevertretung die Anklage wegen »Verschwörung« erheben, wenn zwei oder mehr Personen »durch eine gemeinsame Handlung ein gesetzwidriges Ziel verwirklichen«, das heißt, zusammenarbeiten, um ein Gesetz zu brechen. Bei der Anklage eines Bankraubes, zum Beispiel, kann die Staatsanwaltschaft eine Verurteilung wegen Kapitalverbrechens auf der Grundlage der Verschwörung gegen den Tatverdächtigen beantragen, der das Fluchtauto fuhr, auch wenn dieser niemals die Bank betreten hatte.

Bernays empfahl, diesen Rechtsgedanken auf das internationale Recht auszudehnen. Falls die Gestapo von einem zuständigen Tribunal zu einer kriminellen Verschwörung erklärt würde, argumentierte er, konnte theoretisch jedes Mitglied der Organisation für jedes von seinen Mitgliedern verübte Verbrechen strafrechtlich verfolgt werden, unter der Voraussetzung, daß das angeklagte Gestapo-Mitglied »in Einklang« mit dem Rest seiner Organisation gehandelt hätte. Dasselbe würde gelten für die Mitglieder der Führungsspitze der NSDAP, der SS und des deutschen Oberkommandos (obgleich es unklar war, wen genau dieser Begriff umfassen sollte) sowie für andere als kriminell bezeichnete Vereinigungen.

Er schlug vor, daß unmittelbar nach der deutschen Kapitulation ein alliiertes Tribunal zusätzlich zu einigen der ranghöchsten Naziführer verschiedene deutsche Schlüsselorganisationen als kriminelle Verschwörungen unter Anklage stellen sollte. Falls das Gericht die allgemeine Strafbarkeit der Verschwörung bestätigte, wäre damit ein Präzedenzfall geschaffen, auf dessen Grundlage die zweit- und drittrangigen Mitglieder dieser Naziorganisationen, die die kriminelle Politik ihrer Führer ausgeführt hatten, allein aufgrund des Nachweises ihrer Mitgliedschaft vor Gericht gebracht werden könnten. Diese gerichtliche Feststellung würde das Verteidigungsvorbringen von Untergebenen, auf Befehl gehandelt zu haben, erschweren und möglicherweise sogar ausschließen.

Alle Taten der beschuldigten Organisationen könnten von der Anklagevertretung für die Beweisführung herangezogen werden, daß eine kriminelle Verschwörung existierte. Damit konnte man die heikle Streitfrage umgehen, ob Nazihandlungen vor Kriegsausbruch 1939 als Kriegsverbrechen abgeurteilt werden könnten oder nicht. Mit der Anklage wegen »Verschwörung« könnte Beweismaterial zurückgehend bis 1933 eingebracht werden, selbst wenn die Anklage die Verurteilung nur für Taten nach 1939 beantragte. Das gestattete der Anklagevertretung auch, Beweise über Nazigreueltaten gegen Staatsangehörige der Achsenstaaten, wie zum Beispiel deutsche oder ungarische Juden, einzuführen, zumindest solange diese Taten kausal mit konventionelleren Kriegsverbrechen verknüpft werden konnten. Andererseits konterkarierte Bernays Strategie aber zugleich die Bemühungen von Pell und dessen Verbündeten, neue Rechtsgrundlagen für die Strafverfolgung von Verbrechen gegen die Menschlichkeit zu schaffen. Sie sperrte sich gegen jede Entwicklung im internationalen Recht, die die starren Strukturen, die seit der Pariser Konferenz 1919 bestanden, aufzubrechen versucht hatte. In seinem Memorandum weigerte sich Bernays, der Zivilbevölkerung in den Achsenstaaten irgendwelche unveräußerlichen Rechte zuzuerkennen, außer jenen, die durch die Achsenstaaten garantiert wurden. Ganz gleich, was Bernays beabsichtigt haben mag, seine Vorschläge wurden oft von jenen zur Unterstützung herangezogen, die eine *Go-Slow*-Reaktion auf die Nazigreueltaten bevorzugten.

Herbert Pell drängte es, Roosevelt davon zu überzeugen, daß die US-Regierung ihr Verständnis von Inhalt und Durchsetzbarkeit der Menschenrechte grundsätzlich zu überdenken hatte. Anfang Dezember 1944 nahm er die Hochzeit seines Sohnes zum Anlaß, in die Vereinigten Staaten zurückzukehren, wo er hoffte, in der Debatte über die Greueltaten gegen die Juden in den Achsenstaaten die Unterstützung des Präsidenten zu gewinnen. Im Außenministerium hatte jedoch der Rechtsberater Green Hackworth ganz andere Pläne. Kurz zuvor, im November, hatte der Kongreß den Notstandsfonds (*Emergency Fund*) des Präsidenten mit neuen Einschränkungen belegt. Aus diesem Fonds flossen die Gelder für Pells Besoldung bei der UNWCC. Der Rechtsberater war sich darüber im klaren, daß Pell ganz legal zum Rücktritt von seinem Posten gezwungen war, falls der Kongreß die Mittel hierfür nicht weiter bewilligte.

Hackworth schickte eine Beraterin mit einem Haushaltsvoranschlag zum Kapitol, in dem die Besoldung Pells ganz oben auf der Prioritätenliste des Außenministeriums stand. Diese Beraterin trat vor dem Kongreß für die Bewilligung der Mittel für Pell ein – in einer Form jedoch, die deutlich machte, daß Pells Arbeit im Außenministerium wenig Achtung und die UNWCC nicht sehr viel Unterstützung fand. Nach mehreren Sitzungen strich ein parlamentarischer Vermittlungsausschuß bei der Heraufsetzung des Etats Pells Gehalt aus der Haushaltsgesetzvorlage, und der Haushalt des Jahres 1945 wurde ohne es verabschiedet.[41]

Während der Haushaltsberatungen traf sich Pell mindestens zweimal mit Hackworth, der jedoch zu keiner Zeit verriet, daß das Schicksal Pells und der UNWCC vor einem parlamentarischen Haushaltsausschuß zur Diskussion stand. Auch der amtierende Außenminister Edward R. Stettinius wußte, daß Pells Absetzung bevorstand; aber auch er schwieg sich darüber aus, als sich die beiden Männer trafen.

Hackworth und Stettinius arbeiteten die Weihnachtsfeiertage des Jahres 1944 hindurch an der Vorbereitung einer Vorlage für das Weiße Haus, mit deren Hilfe sie hofften, Pell den Gnadenstoß versetzen zu können. Sie wiederholten darin frühere Auseinandersetzungen über die Befugnisse der UNWCC und kritisierten Pells Hang, öffentliche Stellungnahmen ohne Weisungen aus Washington abzugeben. Seine Entlassung schrieben sie den parlamentarischen Kürzungen zu und versicherten dem Präsidenten fälschlicherweise, daß sich Pells Sorge um das Schicksal der Juden in den Achsenstaaten nun ein neuer Rechtsausschuß annehmen würde, der sich aus Hackworth, Bernays und anderen Verwaltungsjuristen zusammensetze. Das einzig wirkliche Problem, das zu lösen übrigblieb, wäre, bemerkten sie, ob Roosevelt selbst Pell mitteilen sollte, daß er sein Amt los sei, oder ob er es vorzog, dem Außenminister den Hinauswurf zu überlassen. »In Ordnung«, lautete die knappe Antwort Roosevelts an Stettinius, »Sie erledigen das. Endlich.«[42]

Hackworth war der Ansicht, daß er unterdessen beträchtliche Fortschritte bei seinen Treffen mit Bernays im Kriegsministerium erzielt hatte. Trotz seiner Lippenbekenntnisse zu Bernays Vorhaben belegen jetzt freigegebene Aktenvermerke von Hackworth, daß er zumindest in den folgenden sechs Monaten fortgesetzt die Anklage wegen Verschwörung gegen die SS und die NSDAP zu verhindern suchte.[43] Ebenso widersetzte sich der US-Justizminister Francis Biddle – teilweise unter dem Einfluß von Hackworth – den Vorschlägen Pells und des Kriegsministeriums für eine Anklage wegen Verschwörung, indem er weitgehend die gleichen Bedenken geltend machte wie Robert Lansing am Ende des Ersten Weltkriegs.[44]

Anfang Januar 1945 verkehrten sich jedoch die Bemühungen von Hackworth, Pells Absetzung in die Wege zu leiten, in ihr Gegenteil. Kurze Zeit, nachdem Roosevelts vertrauliche Notiz das Außenministerium ermächtigt hatte, Pell zu entlassen, traf der Präsident Pell zum Mittagessen im Weißen Haus. Nach Pells Schilderung der Begebenheit in seinen unveröffentlichten Memoiren versicherte Roosevelt ihn noch einmal seiner fortdauernden Unterstützung und ermutigte ihn, nach London zurückzukehren, um die UNWCC zu einem entschiedenen Eintreten gegen die Naziverbrechen zu bewegen. In Hochstimmung kehrte Herbert Pell in das Außenministerium zurück, zu einem, wie er glaubte, Routinetreffen mit Edward Stettinius. Es kam jedoch ganz anders. Stettinius feuerte Pell ohne Vorwarnung und mit einem Minimum an Höflichkeit. Der entlassene UNWCC-Beauftragte rief umgehend im Weißen Haus an, aber Franklin D. Roosevelt nahm die Anrufe seines alten Freundes nicht entgegen.[45]

Pell weigerte sich, aufzugeben. Er informierte die Presse und beschuldigte das Außenministerium, die Strafverfolgung der Nazigreueltaten zu hintertreiben. Er nahm seine Entlassung zum Anlaß, seinen früheren Anschuldigungen, das Außenministerium habe zahlreiche geplante Reaktionen auf den Holocaust blockiert, neue Aufmerksamkeit und Glaubwürdigkeit zu verschaffen. Leitartikler und Kolumnisten griffen Pells Angelegenheit auf und, wichtiger noch, lenkten die Aufmerksamkeit der Öffentlichkeit auf die juristischen Formfragen, die Hackworth und andere Regierungsbeamte das vergangene Jahrzehnt hindurch hinter den Kulissen dazu benutzt hatten, ihre Untätigkeit im Angesicht des Holocaust zu rechtfertigen.

Ein Leitartikel der *Washington Post* verurteilte Pells Entlassung und formulierte scharfe Angriffe gegen »bestimmte Anhänger überholter formaljuristischer Standpunkte (...), [die] es nicht fertiggebracht hatten, Rechtsgrundlagen im internationalen Recht zur Bestrafung eines Staates für die Ermordung seiner eigenen Bürger herauszufinden und deshalb eine Beteiligung« der Vereinigten Staaten an der Strafverfolgung der Deutschen, die die deutschen Juden vernichtet hatten, ablehnten. Das Problem seien, fuhr die *Post* in einem zweiten Leitartikel fort, »bestimmte gut verschanzte Funktionäre im Außenministerium«. Die täglich erscheinende liberale New Yorker *PM* veröffentlichte eine Serie von Enthüllungsartikeln über die ganze Begebenheit. »Wer sind die US-Beamten, die einen Prozeß gegen die Nazimörder zu sabotieren versuchen?« lautete die Schlagzeile. Aufgrund der politischen Linie des Außenministeriums, die, in den Worten von *PM*, eine »Bestrafung der Männer, die diesen Krieg der Welt aufgezwungen haben, (...) unmöglich mache«, sei »Hitler [rechtlich] noch immer sicher«.[46]

Dieser Feuersturm der Öffentlichkeit zwang das Außenministerium, in der Streitfrage der Strafverfolgung von Deutschen für die Verbrechen an den deutschen Juden klein beizugeben, obgleich sich Hackworth unentwegt Pells weitergehenden Vorstellungen von den Sanktionsmöglichkeiten des internationalen Rechts widersetzte. Das Außenministerium gab eine förmliche Erklärung heraus, in der – völlig unzutreffend – beteuert wurde, daß die »Ziele« Pells die ganze Zeit über unterstützt worden seien.[47] Pell wurde zum Märtyer für seine kompromißlose Haltung gegenüber den Naziverbrechen, für die auch von der herrschenden Meinung abweichende Juristen und ein Großteil der Öffentlichkeit eingetreten waren. Indem er rücksichtslos entlassen wurde, beschrieb der Historiker Michael Blayney diesen Vorfall, habe es das Außenministerium »Pell ermöglicht, einen solch öffentlichen Zorn zu erregen, daß das Ministerium gezwungen war, nachzugeben (...). Pells plötzliche Absetzung trug dazu bei, die [Nürnberger] Prozesse praktisch unvermeidbar zu machen.«[48]

Hackworth und seine britischen Mitstreiter waren schließlich weder in der Lage, die Einführung der »Verbrechen gegen die Menschlichkeit« als Anklagepunkt in die Anklageschrift zu verhindern, die beim Internationalen Militärgerichtshof eingereicht wurde, ebensowenig wie ihre Aufnahme als Straftatbestand in das Kontrollratsgesetz Nr. 10, auf dessen Grundlage zahlreiche tatverdächtige Nazis vor Gericht gestellt wurden. Es gelang ihnen jedoch, diesen Rechtsgrundsatz aus der Anklagestrategie vor dem Internationalen Militärgerichtshof herauszuhalten. Im Gegensatz zu einer weitverbreiteten Überzeugung spielte der Rechtsbegriff der »Verbrechen gegen die Menschlichkeit« eine ziemlich geringe Rolle sowohl in der rechtlichen Begründung der Anklage wie im Urteil des Militärtribunals. Man findet dort selbst angesichts der schrecklichen und einzigartigen Bluttaten Nazideutschlands nur das halbherzige und allgemeine Bekenntnis, daß solche Verbrechen nach internationalem Recht strafrechtlich verfolgt werden sollten.[49]

Schlußüberlegungen

Die vorherrschende juristische Antwort auf den armenischen Völkermord und den Holocaust verdeutlicht ein Grundprinzip im Umgang der Großmächte mit Massenverbrechen. Das Problem ist grundsätzlich struktureller Natur; es ist dem System inhärent und nicht einfach nur das Werk einer besonders bösen oder unbeholfenen Gruppe von Menschen. Viele der internationalen Rechtsbegriffe in bezug auf Kriegsverbrechen wurden um die Jahrhundertwende in erster Linie von den Staaten formuliert, die damals die internationale Politik beherrschten: die europäischen Großmächte, das zaristische Rußland und die Vereinigten Staaten. Die Genfer und Haager Konventionen dienten den Großmächten als Werkzeug, das Wettrüsten zu kontrollieren und neue, scheinbar stärker rationale Regeln für die Kriegführung und Behandlung von Streitigkeiten über die Ausübung der Gebietshoheit aufzustellen. Die damaligen Signatarmächte begrenzten »gerechte« Kriege auf solche, die von regulären, uniformierten Armeen geführt wurden – eine Bestimmung, die in höchstem Maße die größeren und etablierten Staaten begünstigte, denn sie waren bei solchen bewaffneten Auseinandersetzungen eindeutig im Vorteil. Sie verbrieften die nahezu absolute Souveränität der Nationalstaaten über ihre Staatsangehörigen, erklärten die meisten revolutionären Erhebungen und Kolonialunruhen per se zu Kriegsverbrechen und verfestigten den Anspruch der Staatsoberhäupter auf rechtliche Immunität für ihre Handlungen im Amt. Gleichwohl führten diese Verträge zu einigen humanitären Fortschritten, insbesondere zu einer Verbesserung der Behandlung von Kriegsgefangenen.

Während des Ersten Weltkriegs wurden diese Rechtsgrundlagen auf den Prüfstand gestellt. Trotz einiger Verbesserungen der Bedingungen für die Soldaten erwies sich dieses Rechtsregime als weitgehend unfähig, den beispiellosen Verbrechen jener Tage, insbesondere der systematischen Ausrottung der Armenier als Rasse durch den türkischen Staat, entgegenzutreten oder sie aufzuhalten. Es versagte großenteils deshalb, weil die Sachverständigen jener Tage keinen Weg finden konnten, den Völkermord und ähnliche Massenverbrechen strafrechtlich zu verfolgen, ohne die »konventionelleren Begleiterscheinungen« des Kolonialismus, des nationalen Fortschritts und des internationalen Handels ebenfalls auf die Anklagebank zu bringen.

Diese Vorgaben wiederum hatten Präzedenzwirkung für die internationale Reaktion auf den Holocaust und andere systematisch verübte Greueltaten vor, während und nach dem Ende des Zweiten Weltkriegs. Entgegen weitverbreiteter Vermutungen wurde der Internationale Militärgerichtshof in Nürnberg nicht aufgrund eines systematischen rechtlichen Fortschritts eingerichtet. Die Ungeheuerlichkeit der Naziverbrechen, politischer Zwang und ein dilettantischer Fehler beim Versuch, abweichende Rechtsansichten zu unterdrücken, lenkten vielmehr die Aufmerksamkeit der Öffentlichkeit auf das Versagen des bestehenden Rechtssystems.

Gegen den Holocaust wie gegen den Völkermord in der Geschichte unseres ganzen Jahrhunderts hindurch sind die mächtigen Staaten nur insoweit eingeschritten, als er sich auf ihre Stabilität oder ihre kurzfristigen Interessen auswirkte. Nahezu ohne Ausnahme waren Massenverbrechen für sie in erster Linie ein Mittel zur Erweiterung ihrer Einflußsphären – ohne Rücksicht auf den Preis, der unter dem Gesichtspunkt elementarer Gerechtigkeit bezahlt werden mußte.

Heutzutage sind positive Präzedenzfälle im Bereich der Menschenrechte ständig in Gefahr, ausgehöhlt und in ihr Gegenteil verkehrt zu werden in geschützten Formen sozialer Ordnung, die außerordentlich brutal und entmenschlichend sind, genauso wie die humanitären Initiativen der Haager Konventionen dazu benutzt wurden, Kolonialaufstände zu unterdrücken. Ähnlich wurde in den Nürnberger Prozessen zwar die Grauenhaftigkeit der Gaskammern unzweideutig verdammt, die Bombenabwürfe aber auf die Zivilbevölkerung durch beide Seiten (wie die Raketenangriffe auf Städte) entgingen nicht nur der Anklage in Nürnberg; auf ihnen beruhte nach dem Krieg das Konzept der nationalen Sicherheitsstrategien der Großmächte. Im Fall der Bombardierung der Zivilbevölkerung haben die Nürnberger Prozesse einen Präzedenzfall geschaffen, der dazu verhalf, Greueltaten zu schützen und sogar auszulösen, nicht aber sie zu hemmen.[50]

Ähnlich widersprüchlich verhielt sich der US-Senat, als er 1986 – nachdem er sich hierfür vier Jahrzehnte Zeit gelassen hatte – eine einfache Konvention billigte, in der Genozid zum Verbrechen erklärt wurde. Gleichzeitig jedoch hielten die Senatoren mit ihrer Unterzeichnung einen Vorbehalt fest, der die Gerichte der Vereinigten Staaten so lange daran hindert, der Konvention tatsächlich Geltung zu verschaffen, bis der Kongreß Ausführungsgesetze hierzu verabschiedet hat, deren Erlaß noch immer aussteht.[51] Die praktische Folge dieses Manövers ist die Untermauerung von Großmachtansprüchen mit moralischer Legitimität gewesen, während gleichzeitig jene Arten von Grausamkeiten – wie zum Beispiel die Durchsetzung institutionalisierter Armut in ganz Mittelamerika –, für die dieser Staat direkt verantwortlich ist, unter einen De-facto-Schutz gestellt wurden.

Vielleicht kann für die Zukunft etwas Hoffnung aus der Art und Weise geschöpft werden, wie spätere Generationen die enttäuschten Ideale einer früheren Ära beim Wort nehmen. Es ist richtig, daß die Nürnberger Prinzipien an den meisten nationalen und internationalen Gerichtshöfen noch immer keine Anwendung finden. Aber Millionen Menschen weltweit haben sich nichtsdestoweniger eine gewisse Bedeutung dieser Prinzipien als einen Standard universeller Gerechtigkeit zu eigen gemacht. Daher lebt die positive Wirkung von Nürnberg fort in den öffentlichen Forderungen nach Einhaltung der Menschenrechte, nach Gerechtigkeit und menschlicher Behandlung von Kriegsopfern – sogar in Staaten, deren Gerichte die rechtliche Bindungswirkung der Nürnberger Prinzipien verneinen.

Seit dem Ende des Zweiten Weltkriegs sind mehr als ein Dutzend neuer internationaler Verträge unterzeichnet worden, die den Schutz der Menschenrechte bezwecken, darunter Konventionen gegen Sklaverei, Folter, rassische und sexuelle Diskriminierung, Apartheid und Genozid.[52] Jede neue Vereinbarung macht deutlich, daß es in der Frage der Menschenrechtsverletzungen eine breite öffentliche Unterstützung für einen grundsätzlichen Wandel im Verhalten der Staaten und in den internationalen Beziehungen gibt. Dieser Haltung wird auch – wenngleich unvollkommen – Ausdruck verliehen in den Vereinten Nationen, der Europäischen und Interamerikanischen Menschenrechtskommission, ähnlichen zwischenstaatlichen Organisationen in Afrika, der privaten Vereinigung Amnesty International und zahlreichen anderen Gruppen, die über Menschenrechtsfragen wachen und Verletzungen publik machen. Heute ist der öffentliche Widerstand gegen Verbrechen gegen die Menschlichkeit oft differenzierter, besser ausgerüstet und besser informiert als jemals zuvor in der Geschichte. Diese Erfolge sind zwar noch fragil, aber ermutigend.

Aus dem Amerikanischen von Gaby Körner

Anmerkungen

1 Diese Zusammenhänge sind ausführlicher dargestellt in: Chr. Simpson, *The Splendid Blond Beast; Money, Law and Genocide in the 20th Century*, New York 1993. Vgl. auch H. Pell, *Oral History*, Columbia University 1951, S. 584–603; U.S. Department of the Treasury (Randolph Paul), *Report to the Secretary on the Acquiescence of this (U.S.) Government in the Murder of Jews*, Jan. 13, 1944, in: H. Morgenthau Jr. Diaries, Bd. 693, S. 212–229, F. D. Roosevelt Library, Hyde Park, New York.

2 T. Taylor, *Nuremberg and Vietnam: An American Tragedy*, Chicago 1970, S. 140–145; vgl. auch ders., *Anatomy of the Nuremberg Trials*, New York 1992, S. 325–328. In seinem späteren Werk schreibt Taylor, daß die »schweren Luftangriffe auf Großstädte im Zweiten Weltkrieg – Hamburg, Berlin, Dresden, Tokio, Hiroshima und Nagasaki – von Großbritannien und den Vereinigten Staaten durchgeführt worden waren, und es darum höchst unwahrscheinlich war, daß die Anklagebehörde [vor dem Internationalen Gerichtshof] viel Aufhebens um die früheren deutschen Angriffe machen würde (...)«. (S. 325–326) In ähnlicher Weise waren organisierte Vergewaltigung und verschiedene Formen sexueller Sklaverei während des Krieges in großem Maße »legal«. Selbstverständlich ist in den militärischen Dienstvorschriften der meisten Staaten Vergewaltigung untersagt. Diese Vorschriften werden manchmal gegenüber einzelnen Soldaten zur Anwendung gebracht, insbesondere in Friedenszeiten. Im Krieg dagegen wird organisierte und systematische Vergewaltigung als taktisches Mittel eingesetzt – wenn auch gewöhnlich uneingestandenermaßen. Während des Zweiten Weltkriegs im Pazifik wurden durch die japanische Regierung Militärbordelle mit etwa 200 000 jungen Frauen eingerichtet, die dorthin durch List und Gewaltanwendung verschleppt wurden. Das Kriegsverbrechertribunal in Tokio wußte von den Verbrechen, lehnte es jedoch ab, Anklage zu erheben. Als eine Folge wurde in Asien ein Sexhandel größten Ausmaßes aufrechterhalten, der noch heute durch japanische Verbrecherorganisationen kontrolliert wird. Vgl. G. Hicks, *The Comfort Women*, Tokio 1995; U. Dolgopol, S. Paranjape (Internationale Juristenkommission), *Comfort Women, An Unfinished Ordeal – Report of a Mission*, Genf 1994; Japan Federation of Bar Associations, *Recommendations on the Issue of ›Comfort Women‹*, Tokio 1995; S. Pollock Sturdevant, B. Stoltzfus, *Let the Good Times Roll: Prostitution and the US Military in Asia*, New York 1992.

3 Zu diesem Thema gibt es umfangreiche Literatur. Für eine genaue Darstellung der Hauptvertreter der verschiedenen Schulen vgl. G. Kolko, *The Triumph of Conservatism*, New York 1963, und R. Wiebe, *Businessmen and Reform*, Cambridge (Mass.) 1962.

4 Zitiert nach: United Nations War Crimes Commission, *History of the United Nations War Crimes Commission and the Laws of War*, London 1948, S. 100. Im folgenden zitiert als: *UNWCC and the Laws of War*. Einige Wissenschaftler schätzen die Zahl der Opfer des Völkermords an den Armeniern auf 1,5 bis 2 Millionen. Zu der Diskussion um die Zahl der Todesopfer vgl. L. Kuper, *The Turkish Genocide of Armenians, 1915–1917*, in: R. Hovannisian (Hg.), *The Armenian Genocide in Perspective*, New Brunswick (NJ.) 1986, S. 43–59. Der Innenminister der türkischen Nachkriegsregierung gestand auf Grundlage türkischer Akten etwa 800 000 armenische Opfer in Zusammenhang mit den Deportationen von 1919 ein, wenngleich er mit dieser Zahl zahlreiche Opfer unterschlug. Vgl. V. Dadrian, *The Naim-Adonian Documents on the World War I Destruction of Ottoman Armenians: The Anatomy of Genocide*, in: International Journal of Middle East Studies, August 1986, S. 343 und S. 358–359, Fn. 111. Eine ausführliche Dokumentensammlung ist wiedergegeben in: R. Adalian (Hg.), *The Armenian Genocide in U.S. Archives, 1915–18* (Mikrofilm-Sammlung), Alexandria 1991–92. Wichtige diplomatische und nachrichtendienstliche Aufzeichnungen über den armenischen Völkermord finden sich in: A. Hairapetian, *›Race Problems‹ and the Armenian Genocide: The State Department File*, und A. Hovannisian, *The United States Inquiry and the Armenian Question, 1917–1919 Archival Papers* (beide mit ausgewählten Dokumenten aus Archivbeständen), in: Armenian Review, Frühjahr 1984, S. 41–202. Eine britische Sammlung ausführlicher zeitgenössischer Dokumente findet sich in: A. Toynbee (Hg.), *The Treatment of the Armenians in the Ottoman Empire 1915–1916*, London 1916. Eine deutsche Sammlung ist veröffentlicht in: J. Lepsius, *Deutschland und Armenien 1914–1918*, Sammlung diplomatischer Aktenstücke, Potsdam 1919. Zur Diskussion über türkische Dokumente vgl. V. Dadrian, *Documentation of the Armenian Genocide in Turkish Sources*, Jerusalem 1991 (Veröffentlichung des »Institute on the Holocaust and Genocide«).

5 J. Willis, *Prologue to Nuremberg: The Politics and Diplomacy of Punishing War Criminals of the First World War*, Westport (Conn.) 1982, S. 37–64; D. A. Foltz, *The War Crimes Issue at the Paris Peace Conference*, Washington (DC) 1978 (Diss. an der American University), S. 10–37.

6 Die vielleicht umfassendste Darstellung, wie die Vereinigten Staaten im Jahre 1919 die Haager Konventionen beurteilten, findet sich in einer Reihe von Handbüchern, die für die US-Delegation in Paris vorbereitet wurden und in denen die Probleme des Schuldnachweises für Kriegsverbrechen, für Reparationsforderungen und damit zusammenhängender Fragen aufgeführt werden. Sie wurden neu aufgelegt unter dem Titel: *U.S., American Commission to Negotiate Peace (the Inquiry), The Inquiry Handbooks*, Wilmington 1974. Vgl. insbes. Bd. 2 (*Laws of Land Warfare*), Bd. 3 (*Selected Topics in the Laws of Warfare*), Bd. 7 (*Neutrals' Person and Property Within Belligerent Territory*, Bd. 8 (*Maritime Warfare, Land Warfare*) und Bd. 9 (*Blockade*).

7 *The Hague, International Peace Conference, The Proceedings of the Hague Peace Conferences*, Bd. 2, New York 1920, S. 329, 698–700. Von besonderem Interesse in diesem Zusammenhang ist die brutale Niederschlagung des Boxeraufstandes in China und einer philippinischen nationalen Erhebung im Verlauf der zweiten Haager Konferenz. – Vgl. hierzu: C. DeArmond Davis, *The United Nations and the Second Hague Peace Conference*, Durham (NC) 1975, S. 37, und L. Friedman, *The Law of War. A Documentary History*, Bd. 1, Westport (CT) 1972, S. 799–841.

8 Zum weitergehenden Problem »legalisierter« Abschlachtung von Rebellen, Aufständischen, Guerilleros und anderen Irregulären vgl. K. Suter, *An International Law of Guerilla Warfare*, New York 1984, S. 1–19, 175–185, und F. Kalshoven, *Belligerent Reprisals*, Leyden 1971, S. 1–44. Zu den Diskussionen über die Vergeltungsdoktrin und Greueltaten gegen die Zivilbevölkerung in Europa während des Ersten Weltkrieges vgl. J. Valéry, *Les Crimes de la Population Belge; Replique à un Plaidoyer pour le Gouvernement Allemand*, Paris 1916. *Belgium, Reports on the Violations of the Rights of Nations and of the Laws and Customs of War in Belgium* (2 Bde.), London undatiert (1916?); F. Passelecq, *Déportation et Travail Forcé des Ouvriers et de la Population Civile de la Belgique Occuppée 1916–1918*, Paris undatiert (1927?). Für neuere Betrachtungen zur Fortdauer dieses strukturellen Problems im internationalen Recht vgl. N. Chomsky, *The Role of Force in International Affairs*, in: For Reasons of State, New York 1973, S. 212 ff; J.-P. Sartre, *On Genocide*, in: J. Duffet (Hg.), *Against the Crime of Silence*, New York 1969, S. 612 ff; D. Wells, *War Crimes and Laws of War*, Lanham (Md.) 1984; J. Weiler, A. Cassese, M. Spinedi, *International Crimes of State. A Critical Analysis of the ILC's Draft Article 19 on State Responsibility*, Berlin/New York 1989, und Ph. Thienel, Special Operations Research Office, *The Legal Status of Participants in Unconventional Warfare*, Washington (DC) 1961.

9 Zu Südwestafrika (heute Namibia) vgl. H. Dreschler, *Let Us Die Fighting: The Struggle of the Herero and Nama Against German Imperialism 1884–1915*, London 1980; F. Chalk, K. Jonassohn, *The History and Sociology of Genocide*, New Haven (Conn.) 1990, S. 230–248. Zu den Philippinen vgl.: Friedman (Anm. 7), Bd. 1, S. 799–841; U.S., Adjutant- General's Office, *Correspondence Relating to the War with Spain and Conditions Growing Out of the Same*, Washington (D.C.) 1993 (Zentrum für Militärgeschichte der US-Armee).

10 B. Baruch, *The Making of the Reparation and Economic Sections of the (Versailles) Treaty*, New York 1920; vgl. insbes. die Reden von John Foster Dulles und dem australischen Premierminister W. M. Hughes auf S. 289–315.

11 A. Walworth, *Wilson and His Peacemakers: American Diplomacy at the Paris Peace Conference* 1919, New York 1986, S. 214.

12 E. M. House, Tagebuch, Eintrag für den 24. Juli 1915, Yale University Library, New Haven (Conn.); Willis (Anm. 5), S. 41.

13 R. Lansing, Tagebuch, Eintrag für den 25. Mai 1915, Library of Congress, Washington (DC), zitiert nach: R. Pruessen, *John Foster Dulles, The Road to Power*, New York 1982, S. 46.

14 Willis (Anm. 5), S. 41.

15 *UNWCC and the Laws of War* (Anm. 4), S. 32–36.

16 Walworth (Anm. 11), S. 216; vgl. auch Foltz (Anm. 5), S. 219–223 und Willis (Anm. 5), S. 68.

17 V. Dadrian, *Genocide as Problem of National and International Law*, in: Yale Journal of International Law, Sommer 1989, S. 230–245. Zum Ende der ersten armenischen Republik und zur Frage der Kriegsverbrechen in Zusammenhang mit dem Friedensvertrag von Lausanne 1923 vgl. M. Housepian Dobkin, *What Genocide? What Holocaust? News From Turkey 1915–1923, A Case Study*, in: Hovanissian (Anm. 4), S. 97–110; Simpson (Anm. 1), S. 31–37; Willis (Anm. 5), S. 162 f; Dadrian (Anm. 4), S. 310; American Committee Opposed to the Lausanne Treaty,

The Lausanne Treaty, Turkey and Armenia, np. 1928 und E. Borell, *Sentence Arbitrale, Répartition des Annuites de la Dette Publique Ottomane*, Article 47 du Traité de Lausanne, Genf 1925.

18 Ein biographischer Abriß über Green Hackworth findet sich in: National Encyclopedia of American Biography, Bd. 57, S. 110, und in: Current Biography 1958, S. 181–182. Vgl. auch die einleitenden Anmerkungen zu Green Hackworth, Digest of International Law, Bd. 1, Department of State publication no. 1506, Washington (DC) 1940; Neuauflage New York 1973. Für eine kritischere Beurteilung der Rolle von Hackworth in der Entwicklung der Haltung der USA zu den Kriegsverbrechen vgl. Pell (Anm. 1), S. 584–603.

19 *UNWCC and the Laws of War* (Anm. 4), S. 89–92. Zitat auf S. 90.

20 British Foreign Office document FO 371 309149.1.42; T. Bower, *Blind Eye to Murder*, London 1983, S. 46.

21 R. O'Connor, *Diplomacy for Victory: FDR and Unconditional Surrender*, New York 1971; Bower (Anm. 20), S. 47–51; vgl. auch: »Aufzeichnungen über Aussprachen mit Mr. Bull (Allen Dulles) und Mr. Roberts (Edmond Taylor)«, National Archives microfilm of captured German records T-175, Rolle 458, Bilder 2975007–2975043; W. Schellenberg, *Hitler's Secret Service*, New York 1958, S. 369–383 passim; R. Crossman, *Supplementary Essay*, in: D. Lerner, *Psychological Warfare Against Nazi Germany*, Cambridge (Mass.) 1971.

22 Bower (Anm. 20), S. 47–51.

23 Berle to Secretary of State, June 22, 1942, 740.00116 EW 1939/502, Box 2916, RG 59, National Archives, Washington (DC)

24 Bower (Anm. 20), S. 47–49; Zitat auf S. 48.

25 Simpson (Anm. 1), S. 105–107.

26 *A Proposal for a United Nations Commission on Atrocities* (Secret), Anhang zu Stanton memo, December 9, 1942, 740.00116 EW 1939/693, Box 2917, RG 59, National Archives, Washington (DC). Vgl. auch das Aide Mémoire vom 7. September 1942, 740.00116 EW 1939/557, Box 2916, RG 59, National Archives, Washington (DC).

27 Akten des British Foreign Office FO 371 30920/ c 10560; Bower (Anm. 20), S. 80.

28 *UNWCC and the Laws of War* (Anm. 4), S. 94–99. Die Lehre von der Humanitätsintervention gilt als Ausnahme vom Grundsatz der inländischen Gerichtsbarkeit der Staaten über ihre Staatsangehörigen, die u. a. Hugo Grotius, einer der Väter des Völkerrechts, im 17. Jahrhundert begründet hat. Im Jahre 1939 jedoch war diese Lehre so weitgehend als Vorwand für militärische Aggression mißbraucht worden, daß nur wenige internationale Rechtsexperten sie als ausreichende Rechtsgrundlage für die Anklage der wesentlichen Naziverbrechen erachten. Zum Hintergrund vgl. R. Robin, *Des Occupations Militaires en Dehors des Occupations de Guerre*, Paris 1913 und Washington (DC) 1942.

29 Zu den Mitgliedern vgl. *UNWCC and the Laws of War* (Anm. 4), S. 104 und Fn. S. 95, 96, 99. Zum biographischen Hintergrund von Glueck vgl. *Contemporary Authors*, Bd. 5, S. 445–446; Sh. Glueck, *War Criminals. Their Prosecution and Punishment*, New York 1944, und *The Nuremberg Trial and Aggression War*, New York 1964. Neben seinen Arbeiten zu Kriegsverbrechen beschäftigte sich Glueck mit dem Studium der Jugendkriminalität.

30 *UNWCC and the Laws of War* (Anm. 4), S. 100–104. Zitat auf S. 101.

31 Ebenda.

32 Z. B. M. Gilbert, *Auschwitz and the Allies*, New York 1981.

33 Ein halbamtlicher amerikanischer Bericht findet sich in: H. Feis, *Churchill, Roosevelt, Stalin*, Princeton 1957, S. 206–234.

34 Ebenda, S. 220–221.

35 Zum Hintergrund von Herbert Pell vgl. L. Baker, *Brahmin in Revolt*, Garden City 1972; M. Blayney, *Democracy's Aristocrat: The Life of Herbert Pell*, Lanham (Md.) 1986; K. Schwartz, *The United States and the War Crimes Commission: Stalemate and Checkmate* (1977) unveröff. Manuskript, Herbert Pell papers, collection of Senator Claiborne Pell; Pell (Anm. 1); ders., *Commission and Omission* (1945), unveröff. Manuskript, Pell papers.

36 F. Kuh, *War Crimes Group Lists But 350 Names: Hitler, Himmler, Other Nazi Bigwigs Omitted by Commission in London*, Washington Post, 17. September 1944. Der US-Außenminister Hull wies den Bericht sofort und (unzutreffend) zurück: »Hitler on List of Criminals, Hull Declares«, Washington Post, 19. September 1944. Vgl. jedoch die Kolumne von Drew Pearson im Atlanta Journal (und vielen anderen Zeitungen) *Washington Merry-Go-Round* vom 8. Oktober 1944. Vgl. auch *Nine Months Work on War Crimes: Case Against Hitler Not Yet Being Prepared*, Daily Telegraph (London), 31. August 1944.

37 Kuh (Anm. 36).

38 P. H. Gore-Booth an Hackworth, mit Anlagen, 21. Dezember 1944, Box 138, Committee on Europe, SWNCC/SANACC Committee files, RG 353, National Archives, Washington (DC). Combined Chiefs of Staff, »Obligations of Theater Commanders in Relation to War Crimes«, CCS 705/1, 17. Dezember 1944, Anhang zu Gore-Both sowie Anlage A, S. 8.

39 B. F. Smith, *Reaching Judgement at Nuremberg*, New York 1977, S. 26. Der Historiker Bradley F. Smith darf nicht mit dem Bradley Smith verwechselt werden, der Zeitungsanzeigen finanziert, die den Holocaust leugnen.

40 Zu den Bernays Arbeiten vorausgehenden von Glueck und Roosevelt vgl. Glueck (Anm. 29), S. 37, 39; Roosevelt, *Memorandum for the Secretary of War*, 26. August 1944; Lot: Central European Division, Box 4, Dokbd. »German Handbook-SHAEF«, RG 59, National Archives, Washington (DC). Zur Diskussion über die Bedeutung des Anklagepunktes der Verschwörung in Nürnberg vgl.: *War Crimes Prosecutions: Planning Memorandum* (Secret), 17. Mai 1945, 740.00116 EW/S-2445, Box 3599, RG, National Archives, Wash. (DC).

41 Zu Pells Entlassung vgl. Schwartz (Anm. 35), S. 45–50; M. Blaynay, *Herbert Pell, War Crimes and the Jews*, in: American Jewish Historical Quarterly, Juni 1976, S. 347–349.

42 Blayney (Anm. 41), S. 348.

43 Vgl. die Anlagen zu P. H. Gore-Booth an Hackworth (Anm. 38).

44 Zur Opposition des Justizministeriums und ihrer Revidierung vgl. Smith (Anm. 39), S. 33–34.

45 Pell (Anm. 1), S. 589–590.

46 V. Bernstein, *Who Are the U.S. Officials Seeking to Sabotage Trial of Nazi Killers?*, in: PM, 28. Januar 1945; Blaynay (Anm. 41), S. 351.

47 Blaynay (Anm. 41), S. 351–352.

48 Ebenda.

49 Taylor (Anm. 2), S. 583; Smith (Anm. 39), S. 14–15, 66–67.

50 Zur Diskussion über das Problem der Kriegsverbrechen und der Verbrechen gegen die Menschlichkeit während der Aktion »Desert Storm« 1991, als der Irak bombardiert wurde, vgl. Middle East Watch, *Needless Deaths in the Gulf War: Civilian Casualities During the Air Campaign and Violations of the Laws of War*, New York 1991 (Human Rights Watch); W. Arkin, D. Durrant, M. Cherni, *On Impact: Modern Warfare and the Environment*, Washington (DC) 1991 (Greenpeace); San Francisco Commission of Inquiry, *High Crimes and Misde meanors: U.S. War Crimes in the Persian Gulf*, San Francisco, International War Crimes Tribunal 1991. Zur Diskussion über den Einsatz von Atomsprengköpfen als Prima-facie-Kriegsverbrechen aufgrund der willkürlichen Zerstörung als Folge eines Atombombenangriffs vgl. L. Friedman, *The Shimoda Case*, in: ders. (Anm. 7), S. 1688–1702. Eine wichtige Ausnahme im gewöhnlichen Stillschweigen über die Bombardierungen auf die Zivilbevölkerung beinhaltet: S. Melman, *In the Name of America*, Annandale, Va: Clergy and Layman Concerned About Vietnam, 1968, S. 173–268, und Duffet (Anm. 9)

51 Th. Buergenthal, *International Human Rights*, St. Paul (Minn.) 1988, S. 213, 221–222, 230. Eine knappe Zusammenfassung über den Hintergrund der Genozid-Konvention findet sich in: Vita Bite, *Genocide Convention*, Washington (DC): Congressional Research Service publication B 74129, 1987, und B. Harff, *Genocide and Human Rights: International Legal and Political Issues*, University of Denver School of International Studies, Monograph Series in World Affairs, Bd. 20, 3. Buch, 1984.

52 Eine praktikable Zusammenstellung ist veröffentlicht in: United Nations, Secretariat, *Human Rights, A Compilation of International Instruments*, New York 1983 und nachfolgende Ausgaben (Periodika) oder R. Lillich, *International Human Rights: Documentary Supplement*, Boston 1991.

Heribert Ostendorf

Die – widersprüchlichen – Auswirkungen der Nürnberger Prozesse auf die westdeutsche Justiz

I. Die statistische Bilanz

Das Bundesjustizministerium erstellt alljährlich zum Jahreswechsel auf der Grundlage von Mitteilungen der Landesjustizverwaltungen eine Bilanz zur Verfolgung nationalsozialistischer Straftaten. Danach ergab sich zum 1. Januar 1993 für die alten Bundesländer mit Einschluß von Sachsen – gemeint ist offensichtlich die Justiztätigkeit nach der Wiedervereinigung – folgender Stand:

1. Die von den Staatsanwaltschaften seit dem 8. Mai 1945 eingeleiteten Ermittlungen richteten sich gegen insgesamt 105 059 Beschuldigte.
2. Rechtskräftig verurteilt wurden insgesamt 6489 Angeklagte, davon

zum Tode	12
zu lebenslanger Freiheitsstrafe	163
zu zeitiger Freiheitsstrafe	6199
zu Geldstrafe	114
nach Jugendrecht verwarnt	1

3. Ohne Bestrafung abgeschlossen (z.B. durch Freispruch, Außerverfolgungssetzung, Nichteröffnung des Hauptverfahrens, Einstellung durch Gericht oder Staatsanwaltschaft, Tod des Beschuldigten oder in anderer Weise) wurden die Verfahren gegen 94 555 Personen.
   Beim Vergleich dieser Zahl mit der Zahl der Verurteilungen ist zu berücksichtigen, daß die Staatsanwaltschaften in einer Vielzahl von Verfahren ganze Einheiten und Dienststellen, deren Angehörige für eine Tatbeteiligung in Betracht kamen, systematisch überprüft haben. Eine förmliche Beschuldigung war auch Voraussetzung, um eine Unterbrechung der drohenden Verjährung vorsorglich herbeizuführen.
4. Bei Staatsanwaltschaften und Gerichten waren am 1. Januar 1993 noch Verfahren gegen 8145 Personen anhängig.
5. Von der Zentralen Stelle in Ludwigsburg wurden seit Beginn ihrer Tätigkeit, dem 1. Dezember 1958, 6888 Vorermittlungsverfahren gegen eine nicht genau feststellbare Zahl von Verdächtigen eingeleitet.

Hiervon wurden bis zum 31. Dezember 1992 insgesamt 6829 Verfahren erledigt.

Am 1. Januar 1993 waren bei der Zentralen Stelle in Ludwigsburg noch 59 Vorermittlungsverfahren anhängig.

Trotz neuerer Informationen aus Unterlagen der UN ist die Strafverfolgung nationalsozialistischer Gewaltverbrechen aus biologischen Gründen am Ende. In den Jahren 1986 bis 1992 wurden lediglich 10 Angeklagte rechtskräftig verurteilt. Soweit neue Verfahren eingeleitet und die Beschuldigten noch ausfindig gemacht werden, reichen in der Regel die Beweise nicht mehr aus: Zeugen sind verstorben oder können sich nicht mehr erinnern. Fast immer steht die Verhandlungsunfähigkeit der strafjustitiellen Aufarbeitung, besser ausgedrückt: Nachbereitung entgegen. Die derzeitige Aktenbearbeitung gewinnt mehr und mehr symbolischen Charakter.

Die quantitative Entwicklung der Verfolgung von NS-Verbrechen verlief hierbei in Wellenbewegungen: Nach einer ersten Phase einer durch die Verurteilungen alliierter Gerichte sowie durch Anzeigen aus der Bevölkerung angestoßenen Verfolgungsaktivität folgte in den fünfziger Jahren eine Phase der Inaktivität. Diese wurde mit der Einrichtung einer »Zentralen Stelle der Landesjustizverwaltung zur Aufklärung nationalsozialistischer Verbrechen« im Jahre 1958 abgelöst. Deren Anstrengungen, weiterhin ermöglicht durch eine Verlängerung, sodann Aufhebung der Verjährung von Mordtaten (1965/1969), verliefen seit spätestens Mitte der achtziger Jahre zunehmend im Sande. Die Arbeit war schon vorher dadurch erschwert und zum Teil unmöglich gemacht worden, daß in Zeiten der sogenannten Hallstein-Doktrin, der selbstauferlegten Blockade diplomatischer Beziehungen zu den osteuropäischen Staaten, der Zugang zu den osteuropäischen Archiven nicht gesucht beziehungsweise gewährt wurde. Eine letzte Welle von Ermittlungsverfahren wurde durch die Übergabe der Fahndungslisten der Kriegsverbrecherkommission der Vereinten Nationen (UNWCC) mit ca. 30 000 Namen im Herbst 1986 an die Ludwigsburger Zentralstelle angeschoben. Bis zum Frühjahr 1988 hatte die Zentralstelle 22 000 Fälle überprüft. Übrig blieben ca. 5500 Vorermittlungsverfahren, die mittlerweile an die örtlichen Staatsanwaltschaften abgegeben wurden beziehungsweise werden.

Eine statistische Bilanz gibt keinen Aufschluß über die qualitative Arbeit. Eine inhaltliche Auseinandersetzung läßt sich anhand von quantitativen Darstellungen nicht führen. Der Vorwurf einer allzu großen Milde gegenüber NS-Tätern[1], der Vorwurf der Ungleichbehandlung von SS-Chargen und SS-Mannschaften[2] kann nur im Rahmen einer Einzelbetrachtung geprüft werden (s. Kap. VI).

II. Die Anfänge und ihr Verschlummern

Die Nürnberger Prozesse wurden auf der Grundlage des Kontrollratsgesetzes Nr. 10 vom 20. Dezember 1945 »Bestrafung von Personen, die sich Kriegsverbrechen, Verbrechen gegen Frieden oder gegen Menschlichkeit schuldig gemacht haben« geführt. Gerichte der westlichen Alliierten haben hiernach über 5000 Angeklagte verurteilt.[3] In Artikel III war unter anderem zusätzlich bestimmt: »Für die Aburteilung von Verbrechen, die deutsche Staatsbürger oder Staatsangehörige gegen andere deutsche Staatsbürger oder Staatsangehörige begangen haben, können die Besatzungsbehörden deutsche Gerichte für zuständig erklären.« Diese Ermächtigung wurde in der britischen Zone durch Verordnung Nr. 47 vom 30. August 1946 und in der französischen Zone durch Verordnung Nr. 173 vom 23. September 1948 generell erteilt, in der amerikanischen Zone im Einzelfall. Infolgedessen war von der westdeutschen Justiz im Rahmen der Ermächtigung neben dem deutschen Strafrecht auch das Kontrollratsgesetz Nr. 10 anzuwenden. Dies geschah auch: In den Jahren 1950 und 1951, bis zur Zurücknahme der Ermächtigung am 31. August, wurden nach diesem Gesetz 1865 Personen angeklagt und 620 Personen verurteilt.[4] Zwar konnten die Gewaltverbrechen auch als Mord, Totschlag, Vergewaltigung, Freiheitsberaubung, Brandstiftung, Körperverletzung nach den Strafbestimmungen des Deutschen Strafgesetzbuchs verurteilt werden. Die Weite der von den Alliierten formulierten Tatbestände der Kriegsverbrechen und der Verbrechen gegen die Menschlichkeit erlaubten aber ein einfacheres Prozessieren.[5] Weil aber ein solches Judizieren der eigenen Justiztradition widersprach, wurde dieses Gesetz überwiegend nur widerwillig von den deutschen Strafjuristen angewandt.

Dementsprechend folgte alsbald der »politische Rückzieher«. Das Kontrollratsgesetz Nr. 10 wurde im Jahre 1956 aufgehoben, nachdem die generelle britische sowie französische Ermächtigung für die deutschen Gerichte, Straftaten auch nach diesem Gesetz zu verfolgen, bereits im Jahre 1951 wieder zurückgenommen worden war. Die mit dem Kontrollratsgesetz Nr. 10 beabsichtigte Signalwirkung für eine strafgerichtliche Aufarbeitung des NS-Unrechts war somit »verpufft«. Ja, es lassen sich sogar kontraproduktive Wirkungen feststellen: Die rechtsdogmatische Kritik an dem Kontrollratsgesetz, die in dem Vorwurf einer »Siegerjustiz« gipfelte[6], konnte sich mit diesem Rückzieher bestätigt fühlen.

Schon vorher waren die Wirkungen der Nürnberger Prozesse infolge der Begnadigungen peu à peu zurückgenommen worden. Hierfür waren die politischen Umstände, die infolge der Entwicklung in den von der Sowjetunion besetzten osteuropäischen Staaten und des Koreakrieges

(Beginn: 1950) in den sogenannten Kalten Krieg mündeten, ausschlaggebend. Die Bundesrepublik wurde von den Westalliierten als Bündnispartner gesucht. Hinzu kam das Scheitern der Entnazifizierungspolitik. Als Beispiel für die Selbstkonterkarierung der Nürnberger Prozesse sollen die Urteile vom 3./4. Dezember 1947 und ihre Vollstreckung aus dem Nürnberger Juristenprozeß, dem dritten der insgesamt 12 Nürnberger Prozesse, die im Anschluß an den Hauptkriegsverbrecherprozeß in der amerikanischen Besatzungszone durchgeführt wurden, dargestellt werden (in alphabetischer Reihenfolge):

- Josef Altstötter, Ministerialdirektor und Leiter der Abteilung für bürgerliches Recht im Reichsjustizministerium (Urteil: 5 Jahre Zuchthaus), wurde 1950 aus der Haft entlassen. Anschließend arbeitete er – nachweisbar bis 1966 – als Rechtsanwalt in Nürnberg.
- Wilhelm von Ammon, Ministerialrat für die Strafrechtspflege im Reichsjustizministerium (Urteil: 10 Jahre Zuchthaus), wurde am 31. Januar 1951 durch den amerikanischen Hohen Kommissar John McCloy amnestiert.
- Paul Barnickel, Reichsanwalt am Volksgerichtshof (Freispruch), arbeitete bis 1966 als Rechtsanwalt in München.
- Hermann Cuhorst, Vorsitzender des Sondergerichts Stuttgart (Freispruch), wurde im Oktober 1948 im Rahmen des Entnazifizierungsverfahrens als »Hauptschuldiger« eingestuft und von der Spruchkammer II in Stuttgart zu 6 Jahren Arbeitslager verurteilt; die Strafe brauchte nicht verbüßt zu werden.
- Günther Joel, Referent des Reichsjustizministers für Strafverfolgungsfragen und früherer Generalstaatsanwalt von Westfalen (Urteil: 10 Jahre Zuchthaus), wurde am 31. Januar 1951 durch die amerikanische Besatzungsbehörde amnestiert.
- Herbert Klemm, Staatssekretär im Reichsjustizministerium (lebenslängliche Gefängnisstrafe), seine Strafe wurde am 31. Januar 1951 durch den amerikanischen Hohen Kommissar John McCloy in 20 Jahre Zuchthaus umgewandelt; tatsächlich wurde er wenig später aus der Haft entlassen.
- Ernst Lautz, Oberreichsanwalt beim Volksgerichtshof (Urteil: 10 Jahre Zuchthaus), wurde am 31. Januar 1951 amnestiert. Seit dem 1. April 1951 bezog er zunächst eine Pension als Generalstaatsanwalt in Höhe von 1342 DM, die 1958 durch die Bundesdisziplinarkammer auf 762 DM und 1966 vom Verwaltungsgericht Schleswig-Holstein auf 600 DM reduziert wurde. Bis 1966 ergab sich eine Gesamtsumme an Pensionszahlungen in Höhe von 180 000 DM.
- Wolfgang Mettgenberg, Ministerialdirigent für Strafrechtspflege im Reichsjustizministerium mit besonderem Aufgabenbereich besetzte Gebiete (Urteil: 10 Jahre Zuchthaus), verstarb 1950.

- Günther Nebelung, Präsident des IV. Senats des Volksgerichtshofs (Freispruch), arbeitete bis 1964 als Rechtsanwalt in Seesen.
- Rudolf Oeschey, Reichsanwalt beim Volksgerichtshof (lebenslängliche Zuchthausstrafe); seine Strafe wurde am 31. Januar 1951 in 20 Jahre Gefängnis umgewandelt; wenig später wurde er aus der Haft entlassen.
- Hans Petersen, Laienrichter beim Volksgerichtshof (Freispruch).
- Oswald Rothaug, Vorsitzender des Sondergerichts Nürnberg, zuletzt Reichsanwalt beim Volksgerichtshof (lebenslängliche Gefängnisstrafe), wurde durch die amerikanische Besatzungsbehörde zu 20 Jahren Zuchthaus begnadigt. Im Jahre 1956 wurde er aus der Haft entlassen und starb 1967.
- Kurt Rothenberger, von 1935 bis 1942 Oberlandesgerichtspräsident in Hamburg, anschließend Staatssekretär im Reichsjustizministerium (lebenslängliche Zuchthausstrafe), wurde 1950 aus der Haft entlassen. Danach bezog er monatliche Pensionszahlungen in Höhe von 2073 DM.
- Franz Schlegelberger, Staatssekretär im Reichsjustizministerium und zeitweiliger stellvertretender Reichsjustizminister (lebenslängliche Zuchthausstrafe), wurde 1950 wegen Haftunfähigkeit »vorläufig« aus der Haft entlassen, in die er nicht mehr zurückkehrte. Für die Haftzeit bezog er eine Pensionszahlung von 160 000 DM, anschließend eine monatliche Pension von 2894 DM.

Gegen die angeklagten Ministerialbeamten Carl Westphal und Karl Engert kam es wegen Selbstmord beziehungsweise Verhandlungsunfähigkeit nicht zu Urteilssprüchen. Bis auf einen Verurteilten waren 1950/51 alle in Nürnberg angeklagten Juristen wieder auf freiem Fuß.[7] Laut dem früheren hessischen Generalstaatsanwalt Fritz Bauer glaubten Mitte der fünfziger Jahre Staatsanwaltschaften und Gerichte »den Schluß ziehen zu dürfen, nach der Auffassung von Gesetzgebung (Parlament) und Exekutive (Regierung) sei die juristische Bewältigung der Vergangenheit abgeschlossen«[8].

III. Die Einrichtung der Zentralstelle in Ludwigsburg

Die Zentrale Stelle der Landesjustizverwaltungen zur Aufklärung nationalsozialistischer Verbrechen nahm am 1. Dezember 1958 in Ludwigsburg bei Stuttgart ihre Arbeit auf. Die Zahl der Mitarbeiter war zunächst gering: Jedes Bundesland hatte einen Staatsanwalt oder einen Richter abzuordnen. Trotzdem wurde mit großem Elan eine systematische Aufarbeitung der NS-Verbrechen, die im Ausland, in den dortigen Konzentrations- und Zwangsarbeiterlagern, von den Einsatzgruppen der Sicherheitspolizei und des SD begangen wurden, betrieben. Später – 1964/65 – wurde die Zuständigkeit auf Inlandsdaten erweitert mit Ausnahme der Verbrechen des Reichssicherheitshauptamtes sowie des Volksgerichtshofs; hierfür blieb die Westberliner Staatsanwaltschaft zuständig. Schon 1959, im ersten Jahr ihres Bestehens, wurden 400 Vorermittlungsverfahren eingeleitet. Bis November 1986 wurden 4954 Verfahren aufgenommen.[9] Die so aufgearbeiteten Vorgänge mußten sodann zur Entscheidung über eine Anklage an die örtlich zuständige Staatsanwaltschaft abgegeben werden. Die Zentrale Stelle selbst hatte keine autonomen staatsanwaltschaftlichen Ermittlungsbefugnisse. Umgekehrt hatten die Staatsanwaltschaften in den Bundesländern alle Erkenntnisse über NS-Verbrechen, die in anderen Verfahren anfielen, der Zentralen Stelle mitzuteilen. Rechtsgrundlage dafür war eine am 3. Oktober 1958 beschlossene Verwaltungsvereinbarung der Länderjustizminister und -senatoren.

Den Anstoß für diese Einrichtung der Landesjustizverwaltungen gab der Ulmer Einsatzkommando-Prozeß: Ein ehemaliger SS-Oberführer hatte auf Wiedereinstellung in den Staatsdienst geklagt, nachdem er im Entnazifizierungsverfahren als »nicht betroffen« eingestuft worden war. Hierüber wurde in der Presse berichtet. Ein Leser erkannte in dem Kläger einen Verantwortlichen für Massenerschießungen an Juden zu Beginn des Rußlandfeldzuges im deutsch-litauischen Grenzgebiet. Der Mann wurde im Ulmer Einsatzkommando-Prozeß angeklagt und 1958 – nach umfassenden zweijährigen Ermittlungen – wegen Beihilfe zum Mord zu zwölf Jahren Zuchthaus verurteilt. Gegen neun Mitangeklagte wurden Zuchthausstrafen zwischen 3 und 15 Jahren verhängt. Im Verlauf des Prozesses, der ja erst aufgrund der Unverfrorenheit des Hauptangeklagten in Gang gesetzt worden war, wurde in der Öffentlichkeit deutlich, daß lediglich ein Bruchteil der NS-Verbrechen aufgearbeitet worden war und bisherige Ermittlungen Zufallscharakter hatten. In der Bevölkerung fand diese Einrichtung trotzdem nur geringen Zuspruch. So hatte der langjährige Leiter der Zentralen Stelle, Rückerl (1966–1984), das Gefühl, einer Tätigkeit nachzugehen, »für die man sich selbst im Bekanntenkreis glaubte rechtfertigen zu müssen«[10].

IV. Zusätzliche rechtliche Probleme

Die Ermittler der Zentralen Stelle hatten nicht nur bis dahin unbekannte Beweisprobleme zu bewältigen. Zusätzlich erschwerten rechtliche Probleme die Arbeit. So drohte 1965, 20 Jahre nach Kriegsende, auch die Verjährung wegen Mordes – die Verjährung wegen Totschlags nach

15 Jahren war 1960 bereits eingetreten –, wobei für die Zeit von 1933 bis 1945 das Ruhen der Strafverfolgungsverjährung bei Verbrechen, die im »Dritten Reich« nicht verfolgt wurden, angenommen wurde.[11] Im deutschen Strafrecht wird zwischen Mord und Totschlag unterschieden, wobei der Mord die besonders verwerfliche Tötung darstellt, z. B. wegen Grausamkeit oder wegen Rassenhaß. Mit dem Gesetz über die Berechnung strafrechtlicher Verjährungsfristen vom 25. März 1965[12] wurde in einem ersten Kompromiß der Verjährungsbeginn für Mord auf den 31. Dezember 1949 hinausgeschoben. Ende 1969 drohte somit erneut der Eintritt der Verjährung. Im Jahr 1969 wurde deshalb in einem zweiten Kompromiß die Verlängerung der Verjährungszeit auf 30 Jahre festgelegt.[13] Die rechtsstaatlich problematische Rückwirkung wurde vom Bundesverfassungsgericht gebilligt.[14] 1979 wurde schließlich die Unverjährbarkeit des Mordes vom Gesetzgeber beschlossen.[15] Die jeweils vorausgehenden Diskussionen über Sinn und Zweck weitergehender Ermittlungen gegen NS-Täter beeinflußte naturgemäß die Arbeit in der Zentralen Stelle; vor den jeweiligen Gesetzesänderungen wurde die Verjährungsfrist vielfach durch Einleitung eines Ermittlungsverfahrens unterbrochen. Nicht unerheblich wurde diese Arbeit durch eine gesetzliche Änderung behindert, die von der Öffentlichkeit, auch von der Fachöffentlichkeit zunächst kaum bemerkt worden war. Mit der Einführung eines neuen Ordnungswidrigkeitenrechts im Jahr 1968 wurde zugleich die Strafbarkeit von Teilnehmern an einer Straftat neu geregelt. Gem. § 50 Abs. 2 (heute § 28) StGB muß ein Gehilfe selbst aus niedrigen Beweggründen, zum Beispiel aus Rassenhaß, handeln, um ihn wegen Beihilfe zum Mord zur Rechenschaft ziehen zu können. Es genügte in den Fällen »niedriger Beweggründe« nicht, daß der Haupttäter ein Mörder war und dies der Gehilfe auch wußte; ihm selbst mußte dieses Mordmerkmal nachgewiesen werden. Insbesondere »Schreibtischtäter« konnten sich so herausreden. Der Bundesminister der Justiz erklärte am 11. Juni 1969 im Deutschen Bundestag, daß diese Auswirkungen für die Verfolgung der NS-Täter vom Gesetzgeber nicht gewollt waren und offenbar übersehen wurden.[16] Man hätte das Gesetz aber auch ändern können! Die Behauptung, daß diese Regelung von einem Ministerialbeamten und angesehenen Strafrechtskommentator bewußt ins Gesetz lanciert wurde, läßt sich nicht beweisen: »Es ist müßig, danach zu fragen, ob es in diesem Falle oder sonst irgendwann in den Ministerien ein juristisches Augurenlächeln gegeben haben könnte; nachweisbar war und ist es ohnehin nicht.«[17]

V. Quantitative Urteilsanalysen

Neben der Kritik an einer zu späten systematischen Strafverfolgung von NS-Verbrechen sowie an der faktischen Ausklammerung von NS-Justizverbrechen, stand die Kritik an einer allzu milden Sanktionierung im Vordergrund. Der 46. Deutsche Juristentag machte dies im Jahr 1966 zum ausdrücklichen Thema. Auf einer zuvor einberufenen Fachtagung im April 1966 wurde gefordert, »die rationalen und irrationalen Gründe für eine mitunter zu milde Straf- und Einstellungspraxis aufzuhellen«[18]. Nachfolgend wurden drei Dissertationen in Form von quantitativen Urteilsanalysen angefertigt, die hier zusammenfassend wiedergegeben werden sollen.

1. Die Strafzumessung bei nationalsozialistischen Gewalt- und Kriegsverbrechen hat Günter E. Hirsch anhand von 430 erstinstanzlichen unveröffentlichten Urteilen deutscher Gerichte aus der Zeit von 1945 bis 1969 überprüft. Sein Fazit lautet:

»Die Untersuchung hat gezeigt, daß es der tatrichterlichen Rspr. nicht gelungen ist, der allgemeinen Kritik an der strafrechtlichen Bewältigung der Vergangenheit, insbesondere an der Strafzumessung bei nationalsozialistischen Gewalt- und Kriegsverbrechern, den Boden durch eine sorgfältige und umfassende Strafzumessung zu entziehen. Der Vorwurf, die NS-Verbrecher würden in aller Regel zu unangemessenen niedrigen Strafen verurteilt, trifft zwar in dieser Allgemeinheit nicht zu, denn die Eigenart der Verbrechen, die der einzelne als Rädchen in der gigantischen staatlichen Verbrechensmaschinerie begangen und hinter denen die ganze Autorität der pervertierten Obrigkeiten gestanden hat, verbietet einen Vergleich mit Strafen bei ›normaler‹, also individueller Kriminalität. Jedoch auch die Urteile, bei denen unter Berücksichtigung all der vielfältigen schuldmindernden Umweltfaktoren der ›damaligen Zeitverhältnisse‹ der Strafausspruch im Ergebnis durchaus zu vertreten ist, müssen sich wegen der mangelhaften Begründung in der Regel Kritik an dieser Strafhöhe gefallen lassen. Die Justiz hat die Gelegenheit versäumt, durch eine sorgfältige Zumessung der Strafen gegen NS-Verbrecher ihren Kritikern die Gesichtspunkte zu erläutern, welche für die im Verhältnis zu anderer Gewaltkriminalität überwiegend sehr niedrigen Strafen bestimmend waren.«[19]

2. Ulrich-Dieter Oppitz hat an 319 rechtskräftigen Urteilen deutscher Gerichte aus der Zeit von 1946 bis 1965 Strafverfahren und Strafvollstreckung bei NS-Gewaltverbrechen analysiert. Die Verurteilungen erfolgten wegen Mordes. Im Vergleich zu Verurteilungen wegen anderer Mordtaten ergab sich, daß die Strafhöhen bei NS-Morden geringer ausfielen:

»Insgesamt 12,9 % der verurteilten Heranwachsenden und Erwachsenen wurden wegen NSG-Verbrechen verurteilt. Die Verurteilten, die eine Freiheitsstrafe bis zu 5 Jahren einschließlich erhalten hatten, waren zu 27,5 % wegen NSG-Verbrechen verurteilt. Verurteilte mit mehr als 5 Jahren waren nur noch zu 10,9 % wegen NSG-Verbrechen Verurteilte. Bei lebenslangen Freiheitsstrafen betrug der Anteil 8,6 %. Daraus ergibt sich, daß die wegen NSG-Verbrechen Verurteilten häufiger mildere Strafen erhielten als Verurteilte der sonstigen Mordkriminalität.«[20]

Korrekterweise folgert Oppitz hieraus aber nicht, daß diese geringere Bestrafung auf unsachlichen Erwägungen beruhen muß. Hierfür sei eine genauere Analyse notwendig. So wirkt sich in der Praxis ein längerer Zeitraum seit Tatbegehung bei nachfolgend »guter Führung« regelmäßig strafmildernd aus. Unberücksichtigt bleibt bei dieser Zusammenfassung vor allem, daß ein Großteil der NS-Täter als Gehilfen eingestuft wurden, bei denen gem. § 49 Abs. 2 StGB a. F. die Strafe gemildert werden konnte, gem. § 27 Abs. 2 StGB in der Fassung des zweiten Gesetzes zur Reform des Strafrechts vom 4. 7. 1969 die Strafe gemildert werden mußte; nach Kruse[21] betrug das Verhältnis von Beihilfe und Täterschaft im Rechtsprechungszeitraum 1961 bis 1965 83:17 (siehe hierzu Kap. VI. 4).

Wichtiger ist so ein zweites Ergebnis der Arbeit: Auch bei Begnadigungen kamen die verurteilten NS-Mörder »besser weg« als sonstige Mörder.[22] Auch hier wird sich das hohe Alter der NS-Täter begünstigend ausgewirkt haben. Hinzu kam:

»Allgemein war zu erwarten, daß die Wiedereingliederung der Probanden keine Probleme aufwirft. Beigetragen hat dazu neben den nicht geringen Anstrengungen der Probanden selbst die Tatsache, daß den Probanden gegenüber nach der Strafverbüßung keine Vorurteile deutlich wurden. Die weit verbreitete Ansicht, die Verbrechen seien schicksalhaften Verstrickungen entsprungen, wirkte sich zugunsten der Probanden aus und erleichterte die Eingliederung in einem Umfange, der bei anderen Straftätern die auf Wiedereingliederungsschwierigkeiten beruhende Rückfallshäufigkeit deutlich verringern würde.«[23]

Anzumerken ist, daß sich die deutschen Stellen für ihr Tun auf die Begnadungsaktion der Alliierten (vgl. Kap. II) berufen konnten.

3. »Die Befehlsproblematik bei NS-Tötungsverbrechen« lautet eine Untersuchung anhand von 900 Urteilen deutscher Gerichte von 1945 bis 1965 von Volker Ducklau. Als Ergebnis ist formuliert:

»Die Problematik des Handelns auf höheren Befehl wurde in den NS-Verbrecherprozessen nicht bewältigt. Dieses abschließende Urteil betrifft allerdings nicht so sehr die Ergebnisse, die von den Gerichten erzielt wurden. Wenn in der Öffentlichkeit und auch in der Fachwelt die hohe Zahl der Freisprüche und niedrigen Freiheitsstrafen auf Kritik stieß, so übersah man dabei meistens den Ausnahmecharakter der NS-Verbrechen und die besonderen Schwierigkeiten ihrer Ahndung, die die Anwendung normaler Maßstäbe nicht zuließen. Die staatlich befohlene und staatlich sanktionierte kollektive Beteiligung an Verbrechen brachte eine

Reihe spezifischer Schuldmilderungsgründe mit sich. Dazu kam die tatsächliche Schwierigkeit, den Tätern nach zehn, zwölf und mehr Jahren noch ihre Schuld nachzuweisen. Daher erscheinen auch angesichts des mittlerweile beträchtlich geminderten Sühnebedürfnisses und der entsozialisierenden Wirkung, die eine längere Freiheitsstrafe in den meisten Fällen für die Täter haben mußte, trotz des Ausmaßes der Verbrechen die milden Urteile vor allem bei unteren Befehlstätern verständlich. Es sind jedoch die rechtlichen Begründungen der Ergebnisse, die einer Kritik nicht standhalten. (...) Gehilfenwille und Befehlsnotstand wurden zu oft aus dem bloßen objektiven Vorliegen eines Befehls geschlossen, und dabei nicht berücksichtigt, daß die wahren Motive vieler Befehlsempfänger bloßer Gehorsamsautomatismus, soziales Anpassungsbedürfnis oder ideologische Übereinstimmung waren.«[24]

Übereinstimmend wird in diesen Analysen eine vergleichsweise milde Sanktionierung durch die bundesrepublikanische Justiz von NS-Verbrechern konstatiert. Diese Justizpraxis wird weniger im Ergebnis als hinsichtlich ihrer Begründung in Frage gestellt, wobei allerdings offenbleibt, ob nicht gerade erst diese Begründungen die Milde ermöglichten und andere, bessere Begründungen zu anderen Ergebnissen hätten führen müssen. Dies gilt zumindest für die Kritik von Ducklau an der Annahme des Gehilfenwillens und des Befehlsnotstandes.

VI. Eine qualitative Analyse: Der Majdanek-Prozeß

Quantitative Untersuchungen über die justitielle »Bewältigung« der NS-Verbrechen können schwerlich die tatsächlichen Schwierigkeiten und rechtlichen Probleme vermitteln, die in den einzelnen Verfahren einer gerechten Ahndung entgegenstanden. Eine qualitative Analyse ist daher ergänzend gefordert. Diese soll anhand des Majdanek-Prozesses erfolgen,
- weil dieser das aufwendigste Verfahren in der Geschichte der NS-Prozesse darstellte,
- weil das Urteil bislang noch nicht dokumentiert, sondern lediglich ein Teil des Prozeßverlaufs festgehalten wurde.[25]

1. Der Prozeßverlauf

Im Jahr 1960 wurden die Vorermittlungen wegen Straftaten im Zusammenhang mit dem Konzentrations- und Vernichtungslager Majdanek bei Lublin (Polen) von der Zentralen Stelle in Ludwigsburg eingeleitet. Das Verfahren wurde Anfang 1962 an die Zentrale Stelle des Landes Nordrhein-Westfalen für die Bearbeitung von NS-Verbrechen in Konzentrationslagern bei der Staatsanwaltschaft in Köln abgegeben. Am 15. November 1974 bzw. am 11. Juli 1975 wurde gegen 17 ehemalige Angehörige des Kommandostabs des Lagers, darunter sechs Frauen, Anklage wegen Mordes beziehungsweise Beihilfe zum Mord erhoben. Die fünf Lagerkommandanten waren nicht mehr am Leben. Zwei wurden wegen »Korruptions-Delikten« von SS- und Polizeigerichten kurz vor Kriegsende zum Tode verurteilt und hingerichtet; zwei wurden nach Kriegsende vor Gericht gestellt, zum Tode verurteilt und hingerichtet; einer nahm sich im Gefängnis das Leben. Die beiden Anklagen wurden miteinander verbunden. Die Hauptverhandlung begann am 26. November 1975. Vier Angeklagte schieden im Lauf des Prozesses wegen Krankheit oder Tod aus. Das erste Urteil wurde – nach Abtrennung – am 19. April 1979 gesprochen: Freispruch in vier Fällen. Am 30. Juni 1981 wurde das zweite Urteil (Umfang: 795 Seiten) gesprochen: Gegen einen Angeklagten wurde eine lebenslängliche Freiheitsstrafe wegen Mordes in zwei Fällen, gegen sieben Angeklagte Freiheitsstrafen zwischen 3 und 12 Jahren wegen Beihilfe zum Mord in einer unterschiedlichen Anzahl von Fällen verhängt. Ein Angeklagter wurde freigesprochen. Die Staatsanwaltschaft hatte erheblich höhere Strafen beantragt: für fünf Angeklagte lebenslänglich, für drei Angeklagte eine Freiheitsstrafe zwischen fünf und zehn Jahren, einen Freispruch. Die von sieben Angeklagten eingelegte Revision wurde vom Bundesgerichtshof am 30. Mai 1984 verworfen; die Staatsanwaltschaft hatte ihre Revision zurückgenommen, »weil man die Zeugen und Zeuginnen nicht noch einmal zusammenbekommen hätte« (Staatsanwalt Ambach), so daß das Urteil insoweit am 7. Juni 1984 rechtskräftig wurde: 40 Jahre nach Tatbegehung, 24 Jahre nach Aufnahme der ersten staatsanwaltschaftlichen Ermittlungen, nach einer Hauptverhandlungsdauer von fünf Jahren und sieben Monaten wurde der Urteilsspruch rechtskräftig.

2. *Die Vorwürfe*

Nach der Urteilsbegründung wurden den Angeklagten insgesamt mehr als 110 Fälle von Mord beziehungsweise Beihilfe zum Mord zur Last gelegt, zusätzlich eine Unzahl von Tötungshandlungen, die »lediglich« als Totschlag im Sinne des § 212 StGB qualifiziert wurden. Diese Verbrechen waren nur ein Bruchteil der in Majdanek verübten Greueltaten. Im Urteil heißt es hierzu: »Über die Gesamtzahl der im Konzentrationslager Majdanek durch Vergasung, Erschießung und auf andere Weise gewaltsam getöteten, durch Seuchen und Unterernährung, in Folge von Mißhandlungen und Entbehrungen sowie aus sonstigen Gründen umgekommenen Menschen hat die Beweisaufnahme keinen genauen Aufschluß erbracht.

Mindestens 200 000 Opfer, darunter wenigstens 60 000 jüdische Menschen, hält die Schwurgerichtskammer jedoch für sicher« (S. 89, 90).

Im einzelnen wurden in der Anklageschrift 44 Tatvorwürfe erhoben; nur in 11 Fällen konnte der Tatnachweis erbracht werden. Zu den persönlichen Tatbeiträgen hat das Gericht folgende Ausführungen gemacht (S. 727–732):

»a) Im Fall V, 1 (sc. Tötung von insgesamt etwa 200 bis 400 Seuchenkranken-Häftlingen des Lagers sowie von 6 bis 8 im Lager inhaftierten sowjetischen Kriegsgefangenen) hat der Angeklagte H.* befehlsgemäß die zur Vorbereitung der sogenannten Fleckfieberaktion einschließlich der Exekution der sowjetischen Kriegsgefangenen des Waldkommandos erforderlichen Maßnahmen getroffen und mindestens am zweiten Tag persönlich die unmittelbare Befehlsgewalt über das Begleit- und Exekutionskommando ausgeübt. Der Angeklagte E. hat die Tat, soweit sie die kranken Häftlinge betrifft, dadurch gefördert, daß er auf Befehl als Angehöriger des Exekutionskommandos an beiden Tagen am Abtransport mitgewirkt und selbst auf die Opfer geschossen hat; bezüglich der Tötung der sowjetischen Kriegsgefangenen liegt bei ihm dagegen kein strafrechtlich relevantes Verhalten vor, weil er von diesem weiteren Vorhaben der Täter weder etwas gewußt, noch damit gerechnet und sich deshalb daran auch nicht beteiligt hat. Eigene niedrige Motive für die Mitwirkung an der Tat haben sich die beiden Angeklagten nicht nachweisen lassen.

b) Im Fall V, 2 (sc. Tötung von mindestens 45 im Konzentrationslager Majdanek in Gewahrsam gehaltenen sowjetischen Kriegsgefangenen) ist der Tatbeitrag der Angeklagten H., S. und P. darin zu sehen, daß sie – wie befohlen – zusammen mit anderen SS-Angehörigen durch ihre Anwesenheit bei der Exekution den ungestörten Ablauf der Tat sichergestellt haben. Die von den Verteidigern der Angeklagten S. und P. vertretene Auffassung, es habe sich hierbei für ihre Mandanten um ein bloßes ›Dabeisein‹ gehandelt, das strafrechtlich bedeutungslos sei, ist unrichtig. Zum einen haben diese beiden Angeklagten den getroffenen Feststellungen zufolge nicht als gewissermaßen zufällig anwesende unbeteiligte Dritte der Exekution zugeschaut; vielmehr sind sie in ihrer dienstlichen Eigenschaft als Schutzhaftlagerführer bzw. Feldführer des Feldes II zugegen gewesen. Zum anderen kann ein Tatbeitrag nicht nur aus aktivem Tun, sondern auch aus jedweder sonstiger Mitwirkung bestehen, und dazu gehört bei einer Exekution der vorliegenden Art auch die Abschirmung der Exekutionsstätte und des Exekutionsvorgangs durch Um-

* Die Namen der Verurteilten werden jeweils nur mit dem Anfangsbuchstaben wiedergegeben; eine solche Handhabung entspricht nicht nur dem – wiederauflebenden – Persönlichkeitsschutz nach öffentlicher Verhandlung und Verurteilung (siehe Bundesverfassungsgericht, Neue Juristische Wochenschrift 1973, S. 1226), sie dient auch dem Anliegen, die Verantwortung für das NS-Unrecht nicht durch eine Individualisierung auf wenige Schultern abzuladen.

bringen der zur Exekution bestimmten Opfer. Im übrigen haben gerade die Angeklagten S. und P. die Tat darüber hinaus dadurch gefördert, daß der Angeklagte P. in den Ruf ›Hinlegen!‹ eingestimmt und der Angeklagte S. den Zeugen T. an dem Versuch gehindert hat, der Exekution zuzusehen.
Eigene niedrige Motive der drei Angeklagten sind auch für diese Tat nicht erwiesen.

c) Im Fall V, 3 (sc. Erhängung von 2 jungen jüdischen Häftlingen) hat der Angeklagte V. weisungsgemäß die zur Vorbereitung der Erhängung erforderlichen Maßnahmen getroffen, die in den Tatfeststellungen erwähnte Ansprache an die versammelten Häftlinge des Feldes IV gehalten und die Durchführung der Exekution insgesamt geleitet. Eigene niedrige Motive sind ihm in diesem Zusammenhang ebenfalls nicht nachgewiesen worden.

d) Im Fall V, 4 (sc. Selektion von mindestens 80 weiblichen jüdischen Häftlingen) haben sich die Angeklagten R. und L. der Anordnung der Oberaufseherin E. entsprechend an der Abführung der vom Lagerarzt Dr. B. ausgesuchten Jüdinnen aus den Reihen der angetretenen Häftlinge sowie an der Bewachung der Opfer beteiligt und damit zur planmäßigen Durchführung der Tat beigetragen; die Angeklagte R. hat darüber hinaus noch einige Jüdinnen selbständig ausgesondert, wobei zu ihren Gunsten davon auszugehen ist, daß sie auch insoweit auf eine Weisung hin tätig geworden ist. Anders als die Angeklagte L., bei der eine solche oder ähnliche Gesinnung nicht festzustellen gewesen ist, hat die Angeklagte R. ihre ›Arbeitskraft‹ aus krasser Eigensucht, nämlich um der von ihr erstrebten SS-Karriere willen, und somit aus einem eigenen niedrigen Motiv willfährig und bereitwillig in den Dienst der Tatausführung gestellt.

e) Im Fall V, 5 B (sc. Tötung von mindestens 100 jüdischen Kindern) haben die Angeklagten R. und L. die Durchführung der ersten Kinderaktion weisungsgemäß dadurch gefördert, daß sie beim Aufladen der Opfer auf das Transportfahrzeug halfen und den Ablauf der Verladung sicherten, indem sie die auf Rettung der Kinder bedachten erwachsenen Jüdinnen, vorwiegend die Mütter der Kinder, gewaltsam auf Abstand hielten bzw. zurücktrieben. Die Angeklagte R. ergriff außerdem mindestens ein Kleinkind an den Beinen und schleuderte es auf die Ladefläche des Fahrzeugs, worin nicht nur ihre Erbarmungslosigkeit gegenüber den Opfern zum Ausdruck kam, sondern auch die Eilfertigkeit, mit der sie sich in Verfolgung ihrer ehrgeizigen Pläne für ihr persönliches Vorwärtskommen bedenkenlos über alle menschlichen und moralischen Schranken hinwegsetzte.
Dieser oder ein anderer eigener niedriger Beweggrund ist der Angeklagten L. dagegen auch für ihre Mitwirkung bei der in Rede stehenden Aktion nicht nachzuweisen gewesen.

f) Im Fall V, 6 (sc. ›Aktion Erntefest‹) hat der Angeklagte V. ohne eigene niedrige Motive dadurch einen Beitrag zum reibungslosen Ablauf des Massenmordes an wenigstens 17000 Menschen geleistet, daß er in seiner Eigenschaft als Feldführer des Feldes IV auf Befehl etappenweise die Aussonderung und Abführung von mindestens 1000 jüdischen Häftlingen seines Feldes in Richtung Exekutionsstätte veranlaßte.

g) In zumindest fünf der Fälle V, 7 (sc. gruppenweise Erschießung von Männern, Frauen und Kindern) schließlich hat der Angeklagte L. die Durchführung der Exekution der Gefangenen der Sicherheitspolizei gefördert, indem er – wie befohlen – in dienstlicher Eigenschaft dabei anwesend war und außerdem jeweils wenigstens eine Gefangenengruppe persönlich zur Erschießung abführte. Eigene niedrige Motive sind auch ihm dabei letztlich nicht nachzuweisen gewesen.«

3. Die Beweisprobleme

Der Umfang der Beweisaufnahme wird vom Schwurgericht Düsseldorf im Majdanek-Prozeß wie folgt skizziert:

»Die Durchführung der Hauptverhandlung hat einen außerordentlich langen Zeitaufwand erfordert, war aber auch mit ungewöhnlich großen Schwierigkeiten verbunden. Das beruhte nicht zuletzt darauf, daß dokumentarisches Beweismittel nur in sehr begrenztem Maße zur Verfügung stand und zudem meist unvollständig war. Das Gericht war daher größtenteils allein auf Zeugenaussagen angewiesen und im Hinblick auf seine Aufklärungspflicht immer wieder veranlaßt, die Beweisaufnahme auf weitere Zeugen zu erstrecken, deren Namen erst im Laufe der Hauptverhandlung im Zusammenhang mit Umständen bekanntgeworden waren, die für die Urteilsfindung bedeutsam sein konnten. Insgesamt sind im Rahmen der Hauptverhandlung mehr als 300 in- und ausländische Zeugen gehört worden, darunter etwa 215 ehemalige Häftlinge des Lagers und rund 85 ehemalige Angehörige des SS-Wachpersonals. Von den ehemaligen Häftlingen konnten mehr als 70 – vorwiegend aus Gesundheitsgründen – nicht zur Hauptverhandlung erscheinen und mußten deshalb im Wege der internationalen Rechtshilfe bzw. im konsularischen Wege in Anwesenheit hiesiger Verfahrensbeteiligter an ihren jeweiligen Wohnorten in Polen, der UdSSR, Österreich, Israel, Australien, Kanada und den USA vernommen werden.« (S. 16–18)

Zum Beweiswert von Zeugenaussagen über Geschehnisse, die mehr als 35 Jahre zurückliegen, führt das Gericht aus:

»Bei der Würdigung des Ergebnisses der Beweisaufnahme einzeln und insgesamt hat die Schwurgerichtskammer sowohl den zeitgeschichtlichen Hintergrund der NS-Gewaltherrschaft als auch die allgemein bekannten psychologischen Erfahrungsgrundsätze über den Beweiswert von Zeugenaussagen, insbesondere über das nach so langer Zeit mögliche Nachlassen des Erinnerungsvermögens wie auch über die ebenso mögliche Verdrängung und/oder Vermischung einzelner Erinnerungsbilder berücksichtigt. Das Gericht hat sich dabei zusätzlich auf die besondere Sachkunde zweier seiner berufsrichterlichen Mitglieder gestützt, die bereits seit 1964 an Strafverfahren wegen NS-Gewaltverbrechen mitgewirkt haben.

Hiernach ist festzustellen, daß selbst mehr als 35 Jahre zurückliegende Ereignisse mit den Mitteln des Zeugenbeweises jedenfalls in einem gewissen Umfang auch heute noch aufklärbar sind, daß damit aber gleichzeitig die Obergrenze für ein im wesentlichen allein mit Zeugenaussagen zu führendes Strafverfahren weitgehend erreicht ist. So standen der Schwurgerichtskammer bei einer ganzen Reihe von Anklagepunkten nur Zeugen zur Verfügung, deren sicheres Erinnerungsvermögen im Hinblick auf den Zeitablauf in Zweifel gezogen werden mußte, oder die zwischenzeitlich verstorben bzw. aus Alters- und Gesundheitsgründen vernehmungsunfähig geworden waren, und bei denen sich das Gericht infolgedessen über die Zuverlässigkeit ihrer früheren Aussage weder durch eine entsprechende Befragung noch durch den persönlichen Eindruck Gewißheit zu verschaffen vermochte. Das offensichtliche Mißverhältnis zwischen dem – zeitgeschichtlich betrachtet – tatsächlichen Geschehen im Konzentrationslager Majdanek und dem Wenigen, was dazu in der Beweisaufnahme noch eindeutig festgestellt werden konnte, findet hierin seine Erklärung.« (S. 18, 19)

Dem ist beizupflichten.

4. Die Strafzumessung

Für die Strafzumessung von hier in Frage stehenden Tötungsdelikten sind zwei Weichenstellungen entscheidend:

- einmal, ob Mord oder Totschlag angenommen wird; bei Mord (§ 211 StGB) lautet die Strafe »lebenslänglich«, bei Totschlag (§ 212 StGB) 5 bis 15 Jahre Freiheitsstrafe, in besonders schweren Fällen lebenslängliche Freiheitsstrafe;
- zum anderen, ob (Mit-)Täterschaft oder Teilnahme (Anstiftung, Beihilfe) angenommen wird; bei der Beihilfe ist – wie bereits ausgeführt – die Strafe nach geltendem Recht zu mildern; bis 1969 bestand die entsprechende Möglichkeit.

Das Schwurgericht Düsseldorf hat hierzu in seinem Urteil (S. 742–745) folgende Ausführungen gemacht:

»Die Angeklagte R. hat danach in den Fällen V, 4 und 5 B zweimal den Tatbestand des gemeinschaftlichen Mordes im Sinne der §§ 211, 47 StGB a. V., 25 Abs. 2 StGB n. F. verwirklicht. Ihr festgestelltes Verhalten und die Umstände der Tatausführung ergeben: Ihre beiden Tatbeiträge waren für den Tod von jeweils mindestens 50 Menschen ursächlich, denn ohne ihr und der anderen Beteiligten Zutun wären die betroffenen jüdischen Frauen und Kinder nicht oder jedenfalls nicht so bzw. nicht zu dieser Zeit ums Leben gekommen. Die Taten erfolgten aus niedrigen Beweggründen und waren überdies grausam. Ihr war das auch bewußt. Sie nahm den Tod dieser Menschen aus eigener niedriger und zudem unbarmherziger Gesinnung billigend in Kauf und trug durch ihr Verhalten selbst dazu bei, daß die Tötung der Opfer so grausam war. Sie handelte dabei, unterstützt von anderen Kommandanturangehörigen, in bewußtem und gewolltem Zusammenwirken mit den Taturhebern und deshalb gemeinschaftlich mit ihnen.

Bei den übrigen sieben Angeklagten läßt sich dagegen nicht feststellen, daß ihr Wille über die Förderung einer fremden Tat hinausging und sie die Tötungen als eigene wollten. Obwohl sie alle unmittelbar oder als Gefolge zur SS zählten und bis auf die Angeklagten V., L. und L. Mitglieder der NSDAP waren, fehlte ihnen allen unwiderlegt während der Zeit ihrer Tätigkeit in Lublin eine engere ideologische Bindung an den Nationalsozialismus und seine Ziele. Sie waren weder fanatische Regimeanhänger, noch war ihnen ein anderes eigenes Interesse an den Mordtaten nachzuweisen, das sie zur Mitwirkung getrieben oder sonst motiviert hätte. Nach ihrem Werdegang, ihrem Gesamtverhalten im KL Majdanek und dem in der mehrjährigen Hauptverhandlung gewonnenen Persönlichkeitsbild dieser Angeklagten ist das Gericht zu der Überzeugung gelangt, daß die sich nicht etwa deshalb an den Tötungen beteiligten, weil sie sich die Absichten und Pläne der Taturheber zu eigen gemacht hätten, sondern weil sie als Folge ihrer grundsätzlichen Einstellung zu Befehl und Gehorsam die fremden Taten weisungsgemäß unterstützen wollten. Sie verrichteten sämtlich nur die ihnen anbefohlenen Tätigkeiten und beteiligten sich, wie es im Wesen des Handelns auf Befehl liegt, nicht aus eigenem Entschluß an der Tatausführung, sondern in Erfüllung einer vermeintlichen Pflicht. Zu ihrer Mitwirkung wurden sie ohne ihr Zutun abgestellt; sie hatten kein materielles oder politisches Interesse daran und wurden nur tätig, weil die Autorität einer verbrecherischen Staatsführung es verstanden hatte, sie zu ergebenen Ausführenden der verwerflichen Absichten des Regimes zu machen. Ihre innere Einstellung zu den befohlenen Taten läßt sich unter diesen Umständen nicht als ›Täterwille‹ (vgl. BGHSt 8/393 ff, 397) beurteilen; sie alle sind demnach keine Mittäter, sondern nur Gehilfen.«

Diese Rechtsausführungen standen in Übereinstimmung mit der damals – noch – herrschenden subjektiven Teilnahmetheorie. Heute hat sich dagegen die materiell objektive Teilnahmetheorie durchgesetzt, wonach die faktische Tatherrschaft auch die Täterschaft begründet.[26] Schon lange vor dem Urteil im Majdanek-Prozeß hatte ein Meinungsumschwung eingesetzt. So hieß es in der erwähnten Entschließung der vom Deutschen Juristentag 1966 eingesetzten Kommission:

»Die Kommission hat mir Besorgnis von Urteilen Kenntnis genommen, in denen NS-Gewaltverbrechen nach den in den Urteilen getroffenen Feststellungen mit auffallend niedrigen Strafen geahndet worden sind. In einem wesentlichen Teil dieser Fälle beruht das darauf, daß Täter des Mordes als Gehilfen verurteilt worden sind. Unabhängig davon, ob die Kommissionsmitglieder einer subjektiven oder einer materiell objektiven Teilnahmetheorie zuneigen, ist nach ihrer einhelligen Auffassung vielfach zu Unrecht Beihilfe anstelle von Täterschaft angenommen worden.

Täter ist nach Ansicht der Kommission auf jeden Fall, ohne Rücksicht auf seine Beweggründe im übrigen,

a) wer ohne konkreten Befehl getötet hat;
b) wer mehr getan hat, als ihm befohlen war;

c) wer als Befehlsgeber mit selbständiger Entscheidungsgewalt oder eigenem Ermessensspielraum Tötungen befohlen hat.«[27]

Dem entspricht auch das allgemeine Sprachverständnis. Entscheidend muß im Strafrecht der Wortlaut des Gesetzes sein. Im § 25 StGB heißt es seit dem Jahr 1969:

»Als Täter wird bestraft, wer die Straftat selbst oder durch einen anderen begeht.« (Abs. 1)

»Begehen mehrere die Straftat gemeinschaftlich, so wird jeder als Täter bestraft (Mittäter).« (Abs. 2)

Wer sich, wie das Schwurgericht im Majdanek-Prozeß, stellvertretend für die Rechtsprechung in den NS-Prozessen, so weit nicht nur vom allgemeinen Sprachverständnis, sondern auch vom Gesetzeswortlaut entfernt, setzt sich wenn nicht dem Vorwurf von Willkür[28], so doch der Sophisterei aus. Nach einem Zeitungsbericht (Frankfurter Rundschau vom 26. 6. 1991) hat der Vorsitzende des Gerichts, dem eine zurückhaltend-nachdenkliche Art zugesprochen wird, eine erhebliche Belastung eingeräumt, »im nachhinein so das Gefühl zu haben, als Richter ein verkehrtes Urteil gesprochen zu haben«.

Hierbei soll nicht verkannt werden, daß auch nachvollziehbare, ja verständliche Gründe die Entscheidungen bestimmten. Einmal wurde mit der Einstufung als Gehilfe die für Mord obligatorische lebenslange Freiheitsstrafe vermieden. Zum anderen sollte damit die Hauptverantwortung den Hauptschuldigen übertragen werden. Das Schwurgericht im Majdanek-Prozeß hat hierzu ausgeführt (S. 700):

»Urheber der abzuurteilenden Straftaten waren in erster Linie die Mitglieder der nationalsozialistischen Führungsspitze, bestehend aus Hitler, Göring, Himmler, Heydrich und dessen Nachfolger Kaltenbrunner, ferner die verantwortlichen Leiter bei den beteiligten nachgeordneten Reichsbehörden, namentlich bei der Reichsführung – SS und dem RSHA (sc. Reichssicherheitshauptamt), sowie im Einzelfall der Lubliner SSPF Sp., der Lagerkommandant K. und der Schutzhaftlagerführer T. Sie sind als Taturheber, d. h. als mittelbarer Täter, aller in Durchführung ihrer Anordnungen begangenen Mordtaten anzusehen.«

Nur wenige dieser als hauptverantwortlich eingestuften Täter wurden tatsächlich von den Gerichten zur Rechenschaft gezogen. Erst der Bundesgerichtshof hat diese mittelbare Täterschaft für rechtswidrige Todesschüsse an der Grenze der ehemaligen DDR für die politisch-militärisch Verantwortlichen, die Mitglieder des nationalen Verteidigungsrates (NVR) der DDR – bei gleichzeitiger Täterschaft der Todesschützen! – in der Gerichtspraxis eingelöst.[29] Eine zu späte Einsicht für die NS-Täter! Unauflösbar bleibt der Widerspruch, daß zu Zeiten der Einstufung von NS-Schergen zu bloßen Gehilfen ein Todesschütze, der erst auf wiederholten Befehl als Führer einer Grenzstreife der DDR auf einen Flüchtling geschossen hatte, als Täter eingestuft wurde.[30]

VII. Das Übergehen der Kriegsverbrechen

Die Zentrale Stelle in Ludwigsburg zur Verfolgung von NS-Verbrechen war nach den von den Länderjustizministern, -senatoren beschlossenen Richtlinien ausdrücklich nicht zuständig für die Verfolgung sogenannter echter Kriegsverbrechen. Diese Verfahren mußten von den örtlich nach Tatort und Wohnort der Beschuldigten zuständigen Staatsanwaltschaften geführt werden. Eine systematisch-koordinierte Verfolgung blieb somit aus.

Ausschlaggebend für die Nichtverfolgung von deutschen Kriegsverbrechen war aber der Deckmantel, der von seiten der Militärs über diese Taten ausgebreitet wurde. Die deutsche Wehrmacht, das deutsche Soldatentum sollte von solchen Vorwürfen freigehalten werden. Allenfalls wurden Verantwortlichkeiten für andere Sicherheitsorgane, für die SS-Verbände akzeptiert. Dieses verbreitete Bewußtsein sowie die soldatische Kameradschaft, besser Kameraderie, verhinderte vielfach entsprechende Ermittlungen.

Der Wegweiser, den der Internationale Militärgerichtshof in Nürnberg aufgestellt hatte, wurde nicht befolgt. Obwohl der Gerichtshof den Generalstab und das Oberkommando der Wehrmacht nicht insgesamt als eine verbrecherische Organisation einstufte, hatte er die beteiligten Offiziere wie folgt beurteilt:

»Sie sind in großem Maße verantwortlich gewesen für die Leiden und Nöte, die über Millionen Männer, Frauen und Kinder gekommen sind. Sie sind ein Schandfleck für das ehrenhafte Waffenhandwerk geworden. Ohne ihre militärische Führung wären die Angriffsgelüste Hitlers und seiner Nazi-Kumpane akademisch und ohne Folgen geblieben. Wenn diese Offiziere auch nicht eine Gruppe nach dem Wortlaut des Statuts bildeten, so waren sie doch sicher eine rücksichtslose militärische Kaste.«[31]

Besonders deutlich wurden diese Verbrechen im Rußlandfeldzug. Zu Keitel, Chef des Oberkommandos der Wehrmacht, heißt es im Urteil wie folgt:

»Am 16. September 1941 befahl Keitel, um Überfällen auf Soldaten im Osten zu begegnen, daß für einen deutschen Soldaten 50 bis 100 Kommunisten umzubringen seien, er fügte hinzu, im Osten gelte ein Menschenleben nichts. Am 1. Oktober befahl er den militärischen Kommandeuren, stets Geiseln in Bereitschaft zu halten, damit sie bei Überfällen auf Soldaten hingerichtet werden könnten. Als Terboven, der Reichskommissar für Norwegen, an Hitler schrieb, Keitels Vorschlag, die Angehörigen von Arbeitern für Sabotagehandlungen verantwortlich zu machen, könne nur dann Erfolg haben, wenn Erschießungskommandos zugelassen würden, schrieb Keitel auf dieses Schreiben: ›Ja, das ist das beste.‹

Am 12. Mai 1941, fünf Wochen vor der Invasion der Sowjetunion, drängte das OKW bei Hitler darauf, einen Befehl an das OKH zu geben, wonach politische Kommissare durch das Heer zu erledigen seien. Keitel gab zu, diesen Befehl an die Befehlshaber im Felde weitergeleitet zu haben. Am 13. Mai unterzeichnete Keitel einen Befehl, daß Zivilpersonen, welche Vergehen gegenüber der Truppe verdächtig seien, ohne Gerichtsverfahren erschossen werden sollten, und eine Strafverfolgung deutscher Soldaten wegen gegen Zivilisten begangener Vergehen unnötig sei. Am 27. Juli wurden alle Exemplare dieser Anordnung auf Befehl vernichtet, ohne daß die Anordnung ihre Gültigkeit verlor. Vier Tage zuvor hatte er einen Befehl unterzeichnet, eine gesetzliche Bestrafung sei unzulänglich und die Truppe habe Terrormethoden anzuwenden.« (S. 327)

Dementsprechend lautet die Zusammenfassung einer neueren Studie zu den Wehrmachtsverbrechen in Weißrußland:

»1. Die Beteiligung der Wehrmacht am Holocaust erfolgte auf allen Ebenen der militärischen Befehlsgewalt – von den Befehlshabern des ›Rückwärtigen Heeresgebietes‹ bzw. des zivilverwalteten ›Ostlandes‹ bis zu den Truppenführern. Fälle von Widerstand oder Befehlsverweigerung hat es nicht gegeben.
2. Die ›Erfassung‹ oder Ghettoisierung der Juden war planmäßig vorbereitet. Sie erfolgte – wie die späteren Maßnahmen der physischen Vernichtung – in zeitlicher Abstimmung zu den Etappen der ›Endlösung‹ und in konkreter Absprache mit den übrigen Organen der Besatzung.
3. Das Vernichtungsprogramm der Wehrmacht war in Zielsetzung und Begründung rassistisch. Wie die Gleichsetzung von Jude und Partisan zeigt, standen militärische Überlegungen nicht in Konkurrenz zum Rassismus, sondern waren sein inhärenter Teil.
4. Die Mentalität der Wehrmachtführung entsprach dem Bewußtsein der Truppe. Das persönliche Engagement bei der ›Judenjagd‹ – sei es in freiwilliger Kooperation mit den Einsatzgruppen oder als wehrmachteigene Aktion – verrät ein spontanes Einverständnis mit dem Judenmord.«[32]

Dem Leugnen der verbrecherischen Faktizität kam eine rechtliche Argumentation zu Hilfe. Das Kriegsvölkerrecht, so wie es damals verstanden wurde, erlaubte unter bestimmten Umständen Geiselerschießungen als sogenannte Repressalie. Hierbei muß nach Auffassung des BGH[33] keine Proportionalität zwischen der geahndeten Tat und der Repressalie eingehalten werden – anders haben der Internationale Gerichtshof und die amerikanischen Militärgerichte entschieden.[34] Auch in der Rechtswissenschaft wurde dies teilweise anders gesehen.[35]

Des weiteren wurde nach dem Kriegsvölkerrecht die Kollektivstrafe unter bestimmten Umständen als gerechtfertigt angesehen, die in Artikel 50 der Haager Landkriegsordnung eine indirekte Anerkennung gefunden hatte. Hiernach darf keine Strafe in Geld oder anderer Art über eine ganze Bevölkerung wegen Handlungen einzelner verhängt werden, für welche die Bevölkerung nicht als mitverantwortlich angesehen werden kann. Diese Mitverantwortung wurde in der Praxis regelmäßig fingiert.

VIII. Die »Nichtbewältigung« der NS-Justiz

Im »Nürnberger Juristenprozeß« des amerikanischen Militärgerichtshofs im Jahr 1947 wurden stellvertretend für die Richterschaft, für die Staatsanwaltschaft und die Justizverwaltung im »Dritten Reich« 16 führende Juristen angeklagt.[36] In dem Urteil heißt es hierzu:

> »Einfacher Mord oder Einzelfälle von Greueltaten bilden nicht den Anklagepunkt für die Beschuldigung. Die Angeklagten sind solcher unermeßlicher Verbrechen beschuldigt, daß bloße Einzelfälle von Verbrechenstatbeständen im Vergleich dazu unbedeutend erscheinen. Die Beschuldigung, kurz gesagt, ist die der bewußten Teilnahme an einem über das ganze Land verbreiteten und von der Regierung organisierten System der Grausamkeit und Ungerechtigkeit und der Verletzung der Kriegsgesetze und der Gesetze der Menschlichkeit, begangen im Namen des Rechts unter der Autorität des Justizministeriums mit Hilfe der Gerichte. Der Dolch des Mörders war unter der Robe des Juristen verborgen.«[37]

Die gewollte Signalwirkung für eine anschließende strafrechtliche Verfolgung der NS-Justiz für den Bereich der Bundesrepublik blieb aus: Seit Wiederaufnahme der Justiztätigkeit wurde kein NS-Richter, kein NS-Staatsanwalt aus der »ordentlichen« Gerichtsbarkeit rechtskräftig abgeurteilt. Nur zwei Verurteilungen von Juristen, die als Standrichter in den letzten Kriegsmonaten fungierten, sind bekannt. Daneben wurden einige Offiziere in der Funktion als Standrichter strafrechtlich belangt.[38] Diesen Ausnahmen, die für die Gesamteinschätzung der bundesrepublikanischen »Bewältigung« der NS-Justiz keine Bedeutung haben, stehen 149 fragwürdige, zum Teil rechtsstaatswidrige[39] Verurteilungen von NS-Justizverbrechen in der DDR gegenüber.[40] Skandalös ist insbesondere die Freistellung der Richter und Staatsanwälte am Volksgerichtshof und an den Sondergerichten. Zwar wurde der Richter Rehse, Beisitzer beim Volksgerichtshof unter Freisler und beteiligt an wenigstens 231 Todesurteilen, 1967 in erster Instanz wegen Beihilfe zum Mord und Mordversuch zu fünf

Jahren Zuchthaus verurteilt[41]; dieses Urteil hatte jedoch keinen Bestand. Es wurde vom Bundesgerichtshof in der Revisionsinstanz aufgehoben und zur erneuten Verhandlung zurückverwiesen.[42] Hier wurde Rehse 1968 freigesprochen.[43] Bevor es auf die erneute Revision der Staatsanwaltschaft zur erneuten Prüfung beim Bundesgerichtshof kam, starb der Angeklagte. Mit Bitterkeit vermerkte hierzu Kempner, der stellvertretende Chefankläger im Hauptkriegsverbrecherprozeß: »Vor der neuen Verhandlung stirbt man aus, unbestraft, das kann Folgen haben für die Witwenpension.«[44]

Die Begründung für diese strafrechtliche Freistellung der NS-Justiz fußt auf einem sogenannten Richterprivileg.[45] Dieses wird paradoxerweise aus einer Strafbestimmung für die Justiz, aus dem Tatbestand der Rechtsbeugung, § 336 StGB, abgeleitet. Die Paradoxität dieser Argumentation hat Kempner offengelegt: »Warum soll ein Mörder nicht als Mörder bestraft werden, wenn er ein juristischer Mörder ist? Warum soll es heißen: Wenn er einen justitiellen Mord begangen hat, darf er nur dann verurteilt werden, wenn ihm gleichzeitig eine absichtliche Rechtsbeugung nachzuweisen ist.«[46] Juristisch läßt sich zusätzlich argumentieren, daß ein Richterprivileg nur für einen objektiven Rechtsprechungsakt beansprucht werden kann, das heißt, es muß von einer unabhängigen Gerichtsinstanz in einem justizförmigen Verfahren eine an Gerechtigkeitsmaßstäben orientierte Entscheidung getroffen werden. Die Verhandlungen des Volksgerichtshofes sowie der politischen Sondergerichte und der militärischen Standgerichte sprachen einem justitiellen Prozeß aber Hohn. In der Praxis diente der Strafprozeß dieser Instanzen entsprechend einem Ausspruch des ersten sogenannten Reichsrechtsführers Hans Frank: »Der nationalsozialistische Staat verhandelt mit Verbrechern nicht, er schlägt sie nieder«[47], nur der Diffamierung und Vernichtung der Angeklagten. Über 16000 Todesurteile werden den »zivilen« Strafgerichten und weit über 30000 Todesurteile den militärischen Strafgerichten angelastet. Allein vom Volksgerichtshof wurden 5266 Todesstrafen angeordnet. Aus den Gefängnissen und Zuchthäusern wurden zusätzlich 15000 bis 20000 Justizhäftlinge »zur Vernichtung durch Arbeit« in die Konzentrationslager überstellt. Wer nicht richtet, sondern nur hinrichtet, hat sich wie jeder andere Staatsbürger zu verantworten; weil er die Machtfülle der Justiz ausnützt, zusätzlich wegen Rechtsbeugung.

Der Widerspruch zum Nürnberger Juristenurteil des amerikanischen Militärgerichtshofs ist in einem Fall besonders eklatant: Während der Sondergerichtsvorsitzende Rothaug im Nürnberger Juristenprozeß zu lebenslanger Freiheitsstrafe verurteilt wurde, wurden seine beiden Beisitzer 1970, also über 20 Jahre danach, von der ersten Instanz zu drei beziehungsweise zwei Jahren Freiheitsentzug verurteilt. Auf eine Revision hin[48] zog sich das Strafverfahren in die Länge und wurde 1976 wegen alters- und gesundheitsbedingter Verhandlungsunfähigkeit der ehemaligen Sonderrichter eingestellt.[49]

Festzuhalten ist, daß die repräsentative Verurteilung der NS-Justiz im Nürnberger Juristenurteil keine Nachfolge fand. Die schuldhafte Teilnahme am NS-Unrecht durch die Justiz im »Dritten Reich« findet so ihre Ergänzung in der schuldhaften Versäumnis ihrer Verfolgung durch die bundesrepublikanische Justiz.

IX. Fazit und Ausblick

Die Auswirkungen der Nürnberger Prozesse auf die westdeutsche Justiz sind widersprüchlich. Auf der einen Seite wurden große Anstrengungen mit besonderem persönlichem Engagement unternommen, die NS-Greueltaten zu ermitteln und die hierfür Verantwortlichen zur Rechenschaft zu ziehen. Dies gilt insbesondere für die Arbeit der Ludwigsburger Zentrale. Diese Arbeit ist nicht nur unter justitiellem Blickwinkel zu würdigen. Gerade auch die Geschichtsforschung hat hiervon viel Gutes. Ohne die Vernehmungen der Staatsanwälte und Richter wäre vieles im dunkeln versunken:

> »Was deutsche Justiz und Jurisprudenz bei der Strafverfolgung von NS-Verbrechen an faktischer Aufklärung und begrifflicher Erfassung des NS-Unrechtsregimes leisteten, war möglicherweise von größerer Bedeutung als die individuellen Strafen, die Gerichte verhängten oder nicht verhängten.«[50]

Auf der anderen Seite ist zu kritisieren, daß bis zur Einrichtung der Zentralstelle im Jahre 1958 Ermittlungen mehr Zufallscharakter hatten, es ist darüber hinaus zu kritisieren, daß ganze Unrechtsbereiche wie die Justiz- und Kriegsverbrechen und auch die Euthanasieverbrechen weitgehend ausgeklammert wurden. Hinzu kommt eine Strafzumessungspraxis, die in vielen Fällen keinem Vergleich mit der Sanktionspraxis für die sonstige Kriminalität standhält. Diese Ungleichbehandlung war primär in der Zuerkennung einer bloßen Gehilfenfunktion für täterschaftliches Verhalten begründet. Insoweit hatte sich die bundesrepublikanische Justiz in den Fußangeln der subjektiven Teilnahmelehre verfangen. Die Kritik richtet sich hierbei weniger gegen eine Milde bei der Straffestsetzung, als vielmehr gegen die Klassifizierung von »Mordgesellen« als Mordgehilfen, gegen eine entlastende Verantwortungszuschreibung. Der Erfolg von Strafjustiz kann und darf nicht an Strafhöhen bemessen werden! Ein Schuldausgleich durch Strafe ist bei diesen Verbrechen von vornherein irreal. Deshalb war keine Anpassung »nach oben« gefordert, wohl aber die Anwendung gleicher Maßstäbe. Die Einstufung der unmittelbar handelnden Schergen wie der mittelbar handelnden Chargen als (Mit-)Täter der (Massen-)Morde wäre wichtiger für die Bildung eines neuen Rechtsbewußtseins, von Zivilcourage und Solidarität mit den Mitmenschen gewesen, als eine Strafmaßerhöhung. Ein solches Rechtsbewußtsein muß immer wieder neu geschaffen werden. Hierfür ist öffentliche Verantwortungszuschreibung im Strafprozeß (mit)notwendig, bei internationalen Verbrechen durch einen internationalen Strafprozeß.

Erklärtes Ziel der Nürnberger Prozesse war neben der exemplarischen Aburteilung der NS-Verbrecher für die Errichtung eines »neuen« Deutschlands die Schaffung eines internationalen Strafrechts. Auch wenn dieses Völkerstrafrecht sich schrittweise entwickeln sollte, so ist dieser Versuch über Nürnberg nicht hinausgekommen. Obwohl die Siegerstaaten sich auf eine Allgemeinverbindlichkeit der angewandten Rechtsgrundlagen beriefen, wurden diese für eigenes Handeln weder im Zweiten Weltkrieg noch in der Zeit danach Prüfungsnormen. So wurde von deutscher Seite immer wieder auf die Beteiligung der Sowjetunion an der Besetzung Polens im Jahr 1939 sowie auf den sowjetischen Angriff 1939/40 gegen Finnland hingewiesen, der zum Ausschluß aus dem Genfer Völkerbund führte. So werden die Angriffe auf die Zivilbevölkerung in Dresden, Hiroshima und Nagasaki immer wieder mit den deutschen Kriegsverbrechen aufgerechnet, wenngleich bei Ausrufung eines »totalen Krieges« ein besonderer Schutz der Zivilbevölkerung schwer zu begründen und durchzuhalten ist. So lautet das Fazit des Chefanklägers bei den Nürnberger Nachfolgeprozessen zum amerikanischen Vietnamkrieg:

> »Wir haben es irgendwie nicht geschafft, Lektionen zu lernen, die wir in Nürnberg lehren wollten.«[51]

Abgesehen von den politischen Hindernissen erscheint auch das Konzept eines Völkerstrafrechts als Gewohnheitsrecht verfehlt. Dieser rechtstheoretische Fundort ist so unbestimmt, daß die konkrete Anwendung immer zweifelhaft bleibt. Hier gilt es, verbindliche internationale Abmachungen zu treffen, an denen sich die Machtausübenden wenigstens vor der Weltöffentlichkeit messen lassen müssen. Sie dürfen sich auch nicht erschöpfen in Ad-hoc-Tribunalen wie jetzt für Menschenrechtsverletzungen in dem ehemaligen Jugoslawien. Es ist dies aber ein erster, ermutigender Schritt in der Nachfolge der Nürnberger Prozesse.

1 Zu Nachweisen siehe K. Henkys (Hg.), *Die Nationalsozialistischen Gewaltverbrechen. Geschichte und Gericht*, Stuttgart/Berlin 1964, S. 340 ff.
2 Vgl. R. Kempner, *SS im Kreuzverhör*, Stuttgart/Berlin 1964, S. 9.
3 Siehe Bericht der Bundesregierung vom 26. Februar 1965, BT-Drucks. IV/3124.
4 Siehe Statistik der Bundesrepublik Deutschland, Bd. 110: Die Kriminalität in den Jahren 1950 und 1951, abgedruckt in: Zur Sache/Themen parlamentarischer Beratung »Zur Verjährung nationalsozialistischer Verbrechen«, 3/80, Teil 1, S. 108.
5 Robert Kempner, stellvertretender Chefankläger im Nürnberger Hauptkriegsverbrecherprozeß: »Es hätte in den NS-Prozessen leichter zur Erfassung des Sachverhalts geführt.« R. Kempner, *Ankläger einer Epoche – Lebenserinnerungen*, Frankfurt/M./Berlin 1983, S. 495.
6 Zur Auseinandersetzung mit diesem Vorwurf siehe H. Ostendorf/H. ter Veen, *Das »Nürnberger Juristenurteil«*, Frankfurt/M./Berlin 1985, S. 34 ff.
7 Zur Gnadenpraxis für die im Nürnberger Einsatzgruppenprozeß Verurteilten siehe F. Kruse, *NS-Prozesse und Restauration*, in: Kritische Justiz 2 (1978), S. 119.
8 Fritz Bauer, in: *Zwanzig Jahre danach. Eine deutsche Bilanz 1945–1965*, hrsg. von H. Hammerschmidt, München/Wien/Basel 1965, S. 308 f.
9 Antwort der Bundesregierung auf die Große Anfrage der Grünen, BT-Drucks. 10/6566.
10 A. Rückerl, *NS-Verbrechen vor Gericht. Versuch einer Vergangenheitsbewältigung*, Heidelberg 1982, S. 179.
11 Siehe hierzu auch die Entscheidung des Bundesverfassungsgerichts, in: Neue Juristische Wochenschrift (NJW) 1953, S. 177.
12 Bundesgesetzblatt (BGB) I, 1965, S. 315.
13 Ebenda, 1969, S. 1065.
14 BVerfG, NJW 1969, S. 1059.
15 Bundesgesetzblatt I, S. 1046.
16 Bundestagsprotokolle 5. Wahlperiode, S. 13055.
17 So der Berliner Generalstaatsanwalt Günther, *Staatsanwaltschaft – Kind der Revolution*, Franfurt/M./Berlin/Wien 1973, S. 73.
18 Verhandlungen des 46. Deutschen Juristentages, Bd. II, Teil C, 1967, S. 10.
19 Günter E. Hirsch, *Die Strafzumessung bei nationalsozialistischen Gewalt- und Kriegsverbrechen*, Neuburg a. d. Donau 1973, S. 341.
20 Ulrich-Dieter Oppitz, *Strafverfahren und Strafvollstreckung bei NS-Gewaltverbrechen*, Ulm 1976, S. 149 f.
21 Vgl. Kruse (Anm. 7), S. 132.
22 Ebenda, S. 304.
23 Ebenda, S. 318.
24 Volker Ducklau, *Die Befehlsproblematik bei NS-Tötungsverbrechen*, Freiburg i. Br. 1976, S. 213.
25 Lichtenstein, *Majdanek*, Frankfurt/M. 1979 – vergriffen; zusätzlich ist auf den Dokumentarfilm von Eberhard Fechner zu verweisen.
26 Siehe Cramer, in: Schöncke/Schröder, *Kommentar zum Strafgesetzbuch*, 24. Aufl., Vorbemerkungen Rn. 62 ff zu §§ 25 ff.

27 Verhandlungen des 46. Deutschen Juristentages, Bd. II, Teil C, 1967, S. 9; s. hierzu auch Just-Dahlmann/Just, *Die Gehilfen*, Frankfurt/M. 1988.

28 Siehe P. Noll, *Die NS-Verbrecherprozesse strafrechtsdogmatisch und gesetzgebungspolitisch betrachtet*, in: P. Schneider (Hg.), *Rechtliche und politische Aspekte der NS-Verbrecherprozesse*, Mainz 1968, S. 46; F. Baumann, *Die strafrechtliche Problematik der nationalsozialistischen Gewaltverbrechen*, in: Henkys (Anm. 1), S. 317; C. Roxin, *Straftaten im Rahmen organisatorischer Machtapparate*, in: Goltdammers Archiv, 1963, S. 193 ff (197).

29 Vgl. Urteil vom 26. 7. 1994, AZ.: 5 StR 98/94.

30 Vgl. Landgericht Stuttgart, Juristenzeitung 1964, S. 101, 103.

31 Internationaler Militärgerichtshof, Prozeß gegen die Hauptkriegsverbrecher, Nürnberg 1947, Bd. I, S. 313.

32 Siehe H. Heer in: Mittelweg 34, Zeitschrift des Hamburger Instituts für Sozialforschung, 1994, Ausgabe Juni/Juli; siehe auch Schneider, *Das »Unternehmen Barbarossa«*, Frankfurt/M. 1989, S. 63 ff.

33 BGH vom 5. 5. 1955, Aktenzeichen 3 StR 603/54 – nicht veröffentlicht.

34 Siehe Heinze-Schilling, *Die Rechtsprechung der Nürnberger Militärtribunale*, S. 155 ff, S. 223 ff.

35 Siehe die Hinweise zur rechtlichen Beurteilung »Geisel- und Partisanentötungen im 2. Weltkrieg« der Zentralen Stelle der Landesjustizverwaltungen in Ludwigsburg, 1968, S. 33.

36 Siehe im einzelnen Ostendorf/ter Veen (Anm. 6); zum Ergebnis des Prozesses siehe Kap. II.

37 Zitiert nach Ostendorf/ter Veen (Anm. 6), S. 140.

38 Siehe Friedrich, *Freispruch für die Nazi-Justiz*, Reinbek b. Hamburg 1983, S. 338 ff.

39 Siehe W. Eisert, *Die Waldheimer Prozesse. Der stalinistische Terror 1950. Ein dunkles Kapitel der DDR-Justiz*, München 1993.

40 Vgl. G. Wieland, *Besonderheiten der Strafverfahren zur Ahndung von Nazi-Justizverbrechen*, in: Neue Justiz 1984, S. 52.

41 Vgl. Landgericht Berlin, Deutsche Richterzeitung 1967, S. 390.

42 Vgl. BGH, Neue juristische Wochenschrift 1968, S. 1339.

43 Vgl. Landgericht Berlin, abgedruckt bei Friedrich (Anm. 38), S. 463 ff.

44 Kempner (Anm. 5), S. 425.

45 Entscheidung des Bundesgerichtshofs im 10. Bd., S. 294.

46 Kempner (Anm. 5), S. 425.

47 Frank, in: Blätter für Gefängniskunde, Bd. 66, 1935, S. 192.

48 Vgl. BGH, NJW 1971, S. 571 ff.

49 Siehe G. Spendel, *Rechtsbeugung durch Rechtsprechung*, Berlin 1984, S. 54.

50 Zitiert nach M. Broszat, *Siegerjustiz oder strafrechtliche »Selbstreinigung«*, in: Vierteljahrshefte für Zeitgeschichte, 4/1981, S. 477 ff (543).

51 Taylor, *Nürnberg und Vietnam*, München 1971, S. 241.

Günther Wieland

Die Nürnberger Prinzipien im Spiegel von Gesetzgebung und Spruchpraxis sozialistischer Staaten

Das Thema wirft zunächst drei Fragen auf: Ist es noch aktuell, vermag es Lehren für die künftige Ahndung vergleichbarer Kriminalität zu vermitteln, und kann man für Gesetzgebung und Judikatur der Staaten eines Gesellschaftssystems verallgemeinernde Aussagen treffen?

Nachdem sich Osteuropa vom real existierenden Sozialismus verabschiedet hat, ist diese Staatsform ausschließlich in China, Vietnam, Nordkorea und Kuba anzutreffen. Das sind Länder, die nicht unmittelbar von der Nürnberger Verhandlung berührt wurden, die drei asiatischen zählten aber zu den Opfern der Aggression Japans. Sie tangierte daher der Tokioter Prozeß, dessen Erkenntnisse sich in den genannten Prinzipien widerspiegeln wie die des europäischen Verfahrens. Dennoch unterschied sich die fernöstliche Judikatur maßgeblich von der hiesigen, die auf eine weit größere Zahl von Prozessen verweisen kann, während der Gerichtshof in Tokio internationaler besetzt war als der von Nürnberg.[1] Freilich fehlte in Asien eine der Moskauer Erklärung vom Oktober 1943 vergleichbare Zuständigkeitsformel, Tatverdächtige unmittelbar am Ort der ihnen zur Last gelegten Taten zur Verantwortung zu ziehen. In Europa waren die deshalb angestrengten Strafverfahren räumlich und zeitlich weit gestreut. Sie fanden vor Gerichten der am Kriegsgeschehen beteiligten Staaten meist sowohl gegen eigene als auch gegen fremde Staatsbürger statt.

Die Nürnberger Prinzipien sind weder territorial noch temporal begrenzt. In ihnen verkörpert sich mehr als die erstmalig praktizierte strafgerichtliche Aburteilung der für das Entfachen eines Krieges verantwortlichen Staatsmänner und Militärs. Sie dokumentieren den damals einmütigen wie ernstlichen, in der Folge freilich ignorierten Willen der Alliierten, dem Wiederholen solcher Verbrechen zu wehren und möglichen Nachahmern vor Augen zu führen, nach welchen Regeln sie sich widrigenfalls zu verantworten hätten. Die auf dem positiven und dem Völkergewohnheitsrecht beruhenden Prinzipien entstanden zugleich als Richtschnur für jede nationale Judikatur. Auch das belegt ihre Aktualität. In welchem Maße fanden sie Eingang in Gesetzgebung und Spruchpraxis sozialistischer Länder?

Nationale Strafgesetzbücher sind trotz grenz- und systemüberschreitender Gemeinsamkeiten aus politischen, historischen, ethnischen, soziologischen und religiösen Gründen unterschiedlich. Das gilt auch im Sozialismus, dessen Staats- und Rechtstheoretiker zwar den internationalistischen Charakter seines Rechts betonen, es aber zugleich als »Bestandteil souveräner Staaten« verstehen, dem »die Dialektik von Nationalem und Internationalem« zugrunde liegt.[2] In der Tat ist das judikative Gefüge im Sozialismus recht verschieden. Radványi charakterisierte die im Westen lange verbreitete Meinung von der »monolithischen Struktur des sozialistischen Strafrechts« als mehr »auf politischen und ideologischen Prämissen als auf dem Ergebnis einer sorgfältigen wissenschaftlichen Untersuchung« beruhend.[3] Zlataríc erklärte 1969 (als zeitlich harmonierend mehrere Staaten neue Strafgesetzbücher eingeführt hatten: Bulgarien 1.5. 1968; DDR 1.7. 1968; Rumänien 1.1. 1969, das polnische vom 19.4. 1969 trat am 1.1. 1970 in Kraft), die Unterschiede der Strafbestimmungen der sozialistischen Länder wären oft größer als ihre »Ähnlichkeiten« mit herkömmlichen: »Wie noch kein einheitliches Modell der sozialistischen Gesellschaftsordnung besteht, kann es kein einheitliches Modell des sozialistischen Strafrechts geben.« Zwar hätten sich die Schöpfer des DDR-Strafgesetzbuches an einer Analyse sozialistischen Rechts versucht, in ihr wäre »aber abgesehen von der etwas verschwenderischen Verwendung des Wortes ›sozialistisch‹« (15mal in der Präambel und 19mal in den Grundsätzen) nichts zu entdecken, was nicht »in einem anderen Staat, ungeachtet seiner Gesellschaftsordnung, angewandt werden könne«.[4] In der kontroversen Debatte schlossen sich ihm bald auch Autoren des Westens an.[5] Freilich zählte man dort schon früh gerade das jugoslawische StGB zu den »neueren Gesetzeswerken, die sich besonders um den Einklang ihrer Strafrechtsnormen mit dem Völkerrecht bemühen«[6].

Daß es von Anfang an im Recht der hier interessierenden Staaten verbreitete Unterschiede gab, zeigte sich in besonderer Weise im Beitrag, den Osteuropa sowohl in der Embryonalphase der Nürnberger Prinzipien (als man sich dort allerdings mit Ausnahme der UdSSR noch nicht dem sozialistischen Credo verschrieben hatte) als auch später bei deren Durchsetzung leistete: Vor allem von polnischen Autoren stammen wichtige Arbeiten,[7] während albanische Beiträge fehlen,[8] was nicht verwundert, zumal man dort – ungeachtet der damals selbstgewählten politischen Isolation – sogar Mühe hatte, die Normen des 1952er StGB gegen seit Jahrhunderten fest verwurzeltes, neuzeitlichem Denken zuwiderlaufendes Gewohnheitsrecht durchzusetzen.[9]

Heute findet das Verhältnis sozialistischer Staaten zu den Nürnberger Prinzipien das Augenmerk vieler Autoren. So forderte H.-E. Niermann zwar DDR-begrenzt, partiell aber übertragbar auf deren Bündnispartner: Man wird »die rechts- und zeitgeschichtliche Aufarbeitung der Justizgeschichte des Dritten Reiches in der DDR genauso auf ihre Legitimität untersuchen müssen, wie die politisch-rechtliche Bewältigung des Dritten Reiches durch Gerichte der DDR selbst kritisch überprüft werden muß«[10]. Daß diese »Legitimitätsprüfung« neben Journalisten (mit zuweilen oberflächlichen Recherchen[11]) auch Juristen zu Ergebnissen verleiten kann, die jenen Prinzipien widersprechen, muß hier außer Betracht bleiben.[12] Der Umgang der sozialistischen Staaten mit Nürnberg bedarf unvoreingenommener Analyse. Sie hat die Etappen der Entwicklung dieser Länder und deren Positionen zu beachten, als es galt, die Bestrafung der für Kriegsverbrechen und Verbrechen gegen die Menschlichkeit Verantwortlichen zu einem Hauptkriegsziel zu erheben. Zugleich hat sie aber auch deren Rechtspraxis bei der Verfolgung Zehntausender tatsächlicher und vermeintlicher Tatverdächtiger näher zu untersuchen.

I. Die Initiativen der von Hitlerdeutschland Überfallenen

Der osteuropäische Anteil an der Entwicklung der Nürnberger Prinzipien ist recht unterschiedlich: Als in »Böhmen und Mähren«, Polen und Jugoslawien längst deutsche Marschstiefel dröhnten, war die UdSSR noch Partner des Nichtangriffspaktes mit Deutschland. Bulgarien, Rumänien, Ungarn und die Slowakei zählten gar zu dessen Verbündeten. So stammte das früheste Verlangen nach konsequenter Bestrafung der NS-Verbrecher aus jenen Staaten, die die ersten Aggressionsopfer waren: Bereits im Oktober 1939 stimmten der Chef der damals im französischen Angers sitzenden polnischen Regierung, General Władysław Sikorski, und der tschechoslowakische Präsident Eduard Beneš ihre Aktivitäten ab.[13] Am 28. November prangerte Sikorski im Rundfunk die in seiner Heimat verübten NS-Verbrechen an. Am 2. Dezember 1939 ließ er dem britischen Außenminister Lord Halifax eine Protestnote über deutsche Greueltaten überreichen.[14] Hatte seine Regierung noch im selben Jahr erklärt: »(...) after the victorious war the Polish state will use retortions for innoncent Polish victims, towards Germans especially towards their leadership quarters«[15], begannen die Wissenschaftler M. Siewierski und S. Śliwicki bald das Gesetz über die Bestrafung von Kriegsverbrechern zu entwerfen, das dann der inzwischen nach London übergesiedelten Exilregierung zuging und als Dekret des Präsidenten der Republik Polen am 30. März 1942 in Kraft trat. Diese erste Kodifikation über die Bestrafung der für NS-Gewaltverbrechen Verantwortlichen in den alliierten Ländern entstand unter den Augen der deutschen Besatzung.[16] Währenddessen unterhielten die neun europäischen Exilregierungen in London als lose Arbeitsgemeinschaft die Inter-Allied Commission on the Punishment of War Crimes.

Das Wissen über die in den besetzten Ländern verübten Untaten führte zur Bildung von zwei halbamtlichen Kommissionen, die sich in London der Kriegsverbrecherfrage widmeten: Die Commission for Penal Reconstruction and Development an der Universität Cambridge hielt am 14. November 1941 eine internationale Konferenz mit Vertretern von Universitäten der besetzten europäischen Länder ab;[17] in der London International Assembly hingegen berieten Regierungsvertreter.[18] In beiden Gremien arbeiteten Osteuropäer rege mit.

Als Ausdruck der polnischen Verdienste um die Ahndung der Naziverbrechen stand General Sikorski am 13. Januar 1942 der Konferenz im St. James Palace vor, die die Bestrafung der Tatbeteiligten der Naziverbrechen zu einem alliierten Hauptkriegsziel erhob und die Entschlossenheit betonte, »im Geiste internationaler Solidarität darauf zu achten, daß a) jene Schuldigen oder Verantwortlichen, unabhängig von ihrer Nationalität, aufgespürt, der Rechtsprechung übergeben und abgeurteilt werden; b) daß die ausgesprochenen Urteile vollstreckt werden«[19]. Das deckte sich mit der vom Präsidenten der USA sowie dem britischen Premier am 25. Oktober 1941 erhobenen Forderung und der diplomatischen Note des UdSSR-Außenministeriums vom selben Tage.[20]

Am 7. Oktober 1942 kündigten die USA und Großbritannien an, die mit amtlichem Status versehene United Nations War Crimes Commission (UNWCC) zu bilden, deren Gründung am 20. Oktober des folgenden Jahres im Londoner Außenministerium Vertreter der USA, Großbritanniens, Chinas, des französischen Befreiungskomitees und anderer besetzter europäischer Länder sowie der Dominions vollzogen.[21] Zu dieser Zeit stand fest, daß die UdSSR trotz westlicher Bitten auf die Teilnahme verzichtete, nachdem das Präsidium des Obersten Sowjets bereits am 2. November 1942 eine eigene »Außerordentliche Staatskommission zur Feststellung und Untersuchung der Verbrechen der Eindringlinge« beschlossen hatte.[22] Demgegenüber zählten Polen, Jugoslawen und Tschechen zu den aktivsten Mitgliedern der UNWCC. So betonte der Tscheche Ecer, der bereits früher die Verbrechen gegen Juden und Staatenlose in Deutschland als »crimes against mankind« charakterisiert hatte, einer britischen Äußerung widersprechend die Strafbarkeit des Angriffskrieges.

Zu den Aufgaben der Kommission zählte, Beweise zu sammeln und die Namen der Verdächtigen auf Kriegsverbrecherlisten zu erfassen, deren

Zahl sich zuletzt auf 80 belief.[23] Die UdSSR nahm an dieser Kooperation nicht teil. Sie ließ nach der Befreiung durch Kommissionen, denen lokale Parteifunktionäre, Juristen, Mediziner und Priester der russisch-orthodoxen Kirche angehörten, die während der Besetzung verübten Verbrechen festhalten. Die Gremien durften Zeugen und Sachverständige hören, Ortsbesichtigungen und Exhumierungen vornehmen. Geschah das kurz nach dem Einmarsch der Roten Armee, führte die Staatsanwaltschaft später oft detailliertere Untersuchungen durch. Sowohl deren Ergebnisse als auch jene der gesellschaftlichen Kommissionen sind zumindest partiell für den Nürnberger Prozeß sowie für in Ost und West geführte Ermittlungen zur Verfügung gestellt worden. Ihr Vorzug bestand im oft recht exakt recherchierten Umfang der NS-Untaten.[24] Dagegen erwies sich als Nachteil, daß sich die Berichte nur selten auf Beutedokumente stützen konnten. Namen und Dienstgrade der Tatverdächtigen vermittelten sie meist so, wie sie Einheimische phonetisch bekundet hatten, wobei das Übertragen in kyrillische Schrift und die spätere Rückübersetzung zusätzliche Hindernisse bei der Identifizierung der Verdächtigen darstellten.

Obgleich sich die UdSSR der Mitarbeit in der UNWCC entzog, hatte sie doch aktiven Anteil an der Konzeption der materiell- und prozeßrechtlichen Grundlagen des NS-Hauptkriegsverbrecherprozesses. An dem Londoner Statut vom 8. August 1945 wirkte der Völkerrechtler Trainin ebenso mit wie Richter und Ankläger seines Landes an den Prozessen in Nürnberg und Tokio. Zwar gab es dabei mehrfach Meinungsverschiedenheiten zwischen westlichen und sowjetischen Juristen, so z. B. das Votum des Richters Nikitschenko in Nürnberg[25] und das vergebliche Streben sowjetischer Ankläger, in Tokio ein »schnelles« Urteil zu erwirken.[26] Gleichwohl argumentierten die UdSSR-Vertreter materiell wie prozessual im Rahmen der Statuten beider Tribunale.

Hatte die Sowjetunion an den internationalen Richtersprüchen auch wesentlichen Anteil, verdient ihre eigene und die in ihrem Machtbereich praktizierte Judikatur hingegen ein viel differenzierteres Urteil. Ohnehin erweist es sich schwierig, die osteuropäische Spruchpraxis bei der Ahndung von Naziverbrechen zu bewerten, zumal – soweit überhaupt – oft nur bruchstückhaft Quellen zu erschließen sind. Gibt es über DDR- und polnische Prozesse recht aussagekräftige Erkenntnisse,[27] beschränkt sich das Wissen über andere Staaten auf einige Pressemeldungen, wobei zu Albanien und Rumänien selbst diese fehlen.

II. Osteuropäische Normen zur Verfolgung von Naziverbrechen

Die von UdSSR-Gerichten verkündeten Urteile beruhten in Abhängigkeit vom Gerichts- oder Tatort auf unterschiedlichen Rechtsquellen: Ergingen sie in Ostdeutschland,[28] subsumierte man jedenfalls zum Teil nach dem Kontrollratsgesetz Nr. 10,[29] wie der – freilich einzige öffentlich durchgeführte – Prozeß gegen den letzten Kommandanten von Sachsenhausen, SS-Standartenführer Anton Kaindl, und 15 andere belegt.[30] Dagegen haben in anderen zwischenzeitlich zugängig gewordenen Urteilen sowjetische Militärtribunale in Deutschland das Verhalten der NS-Angeklagten nach dem Strafgesetzbuch der RSFSR qualifiziert.

Schuldsprüche auf dem UdSSR-Territorium stützten sich hingegen ausschließlich auf innerstaatliches Recht. Dabei blieb der jeweilige Tatort insofern bedeutungsvoll, als jede Unionsrepublik über ein eigenes Strafgesetzbuch verfügte. Bei denen standen zwar das StGB der RSFSR vom 1. Oktober 1926 und das hier besonders interessierende als Unionsgesetz erlassene Reglement über die Militärverbrechen vom 27. März 1927 durchweg Pate, in ihrer Systematik unterschieden sie sich jedoch. So konnte eine Tat in dieser Republik nach einem anderen Artikel geahndet werden als in jener. Im Gegensatz zu west-[31] und osteuropäischen Staaten verzichtete die Sowjetunion darauf, die Ahndung von NS-Verbrechen durch eigenständige Normen zu regeln. Sie entging daher dem gegen Nürnberg und die Rechtsprechung der meisten europäischen Länder zuweilen erhobenen, außerordentlich fragwürdigen Vorwurf des Verstoßes gegen das strafrechtliche Rückwirkungsverbot. Ebensowenig wie jene Nürnbergkritiker beachtete die UdSSR-Judikatur jedoch, daß sich die in Betracht kommende Kriminalität sowohl durch Ursachen und Triebkräfte als durch Zielrichtung, Systematik und Perfektion grundlegend von allen anderen Straftaten unterschied: Es handelte sich letztlich um staatlich geplante und organisierte Verbrechen von einer bis dahin nicht gekannten Dimension, die sich gegen das höchste Rechtsgut richteten, das die Menschheit kennt, den internationalen Frieden, denn diese Verbrechen wurden in Vorbereitung und Durchführung von Aggression und Okkupation verübt.

Demgegenüber verurteilten sowjetische Militärgerichte in der UdSSR tatsächliche und vermeintliche NS-Täter wegen »Bandentum« (Legaldefinition: »die Organisation von bewaffneten Banden und die Teilnahme an ihnen und den von ihnen veranstalteten Ausschreitungen«), Diversion, Spionage u.ä. gemäß den Art. 58 und 59 StGB-RSFSR (abweichende Normen anderer Unionsrepubliken bleiben hier unberücksichtigt). Angehörige von Einheiten, über die den sowjetischen Behörden Hinweise auf Verbrechen vorlagen, wurden nahezu durchweg mit 25 Jahren Freiheitsentzug bestraft, wobei oft unberücksichtigt blieb, ob die einzelnen Verurteilten an den Straftaten mitgewirkt bzw. ob sie zur Tatzeit überhaupt der fraglichen Formation angehört hatten.[32] Besonders verhängnisvoll erwies sich der exzessiv interpretierte Art. 17: »Als Gehilfen gelten Personen, die zur Ausführung des Verbrechens durch Ratschläge, Hinweise, Zurverfügungstellung von Mitteln, Beseitigung von Hindernissen oder durch Verbergen des Täters oder der Verbrechensspuren beitragen.« Rückerl verwies auf den Fall des Angehörigen einer deutschen Pioniereinheit: Er wurde verurteilt, »weil er zum Brückenbau ›volkseigenes‹ Holz verwendet hatte«, und selbst ein Sanitäter entging der Strafe nicht: Er hatte »im Partisanenkampf verwundete Soldaten gepflegt«.[33] Zumindest solche Urteile unterschieden nicht zwischen den Verantwortlichen der in der UdSSR und an deren Staatsbürgern verübten zahllosen Kriegsverbrechen und Verbrechen gegen die Menschlichkeit einerseits und jenen Militärangehörigen und Zivilisten anderseits, deren Verhalten die Kriminalisierung nicht rechtfertigte. Wäre man der Konstruktion des Art. 58 von der kriminellen Bande, die die Sowjetunion überfallen hat, konsequent gefolgt, hätte man de facto jeden Angehörigen der Okkupationsstreitmacht und deren Gefolge vor Gericht stellen können.

Bei der Aburteilung derjenigen, denen man konkrete Verbrechen zur Last legte, hatte die Militärjustiz bis Mai 1947 den Erlaß des Präsidiums des Obersten Sowjets vom 19. April 1943 zu beachten: Die Mißhandlung von Kriegsgefangenen und Zivilisten durch Angehörige der Feindmächte konnte danach – wie der Vaterlandsverrat eigener Staatsangehöriger – unabhängig von der Tatzeit mit der durch den Strang zu vollziehenden Todesstrafe (zuvor: Erschießen) geahndet werden. Das stellte eine rückwirkende Strafverschärfung dar,[34] die 1943 im ersten gegen deutsche Militärpersonen – deren Schuld freilich zweifelsfrei war – durchgeführten Kriegsverbrecherprozeß Platz griff.[35]

Obwohl das Hitlerregime gerade in der Sowjetunion und an deren Bürgern eine Unzahl von Verbrechen verübt hat, an denen zahlreiche dort Verurteilte beteiligt waren, bleibt festzuhalten: Die in den ersten Nachkriegsjahren gegen Angehörige der Achsenmächte und ihrer Verbündeten in der UdSSR geübte Judikatur ließ die Spruchpraxis von Nürnberg und Tokio unberücksichtigt. Daher ist Maurach insoweit zuzustimmen, als er 1950 schrieb: »Die Nürnberger Ergebnisse sind an der Sowjetunion spurlos vorübergegangen.«[36]

Ganz anders ist die polnische Spruchpraxis zu bewerten, die damals von bundesdeutschen Gerichten wiederholt böse attackiert wurde: Das Landgericht Kassel rechtfertigte 1952 einen Angeklagten, der nach 1945 mit falschen Papieren »untertauchte«, um der Auslieferung zu entgehen, mit dem Hinweis: »Es kann nicht verlangt werden, daß der Angeklagte es hinnahm, einer politischen Zweckjustiz unterworfen zu werden, wie sie in Polen geübt wurde, einer Justiz, in der die elementarsten Rechte eines Angeklagten nicht gewahrt sind.«[37] Wie diese zu achten wären, demonstrierte das Gericht: Für die Erschießung sieben sowjetischer Gefangener im März 1945 in Kassel erkannte es »wegen Totschlag begangen in Rechtsfahrlässigkeit« auf eine Gefängnisstrafe von zwei Jahren.[38] (Dafür sprach das Landgericht zwei dortige Sonderrichter frei, die 1943 einen »Rassenschänder« zum Tode verurteilt hatten.[39])

Insgesamt sind in Polen 5385 Deutsche und Österreicher[40] unter dem Vorwurf verurteilt worden, Naziverbrechen verübt zu haben. Rechtsgrundlage war das am 31. August 1944 von der »Lubliner Regierung« erlassene, mehrfach novellierte »Dekret über die Strafzumessung für die faschistisch-nazistischen Verbrecher, die sich der Mordtaten und der Mißhandlung der Zivilbevölkerung und der Kriegsgefangenen schuldig gemacht haben, sowie für die Verräter des polnischen Volkes vom 31. August 1944«[41]. Die Verhandlungen fanden auf drei Ebenen statt, nämlich vor »speziellen und allgemeinen Gerichten«[42]. Zu den ersteren gehörte das am 22. Januar 1946 gebildete Oberste Volkstribunal (OVT – in der Literatur auch: Oberster Nationalgerichtshof) sowie die bereits durch Dekret vom 12. September 1944[43] gebildeten und am 17. September 1946[44] zugunsten der ordentlichen Strafgerichtsbarkeit aufgelösten Sondergerichte, die aus einem Berufsrichter und zwei Schöffen bestanden und an die Strafprozeßordnung gebunden waren. Letztere richteten meist über in Polen ergriffene Verdächtige. Das Oberste Volkstribunal urteilte in sieben Verfahren von besonderer Bedeutung. Die vor ihm geltenden Verfahrensvorschriften lehnten sich an die des Nürnberger Prozesses an und wichen vom herkömmlichen polnischen Prozeßrecht ab: Art. 8 des Gründungsdekrets bestimmte, daß »bei Verhandlung vor dem Obersten Volkstribunal die entsprechenden Bestimmungen der Strafprozeßordnung angewendet werden, soweit die Bestimmungen des vorliegenden Dekrets nicht anders entscheiden«. So erwuchsen die Urteile der drei Berufs- und vier Laienrichter (Vorsitzender war der erste Präsident des Obersten Gerichtshofes) in Rechtskraft. Die Verurteilten hatten das Recht, ein Gnadengesuch einzureichen. Nichtöffentliche Prozesse, in denen drei Berufsrichter entscheiden sollten, waren möglich, fanden aber nicht statt. Abweichend von der StPO von 1928 (und deren Nachfolger von 1969) schränkte das Dekret das Prinzip der Unmittelbarkeit ein. So durfte man Aussagen aus der Voruntersuchung verlesen, ohne die Zeugen erneut zu hören.[45]

Zuständig war das OVT für Taten,
- die die Verantwortlichkeit polnischer Bürger für die militärische Niederlage im September 1939 und die Faschisierung des öffentlichen Lebens berührten,[46]
- die von Personen begangen wurden, die gemäß der Moskauer Deklaration an Polen ausgeliefert wurden, ausgenommen jene Sachen, die der Staatsanwalt des Obersten Volkstribunals an die Staatsanwaltschaften der Landgerichte überwies.

Das OVT verhandelte gegen:
1. NSDAP-Gauleiter »Wartheland« Artur Greiser vom 21. Juni bis 7. Juli 1946: Todesurteil.
2. Ammon Goeth, Kommandant des Zwangsarbeitslagers Plaszow (27. August – 5. September 1946): Todesurteil.
3. Ludwig Fischer, Gouverneur des Distrikts Warschau; Ludwig Leist, Stadthauptmann von Warschau; den Chef der dortigen Sicherheitspolizei Josef Meisinger und Polizeioberst Max Daume (17. Dezember 1946 – 24. Februar 1947): Leist acht Jahre Gefängnis, die übrigen: Todesstrafe.
4. Rudolf Höß, Kommandant des KZ Auschwitz zwischen Mai 1940 und Oktober 1943 (11.–29. März 1947): Das Todesurteil wurde am 16. April 1947 auf dem Gelände dieses KZ vollstreckt.
5. Artur Liebehenschel (Höß-Nachfolger) und 39 andere wegen im KZ Auschwitz verübter Verbrechen (24. November – 16. Dezember 1947): 23 Angeklagte zum Tode, sechs zu lebenslanger Haft, sieben zu 15 Jahren und drei zu drei bis zehn Jahren Gefängnis. Dr. Hans Münch: Freispruch, da er Häftlingen »auf eine Art half, die ihn der strengen Verantwortung aussetzte«[47].
6. NSDAP-Gauleiter Danzig-Westpreußen Albert Forster (5.–27. April 1947): Todesurteil.
7. Josef Bühler, Chef der Regierung des »Generalgouvernements« (17. Juni – 5. August 1948): Todesurteil.

Weitere Verfahren waren vorgesehen, so gegen die Generäle Erich von dem Bach-Zelewski, Hans Reinefarth, Smilo von Lüttwitz, Heinz Guderian und Ernst Rode, jedoch entsprachen die westlichen Besatzungsmächte nicht den Auslieferungsbegehren. Oft geschah das mit der Begründung, die Betroffenen würden von den US-Ermittlern noch benötigt, Polen möge die Ersuchen später wiederholen. Bach-Zelewski ist Polen sogar überstellt worden, aber nur als Zeuge im Fischerprozeß mit der Auflage der Rücklieferung. Das entsprach Art. IV Abs. 2 b) Ziff. 1 des vom Alliierten Kontrollrat in Deutschland erlassenen Gesetzes Nr. 10. Danach waren Beschuldigte ins Ausland zu überstellen, wenn Vorkehrungen für deren »Rückkehr nach der auswärtigen Verhandlung getroffen sind«[48].

Während das OVT seine Tätigkeit erst 1946 aufnahm, fand das erste polnische NS-Strafverfahren schon vom 27. November bis 2. Dezember 1944 vor dem Sondergericht Lublin gegen fünf SS-Leute des KZ Majdanek statt: Hermann Vogel, Wilhelm Gerstenmeier, Anton Fernes, Theodor Schmoelen und Heinz Stalys wurden zum Tode verurteilt.[49] In der Folge verurteilten die Sondergerichte bis 1946 Deutsche wegen Teilnahme an NS-Verbrechen und Polen wegen »Abtrünnigkeit von ihrer Volkszugehörigkeit«. Nach Auflösung der Kammern ging deren Zuständigkeit an die ordentliche Gerichtsbarkeit (Land-, dann Wojewodschaftsgerichte[50]) über. Von den dortigen Verfahren sind vor allem zu nennen die gegen:

- Herbert Böttcher, SS- und Polizeiführer in Radom: Todesurteil,
- SS-General Jürgen Stroop, befehligte die Niederschlagung des Warschauer Ghettoaufstandes: Todesstrafe,[51]
- Paul Otto Geibel, letzter SS- und Polizeiführer in Warschau: lebenslange Haft,
- Sporrenberg, SS- und Polizeiführer in Lublin: Todesstrafe,
- Richard Hildebrandt, SS- und Polizeiführer Danzig: Todesstrafe,
- den 1950 von den Briten überstellten, am 9. März 1959 in Warschau zum Tode verurteilten NSDAP-Gauleiter von Ostpreußen, Erich Koch. Das Urteil wurde wegen dessen Gesundheitszustand nicht vollstreckt. Koch starb 1986 in polnischer Haft.

Weitere Schwerbelastete sind während der Untersuchungshaft gestorben, so am 18. Mai 1947 der Kommandeur der Sicherheitspolizei und des SD in Lublin, SS-Obersturmbannführer Liphardt. Andere konnten nicht ausgeliefert werden, weil sie zuvor Selbstmord begangen hatten, so der Sonderbeauftragte für die Durchführung der Massenmord-»Aktion Reinhard«, SS-Gruppenführer Odilo Globocnik, am 31. Mai 1945.

Mehr als jeder dritte der in Polen verurteilten deutschen NS-Täter ist von den vier Besatzungsmächten dorthin überstellt worden:
1803 aus der US-amerikanischen,
392 aus der britischen,
51 aus der sowjetischen und
35 aus der französischen Zone.[52]
Die beiden letzten überraschend niedrigen Zahlen belegen wohl das Streben des Gros der NS-Delinquenten, nicht das Besatzungsgebiet der Mächte zu betreten, die Opfer der Naziokkupation geworden waren. Von den aus Deutschland Ausgelieferten (die Zahl der auf polnischen Kriegsverbrecherlisten erfaßten Deutschen und Österreicher belief sich auf

7405) hatten sich 59 vor dem Obersten Volkstribunal zu verantworten, die anderen 2222 standen überwiegend vor ordentlichen Gerichten. Soweit man Ausgelieferte freisprach, sind sie in ihre Heimat überstellt worden.[53]

Gewiß ist aus heutiger Sicht auch mancher polnischen Entscheidung mit kritischer Distanz zu begegnen (so wertete das Oberste Volkstribunal am 3. März 1947 im Gegensatz zum Nürnberger Urteil die NSDAP als »verbrecherische Organisation«), gleichwohl bleibt festzuhalten, daß die dortigen Gerichte trotz des unermeßlichen Leids, mit dem die Naziokkupanten das Land überzogen hatten,[54] recht ausgewogen urteilten. Hervorzuheben ist die enge Zusammenarbeit der Justiz mit der Delegation Polens in Nürnberg, die zwar nicht am dortigen Prozeß teilnehmen, ihr Land betreffende Beweise aber auswerten und in die Heimat übermitteln konnte.

Größer als in Polen war die Zahl der in der Tschechoslowakei verurteilten Deutschen. Allerdings ist dort die exakte Aufschlüsselung der Staatsangehörigkeit der Angeklagten unterblieben. Die Gesamtzahl der Verurteilten beläuft sich auf 33 463, dazu zählten nach dem 1986 amtierenden Generalstaatsanwalt etwa 16 000 Deutsche.[55] Eine andere Quelle ordnet zu: 50% Deutsche, 35% Inländer, 15% »anderer Herkunft«.[56] Zu den bekanntesten deutschen Verurteilten gehörten Staatssekretär Karl Hermann Frank, SS-General Kurt Daluege, Eichmann-Komplize Dieter Wisliceny und Heinrich Jöckel, Kommandant des SD-Gefängnisses »Kleine Festung« Theresienstadt. Rechtsgrundlage dieser Prozesse war das zeitlich zunächst auf ein Jahr begrenzte, aber zweimal bis Ende 1948 verlängerte »Dekret des Staatspräsidenten vom 19. Juni 1945 über die Bestrafung der Naziverbrecher, Verräter und ihrer Helfershelfer und über außerordentliche Volksgerichte i. d. F. des Gesetzes vom 24. Januar 1946«[57]. Ab 1949 richteten in der Tschechoslowakei ausschließlich ordentliche Gerichte über NS-Angeklagte.

Ungarn hatte sich schon im Moskauer Friedensvertrag vom 20. Januar 1945 zur Verfolgung der hier interessierenden Kriminalität verpflichtet. Bald erging die Verordnung über die Volksgerichtsbarkeit, Kriegsverbrechen und volksfeindliche Vergehen.[58] Auf deren Grundlage verurteilte man etwa 21 000 Personen verschiedener Staatsangehörigkeit, davon 380 zum Tode – so László Bardossy (Ex-Ministerpräsident) und den Führer der Pfeilkreuzler, Ferencz Szálasi. In den übrigen Verfahren sind Freiheitsstrafen von unterschiedlicher Dauer sowie Zwangsarbeit verhängt worden.[59] Die Zahl verurteilter Deutscher blieb unbekannt. Ungarn beklagte später, 45 der US-Besatzungsmacht in Deutschland zugeleitete Auslieferungsersuchen wären erfolglos geblieben.[60] Nicht erkennbar ist, ob man damit die Übergabe von Ungarn, Deutschen oder Drittstaatlern erstrebt hatte.

Jugoslawien hat die Statistik dieser Strafverfahren nie veröffentlicht. Vor dortigen Gerichten standen wohl meist Inländer, aber auch Deutsche, Italiener und Ungarn. Dem Autor ist 1987 die Zahl von 120 wegen Kriegsverbrechen und Verbrechen gegen die Menschlichkeit verurteilten Deutschen genannt worden. Nach Streim sind dagegen allein bis zum Nürnberger Nachfolgeprozeß Nr. VII gegen Generalfeldmarschall List und 11 weitere Offiziere, unter anderem wegen Geiselerschießungen, 19 deutsche Generäle in Jugoslawien hingerichtet worden.[61]

In Bulgarien erging am 6. Oktober 1944 die »Gesetzesverordnung über die Aburteilung der für den Eintritt Bulgariens in den Weltkrieg gegen die Alliierten Nationen und die damit verbundenen Verbrechen Verantwortlichen«[62]. Sie war ausschließlich an Inländer adressiert: »Nach diesem Gesetz sind die Regenten, Minister, Volksvertreter und andere Zivilpersonen für die von ihnen während des Zeitraumes vom 1. Januar 1941 bis 9. September 1944 begangenen Verbrechen strafrechtlich verantwortlich.«[63] Volksgerichte, die die Verhandlungen gemäß Art. 9 Abs. 1 der Gesetzesverordnung »frei nach Verstand und Gewissen« führten, bestanden auf Landesebene sowie in den Bezirken und Städten. Insgesamt haben sie 11 122 Inländer rechtskräftig abgeurteilt:
2730 Todesurteile,
1305 lebenslange Haftstrafen,
5571 zeitige Freiheitsstrafen und
1516 Freisprüche.[64]
Wie mir 1986 der Generalstaatsanwalt Bulgariens versicherte, sind dort ergriffene Deutsche, die man der Teilnahme an Kriegsverbrechen und Verbrechen gegen die Menschlichkeit verdächtigte, entsprechend dem Tatortprinzip in die UdSSR überstellt worden. Analog dürfte Rumänien verfahren sein, jedenfalls stehen diesbezügliche Schuldsprüche bislang nicht zur Verfügung. Schließlich fehlen Zahlenangaben aus Albanien, wo schon vor 1946 »Spezial- und Militärgerichte« tätig waren.[65] Jedoch gibt es keine Hinweise, daß sich vor ihnen Deutsche zu verantworten hatten.

Oblag die Ahndung von NS-Verbrechen in der UdSSR der Militärgerichtsbarkeit und in den übrigen osteuropäischen Staaten oft oder zumindest zeitweilig den Volksgerichten, ist in Ostdeutschland nur einmal das von der Regierung Sachsens im September 1945 aus drei Berufs- und vier Laienrichtern gebildete Volksgericht[66] tätig gewesen: im Prozeß gegen zwei Gestapo- und drei Polizeiangehörige wegen Gewalttaten im Arbeitserziehungslager Radeberg.[67] Zwar tauchte auch danach in Dresdener Ermittlungsakten zuweilen der Begriff »Volksgericht« auf,[68] jedoch handelte es sich dabei um die ordentliche Gerichtsbarkeit. Deren Zuständigkeit war in Deutschland zunächst durch Art. II des Kontrollratsgesetzes Nr. 4 für alle Straftaten ausgeschlossen, »die von Nazis oder anderen Personen begangen wurden, und die sich gegen Staatsangehörige Alliierter Nationen oder deren Eigentum richteten«[69]. Zwei Monate später sah das Kontrollratsgesetz Nr. 10 vom 20.12. 1945 die auschließliche Zuständigkeit der alliierten Militärgerichte für die Ahndung von Kriegsverbrechen und Verbrechen gegen die Menschlichkeit vor. Jedoch konnten die Besatzungsbehörden gemäß Art. II Abs. 1 Buchst. d deutsche Gerichte zur Verfolgung jener NS-Straftaten ermächtigen, die sich gegen Deutsche oder Staatenlose gerichtet hatten. Obwohl die sowjetische Besatzungsmacht in Übereinstimmung mit der US-amerikanischen und im Gegensatz zur britischen und französischen das zunächst nur von Fall zu Fall praktizierte, stand die Zahl der von ostdeutschen Gerichten rechtskräftig Verurteilten – jedenfalls unter Berücksichtigung der jeweiligen Einwohnerzahlen – im Einklang mit deutschen Urteilen jenseits der Zonengrenze:

Jahr	*Westen*	*Osten*
1945	23	6
1946	238	123
1947	816	744[70]

Das änderte sich 1948, als im Westen 1819 und im Osten 4549 Schuldsprüche in Rechtskraft erwuchsen. Beiderseits trug zwar die ermittlungsfördernde Normalisierung der Verhältnisse zum Anstieg bei, das östliche Anschnellen verursachte aber vor allem der SMAD- Befehl 201 (»Richtlinien zur Anwendung der Direktiven Nr. 24 und 38 des Kontrollrats über die Entnazifizierung«).[71] Ihm gebührt ein differenziertes Urteil. Gewiß erwies sich die Verlagerung von den zeitaufwendigen Schwurgerichten zu Strafkammern nicht zuletzt wegen des Mißverhältnisses zwischen ausgedünnter Personaldecke der Ostjustiz und der Vielzahl von Haftsachen als – meist von der Verteidigung begrüßter – beschleunigender Faktor. Hervorzuheben ist ferner, daß nun, obwohl der Befehl das Kontrollratsgesetz Nr. 10 gar nicht erwähnte, deutsche Gerichte die allgemeine Zuständigkeitsermächtigung erhielten und sich die Kompetenz sowjetischer Militärgerichte auf »besonders wichtige Fälle« beschränken sollte.[72] Anderseits nahmen die »Strafkammern gemäß Befehl 201« die Tätigkeit auf, als Polen und bald die ČSR ihre zumindest partiell vergleichbaren Volksgerichte auflösten. Gleichwohl fanden vor den 201er Kammern, die Öffentlichkeit, freie Anwaltswahl und ordentliche Rechtsmittelverfahren gewährleisteten, bedeutende Strafverfahren statt: gegen SS- und SA-Leute sowie schuldbeladene Kapos zahlreicher KZ (Hainichen, Hohnstein, Leschwitz, Oelsnitz/E., Pappenheim, Sachsenburg, Sachsenhausen, Sonnenburg, Zwickau-Osterstein u. a.), gegen Tatbeteiligte der Judenverfolgung (Gestapo- und Leipziger HASAG-Prozesse) sowie z. B. der Lynchjustiz an anglo-amerikanischen und kanadischen Kriegsgefangenen.

Gänzlich anders ist demgegenüber jenes Geschehen zu werten, das sich 1950 im Zuchthaus Waldheim vollzog, nachdem die Sowjetunion 3432 bis dahin Internierte »zur Untersuchung ihrer verbrecherischen Tätigkeit und Aburteilung durch das Gericht der Deutschen Demokratischen Republik«[73] übergab: Zwischen dem 26. April und 29. Juni 1950 haben die (mit nach politischen Kriterien ausgewählten Richtern besetzten) Strafkammern 3324 Angeklagte abgeurteilt, von denen sieben freikamen, während 33 Todesurteile ergingen (24 vollstreckt), in 146 Fällen lebenslanger Freiheitsentzug und im übrigen Freiheitsstrafen bis zu 25 Jahren verhängt wurden.[74] Kennzeichnend ist die dokumentarisch belegte, den Waldheimer Juristen erteilte – und von ihnen verwirklichte – Orientierung, ihre Entscheidungen sollten sowjetischer Übung entsprechen: »Die Urteile müssen gerecht, jedoch hart sein. Sie dürfen keinesfalls niedriger ausfallen, als die Urteile, die unsere Freunde bei gleichem Tatbestand ausgeworfen haben (...), wobei es heute unwichtig ist, ob die Strafen auch verbüßt werden (...).«[75]

Wie sehr das Waldheimer Geschehen dagegen mit der polnischen Judikatur kollidierte, beweist der Fall des SS-Offiziers Wilhelm Sch., vormals Verwaltungsführer im RSHA: Den am 27. Juli 1948 von der UdSSR-Besatzungsmacht nach Polen Ausgelieferten sprach das Bezirksgericht Lublin frei. Bei der Rückkehr in die DDR festgenommen, erkannte man in Waldheim gegen ihn auf 20 Jahre Zuchthaus ohne Nachweis konkreter Straftaten.[76] Anderseits verurteilte die 12. große Strafkammer am 14. Juni 1950 Rudolf B. als »Mitglied einer Verbrechervereinigung« und wegen Verbrechen gegen die Menschlichkeit zu lebenslanger Haft. Ihn beschuldigte man, in Krakau Polen verfolgt und am Abtransport des Veit-Stoß-Altars aus der Marienkirche nach Nürnberg beteiligt gewesen zu sein. Tatsächlich war er in Przemyśl Gestapochef und zählte zu den Verantwortlichen des Massenmordes an Tausenden Juden in und nahe der galizischen Kleinstadt, der jüngst im Blickpunkt des Stuttgarter Schwammbergerprozesses stand. Das blieb in den oberflächlich-hektischen Waldheimer Recherchen unentdeckt und führte dazu, daß B. sechs Jahre später in die Bundesrepublik entlassen wurde. Ähnliches trifft auf weitere dort Verurteilte zu, die während des Krieges in Osteuropa Verbrechen verübt hatten.

J. Limbach hat Motivation und Resultat des Waldheimer Geschehens treffend charakterisiert: »Auch die für die Waldheim-Prozesse seinerzeit

Verantwortlichen waren von einem ehrlichen Wunsch beseelt, Nazi- und Kriegsverbrechen schleunigst zu ahnden und das Vermächtnis von Nürnberg konsequent in die Tat umzusetzen. Ein Studium der Analysen und Berichte über diese Prozesse macht aber erschreckend deutlich, wohin das führt, wenn man sich aus Gründen der Effizienz und der Beschleunigung von rechtsstaatlichen Prinzipien verabschiedet.«[77]

In der Tat deckte sich das Waldheimer Geschehen mit der sowjetischen Spruchpraxis. Es ähnelte rigorosen Säuberungspraktiken in den von Hitlerdeutschland überfallenen Staaten in Ost und West während und kurz nach der Befreiung: Entstanden dort in der Euphorie des Sieges Gewaltakte gegen einheimische Zuträger der Nazis oft unmittelbar auf der Straße, fanden die Prozesse in Waldheim jedoch fünf Jahre später in letztlich gerichtsförmiger Weise statt und sind deshalb nicht mit jenem Geschehen zu vergleichen, das laut Sérant in Frankreich »im Grunde an die Traditionen der Jakobiner anknüpfte«[78]. Steinbach betonte: »Im Unterschied zu der Verurteilung deutscher Täter folgte die Aburteilung sogenannter Kollaborateure häufig strengeren Prinzipien von Schuld und Strafe. Das französische Justizministerium etwa gab im April 1952 bekannt, seit 1944 seien in Frankreich 10 519 Franzosen hingerichtet worden. Nur knapp 850 von ihnen hätten vor einem ordentlichen Gericht gestanden. Die übrigen waren standrechtlich erschossen oder in summarischen Verfahren für schuldig befunden worden.«[79] Gehen die Schätzungen über die dabei im Westen Umgekommenen weit auseinander (so gibt die Zeitung *Gente* an, in Italien wären 45 000 tatsächliche oder angebliche Faschisten »nach Ende der Feindseligkeiten niedergemacht worden«[80]), ist bislang (und wohl auch künftig) die Zahl willkürlicher Erschießungen in Osteuropa nicht zu beziffern.

Zwar sind nationale Unterschiede erkennbar, zumal das Maß der Kollaboration in den einzelnen Ländern differierte. Anderseits war die Zahl der in Osteuropa lebenden Deutschen erheblich größer als im Westen, so daß sie dort weit mehr Gewaltakten und summarischen Hinrichtungen zum Opfer fielen, als auf der anderen Seite des Kontinents.

III. Nürnberg und die Strafgesetze sozialistischer Länder

Jugoslawien war 1951 der erste osteuropäische Staat, der ein völlig neues Strafgesetzbuch einführte: Es enthielt elf Tatbestände (so Völkermord, Kriegsverbrechen, Verletzung von Parlamentären, Vernichtung von Kultur- und historischen Denkmälern, Mißbrauch des Rotkreuzzeichens),[81] die den Nürnberger Prinzipien Rechnung trugen. Freilich vermochten auch sie später nicht, die seit dem Zerfall dieses Staates dort von allen Bürgerkriegsparteien verübten Verbrechen zu verhindern.[82]

Ungarn hatte zwar ein Jahr früher ein recht umfassendes Strafgesetz beschlossen, dabei aber dessen interimistischen Charakter betont: Eine beständige Regelung werde erst erfolgen, sobald die UdSSR über neue Bestimmungen verfüge. Das IV. Kapitel regelte die Ahndung von Verbrechen gegen den Frieden (Art. 86). Art. 87 galt kriegs- und volksfeindlichen Strafhandlungen, allerdings (anlehnend an die Verordnung von 1945) nur soweit sie während des Zweiten Weltkrieges verübt wurden.[83]

Rumänien setzte 1948 wieder das Vorkriegs-Strafgesetzbuch mit zwölf Ergänzungen in Kraft, zu denen das vierte Kapitel (Vergehen gegen die Sicherheit fremder Staaten, das Friedensrecht und die guten internationalen Beziehungen) und vor allem der Artikel 231 (Straftaten gegen den Frieden und die Menschlichkeit) zählten.[84]

Die anderen Länder warteten, bis die UdSSR die Straftatbestände neu faßte: Dem Unionsgesetz über die Strafbarkeit von Militärverbrechen vom 25. Dezember 1958 folgte dort am 27. Oktober 1960 das (am 6. Mai 1963 novellierte) Strafgesetzbuch der RSFSR: Das 12. Kapitel (Militärverbrechen) enthielt den Artikel 267, der »Gewalt gegen die Bevölkerung im Gebiet der Kriegshandlung« unter Strafe stellte.[85] Bald darauf verabschiedete die Tschechoslowakei das StGB vom 29. November 1961. Dessen 10. Kapitel (Straftaten gegen die Menschlichkeit) beinhaltete auch die Strafbarkeit des Völkermords und der Kriegsverbrechen.[85]

War Prag recht schnell der UdSSR gefolgt, ließen sich andere Staaten bei der Neufassung des Strafrechts auffallend Zeit. Von deren Strafgesetzbüchern ist das der DDR besonders aufschlußreich, zumal die Zahl dortiger NS-Ermittlungen die seiner östlichen Nachbarn weit überstieg. Nachdem in beiden deutschen Staaten das Kontrollratsgesetz Nr. 10 Mitte der fünfziger Jahre formell aufgehoben worden war,[87] hatte die DDR-Justiz nach kurzer Periode der Irritation[88] unmittelbar auf die Tatbestände des Londoner Statuts zurückgegriffen. Geschah das zunächst in Tateinheit mit dem Strafgesetzbuch,[89] gründete das Urteil des Obersten Gerichts gegen Dr. F. (KZ-Arzt in Auschwitz) ausschließlich auf Art. 6 b) und c) des Londoner Statuts vom 8. August 1945. In das Strafgesetzbuch vom 12. Januar 1968 wurden schließlich die Tatbestände Planung und Durchführung von Aggressionskriegen, Verbrechen gegen die Menschlichkeit und Kriegsverbrechen (§§ 85, 91, 93) aufgenommen, und § 95 schloß die Berufung auf Befehlsnotstand aus, wenn »in Mißachtung der Grund- und Menschenrechte, der völkerrechtlichen Pflichten oder der staatlichen Souveräntät der DDR« gehandelt wurde.[90]

Ähnlich regelte Bulgarien im 14. Kapitel des dortigen StGB vom 16. März

1968 die Ahndung von Straftaten gegen den Frieden und die Menschlichkeit, des Völkermords und krimineller Verstöße gegen die Gesetze und Gebräuche des Krieges.[91] Demgegenüber verankerte Polen zwar in seinem Strafgesetzbuch vom 19. April 1969 die Unverjährbarkeit von Kriegsverbrechen und Verbrechen gegen die Menschlichkeit, regelte aber im übrigen »völlig systemwidrig (...) Tatbestände des auf internationalen Abkommen beruhenden innerstaatlichen materiellen Strafrechts«[92] in den Art. VIII–XI des Einführungsgesetzes zum Strafgesetzbuch, wobei man selbst dort Kriegsverbrechen und Verbrechen gegen die Menschlichkeit nicht erwähnte.

Das in Albanien am 15. Juni 1977 verabschiedete Strafgesetzbuch enthielt neben dem Völkermordtatbestand den der »Provozierung eines Krieges«.[93] Wesentlich weiter ging in Kuba das III. Kapitel des StGB (Straftaten gegen den Frieden und das Völkerrecht), das neben Völkermord, Kriegsverbrechen und Verbrechen gegen die Menschlichkeit die Anwerbung und Aufreizung zum Kriege, Söldnertum sowie Apartheid mit Strafe bedrohte.[94]

Sieht man von der DDR ab, hatten die Regelungen dieser Staaten ausschließlich vorbeugende und deklaratorische Bedeutung: Kein anderes osteuropäisches Land sah sich zu Prozessen veranlaßt, deren Gegenstand man als Kriegsverbrechen oder Verbrechen gegen die Menschlichkeit, geschweige denn als Völkermord qualifizierte. Das war hingegen in Asien der Fall. Nachdem dort bereits die Regierung von Bangladesh am 18. April 1973 angekündigt hatte, 195 in indischer Kriegsgefangenschaft befindliche pakistanische Offiziere u. a. wegen Kriegsverbrechen und Verbrechen gegen die Menschlichkeit vor Gericht zu stellen und dazu ein entsprechendes Gesetz erwirkte,[95] folgte sechs Jahre später Kambodscha mit einer ähnlichen Norm.

IV. Der Prozeß gegen Pol Pot und Ieng Sary

Am 15. Juli 1979 wurde in Kambodscha per Gesetzesdekret ein Revolutionäres Volkstribunal zur Aburteilung von Genozidverbrechen gebildet, dessen Artikel 1 Völkermord übereinstimmend mit der Konvention vom 9. Dezember 1948 definierte. Der daraufhin vom 15. bis 19. August 1979 gegen die beiden vormaligen Machthaber dieses Landes in deren Abwesenheit angestrengte Prozeß war öffentlich, zwei inländische Advokaten und US-Anwalt Hope Stevens verteidigten die Angeklagten. Gegenstand des Verfahrens bildete die Evakuierung der Bevölkerung von Phnom Penh, die Verfolgung der Intelligenz und bestimmter ethnischer Gruppen wie der dort lebenden Chinesen und Vietnamesen sowie der Cham-Moslems.[96] Beobachter Amar Bentoumi – ehemals Vorsitzender der Anwaltskammer Algeriens – berichtete, der Prozeß habe »gezeigt, wie weit ein fanatisiertes Regime auf dem Gebiet des Schreckens und der Vernichtung seines eigenen Volkes und seines eigenen Landes gehen könne«[97]. Trotz der erschütternden Berichte Überlebender blieb der justitielle Gehalt dieses ersten Prozesses, der wegen Völkermordes gegen führende Repräsentanten eines Staates angestrengt worden war, durch den Charakter als Abwesenheitsverfahren gemindert. Er erschöpfte sich letztlich in der Unterrichtung der internationalen Öffentlichkeit über die während der Herrschaft der Roten Khmer verübten Verbrechen. Ein weiteres Manko besteht darin, daß zwar – freilich in absentia – zwei einst Mächtige gebrandmarkt wurden; über die den Massenmord eigenhändig Vollziehenden, die das Weiße in den Augen ihrer angsterfüllten Opfer wahrnehmen konnten, ist jedoch zumindest hier nichts bekanntgeworden, obwohl es Berichte über entsprechende Festnahmen gab. Angesichts der gemeldeten Jugend dieser Täter – die auch von Bürgerkriegen in Mittel- und Südamerika überliefert ist – wäre der kriminalpolitische Umgang mit jenem Personenkreis besonders aufschluß- und (vielleicht?) lehrreich.

V. Der Ausklang der osteuropäischen NS-Prozesse

In mehreren dieser Länder fanden bis in die letzten Jahre umfangreiche Untersuchungen zur Aufdeckung, Aufklärung und Ahndung von NS-Verbrechen statt. Weitgehend dienten sie der Förderung auswärtiger Ermittlungen, die seit Ende der siebziger Jahre vor allem in den USA, Kanada, Australien und Großbritannien gegen nach dem Zweiten Weltkrieg dorthin gelangte Verdächtige angestrengt wurden. In der DDR und der UdSSR gab es darüber hinaus bis zuletzt Strafprozesse gegen Tatbeteiligte der NS-Verbrechen. In Ostdeutschland sind nach Einführung des Strafgesetzbuches von 1968 insgesamt 62 Schuldsprüche wegen Kriegsverbrechen und Verbrechen gegen die Menschlichkeit ergangen, von denen vor allem das Verfahren gegen SS-Obersturmführer Heinz Barth, einem der Verantwortlichen des Massakers im französischen Oradour-sur-Glane, hervorzuheben ist.[98] Auch in der UdSSR fanden bis zu deren Ende Strafverfahren (darunter gegen zwei im vergangenen Jahrzehnt aus den USA nach dort ausgelieferte KZ-Wächter[99]) statt. Nachdem sich im Juli 1988 in Charkow Alexander Possewin zu verantworten hatte, der als Kommandeur eines von den Okkupanten eingesetzten Polizeitrupps an Verbrechen teilnahm,[100] verurteilte das Militärgericht Smolensk im April 1989 den gleichfalls an Massenerschießungen beteiligten Fjodor Sykow zum Tode.[101] Andere osteuropäische Länder führten zu dieser Zeit zwar noch einzelne Ermittlungen gegen Inländer wegen des Verdachts der Teilnahme an Nazistraftaten durch, Schuldsprüche sind jedoch zumindest nicht bekanntgeworden.

VI. Resümee

Die hier interessierende Gesetzgebung und Judikatur sozialistischer Staaten ist mit einem pauschalen Werturteil nicht zu erfassen. Ihr Anteil an der Entstehung der Nürnberger Prinzipien war höchst unterschiedlich, was sich nicht zuletzt im Stellenwert widerspiegelte, den Legislative und Spruchpraxis dieser Staaten in den verschiedenen Etappen ihrer Entwicklung den Grundsätzen zubilligten. Obwohl das Gros der NS-Prozesse stattfand, als jene Prinzipien noch nicht verabschiedet waren, belegen die osteuropäischen Verfahren: Dort, wo man (wie in Polen) von Anfang an mit ausgewogenen Vorstellungen den individuellen Tatbeitrag der Verdächtigen schuldangemessen berücksichtigend judizierte und bemüht war, die Erfahrungen des Nürnberger Prozeßgeschehens in die eigene Spruchpraxis einfließen zu lassen, hat das zu respektgebührenden Entscheidungen geführt. Dort aber, wo man – aus welchen Gründen auch immer – glaubte, von solchen Überlegungen unberührt bleiben zu dürfen, ergingen Urteile, die weder dem Recht dienten noch vor der Geschichte Bestand haben.

Mit beiden Feststellungen ist die Betrachtung der Nürnberger Prinzipien im Spiegel von Gesetzgebung und Spruchpraxis sozialistischer Staaten durchaus geeignet, heilsame Lehren zu vermitteln.

Anmerkungen

1 Neben den in Nürnberg vertretenen Mächten gehörten dem Gericht in Tokio Juristen aus Australien, China, Indien, Kanada, den Niederlanden, Neuseeland und den Philippinen an.

2 Vgl. Institut für Theorie des Staates und des Rechts der Akademie der Wissenschaften der DDR (Hg.), *Marxistisch-leninistische Staatstheorie* (Lehrbuch), 3. bearb. Aufl., Berlin 1980, S. 384.

3 Vgl. M. Radványi, *Das Institut der Auslieferung innerhalb der sozialistischen Staaten Osteuropas*, in: Recht in Ost und West 20 (1976), S. 201 ff.

4 Vgl. B. Zlataríc, *Kriminalpolitische Tendenzen der neuen Strafgesetzbücher einiger sozialistischer Länder*, in: Auslandsteil der Zeitschrift für die gesamte Strafrechtswissenschaft 82 (1970), S. 129 ff.

5 So der Vertreter des Justizministeriums Schwedens, Simson, es gebe ein »allgemeines Modell eines sozialistischen Strafrechts genausowenig wie ein spezifisch kapitalistisches Strafrecht«, in: M. Meisenberg, *Diskussionsbericht von der Tagung für Rechtsvergleichung*, in: Auslandsteil der Zeitschrift für die gesamte Strafrechtswissenschaft, 82 (1970), S. 283. Zustimmend später: J. N. Hazard, *Communists and their Law. A Search for the Common Core of the Legal Systems of the Marxian Socialist States*, Chicago 1969; G. Geilke, *Einführung in das Sowjetrecht*, 2. Aufl., Darmstadt 1983, S. 12. Geilke betont dort auf die UdSSR bezogen: Normativakte sind »nicht ausschließlich das Spiegelbild des politischen Systems. Zahlreiche Gesetze werden hüben wie drüben durchaus von den gleichen Lebensnotwendigkeiten diktiert und gelangen bald hier, bald dort zu objektiv besseren, humaneren oder auch sachlicheren Ergebnissen: omne ius hominum causa introductus est!«

6 Vgl. A. Schönke, *Gegenwartsfragen des internationalen Strafrechts*, in: K. Engisch, R. Maurach, *Festschrift für Edmund Mezger*, München/Berlin 1954, S. 105 ff (111). Vgl. auch A. Munda, *Das Jugoslawische Strafgesetzbuch vom 2. März 1951*, in: A. Schönke (Hg.), *Sammlung Außerdeutscher Strafgesetzbücher (LVI)*, Berlin 1952.

7 Verwiesen wird vor allem auf J. Sawicki, *Die Verbrechen gegen die Menschlichkeit. Versuch einer Analyse*, in: Zeitschrift für die gesamte Strafrechtswissenschaft, 80 (1968), S. 229 ff; A. Klafkowski, *Nürnberger Regeln und die Kodifikation des Völkerrechts*, in: Justizministerium der Volksrepublik Polen, Hauptkommission zur Untersuchung der Naziverbrechen in Polen (Hg.), *Nürnberg – ein bleibend offenes Geschichtskapitel. Zum XXX. Jahrestag des Urteils des Internationalen Militärtribunals*, Warschau 1979, S. 11 ff (im folg. *Nürnberg*); K. Kocot, *Die grundsätzlichen kriminologischen Aspekte des moderen Rechts in Waffenkonflikten*, in: Zeitschrift für die gesamte Strafrechtswissenschaft, 80 (1968), S. 57 ff; J. Kukulka, *Das Nürnberger Urteil und das System der zeitgenössischen internationalen Beziehungen*, ebenda, S. 120 ff; Cz. Pilichowski, *Aktuelle Verfolgungsrechtsgrundlagen im Aspekt des sogenannten Nürnberger Rechts sowie die Bilanz der Bestrafung von NS-Verbrechen in den Jahren 1944–1975*, ebenda, S. 181 ff. Vgl. auch Fn.13, 14, 16.

8 Bekannt ist allerdings die dortige Antwort auf den, von Rückerl (*NS-Verbrechen vor Gericht. Versuch einer Vergangenheitsbewältigung*, Heidelberg 1982, S. 170) zu Recht als »unrealistisch« abgetanen, 22 Staaten zugeleiteten Appell der Regierung Erhard vom 20. 11. 1964, der Bundesrepublik unverzüglich alle Beweismittel über NS-Verbrechen zu übergeben: Im Gegensatz zu Bulgarien, Rumänien und Ungarn, die nicht reagierten, verlangte Albanien die Auslieferung nicht namhaft gemachter Deutscher.

9 Vgl. *Gazeta Zyrtare e Republikes* (albanisches Gesetzblatt), Nr. 1470 vom 23. 5. 1952, novelliert durch Dekret des Präsidiums der Volksversammlung, Nr. 2868 vom 16. 3. 1959 u. Nr. 4309 vom 8. 9. 1967. Wie schwierig sich die Durchsetzung dieser Normen gestaltete, belegte R. Schwanke: »Das immer noch geltende Gewohnheitsrecht, namentlich hinsichtlich Doppelheirat und Kinderheirat, wurde in den letzten Jahren u. a. durch Gerichtsverhandlungen vor der breiten Masse wirksam bekämpft.« In: H. H. Jescheck, H. A. Löffler (Hg.), *Quellen und Schrifttum des Strafrechts*, Bd. I, München 1972, S. 28.

10 Vgl. H.-E. Niermann, *Die Durchsetzung politischer und politisierter Strafjustiz im OLG Bezirk Hamm 1933–1945.* Grundlagen, Grenzen und Fragestellungen eines zeitgeschichtlichen Forschungsvorhabens, in: Justizministerium des Landes NRW (Hg.), *Juristische Zeitgeschichte, Bd. 1,* Justiz und Nationalsozialismus, Düsseldorf 1993, S. 1ff (4).

11 So Der Spiegel (19/1994, S. 84): SS-Mann B. wäre als mutmaßlicher Täter des Massenmordes an UdSSR-Kriegsgefangenen im KZ Sachsenhausen in der DDR straflos geblieben. Laut dem Magazin stand B. aber zur Tatzeit an der Front. Vgl. dazu Neues Deutschland (ND), 19.5. 1994, S. 9; 31.5. 1994, S. 12; 4./5. 1994, S. 5.

12 Die Entscheidung der 2. Rehabilitierungskammer des Landgerichts Neubrandenburg, 1993 die dort 1981 gegen den Hauptmann des Polizeibataillons 82 Johannes P. verhängte lebenslange Freiheitsstrafe auf 15 Jahre herabzusetzen und den Geständigen aus der Haft zu entlassen, bleibt nachvollziehbar, nicht aber die Begründung: die von P. befohlene Erschießung von 151 Polen und Ukrainern sei »nur nach den im Ostblock herrschenden Auffassungen« subsumiert worden (Berliner Zeitung, 2.9. 1993). – Auffällig: das Streben Verurteilter, die Opfer (oft Juden, häufig Frauen und Kinder) als Partisanen darzustellen, die man glaubte, willkürlich töten zu dürfen. Alliierte Schuldsprüche (vgl. K. Heinze, K. Schilling, *Die Rechtsprechung der Nürnberger Militärtribunale. Sammlung der Rechtsthesen der Urteile und gesonderten Urteilsbegründungen der dreizehn Nürnberger Prozesse,* Bonn 1952, S. 212f) dürften der Rehabilitierungskammer so wenig geläufig gewesen sein wie frühe bundesdeutsche Kommentare, »daß Mitglieder der Bevölkerung nicht ohne gerichtliches Urteil im Wege der Repressalie zum Tode verurteilt werden dürfen«. Zitiert nach Th. Würtenberger, *Zur Rechtswidrigkeit der Kriegsverbrechen,* in: Festschrift Mezger (Anm. 6), S. 193ff (208).

13 Vgl. H. Batowski, *Zur Zusammenarbeit der Regierungen der von Deutschland besetzten Staaten. Aus der Geschichte der diplomatischen Tätigkeit der Regierung Sikorski 1940–1943,* Warschau 1983, S. 2.

14 Vgl. The Times, 4.12. 1939, S. 5. Zu diesen und weiteren alliierten Erklärungen vgl. *History of the United Nations War Crimes Commission and the development of the Laws of War,* London 1948 (im folg.: *UNWCC*), S. 88, 90 und 106ff sowie *Punishment for War Crimes, the Inter-Allied Declaration signed at St. James Palace London on 13th January, and relative documents,* London 1947, S. 3 und 9.

15 Vgl. Wl. Kowalski, *Poland and the Origin of the Moscow Declaration of October 30, 1943,* Warschau 1983, S. 2. Kowalski verweist auf weitere Aktivitäten Polens gegenüber den Alliierten und dem Vatikan, die zur von Churchill initiierten »Moskauer Deklaration über die Verantwortlichkeit der Hitleranhänger für begangene Greueltaten vom 30.10. 1943« maßgeblich beitrugen.

16 Gesetzblatt Nr. 3, Pos. 6 der Republik Polen. Vgl. auch Monatshefte für osteuropäisches Recht, 3/1982, S. 170. Polens Nachkriegsjustiz wandte das Dekret nicht an. Mieczysław Siewierski (22.10. 1900 – 9.10. 1981) vertrat vor dem Obersten Volkstribunal die Anklagen gegen Fischer, Forster, Goeth und Höß. (Vgl. Rafalowski, Anm. 46). 1950 wurde er im Rahmen der stalinistischen Prozesse zu sechs Jahren Freiheitsstrafe verurteilt, später rehabilitiert und war zuletzt Direktor des Lehrstuhls für Strafverfahrensrecht an der Universität Łódź. (Vgl. dazu auch Anm. 45.)

17 Vgl. H. H. Jescheck, *Die Verantwortlichkeit der Staatsorgane nach Völkerstrafrecht. Eine Studie zu den Nürnberger Prozessen*, Bonn 1952, S. 126.

18 Ebenda, S. 127.

19 Vgl. *UNWCC* (Anm. 14).

20 Vgl. The Times vom 27. 10. 1941.

21 Vgl. *UNWCC* (Anm. 14).

22 Sprach die Deklaration vom 4. 12. 1941 schon von der »strafrechtlichen Verantwortlichkeit der Hitlerverbrecher«, hieß es in der Regierungserklärung vom 14. 10. 1942: »Die Sowjetunion hält es für erforderlich, unverzüglich Verfahren vor einem besonderen internationalen Gericht einzuleiten und die Bestrafung aller Führer Hitlerdeutschlands, die während des Krieges in die Hand jener Staaten gefallen sind, welche gegen Hitlerdeutschland kämpfen, nach der ganzen Strenge des Gesetzes durchzuführen.« Daß damals weder ein internationales Gericht gebildet noch in größerer Zahl alliierte Strafverfahren gegen NS-Täter stattfanden, war nicht zuletzt der Sorge um die in deutscher Kriegsgefangenschaft befindlichen Soldaten der Verbündeten geschuldet.

23 Vgl. *UNWCC* (Anm. 14).

24 Ein Verzeichnis der von der Außerordentlichen Staatskommission veröffentlichten UdSSR-Untersuchungsergebnisse enthält: Trainin, *Hitlerite Responsibility under Criminal Law*, London 1945.

25 I.T. Nikitschenko mißbilligte die Freisprüche Fritzsches, von Papens und Schachts, für Heß forderte er die Todesstrafe. Das Hitlerkabinett, das Oberkommando der Wehrmacht und den Generalstab wertete er als verbrecherische Organisationen.

26 Vgl. Wassiljew, in: *Sowjetrecht und Sowjetstaat*, Moskau 1949, S. 40 ff.

27 Die DDR veröffentlichte erstmals eine bis 1964 reichende Verurteiltenstatistik. Vgl. dazu Generalstaatsanwalt und Justizministerium der DDR (Hg.), *Die Haltung der beiden deutschen Staaten zu den Nazi- und Kriegsverbrechen. Eine Dokumentation*, Berlin 1965, S. 32 (im folg.: *Die Haltung*). Bis 2. 10. 1990 ergänzt in: Neue Justiz (NJ) 2/1991, S. 50. Das Bezirksgericht Dresden hob am 28. 10. 1991 die »Waldheim-Urteile« von 1950 auf. Vgl. dazu NJ 2/1992, S. 69 f. Zu polnischen Urteilen vgl. Anm. 45, 46 und 47.

28 Zahlen der SMT-Spruchpraxis sind per 1. 1. 1947 veröffentlicht: 17175 Verurteilte. Vgl. dazu S. I. Tulpanow, *Die Rolle der SMAD bei der Demokratisierung Deutschlands*, in: Zeitschrift für Geschichtswissenschaft, 2/1967, S. 240 ff. Tulpanow unterteilte in: SS, Gestapo, SD und »Politisches Führungskorps«. Ob und wie oft den Schuldsprüchen konkrete Verbrechen oder aber Organisationszugehörigkeit bzw. Verhalten nach dem 8. 5. 1945 zugrunde lagen, ist nicht zu entnehmen. – Als die UdSSR 1950 ihre Internierungslager auflöste, entließ sie »5504 Personen, die früher von Kriegstribunalen zu verschiedenen Strafen verurteilt wurden«, übergab der DDR zur weiteren Strafvollstreckung 10513 und überführte 649 wegen »besonders große[r], gegen die Sowjetunion gerichtete[r] Verbrechen« (so SS-Leute des KZ Sachsenhausen) in die UdSSR. Vgl. dazu ND, 17. 1. 1950, S. 1.

29 Amtsblatt des Alliierten Kontrollrats (ABlKr.), Nr. 3, 31. 1. 1946, S. 50 ff.

30 Vgl. *Todeslager Sachsenhausen. Ein Dokumentarbericht vom Sachsenhausenprozeß*, Berlin 1948. Eine Betrachtung der Vorzüge und Mängel des Verfahrens enthält G. Agde (Hg.), *Sachsenhausen bei Berlin. Speziallager Nr. 7, 1945–1950*, Berlin 1994, S. 234 ff.

31 Die westeuropäischen Rechtsquellen sind veröffentlicht bei P. Boissier, *Völkerrecht und Militärbefehl*, Stuttgart 1953, S. 139ff.

32 Vgl. R. Maurach, *Die Kriegsverbrecherprozesse gegen deutsche Gefangene in der Sowjetunion*, Hamburg 1950, S. 47. Maurach betont: In Nürnberg vertraten die UdSSR-Ankläger, daß strafrechtliche Verantwortlichkeit »für Zugehörigkeit zu kriminellen Organisationen nur nach Feststellung der persönlichen Schuld des einzelnen Mitglieds« vorliegt.

33 A. Rückerl, *Die Strafverfolgung von NS-Verbrechen 1945–1978. Eine Dokumentation*, Heidelberg/Karlsruhe 1979, S. 31.

34 Eine weitere Ausnahme vom Rückwirkungsverbot betraf Personen, die »während des zaristischen Regimes oder bei gegenrevolutionären Regierungen während des Bürgerkrieges aktive Handlungen gegen die Arbeiterklasse und gegen die revolutionäre Bewegung begangen haben«. Daß man deswegen Militärpersonen der Achsenmächte und ihrer Verbündeten bestrafte, ist nicht bekannt. – Der Erlaß vom 26. 5. 1947 hob die Todesstrafe auf, die am 12. 1. 1950 erneut eingeführt wurde, nicht allerdings für die Straftaten des Erlasses vom 19. 4. 1943.

35 Ab 15. 12. 1943 verhandelte das Kriegsgericht der 4. Ukrainischen Front gegen drei Wehrmachtsangehörige (darunter Hauptmann Wilhelm L., ehemaliger Abwehroffizier des Dulag 205, und ein Mitglied der Gruppe 560 der Geheimen Feldpolizei) sowie einen einheimischen »Hilfswilligen«. Das am 18. 12. verkündete Urteil »Tod durch den Strang« wurde am nächsten Tag auf dem Roten Platz in Charkow öffentlich vollstreckt.

36 Vgl. Maurach (Anm. 32).

37 Vgl. *Justiz und NS-Verbrechen* (im folg. *JuNS*), Sammlung deutscher Strafurteile wegen nationalsozialistischer Tötungsverbrechen 1945 bis 1966, bisher 22 Bände, Amsterdam 1968–1981, Bd. IX, S. 228. – Treffend P. Steinbach, *Nationalsozialistische Gewaltverbrechen. Die Diskussion in der deutschen Öffentlichkeit nach 1945*, Berlin 1981, S. 30: »Die polnischen Behörden bemühten sich um durchsichtige, faire und entsprechend langwierige Verfahren.«

38 Der Bundesgerichtshof bestätigte das Urteil den Tenor berichtigend: »begangen in Rechtsfahrlässigkeit« fiel weg. Vgl. *JuNS* (Anm. 37).

39 Vgl. K. Moritz, E. Noam, *NS-Verbrechen vor Gericht 1945–1950. Dokumente aus hessischen Gerichtsakten mit einem Nachwort von Richard Schmid*, Wiesbaden 1978, S. 306ff.

40 Eine detaillierte Aufschlüsselung der Verurteilten nach ihrer Nationalität ist nicht bekannt. Der langjährige Leiter der Hauptkommission zur Untersuchung der Hitlerverbrechen in Polen sprach 1980 von 5340 »Naziverbrechern deutscher Nationalität«, was auf 45 verurteilte Österreicher schließen läßt. Vgl. Cz. Pilichowski, *Es gibt keine Verjährung*, Warschau 1980, S. 174.

41 *Dziennik Ustaw Rzeczypospolitej Polskiej*, 1945, Nr. 4, Pos. 21.

42 Vgl. Pilichowski (Anm. 40).

43 *Dziennik Ustaw*, 1944, Nr. 4, Pos. 21.

44 *Dziennik Ustaw*, 1946, Nr. 59, Pos. 324.

45 *Dziennik Ustaw*, 1946, Nr. 5, Pos. 45, Nr. 59, Pos. 323. Vgl. dazu: M. Siewierski, *Einfluß der Institution des Nürnberger Prozesses auf die Verhandlungen vor dem Obersten Volkstribunal*, in: *Nürnberg* (XXX), S. 171ff.

46 Das blieb gegenstandslos. Das Tribunal hat deshalb »keine einzige Sache« verhan-

delt, sondern »sich nur mit den Sachen der Naziverbrecher beschäftigt«. Vgl. dazu F. Rafalowski, *Die Verfolgung von NS-Verbrechen in Polen im Lichte der Völkerrechtsnormen sowie der Normen des Polnischen Staatsrechts*, in: *Nürnberg* (XXX), S. 212ff (216).

47 Zit. nach Rafalowski (Anm. 46), S. 219.

48 ABlKr., Nr. 3, 31. 1. 1946, S. 50ff.

49 Im Gegensatz zu anderen polnischen Schuldsprüchen kann diesem Urteil eine ausgewogene Prüfung der individuellen Verantwortlichkeit nicht attestiert werden. Den relativ drittrangigen Angeklagten wurde de facto das gesamte kriminelle Geschehen in Majdanek zur Last gelegt. – Aufschlußreich ist Bühlers Aussage, das Urteil habe den Krakauer NS-Spitzen ihr weiteres Schicksal verdeutlicht, fieberhafte Nervosität ausgelöst und zu einer Sondersitzung der Regierung des »Generalgouvernements« in Anwesenheit des Höheren SS- und Polizeiführers Krüger geführt. Vgl. dazu J. Sawicki, *Vor dem polnischen Staatsanwalt*, Berlin 1962, S. 228ff.

50 *Dziennik Ustaw*, 1950, Nr. 4, Pos. 347. Das Gesetz vom 20. 7. 1950 hob früher angeordnete Beschränkungen wegen der »Verleugnung der Nationalität« auf, soweit die Betroffenen keine Verbrechen verübt hatten. Vgl. *Dziennik Ustaw*, 1950, Nr. 29, Pos. 270.

51 Über die Haft mit Stroop hat ein nach 1945 politisch verfolgter Offizier der polnischen Armija Krajowa berichtet: K. Moczarski, *Gespräche mit dem Henker*, Berlin 1981.

52 Vgl. B. Franczyk, K. Staszko, *Die Verfolgung der Kriegsverbrecher im Lichte der Auslieferungsgrundsätze der UNO*, in: *Nürnberg* (XXX), S. 226ff. – Die Zahl der von den Briten Überstellten gibt T. Bower (*Blind Eye to Murder. Britain, America and the Purging of Nazi Germany – a Pledge Betrayed*, London 1981, S. 237) mit 1172 an. Dabei dürfte es sich um polnische Ersuchen, nicht um britische Bewilligungen handeln. Vgl. zur zunehmend restriktiven Auslieferungspraxis: J. Sawicki, *Als sei Nürnberg nie gewesen. Die Abkehr von den Prinzipien der Nürnberger Urteile*, Berlin 1958, S. 112ff.

53 Vgl. W. Eisert, *Die Waldheimer Prozesse. Der stalinistische Terror 1950. Ein dunkles Kapitel der DDR-Justiz*, München 1993.

54 »Während der 2079 Tage der Nazi-Okkupation gab es in Polen keine Nacht und keinen Tag ohne Morde und Hinrichtungen.« Cz. Pilichowski, zitiert nach: B. Hey, P. Steinbach (Hg.), *Zeitgeschichte und Politisches Bewußtsein*, Köln 1986, S. 89.

55 Vgl. *Socialisticeskaja zakonnost*, Moskau 1986, Nr. 6, S. 31ff.

56 So der Sekretär der Tschechoslowakischen Regierungskommission zur Verfolgung von NS-Verbrechen, K. Kamis, in: S. Horsky, *Verbrechen, die nicht verjähren*, Prag 1984, S. 83.

57 Gesetzblatt der ČSR, Nr. 16.

58 *Magyar Közlöny*, VO. Nr. 81/1945.

59 Vgl. L. Pócsi, *Kriegsverbrechen nach vier Jahrzehnten* (Originaltitel: *A háborus bünökröl négy évtized után*), in: Néphadsereg 1985, Nr. 21, S. 11.

60 Ebenda.

61 A. Streim, *Die Behandlung sowjetischer Kriegsgefangener im Fall Barbarossa. Eine Dokumentation.* Heidelberg/Karlsruhe 1981, S. 306 (Fn. 12).

62 Gesetzblatt Bulgariens 1944, Nr. 219.

63 Vgl. D. Michajlow, *Der Nürnberger Prozeß und das Volksgericht in Bulgarien* (Beitrag zur wissenschaftlichen Konferenz in Moskau vom 11. bis 13. 11. 1986 anläßlich des 40. Jahrestags der Nürnberger Urteilsverkündung, Übersetzung im Besitz des Autors).

64 Ebenda.

65 Vgl. R. Schwanke, *Das geltende Recht in Albanien*, in: Österreichische Osthefte, 1960, S. 126ff und 210ff.

66 Verordnung über die Einsetzung eines Gerichts zur Aburteilung nationalsozialistischer Verbrecher vom 22. 9. 1945, in: Amtliche Nachrichten der Landesverwaltung Sachsen, 1. Jg., Nr. 5, 24. 9. 1945.

67 Vgl. *Die Haltung* (Anm. 27), S. 34.

68 Vgl. J. S. Hohmann, *Der »Euthanasie«-Prozeß Dresden 1947. Eine zeitgeschichtliche Dokumentation*, Frankfurt/M. 1993, S. 199.

69 ABlKr. Nr. 2, 30. 11. 1945, S. 25ff.

70 Vgl. Bericht des Bundesministers der Justiz vom 24. 2. 1965, Bundesratsdrucksache IV/3142, Bonn 1965, S. 18; vgl. auch Rückerl, *Die Strafverfolgung von NS-Verbrechen 1945–1978* (Anm. 33), S. 329 sowie *Die Haltung* (Anm. 27), S. 32.

71 Zentralverordnungsblatt Nr. 18, 9. 10. 1947, S. 185ff.

72 Dieser Maßstab ist zumindest von regionalen sowjetischen Stellen oft recht willkürlich ausgelegt worden.

73 Vgl. ND vom 17. 1. 1950, S. 1.

74 Vgl. Eisert (Anm. 53); W. Otto, *Mit der Wahrheit leben. »Waldheim 1950 und 1993«*, Baden-Baden (in Vb.).

75 Zitiert nach Eisert (Anm. 53), S. 65.

76 Vgl. Ebenda, S. 239.

77 J. Limbach, *Vergangenheitsbewältigung durch die Justiz*, in: Deutsch-deutsche Rechtszeitschrift 3/1993, S. 66ff (70).

78 Vgl. P. Sérant, *Die politischen Säuberungen in Westeuropa am Ende des Zweiten Weltkrieges in Deutschland, Österreich, Belgien, Dänemark, Frankreich, Großbritannien, Italien, Luxemburg, Norwegen, den Niederlanden und der Schweiz*, Oldenburg/Hamburg 1966, S. 148.

79 Vgl. Steinbach, *Nationalsozialistische Gewaltverbrechen. Die Diskussion in der deutschen Öffentlichkeit nach 1945* (Anm. 37), S. 29f.

80 Vgl. Sérant (Anm. 78), S. 238.

81 Vgl. Munda, *Das Jugoslawische Strafgesetzbuch vom 2. März 1951* (Anm. 6).

82 Vgl. den Beitrag von B. Graefrath in diesem Band.

83 Die ungarischen Strafgesetze, in: Max-Planck-Institut der Universität Freiburg (Hg.), *Sammlung außerdeutscher Strafgesetzbücher in deutscher Übersetzung* (im folg. *Sammlung*), Bd. LXXVII, Berlin 1960, S. 46.

84 Rumänisches Strafgesetzbuch mit Abänderungen bis 1. Dezember 1960, in: *Sammlung*, Bd. LXXXI, Berlin 1964, S. 72ff.

85 Das Strafgesetzbuch der RSFSR vom 27. Oktober 1960 i. d. F. vom 6. Mai 1963, in: *Sammlung*, Bd. LXXXII. Berlin 1964.

86 Das Tschechoslowakische Strafgesetzbuch, in: *Sammlung*, Bd. LXXXV. Berlin 1964, S. 103.

87 In der DDR geschah das durch den Vertrag mit der UdSSR über die Beziehungen beider Staaten vom 20.9. 1955, vgl. GBl. I, S. 917.

88 Nachdem zunächst mehrere DDR-Gerichte ausschließlich nach innerstaatlichem Recht subsumiert hatten, erging die zur tateinheitlichen Anwendung des Londoner Statuts orientierende Grundsatzentscheidung des Obersten Gerichts. Vgl. NJ 15/1963, S. 1ff.

89 Vgl. NJ 7/1966, S. 193ff.

90 Vgl. GBl. 1968, T. I, S. 1ff.

91 Das bulgarische Strafgesetzbuch vom 16. März 1968, in: *Sammlung*, Bd. 93, Berlin/New York 1973, S. 163.

92 So G. Geilke, *Der polnische Strafkodex*, Berlin 1970, S. 4; vgl. auch ders., *Einführung in das Recht der Polnischen Volksrepublik*, Darmstadt 1971, S. 105.

93 Albanische Strafgesetze. Das Strafgesetzbuch vom 15.6. 1977, Die Strafprozeßordnung vom 25.9. 1979 und Nebengesetze, in: *Sammlung*, Bd. CV, Berlin/New York 1990, S. 70f.

94 Das kubanische Strafgesetzbuch vom 1. März 1979, in: *Sammlung*, Bd. 100, Berlin/New York 1983, S. 81ff.

95 Vgl. The Review, Internationale Kommission der Juristen, Dezember 1973, Nr. 11, S. 29ff.

96 Die Anklageschrift ist veröffentlicht in: Neue Zeit, Wochenschrift für Politik, Moskau, September 1979, H. 39, S. 29ff. Das Urteil vom 19. 8. 1979 ist der UN-Vollversammlung am 20. 9. 1979 als offizielles Dokument (A/34/491) zugeleitet worden.

97 Kopie des Berichts im Besitz des Autors.

98 Vgl. dazu P. Przybylski, H. Busse, *Mörder von Oradour*, Berlin 1984, und L. Rosh, G. Schwarberg, *Der letzte Tag von Oradour*, Göttingen 1988.

99 Dabei handelte es sich um Fjodor Fedorenko, der vom Gebietsgericht der Krim im Juni 1986 wegen seiner Tätigkeit im Vernichtungslager Treblinka zum Tode verurteilt und danach hingerichtet wurde, sowie den 1987 in der UdSSR (nach Operation) verstorbenen Karl Linnas.

100 Vgl. ND vom 15. 7. 1988, S. 5.

101 Vgl. ND vom 8. 5. 1989, S. 5.

II. Zur aktuellen Situation des Völkerstrafrechts

Géraud de Geouffre de La Pradelle

Zur Aktualität der Nürnberger Prinzipien

Unter dem Eindruck der außergewöhnlichen Schrecken des Zweiten Weltkriegs wollten die Sieger sich nicht damit begnügen, ihre Gegner militärisch und politisch zu zerschlagen. Sie sorgten dafür, daß auch führende Persönlichkeiten der besiegten Staaten bestraft wurden. Dabei wollten sie, daß die Bestrafung auf dem Recht gründet. Die Nürnberger Prinzipien entstanden aus diesem Willen, dem mit dem Londoner Abkommen vom 8. August 1945 eine juristische Form gegeben wurde. Das Abkommen wurde zwischen den Vereinigten Staaten, der Sowjetunion, Großbritannien und Frankreich geschlossen. Neunzehn weitere Staaten traten ihm später bei. Es führte zur Einsetzung eines Internationalen Militärtribunals (IMT), das über die »Hauptkriegsverbrecher der Europäischen Achse« urteilen sollte, »für deren Verbrechen ein geographisch bestimmter Tatort nicht gegeben ist«. Die anderen Kriegsverbrecher sollten der Gerichtsbarkeit der Länder überantwortet werden, »in denen ihre abscheulichen Taten begangen worden sind«.

Die materiell-rechtlichen Bestimmungen, die Zuständigkeitsvorschriften und die Verfahrensregeln, die für die Legitimität des Gerichts und seiner Urteile unerläßlich sind, sind im Statut des Tribunals enthalten, das dem Abkommen beigefügt ist. Es handelt sich um den ersten positivrechtlichen Ausdruck der Nürnberger Prinzipien. Sie wurden am 19. Januar 1946 durch einen Befehl des Obersten Befehlshabers der Alliierten Streitkräfte im Fernen Osten wieder aufgegriffen und bildeten die Grundlage für ein zweites Tribunal, das über die japanischen Hauptkriegsverbrecher urteilen sollte. Kurz danach, am 13. Februar und am 11. Dezember 1946, wurden sie von der UN-Generalversammlung bestätigt. Seitdem sind sie universell anerkannt.

Die Schaffung des Nürnberger und Tokioter Tribunals war ein bedeutendes politisches Ereignis. Es war aber auch – und ist es bis heute – ein bedeutendes juristisches Ereignis. Zuvor gab es bereits zahlreiche Bestimmungen im internationalen Recht, die eine Verurteilung von selbst hochrangigen Amtspersonen erlaubt hätten. Allerdings waren hierfür nur nationale Gerichte zuständig. Aus juristischer Sicht liegt daher die Bedeutung des Londoner Akkommens und der Entscheidung des Obersten Befehlshabers für den Fernen Osten in der Einrichtung einer formell internationalen Strafgerichtsbarkeit.

Diese Gerichtsbarkeit macht die ursprüngliche Kraft der Nürnberger Prinzipien aus. Da sie in demselben völkerrechtlichen Akt aufgeführt waren, der das internationale Gericht einsetzte, konnten sie sofort angewandt werden. Zugleich war sie aber auch Ursache deren Schwäche, denn die Tribunale von Nürnberg und Tokio waren Ad-hoc-Gerichtsbarkeiten, die ihre Entstehung dem Zusammentreffen außergewöhnlicher Umstände verdankten, die es danach nicht mehr gab. Fast fünfzig Jahre lang war diese Besonderheit ein Hindernis für die universelle Anwendung und Entwicklung der Bestimmungen, die für diese Gerichtsbarkeit aufgestellt worden waren.

Die Stagnation liegt größtenteils an dem politischen Gewicht der internationalen Prozesse. Es war ganz so, als ob in der Welt das »Establishment« sich nicht damit abfinden wollte, daß hohe zivile oder militärische Funktionsträger souveräner Staaten vor ein internationales Gericht gestellt werden könnten, um sich dort für ihre Handlungen zu verantworten und als ob es sich nur aufgrund der außergewöhnlichen Umstände des Weltkriegs zu dieser »Ungeheuerlichkeit« entschlossen hätte. Derartige Umstände haben sich nicht wiederholt. Folglich gab es auch keine weiteren Prozesse nach dem Nürnberger Vorbild.

Heute sind jedoch viel »gewöhnlichere« Umstände so unerträglich, daß sie den Gedanken der internationalen Strafgerichtsbarkeit wieder aufleben lassen: trotz der Versprechen in der UN-Charta ist die Welt nicht von der »Geißel des Krieges« befreit, die »unsagbares Leid« mit sich bringt. Die Gefahr eines Weltkriegs besteht zwar nicht, aber in vielen Ländern finden regionale Konflikte statt, in denen mit äußerster Brutalität gekämpft wird. Daß weltweit schwerste Verbrechen begangen werden, ist eine Alltäglichkeit geworden, die bislang fast immer ungestraft geblieben ist. Diese Straflosigkeit verstößt gegen den elementaren Sinn von Gerechtigkeit. Außerdem schwächt sie doppelt die Rechtsnormen, mit denen man den Frieden wahren will: einerseits fordert das Fehlen einer individuellen Bestrafung dazu auf, die Normen zu mißachten; andererseits praktizieren die Staaten, indem sie ihre Verletzung durchgehen lassen, eine Art Komplizenschaft, die das Recht noch sicherer entwertet als seine direkte Mißachtung.

Das Gefühl, das nach fast einem halben Jahrhundert vorherrschte, war das einer großen Enttäuschung. Jetzt aber sind die Nürnberger Prinzipien von dem UN-Sicherheitsrat wiederbelebt worden: durch seine Resolutionen 827 vom 25. Mai 1993 und 955 vom 8. November 1994 wurden zwei internationale Tribunale geschaffen, die die für schwere Verletzungen des humanitären Völkerrechts im ehemaligen Jugoslawien sowie in Ruanda und seinen Nachbarstaaten Verantwortlichen verurteilen sollen. Es handelt sich hier um einen unerhofften Erfolg des Rechts und der Gerechtigkeit. Dennoch ist zu fragen, ob wir diesen glücklichen Umstand nicht der Fortdauer dessen verdanken, was einmal einen dunklen Schatten auf die Nürnberger Prinzipien warf: ebenso wie ein elementarer Akt der Gerechtigkeit, war ihre Anwendung – und scheint es noch immer zu sein – ein Machtinstrument, das die mächtigen Staaten nach Gutdünken einsetzen und das sie nicht missen wollen.

Die aktuelle Bedeutung der Nürnberger Prinzipien ist immens, gerade im Blick auf das Bedürfnis nach Gerechtigkeit und auf die Notwendigkeit, dem humanitären Völkerrecht Beachtung zu verschaffen. Aber es müssen auch die Unzulänglichkeiten bei ihrer Realisierung gesehen werden. Die internationale Gemeinschaft, die nach wie vor unter der Führung der Hauptsiegermächte des Weltkriegs steht, zögert, sich mit Mitteln auszustatten, die eine generelle Anwendung der vormals feierlich aufgestellten Normen ermöglichen würde. Dieses Zögern erklärt die relative Stagnation in der materiell-rechtlichen Weiterentwicklung der in Nürnberg formulierten Prinzipien (I) und insbesondere das Fehlen einer Instanz, die zur Durchsetzung und damit Vervollkommnung eines jeden materiellen Rechts unerläßlich ist (II).

I. Die materiell-rechtliche Entwicklung nach Nürnberg

Die Nürnberger Prinzipien oder, in anderen Worten, die materiell-rechtlichen Regeln, die auf der Grundlage der Art. 6 bis 10 des IMT-Statuts formuliert wurden, bilden auch heute noch den Kern der individuellen strafrechtlichen Verantwortlichkeit bei Verbrechen, die im Namen eines Staates begangen worden sind (1). Dieses Recht ist seitdem kaum weiterentwickelt worden (2).

(1) Den für den Prozeß gegen die Hauptkriegsverbrecher aufgestellten Normen haften gewisse Schwächen an. Sie werden aber durch den großen Fortschritt sowohl in der juristischen Dogmatik wie auch hinsichtlich des Inhalts der Rechtsnormen bei weitem ausgeglichen.

Der dogmatische Aspekt ist der spektakulärste. Hier ist das Recht von Nürnberg durch drei untrennbar miteinander verknüpfte Faktoren gekennzeichnet: Zunächst einmal stützt es sich auf völkerrechtliche Normen, die in der Mehrzahl bereits existierten. So ist in dem Urteil vom 1. Oktober 1946 zu lesen, daß »der Krieg völkerrechtswidrig ist« aufgrund des Vertrags von Paris vom 27. August 1928, genannt Briand-Kellogg-Pakt.[1] Man liest dort auch, daß die »Gesetze und Gebräuche des Krieges«, die das Statut meint, nicht nur aus der IV. Haager Konvention von 1907 und den Genfer Konventionen von 1929 hervorgehen, sondern auch aus allgemeinem Völkerrecht.[2]

Das Nürnberger Recht geht aber weiter. Es stellt völlig neue Regeln auf und erklärt ihre Verletzung durch staatliche Funktionsträger und ihre Untergebenen für strafbar. Das ist revolutionär. Bis dahin waren Verletzungen des humanitären Völkerrechts auf der Basis von Bestimmungen sanktioniert worden, die das Verhältnis zwischen Staaten bestimmen. Sie konnten Repressalien nach sich ziehen oder sonstige Maßnahmen im Rahmen der Staatenverantwortlichkeit bewirken; nachdem die Versuche, den deutschen Kaiser gemäß Art. 227 des Versailler Vertrags vor Gericht zu stellen, gescheitert waren, gehörte die Bestrafung von Individuen ausschließlich zur einzelstaatlichen Gerichtsbarkeit.[3]

Indem es die individuelle Bestrafung zu einer internationalen Angelegenheit machte, veränderte das Recht von Nürnberg auch ganz erheblich die Bedeutung und Wirkung von völkerrechtlichen Vorschriften, die den Rückgriff auf den Krieg (*ius ad bellum*) und die Art und Weise der Kriegführung (*ius in bello*) begrenzten. Denn es hatte zur Folge, daß diese Vorschriften zugleich den Staat und seine Funktionsträger verpflichteten, da die Verurteilung von Personen, die sich der Übertretung bestimmter Regeln schuldig gemacht haben, logischerweise voraussetzt, daß die Regeln sich direkt an diese Personen richten.

Die dogmatische Revolution war allerdings nur die notwendige Voraussetzung für einen Fortschritt auf einem anderen Gebiet, dessen Verwirklichung ganz erheblich vom Inhalt der materiell-rechtlichen Normen abhing. In dieser Hinsicht war das Statut auf zweierlei Weise neu.

Erstens schuf es vier Kategorien völkerrechtlicher Verbrechen: Art. 6 (a) qualifiziert als »Verbrechen gegen den Frieden« den Verstoß gegen das Verbot, auf den Krieg »als Werkzeug nationaler Politik« zurückzugreifen; in Art. 6 (b) und (c) wird die Verletzung der »Gesetze und Gebräuche des Krieges« zu »Kriegsverbrechen« und – vorausgesetzt, daß sie »in Ausführung eines Angriffskrieges oder in Verbindung mit einem der Zuständigkeit [des Gerichtshofs] unterstellten Verbrechen« begangen worden sind – zu »Verbrechen gegen die Menschlichkeit« aufgewertetet.[4] Schließlich legt noch Art. 10 die individuelle Strafbarkeit für die Mitgliedschaft in einer Gruppe oder Organisation fest, die für verbrecherisch erklärt worden ist. Genaugenommen waren die Kriegsverbrechen schon im innerstaatlichen Recht vieler Staaten unter Strafe gestellt. Sie sind also nur in den Rang internationaler Verbrechen »befördert« worden. Neu hingegen waren, wenn man den mißglückten Präzedenzfall des Art. 227 des Versailler Vertrags ausnimmt, die Verbrechen gegen den Frieden, die Verbrechen gegen die Menschlichkeit und das Verbrechen der Mitgliedschaft in einer kriminellen Organisation.

Zweitens legte das Statut hinsichtlich der Verbrechen einen besonderen Grundsatz fest: Das Gericht mußte die Rechtfertigungsgründe oder Hinweise auf Immunität, auf die sich staatliche Repräsentanten in unterschiedlichen Positionen berufen könnten, ausschließen. Weder das »Oberhaupt eines Staates« noch ein »verantwortlicher Beamter in einer Regierungsabteilung« konnten sich auf ihre »amtliche Stellung« berufen.[5] Sie waren darüber hinaus verantwortlich für Handlungen, die von ihren Untergebenen begangen worden sind.[6] Handeln auf Befehl schloß die Verantwortlichkeit des Handelnden ebenfalls nicht aus, ein solches Handeln konnte jedoch von dem Tribunal als Strafmilderungsgrund berücksichtigt werden.[7]

Der wichtigste Aspekt der rechtlichen Fortschritte von 1945 liegt jedoch nicht allein darin, daß das Individuum zu einem Adressaten völkerrechtlicher Normen wurde, sondern auch darin, daß die Nürnberger Prinzipien Ausdruck eines gesunden Menschenverstands zu sein scheinen. Denn es ist doch unbestreitbar, daß die aggressive Politik eines Staates und die in seinem Auftrag oder Namen begangenen Verbrechen von Individuen befohlen oder ausgeführt werden. Die Tatsache, daß die Rechtspersönlichkeit des Staates und seine Souveränität als Schutzschild für Individuen dienen und ihnen Straflosigkeit garantieren, ist nicht nur aus moralischer Sicht ein Skandal. Sie ist auch aus politischer Sicht schädlich, denn – der Mann von der Straße weiß es nur zu gut – die Zusicherung der Straflosigkeit führt zu weiterem Fehlverhalten, während eine zu erwartende Strafe präventiv wirkt. Es erscheint also durchaus vernünftig, daß man durch die Bestrafung der Personen, die die Macht des Staates mißbraucht hatten, dazu beitragen wollte, in Zukunft das Ausmaß der Katastrophen, vor denen die Menschheit bewahrt werden sollte, zumindest zu begrenzen.

Trotzdem war das Nürnberger Recht nicht frei von Mängeln. Es sei hier nur darauf hingewiesen, daß durch die Anwendung neuer strafrechtlicher Normen gegen das Rückwirkungsverbot verstoßen wurde. Das war Gegenstand heftiger Kontroversen unter den beteiligten Juristen, und das IMT-Urteil begründet ausführlich die Umgehung dieses Prinzips.[8] Besondere Erwähnung verdient auch, daß das Recht von Nürnberg in weiten Teilen ein »Siegerrecht« war. Diese Tatsache hat zwar seine Legitimität kaum beeinträchtigt, denn das angewandte Recht war überzeugend begründet. Nichtsdestoweniger macht sie aber weitere Mängel deutlich.

Der geringste dieser Mängel ist darin zu sehen, daß die Kriegsverbrechen der Siegermächte nicht unter Strafe gestellt wurden. Der schwerste ist wohl die Begrenzung der Nürnberger Prinzipien auf die besonderen Umstände, die ihrer Ausarbeitung zugrunde lagen. Durch das Londoner Abkommen und durch den Befehl des Obersten Befehlshabers der Alliierten im Fernen Osten wurden Gesetze gemacht, um die Verurteilung von Funktionsträgern der Europäischen Achsenmächte beziehungsweise Japans für die schrecklichen Verbrechen, die ihnen vorgeworfen wurden, zu ermöglichen. Wegen dieser speziellen Zielsetzung haben einzelstaatliche Instanzen sich generell geweigert, das Recht von Nürnberg oder Tokio auf andere Personen oder unter anderen Umständen als den eines Weltkriegs anzuwenden. In Frankreich zum Beispiel haben die Gerichte nicht anerkannt, daß Verbrechen gegen die Menschlichkeit im Verlauf kolonialer Konflikte oder von Franzosen, die nicht als Komplizen der Achsenmächte gehandelt haben, begangen werden könnten.[9]

Der Anwendungsbereich der Nürnberger Prinzipien mußte also erweitert werden. Sie mußten zu einer Rechtsgrundlage für die strafrechtliche Verfolgung aller Verantwortlichen für Verbrechen gegen den Frieden, Kriegsverbrechen und Verbrechen gegen die Menschlichkeit werden, und dies unabhängig vom Zeitpunkt oder Ort der Tat und ohne Unterscheidung dahingehend, ob die Beschuldigten im Namen siegreicher oder besiegter Staaten oder in einer Situation der *debellatio* gehandelt haben. Um jedoch dahin zu gelangen, mußte zuvor die Abhängigkeit des internationalen Strafverfolgungsanspruchs von der aus Gründen der Staatsraison geschätzten politischen Opportunität gelockert werden. Die bisherige Entwicklung zeigt, daß man davon noch weit entfernt ist.

(2) Nach den Prozessen von Nürnberg und Tokio verlangte das Selbstverständnis der UNO eine umgehende Verbesserung der angewandten materiell-rechtlichen Bestimmungen. Nachdem sie »die Prinzipien des Völkerrechts, wie sie im Statut des Nürnberger Tribunals und in seinem Urteil anerkannt sind«, bestätigt hatte,[10] beauftragte daher die Generalversammlung die UN-Völkerrechtskommission, diese Prinzipien zu formulieren und ein internationales Strafgesetzbuch über Verbrechen gegen den Frieden und die Sicherheit der Menschheit auszuarbeiten. Die Arbeiten haben seither beachtliche Fortschritte gemacht. Doch die Staaten äußerten um so nachhaltiger ihr Interesse an diesen Arbeiten, je zurückhaltender sie in Wirklichkeit waren, die erarbeiteten Entwürfe anzunehmen. So sind die Fortschritte im positiven Recht vor allem in ihrer Geringfügigkeit bemerkenswert.

Zu begrüßen ist immerhin die Annahme der vier Genfer Konventionen vom 12. August 1949 und der beiden Zusatzprotokolle vom 10. Juni 1977. Sie haben das humanitäre Völkerrecht, dessen schwere Verletzungen

Kriegsverbrechen darstellen, erheblich verdichtet. Hinsichtlich der Verbrechen gegen die Menschlichkeit verlief die Rechtsentwicklung hingegen enttäuschend. Die Konvention über die Verhütung und Bestrafung des Völkermordes vom 9. Dezember 1949 stellt zwar einen gewissen Fortschritt dar. Aber das internationale Übereinkommen vom 30. November 1973 über die Bekämpfung und Bestrafung des Verbrechens der Apartheid – ausdrücklich als Verbrechen gegen die Menschlichkeit bezeichnet – ist für die wichtigsten Staaten nicht verbindlich. Bei den Verbrechen gegen den Frieden gab es schließlich überhaupt keine Weiterentwicklung, da die Aggressionsdefinition in der Resolution 3314 (XXIX) der UN-Generalversammlung nicht den geringsten Hinweis auf die persönliche Verantwortlichkeit derer enthält, die eine Aggressionshandlung befohlen haben.

Der juristische Wert der materiell-rechtlichen Bestimmungen ist dennoch größer geworden. Bereits im Urteil von Nürnberg wurde festgestellt, daß die Bestimmungen der Haager Konvention von 1907 Völkergewohnheitsrecht wiedergeben.[11] Einige Jahre später hob der ausschließlich für Staaten zuständige Internationale Gerichtshof hervor, daß die Grundprinzipien der Völkermord-Konvention auch für Nichtsignatarstaaten verbindlich seien.[12] Hinzuzufügen wäre noch, daß die Genfer Konventionen von nahezu allen Staaten ratifiziert worden sind, was ihrem Inhalt universelle Geltung verleiht. Ihre somit auch völkergewohnheitsrechtliche Verbindlichkeit wird zudem noch durch das Statut des Jugoslawien-Tribunals unterstrichen, das in den Art. 1 bis 5 die Tatbestände der schweren Verletzungen des humanitären Völkerrechts aufgreift. Das Statut des Ruanda-Tribunals enthält ähnliche Bestimmungen.

Was die Bestätigung des Rechtsregimes von Nürnberg und dessen Weiterentwicklung betrifft, haben sich die Erwartungen nicht ganz erfüllt. In einem Übereinkommen vom 26. November 1968 wird die Nichtanwendbarkeit gesetzlicher Verjährungsfristen auf Kriegsverbrechen und Verbrechen gegen die Menschlichkeit festgelegt, doch sind ihm bis heute nur wenige Staaten beigetreten. Auch wenn nach Art. IV der Völkermordkonvention und nach Art. 87 des I. Zusatzprotokolls von 1977 die Stellung eines Beschuldigten als Privat- oder Amtsperson nicht zur Strafausschließung führt, gilt das nach diesen Verträgen nicht für den Rechtfertigungsgrund des Handelns auf Befehl. Andererseits wiederholt Art. 7 des Statuts für das Jugoslawien-Tribunal praktisch den Wortlaut von Art. 6 (am Ende), 7 und 8 des IMT-Statuts, das Entschuldigungs- oder Rechtfertigungsgründe verwarf. Letztlich scheint auch die rückwirkende Anwendung internationaler Straftatbestände künftig durch Art. 15 des Internationalen Pakts über bürgerliche und politische Rechte von 1966 verboten zu sein, obgleich sich dieses Problem in der Praxis kaum noch stellen dürfte.

Man erwartete ebenfalls, daß der Anwendungsbereich international anerkannter, positiv-rechtlicher Bestimmungen universelle Gültigkeit besitzen würde, ohne Begrenzung hinsichtlich des Ortes oder der Zeit. Diese Erwartung wurde nicht enttäuscht, was die Bestimmungen der Völkermordkonvention und der Genfer Konventionen anbelangt. Ihre Erfüllung steht aber, wie bereits erwähnt, für die 1945 formulierten Nürnberger Prinzipien insgesamt noch aus. Allerdings scheint es, daß die Resolutionen 827 und 955 des UN-Sicherheitsrats heute eine universelle Geltung beanspruchen. Hinzu kommt, daß das Tatbild einiger Bestimmungen nicht mehr nur auf internationale Konflikte begrenzt ist. Schon nach dem IMT-Statut sollten Verbrechen gegen die Menschlichkeit, die »vor« dem Krieg begangen wurden, bestraft werden, doch ist das Gericht dem nicht gefolgt.[13] Heute gilt das Völkermordverbot »im Frieden wie im Krieg« gleichermaßen[14] und die Verbote in dem allen vier Genfer Konventionen gemeinsamen Art. 3 sind selbst »in einem bewaffneten Konflikt nicht internationaler Art« zu beachten. Eine vergleichbare Bestimmung weist Art. 5 Abs. 1 des Statuts für das Jugoslawien-Tribunal hinsichtlich der Verbrechen gegen die Menschlichkeit auf.

Auf eine nach wie vor bestehende Unvollständigkeit der materiell-rechtlichen Regeln muß noch hingewiesen werden. Das IMT-Statut sah keine Strafe vor. Strafart und Strafmaß waren dem Gericht überlassen. Angesichts der Fakten, über die dort verhandelt wurde, mag dies verständlich sein. Aber doch ist in dieser Frage zumindest bis zu den Resolutionen 827 und 955 kein Fortschritt erzielt worden. Wohl haben die internationalen Rechtsinstrumente Verhaltensnormen entstehen lassen, deren Nichtbeachtung als strafbare Handlungen gewertet werden,[15] wobei an einigen Stellen auch die Art ihrer Ahndung angesprochen wird. Es handelt sich jedoch lediglich mehr um grobe Skizzierungen.[16]

Diese Unvollständigkeit ist nicht das Ergebnis eines ärgerlichen Zufalls. Sie rührt daher, daß das Recht von Nürnberg nicht wieder von einer internationalen Strafinstanz angewandt worden ist und – nach dem Willen der Staaten – auch nicht wieder angewandt werden sollte. Die Folge dieser Haltung war, daß die Einzelstaaten die entsprechende legislative und judikative Kompetenz übernommen haben.[17] Das Verbot bestimmter Verhaltensweisen durch das Völkerrecht ist auf diese Weise losgelöst von seiner Bestrafung im Falle eines Zuwiderhandelns, die nach dem einzelstaatlichen Recht erfolgt. Es kann wohl bezweifelt werden, ob darin ein Fortschritt zu sehen ist, denn die Durchsetzung des einzelstaatlichen Rechts, und damit schließlich auch die Wirksamkeit völkerrechtlicher Normen, hängen gänzlich davon ab, inwieweit nationale Gerichte angerufen werden können.

II. Das Fehlen einer Durchsetzungsinstanz und seine Folgen

Die eigentliche Bedeutung der Nürnberger Prinzipien wird letztlich bestimmt von der Gerichtsbarkeit, die für ihre Durchsetzung zu sorgen hat. Man erhoffte sich daher die Schaffung eines Ständigen Internationalen Strafgerichtshofs mit obligatorischer Zuständigkeit auch für die Opfer, die keine amtliche Stellung bekleiden. Eine vergleichbare Instanz wurde schon 1920 im Rahmen der Arbeiten vorgeschlagen, die später in die Schaffung eines Ständigen Internationalen Gerichtshofs münden sollten. Der Vorschlag blieb folgenlos.[18] Mit den Tribunalen von Nürnberg und Tokio ist man diesem Ideal nicht wirklich nähergekommen (1), und auch in den Resolutionen 827 und 955 wird lediglich auf diese Vorbilder zurückgegriffen (2), so daß die Anwendung der Nürnberger Prinzipien immer noch vor allem den nationalen Gerichten obliegt (3).

(1) In jedem Bereich hängt die Wirksamkeit des Rechts von der Anwendung genereller Regeln auf spezielle Situationen ab. Diese Anwendung erfolgt nicht notwendigerweise durch Urteile; sie kann auch in einer anderen als der juristischen Form geschehen.

Die Rechtsgrundsätze, die kein Gericht anwendet, sind deshalb nicht zwangsläufig wirkungslos. Der in ihnen enthaltene Gedanke kann als Orientierung dienen. Dies gilt um so mehr, wenn die Anwendung spontaner Art ist oder auf Druck irgendeiner Autorität geschieht: in beiden Fällen wird die Existenz rechtlicher Regeln als Normen für das soziale Verhalten unter Beweis gestellt. Das ist nicht nur eine Frage der Wirksamkeit. Denn, wie es gewöhnlich der Fall ist, die in einem Gesetzestext enthaltenen Prinzipien sind *ne varietur* und abstrakt formuliert. Ihre Anwendung auf konkrete, komplexe Situationen macht eine Anpassung ihres Inhalts erforderlich. Werden also Rechtsnormen nicht zumindest im außerjuristischen Bereich angewandt, sind sie nicht nur wirkungslos, sondern tote Buchstaben in einem Text und letztlich zweifach des Lebens beraubt. Alle Juristen wissen das.

Sie wissen aber auch, daß eine spontane Anwendung oder eine Anwendung auf administrativen Druck hin nicht ausreicht. Damit Rechtsnormen ihre volle Wirkung entfalten können, bedarf es der Tätigkeit der Gerichte. Die Durchsetzung von Rechtsnormen erfolgt dann unter besonderen Umständen: ein streitiger Sachverhalt führt zu widersprüchlichen Aussagen; der Richter ist gegenüber den anderen Staatsorganen unabhängig; er verliest die Gründe, anhand derer er sein Urteil bildet ... Diese gesamten Umstände bereichern die angewandten Normen in dreifacher Hinsicht. Indem sie wiederholt und oft sogar teilweise auf ein bestimmtes Ziel hin neu geschaffen werden, gewinnen sie eine außergewöhnliche Präzision. Die notwendige Transformation ihres Inhalt, der andernfalls unbemerkt bliebe, wird deutlich gemacht. Insbesondere aber wird durch die richterliche Tätigkeit ihre Legitimität bestätigt, gefestigt oder gar erst begründet. So bewirkt die Durchführung eines rechtlichen Verfahrens, daß die angewandten Normen die Qualität vollkommener Rechtsregeln erhalten, die ihnen sonst ganz oder zum Teil fehlt.

Dieses Phänomen ist von einer unendlichen Banalität im innerstaatlichen Bereich. Von ebensolcher Banalität ist aber auch die Schwäche des Rechts im internationalen Bereich. Es verfügt kaum über Sanktionsmöglichkeiten, mit anderen Worten: Die Nichtbeachtung seiner Regeln zeitigt allzu häufig nicht die eigentlich vorgesehenen rechtlichen Konsequenzen. Dieser Mangel verhindert seine weltweite Wirksamkeit. Es leidet vor allen Dingen an dem fast völligen Fehlen von juristischen Sanktionen,[19] was über das Problem der Wirksamkeit hinaus seine Natur als Recht selbst beeinträchtigt.

Dank der Einrichtung der Tribunale von Nürnberg und Tokio hat das internationale Strafrecht zeitweilig diese Schwäche überwinden können. Im Unterschied zu den meisten Bestimmungen des allgemeinen Völkerrechts wurden die im Londoner Abkommen festgeschriebenen Prinzipien unverzüglich mit einer juristischen Wertigkeit versehen, die fast ebenso vollkommen ist wie die einzelstaatlicher Gesetze. Ganz wie diese wurden sie interpretiert und präzisiert, kurz: durch die Urteile vom 1. Oktober 1946 und vom 12. November 1947 wurden sie Teil der Realität.

Dabei darf nicht übersehen werden, daß sie auch Mängel aufweisen. Einige sind harmlos. So zum Beispiel, daß die Jurisdiktionsbefugnis der internationalen Tribunale auf die Hauptverantwortlichen beschränkt war. Die Urteile konnten für die einzelstaatlichen Gerichte, die mit gewöhnlicheren Fällen befaßt waren, immerhin als Maßstab gelten.

Andere sind bedauerlicher. So hat das von den Siegern geschaffene Nürnberger Tribunal einige Verbrechen nicht geahndet, die sowohl den Achsenmächten wie auch den Alliierten vorgeworfen werden konnten.[20] Vor allem aber sein Charakter als Ad-hoc-Gericht war ein großer Nachteil. Weil es keine Nachfolge gefunden hatte, liefen in der Folgezeit die Regeln des internationalen Strafrechts Gefahr, nur den Stoff abzugeben für akademische Diskussionszirkel und politische Propaganda und damit zugleich als soziale wie als Rechtsnormen zu verkümmern. Um diese Gefahr abzuwenden, mußte Nürnberg überwunden werden. Es mußte zu einer Etappe auf dem Weg zu einer ständigen, neutralen und universell zuständigen Gerichtsbarkeit werden, die den Prinzipien von 1945 und ihren Weiterentwicklungen zum Durchbruch verhelfen könnte.

Seit 1946 werden entsprechende Vorarbeiten geleistet.[21] Aus einsichtigen Gründen stehen sie bis heute nicht vor ihrem Abschluß: Zu viele Staaten, allen voran die ständigen Mitglieder des Sicherheitsrats, könnten wegen ihren seit 1945 begangenen Verbrechen angeklagt werden. Es ist also zu befürchten, daß durch eine hartnäckige Verweigerungshaltung das dank Nürnberg angehäufte juristische Kapital ungenutzt bleibt.

(2) Es hat derzeit ganz den Anschein, als ob die Annahme der Statuten für die beiden neuen internationalen Tribunale durch die Resolutionen 827 und 955 den Nürnberger Prinzipien neue Aktualität verliehen hätte. Genau besehen handelt es sich aber wohl eher um eine Restauration als um einen entscheidenden Fortschritt. Beide Tribunale weisen noch charakteristische Züge ihrer entfernten Vorgänger auf. Im folgenden soll auf zwei von ihnen eingegangen werden.

Erstens handelt es sich immer noch um Ad-hoc-Tribunale, deren Kompetenz in zeitlicher und räumlicher Hinsicht eng begrenzt ist. Die starken Staaten im Sicherheitsrat weigerten sich, größere Zugeständnisse zu machen. Sie haben nicht einmal eine Erweiterung der Zuständigkeit des Jugoslawien-Tribunals auf Ruanda akzeptiert, um ihm nicht den geringsten Anschein einer in der Entstehung begriffenen Ständigen Strafgerichtsbarkeit zu geben.

Dennoch ist es eine Tatsache: Nach dem Völkermord in Bosnien wird auch der in Ruanda geahndet werden können. Es kann also wieder davon geträumt werden, dem unerreichbaren Ziel einer Ständigen Internationalen Strafgerichtsbarkeit ein wenig nähergekommen zu sein.

Zweitens verdanken die Tribunale, ebenso wie ihre historischen Vorbilder, ihre Entstehung einem Zusammenwirken von politischer Opportunität und dem Wunsch nach Gerechtigkeit. Die Rolle, die der Sicherheitsrat dabei übernommen hat, kann in gewisser Hinsicht als ein großer Fortschritt gesehen werden. Es geht nicht mehr darum, den Besiegten die Gerechtigkeit der Sieger aufzuzwingen, denn das wichtigste politische Organ der UNO erlegt allen Konfliktparteien eine neutrale Rechtsprechung auf. Dieser Umstand verstärkt zweifelsohne die Legitimität der beiden Tribunale und somit auch ihre Autorität. Aber er kann letztere auch in bedeutend stärkerem Maße schwächen, als es die Siegerjustiz hinsichtlich der Autorität von Nürnberg getan hat.

Diese Gefahr besteht in erster Linie bei dem Jugoslawien-Tribunal. Die Resolution 808 hob hervor, daß »unter den besonderen Umständen im ehemaligen Jugoslawien die Schaffung eines internationalen Gerichtshofes (...) zur Wiederherstellung und Wahrung des Friedens beitragen würde«. Die Resolution 827, mit der das Statut des Tribunals angenommen wurde, stützt sich offensichtlich auf Kapitel VII der UN-Charta, das sich auf Maßnahmen bei einer Friedensbedrohung, einem Friedensbruch oder bei Angriffshandlungen bezieht. Dieser Verweis auf Kapitel VII der Charta als Rechtsgrundlage für die Einsetzung des Tribunals – was im übrigen umstritten ist – läßt den Verdacht aufkommen, daß hier die Gerechtigkeit nicht um ihrer selbst willen gesucht und daß sie insbesondere zu politischen Zwecken hochgehalten wird.[22] Eine Analyse der Begleitumstände bestätigt diesen Verdacht: Auf der Suche nach territorialen Kompromissen hat der Sicherheitsrat Eroberungen gebilligt, die durch verbrecherische Aktionen erzielt wurden. Diese Aktionen aber soll nun eine von demselben Sicherheitsrat eingesetzte Justiz untersuchen und die dafür Verantwortlichen bestrafen. Der sich so abzeichnende Widerspruch ist nicht nur prinzipieller Art. Was passiert zum Beispiel mit dem Tribunal, wenn einmal Frieden geschlossen werden sollte? Wer wird – falls es seine Tätigkeit fortsetzt – die UN-Mitgliedsstaaten dazu zwingen, die Regierungschefs, Minister und Offiziere an das Tribunal zu überstellen, die sich zuvor auf die eine oder andere Weise haben versichern lassen, daß sie nicht belangt werden? Das Ruanda-Tribunal ruft eine ähnliche Kritik hervor und wirft die gleichen Fragen auf.

(3) Diese provisorische und schon skeptische Bilanz macht deutlich, daß auch heute noch die Durchsetzung der Nürnberger Prinzipien in weitem Maße von den einzelstaatlichen Gerichten abhängt und damit gegebenenfalls von der Transformation des internationalen in das nationale Recht. Diese Feststellung ist nicht befriedigend, denn sie führt zu einem Rechtsinstitut aus der Zeit vor Nürnberg zurück. Aber es wäre voreilig, die aktuellen Möglichkeiten dieses Rechtsinstituts zu unterschätzen: Mangels einer besseren Lösung könnte das alte sogenannte »Weltrechtsprinzip« den Nürnberger Prinzipien bei richtiger Anwendung zu einer bemerkenswerten Wirksamkeit verhelfen.

Nach diesem Prinzip, dessen Ursprung auf den Kampf gegen die Seepiraterie zurückgeht, obliegt es den Gerichten eines jeden Landes, Verletzungen bestimmter internationaler Regeln zu bestrafen. Dadurch werden die Chancen einer effektiven Bestrafung von Verletzungen, die die ganze Menschheit betreffen, erhöht.

Das Londoner Abkommen sah das Weltrechtsprinzip nicht vor. Es beschränkte sich darauf, daß die gewöhnlichen Kriegsverbrecher »in die Länder zurückgebracht werden sollen, wo ihre Taten (...) begangen worden sind«[23]. Viele nationale Gerichte haben das Londoner Abkommen in diesem Punkt so weit interpretiert, daß sie sich für die Verurteilung von Kriegsverbrechern des Zweiten Weltkriegs für universell zuständig erklärt haben. Das erklärt, warum zum Beispiel Eichmann in Jerusalem angeklagt werden konnte.[24]

Die Völkermord-Konvention von 1948 stellt daher insofern einen Rückschritt dar, als die Beschuldigten lediglich »vor ein zuständiges Gericht des Staates, in dessen Gebiet die Handlung begangen worden ist, oder vor das internationale Strafgericht gestellt« werden sollen, das es allerdings nicht gibt.

Die vier Genfer Konventionen von 1949 hingegen enthalten das Weltrechtsprinzip für Einzelpersonen, die »schwerer Verletzungen« beschuldigt werden. Es ist zudem sogar obligatorisch. Wörtlich heißt es: »Jede Vertragspartei ist zur Ermittlung der Personen verpflichtet, die der Begehung oder der Erteilung eines Befehls zur Begehung einer dieser schweren Verletzungen beschuldigt sind; sie stellt sie ungeachtet ihrer Nationalität vor ihre eigenen Gerichte.«[25] Zu erwähnen wäre noch, daß der Text diese Verpflichtung von keiner Bedingung abhängig macht, insbesondere nicht von einer Festnahme der Beschuldigten.

Das Weltrechtsprinzip stellt somit – durch die Pflicht zur Transformation und zur strafrechtlichen Verfolgung – gewissermaßen das nationale Recht in den Dienst des internationalen Rechts und kann auf diese Weise dessen Lähmung infolge des politischen Kalküls der Staaten teilweise abhelfen. Denn in Ermangelung einer internationalen Strafgerichtsbarkeit müssen die »schweren Verletzungen« der Genfer Konventionen, ganz gleich, wann und wo sie sich ereignen, von den Gerichten eines jeden Staates bestraft werden.

Dieses System vermag auch die Wirksamkeit der Ad-hoc-Strafgerichtsbarkeit zu erhöhen. Die Statuten des Jugoslawien- und des Ruanda-Tribunals erkennen an, daß die einzelstaatlichen Gerichte eine konkurrierende Zuständigkeit haben, die allerdings von dem Primat der genannten Tribunale überlagert werden kann. Diese konkurrierende Zuständigkeit wird nicht nur von dem Tatort oder der Nationalität der Beschuldigten und der Opfer bestimmt. Sie ist vielmehr universell, da nahezu alle Verbrechen, über die die beiden Tribunale zu urteilen haben, zumindest »schwere Verletzungen« der Genfer Konventionen darstellen. Auf den nationalen oder internationalen Charakter des Konflikts braucht dabei nicht abgestellt zu werden, da unabhängig davon für die meisten dieser Verletzungen völkerrechtliche Bindungen bestehen.[26] Die ordentliche Gerichtsbarkeit eines jeden Staates kann daher – konkurrierend mit den Internationalen Tribunalen – zur strafrechtlichen Verfolgung von Verbrechen im ehemaligen Jugoslawien oder in Ruanda angegangen werden. So sind einige Verfahren schon vor einzelstaatlichen Gerichten anhängig.[27] Außerdem ist es auf diese Weise möglich, die strafrechtliche Verfolgung unabhängig von politischen Konstellationen zu betreiben, zumindest in den Ländern, die das Institut der Privatklage kennen. Sie erlaubt den Opfern, und selbst normalen Privatpersonen, sich einen Zugang zu den Gerichten zu erzwingen, den ihnen die Staatsanwaltschaft nicht verwehren kann.[28]

Vielleicht ist das der Weg, wie die Nürnberger Prinzipien ihre größte aktuelle Bedeutung entfalten: unbeeindruckt von politischen Gesten berufen sich die Opfer internationaler Verbrechen vor unabhängigen nationalen Gerichten auf sie, und sie können dann ohne Rücksicht auf nationale oder internationale Staatsraison angewandt werden.

Aus dem Französischen von Gerd Hankel

Anmerkungen

1 *Der Nürnberger Prozeß*, Bd. 1, Nürnberg 1947, S. 246.
2 Ebenda, S. 284f.
3 Vgl. N. Politis, *Les nouvelles tendances du droit international*, Paris 1927, Kap. III.
4 Vgl. Urteil vom 1. Oktober 1946, in: *Der Nürnberger Prozeß* (Anm. 1), S. 285.
5 Vgl. Artikel 7 des IMT-Statuts.
6 Vgl. Artikel 6 des IMT-Statuts (am Ende).
7 Vgl. Artikel 8 des IMT-Statuts sowie allgemeiner dazu das Urteil des IMT (Anm. 1), S. 250.
8 Vgl. Urteil des IMT (Anm. 1), S. 244ff.
9 Vgl. insbesondere die Entscheidungen der Chambre Criminelle der la Cour de Cassation vom 17. November 1992 und vom 1. April 1993, in: Bulletin n° 394 bzw. n° 193 sowie die zwei Urteile, die von P. Poncela, *L'humanité, une victime peu présentable*, Paris 1991, S. 229, angeführt werden.
10 Vgl. Resolution 95 (I) v. 11. Dezember 1946.
11 Vgl. Urteil des IMT (Anm. 1), S. 284f.
12 Vgl. Gutachten vom 28. Mai 1951, in: Recueil 1951, S. 24.
13 Vgl. Artikel 6 des IMT-Statuts sowie das Urteil des IMT (Anm. 1), S. 285f.
14 Vgl. Artikel I der Völkermord-Konvention.
15 Der Völkermord ist »ein Verbrechen gemäß internationalem Recht« (Art. I der Völkermord-Konvention); die Genfer Konventionen sprechen von »schweren Verletzungen« (z.B. in Art. 147 der IV. Konvention) und das I. Zusatzprotokoll von »Kriegsverbrechen« (Art. 85 Abs. 5).
16 Vgl. A. Huet, R. Koering-Joulin, *Droit pénal international*, Paris 1994, n° 58ff.
17 Die Staaten sind im übrigen auch angehalten, in diesem Bereich gesetzgeberisch tätig zu werden. Vgl. insbesondere die Art. V, VI und VII der Völkermord-Konvention, Art. 49 der I. Genfer Konvention, Art. 50 der II. Genfer Konvention, Art. 129 der III. Genfer Konvention und Art. 146 der IV. Genfer Konvention.
18 Vgl. Politis (Anm. 3), S. 112.

19 Vgl. zu diesem Problem neuestens: R. Maison, *Les ordonnances de la C.I.J. dans l'affaire relative à l'application de la Convention sur la prévention et la répression du génocide*, in: European Journal of International Law, 1994, S. 381 ff.

20 Vgl. E. David, *Principes de droit des conflits armés*, Bruxelles 1994, n° 4–96 und n° 4–97.

21 Ebenda, n° 4–161 sowie UN-Doc. A/49/10 zum Entwurf der Völkerrechtskommission für die Schaffung einer internationalen Strafgerichtsbarkeit.

22 Vgl. O. Russbach, *ONU contre ONU. Le droit international confisqué*, Paris 1994, S. 54 ff; A. Pellet, *Le tribunal pour l'ex-Yougoslavie: poudre aux yeux ou avancée décisive?*, in: Revue Générale de Droit International Public, 1/1994, S. 7 ff.

23 O. Russbach (Anm. 22), S. 61 f, sowie die bereits genannten Autoren.

24 Vgl. E. David (Anm. 20), n° 4–108 und 4–109.

25 Art. 49 der I. Genfer Konvention, Art. 50 der II. Genfer Konvention, Art. 129 der III. Genfer Konvention und Art. 146 der IV. Genfer Konvention.

26 Vgl. den allen Konventionen gemeinsamen Art. 3; sein Wortlaut wird im übrigen im Statut des Ruanda-Tribunals zitiert.

27 Vgl. O. Russbach (Anm. 22), S. 82 ff.

28 Ebenda, S. 78 ff sowie Teil III.

François Rigaux

Internationale Tribunale nach den Nürnberger Prozessen

I. Zum Geltungsgrund des internationalen Strafrechts[1]

Die Einrichtung eines Internationalen Gerichtshofs auf der Grundlage des Londoner Abkommens vom 8. August 1945,[2] dessen Aufgabe darin bestand, 21 hochrangige Vertreter des nationalsozialistischen Regimes, denen Kriegsverbrechen zur Last gelegt wurden, ihrer gerechten Strafe zuzuführen, war ein Meilenstein in der Geschichte internationaler Beziehungen. Die in dem Nürnberger Prozeß gegen die Hauptkriegsverbrecher[3] gefällten Urteile ebneten den Weg für die Schaffung eines neuen Regelwerks im internationalen Strafrecht. Dieser Beitrag befaßt sich jedoch weder mit den zeitgleich zu dem Nürnberger Prozeß stattfindenden Verhandlungen vor dem Internationalen Militärtribunal für den Fernen Osten in Tokio, deren Ziel es war, japanische Amtsträger in mittleren Positionen, denen ähnliche Verbrechen wie den in Nürnberg unter Anklage stehenden Personen zur Last gelegt wurden, zur Rechenschaft zu ziehen; noch befaßt er sich mit den in direkter Folge des Nürnberger Prozesses gegen die Hauptkriegsverbrecher vor amerikanischen Militärgerichten abgehaltenen Prozessen gegen Amtsträger niedrigeren Ranges, unter ihnen Juristen[4] und Ärzte, oder mit der Aburteilung von nationalsozialistischen Verbrechen durch nationale Gerichte.

Was wir als das Nürnberger Erbe bezeichnen können, läßt sich in zwei Bereiche untergliedern. Der erste umfaßt das Prozeßrecht, der zweite das materielle Recht. Die wesentliche Neuerung bestand in der Schaffung einer internationalen Strafgerichtsbarkeit, denn zuvor war die Strafrechtspflege stets eine sorgsam gehütete Domäne der nationalen Gerichte gewesen,[5] wohingegen zivilrechtliche Streitfälle immer wieder – gemäß vorab in entsprechenden Verträgen festgelegten Bestimmungen – zur Schlichtung vor internationale Gerichte gebracht worden waren. Als Beispiel seien die nach Ende des Ersten Weltkrieges gemäß der Friedensverträge eingesetzten internationalen Schiedsgerichte genannt. Dabei ist jedoch darauf hinzuweisen, daß der Versuch, den deutschen Kaiser und etwa 900 deutsche Amtsträger, Militärs und Rüstungsproduzenten, denen

Kriegsverbrechen zur Last gelegt wurden, vor Gericht zu bringen, erstens daran scheiterte, daß die Niederlande dem ehemaligen deutschen Staatsoberhaupt Asyl gewährte und zweitens daran, daß sich die deutschen Behörden weigerten, deutsche Staatsbürger der Rechtsprechung der Alliierten zu überantworten.[6]

Nürnberg steht jedoch nicht nur symbolisch für eine neue Rolle der internationalen Gemeinschaft im Bereich der gerichtlichen Verfolgung einer bestimmten Art von Straftaten, sondern die Nürnberger Prinzipien enthalten auch neue Regelungen und bis dahin inexistente Normen für Straftaten, die im Namen des Staates begangen wurden. Die materiellrechtlichen Prinzipien unterscheiden Verbrechen gegen den Frieden, Kriegsverbrechen und Verbrechen gegen die Menschlichkeit. Alle drei Tatbestandskategorien können als Verbrechen im Sinne des internationalen Strafrechts gelten, nicht nur weil sie von dieser Rechtsquelle, die den konvergenten Ursprung des prozessualen und des materiellen Rechts in sich vereint, definiert werden, sondern da ihr Gegenstand eindeutig in bezug zu den Bereichen »internationale Beziehungen« und »herkömmliches Kriegsrecht« steht. Das Hauptverbrechen gegen den Frieden besteht in der Ausführung eines bewaffneten Angriffes, was das Verbot der Aggression und seine genaue Definition voraussetzt. Soviel zur ersten im Kriegsrecht definierten Tatbestandskategorie, die sich auf das *ius ad bellum* bezieht.

Die Definition von Kriegsverbrechen basiert auf dem Grundsatz des *ius in bello*, der den Einsatz nicht angemessener Mittel in bewaffneten Auseinandersetzungen verbietet. Die meisten der vor dem Internationalen Militärtribunal in Nürnberg verhandelten Fälle fielen in die Kategorie der Verbrechen gegen das Kriegsrecht, das seit langen Jahren Gültigkeit besaß und das in internationalen Verträgen, die teilweise bis in die Mitte des 19. Jahrhunderts zurückreichen, festgeschrieben war. Da diese Verträge und somit das Kriegsrecht für Unterzeichnerstaaten bindenden Charakter hatten, mußte jeder Staat erstens seine Streitkräfte so strukturieren, daß vom Staat eingegangene internationale Verpflichtungen eingehalten wurden, und daß zweitens die Personen, die sich Kriegsverbrechen schuldig gemacht hatten, ungeachtet ihrer Stellung der entsprechenden Strafe zugeführt werden konnten. Die Beachtung der genannten Prinzipien war zwar zwingend, aber es gab drei Faktoren, die der Erfüllung der hieraus resultierenden Verpflichtungen entgegenstanden. Der erste Faktor ergab sich aus dem Prinzip der Macht- beziehungsweise Realpolitik: Einen Krieg galt es zu gewinnen, egal welcher Mittel man sich zu diesem Zweck bedienen mußte. Der Sieg ließ alle im Zuge seiner Erringung aufgeladene Schuld zu einer vernachlässigenden Größe werden, ganz nach dem Motto:

Der Zweck heiligt die Mittel. Der zweite Faktor setzte sich aus zwei Komponenten zusammen: Die Siegermacht hatte nichts zu fürchten, und ihre herrschende Klasse und das Militär überantworteten diejenigen, die ihnen zum Erfolg verholfen hatten, nicht der Strafgerichtsbarkeit. Der dritte Faktor lag in der Theorie zweier Gelehrter begründet: Genau zu der Zeit, als das moderne Kriegsrecht Gestalt anzunehmen begann, stießen der Deutsche Triepel und der Italiener Anzilotti mit ihrer dualistischen Theorie von der Beziehung zwischen Völkerrecht und Landesrecht auf große Beachtung.[7]

Das Konzept des Dualismus basierte auf einer Trennung zwischen Völker- und Landesrecht: Völkerrecht konnte von den öffentlichen Organen eines Staates nicht angewendet werden, völkerrechtliche Verhaltensmaßregeln stellten keine Gesetze dar, auf die nationale Gerichte sich hätten stützen können; es sei denn, die nationale Gesetzgebung sah Bestimmungen zur Transformation der völkerrechtlichen Vorgaben vor, so zum Beispiel durch eine gesetzliche Bestimmung der Strafbarkeit einer Tat entsprechend dem Grundsatz *nullum crimen, nulla poena sine lege.* Die dualistische Theorie kam den Vertretern des Konzepts der *raison d'Etat* sehr zupaß, da sie der Legitimität der Straffreiheit für Kriegsverbrecher Vorschub leistete. Das internationale prozessuale wie auch materielle Strafrecht stellte einen Versuch dar, die Tatenlosigkeit des Staates zu überwinden, und das in einem Bereich, nämlich dem des Strafrechts, in dem nationales Recht nahezu Allmacht besitzt. Doch es stellte darüber hinaus noch aus einem weiteren Grund einen Durchbruch dar: Selbst ohne das Plädoyer für die dualistische Rechtsauffassung waren hochrangige Amtsträger nur in seltensten Fällen für im Rahmen ihrer Aufgabenbereiche begangene Straftaten strafrechtlich zur Verantwortung gezogen worden, was entweder auf die *act-of-State*-Lehre zurückzuführen ist oder auf die Tatsache, daß eine gerichtliche Verfolgung dieser Taten bedeutet hätte, daß die Justiz sich entgegen den ihr zugewiesenen Aufgaben aktiv mit politischen Fragen hätte befassen müssen. Angehörige der Streitkräfte unterstehen einer gesonderten Kriegsgerichtsbarkeit, die dazu neigt, bei Straftaten in Ausübung des Dienstes unangemessen milde Urteile zu fällen.

Die strafrechtliche Verfolgung von Taten, die von Amtsträgern begangen wurden und die Verstöße gegen das Kriegsrecht oder Verbrechen gegen die Menschlichkeit darstellen, erfordert eine deutliche Kenntlichmachung der Gemeinsamkeiten und Unterschiede von »Staatenverantwortlichkeit« und »individueller Verantwortlichkeit von Amtsträgern«. Das Kriegsrecht sieht neben dieser Zweiteilung eine Kategorie von Taten vor, für die nur staatliche Organe verantwortlich gemacht werden können, so kann zum Beispiel nur der Staat einen Angriffskrieg führen, und auch die Beachtung des humanitären Völkerrechts obliegt in erster Linie dem Staat. Da aber der Staat eine abstrakte Einheit ist, müssen völkerrechtlicher Verantwortlichkeit unterliegende Taten oder Unterlassungen Einzel- bzw. Privatpersonen zugeordnet werden können. Hieraus ergibt sich, daß ein Sachverhalt verschiedenen Bestimmungen, die wiederum verschiedenen Rechtsbereichen zugehörig sind, unterliegt. So hat beispielsweise eine Kriegserklärung völkerrechtlich gesehen verschiedene Auswirkungen: Sie führt dazu, daß den Beziehungen der kriegführenden Mächte fortan neue Regeln zugrunde liegen. Sie beeinflußt die Umsetzung von vor dem Zeitpunkt des Kriegseintritts geschlossenen Verträgen und hat zur Folge, daß der Staat verantwortlich gemacht wird, falls die Kriegsentscheidung nicht gemäß den Bestimmungen der UN-Charta gerechtfertigt werden kann. Außerdem zieht die Kriegserklärungung auch die persönliche Verantwortlichkeit der Personen nach sich, die sie trafen, und zwar entweder gemäß Völkerrechts (vor einem internationalen Tribunal wie dem von Nürnberg oder Tokio) oder vor einem nationalen Gericht. Dieser Grundsatz gilt in noch wesentlich stärkerem Maße für das humanitäre Völkerrecht. Jegliche Form seiner Mißachtung wie bei der systematischen Ermordung von Gefangenen oder Geiseln aus der Zivilbevölkerung begründet eine doppelte Verantwortlichkeit: einerseits die des Staates, andererseits die von Einzel- oder Privatpersonen, die als ein Glied in der Befehlskette handelten oder an der Begehung unmenschlicher Verbrechen selbst beteiligt waren. Beide Ebenen sind mehr oder weniger unabhängig voneinander. Der Umstand, daß der Staat, dessen Amtsträger für ein Verbrechen verantwortlich gemacht werden können, schließlich die zu deren Bestrafung notwendigen Schritte unternimmt, spricht den Staat weder von den Straftaten frei, die dem anderem Staat angetan wurden, noch hat dieser Umstand zur Folge, daß die Opfer oder ihre Angehörigen nun nicht mehr die Möglichkeit hätten, vor Gericht zu gehen und Schadenersatz zu fordern.

Verbrechen gegen den Frieden weisen hingegen andere Charakteristika auf. Sie erfordern eine Identifizierung des Aggressors, wobei eine solche Identifizierung nur von einem internationalen Gericht vorgenommen werden kann. Der Kern des Problems besteht hier in einer rein völkerrechtlichen Frage. Es ist bereits für ein internationales Gericht schwierig, objektiv zu bestimmen, welche Kriegspartei als Aggressor zu sehen ist. Für ein nationales Gericht ist das völlig unmöglich, selbst wenn sich seine Zuständigkeit auf die entsprechende Feststellung der strafrechtlichen Verantwortlichkeit von Einzel- bzw. Privatpersonen erstreckt. Darüber hinaus hat kein nationales Gericht – nicht einmal ein neutrales – das Recht, in einem ausschließlich zwischenstaatlichen Konflikt gerichtliche Entscheidungen zu treffen. Bei Kriegsverbrechen gilt dieser Grundsatz nicht. Hier kann die Aburteilung von Kriegsverbrechen von der Bewertung von Sachverhalten, die zwischenstaatlicher Natur sind, abgekoppelt werden. Sie gelten nicht als eine rein zwischenstaatliche Angelegenheit. Das humanitäre Völkerrecht ist für alle Parteien verpflichtend, für das Opfer der Aggression wie auch für den Aggressor selbst.

Ein Grund, warum der dualistische Ansatz dafür kritisiert werden muß, daß er nicht den wahren Bezug zwischen Völker- und Landesrecht berücksichtigt, ist der Umstand, daß alle als Kriegsverbrechen geltenden Taten auch gemäß nationalen Strafrechts strafbare Handlungen sind. Mord, Folter und Freiheitsberaubung sind Verbrechen im Sinne des nationalen Rechts. Denjenigen, die einwenden mögen, daß das ordentliche Strafrecht in Kriegszeiten hinter das Kriegsrecht zurücktritt und somit die Tötung eines Militärangehörigen im Zuge von Kampfhandlungen keinen Mord im Sinne nationalen Strafrechts darstelle, sei folgendes gesagt: Die Annahme, daß im Kriegszustand Ausnahmen von der Unverletzlichkeit der körperlichen und seelischen Integrität zulässig sind, zeigt deutlich die Notwendigkeit einer strikten Beachtung des humanitären Völkerrechts. Folter zum Beispiel verstößt gegen das Völkergewohnheitsrecht. Hieraus ergibt sich, daß Folter eine strafbare Handlung darstellt, ohne daß es weiterer Bestimmungen zur Strafbarkeit auf nationaler Ebene bedürfte. Herkömmliche strafrechtliche Bestimmungen behalten auf dem Schlachtfeld Gültigkeit: Der Diebstahl der Uhr oder Brieftasche eines Gefangenen ist eine strafbare Handlung gemäß nationaler Gesetzgebung. Der Kriegszustand hebt nicht alle strafrechtlichen Bestimmungen auf, sondern nur diejenigen, die der grundlegenden Natur des Krieges zuwiderlaufen. Daraus folgt, daß Handlungen, die über den vom Kriegsrecht abgesteckten Rahmen hinausgehen, weiterhin der nationalen Gerichtsbarkeit unterliegen. Hätte der dualistische Ansatz uns nicht für andere Überlegungen blind gemacht, wäre es nicht notwendig, in die einzelstaatlichen Rechtsordnungen speziell auf Kriegsverbrechen zugeschnittene Bestimmungen einzufügen.

Die zusätzlichen Tatbestandsdefinitionen des internationalen Strafrechts entbehren trotzdem nicht jeglicher Bedeutung: Die Nürnberger Prinzipien enthalten Sonderregelungen im Hinblick auf die Unangemessenheit von Vorgesetztenbefehlen, um die strafrechtliche Verantwortlichkeit von Untergebenen zu mildern. Ausgehend von verfahrensrechtlichen Bestimmungen, die auf alle Verbrechen im Sinne des Völkerrechts anwendbar sind, hat jedes Land das Recht, solche Verbrechen strafrechtlich zu verfolgen, ungeachtet der Tatsache, in welchem Land sie begangen wurden und ungeachtet der Staatsangehörigkeit des Straftäters (Weltrechtsprinzip). Darüber hinaus unterliegen solche Verbrechen keinerlei

Begrenzung der Verantwortlichkeit. So sind einige der strafrechtlichen Folgen in nationalen Rechtsordnungen verankert, wobei aber anzumerken ist, daß die Mehrzahl der diesbezüglichen Bestimmungen erst auf Druck der internationalen Gemeinschaft Eingang in die einzelstaatliche Gesetzgebung fanden.

Bei der Anklage hochrangiger Amtsträger für Verbrechen im Sinne des Völkerrechts handelt es sich um ein völlig neues Phänomen, das in keiner Weise mit der Verurteilung militärischer und politischer Führungskräfte in der Vergangenheit gleichgesetzt oder auch nur verglichen werden kann. Fälle solcher Verurteilungen sind uns aus der Zeit der Griechen und Römer überliefert. Sie finden sich aber auch in der jüngeren Vergangenheit, so zum Beispiel die Verurteilung Marschall Bazaines nach dem Französisch-Preußischen Krieg und die Anklage der zivilen und militärischen Führungskräfte, denen die französische Niederlage von 1940 zur Last gelegt wurde. Diese Verfahren waren jedoch nur rein politischer Natur. Die Anklage gründete nicht auf Verbrechen gegen die Menschlichkeit, sondern auf Führungsfehler in einem hernach verlorenen Krieg.

Eine ähnliche Entwicklung ist bei den Reparationszahlungen festzustellen. Vor dem Ersten Weltkrieg kam es bisweilen vor, daß die Sieger von den Besiegten solche Wiedergutmachungszahlungen forderten. Dabei handelte es sich – genau wie bei der Annektierung von Teilen des Territoriums der besiegten Kriegspartei – um den Preis der Niederlage. Der Versailler Vertrag war das erste Abkommen dieser Art, das die vom Kriegsverlierer Deutschland zu leistenden Zahlungen und sonstigen zu erbringenden Leistungen als Reparation für während des Krieges begangene Verbrechen verstand.[8] Nach dem Ende des Golfkrieges wurde übrigens ein ähnlicher Plan ausgearbeitet.[9]

Einige der gegen den Nürnberger Prozeß vorgebrachten Kritikpunkte beziehungsweise Vorbehalte verdienen besondere Erwähnung, da der Versuch, eine Antwort auf die durch sie aufgeworfenen Fragen zu geben, auch die fortdauernde Aktualität der Nürnberger Prinzipien zeigt. Einer der bedeutendsten Aspekte des Grundsatzes der Rechtsstaatlichkeit ist seine Allgemeingültigkeit. Doch besteht dann bei einer auf einen spezifischen Sachverhalt zugeschnittenen Bestimmung immer die Gefahr, daß Umstände, auf die eigentlich dieselbe Bestimmung zur Anwendung kommen sollte, nicht abgedeckt oder ausgeblendet werden. Obwohl das nationalsozialistische Deutschland und Japan ohne jeglichen Zweifel für das Auslösen eines Angriffskrieges verantwortlich waren und die von Deutschland und Japan begangenen Verletzungen des humanitären Völkerrechts wesentlich zahlreicher und schwerwiegender waren als die Verstöße, die man den Alliierten zur Last legen konnte, wäre es durchaus gerechtfertigt gewesen, wenn ein internationales Gericht sich mit der Bombardierung Dresdens oder mit den Atombombenzündungen über Hiroshima und Nagasaki befaßt hätte. Die gegen das Londonder Abkommen vorgebrachten Einwände gingen nicht so sehr dahin, daß die Sieger die Besiegten vor Gericht stellten, sondern dahin, daß das materielle Recht nicht bei allen sich ähnelnden Sachverhalten gleichermaßen angewendet wurde. Trotzdem muß den Vätern des Londoner Abkommens zugestanden werden, daß sie versuchten, für die gesamte internationale Gemeinschaft zu sprechen. Dieser Versuch spiegelt sich im Geist der Nürnberger Prinzipien wider. Sie beanspruchen universelle Geltung, stellen also ein Recht für die ganze Menschheit dar. Außerdem waren die vier alliierten Mächte nach der bedingungslosen Kapitulation der deutschen Streitkräfte und nach der Beseitigung der nationalsozialistischen Machtstrukturen die alleinigen Machthaber in Deutschland.

Die fortdauernde Aktualität der Nürnberger Prinzipien, denen zufolge das Individuum für Völkerrechtsverbrechen zur Verantwortung gezogen werden kann, wirft drei interessante Fragen auf:

1) Inwieweit fällt das Verhalten von Einzel- bzw. Privatpersonen in den Regelungsbereich des Völkerrechts?

2) Worin besteht im allgemeinen das Ziel des Strafrechts?

3) Warum hat sich das Völkerrecht auf den Grundsatz der strafrechtlichen Verantwortlichkeit gestützt?

Zu 1) Ohne in die Enge dualistischer Positionen abzudriften, kann man sagen, daß der vorrangige Regelungsbereich des Völkerrechts in der Regulierung zwischenstaatlicher Beziehungen besteht. Andere Rechtsbereiche wie das Recht religiöser Gemeinschaften oder das Vereinsrecht bilden den Rahmen für das gesellschaftliche Leben, wobei die entsprechende Rechtsetzung auf eng definierte Personengruppen und deren Belange zugeschnitten ist. Die nationale Gesetzgebung umfaßt einen Großteil der gesellschaftlichen Beziehungen der Personen, die der Gerichtsbarkeit des jeweiligen Staates unterliegen.

Ein erheblich vom dualistischen Ansatz geprägtes Verständnis von Völkerrecht trifft eine deutliche Unterscheidung zwischen Völkerrecht und Landesrecht. Sie führt dazu, daß das Individuum im Völkerrecht keinen rechtlichen Status besitzt und sogar Beziehungen zwischen Individuen aus seinem Regelungsbereich ausgespart sind, was bedeuten würde, daß das Individuum allein der Gerichtsbarkeit seines Staates unterstünde.

Ein solcher Ansatz hat allerdings keine lange Tradition. Bis in die Mitte, vielleicht sogar bis Ende des 19. Jahrhunderts bestand das sogenannte Staatenrecht aus zwei Bereichen, dem des öffentlichen und dem des privaten Rechts, wobei die Beziehungen zwischen den Bürgern verschiedener Länder darin einbezogen waren.[10] Genau in der Zeit, in der Beziehungen zwischen Personen unterschiedlicher Staatsangehörigkeit in den Zuständigkeitsbereich des jeweiligen Landesrechts eingegliedert wurden (unter der irreführenden Bezeichnung internationales Privatrecht[11]), maß das in seiner Entstehung befindliche humanitäre Völkerrecht dem Einzelnen neue Bedeutung bei. Das Völkerrecht ging damit über die Grenzen der Unpersönlichkeit von Staaten und der bewaffneten Auseinandersetzungen hinaus und nahm Kenntnis von den Personen beziehungsweise Opfern, die es seiner Bestimmung gemäß schützen sollte, und von den militärischen Führern, die es von Machtmißbrauch abzuhalten galt. Das humanitäre Völkerrecht war ein erster am internationalen Horizont erscheinender demokratischer Lichtstrahl. Zum ersten Mal in der Geschichte der Menschheit wurde internationalen Juristen zu Bewußtsein gebracht, daß Kriegsopfer nicht dem Zufall zuzuschreiben sind, sondern daß Männern, Frauen und Kindern von identifizierbaren Personen Leid zugefügt wird.

Nach dem Zweiten Weltkrieg kam es zu einer ähnlichen Entwicklung bei den elementaren Menschenrechten. Hier ging man allerdings noch einen Schritt weiter, indem man anerkannte, daß das Kriegsrecht eindeutig eine internationale Dimension aufwies. Den heutigen Menschenrechtskonzepten zufolge stellen schwerwiegende und systematische Verletzungen der Grundrechte einen Bruch internationaler Verpflichtungen dar, selbst wenn die Opfer Bürger des Staates sind, der für die Grundrechtsverletzungen verantwortlich gemacht wird. So ist Völkermord ein Verbrechen im Sinne des Völkerrechts, auch wenn er nicht in Verbindung mit einem internationalen Konflikt begangen wird.

In Beantwortung der ersten Frage kann also folgendes gesagt werden: Das Völkerrecht befaßt sich auch mit Individuen, entweder als Opfer oder als Täter, wobei der Staat nicht mehr in der Lage ist, die Täter vor Strafe zu schützen.

Zu 2) Die zweite Frage ist wohl eine der komplexesten in der Rechtswissenschaft. Welches Ziel verfolgt eine Gesellschaft überhaupt mit der Bestrafung eines ihrer Mitglieder? Hierzu gibt es viele alte und neue Gedanken und Ansichten: Die Gesellschaft suche Rache, Vergeltung, Strafe, Wiedergutmachung, Abschreckung, soziale Prävention, Resozialisierung des Verurteilten etc.

Zu 3) Das Strafrecht ist nicht aus sich heraus ein Bereich des Rechts, es begleitet vielmehr einen anderen Rechtsbereich mit dem Ziel, diesem zu seiner Durchsetzung zu verhelfen. Warum hielt man es für notwendig, das Kriegsrecht – im weiteren Sinne also den Schutz der Grundrechte und Grundfreiheiten – durch die Schaffung eines internationalen Strafrechts zu stärken?[12]

Unter den zahlreichen möglichen Gründen für die Schaffung der strafrechtlichen Verantwortlichkeit muß man diejenigen auswählen, die der besonderen Natur von Verbrechen gegen die Menschlichkeit am ehesten Rechnung tragen. Bei Kriegsverbrechen, Völkermord und auf Rassismus basierenden Verbrechen gibt es einen Grund, der zuallererst zu nennen wäre: Straffreiheit für die oben genannten Verbrechen würde einer Wiederholung ebendieser Verbrechen Vorschub leisten, da sie in einem Klima weitreichender kollektiver Zustimmung begangen werden. Im Gegensatz zur Mehrzahl gewöhnlicher Verbrecher, die ihre Opfer weder hassen noch aufgrund ihrer Staatsangehörigkeit, Rasse, Religion oder ihrer Gesinnung auswählen, sind die Personen, denen Verbrechen im Sinne des Völkerrechts zur Last gelegt werden, häufig die ausführenden Organe einer offiziellen Politik ihres Landes oder die Repräsentanten der Ideologie der gesellschaftlichen oder politischen Gruppe, der sie zugehörig sind. Sie können also auf die Unterstützung weiter Teile der Bevölkerung und – in der überwiegenden Zahl der Fälle – auf die Unterstützung der Behörden ihres Landes zählen. Droht ihnen für ihre Taten eine Bestrafung, weckt dies Befürchtungen hinsichtlich möglicher Gesetzesänderungen, auch wenn es sich eigentlich nur um einen politischen Wandel oder um eine Rückkehr zur Rechtsstaatlichkeit handelt.

Da es unmöglich ist, alle an kriminellen Praktiken im Sinne des Völkerrechts beteiligten Personen zur Rechenschaft zu ziehen und da die Wiederbelebung demokratischer Werte oft mit der zuvor an der Macht befindlichen Klasse ver- und ausgehandelt werden muß, gibt es zumeist laute Rufe nach Versöhnung. Aber Versöhnung ist nicht gleichbedeutend mit Vergebung der schwerwiegendsten Straftaten, die in der Regel von den höchsten Amtsinhabern begangen wurden. Sie wäre wohl eher zu erreichen, wenn den Handlangern eine mildere Bestrafung zuteil werden würde als den Hauptverantwortlichen. Leider ist es in der Realität oft gerade umgekehrt. Nicht nur, daß den Opfern Schaden an ihrer physischen und psychischen Integrität zugefügt wurde, nein, die politischen Beweggründe für die ihnen angetane Gewalt liegen in der Diskreditierung der Opfer, deren Ehre am ehesten dadurch wiederhergestellt werden kann, daß die wirklich Schuldigen verurteilt werden. Die Anklage und Verurteilung der politischen Köpfe, die Verbrechen gegen die Menschlichkeit geistig gebaren, sie anordneten und überwachten, erfüllt somit drei Hauptfunktionen: erstens die Verhinderung der erneuten Begehung solcher Verbrechen; zweitens die allgemeine, eindeutige Ausgrenzung krimineller Regime und drittens die Wiederherstellung der Würde der Opfer.

II. Tribunals of Opinion – Gerichte als moralische Instanz und Meinungsbildner

Nürnberg ist ein außergewöhnliches Beispiel einer fast vollständigen Verschmelzung von Völkerrecht, Landesrecht, öffentlicher Meinung und wissenschaftlicher Analyse. In den meisten Fällen, in denen internationales Strafrecht zur Anwendung kommt, gibt es zwischen den vier oben genannten Elementen große Unterschiede in der Bewertung. Wenn man sich nicht auf die Einsetzung eines internationalen Strafgerichtshofs einigen kann, hängt die Anwendung des materiellen Strafrechts von der entsprechenden Bereitschaft der betroffenen Staaten ab. Befinden sich die unter Anklage zu stellenden Personen auf dem Hoheitsgebiet des Staates, dessen Bürger sie sind, ist es sehr wahrscheinlich, daß sie vor strafrechtlicher Verfolgung geschützt werden oder daß – selbst nach vollzogenem politischen Wandel in diesem Staat – die justitielle Aufarbeitung hinter das Ziel der nationalen Versöhnung zurücktreten muß. Mit Ausnahme der Nürnberger Prozesse und der Prozesse von Tokio und vielleicht des UN-Strafgerichtshofs zur Ahndung von Verbrechen im ehemaligen Jugoslawien[13] oblag die Anwendung internationalen Strafrechts immer den einzelnen Staaten selbst.[14] Es gibt eine fast unüberbrückbare Kluft zwischen den von den Nürnberger Prozessen geweckten Hoffnungen und Erwartungen und der tatsächlichen Entwicklung der Nürnberger Prinzipien, die bislang noch nicht in die Schaffung eines internationalen Strafgerichtshofs, dessen Rechtsprechung die Bürger und Organpersonen aller Staaten unterstellt wären, gemündet haben.[15]

Die Enttäuschung der Öffentlichkeit angesichts dieses bisherigen Mißerfolgs führte zur Schaffung sogenannter *Tribunals of Opinion*, die ohne jegliche offizielle Machtausstattung (weder auf internationaler noch nationaler Ebene) versuchen, einen neuen Weg zu beschreiten und nicht dort haltzumachen, wo die offizielle Rechtsprechung die Grenzen ihres Handelns findet oder zieht. Die *Tribunals of Opinion* wollen den Widerspruch überwinden, daß in einer auf den allgemein anerkannten (von allen Gruppen der Gesellschaft, einschließlich führender Politiker und Wissenschaftler) Rechtsstaatsprinzipien basierenden Gesellschaft ebendiese Grundsätze der Rechtsstaatlichkeit nicht in die Realität umgesetzt werden.

Die Rolle dieser *Tribunals of Opinion* ist nicht unumstritten. Insbesondere von Vertretern eng definierter positivistischer Rechtstheorien, in denen für nicht von staatlichen Behörden getragene Initiativen kein Platz ist, werden sie heftig kritisiert. Im zweiten und dritten Teil dieses Beitrags soll daher der Frage nach ihrem Ziel, ihrer Legitimität und ihrer Effektivität nachgegangen werden.

Ein erster Ansatz für ein weniger begrenztes Verständnis des Rechtsstaatsprinzips ergibt sich aus dem Aggressionsverbot, also aus dem Verbot von Angriffskriegen, das in engem Zusammenhang mit dem internationalen Strafrecht steht. Das Konzept des gerechten Kriegs (*bellum iustum*) war in der Scholastik seit Augustinus anerkannt. Noch im 16. und 17. Jahrhundert zählten zahlreiche Theologen und Juristen zu den Anhängern dieser Lehre. So setzte sich zum Beispiel Francisco de Vitoria mit der Frage auseinander, ob die Eroberung Amerikas durch die spanischen Könige im Einklang mit der Lehre vom gerechten Krieg stand.[16]

Die Verbindung der Lehre vom gerechten Krieg mit Ethik und Theologie führte jedoch dazu, daß die Lehre vom gerechten Krieg in der Zeit, in der die europäischen Mächte untereinander um die Vormachtstellung auf dem europäischen Kontinent wetteiferten, keinen Bestand mehr hatte. Vielmehr fanden sich Juristen und Philosophen, die die Auffassung vertraten, daß die Kriegführung lediglich ein politisches Instrument sei.

Vor dem Ausbruch des Ersten Weltkriegs war es dann allgemeine Meinung, daß die Führung eines Kriegs keinen Bruch des Völkerrechts darstellte. Ihr zufolge hat denn auch die deutsche Regierung durch ihre Kriegserklärung an Rußland und Frankreich keine positiv-völkerrechtliche Bestimmung verletzt. In bezug auf Belgien verhielt es sich dagegen anders: Preußen hatte die Londoner Konvention vom 19. April 1839 unterzeichnet, in der die Unabhängigkeit und Neutralität Belgiens verankert war. Mit dem Angriff auf dieses kleine Land verletzte das kaiserliche Deutschland, das Preußens Nachfolge angetreten hatte, eine vertragliche Pflicht, die gegenüber Frankreich und Rußland nicht bestand.

Ein bedeutender deutscher Gelehrter, Hermann Kantorowicz, war allerdings nicht von der 1914 vorherrschenden Meinung überzeugt. In einem vom Außenministerium der Weimarer Republik bei Kantorowicz in Auftrag gegebenen Gutachten zur Frage der Ursachen des Ersten Weltkriegs griff Kantorowicz auf die *Freirechtslehre*, deren überzeugter Vertreter er war, zurück.[17] Eine Analyse der Ergebnisse Kantorowicz'[18] würde den Rahmen dieses Beitrags sprengen, doch noch heute können seine Ansätze eine Vielzahl von Denkanstößen liefern.

Zunächst einmal vertritt Kantorowicz, der sich mit der Lehre vom gerechten Krieg[19] eingehend befaßt hat, nicht die Auffassung, daß diese 1914[20] noch Gültigkeit besaß. Er zieht ganz im Gegenteil eine durchgehende Trennungslinie zwischen dem positiven Völkerrecht und dem damals im Entstehen befindlichen Kriegsrecht.

> »Denn das positive Völkerrecht, wie es bei Kriegsausbruch galt, sah ja im Krieg ein Rechtsverhältnis, keineswegs ein Verbrechen, und wenn er auch zu den nichtswürdigsten Zwecken unternommen wurde; und also waren immer beide

Teile formell im Recht, der schlagendste Beweis für die Unfertigkeit dieses Völkerrechts. Für die formaljuristische Betrachtungsweise – ich muß mich hier wiederholen – kann daher die Schuldfrage gar nicht aufgeworfen werden. Ganz anders für die rechtspolitische Betrachtung, die es mit dem werdenden Völkerrecht zu tun hat. *Werdend* war dies Völkerrecht deshalb, weil es, unter *Kritik* des geltenden Rechts, vom Rechtsbewußtsein der Völker gefordert wurde und weil es nunmehr, durch die Gründung des Völkerbundes, auch zu einem guten Stück geltendes Recht *geworden* ist. *Hiernach ist umgekehrt der Krieg ein Verbrechen, es sei denn, daß er aus bestimmten Gründen gerechtfertigt ist.*«[21]

Die *Freirechtslehre* führte Kantorowicz also vom formalen zwischenstaatlichen Recht zum Völkerrecht. Er spielte gekonnt mit der Mehrdeutigkeit des Wortes »Volk«, einmal – in der Zusammensetzung »Völkerrecht« (law of nations) – im Sinne von »Nation«, einmal – in der Formulierung »Rechtsbewußtsein der Völker« – im Sinne von »Bevölkerung«.

Doch Kantorowicz geht noch zwei Schritte weiter, die es sich lohnt, mit ihm zu tun. Er lehnt jede Form von Kollektivverantwortlichkeit ab: Die Völker wurden in den Krieg hineingezogen. Obwohl es den Regierungen gelang, direkt nach der Kriegserklärung Begeisterung im Volk zu wecken und sie sich später auf Nationalismus in Form von Hurra-Patriotismus stützen konnten, wurden die unheilvollen, kriegsrelevanten Entscheidungen von einem kleinen Personenkreis getroffen, und selbst in demokratischen Ländern blieben das Volk oder die Volksvertretung ungefragt.

Die *Freirechtslehre* bedarf eines rechtlichen Ausgangspunktes, den Kantorowicz im Strafrecht fand. Er befaßte sich daher in seinen Untersuchungen eingehend mit den Fakten, genauer gesagt mit dem Verhalten der jeweiligen Hauptakteure in den verschiedenen Ländern, die an einer kriegerischen Auseinandersetzung beteiligt waren. Einem strafrechtlichen Ansatz ist die Annahme immanent, daß es sich bei einer bestimmten Tat um ein Verbrechen handelt. Dieses Verbrechen besteht hier in dem Bruch des Friedens, denn das Rechtsbewußtsein der Völker ist auf die Wahrung des Friedens gerichtet. Kantorowicz unterscheidet zwischen zwei Kriegsursachen; erstens den mittelbaren Ursachen, die er als *Friedensgefährdung* bezeichnet, und zweitens den unmittelbaren Ursachen, der *Friedensverletzung*. Nicht nur, daß dem Rechtsbewußtsein der Völker zufolge ein Krieg einen ungesetzlichen Akt darstellt, auch in Führungskreisen verhielt man sich so, als ob man diese Auffassung teile. Kantorowicz stößt in dem Studium der diplomatischen Unterlagen auf zwei Aspekte, die seine Meinung bestätigen. Zum einen legten von Anbeginn des Krieges an alle Regierungen äußersten Nachdruck darauf, in einen Verteidigungskrieg gedrängt worden zu sein. Zum anderen stützte keine der Regierungen ihre Äußerungen auf das juristische Argument, das Recht zu besitzen, jeden ihr angeraten scheinenden Krieg führen zu können. Die von den Regierungen zu diesem Thema herausgegebenen offiziellen Publikationen waren allesamt Versuche, das Argument, einen Verteidigungskrieg zu führen, zu untermauern. Darüber hinaus entdeckte Kantorowicz in allen offiziellen Unterlagen, in die er Einsicht nehmen konnte, Fehldarstellungen und Auslassungen, und vom strafrechtlichen Standpunkt her gesehen kam er zu dem Schluß, daß keine der Regierungen völlig frei von Schuldbewußtsein war.

Kantorowicz' Nachforschungen und die hieraus gewonnenen Erkenntnisse sind – wie bereits erwähnt – auch heute noch gut für manchen Denkanstoß. Ich möchte daher die Hauptpunkte seiner Arbeit noch einmal anführen:

1. Die Zusammenhänge zwischen staatlicher Verantwortlichkeit und strafrechtlicher Verantwortlichkeit von Einzel- und Privatpersonen unter Ablehnung einer Kollektivschuld.

2. Die Auffassung, daß dort, wo positives Recht Mängel aufweist, in der Öffentlichkeit herrschende Überzeugungen eine Rechtsquelle darstellen, und diese Bereicherung der Gesetze sich letztlich in einem Wandel des »offiziellen« zwischenstaatlichen Rechts niederschlägt.

3. Die entschiedene Ablehnung jeglicher Art von »Dualismus« im Sinne einer klaren Trennung von Völkerrecht und Landesrecht.

Vor diesem Hintergrund ist es auch erforderlich, die vom Positivismus gezogenen Grenzen zwischen Recht, Ethik und Moral zu verschieben: Was Kantorowicz als das Rechtsbewußtsein der Völker bezeichnet, fällt gleichermaßen in die Bereiche Ethik, Moral und Recht. Und in seinen Bemühungen, die Schuld der Staats- und Regierungschefs der in der Krise von 1914 involvierten Länder aufzuzeigen, handelt Kantorowicz anstelle des internationalen Gerichts, das nicht geschaffen werden konnte, und die Beweise, die er anführt, verdanken ihre Schlagkraft nicht irgendeiner Art von ihnen übertragener Macht, sondern basieren schlicht auf der Vernunft der Argumentation von Kantorowicz.

Obwohl Kantorowicz kein Richteramt innehatte, fungierte er als Richter, indem er Sachverhalte untersuchte, sich im Rahmen und zum Zwecke seiner Arbeit Gesetze schuf und diese auf die jeweils analysierten Umstände anwandte. Der von ihm ausgearbeitete intellektuelle Plan weist in weiten Teilen Gemeinsamkeiten mit dem auf, was die *Tribunals of Opinion* anstreben: Angesichts überholter Gesetze oder mangels Institutionen, die in der Lage wären, in Streitfällen Recht zu sprechen, schuf er im Dienste der Rechtsfindung ein Gedankengebäude, das höchsten wissenschaftlichen Standards Genüge getan hätte. Seine Ziele und Ansätze stimmen mit denen der *Tribunals of Opinion* überein.

Eines der ersten Beispiele dieser Art von Gerichten finden wir bereits in der Zeit vor den Nürnberger Prozessen. Es wurde 1933 während des Prozesses gegen Marinus van der Lubbe gebildet, der wegen des Reichstagsbrands vor dem Deutschen Reichsgericht angeklagt war.[22] Juristen aus verschiedensten Ländern kamen in London zusammen, es fand eine Untersuchung in den Niederlanden statt, in deren Verlauf der Werdegang des Hauptangeklagten ausgeleuchtet wurde und nach deren Abschluß man unter anderem zu dem Schluß kam, daß van der Lubbe jegliche Beziehungen, die er vor dem Zeitpunkt der Tat zur Kommunistischen Partei gehabt haben könnte, abgebrochen hatte. Außerdem sprach vieles dafür, daß die Nationalsozialisten an der Brandstiftung maßgeblich beteiligt waren. Eine Eigenart dieses ersten *Tribunal of Opinion* war, daß es für sich in Anspruch nahm, für die Aufklärung des Falles relevante Umstände zu untersuchen, die das mit dem Fall betraute nationale Gericht – aus welchem Grund auch immer – nicht berücksichtigt hatte. Historiker sollten später zu dem Schluß kommen, daß im ehrwürdigen Gerichtsgebäude in Leipzig ein Scheinprozeß stattgefunden hatte und die selbsternannten Richter des in London inoffiziell zusammengetretenen Spruchkörpers die wahre Justiz beziehungsweise Gerechtigkeit verkörperten.

In einigen Beiträgen dieses Sammelbandes wird auf die erfolglosen Versuche der UNO eingegangen, einen Internationalen Strafgerichtshof zu schaffen, der die Nürnberger Prinzipien auf Kriege in der Zeit nach dem Zweiten Weltkrieg hätte anwenden können. Zahlreiche Kriege bis hin zum Golfkrieg und zum Bürgerkrieg im ehemaligen Jugoslawien ließen sich hier aufzählen. Wichtiger aber ist, daß die Hauptakteure heute nicht mehr dieselben sind wie früher. Früher waren es die europäischen Staaten, die Europa über Jahrhunderte hinweg zum Schauplatz aller großen Kriege machten, selbst dann noch, als sie in Afrika und Asien ihren kolonialen Einfluß auszuweiten versuchten. Nach den Schrecken des Zweiten Weltkriegs war Europa erschöpft und innerhalb seiner Grenzen gewissermaßen »auf Frieden eingestellt«. An seine Stelle traten dann die beiden Supermächte. Sie führten begrenzte Stellvertreterkriege in Afrika, Asien, Mittel- und Südafrika. Das Ziel dieser Kriege war meist die Erlangung der Unabhängigkeit von der Kolonialmacht und nicht selten auch der Versuch, die bestehende Weltordnung, die mit der Eroberung Amerikas vor fünf Jahrhunderten entstanden war, aufzubrechen.

Beispielhaft deutlich wird dies an den Kolonialkriegen in Indochina und Algerien. Insbesondere der Indochinakrieg und der sich daraus entwikkelnde Vietnamkrieg sind für meine Ausführungen von Bedeutung. Der Vietnamkrieg führte nämlich zur Entstehung des bekanntesten *Tribunal of Opinion*, des *International Tribunal on the American War Crimes in Vietnam.*

Der Indochinakrieg kann in zwei Phasen aufgeteilt werden. Die erste war die reine Kolonialphase, in der Frankreich versuchte, den vietnamesischen Teil des Kolonialgebietes namens Indochina weiterhin für sich zu sichern. Nach der Niederlage bei Dien Bien Phu gab Frankreich den Kampf schließlich auf. Die USA traten in den Krieg ein und leiteten so die zweite Phase ein. Die US-Regierung hatte keinerlei kolonialpolitische Ambitionen in Indochina, wollte aber unter dem Deckmantel der Verteidigung der Freien Welt und gemäß ihrer gegen die Sowjetunion gerichteten Politik der Eindämmung des Kommunismus Vietnam im Einflußbereich westlicher Wirtschaftspolitik halten. Der Vietnamkrieg, der eine tiefe, fast unüberbrückbare Kluft in der amerikanischen Gesellschaft entstehen ließ und Wunden riß, die noch immer nicht ganz verheilt sind, steht auch heute noch für das drängendste Problem unserer Zeit: Er steht für die unerbittlichste und blutigste Auseinandersetzung zwischen Nord und Süd, zwischen Arm und Reich, und die Tatsache, daß der Süden eindeutig den Sieg davontrug, konnte die Entwicklung hin zu wachsender wirtschaftlicher und technologischer Abhängigkeit des Südens vom Norden nicht umkehren.

Die Schaffung des genannten *International Tribunal on the American War Crimes in Vietnam* geht auf eine Initiative des englischen Mathematikers und Philosophen Lord Bertrand Russell zurück. Vorsitzender Richter des Tribunals war Jean-Paul Sartre. Nach den ursprünglichen Plänen sollten die Gerichtsverhandlungen in Paris abgehalten werden, doch der Präsident der Französischen Republik lehnte die Durchführung des Tribunals in Frankreich strikt ab, was Anlaß zu einem hochinteressanten Briefwechsel zwischen General de Gaulle und Sartre gab. Die Haltung des französischen Staatspräsidenten entbehrte nicht eines gewissen Widerspruchs. Einerseits vertrat er einen dezidiert positivistischen und legalistischen Standpunkt: Die rechtsprechende Gewalt befände sich ausschließlich in der Hand von vom Staat ernannten Richtern; möglicherweise könne sie in bestimmten Fällen auf der Grundlage eines zwischenstaatlichen Vertrages auf einen speziell bestimmten und ernannten Spruchkörper übergehen, aber auf keinen Fall könnten sich Einzel- oder Privatpersonen die Aufgabe der Rechtsprechung anmaßen. Dadurch, daß Ausländern das Recht verwehrt wurde, nach Frankreich einzureisen, um den Verhandlungen beizuwohnen, ging die französische Regierung aber andererseits wohl davon aus, daß die Verhandlungen mehr als eine »reine Privatsache« seien. Die französische Regierung hat damit nicht nur die politische Bedeutung des Tribunals erkannt, sondern auch eingestanden, daß das Tribunal keine bloße dramatische Inszenierung war, sondern den Forderungen des vietnamesischen Volkes Gehör schenken würde.

Es fanden dann zwei Verhandlungen statt – eine in Stockholm und eine in Roskilde[23] –, in deren Verlauf man sich auf die zwei wesentliche Punkte konzentrierte: Der Einsatz der US-Streitkräfte stellte einen mit den Grundsätzen der UN-Charta nicht zu vereinbarenden Akt der Aggression dar, und die Aggressoren hatten gegen zahlreiche Verbote des *ius in bello* verstoßen.

Eines der Mitglieder des *International Tribunal on the American War Crimes in Vietnam* war Lelio Basso, ein italienischer Senator, der entschlossen gegen den Faschismus gekämpft hatte. 1973 versuchte er unter Schirmherrschaft der Bertrand Russell Foundation ein Brasilien-Tribunal einzusetzen, da Brasilien annähernd zehn Jahre lang das Joch einer Militärherrschaft hatte tragen müssen. Kurz vor dem ersten Zusammentritt des Tribunals wurde jedoch die Regierung Präsident Allendes gestürzt, und das Tribunal kam unmittelbar danach zu der Entscheidung, den Fall Chile und den Fall Brasilien zusammenzufassen, beide also gemeinsam zu verhandeln. Das mit in Lateinamerika begangenen Verbrechen befaßte Tribunal Russell II hielt insgesamt drei Sitzungen ab: 1974 in Rom, 1975 in Brüssel und 1976 nochmals in Rom.[24] Jede Verhandlung hatte einen speziellen Schwerpunkt. Erstens: Die Anhörung von Zeugen zum Beweis für die blutige Repression, der alle demokratischen Kräfte von Gewerkschaftsmitgliedern bis hin zu Anhängern religiöser Glaubensgemeinschaften ausgesetzt waren. Zweitens: Die Aufdeckung der Zusammenhänge zwischen Militärregimen und der wirtschaftlichen Ausbeutung des Volkes. Drittens: Die Untersuchung der Frage, wie das internationale Kapital die Entwicklung in verschiedenen Ländern beeinflußte und steuerte und welche Politik die bedeutendste Supermacht verfolgte, als es darum ging, die Länder, die einen selbstbestimmten Weg zur Befreiung beschreiten wollten, wieder auf den ihr genehmen Weg zu bringen.

III. Das Ständige Volkstribunal

Nach Abschluß der dritten Sitzung des Russell Tribunals II regte Lelio Basso an, die im Rahmen der drei Verhandlungen des Lateinamerika-Tribunals gewonnenen Erfahrungen nicht brachliegen zu lassen – ein Vorschlag, dem die Mitglieder dieses Tribunals sehr zugeneigt waren. Der erste Schritt auf dem Weg zur Schafffung einer von ihm vorgeschlagenen ständigen Einrichtung bestand darin, die Bestimmungen und Kriterien für die Bewertung der internationalen Beziehungen festzulegen. Diese

Grundsätze wurden am 4. Juli 1976 in der Erklärung von Algier über die Rechte der Völker[25] festgeschrieben. Trotz des unerwarteten Todes von Lelio Basso Ende 1978 wurde am 24. Juni 1979 in Bologna das Ständige Volkstribunal gegründet.[26] Es würde bei weitem über den Rahmen dieses Beitrags hinausgehen, alle seither ergangenen Urteile und alle ausgesprochenen Empfehlungen anzusprechen. Ich möchte mich deshalb darauf beschränken, die Haupttätigkeitsfelder des Ständigen Volkstribunals zu umreißen und anschließend eine Bewertung seiner Legitimität und Effektivität vorzunehmen.

Die erste Reihe von Verurteilungen betrifft klare Verstöße gegen internationales positives Recht. Drei Urteile stehen in engem Bezug zum Erbe von Nürnberg, da sie sich direkt mit dem Kriegsrecht befassen: Am Ende der ersten Afghanistan-Sitzung am 3. Mai 1981 in Stockholm verurteilte das Tribunal die sowjetische Aggression, weil die von der Sowjetunion angeführten Motive zur Rechtfertigung ihres Tuns nicht den Bedingungen entsprachen, unter denen militärische Auseinandersetzungen mit der UN-Charta im Einklang stehen. Im zweiten Afghanistan-Urteil vom 20. Dezember 1982 in Paris kam das Tribunal zu dem Schluß, daß die Invasionstruppen gegen die Gesetze und Gebräuche des Krieges verstoßen hatten. Die am 7. Oktober 1984 in Brüssel mit der amerikanischen Militärintervention in Nicaragua[27] befaßte Sitzung fand zwar zeitlich vor dem Verfahren vor dem ausschließlich für Staaten zuständigen Internationalen Gerichtshof zum selben Fall[28] statt, die beiden Urteile stimmten jedoch in der Verurteilung der US-amerikanischen Aggressionshandlungen überein.

Erscheinungsformen internationaler militärischer Gewaltanwendung waren zwar auch Gegenstand der Sitzungen über die Situation in der Westsahara, in Eritrea, Osttimor und in Puerto Rico.[29] Im Vordergrund stand aber das Problem der Dekolonisation, und für die Urteilsfindung wurde daher auch die Dekolonisationsresolution 1514[30] herangezogen.

Mit Fragen der inneren Selbstbestimmung befaßte sich das Tribunal in folgenden Fällen: Argentinien (Genf, 4. Mai 1980), die Philippinen (Antwerpen, 3. November 1980), Salvador (Mexiko, 11. Februar 1981), Zaire (Rotterdam, 20. September 1982) und Guatemala (Madrid, 31. Januar 1983).[31] Dabei ging es insbesondere um die äußere Einflußnahme auf die Entwicklungen dieser Länder, insofern bestehen also weitreichende Parallelen mit dem Russell Tribunal II über Lateinamerika.

Eine Reihe von Sitzungen betrafen nicht den Fall eines bestimmten Volkes oder einem besonderen Akt der Aggression, sondern bezogen sich auf allgemeinere, weitergesteckte Probleme: die Verschuldung der Dritten Welt (Berlin, 29. September 1988; Madrid, 2. Oktober 1994), die Umweltzerstörung in der Amazonasregion Brasiliens (Paris, 18. Oktober 1990), die Straffreiheit von Verbrechen gegen die Menschlichkeit in Lateinamerika (Bogotá, 25. April 1991), die Eroberung Amerikas und das Völkerrecht (Padua, Venedig, 9. Oktober 1991), die Gefahren industrieller Produktion, wie sie sich zum Beispiel in dem Giftgasunglück von Bhopal geäußert haben (London, 28. November bis 2. Dezember 1994), und das Asylrecht in Europa (Berlin, 8. bis 12. Dezember 1994).

Zwei weitere Fälle beziehungsweise Urteile wären noch zu nennen: Das eine ist das Tibet-Urteil (Straßburg, 20. November 1992), das andere das Urteil zum Völkermord von 1915 bis 1918 an den Armeniern.[32] Auf dieses letztgenannte Urteil möchte ich kurz eingehen, da es beispielhaft eine wichtige Besonderheit verdeutlicht.

Nach eingehenden Anhörungen von Zeugen, die entweder selbst Opfer von Greueltaten geworden waren oder schrecklichen, an Armeniern jeden Alters begangenen Verbrechen beiwohnen mußten, lautete die einzige noch offene Frage, wie das Geschehen juristisch einzuordnen und zu bewerten sei. Es gab keinen Zweifel daran, daß alle in der Konvention über die Verhütung und Bestrafung des Völkermordes von 1948 festgeschriebenen, für ein gerichtliches Handeln erforderlichen Tatbestandsvoraussetzungen erfüllt waren. Das rechtliche Problem aber war, ob die Konvention trotz des Grundsatzes *nullum crimen sine lege* auf Taten angewendet werden könnte, die dreißig Jahre vor der Unterzeichnung der Konvention begangen worden waren. Die gutachterliche Stellungnahme Professor Verhoevens überzeugte das Tribunal jedoch davon, daß zivilisierte Staaten sich zu Beginn des 20. Jahrhunderts durchaus ihrer Pflicht zur Wahrung der Menschenrechte bewußt waren. Nicht nur, daß es sich bei der systematischen Ermordung von Frauen und Kindern um einen eindeutigen Fall von Völkermord handelte, nein, auch diejenigen, die die Morde begingen, und die osmanische Regierung, die die Mörder straffrei ausgehen ließ, wußten, daß die schwerwiegendsten Verstöße gegen die Humanitätspflicht Verbrechen gegen die Menschlichkeit waren.

Artikel I der Völkermord-Konvention »bestätigt«, daß es sich bei Völkermord um ein völkerrechtliches Verbrechen handelt, insofern besitzt die Konvention nur deklaratorischen Charakter. Ihre Wirkung als strafrechtliches Instrument ist begrenzt auf die Zusammenarbeit, zu der sich die Unterzeichnerstaaten vertraglich verpflichtet haben. Darüber hinaus muß – wenn wir der Analyse von Kantorowicz folgen – festgestellt werden, daß eine türkische Regierung nach der anderen versuchte, durch Leugnung der Geschehnisse ihren Ruf zu wahren. Selbst als sich die Beweislage erhärtete, besaß keine den Mut zu sagen, daß es sich bei den untersuchten Vorfällen um Straftaten handelte.

Das *Tribunal of Opinion* sieht sich heute durch die Entwicklung der öffentlichen Meinung in seinen Urteilen zum Völkermord an den Armeniern und zum Vietnamkrieg bestätigt. Auch wenn es zum Beispiel hinsichtlich des Vietnamkriegs weiterhin »Falken« und »Tauben« gibt, die in ihrer Beurteilung des Krieges weit auseinanderliegen, sind sich doch alle darin einig, daß der Krieg mit unnötiger Härte geführt wurde.[33] Realisten würden sich wohl der zynischen Bemerkung Talleyrands nach der Ermordung des Herzogs von Enghien anschließen: »Es ist schlimmer als ein Verbrechen, es ist einen Fehler.«

Die meisten Urteile des Lateinamerika-Tribunals Russell II oder des Ständigen Volkstribunals verdienen eine ähnliche rückwirkende Rechtfertigung: Zu der Zeit, als Diktatoren wie Duvalier (Haiti), Stroessner (Paraguay) oder Marcos (Philippinen) verurteilt wurden, waren sie bei den demokratisch gewählten Staats- und Regierungschefs gerngesehene Gäste. Heute hingegen herrscht allgemeine Übereinstimmung mit dem Grundtenor der damals gefällten Urteile.

Trotzdem wäre es verfehlt, die Legitimität und Effektivität der *Tribunals of Opinion* zu hoch zu veranschlagen. Es wäre absurd, eine kausale Verbindung zwischen den Urteilen des Tribunals und der nachfolgend eingetretenen Entwicklung herstellen zu wollen: Die Diktatoren wurden nicht aufgrund der Verurteilung durch ein *Tribunal of Opinion* gestürzt, sondern infolge bestimmter gesellschaftlicher und politischer Strömungen. Außerdem darf man den Faktor des zeitlichen Abstands nicht übersehen. Die zufällige Übereinstimmung zwischen zwei nacheinander erfolgten Einschätzungen derselben Situation, wobei die eine zum Zeitpunkt des Geschehens erfolgte und die andere im nachhinein, läßt auch falsche Vorstellungen in bezug auf ihre Gültigkeit entstehen. Denn ein wichtiger Aspekt für den Wert einer Meinung sind die Beweggründe, die ihr zugrunde liegen. Handelt es sich lediglich um ein Sichabfinden mit den Gegebenheiten, entbehrt sie jeglicher Moral, da den vorherrschenden Gegebenheiten dadurch Macht zuwächst, daß sie ohne systematische Hinterfragung anerkannt oder hingenommen werden.

So gibt es zum Beispiel zwei divergierende Auffassungen zur historischen Rolle Hitlers: Die eine geht aus von einer ethischen Beurteilung der Rassenlehre der Nationalsozialisten, die eine Unterdrückung beziehungsweise Auslöschung aller aus ihrer Sicht minderwertigen Rassen vorsah. Eine zweite Auffassung gründet auf einer Bewertung der Fakten und mündet in der Schlußfolgerung, daß der nationalsozialistische Krieg ein völlig gescheitertes Unterfangen war, an dessen Ende die deutsche Nation so darniederlag wie seit dem Dreißigjährigen Krieg nicht mehr. Ein deutscher Nationalist würde unter Hinweis auf die besonders günstige internationale Konstellation das Verspielen einer historischen Chance bedauern, die Deutschland – hätte die Regierung einen kühlen Kopf und klaren Blick für die Realitäten besessen und sich entsprechend zurückgenommen – möglicherweise eine Machtposition beschert hätte, die die vor 1914 noch übertroffen hätte. Ein solch realistischer Ansatz trifft aber nicht den Kern der Sache, denn Hitlers Niederlage war nicht das Ergebnis einer falschen Einschätzung dessen, was dem Wohl der deutschen Nation am zuträglichsten gewesen wäre, sondern selbstauferlegte Zurückhaltung hätte dem Kern der Hitlerschen »Lehre« widersprochen. Nur eine sehr kleine Gruppe von Personen in Deutschland und im Ausland – wo man allgemein in politischen Kreisen das nationalsozialistische Deutschland als Bollwerk gegen den Kommunismus sah – nahm während Hitlers Aufstieg zur Macht die niederen Beweggründe des neuen starken Mannes wahr, und eine noch viel kleinere Gruppe von Deutschen stellte sich ihm angesichts seiner ersten militärischen Eroberungen entgegen, bevor klar war, daß der totale Krieg in der totalen Niederlage enden würde.

Tribunals of Opinion können und sollten schließlich auch nicht anhand der Kriterien der Realpolitik beurteilt werden. Wenn sie überhaupt einen Wert haben, dann den, daß sie in der Lage sind, die Ursachen von Willkür und Unrecht offenzulegen. Weder Krieg noch Armut sind Naturerscheinungen, vielmehr liegt ihnen eine Kausalkette zugrunde, deren einzelne Glieder – Individuen, Gesellschaften und auf Ausbeutung beruhende Systeme – identifiziert werden müssen. Die Massenmedien haben die Schrecken von im Ausland ausgetragenen Kriegen – sei es in Afrika oder im ehemaligen Jugoslawien – in die Wohnzimmer der Wohlhabenden gebracht. Doch für gewöhnlich stellen sie die Kriege in falschem Licht dar, bezeichnen sie als Folge von Nationalismus, von ethnischem oder religiösem Wahn und von separatistischen Strömungen. Sie lassen die wirtschaftliche oder finanzielle Lage der aufbegehrenden Bevölkerungsgruppen außen vor; sie lassen den Anteil, den internationale Unternehmen zweifelsohne am Geschehen haben, völlig außer acht, und die Machtstellung und Einflußnahme der westlichen Industrienationen finden ebensowenig Erwähnung. Die Medien liefern dem Zuschauer in mundgerechten Portionen, was er zu sehen wünscht: eine das Gewissen beruhigende Darstellung seiner eigenen Ehrbarkeit und Achtung der Menschenrechte, wobei diese Medienversion nicht einer gewissen Selbstgefälligkeit gegenüber den angeblich grausamen Wilden entbehrt, die selbst heute noch blutige Konflikte austragen.

Einen der besten Erklärungsversuche des Ständigen Volkstribunals zu dieser noch immer aktuellen Selbstgefälligkeit enthält die Begründung des in Venedig ergangenen Urteils über »Die Eroberung Amerikas und das Völkerrecht«. Das Völkerrecht als neuer Rechtsbereich entstand in Anlehnung an das (römische) Naturrecht und gestützt auf theologische Grundsätze. Anstoß für seine Entstehung war die Eroberung Amerikas durch die spanische Krone. Eine Reihe von angeblich die Eroberung Amerikas rechtfertigenden Gründen wurde von Vitoria verworfen, so zum Beispiel der Rechtfertigungsgrund, der sich auf das Heidentum und die Schlechtigkeit der Indianer stützte, und ein weiterer, das besagte, die Indianer besäßen kein Anrecht auf ihr Land. Vitoria ließ nur zwei Argumente gelten: Das erste basierte auf dem Prinzip des *ius communicationis*, das im Naturrecht verankert ist und den freien Handelsaustausch zwischen den Völkern gewährleisten will. Das zweite galt dem Bestreben, die nach göttlichem Recht einzig wahre Religion zu verbreiten. Sollten sich die Indianer also nach der friedlichen Inbesitznahme eines ihrer Gebiete durch die spanischen Invasoren weigern, in Handelsbeziehungen mit diesen zu treten oder das Evangelium zu empfangen, so besaßen die Spanier das Recht, Gewalt anzuwenden, das heißt, sie durften einen gerechten Krieg führen.[34]

Die den Rückgriff auf Gewaltanwendung rechtfertigenden Gründe wurden im Gewande der Förderung der Freiheit präsentiert, wobei sie sehr einseitig ausgelegt wurde, denn die Indianer hatten nicht das Recht, nach Spanien zu gehen, und die Kolonialmacht schuf ein streng geschlossenes System, das den Bürgern anderer euopäischer Mächte den Zugang zu spanischem Kolonialterritorium verwehrte.

Das Recht auf Freizügigkeit, das heute noch ein völkerrechtlich anerkanntes Grundrecht ist, ist so einseitig wie Vitorias *ius communicationis*: Arbeitslosen im Süden und Osten wurde zwar das Recht gewährt, ihre Länder zu verlassen, aber ob sie das Recht auf Zugang zu reichen Ländern erhalten, hängt davon ab, ob ihre Arbeitskraft als nutzbringend für den Wohlstand der reichen Länder gewertet wird. Die Weißen haben bis auf den heutigen Tag nicht die Vorstellung abgelegt, einer überlegenen, höherwertigen Rasse anzugehören und ausersehen zu sein, über nichtweiße Völker zu herrschen. Diese Herrschaft kann sich in einer Kolonisierung der angeblich minderwertigen Völker niederschlagen, in einer Ausbeutung der natürlichen Ressourcen ihrer Länder oder aber in einer Ausbeutung ihrer Arbeitskraft.

Was in dem Urteil von Venedig deutlich gemacht wurde, ist, daß fünf Jahrhunderte nach der Eroberung Amerikas die Beziehungen zwischen Industrienationen und »unterentwickelten« Ländern noch immer im Zeichen der Dominanz der einen über die andere Gruppe stehen, wobei die Bezeichnung »unterentwickeltes Land« schon allein Ausdruck des Überlegenheitsgefühls ist. Das Völkerrecht war über fünf Jahrhunderte hinweg ein äußerst geeignetes Instrument, um die Ungleichheit in formalen und scheinbar reziproken Systemen zu zementieren.

Tribunals of Opinion sind auch für Studenten der Rechtswissenschaften äußerst lehr- und aufschlußreich, und dies aus zwei Gründen: Erstens zeigen sie, daß die Legitimierung eines Rechtssystems nicht in den Mythen der Vergangenheit zu suchen ist, ganz gleich, ob nun eine Gottheit einem Priester oder König die Gesetzestafeln überreicht hat oder ob die Gründungsväter einer Nation eine neue Verfassung geschrieben haben. Gesetze sind vielmehr als Blaupausen der Zukunft zu sehen und beziehen ihre Legitimation aus ihrem Beitrag zur Verbesserung der Lebensumstände der Menschen.[35] Niemand, der ernsthaft und aufrichtig die Befriedigung der Grundbedürfnisse der gesamten Menschheit wünscht und sichergestellt sehen möchte, kann sich mit dem gegenwärtigen Stand des Völkerrechts vorbehaltlos identifizieren. Eine angemessene Form der Bewertung unseres »positiven« Rechts besteht nicht darin zu prüfen, ob es im Zuge eines demokratischen Prozesses entstanden ist, sondern in der Frage, ob und inwieweit es alle Gesellschaften der vollen Entfaltung ihrer Möglichkeiten näherbringt.

Mit diesem Gedanken möchte ich zu dem zweiten Punkt übergehen. Es gibt keine klare Trennung zwischen Recht und Moral. Beide gehören zur Ethik, und es mutete seltsam an, würde dem Recht eine gewisse Höherwertigkeit gegenüber der Moral zugestanden, nur weil die Einhaltung gesetzlicher Gebote erzwungen werden kann, die Beachtung der Moral hingegen nicht. Selbst hinsichtlich der Effektivität von Recht und Moral besteht eher ein gradueller als ein substantieller Unterschied. Gesetze und vor allem einzelstaatliche Gesetze sind bei weitem nicht so effektiv, wie sie vorgeblich sind. Die weitestgehend geachteten Rechtssätze sind religiöse und sportliche Regeln, die sich außerhalb des staatlichen Zuständigkeitsbereichs entwickelt haben. Andererseits gibt es gewisse Moralvorstellungen, die im Bewußtsein der Menschen tief verwurzelt sind. So ist zum Beispiel Kants »goldene Regel« von der Universalität aller Gebote fest im Konzept der Gleichheit aller Menschen verankert und stößt bei den meisten von uns auf große Zustimmung.[36] Das »Messen mit zweierlei Maß«, die Ungleichbehandlung bei der Anwendung gesetzlicher Bestimmungen ist Juristen und Moralisten gleichermaßen ein Greuel. Dies ist auch der Grund, warum die Nürnberger Grundsätze regelmäßig und nicht nur sporadisch – wie zum Beispiel bei der Verurteilung nationalsozialistischer und japanischer Entscheidungsträger oder bei der zu erwartenden Verurteilung von serbischen Amtsträgern mittleren Rangs – Anwendung finden sollten, und es erklärt auch, warum die *Tribunals of Opinion* eine Ersatzbeziehungsweise Komplementärfunktion erfüllen müssen, wenn ein internationales oder nationales Gericht nicht in der Lage war oder ist, eine Entscheidung zu fällen, die der Gerechtigkeit Genüge tut.

Das Ständige Volkstribunal hat in seiner Stellungnahme zur Straffreiheit von Verbrechen gegen die Menschlichkeit in Lateinamerika sinngemäß etwas gesagt, was zugleich den Schlußpunkt unter diesen Beitrag setzen soll: Ohne auch nur die leiseste Kritik an der Zukunftsausrichtung von Gesetz und Moral üben zu wollen, gilt es doch zu berücksichtigen, daß Gesellschaften ihre Vergangenheit nicht einfach ausblenden können. Menschen und Völker müssen ihre Vergangenheit annehmen und bewältigen, was auf Täter und Opfer gleichermaßen zutrifft. Vergeben heißt nicht vergessen. Verdrängte Schuld trägt sich nicht leichter als der Schrecken erfahrenen Leids. Wenn Verbrechen gegen die Menschlichkeit nicht geahndet werden, dann meist, um dem Kalkül der *Realpolitik* zu folgen und nicht um den Erfordernissen der Ethik gerecht zu werden. Opfer und Überlebende haben ein Recht auf die öffentliche Verurteilung der an ihrem Volk begangenen Verbrechen, auch dann, wenn die Schuldigen nicht bestraft werden können. Ein ergangenes Urteil wird in seiner moralischen Tragweite und Botschaftsfunktion nicht dadurch geschmälert, daß es hernach nicht vollzogen wird.

Die *Tribunals of Opinion* führen denn auch weder Strafprozesse noch verurteilen sie bestimmte Einzelpersonen. Sie setzen sich mit Grundsatzfragen auseinander, wie beispielsweise mit der Überwindung der Straffreiheit von Verbrechen gegen die Menschlichkeit, oder mit der Frage, welche Taten einen Verstoß gegen das Kriegsrecht darstellen. Die Existenz der *Tribunals of Opinion* darf nicht deshalb geringgeschätzt werden, weil sich ihre Urteile nicht in konkreten Strafen niederschlagen. Ihre Urteile sind auf einer anderen Ebene, nicht auf der des physischen Zwangs, auf der die Urteile unserer ordentlichen Gerichtsbarkeiten bedauernswerterweise reduziert wurden, angesiedelt und wirksam.[37]

Aus dem Englischen von Silvia Heller

Anmerkungen

1 Aus der Fülle von Literatur zum Thema internationales Strafrecht verdienen zwei Bücher besondere Erwähnung, da sie eine umfassende Basis-Dokumentation und den Wortlaut aller wichtigen Übereinkünfte enthalten. Das neuere Werk ist: M. Cherif Bassiouni, *Crimes against Humanity in International Criminal Law*, Dordrecht/Boston/London 1992. Das ältere, jedoch mit erschöpfender Wiedergabe wichtiger Quellen ausgestattete Werk ist: Benjamin B. Ferencz, *An International Criminal Court. A Step Toward World Peace, A Documentary History of Hope*,

2 Bände, London/Rome/New York 1980. Wie aus den Titeln ersichtlich ist, befaßt sich ersteres mit materiellem Recht, letzteres mit verfahrensrechtlichen Fragen, wobei beide inhaltlich eng miteinander verknüpft sind. *A Treatise on International Criminal Law*, zusammengestellt und herausgegeben von M. Cherif Bassiouni und Ved P. Nama (Springfield, Ill., 1973) ist gemäß der Unterscheidung, die die beiden oben erwähnten Bücher treffen, in zwei Bände untergliedert: Band I, *Crimes and Punishment*; Band II, *Jurisdiction and Cooperation.* Es enthält Beiträge verschiedener Autoren zu spezifischen Themenkomplexen des internationalen Strafrechts.

2 Wortlaut wiedergegeben in Bassiouni (Anm. 1), S. 579, vorangestellt finden wir den Wortlaut der entsprechenden Entwürfe (S. 562), im Anschluß daran die dem Londoner Vertrag zugehörige Charta (S. 582); vgl. ebenfalls Ferencz, Band I (Anm. 1), S. 399ff.

3 Zu den Ergebnissen der Nürnberger Prozesse, siehe Bassiouni (Anm. 1), S. 586.

4 Vgl. United States Government Printing Office, *Trials of War Criminals before the Nuremberg Military Tribunals under Control Council Law No. 10*, Washington 1951. Juristen wurden im Fall 3 (Band III) angeklagt. Vgl. Ingo Müller, *Furchtbare Juristen*, München 1987, S. 270–275.

5 Die Ursache hierfür ist klar: Die Umsetzung des Strafrechts erfordert den Rückgriff auf ein Höchstmaß an Zwang, und die Anwendung von Zwangsmaßnahmen ist eines der ausschließlichen Attribute eines jeden Staates auf seinem Territorium.

6 Die Anklage des deutschen Kaisers erfolgte gemäß Art. 227 des Versailler Vertrages. Art. 228, 229 und 230 sahen die Anklage weiterer deutscher Amtsträger vor. Von der ersten Liste mit 895 Namen von unter Anklage zu stellenden Personen wurden nur 12 tatsächlich vor das Reichsgericht in Leipzig gestellt und 6 wurden freigesprochen. Vgl. dazu Bassiouni (Anm. 1), S. 199ff. Zur Information über die Wortlaute der angegebenen Dokumente vgl. Ferencz, Bd. I (Anm. 1), S. 169ff.

7 H. Triepel, *Völkerrecht und Landesrecht*, Leipzig 1899; D. Anzilotti, *Il diritto internationale nei giudizi interni*, Bologna 1905. Darüber hinaus war Anzilotti ein sehr einflußreiches Mitglied des Ständigen Internationalen Gerichtshofs zwischen den beiden Weltkriegen.

8 Vgl. u. a.: H. Kissinger, *Diplomacy*, New York 1994, S. 240, 256f. wo die Bezahlung von Wiedergutmachungsleistungen nach dem Französisch-Preußischen Krieg mit dem Reparationssystem gemäß Art. 231 des Versailler Vertrages verglichen werden. Deutschland wurde dazu verurteilt, die Schäden, für die es verantwortlich war, wiedergutzumachen. Diese Leistungen galten als Wiedergutmachung für Verbrechen im Sinne des Völkerrechtes. Im Vergleich zu den in früheren Zeiten festgelegten Entschädigungszahlungen nach Ende militärischer Auseinandersetzungen, die willkürlich festgelegte Summen darstellten, sollten mit dem in Art. 231 geschaffenen System Reparationsleistungen gemäß der verursachten Kriegsschäden festgelegt werden.

9 Auf die Analogie weist O. Schachter hin, in: *United Nations Law in the Gulf Conflict*, in: American Journal of International Law, 85 (1991), S. 452–473 (456). Vgl. auch: P. d'Argent, *Le Fonds et la Commission de compensation des Nations Unies*, in: Revue Belge de Droit International, 1992, S. 485–518. Der Fonds und die Kommission wurden gemäß Absatz 16 der am 3. April 1991 vom Sicherheitsrat verabschiedeten Resolution 687 zum Thema Friedensbedingungen geschaffen. In der Resolution 664 vom 18. August 1990, in der die völkerrechtlichen Verpflich-

tungen des Irak aufgeführt sind, wird unter anderem die Achtung des Kriegsrechts genannt. Die Einsetzung eines internationalen Gerichts zur Aburteilung von Kriegsverbrechern wurde zwar ins Auge gefaßt, aber nicht realisiert; vgl. Le Monde v. 17. April 1991.

10 Die geschichtliche Entwicklung geht auf Blackstone zurück, der ins »Staatenrecht« die »Beziehungen (...) zwischen zwei oder mehreren selbständigen Staaten und zwischen ihren Staatsangehörigen« einbezieht. Vgl. *Commentaries on the laws of England*, 1. Aufl., 1765–1769, 14. Aufl. mit den letzten Korrekturen des Autors, London 1803, Band IV, Kap. V, S. 66. Für das 19. Jahrhundert vgl. J. Story, *Commentaries on the Conflict of Laws, foreign and domestic*, Boston 1834, Abs. 3, S. 4; R. Phillimore, *Commentaries upon international law, private international law or comity*, 1861, S. 1, 8f; J. Lorimer, *The Institutes of the Law of Nations*, Edinburgh/London 1883–1884, Band I (1883), S. 4; F. Wharton, *Commentaries on Law*, Philadelphia 1884, Abs. 252, S. 363.

11 Einer der ersten Autoren, der die traditionelle Sichtweise umkehrte, war J. Westlake, *A Treatise on Private International Law*, London 1858, S. 1. Die fünfte Ausgabe derselben Abhandlung (1912) legt mehr Nachdruck auf diesen Punkt. Die Juristen Kontinentaleuropas kommen mehr und mehr von der internationalistischen Tradition Savignys, Mancinis, Laurents, Weiss', Pillets, Zitelmanns und Ludwig von Bars ab und neigen immer mehr einer neuen, positivistischen Schule zu, deren Vordenker Franz Kahn (1891) und Etienne Bartin (1897) waren.

12 Internationales Strafrecht kann in zwei Bereiche untergliedert werden: Der eine Bereich ist traditioneller Art, und sein Gegenstand ist die einzelstaatliche Kompetenz zur Bestrafung. Gemäß dem Territorialitätsprinzip richtet sich die Bestrafungskompetenz des Staates nach dem Begehungsort. Befindet sich der Täter aber nicht mehr in dem Staat des Begehungsorts, kann er möglicherweise vor strafrechtlicher Verfolgung geschützt sein, wenn die entsprechenden einzelstaatlichen Gesetze eine solche *in absentia* nicht zuläßt. Im Gegensatz zu diesem Strafanwendungsrecht, das dem nationalen Recht völkerrechtliche Beschränkungen setzt, enthält der andere Bereich des internationalen Strafrechts Tatbestandsdefinitionen von Völkerrechtsverbrechen, zu deren Bestrafung die Einzelstaaten – unabhängig von dem jeweils geltenden materiellen Recht – verpflichtet sind.

13 Obwohl andere Beiträge dieses Sammelbandes sich speziell mit der Frage nach den Unterschieden zwischen diesem Tribunal und dem Nürnberger IMT befassen, möchte ich doch an dieser Stelle schon auf zwei wesentliche Unterschiede hinweisen. Der erste Unterschied ist, daß der Sicherheitsrat ein Tribunal eingesetzt hat, dessen Aufgabe darin besteht, Verbrechen zu verhandeln, die er nicht in der Lage war zu unterbinden. Die Resolution 808 vom 22. Februar 1993 stellt ein Alibi für die Unfähigkeit dar, den Krieg selbst und die in seinem Verlauf begangenen schwerwiegenden Verstöße gegen das Kriegsrecht zu beenden. Der andere Unterschied besteht darin, daß sich die hochrangigsten der für die begangenen Verbrechen verantwortlichen Personen außerhalb des Zugriffs des Tribunals befinden und darüber hinaus einige dieser Personen zu denen zählen, mit denen ein Waffenstillstand ausgehandelt werden könnte. Das Risiko, daß nur Befehle ausführende Personen niedrigeren Rangs – wenn überhaupt – vor Gericht gebracht werden, die zuvor außerdem noch gemäß den Auslieferungsbedingungen ausgewählt wurden, ist beachtlich.

14 Zur Information über ein Beispiel strafrechtlicher Verfolgung eines Angehörigen der US-Streitkräfte durch die USA siehe *United States v. Calley*, 46 CMR (Court-Martial Reports) 1131 (1973). Calley war Unteroffizier im Vietnamkrieg und wurde wegen des My-Lai-Massakers angeklagt, wobei seine Anklage dazu diente, höhere, für diesen und viele andere Fälle verantwortliche Militärangehörige zu schützen.

15 Wichtige Entwürfe zur Schaffung einer internationalen Strafgerichtsbarkeit sind in Ferencz, Bd. II (Anm. 1), S. 115 ff wiedergegeben und kommentiert.

16 Die Lehren Vitorias wurden durch nach seinem Tode 1557 erschienene Publikationen der Niederschriften seiner an der Universität von Salamanca gehaltenen Vorlesungen verbreitet. Die für unsere Zwecke wichtigsten Schriften sind: *De Indis recenter inventis* und *De iure belli*, überarbeitet von H. F. Wright, in: ders., *The Classics of International Law*, Washington 1917.

17 Die Freirechtslehre wurde als Reaktion auf die Begriffsjurisprudenz entwickelt, die im Deutschland vor dem Krieg das Recht dominierte. Sie kämpfte an gegen die alleinige Akzeptanz formaler Rechtsquellen, schlug vor, über den den Staat und das Gesetz definierenden Legalismus hinauszugehen, forderte Richter auf, andere Rechtsquellen zu suchen, private Gepflogenheiten und Usancen, und die Lücken im Gesetzesrecht durch Rückgriff auf eigenes Rechtsverständnis zu füllen. Unter dem Pseudonym Gnaeus Flavius veröffentlichte Kantorowicz 1903 ein Flugblatt mit dem Titel *Der Kampf um die Rechtswissenschaft.*

18 Er schrieb die Hauptverantwortlichkeit einigen wenigen Staats- und Regierungschefs zu. Es erübrigt sich eigentlich zu erwähnen, daß sein Gutachten in den Geheimarchiven in der Wilhelmstraße verschwand. Stresemann war derartig aufgebracht, daß er die Ernennung von Kantorowicz zum Ordinarius in Kiel verhinderte. Das Gutachten von Kantorowicz wurde 1967 zum ersten Mal veröffentlicht: *Gutachten zur Kriegsschuldfrage 1914*, aus dem Nachlaß herausgegeben und eingeleitet von Imanuel Geiss (Frankfurt/M. 1967). Zu den persönlichen Daten von Kantorowicz vgl. die Einleitung von Geiss.

19 Kantorowicz (Anm. 18), S. 189 f, 205–207; Comp. Vitoria, *De iure belli*, 3, 13, 14, 20, 21, (Anm. 16), S. 275 ff.

20 Kantorowicz (Anm. 18), S. 99 f, S. 189. Nach Analyse der von der Reichsregierung an ihre Delegierten gegebenen Anweisungen für die Haager Konferenz versteht der Autor die Weigerung, die Möglichkeiten, einen Krieg zu beginnen, einzuschränken, als Friedensgefährdung (S. 139–141, 258 f).

21 Kantorowicz (Anm. 18), S. 189.

22 Der Gegenprozeß wurde am 11. September 1933 im Gebäude der Law Society in London eröffnet. Hinsichtlich der Zusammensetzung des Spruchkörpers siehe: *Braunbuch II, Dimitroff gegen Göring*, Paris 1932, S. 36 ff. Das Urteil des Reichsgerichts wurde am 23. Dezember 1933 verkündet (ebenda, S. 272). Nur van der Lubbe wurde zum Tode verurteilt, die anderen Angeklagten wurden freigesprochen.

23 Vgl. *Tribunal Russell, Le jugement de Stockholm*, Paris 1967; *Tribunal Russell 2, Le jugement final*, Paris 1968.

24 Vgl. *Actes du Tribunal Russell II*, Première session, Rome, 30 mars – 6 avril 1974, in: *Parole et societé*, n° 4–5, 1974, S. 308–482; *Repression in Latin America, A Report of the Russell Tribunal Session in Rome*, Nottingham 1975.

25 A. Cassese, E. Jouve (Hg.), *Pour un droit des peuples, Essais sur la Déclaration d'Alger*, Paris 1978.

26 *Un tribunal pour les peuples* (Paris 1983), mit Beiträgen von Julio Cortázar, François Rigaux, Leo Matarasso, Linda Bimbi und Gianni Tognoni und einer Wiedergabe aller Urteile des Tribunals bis einschließlich des am 20. September 1982 in Rotterdam ergangenen Zaire-Urteils.

27 *Tribunal des peuples sur les interventions américaines au Nicaragua*, Bruxelles/Paris 1985; M. Dixon (Hg.), *On Trial Reagan's War Against Nicaragua*, Reading 1985.

28 *Military and Paramilitary Activities in and against Nicaragua* (Nicaragua v. United States of America, Jurisdiction of the Court and Admissibility of the Application dated November 26, 1984), in: I.C.J. Reports 1984, S. 392; Merits, 27. Juni 1986, in: I.C.J. Reports 1986, S. 14.

29 Westsahara und Eritrea waren Gegenstand zweier Gutachten mit beratender Funktion, das erste datiert vom 11. November 1979 (Brüssel), das zweite vom 3. Oktober 1980 (Mailand). Der Fall Osttimor wurde am 21. Juni 1981 in Lissabon verhandelt. Die Puerto-Rico-Sitzung fand am 28. Januar 1989 in Barcelona statt. Hinsichtlich Puerto Rico ist noch auf die Besonderheit hinzuweisen, daß es sich bei diesem Staat, der das Recht auf Selbstbestimmung eines Kolonialvolkes, mit dessen Gebiet er eine gemeinsame Grenze hatte, nicht respektiert hatte, um ein selbst erst in jüngster Vergangenheit unabhängig gewordenes Land handelte.

30 Declaration 1514 (XV) on the Granting of Independence to Colonial Countries and Peoples v. 14. Dezember 1960.

31 Die Urteile zu Argentinien, den Philippinen, Salvador und Zaire wurden in dem in Anmerkung 26 zitierten Buch veröffentlicht. Bezüglich des Guatemala-Urteils siehe: *Tribunal permanente de los pueblos*, sesión Guatemala, Madrid 1984. Der Fall Philippinen befaßte sich auch mit dem Volk der Bango Moro und die Guatemala-Sitzung befaßte sich speziell mit den guatemaltekischen Indios.

32 Paris, 14. April 1982. Vgl. *Le crime de silence, le génocide des Arméniens*, Paris 1984; *A crime of silence, The Armenien Genocide*, London 1985.

33 An dieser Stelle empfiehlt sich ein Vergleich zwischen der konservativen, aber kritischen Betrachtungsweise Kissingers (Anm. 8, S. 620–702) und dem ethischem Ansatz Noam Chomskys, *Year 501, The Conquest Continues*, Boston 1993, S. 251–262.

34 Vitoria, *De Indis*, III, 1 (Anm. 16), S. 257 ff.

35 In der Eröffnungsansprache anläßlich des Beginns der Stockholmer Sitzung des Vietnam-Tribunals rechtfertigte Sartre das gesamte Unternehmen mit den Worten: »ce que nous voulons, en vérité, c'est que sa légitimation soit rétroactive, ou si l'on préfère *a posteriori*« (»Was wir wirklich wollen, ist, daß seine Legitimation eine rückwirkende ist, oder, wenn man so möchte, daß es *a posteriori* wirkt«). Zitiert aus: *Le jugement de Stockholm* (Anm. 23), S. 30.

36 Obwohl die »goldene Regel« ursprünglich eine Kantsche Regel ist (»Was Du nicht willst, das man Dir tu', das füge keinem andern zu«), haben Philosophen des Utilitarismus wie H. Sidgwick (*The Methods of Ethics*, 6. Aufl., London 1901, S. 379 f) sie aufgegriffen.

37 Ich möchte noch einmal Sartre zitieren: »Le Tribunal Russell estime au contraire que sa légitimité vient à la fois de sa parfaite impuissance et de son universalité« (»Das Russell-Tribunal glaubt vielmehr, daß seine Legitimität zugleich in seiner vollkommenen Machtlosigkeit und in seiner Universalität begründet ist«). Zitiert aus: *Le jugement de Stockholm* (Anm. 23), S. 29.

Otto Triffterer

Bestandsaufnahme zum Völkerstrafrecht

I. Einleitung

1. Aufgabenstellung und Vorgehensweise

a) Für diesen Sammelband wurde eine »Bestandsaufnahme zum geltenden Völkerstrafrecht« gewünscht. Die folgenden Darlegungen versuchen, dieser Aufgabe wenigstens in etwa gerecht zu werden. Sie überprüfen deshalb, ob für das Völkerstrafrecht Vorschriften für einen Allgemeinen und einen Besonderen Teil sowie für ein Verfahrensrecht einschließlich einiger Regeln über die Strafvollstreckung und den Vollzug vorhanden sind.

Um die Facetten dieses noch sehr jungen Rechtsgebietes im Detail erfassen, überprüfen und wenigstens zusammenfassend systematisch darstellen zu können, sind neben dem Begriff weitere Ausgangspositionen des Völkerstrafrechts zu klären. Nur auf ihrem Hintergrund läßt sich insbesondere beurteilen, in welchem Umfang die klassischen Nürnberger Tatbestände, die unter den Bezeichnungen Verbrechen gegen den Frieden, Kriegsverbrechen und Verbrechen gegen die Menschlichkeit zusammengefaßt werden, zu diesem Bestand zählen. Da sich an ihnen seit dem Zweiten Weltkrieg alle wesentlichen Fragen des Völkerstrafrechts kristallisieren, wird mit dem »Besonderen Teil« des Völkerstrafrechts begonnen. Dessen Tatbestände werden zu Gruppen zusammengefaßt und nach dem Grad der allgemeinen Anerkennung gereiht.[1]

Für die drei Hauptregelungsbereiche Allgemeiner Teil, Besonderer Teil und Verfahrensrecht ist besonders darauf zu achten, daß Vorstellungen aus dem anglo-amerikanischen Common-Law-System im Vergleich zu denjenigen aus kontinentaleuropäischen Rechtssystemen sowohl in Nürnberg und Tokio als auch in der seitherigen wissenschaftlichen Diskussion und im Rahmen der Bemühungen der Vereinten Nationen (künftig: VN) zur Entwicklung des Völkerstrafrechts dominieren. Diese Tendenz ist schon deshalb aufmerksam zu beobachten, weil die Vorschriften bezüglich der internationalen Ad-hoc-Tribunale für das ehemalige Jugoslawien und Ruanda zeigen, daß für die Aburteilung von *in Europa* begangenen Verbrechen nach Völkerstrafrecht Errungenschaften der kontinentaleuropäischen Dogmatik, etwa die Bildung von Deliktstypen, der zwischen Tatbestandsmäßigkeit, Rechtswidrigkeit und Schuld differenzierende Verbrechensaufbau sowie die darauf aufbauenden Gründe, die von Strafbarkeit befreien können, im Interesse der Rechtssicherheit und damit zum Schutze der Angeklagten nicht unberücksichtigt bleiben dürfen. In anderen Staaten dagegen spielen diese eher formalen Aspekte keine so entscheidende Rolle im Unterschied etwa zu der Frage, ob irgendeine der Voraussetzungen unabhängig von deren dogmatischer Bedeutung für die Strafbarkeit fehlt.[2]

Theoretische Konzepte und materiell-rechtliche Normen sind für die Rechtsklarheit und -sicherheit unverzichtbar. Aber das Völkerstrafrecht lebt, wie jedes Strafrecht, nur mit Hilfe seiner Durchsetzungsmechanismen; ohne die Gewährleistung seiner effektiven Anwendung ist insbesondere keine Prävention durch Bewußtseinsbildung zu erzielen.[3] Den verfahrensrechtlichen Regelungen kommt deshalb eine mit dem materiellen Völkerstrafrecht vergleichbare Bedeutung zu. Bei der Schaffung der Rechtsgrundlagen für die Verfahren in Nürnberg und Tokio ist auf sie aber nicht der gleiche Wert gelegt worden. In der damaligen Situation kam es den Siegern zunächst darauf an, für die *eine Gerichtsbarkeit* erst begründenden Statuten einen breiten Konsens in der Völkergemeinschaft zu erzielen. Sie mußten daher vor allem darauf bedacht sein, typischen kontinentaleuropäischen Einwänden der Verteidigung und anderer Kritiker, wie etwa der Grundsatz »nullum crimen, nulla poena sine lege« sei nicht beachtet worden, durch entsprechende Regelungen zu begegnen. Die verfahrensrechtlichen Vorschriften waren zur Begründung der Gerichtsbarkeit nachrangig. Sie wurden in den anwendbaren Statuten zwar in Grundzügen pauschal festgelegt, so beispielsweise unter der Überschrift »Gerechtes Verfahren für den Angeklagten« in Art. 16 des Nürnberger Statuts und in den Art. 17 bis 21 »Die Rechte des Gerichtshofes und das Prozeßverfahren«. Der Gerichtshof sollte aber gemäß Art. 19 »ein schnelles und *nicht* formelles Verfahren anwenden«. Einzelheiten blieben deshalb gemäß Art. 13 der vom Gericht selbst zu beschließenden Verfahrensordnung überlassen.[4]

Diese Dringlichkeitsfolge für die beiden Gebiete spiegelt sich in den Bemühungen der VN zur Entwicklung des Völkerstrafrechts wider. Fast 40 Jahre lang ging es in erster Linie um die Herausarbeitung und Verankerung des *materiellen* Völkerstrafrechts als der Grundlage für eine Völkerstrafgerichtsbarkeit. Das belegt unter anderem Art. 8 des Entwurfs für ein Strafgesetzbuch über Verbrechen gegen den Frieden und die Sicherheit der Menschheit (Draft Code of Crimes Against the Peace and Security of Mankind; künftig: Draft Code 1991), der, abgesehen von dem in Art. 9

verankerten Grundsatz »ne bis in idem«, als einzige Vorschrift zwischen materiell-rechtlichen Regelungen rechtsstaatliche Garantien umschreibt, aber in einer so pauschalen Weise, daß die Vernachlässigung dieser Aspekte erneut evident wird.

Auf diesem Hintergrund ist es verständlich, daß in den Statuten für das Jugoslawien- und das Ruanda-Tribunal nur besonders wichtige und grundlegende verfahrensrechtliche Prinzipien, allerdings in größerem Umfang als seinerzeit in Nürnberg, festgelegt worden sind, etwa die Verankerung des Anklageprinzips mit einer richterlichen Überprüfung und die Garantie eines fairen Verfahrens, wie sie auch in Art. 8 des Draft Code 1991 vorgesehen ist. Selbst in den von den Tribunalen beschlossenen Verfahrensordnungen, den »Rules of Procedure and Evidence« (künftig: Rules), sind, jedenfalls gemäß europäischen Standards, Details nur in groben Zügen umschrieben worden. Zwar sind auch in dem Entwurf eines Statuts für die Errichtung eines Internationalen Strafgerichtshofs (Draft Statute for the Establishment of an International Criminal Court; künftig: Draft Statute 1994), der 1994 in zweiter Lesung von der Völkerrechtskommission der VN, der International Law Commission (künftig: ILC) verabschiedet worden ist, grundlegende verfahrensrechtliche Regelungen enthalten. Aber anknüpfend an die Handhabung in Nürnberg und Tokio sowie bei den internationalen Tribunalen für Jugoslawien und Ruanda soll auch hier der Erlaß einer detaillierteren Verfahrensordnung dem Gerichtshof vorbehalten bleiben.[5]

b) Bei einer »Bestandsaufnahme des geltenden Völkerstrafrechts« läßt sich, anders als bei *gesetztem* staatlichem Recht, keine scharfe Grenze ziehen, weil auch ungeschriebenes Völkergewohnheitsrecht und anerkannte allgemeine Rechtsgrundsätze im Sinne des Art. 38 lit. b und c des Statuts des Internationalen Gerichtshofes (künftig: IGH-Statut) als Quellen des Völkerstrafrechts in Betracht kommen. Um das Vorhandene richtig und vollständig erfassen zu können, ist besonders auf Tendenzen zu achten, die sich in »Mehrfach-Regelungen« abzeichnen, zum Beispiel wenn Regelungen über die Strafbarkeit einer Mitwirkung oder Rechtfertigungsgründe sowie Tatbilder des Völkermordes oder der Folter sowohl in den Genfer Konventionen als auch in anderen Normen des geltenden Völkerstrafrechts aufscheinen. Für diese Beurteilung sind ferner Beschlüsse von Organen der VN und Konventionsentwürfe, insbesondere wenn sie von den zuständigen Institutionen der VN bereits gebilligt, wenngleich noch nicht endgültig verabschiedet worden sind, wie etwa der Draft Code 1991, mit in die Erörterungen einzubeziehen; denn aus ihnen ergeben sich die »Zukunftsperspektiven« des Völkerstrafrechts.[6]

2. *Ausgangspositionen*

Die *theoretischen* Ausgangspositionen für das Völkerstrafrecht sind seit geraumer Zeit weitgehend geklärt und daher unbestritten. Allerdings wird noch über den Umfang des geltenden Völkerstrafrechts diskutiert, vereinzelt etwa darüber, ob die *Straf*tatbestände der vier Genfer Konventionen dazu zählen und verstärkt über die Frage, ob Angriffshandlungen auf andere Staaten oder von Staatsorganen begangene schwerwiegende Verletzungen grundlegender Menschenrechte an ihren eigenen Staatsangehörigen bereits Verbrechen sind, die *unmittelbar* nach Völkerrecht bestraft werden können. Offen ist auch noch die Frage, inwieweit die klassischen Nürnberger Tatbestände zum Beispiel um schwere Verbrechen gegen die Umwelt oder zur Bekämpfung des internationalen Terrorismus erweitert werden sollen.[7] Um das Verständnis für derartige Fragen zu erleichtern, sie besser beantworten und Tendenzen genauer beurteilen sowie um bei den Erörterungen einzelner Straftatbestände und allgemeiner Regelungen darauf Bezug nehmen zu können, wird in diesem Abschnitt das theoretische Konzept für das Völkerstrafrecht in einem knappen Überblick dargelegt.

a) Begriff

Völkerstrafrecht ist das Strafrecht der Völkergemeinschaft, das diese als Teil ihrer eigenständigen Rechtsordnung des Völkerrechts im Rahmen ihrer Rechtssetzungskompetenz zum Schutze ihrer Rechtsgüter gegen besonders schwerwiegende Verletzungen schaffen und einsetzen kann. Da es von seinem Gegenstand her Strafrecht ist, begründen seine Normen eine unmittelbare individuelle Verantwortlichkeit nach Völkerrecht. Diese ist unabhängig davon, ob staatliche Regelungen ein solches Verhalten ebenfalls für strafbar, für zulässig oder gar für rechtmäßig erklären.[8]

b) Entstehungsmöglichkeiten

Das Völkerstrafrecht als Teilgebiet des Völkerrechts kann nur aus Quellen dieses Rechtssystems entstehen. Soweit es sich mit der abstrakten Regelung tatbestandsmäßig vertypten Unrechts und allgemeinen Regeln für die Aburteilung von Straftaten befaßt, kann dies nur durch Quellen *genereller* Völkerrechtsnormen erfolgen.

Da das Völkerstrafrecht Strafrecht ist, können sich allerdings aus dieser Materie Einschränkungen ergeben, etwa durch den Satz »nullum crimen, nulla poena sine lege«. Soweit das *nicht* zutrifft, kann Völkerstrafrecht durch die in Art. 38 des IGH-Statuts unter lit. a bis c angeführten internationalen Konventionen, Völkergewohnheitsrecht und durch anerkannte allgemeine Rechtsgrundsätze der Völkergemeinschaft entstehen. Diese Ausgangsposition ist inzwischen unbestritten.[9]

c) Historische Anfänge

Die historischen Anfänge lassen sich nur schwer nachzeichnen. Sie liegen zum Beispiel in der Strafbarkeit der Seeräuberei nach dem *Universalitäts*prinzip, weil insoweit schon damals Einigkeit zwischen den Staaten bestand, daß die »Freiheit der Meere« ein allen Staaten gleichermaßen und gemeinsam zustehendes Rechtsgut ist, das durch diese kriminellen Erscheinungen bedroht werde und daher auch einer entsprechenden Reaktion der Völker*gemeinschaft* bedürfe.[10]

Die entscheidende Wurzel des Völkerstrafrechts liegt jedoch in der zunehmenden Entwicklung eines humanitären Völkerrechts für kriegerische Auseinandersetzungen. Dessen Anfänge reichen zwar bis in die Antike zurück, aber weltweite Bedeutung hat es erst durch die europäischen Bemühungen in der zweiten Hälfte des vergangenen Jahrhunderts erlangt. Seither wurden auf diesem Gebiet die Regelungen immer konkreter und mehr und mehr in internationalen Konventionen verankert. Sie erfaßten zudem auch von den Schutzobjekten her insofern eine breitere Basis, als *innerstaatliche* bewaffnete Konflikte sowie Ursachen und Begleiterscheinungen solcher Auseinandersetzungen in zunehmendem Maße ebenfalls geschützt wurden. Daraus ergab sich insbesondere die Konzeption für die Verbrechen gegen die Menschlichkeit; die allmähliche Unabhängigkeit der zuletzt genannten Gruppe von kriegerischen Auseinandersetzungen beruht darauf, daß typische Erscheinungsformen eine *internationale* Bestrafung unabhängig vom staatlichen Recht nicht nur angebracht, sondern erforderlich sein lassen, um den universellen Schutz grundlegender Menschenrechte vor allem gegen staatlichen Machtmißbrauch auch in der Praxis durchsetzen zu können.[11]

d) Bedeutung der Nürnberger Tatbestände und Grundsätze, insbesondere für das Jugoslawien- und das Ruanda-Tribunal

aa) In Nürnberg, ebenso wie später in Tokio, wurden Verbrechen gegen den Frieden, Kriegsverbrechen und Verbrechen gegen die Menschlichkeit abgeurteilt. Diese drei Gruppen werden heute als die »klassischen Nürnberger Tatbestände« bezeichnet. Über die Bewertung der Rechtsgrundlagen für diese Prozesse wie für diejenigen nach dem Kontrollratsgesetz Nr. 10 besteht dagegen immer noch keine Einigkeit. Unstrittig ist aber, daß die in Nürnberg und Tokio sowie nach dem Kontrollratsgesetz Nr. 10 abgeurteilten Kriegsverbrechen und darüber hinaus einige Erscheinungsformen der Verbrechen gegen die Menschlichkeit, wie der Völkermord, schon seinerzeit unmittelbar nach Völkergewohnheitsrecht strafbar waren. Insofern liegt die Bedeutung dieser historischen Ereignisse darin, *typische* Straftaten des Völkerstrafrechts herausgestellt, schriftlich festgelegt und die Anwendung dieser Normen auch praktiziert zu haben.[12]

Wesentlich war neben der Formulierung von bestimmten Tatbeständen die *unmittelbare* Anwendung des damals geltenden, weitgehend ungeschriebenen Völkerstrafrechts, das aus den Gesetzen und Gebräuchen des Krieges hervorgegangen ist. Zwar läßt sich gegen diese Verfahren einwenden, daß lediglich ein Tribunal der Sieger über die Besiegten geurteilt habe. Entscheidend ist aber der von Nürnberg und Tokio ausgehende Anstoß zu einem weltweiten Umdenken und zur Praktizierung bestimmter allgemeiner Rechtsgrundsätze, welche die seitherige Entwicklung dieses Gebietes maßgebend geprägt haben. So wird zum Beispiel heute nicht mehr bestritten, daß es eine »individuelle strafrechtliche Verantwortlichkeit unmittelbar nach Völkerrecht« gibt, und zwar auch für Staatsorgane, andere Vertreter des Staates und Befehlsgeber. Sie ist durch die Statuten für das Jugoslawien- und das Ruanda-Tribunal ausdrücklich nicht nur vom Sicherheitsrat, sondern auch von der Generalversammlung bestätigt worden, als diese die ihr nach diesen Statuten zukommenden Entscheidungen getroffen hat.[13]

Nahezu unstrittig ist heute ferner, daß die Ausübung einer solchen Gerichtsbarkeit mit dem Grundsatz der staatlichen Souveränität zu vereinbaren ist. Insoweit klaffen allerdings Theorie und Praxis gelegentlich besonders weit auseinander, wie zum Beispiel der Krieg in Tschetschenien zeigt. Erst nach anfänglicher großer Zurückhaltung erfolgte eine zunehmende Einmischung in diese angeblich »rein innerstaatlichen Angelegenheiten« mit dem Hinweis, daß der Schutz grundlegender Menschenrechte, insbesondere der Zivilbevölkerung, gegen schwerste Verletzungen ein solches internationales Engagement sogar gebiete.[14]

Auf diese und weitere Details, wie etwa den Vorrang der internationalen vor der staatlichen Gerichtsbarkeit, wird später noch näher einzugehen sein. Vorab lassen sich jedoch bereits Nürnberg und Tokio gemeinsam als der entscheidende Meilenstein in der Geschichte des Völkerstrafrechts und der Völkerstrafgerichtsbarkeit bezeichnen. Ihnen folgt als nächster gleichermaßen bedeutsamer Schritt erst nach fast fünf Jahrzehnten die Errichtung und die Aufnahme der Tätigkeit des Jugoslawien- und des Ruanda-Tribunals. Ob diese beiden Tribunale die nach ihrer rechtlichen Konzeption zu erwartende gleiche Bedeutung für die weitere Entwicklung des Völkerstrafrechts auch tatsächlich erlangen werden, hängt entscheidend von der Effektivität dieser Gerichte bei der Verfolgung der in ihre Zuständigkeit fallenden Straftaten ab.[15]

bb) Auf diesem Hintergrund ist auch die Bedeutung der Nürnberger *Grundsätze* zu beurteilen. In deren Formulierung und Festschreibung durch die Generalversammlung der VN wurden zunächst große Hoffnungen gesetzt. Letztlich sind sie aber als solche in der vorgesehenen Form einer Konvention und auch in ihrer Ausformulierung durch den Draft Code 1991 bis heute noch nicht in ihrer Gesamtheit verabschiedet worden; allerdings sind Teile von ihnen in andere Konventionen eingeflossen.[16]

Die in dieser Entwicklung zum Ausdruck kommende mangelnde Einigkeit der Völkergemeinschaft ändert aber wenig an der grundlegenden und richtungweisenden Bedeutung dieser Grundsätze. Das Völkerstrafrecht darf nicht mit dem Maßstab staatlicher Rechtsordnungen gemessen werden, weil die Staatengemeinschaft als solche keine mit staatlichen Gesetzgebungsorganen vergleichbaren Möglichkeiten für die Entstehung von Völkerstrafrecht besitzt. Ihr Rechtssystem entwickelt sich beispielsweise nicht nach dem Mehrheits-, sondern ganz überwiegend nach dem Konsensprinzip, auch wenn dieses inzwischen, wie die Organisation für Sicherheit und Zusammenarbeit in Europa (OSZE) belegt, nicht immer in der reinsten Form praktiziert wird. Es ist insbesondere unabhängig von den staatlichen Rechtsordnungen, orientiert sich an den Bedürfnissen der Rechtsüberzeugung und der praktischen Handhabung und entwickelt sich deshalb auch in der Form schriftlicher völkerrechtlicher Konventionen, vor allem aber als universelles Völker*gewohnheits*recht aufgrund über die Welt verstreuter, weiträumiger Entstehungsmöglichkeiten wesentlich langsamer als staatliche Gesetze. Dafür haftet dem Völkerstrafrecht mehr als dem staatlichen Strafrecht der Gedanke eines überpositiven Rechts an, weil ihm die Aufgabe zufällt, nicht nur Rechtsgüter von Einzelpersonen, sondern in erster Linie die friedliche Koexistenz der Staaten gegen schwerste Beeinträchtigungen zu sichern und weil es zudem grundlegende Menschenrechte wie Leben, Freiheit und vor allem das Existenzrecht gegen Bedrohungen durch die Staaten selbst schützt.[17]

cc) Die Tatbestände und Grundsätze der Nürnberger Statuten und Urteile haben eine vielfache Bestätigung und Anerkennung im Völkerrecht gefunden, zum Teil schon in den Genfer Konventionen, in der Völkermord-Konvention sowie in der Konvention über die Unverjährbarkeit von Kriegs- und Menschlichkeitsverbrechen aus dem Jahr 1967. Sie sind darüber hinaus in zahlreichen Erklärungen und Entwürfen der VN sowie anderer internationaler Organisationen und einzelner Wissenschaftler weiterentwickelt worden. In den Jahren 1993 und 1994 wurden ihre wesentlichsten Aspekte in die Statuten für das Jugoslawien- beziehungsweise das Ruanda-Tribunal aufgenommen. Neben den bereits erwähnten *allgemeinen* Grundsätzen sind in diesen Statuten die »schweren Verletzungen« der Genfer Konventionen, die Verletzungen der Gesetze *oder* Gebräuche des Krieges, der Völkermord und die Verbrechen gegen die Menschlichkeit beziehungsweise für Ruanda statt der beiden ersten umfassenden Gruppen lediglich die Verletzungen des gemeinsamen Art. 3 der Genfer Konventionen und des Zusatzprotokolls I, erneut verankert worden. Die Verbrechen gegen den Frieden kamen für beide Kompetenzbereiche der Tribunale nicht in Betracht.[18]

II. Einzelne Deliktsgruppen

Für die Entwicklung des materiellen Völkerstrafrechts ist das Herausarbeiten und die Zusammenstellung von völkerrechtlichen Verboten und deren Strafbarkeit kennzeichnend, so etwa bei der Seeräuberei und bei den Kriegsverbrechen; beide sind seit Jahrhunderten beziehungsweise seit dem vergangenen Jahrhundert gleichermaßen aufgrund ungeschriebenen Völkerrechts strafbar. Aber nur für die Kriegsverbrechen wurden die ihnen zugrundeliegenden völkerrechtlichen Verbote im 19. und 20. Jahrhundert immer umfassender und präziser formuliert. Durch diese für ihre Strafbarkeit zu berücksichtigenden Umschreibungen des zu pönalisierenden Verhaltens erhielten sie zunehmend größere Bedeutung.

Die Betonung der Tatbestände war auch ein vordringliches Anliegen bei den vier Genfer Konventionen sowie bei den Konventionen zur Bekämpfung des Völkermordes, der Apartheid und der Folter. Für die zur Aburteilung derartiger Taten notwendigen *tatbestandsübergreifenden* Regeln konnte auf die anerkannten allgemeinen Rechtsgrundsätze als Quelle des Völkerrechts zurückgegriffen werden. Insofern erschien zunächst jedenfalls deren Klarstellung in Konventionen entbehrlich.

Diese Reihenfolge der Entwicklung wird auch bei der Darstellung des Bestandes beibehalten, zumal bezüglich einzelner Straftatbestände eine Überprüfung ihrer Geltung anschaulicher erfolgen kann als bezüglich *allgemeiner* materiell-rechtlicher Regelungen. Die letzten genauer völkerrechtlich festzulegen, wurde erst nach der zunehmenden Herausarbeitung und der gelegentlichen Anwendung solcher Tatbestände wünschenswert und im Interesse der Rechtssicherheit notwendig, für die Genfer Abkommen zum Beispiel erst beim Zusatzprotokoll I sowie derzeit für das Jugoslawien- und das Ruanda-Tribunal.[19]

In den bisherigen Vorschriften zum »Besonderen Teil« des Völkerstrafrechts spiegeln sich die drei klassischen Nürnberger Tatbestände wider, die hier allerdings aufgrund ihrer seitherigen Entwicklung und der darauf beruhenden praktischen Bedeutung in anderer Reihenfolge als im Nürnberger Statut dargestellt werden.

1. *Kriegsverbrechen*

Die vier Genfer Konventionen des Roten Kreuzes vom 12. August 1949 sind zwar die bekanntesten Dokumente des humanitären Völkerrechts, die Straftatbestände enthalten. Sie werden aber in ihrer *praktischen* Bedeutung und für entscheidende Tatbestandsvarianten durch die Zusatzprotokolle I und II von 1977 sowie durch die »Gesetze und Gebräuche des Krieges« ergänzt.

a) Die vier Genfer Konventionen von 1949

aa) Struktur, rechtliche und praktische Bedeutung

Die vier Genfer Konventionen sind allgemeines kodifiziertes Kriegsvölkerrecht. Sie konkretisieren schon seinerzeit geltendes humanitäres Völkerrecht, dessen Verletzungen *unmittelbar nach Völkerrecht* strafbar sind. Das läßt sich zwar leichter, aber nicht nur für die »*schweren* Verletzungen« der Übereinkünfte anhand der geschichtlichen Entwicklung, Stellungnahmen der die Abkommen ausarbeitenden Kommissionen, am Beispiel von Art. 99 der III. Genfer Konvention und Art. 85 des Zusatzprotokolls I sowie durch die Statuten für das Jugoslawien- und das Ruanda-Tribunal belegen.[20]

Ganz überwiegend besteht auch Einigkeit darüber, daß die »schweren Verletzungen« zwar alle bisher schon als Kriegsverbrechen unmittelbar nach Völkerrecht (jedenfalls im anglo-amerikanischen Rechtskreis) verfolgt werden konnten, daß sich die nach den Gesetzen und Gebräuchen des Krieges strafbaren Verbrechen aber nicht auf diese »schweren Verletzungen« beschränken. Die »*schweren* Verletzungen« bilden nur den *Kern*bestand der Kriegsverbrechen, auf den man sich im Sinne eines Minimalkonsenses dahingehend hat einigen können, daß diesbezüglich eine *Verpflichtung* der Vertragsparteien zur Bestrafung besteht. Das wird auch durch das Zusatzprotokoll I ausdrücklich bestätigt, in dem in Art. 1 Abs. 2 hervorgehoben wird, daß für vom Protokoll und den Konventionen *nicht* erfaßte Situationen Zivilpersonen und Kombattanten gleichermaßen »unter dem Schutz und der Herrschaft der Grundsätze des Völkerrechts, wie sie sich aus feststehenden Gebräuchen, aus den Grundsätzen der Menschlichkeit und aus den Forderungen des öffentlichen Gewissens ergeben«, stehen (sogenannte Martenssche Klausel). Bei der Definition von Begriffen in Art. 2 wird hervorgehoben, »Regeln des in bewaffneten Konflikten anwendbaren Völkerrechts« seien *neben* den »in internationalen Übereinkünften« verankerten auch »die allgemein anerkannten Grundsätze und Regeln des Völkerrechts, die auf bewaffnete Konflikte anwendbar sind«.

Auch durch diese Regelungen wird bestätigt, daß die in den Genfer Konventionen und in den Zusatzprotokollen verankerten Straftatbestände nach wie vor aufgrund Völkergewohnheitsrechts verfolgt werden können, etwa durch Staaten, die diese Konventionen beziehungsweise die Zusatzprotokolle nicht ratifiziert haben und deren Rechtssystem eine direkte Anwendung völkerrechtlicher Normen zuläßt.[21] Ferner ergibt sich daraus, daß neben den »schweren Verletzungen« auch weitere Kriegsverbrechen unmittelbar nach Völkerrecht verfolgt werden können.

bb) Differenzierung nach Tatbestandsgruppen

Verletzungen des humanitären Völkerrechts werden nach den Genfer Konventionen und den Zusatzprotokollen in »schwere Verletzungen« (grave breaches) und in »Zuwiderhandlungen« beziehungsweise (andere) »Verletzungen« eingeteilt, etwa in den Art. 53 und 54 der I. Konvention und in Art. 85 Abs. 1 des Zusatzprotokolls I. Die letzten werden gelegentlich, allerdings in irreführender Weise, auch als »minderschwere Verstöße« bezeichnet.[22]

(1) Strafpflicht bei »schweren Verletzungen«

(a) Maßstab für »schwere Verletzungen« im Sinne dieses konventionell verankerten humanitären Völkerrechts sind die in ihm enthaltenen Gebote und Verbote. Gemäß Art. 12 des I. Genfer Abkommens müssen zum Beispiel Verwundete und Kranke im Felde »unter allen Umständen geschont und geschützt werden«. Nach Art. 33 und 34 des IV. Übereinkommens sind zum Schutze von Zivilpersonen in Kriegszeiten zum Beispiel »Kollektivstrafen wie auch jede Maßnahme zur Einschüchterung oder Terrorisierung, (...) Plünderung«, »Vergeltungsmaßnahmen« gegen geschützte Personen und deren Eigentum sowie »das Nehmen von Geiseln (...) *verboten*«.

Aufbauend darauf werden in den weitgehend übereinstimmenden Art. 50, 51, 130 und 147 der Konventionen die »absichtliche Tötung, Folterung oder unmenschliche Behandlung, einschließlich biologischer Experimente, vorsätzliche Verursachung großer Leiden oder schwere Beeinträchtigung der körperlichen Integrität oder der Gesundheit sowie (abgesehen von Art. 130 der III. Konvention) die Zerstörung und Aneignung von Gut, die nicht durch militärische Erfordernisse gerechtfertigt sind und in großem Ausmaß auf unerlaubte und willkürliche Weise vorgenommen werden«, als »schwere Verletzungen« bezeichnet.[23] Dieser gemeinsame »Grundstock« wird in den einzelnen Konventionen lediglich deren Schutzobjekten und dadurch etwa bedingten Eigenarten ihrer Verletzungsmöglichkeiten angepaßt. Vereinzelt werden darüber hinaus Verstöße gegen spezielle Verbote ausdrücklich als »schwere Verletzungen« bezeichnet und damit den allgemeinen Regeln für diese unterstellt. Für »schwere Verletzungen« haften zum Beispiel nicht nur die unmittelbar Ausführenden, sondern auch jene, die »zu einer solchen Verletzung den Befehl erteilen« (Art. 49, 50, 129 und 146). Zudem sind alle von ihnen gemäß Art. 86 Abs. 1 i.V.m. Art. 85 Abs. 1 des Zusatzprotokolls I auch durch Unterlassen begehbar.

Soweit derartige Straftaten nicht, wie etwa die *»absichtliche Tötung«*, aus sich heraus hinreichend bestimmt sind, können sie durch die Verbote und Gebote des humanitären Völkerrechts in den Konventionen und den Zusatzprotokollen, aber auch durch Regeln des ungeschriebenen humanitären Völkerrechts, also durch alle Gesetze oder Gebräuche des Krieges, präzisiert werden.

Für alle diese Tatbestände fehlen konkrete Strafdrohungen. Sie wurden im Völkerstrafrecht schon von Anfang an als entbehrlich angesehen, insbesondere im anglo-amerikanischen Rechtskreis. Die Strafe hat sich aber an den allgemein anerkannten Grundsätzen, die für vergleichbare Taten in nationalen Rechtsordnungen gelten, und an der Verhältnismäßigkeit zu orientieren.[24]

(b) Kennzeichnendes gemeinsames Merkmal dieser pönalisierten Verhaltensweisen ist die *unmittelbare* Betroffenheit von Personen und Gütern eines Staates, mit dem ein anderer Staat Krieg führt. Das bringen zum Beispiel die in allen Konventionen übereinstimmenden Art. 3 in den Ziff. 1 besonders deutlich zum Ausdruck, indem sie gerade für Konflikte mit »keinem internationalen Charakter« wenigstens einen *Mindest*standard gewährleisten wollen. Hinter diesen Ge- und Verboten steht der Gedanke, bei *allen* kriegerischen Auseinandersetzungen wenigstens eine »geregelte Kriegführung« und, soweit das überhaupt denkbar ist, ein Minimum an Menschlichkeit zu gewährleisten.

Prägend für die »schweren Verletzungen« ist ferner, daß die geschützten Personenkreise zu dem jeweils feindlichen Staat in einer engen Beziehung stehen, jedoch nicht mehr zur *aktiven Kampf*truppe gehören. Sie sind daher willkürlichen Verletzungen ihrer Menschenrechte sowie dem Haß der feindlichen Streitkräfte weitgehend schutzlos ausgesetzt. Dieses besondere »Ausgeliefertsein« gilt auch für die geschützten Güter.

Die Strafbestimmungen als eines der Mittel zur Durchsetzung der Verbote und Gebote des humanitären Völkerrechts beruhen zudem auf der Erfahrung, daß die Ausnutzung derartiger Situationen die Beendigung der kriegerischen Auseinandersetzungen verzögern, neue Konflikte heraufbeschwören und dadurch den internationalen Frieden und die Sicherheit der Menschheit gefährden kann. Auch sie dienen daher der Erhaltung beziehungsweise Wiederherstellung dieser primär völkerrechtlichen Rechtsgüter.[25]

(2) Strafbarkeit von »Zuwiderhandlungen«

Andere als »*schwere* Verletzungen« werden gelegentlich als »minderschwere Verstöße« bezeichnet. In den Konventionen selbst und im Zusatzprotokoll I wird jedoch nur von »schweren Verletzungen« und von »Zuwiderhandlungen« beziehungsweise von »Verletzungen« und »schweren Verletzungen« (Art. 85 Abs. 1 des Zusatzprotokolls I) gesprochen. Die Bezeichnung »minderschwere Verstöße« wird dadurch entbehrlich. Sie sollte zudem vermieden werden, um nicht den Eindruck zu erwecken, daß die nicht in den Kreis der »*schweren* Verletzungen« aufgenommenen Verstöße keine Kriegsverbrechen wären. Denn alle Verletzungen des einschlägigen humanitären Völkerrechts sind Kriegsverbrechen, die jedenfalls aus der Sicht der anglo-amerikanischen Staaten unmittelbar nach Völkerrecht oder, soweit staatliche Rechtsordnungen eine solche Anwendung untersagen, aufgrund der Schaffung eigener staatlicher Straftatbestände verfolgt werden können; nur die Straf*pflicht* der Staaten nach den Abkommen und den Zusatzprotokollen beschränkt sich auf die darin eigens angeführten »*schweren* Verletzungen«.

Im Gegensatz zu den schweren Verletzungen betreffen die übrigen *nicht unmittelbar* Personen und Güter des Kriegsgegners, sondern verletzten Richtlinien und Vorschriften für rechtmäßiges Verhalten im Kriege. Da Tatbestandsmerkmal bei ihnen nicht eine besondere Folge wie der Tod oder schwere körperliche und seelische Schäden ist, sind sie weniger geeignet, die Ordnung und den Frieden der Völkergemeinschaft *unmittelbar* zu gefährden oder Menschenrechte zu verletzen. Ihre Sanktionierung ist aber dennoch geboten, weil durch diese Regeln schon *im Vorfeld* schwereren Verletzungen vorgebeugt werden soll.[26]

Typisch für derartige Verletzungen sind Verstöße gegen das Verbot von Angriffen auf Zivilspitäler gemäß Art. 18 der IV. Konvention, von Mißbräuchen des Zeichens des Roten Kreuzes gemäß Art. 53 und 54 der I. Konvention sowie gegen die Verpflichtung, verletzte Kriegsgefangene gemäß Art. 109 f der III. Konvention in die Heimat zu entlassen. Sie sind strafbar, weil aus ihnen eine Bedrohung von konkreten Rechtsgütern entstehen kann, oder sie können, wenn diese in ihnen liegende Gefährlichkeit in eine entsprechende Beeinträchtigung umgeschlagen ist, sogar als »schwere Verletzung« im Sinne zum Beispiel von Art. 147 der IV. Konvention strafbar sein, wie etwa bei Verstößen gegen Art. 18 dieser Konvention.

cc) Tatbestände mit erweitertem Anwendungsbereich

In den Art. 3 aller vier Genfer Konventionen wird übereinstimmend festgelegt, daß auch »im Falle eines bewaffneten Konflikts, der *keinen internationalen* Charakter aufweist (...), jede der am Konflikt beteiligten Parteien gehalten [ist], *wenigstens*« bestimmte, näher bezeichnete Grundregeln des humanitären Völkerrechts zu beachten. Danach sind »Personen, die nicht [mehr] unmittelbar an den Feindseligkeiten teilnehmen, (...) unter allen Umständen mit Menschlichkeit« zu behandeln. »Zu diesem Zwecke sind und bleiben (...) jederzeit und überall verboten« zum Beispiel »Angriffe auf Leib und Leben, namentlich Mord jeglicher Art, Verstümmelung, grausame Behandlung und Folterung«.

Soweit diese Umschreibungen sich in den jeweiligen Bestimmungen zu den »*schweren* Verletzungen« wiederfinden oder unter sie zu subsumieren sind, unterliegen sie der Straf*pflicht* der Staaten. So wird beispielsweise die Verstümmelung in Art. 3, nicht aber in Art. 147 des IV. Abkommens ausdrücklich angeführt, wäre dort aber unter die Bezeichnung »unmenschliche Behandlung« beziehungsweise »Verursachung großer Leiden oder schwere Beeinträchtigung der körperlichen Integrität« zu subsumieren.

Auf der anderen Seite ist zu berücksichtigen, daß zum Beispiel in Art. 147 die »ungesetzliche Deportation« erwähnt wird, die in Art. 3 nicht aufscheint und deshalb bei einem *staatsinternen* Konflikt jedenfalls nach dem in den Genfer Dokumenten verankerten humanitären Völkerrecht nicht verboten und damit auch nicht strafbar ist.

Da die Verbote in Art. 3 einen Mindeststandard des humanitären Völkerrechts darstellen, gelten sie nach Ansicht des IGH auch für internationale Konflikte.[27] Sie tragen insofern zur Klarstellung und damit auch zur Präzisierung der übrigen Straftatbestände des Kriegsvölkerrechts bei.

b) Die Zusatzprotokolle I und II von 1977

aa) Allgemeines

(1) Das Zusatzprotokoll I erweitert den Schutzbereich der vier Abkommen in mehrfacher Hinsicht:

- Diese sind nun auch auf »bewaffnete Konflikte, in denen Völker gegen Kolonialherrschaft und fremde Besetzung sowie gegen rassistische Regimes in Ausübung ihres Rechts auf Selbstbestimmung kämpfen«, anwendbar (Art. 1 Abs. 4 i.V.m. Abs. 3).

- Daneben werden die zu bestrafenden »*schweren* Verletzungen« der Abkommen durch Art. 85 um neue Tatbestandsgruppen ergänzt.
- Zudem wird in Art. 1 Abs. 2 sowie Art. 2 lit. b klargestellt, daß – über den Schutz durch internationale Konventionen hinaus –

  »Zivilpersonen und Kombattanten unter dem Schutz und der Herrschaft der Grundsätze des Völkerrechts, wie sie sich aus feststehenden Gebräuchen, aus den Grundsätzen der Menschlichkeit und aus den Forderungen des öffentlichen Gewissens ergeben«, stehen beziehungsweise daß *neben* dem Konventionsrecht »die allgemein anerkannten Grundsätze und Regeln des Völkerrechts (…) auf bewaffnete Konflikte anwendbar sind«.

- Ganz im Sinne der Präambel, Bestimmungen »neu zu bestätigen und weiterzuentwicklen«, werden auch Regeln des Allgemeinen Teils präzisiert, etwa in Art. 86 durch die Festlegung der Strafbarkeit von Unterlassungen und eines erweiterten strafrechtlichen Haftungsbereichs für Vorgesetzte.[28]

Zur Anpassung an neuere Entwicklungen erfolgt zum Beispiel in den Art. 24 bis 31 die Ausdehnung des Schutzes auf Sanitäts*luft*fahrzeuge, in Art. 35 das Verbot von Waffen und Methoden der Kriegführung, die geeignet sind, überflüssige Verletzungen und unnötige Leiden herbeizuführen sowie von Umweltschäden. Typisch für die damaligen Bedürfnisse und Erscheinungsformen ist auch ein Verbot der Heimtücke in Art. 37 sowie im Hinblick auf die Befreiungsbewegungen die Regelung, daß allen gemäß der Definition in Art. 47 als Söldner einzustufenden Personen der völkerrechtliche Schutz »eines Kombattanten und eines Kriegsgefangenen« entzogen wird; Söldner sind danach lediglich aufgrund des Art. 45 Abs. 3 wie Zivilpersonen dem Schutz des Art. 75 unterstellt.

(2) Im Zusatzprotokoll II geht es um den Schutz der Opfer *nichtinternationaler* bewaffneter Konflikte, also um eine Erweiterung und Präzisierung des Schutzes, der in den übereinstimmenden Art. 3 der Konventionen ohnehin vorgesehen ist und der auch noch durch andere Regeln des humanitären Völkerrechts ergänzt wird.

So wird zum Beispiel durch Art. 4, wie schon durch die Art. 77f des Zusatzprotokolls I, klargestellt, daß Kinder in besonderem Maße zu schonen sind, und diesbezüglich werden spezielle Gebote und Verbote angeführt. Nach Art. 13, 14 und 15 dürfen ferner für die Zivilbevölkerung lebensnotwendige Objekte wie die Wasser- und Stromversorgung nicht mehr Ziele von Angriffen sein und das Aushungern darf als Mittel der Kriegführung nicht mehr eingesetzt werden.

Zudem wird die Ausgangssituation für die Anwendung der übereinstimmenden Art. 3 der Konventionen dahingehend präzisiert, daß die dort lediglich *negative* Abgrenzung anhand der Formulierung »keinen internationalen Charakter« nun durch positiv festzustellende Kriterien näher festgelegt wird. Dadurch soll verhindert werden, daß auch für marodierende Banden, insbesondere krimineller Art, oder bei jeder gewalttätigen innerstaatlichen Auseinandersetzung bereits automatisch das humanitäre Kriegsvölkerrecht zur Anwendung gelangen muß.[29]

(3) Die rechtliche Bedeutung der beiden Zusatzprotokolle ist vergleichbar mit derjenigen der Genfer Konventionen. Während diese am 31. 12. 1992 von insgesamt 172 Staaten ratifiziert waren, haben die Zusatzprotokolle zu diesem Zeitpunkt zwar erst durch 103 beziehungsweise 113 Staaten Anerkennung gefunden. Aber wie die ersten, so definieren auch die zweiten in der Mehrheit Verbote und Sanktionsmechanismen, die ohnehin schon nach ungeschriebenem Völkerrecht zum Bestand des Völkerstrafrechts zählen.[30]

bb) Differenzierung nach Tatbestandsgruppen

(1) Strafpflicht bei »schweren Verletzungen«

Im Zusatzprotokoll I wird im Zweiten Abschnitt die »Ahndung von Verletzungen der Abkommen *und* dieses Protokolls« geregelt. Nach Art. 85 werden »die Bestimmungen der Abkommen über die Ahndung von Verletzungen und schweren Verletzungen (...) durch die Bestimmungen dieses Abschnitts ergänzt« und zugleich »*schwere* Verletzungen« der Genfer Abkommen auch als »schwere Verletzungen« dieses Protokolls eingestuft, wenn sie gegen die in ihm geschützten Personengruppen gerichtet sind. Diese Einstufung hat Bedeutung für die Anwendbarkeit der (wenigen) allgemeinen Regeln des Zusatzprotokolls I, etwa des Art. 86, auf »schwere Verletzungen« der Genfer Konventionen.

»Schwere Verletzungen« des Zusatzprotokolls I sind gemäß Art. 85 Abs. 3 bestimmte Verhaltensweisen, »wenn sie *vorsätzlich* unter Verletzung der einschlägigen Bestimmungen des Protokolls begangen werden *und* den Tod oder eine schwere Beeinträchtigung der körperlichen Unversehrtheit oder der Gesundheit *zur Folge haben*«. Die für diese erfolgsabhängigen Delikte in Betracht kommenden Ausgangspositionen werden in den lit. a bis f näher umschrieben. Dazu zählen besonders (gezielte) Angriffe gegen »die Zivilbevölkerung oder einzelne Zivilpersonen«, unter bestimmten Voraussetzungen das »Führen eines unterschiedslos wirkenden, die Zivilbevölkerung oder zivile Objekte in Mitleidenschaft ziehenden Angriffs«, das »Führen eines Angriffs gegen gefährliche Kräfte enthal-

tende Anlagen oder Einrichtungen in Kenntnis« dieser Gefährlichkeit für Menschen, »Angriffe gegen unverteidigte Orte oder entmilitarisierte Zonen« und Angriffe gegen eine einzelne Person in Kenntnis der Tatsache, daß diese »außer Gefecht befindlich ist«.

Zudem wird in diesem Absatz auf Art. 11 (des Zusatzprotokolls I) verwiesen, nach dem bereits *konkrete Gefährdungen* der »körperlichen oder geistigen Gesundheit und Unversehrtheit von Personen, die sich in der Gewalt der gegnerischen Partei befinden«, ebenfalls als »schwere Verletzungen« eingestuft werden, wenn sie gegen speziell genannte Regelungen verstoßen. Eine solche ist zum Beispiel das Verbot, »medizinische und wissenschaftliche Versuche« an Personen aus dieser Gruppe vorzunehmen, selbst wenn diese ihre Zustimmung erteilt haben.

Nach Art. 85 Abs. 4 gelten als »schwere Verletzungen« auch bestimmte vorsätzliche Handlungen, wenn sie unter Verletzung der Abkommen oder des Protokolls begangen werden, insbesondere die Verschleppung, verzögerte Heimschaffung sowie »Praktiken der Apartheid und andere auf Rassendiskriminierung beruhende unmenschliche und erniedrigende Praktiken, die eine grobe Verletzung der persönlichen Würde einschließen«.

Die Formulierungen in Art. 85 Abs. 3 beziehungsweise 4, »Handlungen, wenn sie vorsätzlich unter Verletzung der einschlägigen Bestimmungen des Protokolls begangen werden« beziehungsweise »Handlungen, wenn sie vorsätzlich *und* unter Verletzung der Abkommen oder des Protokolls begangen werden«, sind dogmatisch gleich zu behandeln. Das ergibt sich aus einem Vergleich mit den authentischen englischen und französischen Formulierungen, in denen jeweils ein Beistrich hinter »wilfully« beziehungsweise »intentionnellement« steht, der offensichtlich in der deutschen Fassung lediglich vergessen worden ist. Auch die zweite Formulierung ist insofern eindeutig, als sich der Vorsatz nicht auf die Tatsache der Verletzung der Abkommen oder des Protokolls erstrecken muß. Im ersten Fall handelt es sich also sowohl in bezug auf die Verletzung als auch in bezug auf den Tod zumindest um zwei Voraussetzungen, für die Fahrlässigkeit ausreicht, wenn im Hinblick auf den Schuldgrundsatz vermieden werden soll, diese Folge als eine objektive Bedingung der Strafbarkeit einzuordnen.[31]

Für diese Interpretation spricht auch Art. 11 Abs. 4 des Zusatzprotokolls I, nach dem »eine vorsätzliche Handlung oder Unterlassung, welche (...) erheblich gefährdet (...), und die (...) gegen eines der Verbote (...) verstößt, (...) eine *schwere Verletzung* dieses Protokolls« darstellt. Aus dieser Formulierung und dem Erfordernis einer doppelten Rechtsgutsbeeinträchtigung kann nur geschlossen werden, daß *fahrlässige* Handlungen mit der gleichen Gefährdung und einem Verstoß oder *vorsätzliche* Handlungen ohne eine solche Gefährdung trotz eines Verstoßes jedenfalls keine »*schweren* Verletzungen« darstellen.

Zudem läßt sich zur Begründung auch auf die weitgehend übereinstimmenden Strafbestimmungen der vier Konventionen hinweisen, nach denen zunächst absichtliche Verhaltensweisen, dann die vorsätzliche Verursachung bestimmter Erfolge und schließlich ungesetzliche Verhaltensweisen nebeneinandergestellt und übereinstimmend als »schwere Verletzungen« bezeichnet werden, wie zum Beispiel in Art. 147 des IV. Abkommens. In dem korrespondierenden Art. 50 der I. Konvention heißt es sogar in der Aufzählung: »(...) vorsätzliche Verursachung großer Leiden oder schwere Beeinträchtigung der körperlichen Integrität oder der Gesundheit sowie Zerstörung und Aneigung von Gut«. Diese deutsche Formulierung legt den Schluß nahe, die schwere Beeinträchtigung sowie die Zerstörung und Aneignung müßten nicht vorsätzlich erfolgen. Doch stellt sich dieser Schluß bei einem Vergleich mit den allein authentischen englischen und französischen Fassungen als falsch heraus.[32] Der einschränkende Nachsatz in diesen Strafbestimmungen, »die nicht durch militärische Erfordernissse gerechtfertigt sind oder in großem Ausmaß auf unerlaubte und willkürliche Weise vorgenommen werden«, beschränkt sich ausschließlich auf die Zerstörung und Aneigung.

Von Bedeutung ist auch Art. 86, in dem ausdrücklich die Verantwortlichkeit für Unterlassungen festgeschrieben wird, »wenn eine Rechtspflicht zum Handeln besteht«. In Abs. 2 wird eine besondere strafrechtliche und disziplinarrechtliche Verantwortlichkeit der Vorgesetzten normiert, »wenn sie wußten oder unter den gegebenen Umständen aufgrund der ihnen vorliegenden Informationen darauf schließen konnten, daß der Untergebene eine solche Verletzung begangen hat oder begehen würde, und wenn sie *nicht alle in ihrer Macht stehenden praktisch möglichen Maßnahmen getroffen haben, um die Verletzung zu verhindern oder zu ahnden*«. Vergleichbare Regelungen finden sich in Art. 7 Abs. 3 des Jugoslawien-Statuts und in Art. 6 Abs. 3 des Ruanda-Statuts; sie begründen für Vorgesetzte eine *Fahrlässigkeits*haftung aus ansonsten nur *vorsätzlich* begehbaren »schweren Verletzungen«.[33]

Um bezüglich dieser Rechtspflichten der militärischen Kommandanten keine Zweifel aufkommen zu lassen, verpflichten sich gemäß Art. 87 die Vertragsparteien und die am Konflikt beteiligten Parteien, entsprechende Anforderungen an diesen Personenkreis zu stellen, zum Beispiel bezüglich der Information von Untergebenen, die Anordnung von Maßnahmen zur Verhinderung derartiger Verletzungen oder zur Einleitung von Disziplinar- oder Strafverfahren.

Vorschriften, in denen *bestimmte* Verstöße als »schwere Verletzungen« bezeichnet werden, gibt es im Zusatzprotokoll II nicht.

(2) Strafbarkeit von »Verletzungen«

Verletzungen sind alle nicht *ausdrücklich* als »schwere Verletzungen« eingestuften Verstöße gegen bestimmte Ge- oder Verbote, etwa gegen Art. 37 f des Zusatzprotokolls I bezüglich der unerlaubten Kampfmittel und -methoden. In Art. 90 Abs. 2 lit. c wird von »anderen *erheblichen Verstößen*« gesprochen. Die Tatsache, daß eine Verhaltensweise nicht als »*schwere* Verletzung« eingestuft worden ist, darf also nicht zu dem Schluß verleiten, es handle sich deshalb um *minderschwere* im Sinne von *un*erheblichen Verstößen. Das zeigt sich auch bei Art. 75 des Zusatzprotokolls I, der *grundlegende* Garantien umschreibt, deren Verletzung zwar nicht als schwere bezeichnet wird, aber deshalb dennoch nicht als »unerheblich« eingestuft werden darf.[34]

c) Gesetze und Gebräuche des Krieges

Die Gesetze und Gebräuche des Krieges sind durch die Genfer Konventionen und Protokolle nur zum Teil zusammenfassend kodifiziert worden. Beide gelten daher *nebeneinander* als Quellen des Völkerstrafrechts; sie werden gesondert fortentwickelt und konkretisiert.

Die Parallelität wird durch die bereits erwähnten Art. 1 Abs. 2 und 2 lit. b des Zusatzprotokolls I bestätigt, in denen ausdrücklich auf die Bedeutung auch der Grundsätze des humanitären Völkerrechts, »wie sie sich aus feststehenden Gebräuchen, aus den Grundsätzen der Menschlichkeit und anderen Forderungen des öffentlichen Gewissens ergeben«, beziehungsweise auf »die allgemein anerkannten Grundsätze und Regeln des Völkerrechts« hingewiesen wird. Sie und die Bedeutung des ungeschriebenen Völkergewohnheitsrechts für die Weiterentwicklung des Völkerstrafrechts werden zudem insbesondere durch das Statut für das Jugoslawien-Tribunal belegt; dessen Art. 3 stellt nämlich neben den in Art. 2 erwähnten »schweren Verletzungen« der Genfer Konventionen mehrere Gruppen von »Verstößen gegen die Gesetze *oder* Gebräuche des Krieges« unter Strafe. Zugleich wird aber betont, daß diese Verletzungen nicht die einzigen sein sollen, die aufgrund der Gesetze oder Gebräuche des Krieges in die Kompetenz des Tribunals fallen.[35]

Eine mit diesem Art. 3 vergleichbare Regelung fehlt dagegen im Ruanda-Statut. Dort wird die Kompetenz für die Aburteilung von Kriegsverbrechen ausdrücklich auf den übereinstimmenden Art. 3 *in den Genfer Konventionen* und auf das Zusatzprotokoll II beschränkt, weil der Ruanda-Konflikt »kein internationaler« war. Die Gesetze und Gebräuche des Krieges betreffen zwar nach ihrer ursprünglichen Konzeption nur *internationale* Konflikte. Aber dennoch gilt auch für »nichtinternationale« Konflikte gemäß Art. 3 der Konventionen und dem Zusatzprotokoll II ein Mindestbestand an Schutzvorschriften, der durch Gesetze oder Gebräuche des Krieges über den Wortlaut der Art. 3 hinaus präzisiert wird. Das zeigt sich unter anderem in den erläuternden Bemerkungen zu Art. 4 des Ruanda-Statuts, der ebenso wie Art. 3 des Jugoslawien-Statuts für die in ihm aufgrund des Art. 3 und des Zusatzprotokolls II geltenden Verbote mehrere Tatbestandsgruppen bildet und diese in die Strafkompetenz des Gerichtshofes stellt, aber die Strafkompetenz nicht auf diese aufgezählten Straftaten beschränkt, sondern darüber hinaus erweitert. Das Ruanda-Statut geht zwar davon aus, daß Verstöße gegen Art. 3 und das Zusatzprotokoll II als in die Kompetenz des Tribunals fallende Straftaten erfaßt werden sollen, glaubt aber, daß die Strafbarkeit weiterer Verletzungen dieser Art sich über die in diesen Vorschriften enthaltene Aufzählung hinaus aus dem Völkergewohnheitsrecht ableiten lasse, obwohl auf Gesetze *oder* Gebräuche des Krieges nicht ausdrücklich Bezug genommen wird. Auch nach Art. 20 des Draft Statute 1994 werden die »schweren Verletzungen« der Gesetze und Gebräuche des Krieges als unmittelbar nach Völkerstrafrecht zu ahndende Verhaltensweisen eingestuft und deshalb unter die Zuständigkeit dieses Gerichtshofs gestellt.[36]

d) Besonders schwere Kriegsverbrechen, Artikel 22 des Draft Code 1991

Durch Art. 22 werden in den Draft Code »Exceptionally Serious War Crimes« aufgenommen. Die ILC hat dadurch nicht nur bestätigt, daß sie von der Zugehörigkeit dieser Tatbestände zum geltenden Völkerstrafrecht ausgeht. Sie wollte vielmehr auch dokumentieren, daß diese »schwersten der schweren Verletzungen« der Genfer Konventionen und des Zusatzprotokolls I sowie der Gesetze und Gebräuche des Krieges in einem »Besonderen Teil« über »Crimes Against the Peace and Security of Mankind« nicht fehlen dürfen. Da dieser Artikel in anderem Zusammenhang noch mehrfach zu erörtern ist (unten 2 e cc sowie III 3 b), kann hier auf eine detailliertere Darlegung verzichtet werden.

2. *Verbrechen gegen die Menschlichkeit*

a) Gemeinsamkeiten und Unterschiede

Seit Nürnberg sind die »Verbrechen gegen die Menschlichkeit« zunehmend in den Vordergrund getreten. Zwar sind Grausamkeiten eines Krieges seit eh und je weltweit »vertraute« Erscheinungen, die zur Schaffung und Weiterentwicklung des humanitären Völkerrechts geführt haben. Aber nach der Erweiterung und der internationalen Verankerung der Menschenrechte sowie den Erfahrungen mit dem Holocaust galt es, schwerste Auswüchse ihrer Verletzungen auch unabhängig vom kriegerischen Geschehen mit den Mitteln des Strafrechts zu bekämpfen. Erst allmählich, Schritt für Schritt, entstand eine differenzierte Gestaltung dieser Verbrechensgruppe im Völkerstrafrecht, weil man sich jeweils lediglich auf einen speziellen Bereich einigen konnte. Allerdings geht heute die Tendenz dahin, daneben einem umfassenden Tatbestand zur konventionellen Anerkennung zu verhelfen, in dem das Typische dieser Erscheinungen, nämlich ihre Begehung zumindest mit stillschweigender Duldung von staatlichen oder von mit diesen vergleichbaren Machthabern, zum Ausdruck kommt.[37]

Die sprachliche Bezeichnung für diese Verbrechensgruppe ist uneinheitlich. Gelegentlich wird auch die Formulierung »Verbrechen gegen die Mensch*heit*« gebraucht. Richtiger erscheint jedoch die überwiegend und auch hier gewählte Bezeichnung; denn derartige Verbrechen gefährden zwar den internationalen Frieden und die Sicherheit der Menschheit, aber sie richten sich gegen diese *Rechtsgüter der Völkergemeinschaft* nur deshalb, weil dieser die Beachtung der »Grundsätze der Mensch*lichkeit*«, wie es in Art. 1 des Zusatzprotokolls I heißt, ein besonderes Anliegen ist in den Fällen, in denen das staatliche Recht deren Schutz nicht hinreichend zu gewährleisten vermag. Diese Straftatbestände des Völkerstrafrechts sollen also auch die im Vergleich zu den ihre Macht mißbrauchenden Tätern ohnmächtigen einzelnen gegen schwere Verletzungen ihrer Menschenrechte schützen. Ein derartiger doppelter Rechtsgüterschutz wird zum Beispiel beim Völkermord deutlich, der sich gegen eine einzelne Person richten kann, solange diese nur als Teil einer Gruppe Zielobjekt ist oder, wie bei Art. 21 des Draft Code 1991, Teil einer systematischen oder im großen Ausmaß zumindest geplanten Verletzung von Menschenrechten beispielsweise durch Machthaber im Staatsapparat.[38]

b) Völkermord

aa) Verankerung der Strafbarkeit im Völkerrecht

Die wesentlichsten Erscheinungsformen des Völkermords sind nach der Konvention über die Verhütung und Bestrafung des Völkermordes vom 9. Dezember 1948 mit Strafe bedroht. Andere, wie zum Beispiel die Zerstörung von Dörfern als Maßnahme der »ethnischen Säuberung«, ergeben sich aus den Genfer Konventionen und Protokollen oder den Gesetzen und Gebräuchen des Krieges.

Nach Art. I ist der Völkermord, unabhängig davon, »ob in Friedens- oder in Kriegszeiten begangen, ein Verbrechen nach Völkerrecht«.

Aus der englischen Formulierung »a crime *under* international law« hat Kunz 1949 abgeleitet, der Völkermord sei nicht *unmittelbar* nach Völkerrecht strafbar, sondern erst dadurch, daß die Staaten ihre Verpflichtung aus der Konvention durch Verankerung einer entsprechenden Bestimmung in ihrem staatlichen Recht erfüllt hätten. Völkerstrafrechtliche Verbrechen dagegen seien mit »crimes *against* international law« zu umschreiben.[39] Diese Argumentation kann jedoch aus drei Gründen nicht überzeugen:

- In den VN wird kontinuierlich seit dem Zweiten Weltkrieg und in der Literatur jedenfalls einhellig seit Mitte der siebziger Jahre davon ausgegangen, daß für eine *unmittelbare* Strafbarkeit *nach Völkerrecht* die Bezeichnung »crime *under* international law« die korrekte englische Umschreibung ist.[40]
- Die von Kunz bevorzugte Bezeichnung ist mißverständlich; denn »crimes *against* international law« sind auch solche Verbrechen, die lediglich gegen bilaterales Völkerrecht verstoßen und die nicht, wie die »crimes *under* international law«, ihren Strafgrund in der Beeinträchtigung von Rechtsgütern der Völkergemeinschaft haben, auch wenn sie daneben dem Schutz von *Individualrechts*gütern dienen.[41]
- Eine Differenzierung zwischen den Präpositionen »under« und »against« im Sinne der hier vorgenommenen Unterscheidung spiegelt sich zum Beispiel auch im Draft Code 1991 wider. In dessen Art. 1 wird für die in ihm enthaltenen Verbrechen »*under* international law« festgelegt, daß sie sich »*against* the peace and security of mankind« richten. Eine ähnliche Formulierung findet sich in Art. 2 bei der Regelung des Verhältnisses von Völkerstrafrecht und staatlichem Recht; danach sind völkerstrafrechtliche Verbrechen auch strafbar, wenn sie »not punishable *under* internal law« waren.[42]

bb) Kennzeichnendes Merkmal und einzelne Begehungsformen

Kennzeichnendes Merkmal für alle fünf in der Konvention verankerten Varianten des Völkermords ist ihre *vorsätzliche* Begehung mit der (über diesen Tatvorsatz hinausgehenden) Absicht, »eine nationale, ethnische, rassische oder religiöse Gruppe als solche ganz oder teilweise zu zerstören«. Die in Art. II der Konvention umschriebenen Verhaltensweisen lassen sich zusammenfassen als »Tötung«, »Zufügung von schwerem köperlichem oder seelischem Schaden«, »vorsätzliche Unterwerfung der Gruppe unter Lebensbedingungen« zur Verwirklichung der zuvor genannten Absicht, »Verhängung von Maßnahmen« zur Geburtenverhinderung und »gewaltsame Überführung von Kindern der Gruppe in eine andere Gruppe«.[43]

Für die damalige Zeit enthielten die in Art. III umschriebenen Einzelhandlungen und das Zusammenwirken mehrerer, wie unmittelbare Täterschaft, Verschwörung, Anreizung zur Begehung, Versuch und Mitwirkung durch eine sonstige Beteiligung, eine, gemessen an den Erfahrungen von Nürnberg, erschöpfende Aufzählung der *besonderen* Erscheinungsformen des Völkermordes.

Als erste rechtsverbindliche Bestätigung der Nürnberger Rechtsgrundlagen und Urteile ist auch Art. IV von Bedeutung; in ihm wird ausdrücklich für eine Begehung derartiger Verbrechen die Strafbarkeit *aller* Personen festgelegt, »gleichviel ob sie nach der Verfassung verantwortliche regierende Personen, öffentliche Beamte oder Privatpersonen sind«.

Gemäß Art. VI kann Völkermord nach dem Territorialitätsprinzip oder durch einen Internationalen Strafgerichtshof, den die Vertragsstaaten anerkannt haben, verfolgt werden. Diese Regelung ändert aber nichts an der Tatsache, daß einzelne Tatbestände des Völkermordes auch, soweit sie unter die Genfer Konventionen und Protokolle oder unter die Gesetze und Gebräuche des Krieges subsumiert werden können, aufgrund des Universalitätsprinzips in allen Staaten der Welt verfolgt werden dürfen, oder, wenn sie »schwere Verletzungen« der Konventionen oder Protokolle beinhalten, sogar verfolgt werden müssen, wie etwa *absichtliche* Tötungen als Maßnahme der ethnischen Säuberung in kriegerischen Auseinandersetzungen.[44]

Die praktische Bedeutung der Konvention ist bisher sehr gering. In Deutschland und in Österreich gab es vor dem Ausbruch des Krieges im ehemaligen Jugoslawien keinen einzigen Fall, der zu einer Anklage wegen Völkermords geführt hat; einige wenige Fälle sind erst seit 1994 in beiden Staaten, ebenso wie zum Beispiel in Dänemark, anhängig geworden.[45]

cc) Artikel 19 des Draft Code 1991

Von der Völkermord-Konvention weicht Art. 19 des Draft Code 1991 nur insofern ab, als neben der unmittelbaren Begehung auch *die Anordnung* ausdrücklich als gleichrangige Form der Verwirklichung genannt wird. Die Formen der Mitwirkung werden in Art. 3 umfassender als in der Völkermord-Konvention umschrieben. Die Anreizung zur Begehung muß zudem nun nicht mehr »unmittelbar *und öffentlich*« sein, sondern nur noch unmittelbar, und die Beteiligung (complicity) wird näher spezifiziert durch die Verben »aids, abets or provides the means for«.[46]

Wie bei allen Umschreibungen strafbaren Verhaltens im Draft Code 1991 fehlt auch bei Art. 19 eine konkrete Strafdrohung; für sie ist aber als Alternative mit den Worten Vorsorge getroffen worden: »(...) be sentenced [to ...]«. Eine solche Strafdrohung ist im Hinblick auf den Grundsatz »nullum crimen, nulla poena sine lege« zwar wünschenswert, aber für das Völkerstrafrecht verzichtbar, solange nur die Tat als solche *und deren Strafbarkeit* zur Zeit ihrer Begehung hinreichend präzisiert waren.[47]

c) Apartheid

Als Apartheid wird jede institutionalisierte Form einer Politik der Rassentrennung zur Unterdrückung einer Rasse durch eine andere bezeichnet. Eine Sensibilisierung der Weltöffentlichkeit für diese Fragen bestand schon seit Beginn der Kolonialherrschaften durch deren Begleiterscheinungen in Form von Unterdrückung, Ausbeutung und häufig auch Vernichtung anderer Rassen. In Freiheitserklärungen und Verfassungen wurde deshalb alsbald danach auch auf die Gleichheit der Rassen hingewiesen. Dementsprechend haben die VN schon in ihrer Satzung die *allen* Menschen angeborene Würde und Gleichheit verankert. Vor allem die Allgemeine Erklärung der Menschenrechte vom 10. Dezember 1948 brachte zum Ausdruck, daß alle Menschen frei und gleich an Würde und Rechten geboren sind und daß dies insbesondere ohne Unterschied der *Rasse*, der *Hautfarbe* oder der *nationalen Abstammung* gelte.[48]

Nachdem die Regierung in Südafrika im Jahre 1949 ein System der Apartheid errichtet hatte und die schon nach dem Ersten Weltkrieg einsetzenden Unabhängigkeitsbestrebungen der Kolonialländer und -völker zunahmen, wurde in den VN im Anschluß an die *Erklärung über die Gewährung der Unabhängigkeit an Kolonialländer und -völker* vom 14. Dezember 1960 eine solche über die *Beseitigung aller Formen rassischer Diskriminierung* am 20. November 1963 verabschiedet. Deren Ziel war es, derartige »Erscheinungsformen überall in der Welt rasch zu beseitigen sowie Verständnis und Achtung für die Wünsche der menschlichen Person zu sichern«. Schon dabei wurde erneut bekräftigt, daß Rassendiskriminierung nicht nur moralisch verwerflich, sozial ungerecht und »ein Hemmnis für freundschaftliche und friedliche Beziehungen zwischen den Völkern« sei, sondern darüber hinaus »den Frieden und die Sicherheit zwischen den Völkern (...) stören kann«.[49]

aa) Das Internationale Übereinkommen über die Beseitigung aller Formen rassischer Diskriminierung von 1966

Auf diesem Hintergrund wurde am 7. März 1966 das erste Internationale *Übereinkommen* zur Bekämpfung der Rassendiskriminierung verabschiedet. In dessen Präambel wird erstmals ausdrücklich auf die Gefährlichkeit »einer Politik der Apartheid« für den internationalen Frieden und die Sicherheit zwischen den Völkern sowie auf die Entschlossenheit der Vertragsstaaten hingewiesen, »alle notwendigen Maßnahmen zu treffen, um rassische Diskriminierung in allen ihren Formen (...) zu verhindern und zu bekämpfen«.[50]

Mit der Erkenntnis, daß die Apartheid nicht nur die individuelle Würde und Integrität von Einzelpersonen, sondern darüber hinaus auch *internationale* Rechtsgüter bedroht, war bereits vorgezeichnet, daß es mit einem bloßen Verbot, wie es in Art. 2 lit. d des Übereinkommens vorgesehen war, auf Dauer nicht sein Bewenden haben konnte. Dies galt vor allem, nachdem in Art. 3 die Verpflichtung der Staaten zu einem solchen Verbot und in Art. 5 die speziellen Formen der Apartheid, die einem solchen Verbot unterworfen werden sollten, in einer Art spezifiziert worden waren, die als Grundlage für *strafrechtliche* Tatbestände dienen konnte.

bb) Die Konvention zur Bekämpfung und Ahndung des Verbrechens der Apartheid von 1973

(1) Unter dem Eindruck der mangelnden Effektivität des Übereinkommens setzten schon bald im Rahmen der VN Bemühungen ein, diese durch eine weitere internationale *Konvention* zu erhöhen. Die Apartheid-Konvention wurde am 30. 11. 1973 verabschiedet und trat am 18. 7. 1976 in Kraft. Wie sehr die zunehmende Konfrontation der Rassen in den immer härtere Diskriminierungsmaßnahmen ergreifenden Apartheidregimes im Süden Afrikas diese Entwicklung beschleunigt hat, geht aus dessen beispielhafter Erwähnung in Art. I dieser Konvention hervor.[51]

In dieser Apartheid-Konvention wird ausdrücklich hervorgehoben, daß bereits in dem Übereinkommen über die Nichtanwendbarkeit der Verjährungsvorschriften auf Kriegs- und Humanitätsverbrechen aus dem Jahre 1968 »inhuman acts resulting from the policy of *apartheid*« als Humanitäts*verbrechen* eingestuft worden sind. Zudem sei bereits in mehreren Resolutionen der Generalversammlung die Apartheid als Menschlichkeitsverbrechen anerkannt und dementsprechend verurteilt worden; sie störe und bedrohe den internationalen Frieden und die Sicherheit der Völkergemeinschaft. Deshalb sei es notwendig, »to take more effective measures at the international and the national levels with a view to the suppression *and punishment* of the crime of apartheid«. Zugleich wurde darauf hingewiesen, daß bestimmte Verhaltensweisen, die auch als Apartheid qualifiziert werden könnten, schon als Völkermord *unmittelbar nach Völkerrecht* strafbar seien; der Sicherheitsrat habe bereits mehrfach betont, derartige Verhaltensweisen, insbesondere ihre Fortführung, Intensivierung oder Ausdehnung, stellten eine ernsthafte Bedrohung für den internationalen Frieden und die Sicherheit der Menschheit dar. Ferner wird in der Präambel ausdrücklich betont, »acts of apartheid constitute a crime *under* international law«, das als Verbrechen gegen die Menschlichkeit einzustufen sei.[52]

(2) Zwar werden in Art. I Abs. 2 alle Organisationen, Institutionen und Einzelpersonen, die ein solches Verbrechen begehen, für kriminell erklärt; aber durch Art. III wird ausdrücklich klargestellt, daß Mitglieder solcher Organisationen und Vertreter des Staates nur dann bestraft werden können, wenn sie entweder an der Verwirklichung entsprechender Straftatbestände mitwirken oder »*directly* abet, encourage or co-operate in the commission of the crime of apartheid«[53].

Als Straftatbestände der Unterdrückung des Rechts auf Leben und Freiheit werden in Art. II vor allem die Tötung, schwere physische oder psychische Verletzungen sowie die willkürliche Verhaftung oder Freiheitsentziehung genannt.

Eine Beschränkung auf *vorsätzliche* Verhaltensweisen erfolgt ausdrücklich nur für das Tatbild unter lit. b durch die Formulierung »*deliberate* imposition (...) of living conditions calculated to cause its or their physical destruction in whole or in part«. Sie ergibt sich aber für lit. a (i) aus der Wortwahl »murder«, welche die fahrlässige Begehung ausschließt. Für die anderen beiden Tatbilder unter lit. a ergibt sich diese Beschränkung ebenfalls aus dem Wortlaut: »infliction upon« und »subjecting them« sind Handlungsumschreibungen, die ebenso für eine Beschränkung auf Vorsatz sprechen wie »*arbitrary* arrest and illegal imprisonment«. Eine andere Interpretation wäre auch mit der Entwicklung des Völkerstrafrechts nicht zu vereinbaren, in dem bisher eine Fahrlässigkeitshaftung nur als Ausnahme für Befehlsgeber gemäß Art. 86 des Zusatzprotokolls I oder etwa für aus vorsätzlichem Verhalten resultierende Folgen vorgesehen ist.[54]

Für diese restriktive Interpretation spricht vor allem, daß sämtliche Tatbestände der Apartheid nach der Konvention einen *erweiterten* Vorsatz (überschießende Innentendenz) voraussetzen, nämlich die Begehung »for the purpose of establishing and maintaining domination by one racial group of persons over any other racial group of persons and systematically oppressing them« und dieser im Zusammenhang mit lediglich fahrlässig verwirklichten Tatbildern sachlogisch nicht gebildet werden kann.

(3) Die Tatsache, daß die Staaten sich gemäß Art. IV verpflichten, alle notwendigen gesetzgeberischen Maßnahmen zur Verfolgung und Bestrafung zu unternehmen, ändert nichts daran, daß mit dieser Konvention eine Strafbarkeit *unmittelbar* nach Völkerrecht begründet worden ist. Diese Interpretation wird nicht nur durch die bereits erwähnte Formulierung aus der Präambel, sondern auch durch Art. V bestätigt. Danach besteht neben der Zuständigkeit *staatlicher* Gerichte, zu deren Begründung staatliche Gesetze »notwendig« sein *könnten*, weil Völkerrecht nicht in allen Staaten durch deren Gerichte unmittelbar anwendbar ist, diejenige eines *Interna-*

tionalen Strafgerichtshofes; und dessen Strafkompetenz kann sich nur aus dem Völkerrecht ergeben, weil ihm eine solche für die Aburteilung von nach *staatlichem* Recht strafbare Verhaltensweisen nicht zugewiesen wird. Art. V soll also durch diese Verpflichtung der Staaten lediglich verhindern, daß *bis zur Errichtung* eines Internationalen Strafgerichtshofes eine Verfolgung nach staatlichem Recht an der mangelnden Transformation des Völkerrechts in die jeweiligen Rechtsordnungen scheitert. Das zeigt sich auch deutlich an den Statuten für das Jugoslawien- und das Ruanda-Tribunal, durch welche diese gemäß den gleichlautenden Art. 5 lit. h beziehungsweise 3 lit. h zur Aburteilung von Apartheidverbrechen für zuständig erklärt werden.

cc) Artikel 20 des Draft Code 1991

Art. 20 des Draft Code 1991 baut zwar auf der konventionellen Verankerung der Tatbilder der Apartheid auf, schränkt diese aber ein. Nach ihm soll bestraft werden, »who *as leader* or *organizer* commits or orders the commission of the crime of apartheid«; durch diese Einengung des Täterkreises werden die *»private«* Rassendiskriminierung und die Ausführung durch Untergebene, etwa bei der Rassentrennung in Gaststätten beziehungsweise in öffentlichen Ämtern, *nicht unmittelbar* vom Tatbild des Art. 20 erfaßt. Das geht auch aus dem Kommentar zu Art. 20 hervor, nach dem nur solche Personen strafrechtlich verantwortlich sein sollen, »who are in the position to use the State apparatur (...)«. Die genannten Personen können aber als Mitwirkende *an der Ausführung* durch einen qualifizierten Täter bestraft werden, wenn ihr Verhalten unter Art. 3 zu subsumieren ist. Insbesondere ist danach strafbar, wer bereits zum Beispiel *beim Erlaß* solcher Gesetze oder *bei der Organisation* ihrer Ausführung beteiligt ist.[55]

Diese auch in Art. 16 und Art. 17 (Aggression beziehungsweise Intervention) enthaltene Beschränkung des Täterkreises geht auf Art. 6 lit. c zweiter Absatz des Nürnberger Statuts zurück. »Hauptkriegsverbrecher« waren damals »Anführer, Organisatoren, Anstifter und Teilnehmer, die *am Entwurf* oder der *Ausführung* eines gemeinsamen Planes oder einer Verschwörung zur Begehung (...) teilgenommen haben«; sie waren allerdings auch für alle Handlungen verantwortlich, »die von irgendeiner Person in Ausführung eines solchen Planes begangen worden sind«.[56]

Die Umschreibungen der Verbrechen der Apartheid stimmen mit denjenigen der Konvention von 1973 überein, enthalten aber nicht die drei bereits erwähnten Spezifizierungen, die dort in Art. II unter lit. a verankert sind. Erfreulicherweise ist aber die dortige Alternative »denial (...) of the right to life« beibehalten worden; darin kommt auch zum Ausdruck, daß das Recht auf *Über*leben, das heißt auf ein Existenzminimum an Basisversorgung, gewährleistet werden soll. Der Verzicht in Art. 20 des Draft Code 1991 auf die in Art. II lit. a der Konvention 1973 enthaltene taxative Aufzählung von lediglich drei Begehungsformen eröffnet Art. 20 einen weitergehenden Anwendungsbereich.[57]

d) Folter

aa) Allgemeines

Das heutige Erscheinungsbild der Folter wird entscheidend durch ihre Verwendung zur Bekämpfung von Gegnern eines Staates bestimmt. Es entspricht damit einem der historischen Anfänge, nämlich dem Einsatz der Folter zur Erhaltung von Machtpositionen und zur Erzwingung von Geständnissen, insbesondere im Rahmen der Inquisition.[58] Gemeinsamkeiten im Erscheinungsbild haben die kennzeichnenden Merkmale immer deutlicher in Erscheinung treten lassen. Dennoch wurde das Folterverbot zunächst in Art. 5 der Allgemeinen Erklärung der Menschenrechte ohne begriffliche Festlegung pauschal zusammen mit dem Verbot von jeder grausamen, unmenschlichen oder erniedrigenden Behandlung oder Strafe verankert, ebenso wie zwei Jahre später in Art. 3 der Europäischen Menschenrechtskonvention. Der damit inhaltlich übereinstimmende Art. 7 des Internationalen Paktes über bürgerliche und politische Rechte von 1966 verbot darüber hinaus die unfreiwillige Unterwerfung unter medizinische oder wissenschaftliche Versuche.[59]

bb) Straftatbestände im humanitären Kriegsvölkerrecht

Die *Strafbarkeit* der Folter ergibt sich zwar schon aus den Gesetzen und Gebräuchen des Krieges, wird aber erstmals ausdrücklich in den übereinstimmenden Strafbestimmungen der vier Genfer Konventionen schriftlich verankert. Danach ist jede Folter, grausame, unmenschliche oder erniedrigende Behandlung oder Strafe eine »schwere Verletzung« der Konvention und unterliegt damit der Straf*pflicht* der Staaten. Eine nähere Präzisierung, was genau unter Folter zu verstehen ist, enthalten auch die Konventionen nicht. Sie war dort auch entbehrlich, weil für die Ausgestaltung des Straftatbestandes auf die anerkannten allgemeinen Rechtsgrundsätze zurückgegriffen werden kann, nach denen in den meisten Staaten der Welt die Folter als (schwere) Körperverletzung und Nötigung strafbar ist. Zudem umschreiben die Genfer Konventionen wie auch das Zusatzprotokoll I Verhaltensweisen beziehungsweise Folgen, die typischerweise mit Folterungen einhergehen und die deswegen auch als solche unmittelbar nach Völkerrecht strafbar sind, wie etwa in Art. 85 Abs. 3 des Zusatzprotokolls I das Verbot der schweren Beeinträchtigung der körperlichen Unversehrtheit beziehungsweise Integrität oder der Gesundheit, das auch in die Strafbestimmungen der Konventionen aufgenommen worden ist.

Aber weltweit gesehen nahmen Folterungen in einem Ausmaß zu, daß Organisationen wie Amnesty International und World Watch in ihren Jahresberichten immer umfangreicher darüber berichteten. Es war deshalb nicht mehr ausreichend, ausschließlich für *kriegerische* Auseinandersetzungen eine völkerrechtliche Strafbarkeit der Folter festzulegen. Vielmehr erschien es nach dem Versagen aller anderen internationalen Sanktionsmechanismen dringend geboten, dem Einsatz der Folter für machtpolitische Mißbräuche auch mit Mitteln des Strafrechts Einhalt zu gebieten. Selbst wenn diese Tatbestände derzeit noch wenig Aussicht haben, in den »folternden Staaten« oder über Jugoslawien und Ruanda hinaus angewendet zu werden, so können sie doch, vielleicht zusammen mit einer entsprechenden Ächtung in den Medien, durch Bewußtseinsbildung wenigstens in begrenztem Maße präventiv wirken.

cc) Die Erklärung von 1975 und die UN-Konvention von 1984

In der Generalversammlung vom 9. Dezember 1975 wurde zunächst einstimmig eine Erklärung angenommen, in der diese Beziehung zwischen Machtmißbrauch und Folter sowie zwischen dieser und der Verletzung von Menschenrechten hergestellt wurde. Aber die Zeit war offensichtlich noch nicht reif für eine weltweite Festschreibung der Strafbarkeit unmittelbar nach Völkerrecht über den Bereich kriegerischer Auseinandersetzungen hinaus. Erst mit der Konvention von 1984 wurde eine genaue Definition der Folter verabschiedet, in der in Art. 1 insbesondere auch die *staatliche* Beteiligung durch »Veranlassung« beziehungsweise durch zumindest stillschweigende Billigung hervorgehoben wurde.

Zwar wird in dieser Bestimmung ausdrücklich betont, daß weitergehende internationale Regelungen von dieser Vorschrift nicht berührt werden. Aber in der ganzen Konvention fehlt der Hinweis darauf, daß die Folter ein Verbrechen ist, das *unmittel*bar nach Völkerrecht bestraft werden kann. Es ging den Staaten seinerzeit offensichtlich in Art. 4 lediglich darum, daß jeder Vertragsstaat »nach seinem Strafrecht alle Folterhandlungen als Straftaten gelten« lasse, und daß eine Rechtfertigung »gleich welcher Art«, also auch durch kriegerische Auseinandersetzung, ausgeschlossen werde. Der einzige Satz, aus dem eine solche unmittelbare strafrechtliche Verantwortlichkeit nach Völkerrecht abgeleitet werden könnte, ist Art. 5 Abs. 3, nach dem »dieses Abkommen (...) eine Strafgerichtsbarkeit, die nach innerstaatlichem Recht ausgeübt wird, nicht« ausschließt; denn per Umkehrschluß folgt daraus, daß es für das Verbrechen der Folter noch eine andere Gerichtsbarkeit geben muß. Diese kann aber nach den allein in Betracht kommenden Alternativen nur eine internationale oder eine solche sein, die Staaten nach Völkerrecht ausüben, das heißt in jedem Fall eine, in der *unmittelbar* Völkerstrafrecht angewendet wird.[60]

e) Vertreibung und Deportation

Vertreibungen waren seit eh und je häufig Ziel oder Begleiterscheinung kriegerischer Auseinandersetzungen. Zwar läßt sich aus den Gesetzen und Gebräuchen des Krieges, insbesondere aus der Haager Landkriegsordnung von 1907, kein *spezielles* Verbot von Vertreibungen und Deportationen ableiten. Aber einige ihrer Bestimmungen führen nach überwiegender Ansicht zu dem Schluß, daß ein Recht auf angestammte Heimat und auf den Verbleib dort schon in diesen Bestimmungen verankert ist.[61]

aa) Erfassung als Kriegsverbrechen

(1) Einschlägige Nürnberger Rechtsnormen und Urteile

Eine erste positiv-rechtliche Verankerung einer internationalen Strafbarkeit erfolgte durch Art. 6 (b) und (c) des Nürnberger Statuts. Zu den *Kriegs*verbrechen zählt dort die »Deportation zu Sklavenarbeit oder für irgendeinen anderen Zweck von Angehörigen der Zivilbevölkerung von oder in besetzten Gebieten«; andere Deportationen werden als *Verbrechen gegen die Menschlichkeit* nur erfaßt, wenn sie in Verbindung mit einem Verbrechen gegen den Frieden oder mit einem Kriegsverbrechen begangen werden. Nähere Angaben zum Begriff »Deportation« sind dem Statut nicht zu entnehmen. Insofern konnte aber, da die Nürnberger Rechtsnormen insoweit ohnehin nur schon bestehendes Völkerrecht kodifizieren, die Haager Landkriegsordnung zur näheren Bestimmung des Tatbildes herangezogen werden.

Art. II des Kontrollratsgesetzes Nr. 10 entspricht zwar im wesentlichen dem Art. 6 des Nürnberger Statuts. Deportationen werden danach jedoch unabhängig von einer Begehung in Verbindung mit einem der anderen klassischen Nürnberger Tatbestände als *Humanitäts*verbrechen unter Strafe gestellt. Eine Präzisierung erfolgte in mehreren Urteilen.[62]

In einem von ihnen wird im Zusammenhang mit Vertreibungsverbrechen generell und ausdrücklich klargestellt, daß internationale Verbrechen im Sinne der Nürnberger Statuten nicht nur aufgrund ihrer universellen Anerkennung als strafbar angesehen werden müssen, sondern daß sie darüber hinaus eine *Angelegenheit der Völkergemeinschaft* betreffen, die »for some valid reasons cannot be left within the exclusive jurisdiction of the state that would have control over it under ordinary circumstances«. Damit ist genau die Situation umschrieben, die heute die Rechtfertigung und die Grundlage dafür bildet, daß das Völkerstrafrecht bestimmte schwerwiegende Verletzungen der Menschenrechte nicht der staatlichen Gerichtsbarkeit überlassen kann, nämlich weil durch die für diese Erscheinungsformen typische Beteiligung des Staates an ihrer Verwirklichung eine unabhängige und unparteiliche Aburteilung von dessen Gerichten nicht zu erwarten ist. Wenn nämlich der Machtapparat eines Staates systematisch oder in großem Ausmaß derartige Verbrechen begehen oder sich an ihnen beteiligen kann, bietet auch die Gewaltenteilung keine Gewähr mehr, daß die Verantwortlichen dafür zur Rechenschaft gezogen werden.[63]

(2) Artikel 147 der IV. Genfer Konvention und Artikel 85 des Zusatzprotokolls I

Die Strafbarkeit von Vertreibungen wird erst im IV. Abkommen über den Schutz der Zivilbevölkerung in Kriegszeiten angeführt, weil dieses Verbrechen nicht in den Schutzbereich der I. und II. Konvention fällt und ihm in der III. durch das Gebot der Repatriierung von Kriegsgefangenen gemäß Art. 118 hinreichend Rechnung getragen wird. In Art. 147 der IV. Konvention wird die absichtliche »ungesetzliche« Deportation oder Versetzung als »schwere Verletzung« der Konvention bezeichnet.

Die Beschränkung auf *ungesetzliche* Verhaltensweisen geht auf Art. 49 dieser Konvention zurück, der zwar ein *grundsätzliches* Verbot enthält, zugleich aber eine vollständige oder teilweise Evakuierung von Zivilpersonen *erlaubt*, wenn und solange die Sicherheit der Bevölkerung oder zwingende militärische Gründe diese Maßnahmen als notwendig erscheinen lassen; sie soll deshalb nach dieser Vorschrift auch unmittelbar nach Beendigung der Feindseligkeiten wieder rückgängig gemacht werden.[64]

In Art. 85 Abs. 4 des Zusatzprotokolls I wird die Vertreibung näher konkretisiert durch Hinweis auf Maßnahmen »unter Verletzung des Art. 49 des IV. Abkommens«, die »ungerechtfertigte Verzögerung bei der Heimschaffung von Kriegsgefangenen oder Zivilpersonen« sowie »Praktiken der Apartheid und andere auf Rassendiskriminierung beruhende unmenschliche oder erniedrigende Praktiken, die eine grobe Verletzung der persönlichen Würde einschließen«. Mit diesen Formulierungen wird deutlich, daß die internationale Verankerung der Strafbarkeit von Vertreibungen sich inzwischen den Erscheinungsformen dieser Verbrechen angepaßt hat und deren Varianten beziehungsweise »Begleiterscheinungen« seit 1977 ebenfalls als strafbar ansieht.[65]

bb) Erfassung als Völkermord oder strafbare Apartheid

Die Völkermord-Konvention war die erste nach dem Zweiten Weltkrieg, in der Tatbestände des Völkerstrafrechts positiv-rechtlich normiert worden sind. Da in Art. II dieser Konvention als Völkermord unter anderem die Auferlegung von Lebensbedingungen unter Strafe gestellt wird, die geeignet sind, die physische Zerstörung der Gruppe als Ganzes oder *teilweise* herbeizuführen, wird in der Literatur die Ansicht vertreten, darunter fielen auch Vertreibungen.[66]

Diese sind jedoch als eine mit Zwang durchgeführte Verdrängung aus angestammten Siedlungsgebieten nur dann Völkermord, wenn mit ihnen eines der typischen Merkmale dieses Verbrechens verbunden ist, einer der in den ersten beiden Varianten von Art. II genannten Erfolge beziehungsweise für die dritte eine *abstrakte Gefährdung*, die geeignet erscheint, »den Tod aller Mitglieder oder eines Teiles der Gruppe herbeizuführen«; diese Eignung ist eigens festzustellen. Hinzu kommen muß neben dem Tatvorsatz die als »überschießende Innentendenz« geforderte Absicht, durch eine Maßnahme der Vertreibung die Gruppe, die »durch ihre Zugehörigkeit zu einer Kirche oder Religionsgemeinschaft, zu einer Rasse, einem Volk, einem Volksstamm oder einem Staat« gekennzeichnet ist, als solche ganz oder teilweise zu vernichten.[67]

Ähnlich verhält es sich mit der Apartheid. Bei deren Umschreibung in der Konvention der VN von 1973 wird die Vertreibung zwar nicht ausdrücklich erwähnt. Sie kann aber unter anderem durch die Auferlegung von Lebensbedingungen, die dazu dienen sollen, die physische Zerstörung teilweise oder ganz herbeizuführen, wie auch durch die Verdrängung aus dem angestammten Lebensraum verwirklicht werden.

cc) Artikel 21 und 22 des Draft Code 1991

In Art. 21 und 22 werden »deportation or forcible transfer of population« beziehungsweise »(...) of members of the civilian population« pauschal als Menschlichkeitsverbrechen beziehungsweise als »besonders schwere Kriegsverbrechen« eingestuft. Damit kommt diesen Vorschriften, selbst wenn sie in dieser Form eines Tages in Kraft treten sollten, in bezug auf Vertreibungen mehr deklaratorische als konstitutive Bedeutung zu. Denn diese Tatbestände bedürfen insoweit der Präzisierung und werden näher bestimmt durch die Umschreibungen von Deportationen und Vertreibungen, die als Teil der Gesetze oder Gebräuche des Krieges und des humanitären Völkerrechts bereits im Völkerstrafrecht verankert und oben erwähnt worden sind.[68]

f) Systematische oder massenhafte Verletzungen grundlegender, universeller Menschenrechte

aa) Allgemeines

Alle bereits erörterten Varianten der Menschlichkeitsverbrechen dienen zumindest auch dem Schutz der Menschenrechte, etwa in speziellen Situationen wie kriegerischen Auseinandersetzungen oder – wie beim Völkermord – gegen gezielte Angriffe. In diesem Abschnitt geht es deshalb nur noch um die Frage, ob es grundlegende universelle Menschenrechte gibt, die darüber hinaus ganz generell oder speziell gegen bestimmte Angriffe durch das Völkerstrafrecht geschützt werden müssen. Die Bejahung dieser Frage bedarf einer besonderen Begründung, weil die Idee universeller, unveräußerlicher Rechte des Einzelnen aus dem Bemühen um Schutz *gegen staatliche Willkür* entstanden ist. Eine *gesetzliche* Verankerung dieser Rechte im *staatlichen* Bereich erschien deshalb damals als vorrangig und zunächst auch als ausreichend.[69]

Aber die Erfahrungen bis in die jüngste Zeit haben schon bald gezeigt, daß eine genaue Festlegung dieser Rechte allein in den *staatlichen* Rechtsordnungen keine hinreichende Gewähr für deren Beachtung *durch den Staat selbst* bietet. Dies gilt sogar dann, wenn dieser schwerwiegende Verletzungen lediglich stillschweigend duldet; denn bei jeder Form einer staatlichen Beteilung an kriminellem Verhalten wird in der Regel auch die staatliche Gerichtsbarkeit unter dem Einfluß der ihre Macht mißbrauchenden Regierung oder ihrer Vertreter stehen. Deshalb ist es oft auch ohne Bedeutung, ob ein solcher Machtmißbrauch in dem betreffenden Staat gegen Gesetze verstößt, lediglich nicht verfolgt wird, oder ob ein entsprechendes Regime schon die staatlichen Gesetze so verabschiedet, daß bestimmte international als Mißbrauch der Macht zu Lasten der Menschenrechte eingestufte Verhaltensweisen, etwa bei den Todesschützen an der »deutschen Mauer« bis 1989 in der ehemaligen DDR, als erlaubt oder gar geboten angesehen werden. Dieser Gedanke ist seit seiner ersten Festlegung in Art. 6 lit. c des Nürnberger Statuts von der ILC und den VN kontinuierlich weiterverfolgt worden und nun auch in Art. 2 des Draft Code 1991 verankert.[70]

In derartigen Situationen muß ein internationaler Schutz der Menschenrechte *gegen die Staaten selbst* bestehen, wenn diese Rechte nicht willkürlichen Verletzungen ausgesetzt werden sollen. Mit ihrer Verankerung in internationalen Konventionen ist zwar ein wesentlicher Schritt getan; aber Theorie und Praxis klaffen nach den Berichten in den Medien und einschlägiger Institutionen weit auseinander. Sanktionsmechanismen wie diejenigen der Europäischen Menschenrechtskonvention und der VN sind insoweit »ohne Biß«[71]. Deshalb trat die Idee immer mehr in den Vordergrund, das Völkerstrafrecht auch für diesen Bereich einzusetzen.

bb) Schutzfunktion des Völkerstrafrechts für einschlägige Rechtsgüter

Unstreitig ist der Schutz der Menschenrechte eine vorrangig *staatliche* Aufgabe. Insofern ist der Schutz durch das Völkerstrafrecht subsidiär. Die bereits erörterte internationale Strafbarkeit der Folter und der Apartheid zeigt aber, daß bestimmte Menschenrechte gegen Verletzungen durch Machtmißbrauch besonders anfällig sind und daß das Völkerstrafrecht auch für den Schutz besonders hochwertiger Rechtsgüter gegen schwerwiegende Verletzungen lediglich ultima ratio ist.

Die Rechtfertigung für einen solchen völkerrechtlichen Schutz ergibt sich aus der Tatsache, daß derart schwerwiegende Verletzungen universeller Menschenrechte den internationalen Frieden und die Sicherheit der Menschheit bedrohen können. Das zeigen nicht nur historische Erfahrungen, sondern auch zum Beispiel die Ereignisse auf dem Gebiet des ehemaligen Jugoslawien besonders deutlich. Wegen dieser Gefahr für den Weltfrieden ist die Übernahme dieser Schutzfunktionen durch das Völkerstrafrecht auch keine Einmischung in »Angelegenheiten (...), die ihrem Wesen nach in die innerstaatliche Zuständigkeit jedes Staates gehören« im Sinne des Art. 2 Ziff. 7 erster Halbsatz der Satzung der VN. Auch Kapitel VII, nach welchem der Sicherheitsrat Zwangsmaßnahmen gegen derartige Bedrohungen ergreifen kann, bietet eine Rechtfertigung für den hinter militärischen Maßnahmen zurückbleibenden Einsatz des Völkerstrafrechts.[72] Gerade in diesem Bereich hat es auch eine bewußtseinsbildende Funktion, die zur Bewährung des Rechts und damit zur Friedenssicherung beiträgt. Sie zielt dahin, wirklichen und potentiellen Machthabern als den potentiellen Tätern die Strafbarkeit solcher Mißbräuche vor Augen zu halten, um so der eigentlichen Aufgabe des Strafrechts, durch Vorbeugung Verbrechen zu verhindern, gerecht zu werden. Deshalb sind zum Beispiel die einschlägigen Kreise des Militärs über die Verletzungen nach den Genfer Konventionen und den Zusatzprotokollen und damit über die Tatbestände der Kriegsverbrechen zu informieren, wie unter anderem aus Art. 87 des Zusatzprotokolls I ersichtlich ist.

Eine *eigene* Rubrik innerhalb der Verbrechen gegen die Menschlichkeit ist für diese spezifische Art der Verletzung von Menschenrechten durch Machtmißbrauch bisher im geltenden Völkerstrafrecht noch nicht verankert. Diese Erscheinungsform liegt nämlich *allen* völkerstrafrechtlichen Tatbeständen zugrunde, insbesondere den Kriegsverbrechen, aber auch den oben unter b bis e angeführten speziellen Tatbeständen der Verbrechen gegen die Menschlichkeit und wird deshalb von ihnen mit erfaßt. Für sie alle ist kennzeichnendes Merkmal ein Machtmißbrauch, der typischerweise durch Staatsorgane oder deren Vertreter beziehungsweise mit deren Duldung, ebensogut aber durch solche Machthaber ausgeübt werden kann, die eine vergleichbare Position besitzen. Diese Gemeinsamkeiten im Erscheinungsbild der Straftaten nach Völkerstrafrecht haben dazu geführt, daß sich gerade dieser Aspekt des Machtmißbrauchs immer mehr, wenngleich stillschweigend, in der Ausgestaltung der Tatbestände niedergeschlagen hat. So kann zum Beispiel der Völkermord durch eine einzelne Person an einem einzelnen Mitglied einer rassischen Gruppe begangen werden. Aber das Charakteristische ist seine Begehung auf breiter Basis als systematische und politische Kampagne eines Staates oder einer anderen Machtgruppe. Bei der Regelung der Strafbarkeit der Apartheid hat dieser Aspekt sogar dazu geführt, daß man nur die Täter mit entsprechenden Machtpositionen unter Strafe gestellt hat.[73]

cc) Artikel 21 des Draft Code 1991

Diese Erkenntnisse haben zunächst dazu geführt, daß immer mehr Verletzungen von Menschenrechten in den Kreis völkerstrafrechtlicher Tatbestände aufgenommen worden sind. Darüber hinaus wurde die Forderung erhoben, besonders schwerwiegende Verletzungen grundlegender Menschenrechte durch das Völkerstrafrecht *gesondert* zu pönalisieren.[74] Dementsprechend hat die ILC Art. 21 unter die Überschrift »Systematic *or* mass violations of human rights« gestellt. Durch diesen Tatbestand werden neben der vorsätzlichen Tötung vor allem die Folter, die Sklaverei, die Zwangsarbeit und die Verfolgung aus sozialen, politischen, rassischen, religiösen oder kulturellen Gründen mit Strafe bedroht, wenn sie systematisch *oder* in großem Ausmaß begangen werden. Dieses Merkmal ist für das fünfte Tatbild der »Deportation oder der Zwangsumsiedlung von Bevölkerungsgruppen« nicht vorgesehen, weil schon durch die Umschreibung »deportation or forcible transfer of *population*« keine Vertreibungen einzelner Personen, sondern nur diejenigen von ganzen Gruppen erfaßt werden.[75] Wenn der Draft Code 1991 in seiner jetzigen Form in Kraft treten sollte, was allerdings eher unwahrscheinlich ist, wird die mit Art. 21 geschaffene eigene Rubrik für die Strafbarkeit besonders schwerwiegender Verletzungen der Menschenrechte dazu beitragen, deren Schutz auch in den einzelnen Staaten gegen Machtmißbrauch zu erhöhen.

3. Verbrechen gegen den Frieden?

Die Strafbarkeit der »Verbrechen gegen den Frieden« war der in Nürnberg an erster Stelle genannte Straftatbestand. Ob er zum geltenden Völkerstrafrecht gehört, ist seither umstritten. Zwar waren schon seit der Entwicklung des Völkerrechts die Bemühungen darauf gerichtet, zwischen gerechten und damit erlaubten sowie ungerechten und damit verbotenen Kriegen zu differenzieren; die Bestrebungen zur Ächtung von Angriffskriegen führten auch zu Artikel 227 des Versailler Vertrages. Nach diesem sollte Kaiser Wilhelm II. jedoch »wegen schwerster Verletzungen des internationalen Sittengesetzes und der Heiligkeit der Verträge«, nicht aber wegen *Verbrechen* gegen den Frieden persönlich zur Verantwortung gezogen werden.[76] Im weiteren Verlauf gipfelten die Bemühungen in der Verabschiedung des Briand-Kellogg-Paktes, der allerdings keine Straftatbestände enthielt, sondern lediglich die Staaten zur Unterlassung von Angriffskriegen und -handlungen verpflichtete.[77]

Zwar ist die klassische Dreiteilung der Nürnberger Tatbestände von der ILC im Jahr 1991 aufgegeben worden mit der Begründung, sie sei entbehrlich, weil inzwischen die konstitutiven Verbrechenselemente und die Zuordnung der einzelnen Tatbilder zu einer der drei Gruppen geklärt sei.[78] Sie wird hier aber zur besseren Verdeutlichung der geschichtlichen Zusammenhänge und der Typizität des Völkerstrafrechts beibehalten.

a) Festlegung in den Statuten und Urteilen von Nürnberg und Tokio

Art. 6 lit. a der Nürnberger Statuten baut auf diesen historischen Aspekten auf und formuliert erstmals als *Verbrechen* gegen den Frieden:

> »Planen, Vorbereitung, Einleitung oder Durchführung eines Angriffskrieges oder eines Krieges unter Verletzung internationaler Verträge, Abkommen oder Zusicherungen oder Beteiligung an einem gemeinsamen Plan oder an einer Verschwörung zur Ausführung einer der vorgenannten Handlungen.«

Ob auch für diesen Tatbestand auf allgemein anerkannte Grundsätze oder Gesetze und Gebräuche des Krieges zurückgegriffen werden konnte, ist bis heute umstritten. Die überwiegende Meinung tendiert dahin, daß die *Strafbarkeit* in dieser präzisierten Form erstmals in Nürnberg und Tokio verankert worden ist. Zwar sind die von den Alliierten geschaffenen Rechtsgrundlagen wenig später bereits durch 19 weitere Staaten und seither auch in zahlreichen völkerrechtlichen Dokumenten ausdrücklich als rechtsverbindlich anerkannt worden. Aber bis heute sind auch und gerade im Hinblick auf die relative Unverbindlichkeit der Erklärungen der Generalversammlung der VN über die Definition von Angriffshandlungen diese Verbrechen als unmittelbar nach Völkerrecht zu ahndende *Straf*taten umstritten.[79]

b) Die völkerrechtliche Definition von (strafbaren) Angriffshandlungen 1974

Jahrzehntelang hat eine fehlende Definition von »Angriffskrieg« und »Angriffshandlungen« die Entwicklung der Grundlagen für ein Völkerstrafrecht und eine Völkerstrafgerichtsbarkeit behindert oder gar zeitweise ganz zum Erliegen gebracht.[80] Als endlich 1974 eine solche Definition verabschiedet worden war, enthielt sie zwar in Art. 3 sieben »*acts* of aggression« (unten c aa) und in der Präambel den Hinweis, daß »aggression« und andere

Friedensverletzungen zu den schwersten und gefährlichsten Formen der illegalen Gewaltanwendung gehören; auch wird in Art. 5 Abs. 1 »a *war* of aggression« als »crime against international peace« bezeichnet. Aber zu der Frage, ob ein solches Verbrechen *unmittelbar* nach Völkerstrafrecht zu ahnden ist oder ob sich die Staaten lediglich zu seiner Verhinderung und Bekämpfung verpflichten, fehlt eine *ausdrückliche* Stellungnahme. Allerdings wird in Art. 5 Abs. 2 zweiter Satz festgestellt, »aggression gives rise to *international* responsibility«; diese Formulierung ließe in Verbindung mit dem ersten Absatz auch den Schluß zu, daß nur ein »*war* of aggression«, nicht aber »*acts* of aggression«, wie sie in Art. 3 umschrieben werden, ein Verbrechen »against international peace« sei und daß damit auch nur eine nichtstrafrechtliche Verantwortlichkeit der *Staaten* gemeint sein könnte.[81] Ein solcher Schluß ist jedoch nicht gerechtfertigt.

Nach der von Ferencz am sorgfältigsten und umfassendsten nachgezeichneten Entwicklung dieser Resolution kann die Diskussion über Art. 3 zwar allenfalls dahingehend interpretiert werden, daß eine Strafbarkeit unmittelbar nach Völkerrecht *nicht ausgeschlossen* werden sollte. Aber die Dokumentation über die Erörterung von Art. 5 belegt, daß nach einhelliger Meinung für die Verbrechen gegen den Frieden eine solche individuelle Strafbarkeit »*under* international law« als bereits vorhanden angenommen wurde. Strittig war lediglich, ob sie nur für einen »*war* of aggression« oder auch für »*acts* of aggression« anerkannt sei. Als Kompromißformel, bei der diese Frage bewußt offenblieb, wurde Art. 5 Abs. 2 verabschiedet, nach dem lediglich ein »*war* of aggression« ein Verbrechen unmittelbar nach Völkerrecht ist; für Aggressions*handlungen* dagegen wurde diese Frage auch in diesem Zusammenhang nicht entschieden. Deshalb begründen solche Verhaltensweisen nach dem Wortlaut des Art. 5 Abs. 2 S. 2 »nur« eine »internationale Verantwortlichkeit«. Für diese wird allerdings ausdrücklich klargestellt, sie sei »without prejudice to the scope of this term«, sie schließt also nicht aus, daß auch für »*acts* of aggression« eine Strafbarkeit unmittelbar nach Völkerrecht in Betracht kommt, wie es sie für Angriffs*kriege* bereits gibt.[82]

Aufgrund dieser Sachlage darf davon ausgegangen werden, daß zumindest Angriffs*kriege* bereits derzeit unmittelbar nach geltendem Völkerstrafrecht strafbar sind. Ob als allgemein anerkannter Rechtsgrundsatz auch die Strafbarkeit einzelner Angriffs*handlungen* angesehen werden kann, ist noch offen, aber im Hinblick darauf, daß von ihnen die gleiche Gefahr für den internationalen Frieden und die Sicherheit der Menschheit ausgehen kann, schon weil sie in der Regel eine Vorstufe zum Krieg sind, eher zu bejahen.[83] Dafür spricht auch Art. 19 des Entwurfs über Staatenverantwortung, der besonders schwere Verletzungen von völkerrechtlichen Pflichten zu den internationalen Verbrechen zählt; und es kann nach den oben angeführten Zitaten aus der Präambel zur Erklärung über die Definition von Angriffshandlungen und nach deren Definition in Art. 15 Abs. 2 des Draft Code kein Zweifel daran bestehen, daß jede Form eines bewaffneten Angriffs auf eines ihrer Mitglieder ein besonders schwerer Verstoß gegen völkerrechtliche Pflichten der Staaten ist und daher den Frieden und die Sicherheit der Menschheit gefährdet (unten c sowie III 1 c bb).

c) Artikel 15 bis 18 des Draft Code 1991

Der Draft Code hat deswegen für das Völkerstrafrecht so große Bedeutung, weil in ihm auf der Grundlage des geltenden Rechts *und in dessen Weiterentwicklung* unter anderem Tatbestände festgelegt werden, die in Übereinstimmung mit zahlreichen und wiederholten Stellungnahmen der Staaten bereits *allgemeine* Anerkennung besitzen oder eine solche durch eine Konvention erwarten lassen.[84]

aa) »Aggression« und »Threat of Aggression«

(1) Nach Art. 15 Abs. 1 sollen Einzelpersonen, die als Führer oder Organisatoren Aggressionshandlungen planen, begehen oder anordnen, bestraft werden. Gemäß der Definition in Abs. 2 versteht man unter Angriffs*handlungen* den Einsatz bewaffneter Gewalt durch einen Staat gegen »die Souveränität, die territoriale Integrität, die politische Unabhängigkeit eines anderen Staates oder durch eine Art und Weise, die mit der Satzung der VN nicht zu vereinbaren ist«. Dabei dient der *erste Einsatz* von Waffen als Prima-facie-Beweis für einen solchen Aggressionsakt, selbst wenn der Sicherheitsrat zu dem Ergebnis kommt, daß aufgrund besonderer Umstände, etwa der mangelnden Schwere, eine solche Einstufung *nicht* gerechtfertigt sei.

In Abs. 4 werden unabhängig davon, ob ein Krieg formell erklärt worden ist, acht Aggressionshandlungen genannt, von denen die ersten sieben mit denjenigen in Art. 3 der UN-Resolution von 1974 übereinstimmen. Sie können unter den Stichworten Invasion, Bombardierung, Blokkade, Angriffe durch Streitkräfte jeder Art, bewaffnete Gewalt von Truppen, die sich bereits in dem angegriffenen Staat befinden oder für einen Angriff gegen einen Staat durch das Gebiet eines anderen Staates marschieren, sowie die Entsendung von bewaffneten Banden zusammengefaßt werden. Im Draft Code hinzugetreten ist die Variante, daß auch Handlungen als »aggression« einzustufen sind, die durch den Sicherheitsrat gemäß Art. 39 der Satzung der VN als solche beurteilt werden.[85]

(2) Gemäß Art. 16 soll auch die Drohung mit einem solchen Aggressionsakt bestraft werden. Nach Abs. 2 sind Drohungen Erklärungen, Mitteilun-

gen, Demonstrationen der Macht oder jede andere Maßnahme, die geeignet ist, in dem betreffenden Staat die Besorgnis zu erregen, daß ein Angriff gegen ihn ernsthaft erwogen wird.[86]

Bemerkenswert ist in diesem Zusammenhang, daß abweichend von der Resolution 1974 in diesen beiden Artikeln nicht nur ein Angriffs*krieg*, sondern auch jede Aggressions*handlung* der acht umschriebenen Varianten als Verbrechen unmittelbar nach Völkerrecht eingestuft wird. Offensichtlich wurden beide im Jahr 1991, anders als 1974, jedenfalls nach der überwiegenden Meinung der zu dem Draft Code Stellung nehmenden Staaten gleichermaßen als Tatbestände des VSR anerkannt.

(3) Nach beiden Vorschriften verwirklicht das Tatbild nur, wer »*as leader or organizer commits or orders the commission* of an act« oder »of a threat of aggression«; für Aggressions*handlungen* ist darüber hinaus gemäß Art. 15 bereits die Planung strafbar. Durch diese Einengungen des *Täterkreises* auf typischerweise für derartiges Verhalten verantwortliche Personen werden ausführende Untergebene *nicht unmittelbar* von diesen Tatbildern der Art. 15 und 16 erfaßt. Eine strafbare Mitwirkung *an Taten dieses Täterkreises* wird dadurch jedoch nicht ausgeschlossen. Diese Ansicht ergibt sich für die ersten drei Varianten des Art. 3 schon aus dessen Wortlaut, wer »aids, abets or provides the means *for the commission* of a crime«; für die anderen beiden in dieser Vorschrift genannten Beteiligungsformen »conspires in or directly incites the commission of such a crime« wird sie durch den offiziellen Kommentar zu Art. 3 und zur Einleitung für den »Besonderen Teil« ausdrücklich bestätigt.[87]

bb) »Intervention« sowie »Colonial and Other Forms of Alien Domination«

Die »Intervention« nach Art. 17 wird hier mit unter die Verbrechen gegen den Frieden eingeordnet, weil sie nach ihrer Definition eine Einmischung in innere oder äußere Angelegenheiten eines Staates darstellt oder darauf gerichtet ist; sie

> »consists of fomenting (armed) subversive or terrorist activities or by organizing, assisting or financing such activities, or supplying arms for the purpose of such activities, thereby (seriously) undermining the free exercise by that State of its sovereign rights«;

das sind ebenso wie die Tatbestände in Art. 15 und 16 feindliche Akte gegen fremde Staaten oder Bevölkerungen.[88]

Aus dem gleichen Grunde werden hier auch die Tatbilder des Art. 18 den Verbrechen gegen den Frieden zugeordnet. Nach dieser Vorschrift können Führer, Organisatoren oder Anordnende für die gewaltsame Errichtung oder Aufrechterhaltung einer *Kolonialherrschaft* sowie jeder anderen Form einer *Fremdherrschaft* bestraft werden, die dem Recht auf Selbstbestimmung widerspricht.[89]

d) Beurteilung

Wird die gesamte Entwicklung der völkerrechtlichen Verankerung der Verbrechen gegen den Frieden betrachtet, so ergibt sich, daß erstmals in Nürnberg und Tokio ein Straftatbestand dieser Art festgelegt worden ist. Oehler hat zwar in diesem Zusammenhang darauf hingewiesen, daß in diesen Prozessen niemand *ausschließlich* wegen eines solchen Verbrechens verurteilt worden ist;[90] das ändert aber nichts an der Tatsache, daß diese Tatbilder damals angewendet worden sind. Die seitherige Entwicklung zeigt auch unter Berücksichtigung der »Friendly-Relations-Declaration« von 1970[91] und der ohne Abstimmung per Konsens angenommenen Definition der »aggression« durch die Generalversammlung im Jahre 1974, daß eine Einigung zwar erzielt worden ist; es fehlt aber seit Nürnberg und Tokio eine entsprechende Übung. Zwar hat der Sicherheitsrat die Invasion des Irak in Kuwait 1990 als Angriffshandlung eingestuft und die VN haben darauf mit Maßnahmen gemäß Kapitel VII der Satzung der VN reagiert. Aber über bloße Erklärungen der Strafbarkeit einer derartigen Verhaltensweise, wie sie oben unter b dargelegt wurden, sind Reaktionen seinerzeit und auch sonst nach den zahlreichen anderen kriegerischen Auseinandersetzungen in der zweiten Hälfte unseres Jahrhunderts nicht hinausgekommen.[92] Insofern ist es offen, ob nicht mangels entsprechender Übung noch kein Völkergewohnheitsrecht entstehen konnte oder, falls es bereits existiert hat, dieses in den vergangenen Jahrzehnten nicht seine Bestandskraft verloren hat.

Es bleibt deshalb fraglich, ob für die inzwischen hinreichend bestimmten Straftatbestände Einzelpersonen und insbesondere Staatsoberhäupter oder andere Vertreter von Staaten für Angriffskriege in anderen Staaten zur Verantwortung gezogen werden können. Daß eine solche Verantwortlichkeit auch politisch nicht opportun sein könnte, auch darauf hat Oehler bereits hingewiesen.[93]

4. *Entwicklungstendenzen*

a) Allgemeines

Offen sind noch die Fragen, ob und inwieweit die »klassischen Nürnberger Tatbestände« um einzelne Tatbilder erweitert und ob dem Völkerstrafrecht sogar darüber hinaus noch neuartige Gruppen hinzugefügt werden sollen. Die Zusatzprotokolle zu den Genfer Konventionen haben gezeigt, daß nach mehreren Jahrzehnten eine Anpassung des geltenden Völkerstrafrechts an neue Erscheinungsformen derartiger Verbrechen erforderlich werden kann. Der Draft Code 1991 belegt, daß die »klassischen Nürnberger Tatbestände« alle unter dem Obergriff »Verbrechen gegen den Frieden und die Sicherheit der Menschheit« zusammengefaßt werden können. Zwar wird in ihm diese Dreiteilung *nicht* beibehalten; aber alle dort angeführten Tatbestände lassen sich doch zwanglos einer der drei Gruppen zuordnen. Die Antworten auf die eingangs gestellten Fragen sollten also schon deshalb lauten: Erweiterung ja, neuartige *Gruppen* sind jedoch derzeit nicht ersichtlich.

Dennoch stehen sich diesbezüglich zwei Ansichten gegenüber: Die erste tritt im Sinne der oben gegebenen Antworten dafür ein, das Völkerstrafrecht nach Struktur und Funktion, ähnlich wie bei Art. 22 des Draft Code 1991, auf die »schwersten der schweren Verbrechen« gegen den Frieden und die Sicherheit der Menschheit zu beschränken. Sonst laufe diese schärfste Waffe der Völkergemeinschaft Gefahr, für das eigentliche Anliegen, die Völkergemeinschaft *in ihrer Existenz* bedrohende Verstöße gegen das Völkerrecht zu bekämpfen, stumpf zu werden. Die Bewertung, welche Erscheinungsformen kriminellen Verhaltens diese Rechtsgüter derart schwerwiegend beeinträchtigen, unterliegt zwar einem Wandel, wie zum Beispiel die Strafbarkeit der Kolonial- oder jeder anderen Form der Fremdherrschaft gemäß Art. 18 des Draft Code belegt; aber gerade deshalb sei ein behutsames Vorgehen geboten.

Die zweite Ansicht tritt dafür ein, den Kreis der Straftaten nicht derartig zu begrenzen. Eine Einigung über die Aburteilung von Straftaten, die *typischerweise unter* zumindest stillschweigender Duldung und damit meistens auch unter strafbarer *Mitwirkung von Staatsorganen begangen werden*, sei nur schwer zu erzielen. Deshalb könne die Idee des Völkerstrafrechts an der mangelnden politischen Bereitschaft zu seiner Durchsetzung leicht scheitern. Solle diese Idee überhaupt Aussicht auf Verwirklichung haben, müsse der Kreis der Straftaten auf solche ausgeweitet werden, über deren Aburteilung eher Einigkeit zu erzielen sei, zum Beispiel auf Straftaten des internationalen Terrorismus oder des Drogenhandels, sowie auf den Schutz des Post- und Währungssystems. Auch bezüglich des Schutzes von Kulturdenkmälern und der Umwelt wird eine Erweiterung erwogen. Wenn erst einmal für derartige Straftaten eine internationale Strafgerichtsbarkeit geschaffen worden sei und für diesen Bereich zur Zufriedenheit der Staatengemeinschaft funktioniere, ließe sie sich leichter auf Straftaten nach den »klassischen Nürnberger Tatbestände« ausdehnen.[94]

Durch die Beschränkung der Gerichtsbarkeit des Jugoslawien- und des Ruanda-Tribunals auf einige dieser »klassischen Nürnberger Tatbilder« ist die erste Ansicht zwar gestärkt worden. Aber der Bestand dieser Unterstützung hängt ganz wesentlich auch vom »Erfolg« dieser Tribunale ab. Bliebe dieser aus, so wäre das ein Argument zur Stützung der zweiten Ansicht. Allerdings ist zuzugestehen, daß die Ereignisse in Jugoslawien und Ruanda keinen Anlaß für eine Erweiterung geboten haben.

Im »Draft Statute 1994« für einen Internationalen Strafgerichtshof wird ebenfalls von der ersten Ansicht ausgegangen; denn in Art. 20 werden lediglich Völkermord, Verbrechen gegen den Frieden, »schwere Verletzungen« der Gesetze oder Gebräuche des Krieges sowie Verbrechen gegen die Menschlichkeit angeführt. Allerdings fallen nach dieser Vorschrift auch solche Straftaten in die Kompetenz des Gerichtshofes, die aufgrund ihrer Verankerung in einer Konvention in einem Anhang zu dem Draft Statute 1994 angeführt werden; das sind nach dem Entwurf alle »schweren Verletzungen« der Genfer Konventionen und des Zusatzprotokolls I sowie beispielsweise Apartheid und Folter.[95]

Für die erste Ansicht sprechen ferner vor allem folgende Gründe: Die dogmatischen Grundlagen des Völkerstrafrechts erlauben nur den Schutz *eigenständiger* Rechtsgüter der Völkergemeinschaft und ausnahmsweise einen subsidiären Schutz für *in erster Linie* den staatlichen Rechtsordnungen anvertraute Rechtsgüter, wenn deren Verletzung typischerweise unter Beteiligung des Staates geschieht und diese daher gerade gegen die Staatsmacht selbst geschützt werden müssen. Diese Beschränkung des Völkerstrafrechts ist unabhängig davon, ob ein Internationaler Strafgerichtshof *zusätzlich* auch für solche Straftaten zuständig sein sollte, welche Staaten aus ihrem Kompetenzbereich aufgrund eines starken internationalen Bezuges oder bei Streitigkeiten über die Zuständigkeit einer *internationalen* Gerichtsbarkeit übergeben möchten. Völkerstrafrecht ist also etwas anderes als eine noch so intensive internationale Kooperation zur Verfolgung von nach *staatlichem* Recht strafbaren Verhaltensweisen, auch wenn zu deren Bekämpfung staatenübergreifende Gerichte mit eingesetzt werden.[96]

b) Erweiterungen nach den Artikeln 23 bis 26 des Draft Code 1991

Im Draft Code 1991 werden in den Art. 23 bis 26 über die oben unter 1 bis 3 genannten Straftatbestände hinaus weitere angeführt, deren Verwirklichung nach Ansicht der ILC ebenfalls den Frieden und die Sicherheit der Menschheit bedroht. In Art. 23 wird die *Rekrutierung*, der Einsatz, die Finanzierung und die Ausbildung *von bezahlten Söldnern* unter Strafe gestellt. Diese Vorschrift wird mit dem Hinweis begründet, daß seit dem

Draft Code 1954 in den VN wiederholt derartige Verhaltensweisen als völkerrechtswidrig eingestuft worden sind und daß nicht Aktivitäten von einzelnen Söldnern, sondern nur von diese »benutzenden« Machthabern bestraft werden sollten. Zusammen mit der weiteren Einschränkung, daß derartige Maßnahmen *gegen einen anderen Staat* oder das unverzichtbare *Recht auf Selbstbestimmung* gerichtet sein müßten, rechtfertige dies auch unter Berücksichtigung der Art. 15, 17 und 18 des Draft Code die Aufnahme in den Draft Code.[97]

Bezüglich der Strafbarkeit des *internationalen Terrorismus* gemäß Art. 24 kommt ebenfalls nur die Begehung durch einen beschränkten Täterkreis oder durch bewußte Tolerierung terroristischer Aktivitäten in Betracht. Gerechtfertigt wird die Aufnahme dieses Tatbestandes von der ILC mit dem Hinweis, der Tatbestand sei durch die weiteren Merkmale, daß derartige Maßnahmen *gegen andere Staaten* gerichtet und geeignet sein müßten »to create a state of terror in the mind of *public figures, groups of persons* or the *general public*« derart staatenbezogen, daß eine Strafbarkeit nach Völkerstrafrecht zum Schutz der *gesamten* Gemeinschaft angebracht erscheine.[98]

Art. 25 betrifft den *illegalen Verkehr mit Drogen*. In ihm fehlt jede Begrenzung des Täterkreises, aber es kommt nur der Handel *in großem Umfang* in Betracht. Zur Begründung führt die ILC an, Drogenhandel in diesem Ausmaß sei ein Verbrechen gegen die Menschlichkeit, weil er eine Gefahr für die *Menschheit* in den betreffenden *Staaten* und für die gesamte *Staatengemeinschaft* beinhalte.[99]

Art. 26 bedroht *absichtliche schwere Beeinträchtigungen der Umwelt* mit Strafe, die darüber hinaus *weiträumig* und *lang anhaltend* sein müssen. Angesichts der gegenwärtigen Situation wird man sich dem Argument nicht verschließen können, daß derartige Beeinträchtigungen die *Menschheit als Ganzes betreffen* und daher auch das Völkerstrafrecht beschäftigen sollten. Aber ob die Formulierung in Art. 26 hinreichend bestimmt ist, erscheint zweifelhaft.

Insgesamt ist den Begründungen der ILC zu entnehmen, daß diese zu einem engen Konzept und damit zu der unter a dargelegten *ersten* Ansicht tendiert, den illegalen Drogenhandel aber darunter mit erfaßt. Es bleibt abzuwarten, wie die Staaten diesem Konzept gegenüberstehen. Jedenfalls wird eine Offenheit des Völkerstrafrechts angebracht sein, um neuartigen Erscheinungsformen auch mit speziell der Völkergemeinschaft zustehenden strafrechtlichen Mitteln begegnen zu können, wenn deren ureigene Interessen tangiert sind.[100]

III. Allgemeine materiell-rechtliche Regelungen

Der Draft Code 1991 hat zwei Teile. Der zweite ist mit »*Crimes* Against the Peace and Security of Mankind« überschrieben und ist nach seiner Konzeption der »Besondere Teil«. Der erste Teil hat keine eigene Überschrift, enthält aber zwei mit »Definition and Characterization« beziehungsweise »General Principles« überschriebene Kapitel. Deren Art. 1 bis 14 regeln allerdings nur Bruchstücke eines »Allgemeinen Teils«, der im Völkerstrafrecht überhaupt fehlt.

Diese Art der unvollständigen Erfassung allgemeiner Regeln entspricht der Entwicklung seit Nürnberg. Da eine internationale Strafgerichtsbarkeit bis zur Errichtung des Jugoslawien- und des Ruanda-Tribunals fehlte und deshalb die Durchsetzung des Völkerstrafrechts einstweilen ausschließlich den *staatlichen* Gerichten überlassen werden mußte, ging es zunächst vorrangig darum, diejenigen Verbrechen in Tatbeständen festzulegen, die *unmittelbar* nach Völkerrecht verfolgt werden sollten, wie etwa der Völkermord. Zudem war es wichtig, für dieses neue Rechtsgebiet wenigstens einige grundlegende Besonderheiten als »*allgemeine* Richtlinien« herauszustellen, wie etwa die unmittelbare individuelle strafrechtliche Verantwortlichkeit von natürlichen Personen einschließlich Staatsorganen und Regierungsvertretern sowie Befehlsempfängern. Für detailliertere Regeln des Allgemeinen Teils standen ohnehin die jeweiligen staatlichen Rechtsordnungen zur Verfügung; und bei Bedarf, etwa durch die Errichtung einer internationalen Strafgerichtsbarkeit, konnte für sie auf die allgemein anerkannten Rechtsgrundsätze der Völker zurückgegriffen werden.[101]

1. *Strafrechtliche Verantwortlichkeit unmittelbar nach Völkerrecht*

In Nürnberg und Tokio sollte erstmals auf *internationaler* Ebene durchgesetzt werden, was aufgrund der Gesetze oder Gebräuche des Krieges ohnehin schon von *staatlichen* Gerichten praktiziert werden konnte und von siegreichen Staaten auch bereits angewendet wurde: die Aburteilung von Einzelpersonen für völkerrechtliche Verbrechen, entweder in unmittelbarer Anwendung des Völkerstrafrechts oder nach dessen Transformation in das nationale Recht.[102]

Nachdem entsprechende Bemühungen im Anschluß an den Ersten Weltkrieg gescheitert waren, ging es gemäß Art. 6 des Nürnberger Statuts vorrangig darum, NS-Verbrecher »als Einzelpersonen oder als Mitglieder einer Organisation oder Gruppe vor ein *internationales* Gericht zu bringen«. Ausdrücklich wird allerdings in den Statuten von Nürnberg und

Tokio nur für die *Kriegs*verbrechen auf das Internationale Recht, nämlich auf »Verletzungen der Kriegsgesetze oder -gebräuche« Bezug genommen; aber auch den beiden anderen klassischen Nürnberger Tatbeständen lag zumindest die Vorstellung zugrunde, ihre Strafbarkeit ergebe sich bereits aus dem geltenden ungeschriebenen Völkerrecht.[103]

a) Individuelle Haftung natürlicher Personen

aa) Allgemeines und der Vorrang des Völkerstrafrechts, Artikel 2 des Draft Code 1991

(1) Der Grundsatz einer strafrechtlichen Verantwortlichkeit des Einzelnen unmittelbar nach Völkerrecht wird seit Nürnberg und Tokio nicht mehr bestritten. Er hat praktisch in allen einschlägigen Konventionen und Erklärungen Anerkennung gefunden und ist dementsprechend auch in Art. 1 des Draft Code 1991 mit der Formulierung »(...) the Crimes (*under* International Law) defined in this Code (...)« verankert. Auch die Strafkompetenzen für das Jugoslawien- und das Ruanda-Tribunal beschränken sich gemäß Art. 6 beziehungsweise 5 auf eine Verantwortlichkeit von »natürlichen Personen«; bei den einzelnen Tatbeständen wird daher jeweils ausdrücklich auf die Befugnis hingewiesen, »to prosecute persons«.

Geklärt ist inzwischen auch, daß eine solche individuelle Verantwortlichkeit sich nicht nur dann *unmittelbar* aus den völkerrechtlichen Normen ergibt, wenn diese durch *internationale* Gerichte oder, wie im angloamerikanischen Rechtskreis, durch *staatliche* Gerichte *direkt* angewendet werden können. Vielmehr bleibt die unmittelbare Geltung dieser *originären* Rechtsquelle auch dann aufrecht, wenn ihre praktische Anwendung durch *staatliche* Gerichte aufgrund staatlicher Regelungen, wie in Art. 103 Abs. 2 Grundgesetz, erst nach einer Transformation in die betreffende Rechtsordnung, also *indirekt,* erfolgen darf. Je nach den staatlichen Vorgaben des in Betracht kommenden Rechtssystems können also Völkerstrafrecht und staatliches Recht nebeneinander gelten, oder das Völkerrecht kann staatsintern erst nach einer Transformation mit Hilfe staatlicher Gesetze und Gerichte durchgesetzt werden.[104]

(2) Aus Art. 2 des Draft Code 1991 ergibt sich, daß die Einordnung einer Straftat als Verbrechen gegen den Frieden und die Sicherheit der Menschheit unabhängig von derjenigen nach staatlichem Recht ist und auch durch eine Straflosigkeit nach dessen Normen nicht berührt wird. Diese Festlegung beruht auf dem zweiten der Nürnberger Grundsätze, wie er von der ILC im Jahre 1950 aufgrund der Statuten und Urteile von Nürnberg formuliert worden ist. Er ist auch in Art. 4 des Entwurfs über Staatenverantwortung in bezug auf die Beurteilung eines »act of State as internationally wrongful« verankert.[105]

In den Statuten für das Jugoslawien- und das Ruanda-Tribunal ist eine entsprechende Regelung nicht enthalten. Sie ist dort entbehrlich, weil sich ihr Inhalt aus dem Gesamtkontext ergibt: Die Zuständigkeit und die unmittelbare Anwendung bestimmter völkerstrafrechtlicher Normen werden in den Art. 2 bis 5 i.V.m. Art. 7 beziehungsweise Art. 2 bis 4 i.V.m. Art. 6 festgelegt. Daß dieses Recht Vorrang besitzt vor nationalen Regelungen, folgt aus dem Vorrang der Gerichtsbarkeit der Tribunale, der in den Art. 9 und 10 beziehungsweise 8 und 9 festgelegt wird. Danach sind die Tribunale auch für die Überprüfung *rechtskräftiger* Freisprüche durch staatliche Gerichte zuständig, etwa wenn vor diesen ein Verbrechen nach Völkerstrafrecht aufgrund staatlichen Rechts lediglich als *Allgemein*verbrechen angesehen worden ist (näher dazu unten IV 3 b bb).

bb) Staatsorgane und andere Vertreter des Staates,
Artikel 13 des Draft Code 1991

Eine völkerstrafrechtliche Verantwortlichkeit *von Staatsorganen* für hoheitliches Handeln wird heute ebenfalls nicht mehr bestritten. Ausgangsposition auch für sie bildet Art. 7 des Nürnberger Statuts, nach dem die Stellung »als Oberhaupt eines Staates oder als verantwortlicher Beamter in einer Regierung (...) weder als Strafausschließungsgrund noch als Strafaufhebungsgrund gelten« konnte. Diese Regelung hat zahlreiche Bestätigungen gefunden, so im Beschluß der ILC vom Juni 1950 über die Grundsätze der Statuten und Urteile von Nürnberg, in der Völkermord-Konvention (1948), in der Konvention zur Bekämpfung und Ahndung der Apartheid (1973) sowie in Art. 13 des Draft Code 1991, in den alle klassischen Nürnberger Straftatbestände aufgenommen worden sind. Auch in den Art. 7 Abs. 2 beziehungsweise 6 Abs. 2 der Statuten für das Jugoslawien- und das Ruanda-Tribunal ist diese allgemein anerkannte Regelung verankert worden.[106]

In einer solchen Verantwortlichkeit liegt keine Einmischung in innerstaatliche Angelegenheiten im Sinne des Art. 2 Abs. 7 der UN-Charta und auch kein Verstoß gegen die Staatsorganen zu gewährende Immunität. Im übrigen kann selbst bei einer entsprechenden Verpflichtung der Staaten die Anwendung des Völkerstrafrechts wegen der Unabhängigkeit der staatlichen Gerichtsbarkeit nur in sehr begrenztem Maße erzwungen werden. Das zeigen die einschlägigen Regeln in den Statuten für das Jugoslawien- und das Ruanda-Tribunal besonders deutlich, nach denen mit Hilfe von Sanktionen des Sicherheitsrates nur eine Rechts*hilfe* durchgesetzt werden kann. Der Grundsatz »aut dedere aut iudicare« verpflichtet also lediglich zur Auslieferung beziehungsweise zur Überstellung.[107]

cc) Verantwortlichkeit von Vorgesetzten und Befehlsgebern, auch für fahrlässiges Unterlassen, Artikel 12 des Draft Code 1991

(1) Schon in den Strafbestimmungen der vier Genfer Konventionen wird neben der Begehung von »schweren Verletzungen« jeweils auch die Erteilung eines Befehls zu einer solchen Verletzungen mit in die Strafpflicht der Staaten einbezogen (vgl. auch oben II 1 a bb (1) (a)).

Diese Strafbarkeit von Befehlsgebern ist seit Nürnberg und Tokio unbestritten und kommt unter anderem in allen Artikeln des »Besonderen Teils« des Draft Code 1991 durch Formulierungen wie »(...) commits or orders the commission (...)« zum Ausdruck. In dem Statut für das Jugoslawien-Tribunal wird diese Form der Begehung zwar ausdrücklich nur in Art. 2 in bezug auf die schweren Verletzungen der Genfer Konventionen eigens in der Umschreibung der Tatbilder erwähnt. In Art. 7 Abs. 1 ist die Anordnung aber für alle Straftatbestände als eine Form des strafbaren Zusammenwirkens verankert. Ähnliches gilt für das Ruanda-Statut in bezug auf Art. 4 beziehungsweise 6 Abs. 1.

(2) In Art. 86 Abs. 2 des Zusatzprotokolls I wird ein Grundsatz formuliert, der schon im Fall Yamashita vor dem United States Supreme Court zu einer Verurteilung geführt hat. Danach sind Vorgesetzte nicht nur bei entsprechender Anordnung, sondern auch dann für Taten ihrer Untergebenen verantwortlich, wenn sie wußten oder aus den ihnen zugänglichen Informationen den Schluß hätten ziehen können, daß einer ihrer Untergebenen eine solche Tat begehe oder begehen könnte und sie daraufhin nicht alle in ihrer Kompetenz liegenden geeigneten Maßnahmen unternommen haben, diese Straftat zu verhindern oder sie (wenigstens) zu verfolgen.

Diese für Kriegsverbrechen geltende Regelung in Art. 86 Abs. 2 wird durch Art. 12 des Draft Code 1991 auch für die in ihm angeführten Verbrechen festgelegt. Sie entspricht seit der Verabschiedung des Zusatzprotokolls I darüber hinaus als allgemein anerkannter Grundsatz der Überzeugung der Völkergemeinschaft. Zwar ist dieser Grundsatz ausdrücklich auch in Art. 7 Abs. 3 des Jugoslawien-Statuts und dem damit wörtlich übereinstimmenden Art. 6 Abs. 3 des Ruanda-Statuts verankert worden und gilt damit auch für die Verfolgung von Straftaten, die in die Kompetenz dieser Tribunale fallen. Aber er wäre durch sie auch ohne eine spezielle Regelung anwendbar gewesen; denn für das Jugoslawien-Tribunal gelten die Gesetze und Gebräuche des Krieges, und zu diesen gehört auch Art. 86 des Zusatzprotokolls I, der zudem *alle* »schweren Verletzungen«, also auch solche in nichtinternationalen Konflikten, wie in Ruanda, erfaßt.[108] Er enthält im übrigen im gesamten bisher geltenden Völkerstrafrecht die einzige Variante, für deren Verwirklichung eine *fahrlässige* Verhaltensweise als *alleiniger* Anknüpfungspunkt ausreicht. Das geht aus der Formulierung »or had information enabling them to conclude« hervor, nach der sogar *un*bewußte Fahrlässigkeit genügt.[109]

b) Keine Strafbarkeit für bloße Mitgliedschaft in kriminellen Vereinigungen und keine kollektive Haftung, Artikel 3 des Draft Code 1991

In den Nürnberger Statuten war in Art. 9 vorgesehen, daß Organisationen für verbrecherisch erklärt werden konnten; gemäß Art. 10 bestand die Möglichkeit, »Personen (allein) wegen ihrer (bloßen) Zugehörigkeit zu einer solchen verbrecherischen Organisation vor Nationalen-, Militär- oder Okkupationsgerichten den Prozeß zu machen«, obwohl sie sich selbst nicht an verbrecherischen Handlungen, die aus der Organisation heraus begangen worden sind, beteiligt hatten. Von dieser Möglichkeit wurde allerdings schon in Nürnberg kein Gebrauch gemacht. Dementsprechend ist eine derartige Regelung im Völkerstrafrecht seither auch nicht weiter verfolgt worden.[110]

Vielmehr ist 1977 durch Art. 6 Abs. 2 lit. b des Zusatzprotokolls II eine so weitgehende strafrechtliche Haftung, die mit den Grundsätzen eines Tatschuldstrafrechts nicht zu vereinbaren ist, ausdrücklich ausgeschlossen worden. Dementsprechend sieht auch Art. 3 des Draft Code 1991 eine solche Möglichkeit nicht mehr vor. Staatliche Strafrechte gehen allerdings wieder stärker dazu über, zur Bekämpfung der (international) organisierten Kriminalität eine »beteiligende« Mitgliedschaft in nach ihrer Zweckorientierung »kriminellen Organisationen« unter Strafe zu stellen.[111]

c) Verantwortlichkeit von Staaten

aa) Allgemeines

Nach der ursprünglichen Konzeption kam dem Völkerrecht allein die Aufgabe zu, die Beziehungen *zwischen Staaten* zu regeln. Von daher lag es nahe, auch beim humanitären Kriegsvölkerrecht zunächst auf die Verpflichtung *der Staaten* abzustellen, völkerrechtliche Verbote und Gebote einzuhalten und bei deren Verletzung (allein) die Staaten zur Verantwortung zu ziehen. Davon geht auch noch die Satzung der VN in Kapitel VII aus. Dort ist eine Verantwortlichkeit von *natürlichen* Personen nicht ausdrücklich vorgesehen.[112]

Mit dem Ersten Weltkrieg trat jedoch der Gedanke immer mehr in den Vordergrund, auch Einzelpersonen unmittelbar für derartige Verletzungen zur Verantwortung zu ziehen. Sein Ausgangspunkt war rechtstheoretisch die Anerkennung von *völkerrechtlichen* Rechten und Pflichten für natürliche Personen. Kriminalpolitisch kam die Erfahrung hinzu, daß meistens ein Wort der Mächtigen genügt hätte, um derartigen Verbrechen Einhalt zu gebieten. Von daher lag die Idee nahe, die verantwortlichen Staatsorgane nicht nur für das Auslösen kriegerischer Auseinandersetzungen, sondern auch für die dabei geschehenen Verletzungen des humanitären Völkerrechts zur Rechenschaft zu ziehen.[113]

Diese *individuelle* Verantwortlichkeit setzte sich allerdings trotz der insoweit zunächst sehr hoffnungsvoll stimmenden Ansätze in Nürnberg und Tokio in den folgenden Jahrzehnten nur sehr langsam durch. Als darüber hinaus Bemühungen zu ihrer Verwirklichung in den VN bis zu einer Einigung über die Definition des Angriffskrieges vertagt wurden, befaßte sich die ILC seit Anfang der sechziger Jahre verstärkt mit der *Staaten*verantwortung.[114]

bb) Artikel 19 der »Draft articles on State responsibility«

(1) Nach mehr als 15jähriger Tätigkeit verabschiedete die ILC 1980 in erster Lesung den Entwurf für einen ersten Teil von Regelungen über Staatenverantwortung; eine gemeinsame Bezeichnung für den Gesamtentwurf (künftig: Entwurf über Staatenverantwortung) bleibt bis heute einer späteren Beratung vorbehalten.[115]

Kapitel 3 dieses ersten Teiles befaßt sich mit der Verletzung von internationalen Verpflichtungen. Nach dem in ihm enthaltenen Art. 19 Abs. 1 ist Handeln von Staaten, das gegen eine solche Verpflichtung verstößt, ein »internationally *wrongful act*«. War die Verpflichtung »so essential for the protection of fundamental interests of the international community that its breach is recognized *as a crime by that community as a whole*«, dann stellt ihre Verletzung gemäß Abs. 2 ein *»international crime«* dar. Als Beispiele für solche Verbrechen werden in Abs. 3 neben schweren Verletzungen solcher Verpflichtungen, die für die Aufrechterhaltung des internationalen Friedens und der Sicherheit der Menschheit von wesentlicher Bedeutung sind, wie das Verbot von Angriffshandlungen, des Völkermordes sowie die Verbote der Sklaverei und der Apartheid eigens erwähnt. In Abs. 4 wird darauf hingewiesen, daß jede andere *international rechtswidrige* Verhaltensweise als »international *delict*« einzustufen sei.

Nach der Literatur signalisieren diese Entwürfe eine Wende von der bisher bilateralen zu einer multilateralen Betrachtungsweise, bei der Interessen der Völker*gemeinschaft* stärker als bisher berücksichtigt würden. Allerdings sei noch nicht geklärt, inwieweit Drittstaaten Rechte aus dieser umfassenden Verantwortlichkeit ableiten beziehungsweise für sie dadurch Pflichten entstehen könnten. Aus Art. 19 *allein* dürfe jedenfalls nicht geschlossen werden, daß *Staaten* für Verletzungen, die als internationales Verbrechen einzustufen seien, unmittelbar nach Völkerrecht *strafrechtlich* zur Verantwortung gezogen werden könnten.[116]

Es ist zwar richtig, daß aus Art. 19 Abs. 2 nicht auf die Anerkennung einer *strafrechtlichen* Verantwortlichkeit *der Staaten* geschlossen werden darf; denn nach seiner Konzeption soll der erste Teil des Entwurfes, zu dem Art. 19 gehört, Quellen für eine Verantwortlichkeit von Staaten festlegen, zu denen die Verletzung internationaler Verpflichtungen zählt. Über »content, forms and degrees« einer solchen Verantwortlichkeit gibt es Regelungen erst im zweiten Teil des Entwurfs. Soweit er vorliegt, wurde er geprägt von der Kontroverse, ob »countermeasures« in diesem Zusammenhang überhaupt eine wesentliche Bedeutung zukommen solle, weil »international law being based not so much on the concept of sanctions and punishment as on the concept of remedying wrongs that had been committed«, oder ob auch solche Maßnahmen einzubeziehen seien mit dem Recht – und möglicherweise sogar der Pflicht – dritter Staaten, eine »non neutral position« einzunehmen.[117]

Festzuhalten ist daher, daß aus dem Entwurf über Staatenverantwortung eine *strafrechtliche* Verantwortlichkeit *der Staaten nicht* abzuleiten ist, aber in ihm auch nicht ausgeschlossen wird. Eindeutig folgt jedoch aus Art. 19 Abs. 2 i.V.m. den unter Abs. 3 lit. a und c angeführten Beispielen, daß diejenigen Verletzungen des Völkerrechts, die durch die Staatengemeinschaft insgesamt als Verbrechen anerkannt werden, als »Crimes *under* International Law« einzustufen sind, unabhängig davon, ob Staaten für sie *strafrechtlich* oder lediglich in sonstiger Weise zur Verantwortung gezogen werden können.

Art. 19 Abs. 2 stellt insofern klar, welche Anforderungen an Rechtsgutsbeeinträchtigungen zu stellen sind, damit diese als internationale Verbrechen den Tatbeständen *des Völkerstrafrechts* zugrunde gelegt werden können. Zugleich hat die ILC im Rahmen ihrer Aufgabe, diejenigen Regeln zu kodifizieren, die nach dem gegenwärtigen Stand des Völkerrechts eine *Staaten*verantwortlichkeit begründen, zum Ausdruck gebracht, daß die in Abs. 3 angeführten Tatbestände des Völkerstrafrechts typische Verletzungen dieser Art mit Strafe bedrohen. Aus den vorstehenden Ausführungen und aus denjenigen oben unter II zu den einzelnen Deliktsgruppen ergibt sich, daß *derzeit* ausschließlich *natürliche* Personen für derartige Verbrechen unmittelbar nach Völkerrecht strafbar sind.

(2) Unabhängig von Art. 19 gilt in bezug auf die Verantwortlichkeit von Staaten, daß in der gesamten bisherigen Entwicklung des Völkerstrafrechts seit dem Zweiten Weltkrieg der Schwerpunkt zwar auf der *individuellen* Verantwortlichkeit *natürlicher* Personen liegt, eine *strafrechtliche* Verantwortlichkeit auch der *Staaten* jedoch in keiner Phase ausgeschlossen, sondern stets bewußt offengehalten werden sollte.[118]

cc) Artikel 5 des Draft Code 1991

Gemäß Art. 5 befreit die Verfolgung von Einzelpersonen wegen Verbrechen gegen den Frieden und die Sicherheit der Menschheit keinen Staat »of any responsibility under international law for an act or omission attributable to it«. Diese Regelung enthält nach dem offiziellen Kommentar zwei Aussagen:

- Zumindest in diesem Stadium sollte eine internationale *strafrechtliche* Verantwortlichkeit von Staaten noch nicht in die Bemühungen zur Kodifikation des Völkerstrafrechts einbezogen werden;
- Einzelpersonen handeln allerdings bei Begehung derartiger Verbrechen sehr häufig als »agent of the State«, »on behalf of the State«, »in the name of the State« oder lediglich in einer De-facto-Beziehung zu ihm und dann allerdings ohne irgendeine *rechtliche* Grundlage. Unter Verweis auf den offiziellen Kommentar zu Art. 19 des Entwurfs zur Staatenverantwortlichkeit wird deshalb von der ILC festgehalten, daß die Bestrafung von Staats*organen* »certainly does not exhaust the prosecution of the international responsibility incumbent upon the State for internationally wrongful acts which are attributed to it in such cases by reason of the conduct of its organs«[119].

Damit wird erneut bestätigt, daß eine *strafrechtliche* Verantwortlichkeit von Staaten nicht grundsätzlich im Völkerrecht ausgeschlossen erscheint, sondern lediglich derzeit, vor allem wegen einer fehlenden internationalen Strafgerichtsbarkeit, nicht weiter betrieben wird.

2. *Nullum crimen sine lege*

a) Bedeutungsgehalt und Gültigkeit im Völkerrecht

Aus der geschichtlichen Entwicklung des Legalitätsprinzips ergibt sich, daß dessen strenge Anwendung, durch die strafbegründendes und strafschärfendes *Gewohnheits*recht ausgeschlossen und *konkrete* Strafdrohungen verlangt werden, nicht zum ursprünglichen Kern des heutigen Inhaltes des Satzes »nullum crimen, nulla poena sine lege« gehört, wohl aber zum Begriff des modernen Rechtsstaates. Der Kerngehalt dieses Satzes, der sich zu einem Teilaspekt des Menschenrechts auf persönliche Freiheit entwickelt hat und durch dessen Verankerung im Völkerrecht bestätigt worden ist, beinhaltet, daß zur Beseitigung von Willkür jeder staatliche Eingriff in die Freiheitssphäre des Einzelnen an das Vorhandensein einer Norm gebunden sein muß; diese kann dem gesetzten *oder* dem ungesetzten Recht angehören. Sie muß bereits zur Tatzeit existent sein, ein näher bestimmtes Verhalten festlegen und durch den Hinweis auf dessen *Strafbarkeit* eine an den Einzelnen gerichtete *generelle* Strafdrohung enthalten;

eine *konkrete* Strafdrohung, die Art und Höhe der Strafe genau bestimmt, wird dagegen nach ganz überwiegender Meinung nicht gefordert.[120]

Im Völkerrecht gilt also lediglich der Grundsatz »nullum crimen sine lege«. Die strenge Legalitätsfunktion ist anhand der Struktur der *staatlichen* Rechtsordnung entwickelt worden und auf diese zugeschnitten. Im Völkerrecht dagegen besteht für eine wesentliche Aufgabe dieser Garantie, nämlich für die Kontrolle der Volksvertretung über alle Rechtsnormen, kein Bedürfnis. Deshalb gilt dort allein der Kerngehalt. Das kommt auch in Art. 7 Abs. 2 der Europäischen Menschenrechtskonvention und Art. 11 Abs. 2 des Paktes über die Bürgerlichen und Politischen Rechte von 1966 zum Ausdruck.[121]

b) Einfluß auf die Entstehungsmöglichkeiten völkerstrafrechtlicher Normen

Im Hinblick auf den völkerrechtlichen Bedeutungsgehalt des Satzes »nullum crimen, nulla poena sine lege« kommen als Entstehungsmöglichkeiten für völkerstrafrechtliche Normen *alle* Quellen *genereller* völkerrechtlicher Normen in Betracht. Soweit sich die Strafbarkeit also aus dem Konventionsrecht, aus dem Völkergewohnheitsrecht oder aus den anerkannten allgemeinen Rechtsgrundsätzen ergibt und dadurch eine hinreichend bestimmte Festlegung der Tatbestände erfolgt, können derartige Normen eine strafrechtliche Verantwortlichkeit von Einzelpersonen unmittelbar nach Völkerrecht begründen. Die in Art. 38 lit. d des IGH-Statuts angeführten anerkannten Lehrmeinungen des Völkerrechts dagegen können schon von ihrer Natur her kein strafbegründendes oder strafschärfendes Völkerstrafrecht schaffen. Sie sind aber für die Auslegung völkerstrafrechtlicher Tatbestände sowie für die Anwendbarkeit allgemeiner Regeln mit heranzuziehen.[122]

3. Allgemeine Verbrechenselemente

Für eine allgemeine Verbrechenslehre des Völkerstrafrechts wie für die Auslegung völkerstrafrechtlicher Tatbestände können jene Regeln und dogmatischen Figuren hilfreich sein, die in nationalen Strafrechten weitgehende Anerkennung gefunden haben. Einige von ihnen werden im folgenden auf ihre Geltung im Völkerstrafrecht überprüft.[123]

a) Deliktstypen und geschützte Rechtsgüter

aa) Grundsätzlich kommen alle Deliktstypen, also insbesondere Erfolgsdelikte mit der Unterteilung in Verletzungs- und *konkrete* Gefährdungsdelikte ebenso wie Tätigkeitsdelikte einschließlich der *abstrakten* Gefährdungsdelikte für das Völkerstrafrecht in Betracht.[124] Mischformen dieser Typen sind nicht nur denkbar, sondern werden bereits im geltenden Völkerstrafrecht verwendet.

So ist zum Beispiel der *Völkermord* nach allen Varianten ein Delikt mit erweitertem Vorsatz (überschießender Innentendenz), weil sich die Absicht des Täters darauf erstrecken muß, »eine nationale, ethnische, rassische oder religiöse Gruppe als solche ganz oder teilweise zu zerstören«; für die Vollendung dieses Deliktes kommt es aber auf die Verwirklichung dieser Absicht nicht an. Während die Tötung und die Zufügung von schweren Schäden nach Art. II lit. a und b der Völkermord-Konvention sowie die gewaltsame Überführung nach lit. e *Erfolgs*delikte sind, umschreiben die lit. c und d bezüglich der Unterwerfung beziehungsweise Geburtenverhinderung *reine Tätigkeiten*, die auf die Verwirklichung dieser Ziele gerichtet und dafür geeignet sind, ohne daß diese Verhaltensweisen zu einem sichtbaren Erfolg geführt haben müssen.[125]

Ebenso unterschiedlich sind die Deliktstypen in den Strafbestimmungen der *Genfer Konventionen*; die dort unter anderem angeführte »Folterung« erfaßt zum Beispiel bestimmte auf die Erzielung eines Geständnisses ausgerichtete Tätigkeiten, die auch dann strafbar sind, wenn die Möglichkeit, bei einer Weigerung lebens- oder gesundheitsbedrohende Mittel einzusetzen, »lediglich« vorgetäuscht wird; die Eignung der »Folterung«, derartige Verletzungen tatsächlich herbeizuführen, muß also im konkreten Fall *nicht* nachgewiesen werden, sondern nur diejenige, bei Opfern begründete Besorgnis zu erregen, etwa bei Art. 50 des I. Genfer Abkommens. Art. 3 dieses Abkommens, der den Mindeststandard für nichtinternationale Auseinandersetzungen festlegt, stellt neben zahlreichen *Erfolgs*delikten, wie insbesondere Mord und Verstümmelung, auch »Angriffe auf Leib und Leben« sowie das »Nehmen von Geiseln« als *reine Tätigkeiten* unter Strafe.

Von ihrer Struktur her komplexer sind die Strafbestimmungen im *Zusatzprotokoll I.* So ist nach dem dortigen Art. 85 Abs. 3 ein vorsätzlicher Angriff gegen Zivilpersonen strafbar, wenn durch ihn einschlägige Bestimmungen des Protokolls verletzt *und* zum Beispiel die besondere Folge des Todes oder einer schweren Verletzung herbeigeführt worden ist.[126] In Abs. 4 werden überwiegend (vorsätzliche) Tätigkeiten, wenn sie unter Verstoß gegen eine Vorschrift der Konventionen oder des Zusatzprotokolls I begangen werden, unter Strafe gestellt, wie etwa »Praktiken der Apartheid« und »ungerechtfertigte Verzögerungen bei der Heimschaffung von Kriegsgefangenen oder Zivilpersonen« sowie die Entziehung des Rechtes »auf ein unparteiisches ordentliches Gerichtsverfahren«. Ein Teil dieser Regelungen weist Ähnlichkeit mit dem Konzept der Verwaltungsakzessorität im Umweltstrafrecht auf, allerdings mit der Maßgabe, daß sich, anders als dort, der Vorsatz nach dem Wortlaut dieser Bestimmungen *nicht* auf die Konventionswidrigkeit beziehen muß.[127]

bb) Geschützt werden durch alle Straftatbestände Rechtsgüter der Völker*gemeinschaft*, insbesondere die Aufrechterhaltung oder Wiederherstellung des internationalen Friedens und der Sicherheit der Menschheit; in diesem Rechtsgüterschutz liegt das Charakteristische des Völkerstrafrechts und zugleich seine Rechtfertigung. Diese Orientierung schließt aber nicht aus, daß *daneben* auch Rechtsgüter des Einzelnen mit geschützt werden. Ein solcher Individualrechtsgüterschutz darf aber nach der Konzeption des Völkerstrafrechts und im Hinblick auf die Souveränität der Staaten nur ein subsidiärer sein, das heißt lediglich dann eingreifen, wenn die staatlichen Rechtsordnungen insoweit, insbesondere wegen einer Mitwirkung der Staaten an derartigen Verletzungen, keine ausreichende Gewährleistung für einen effektiven Schutz zu bieten vermögen.[128]

b) Vorsatz und Fahrlässigkeit

In staatlichen Strafrechtskodifikationen ist meistens geregelt, ob grundsätzlich vorsätzliches und nur ausnahmsweise fahrlässiges Handeln oder ob beides gleichermaßen strafbar ist. Für das Völkerstrafrecht fehlt diesbezüglich eine *generelle* Regelung. Daher muß die jeweils erforderliche subjektive Unrechtskomponente dem in Betracht kommenden Tatbestand entnommen werden. In den einzelnen Tatbildern wird jedoch auf die subjektive Begehungsform nicht immer *ausdrücklich* Bezug genommen. In derartigen Fällen kann sie daher nur durch Auslegung ermittelt werden.

aa) In den Rechtsgrundlagen für *Nürnberg* und *Tokio* wurde nicht ausdrücklich geregelt, ob die dort normierten Straftatbestände ausschließlich vorsätzlich oder auch fahrlässig begangen werden konnten. Eine Antwort ergab sich aber aus den Umschreibungen wie in Art. 6 lit. a bis c, weil »Planen, Vorbereitung, Einleitung oder Durchführung eines Angriffskrieges« sowie Mißhandlungen, Deportationen, Plünderungen oder mutwillige Zerstörungen und Verfolgung »aus politischen, rassischen oder religiösen Gründen« ohnehin nur *vorsätzlich* begehbar sind. Das ist auch aus den Urteilen ersichtlich.[129]

Vergleichbares gilt beim *Völkermord* etwa für die Tatbilder der Anreizung zu seiner Begehung und der »gewaltsamen Überführung von Kindern« von einer Gruppe in eine andere. Zudem ergibt sich dort die Beschränkung auf eine *vorsätzliche* Begehung durch das Erfordernis eines *erweiterten* Vorsatzes; denn im Zusammenhang mit einer *fahrlässigen*

Verwirklichung eines Tatbildes ist ein erweiterter Vorsatz im Sinne einer über dieses Tatbild »hinausschießenden« Innentendenz nicht denkbar.[130]

Nach dem Wortlaut der Strafbestimmungen der *Genfer Konventionen* sind die Tötung und die Verursachung großer Leiden nur bei vorsätzlicher Begehung als »schwere Verletzungen« strafbar. Für fast alle anderen Tatbestände, wie die »Aneignung von Gut«, Deportationen etc., ergibt sich das Vorsatzerfordernis schon aus der Handlungsumschreibung, bei der Alternative »Zerstörung« aus der Einschränkung, daß diese »willkürlich« vorgenommen worden sein muß. Aber selbst wenn man davon ausginge, daß bei einigen Varianten für eine derartig einschränkende Auslegung keine Anhaltspunkte in der Formulierung selbst enthalten sind, ist auch für sie aufgrund eines Vergleichs mit den Tatbildern, bei denen schon nach dem jeweiligen Wortlaut nur eine *vorsätzliche* Rechtsgutsverletzung als strafbedürftig angesehen wird, Vorsatz zu fordern; denn wenn schon bei der Tötung und der Verursachung großer Leiden und bei der Zerstörung nur eine *vorsätzliche* Begehungsweise als »schwere Verletzung« eingestuft wird, ist es kriminalpolitisch nicht vertretbar, weniger schwerwiegende Rechtsgutsbeeinträchtigungen auch bei (bloß) *fahrlässiger* Verwirklichung in diese Kategorie einzuordnen. Gleiches gilt für alle in den vier Genfer Konventionen übereinstimmenden Art. 3 sowie für Art. 11 des Zusatzprotokolls I, in denen ebenfalls »schwere Verletzungen« umschrieben werden.[131]

In Art. 85 Abs. 3 des *Zusatzprotokolls I* werden bestimmte Handlungen für strafbar erklärt, »wenn sie vorsätzlich unter Verletzung der einschlägigen Bestimmungen des Protokolls begangen werden«, beziehungsweise in Absatz 4, »wenn sie vorsätzlich *und* unter Verletzung der Abkommen begangen werden«. Dieser differenzierende Sprachgebrauch findet sich auch in der englischen und in der französischen Fassung. Dennoch besteht zwischen den beiden Formulierungen kein inhaltlicher Unterschied. Vielmehr bringen sie übereinstimmend zum Ausdruck, daß nur *die Handlung als solche* vorsätzlich vorgenommen werden, der Täter sich dabei aber nicht der Verletzung der Konventionen bewußt gewesen sein muß.[132]

Die Formulierung in Abs. 3 »und den Tod oder eine schwere Beeinträchtigung der körperlichen Unversehrtheit oder der Gesundheit zur Folge haben« spricht schon nach dem Wortlaut gegen das Erfordernis einer *vorsätzlichen* Herbeiführung. Nach allgemein anerkannten Rechtsgrundsätzen ist allerdings auch eine *strenge* Erfolgshaftung heute nicht mehr vertretbar. Insofern muß diese Folge *zumindest fahrlässig* herbeigeführt worden sein. Durch diese im deutschsprachigen Raum mit »erfolgsqualifiziertes Delikt« umschriebene Kombination wird also eine vorsätzliche Tätigkeit pönalisiert, deren Unrecht von einem Verstoß gegen eine der

Konventionen *und* einer besonderen Folge abhängig ist, die nicht als objektive Bedingung der Strafbarkeit, sondern als wenigstens fahrlässig zu verwirklichende Folge einzustufen ist.[133]

Für die Verbrechen der *Apartheid* kann bereits aus den einleitenden Worten in Art. 2 »*systematically* oppressing« auf ein *Vorsatz*erfordernis geschlossen werden.[134]

bb) Im *Draft Code 1991* wird das Wort »Vorsatz« bei den allgemeinen Regeln in den Art. 1 bis 14 nicht erwähnt. Aus den erläuternden Bemerkungen geht jedoch hervor, daß die ILC die Ansicht vertreten hat, »guilty intent is a condition for the crime«. Es sei lediglich eine Frage des Verfahrens, ob dieser Vorsatz vermutet werden dürfe oder nachgewiesen werden müsse.[135]

Diese Meinung der ILC leuchtet zwar für systematische und auch noch für in großem Ausmaß verwirklichte Verbrechen gegen die Menschlichkeit ein. Sie darf aber nicht verallgemeinert werden. Denn da zum Beispiel der Völkermord auch an Einzelpersonen begangen werden kann, wenn nur der erweiterte Vorsatz (in Form der Absicht) darauf gerichtet war, zumindest einen Teil der Gruppe zu zerstören, kann allein aus der *äußeren* Begehungsweise *nicht* zwingend auf eine solche Absicht und damit auch aus dieser nicht auf den Tatvorsatz geschlossen werden. Wer zum Beispiel bei kriegerischen Auseinandersetzungen oder sonstigen Kämpfen auf dem Gebiet des ehemaligen Jugoslawien vorsätzlich einen »Gegner« tötet, dem muß es nicht notwendigerweise auf eine »ethnische Säuberung« ankommen. Auf der anderen Seite kann aber auch eine *einzelne* Tötung abseits vom kämpferischen Geschehen in Verbindung mit Äußerungen, aus denen sich eine derartige Absicht schlüssig nachweisen läßt, als Völkermord zu beurteilen sein.[136]

Für diese Interpretation spricht auch Art. 22 des Draft Code 1991. In dieser mit »Exceptionally Serious War Crimes« überschriebenen Vorschrift wird nämlich die Begehung, Anordnung oder sonstige Verantwortung für derartige Verbrechen unter Strafe gestellt.

Zwar zählen zu diesem Kreis nur die schwersten der »schweren Verletzungen« des humanitären Kriegsvölkerrechts wie »proscribed acts of violence, inhumanity, cruelty or barbarity directed against the life, health, dignity or physical or mental integrity of persons«, die durch eine Reihe von Tatbildern aus den Genfer Konventionen und den Zusatzprotokollen beispielhaft präzisiert werden. Darüber hinaus werden in lit. b dieser Vorschrift aber auch die widerrechtliche Errichtung von Siedlungen und die illegale Veränderung der demographischen Zusammensetzung der Bevölkerung in besetzten Gebieten angeführt. In den meisten der nachfolgenden Gruppen wird ausdrücklich auf eine *vorsätzliche* oder *willkürliche* Verhaltensweise abgestellt, so daß auch bei ihnen auf eine Strafbarkeit von ausschließlich *vorsätzlichen* Verhaltensweisen auszugehen ist. In lit. d allerdings wird der Einsatz von Mitteln der Kriegführung pönalisiert, die unnötige, unverhältnismäßige, weiträumige, lang andauernde und schwere Beeinträchtigungen der natürlichen Umwelt bezwecken »or may be reasonably expected to cause«. Auch bei dieser Variante wird aber aus der einleitenden Handlungsumschreibung »employing methods or means« auf eine ausschließlich vorsätzliche Begehungsweise zu schließen sein, selbst wenn in bezug auf die Eignung zur Herbeiführung einer der genannten Folgen Fahrlässigkeit ausreicht und auf lange Sicht ein effektiver internationaler Umweltschutz auch im Völkerstrafrecht nicht auf Fahrlässigkeitstatbestände wird verzichten können.

Unter lit. e des Art. 22 wird die Beispielhaftigkeit auch aller anderen Tatbilder deutlich, weil ergänzend »other relevant grave breaches of the Geneva Conventions and/or customary international law« mit Strafe bedroht werden. Die Tendenz, sich im Völkerstrafrecht auf die Pönalisierung von *vorsätzlichen* Verhaltensweisen zu beschränken, wird also auch in diesem Artikel des Draft Code fortgesetzt.[137]

cc) Insgesamt ergibt sich also, daß als Anknüpfungspunkt für Straftaten nach Völkerstrafrecht bisher *grundsätzlich* nur vorsätzliche Verhaltensweisen in Betracht kommen, daneben aber auch vereinzelt Vorsatz-Fahrlässigkeits-Kombinationen, wie in Art. 85 Abs. 3 des Zusatzprotokolls I. Eine Ausnahme gilt bisher lediglich nach dessen Art. 86 Abs. 2, dem Art. 12 des Draft Code 1991 entspricht, für Vorgesetzte: Bei *pflichtwidriger* Untätigkeit in bezug auf bevorstehende oder bereits begangene Straftaten nach Völkerstrafrecht ist dieser Personenkreis auch für *fahrlässiges Unterlassen* zur Verantwortung zu ziehen.[138]

c) Begehung durch Unterlassen

In den *Genfer Konventionen* von 1949 gibt es eine Reihe von Geboten, deren bloße Nichtbeachtung Zuwiderhandlungen sind. Bei den »schweren Verletzungen« in den nahezu übereinstimmenden Strafbestimmungen und in den jeweiligen Art. 3 wird aber bloßes Unterlassen als Begehungsform nicht eigens angeführt.

Erst durch Art. 86 Abs. 1 des *Zusatzprotokolls I* wurde 1977 klargestellt, daß auch alle diejenigen »schweren Verletzungen« der Abkommen zu unterbinden *und zu ahnden* sind, »die sich aus einer Unterlassung ergeben, wenn eine Rechtspflicht zum Handeln besteht«. Damit sind alle Kriegsverbrechen, soweit sie nicht als (reine) Tätigkeitsdelikte konzipiert sind, auch durch Unterlassen begehbar. Nur für die Vorgesetzten wird darüber hinaus die Strafbarkeit bestimmter fahrlässiger Unterlassungen in Abs. 2 dieser Vorschrift eigens verankert.[139]

In den Art. 3 und 25 des Entwurfs über Staatenverantwortung wird jeweils schon im Wortlaut klargestellt, daß »internationally wrongful acts«, deren schwerste in Art. 19 als »international crimes« bezeichnet werden, sowohl durch positives Tun als auch durch Unterlassen begangen werden können (vgl. auch oben 1 c bb).

Im *Draft Code 1991* werden in Art. 2 bei der Charakterisierung der Verbrechen gegen den Frieden und die Sicherheit der Menschheit sowie in Art. 5 bei der Regelung der Verantwortlichkeit von Staaten die Begehungsformen positives Tun und Unterlassen als gleichrangig nebeneinandergestellt. Damit wird zwar die grundsätzliche Strafbarkeit von Unterlassungen anerkannt. Nähere Angaben darüber, unter welchen Voraussetzungen ein Unterlassen strafbar sein soll, sind aber auch dem Kommentar der ILC zu diesen Vorschriften nicht zu entnehmen.[140]

In Art. 10 bei der Regelung des Rückwirkungsverbotes werden zwar, anders als noch in dem korrespondierenden Art. 8 des Draft Code 1987, die Unterlassungen nicht mehr ausdrücklich erwähnt. Aber im Kommentar der ILC zu dieser Vorschrift wird gleich zu Beginn klargestellt, die Bezeichnung »›acts‹ should be interpreted as ›acts *or* omissions‹«. Zudem wird darauf hingewiesen, daß eine eigene Vorschrift geplant sei, durch welche diese Gleichstellung *generell* erfolgen soll. Ferner wird im Kommentar der ILC zu Art. 22 ebenfalls von einer Begehungsmöglichkeit durch Unterlassen ausgegangen.[141]

Auf die Frage der Notwendigkeit einer Garantenstellung wird allerdings auch in den Kommentaren zu diesen beiden Artikeln nicht eingegangen. Da eine solche aber gemäß Art. 86 Abs. 1 des Zusatzprotokolls I für eine Strafbarkeit von durch *Unterlassen* begangenen »schweren Verletzungen« des Kriegsvölkerrechts generell vorausgesetzt wird, ist sie wegen der strukturellen Gleichwertigkeit aller klassischen Nürnberger Tatbestände nicht nur für die besonders schweren Kriegsverbrechen gemäß Art. 22 des Draft Code, sondern auch für alle anderen durch Unterlassen begangenen Straftaten nach Völkerstrafrecht zu fordern.

4. *Besondere Erscheinungsformen*

Von den besonderen Erscheinungsformen der Verbrechen können hier aus Raumgründen nur die Möglichkeiten des Zusammenwirkens mehrerer Personen an der Begehung des Verbrechens und der Versuch näher erläutert werden.

a) Zusammenwirken mehrerer

aa) Allgemeines

Weltweit haben sich zur Erfassung von Personen, die bei der Verwirklichung von Straftaten mitwirken, die folgenden drei Gruppen durchgesetzt:

- Die persönliche *»Ausführung« der Tat in der entscheidenden Phase*, die zur Vollendung des Tatbildes führt oder jedenfalls führen soll: unmittelbarer Täter oder Haupttäter. Dabei ist es für die Beurteilung weitgehend ohne Bedeutung, ob in dieser Phase eine Person allein oder gemeinsam mit anderen handelt. Das gilt mit Einschränkungen auch für die Frage, ob diese Person sich technischer Hilfsmittel oder eines Dritten »bedient«, mit dessen Hilfe es dann zur Verwirklichung des Tatbildes kommt oder kommen soll.
- Das Zusammenwirken *durch Veranlassung einer anderen Person*, sich aufgrund eines *eigenen* Entschlusses für die Begehung einer Straftat zu entscheiden: Bestimmungstäter oder Anstifter.
- Das Zusammenwirken durch einen *sonstigen Beitrag* zu Tatbegehung: Beitragstäter oder Gehilfe.[142]

Neben diesen universellen Kategorien sehen die meisten Rechtsordnungen noch ergänzende Umschreibungen oder sogar selbständige Rechtsfiguren von zum Teil sehr unterschiedlicher Ausprägung vor, so zum Beispiel die *Verschwörung* oder die *Verabredung* zur Begehung von Straftaten und neuerdings auch die *Beteiligung an »kriminellen Organisationen«* sowie die *Unterstützung* einer Tat *nach* ihrer Begehung.[143]

Im Hinblick auf das logisch-systematische Zusammenspiel der drei universellen *Grund*formen untereinander sowie mit allen anderen Erscheinungsformen strafbedürftiger Mitwirkung haben sich mehrere Modelle gebildet, von denen im kontinentaleuropäischen Bereich das »Einheitstätersystem« und das »Teilnahmesystem« am weitesten verbreitet sind. Beide unterscheiden sich heute im Kernpunkt nur noch insofern, als für die *reine* Form der Einheitstäterschaft jeder kausale Beitrag zur Tatbildverwirklichung, egal in welcher Form, eine Täterschaft ist, die unabhängig von der Strafbarkeit aller anderen Mitwirkenden dann als Vollendung bestraft werden kann, wenn der betreffende Täter zusammen mit der *faktischen* Mitwirkung anderer Personen sämtliche Elemente des Verbrechens erfüllt. Beim Teilnahmesystem dagegen nehmen die Mitwirkenden an der »Haupttat« teil, sind von dieser weitgehend abhängig, so daß zum Beispiel nur bei deren vorsätzlicher und rechtswidriger Begehung eine strafbare Teilnahme in Betracht kommt.[144]

Für den anglo-amerikanischen und generell für den Common-Law-Bereich dagegen hat sich eine Systematisierung herauskristallisiert, die mit den Begriffen »complicity«, »participation« und »conspiracy« umschrieben werden kann.[145] Schon diese Bezeichnungen lassen erkennen, daß mit ihnen mehr ein Teilnahme- als ein Einheitstätersystem charakterisiert wird.

bb) Ausprägungen im Völkerstrafrecht

(1) In der *Haager Landkriegsordnung* von 1907 (künftig: HLKO) wurden zwar Verbote und Gebote hinsichtlich der Kriegführung, Behandlung von Kriegsgefangenen und der Verwaltung besetzter Gebiete formuliert; Zuwiderhandlungen gegen diese Normen begründen auch eine individuelle strafrechtliche Verantwortlichkeit unmittelbar nach Völkerrecht und können infolgedessen zum Beispiel durch die Gerichte der Sieger auch auf dieser Grundlage abgeurteilt werden.[146] Die HLKO enthält jedoch nur wenig Regelungen bezüglich einer Beteiligung. So werden die Staaten gemäß Art. 50 ermächtigt, nicht aber verpflichtet, etwa die *Mitverantwortlichkeit* der Bevölkerung an Straftaten einzelner zu pönalisieren. Nach Art. 34 verliert ein Parlamentär seinen Immunitätsstatus, wenn er seine Stellung dazu benutzt, Verrat zu üben oder *dazu anzustiften*, was auf eine Strafbarkeit auch der Bestimmungstäterschaft hindeutet.

In den Statuten für *Nürnberg und Tokio* wurden alle *strafbaren* Beteiligungsformen direkt in den Straftatbeständen mit angeführt. So war nach Art. 6 lit. a als Verbrechen gegen den Frieden strafbar, zum Beispiel das »Planen, [die] Vorbereitung, Einleitung oder Durchführung« sowie die »Beteiligung an einem gemeinsamen Plan oder einer Verschwörung zur Ausführung« von Angriffskriegen. Für die Kriegsverbrechen gab es keine vergleichbare Umschreibung. Dagegen wurde für die Verbrechen gegen die Menschlichkeit in Art. 6 lit. c des Nürnberger Statuts festgelegt:

> »Anführer, Organisatoren, Anstifter und Teilnehmer, die am Entwurf oder der Ausführung eines gemeinsamen Planes oder einer Verschwörung zur Begehung eines der vorgenannten Verbrechen teilgenommen haben, sind für alle Handlungen verantwortlich, die von irgendeiner Person in Ausführung eines solchen Planes begangen worden sind.«

Darüber hinaus wurde in Art. 9 die Möglichkeit eröffnet, Gruppen oder Organisationen für verbrecherisch zu erklären und gemäß Art. 10 »Personen wegen ihrer Zugehörigkeit zu einer solchen verbrecherischen Organisation (...) den Prozeß zu machen«. Diese weite Form der Haftung geht auf das anglo-amerikanische Konzept der »conspiracy« zurück, das in Common-Law-Systemen deswegen in dieser Breite akzeptabel ist, weil es im Laufe der Jahrhunderte durch die Rechtsprechung immer präzisere Bestimmtheitskonturen erhalten hat.[147]

In den *Genfer Konventionen* und in den *Zusatzprotokollen* wird kein derart weites Konzept zugrunde gelegt. Vielmehr werden jeweils nur bestimmte Begehungsformen oder sehr genau festliegende Beteiligungsformen, wie etwa die Anordnung und die »command responsibility« in Art. 86 Abs. 2 des Zusatzprotokolls I, für strafbar erklärt.

Die *Konvention über den Völkermord* erwähnt eigens die »Verschwörung«, die »unmittelbare und öffentliche Anreizung zur Begehung« sowie pauschal (jede) »Beteiligung am Völkermord« als unmittelbar nach Völkerrecht strafbare Verhaltensweisen.

In Art. III der *Apartheid-Konvention* wird dieser weite Begriff der »Beteiligung« folgendermaßen präzisiert:

> »(a) Commit, participate in, directly incite or conspire in the commission of the acts mentioned in article II of the present Convention;
> (b) Directly abet, encourage or co-operate in the commission of the crime of apartheid.«

Dementsprechend wird auch in Art. 3 Abs. 2 *Draft Code 1991* von einem derart weiten Mitwirkungskonzept ausgegangen und folgendermaßen formuliert:

> »An individual who aids, abets or provides the means for the commission of a crime against the peace and security of mankind or conspires in or directly incites the commission of such a crime is responsible therefor and is liable to punishment.«

Mit diesen Formulierungen hat sich die ILC dafür entschieden, die Strafbarkeit einer Beteiligung auf Mitwirkungen im zeitlichen *Vorfeld* der Tat zu beschränken. Nachträgliche Formen der Beteiligung, insbesondere »an accessory after the fact« oder »harbouring a criminal«, beurteilte sie, trotz einiger Gegenstimmen, nicht als Beteiligung *an der Verwirklichung* der Tat.[148]

Im *Statut für das Jugoslawien-Tribunal* werden in Art. 2 und 3 in bezug auf die Strafbarkeit der »schweren Verletzungen« der Genfer Konventionen beziehungsweise der »Verletzungen« der Gesetze oder Gebräuche des Krieges keine Beteiligungsformen genannt, sondern lediglich die einzelnen Begehungsarten; das entspricht der Tradition dieser beiden Quellen des Völkerstrafrechts. In Art. 4 beim Völkermord dagegen werden, wie in der Völkermord-Konvention, die »conspiracy to commit genocide, direct or public incitement« und »complicity in genocide« eigens unter lit. b, c beziehungsweise e angeführt. Eine entsprechende Erwähnung fehlt für die ebenfalls in die Kompetenz dieser Tribunale fallenden Verbrechen gegen die Menschlichkeit.

Allerdings werden in Art. 7 Abs. 1 bei der Festlegung der individuellen strafrechtlichen Verantwortlichkeit mit der Formulierung »(...) planned, instigated, ordered, committed or otherwise aided and abetted in the planning, preparation or execution of a crime (...)« eine ganze Reihe von Formen strafbarer Mitwirkung angeführt, die für *alle* nach den Statuten anwendbaren Straftatbestände gelten. Das weite Konzept für eine strafbare Beteiligung, wie es seit Nürnberg immer wieder im internationalen Bereich verankert worden ist, hat sich damit erneut durchgesetzt.

Art. 6 Abs. 1 des Ruanda-Statuts und der soeben erwähnte Art. 7 Abs. 1 des Jugoslawien-Statuts haben den gleichen Wortlaut. Im übrigen gelten für die im *Ruanda-Statut* angeführten Straftatbestände, soweit sie mit denen im Jugoslawien-Statut übereinstimmen, die obigen Ausführungen entsprechend.

(2) Die doppelte Regelung der strafbaren Beteiligung, spezifisch deliktsbezogen und allgemein, wie in den Statuten für das Jugoslawien- und das Ruanda-Tribunal, ist zwar im Völkerstrafrecht nicht unüblich und auch akzeptabel, sollte aber auf Dauer vereinheitlicht werden, um Wiederholungen und vor allem um pauschale Umschreibungen mit unterschiedlichen Formulierungen für inhaltlich gleichartige Formen strafbarer Mitwirkung zu vermeiden.

Die verwendeten Umschreibungen sind im übrigen hinreichend bestimmt. Sie bedienen sich zwar vor allem der in Common-Law-Systemen verwendeten Begriffe, die aber zu einem großen Teil mit den im kontinentaleuropäischen Strafrecht anerkannten Beteiligungsformen korrespondieren. Diese als »Kernbestand« entwickelten dogmatischen Regeln können deshalb als allgemein anerkannte Rechtsgrundsätze bei der Auslegung einzelner Formulierungen mit herangezogen werden. Dabei ergibt sich zum Beispiel, daß die übereinstimmende Formulierung in den Art. 7 Abs. 1 und 6 Abs. 1 des Jugoslawien- beziehungsweise des Ruanda-Statuts »otherwise aided *and* abetted« entgegen dem Wortlaut keine kumulativen Anforderungen, sondern lediglich alternative, das heißt voneinander unabhängige Beitragshandlungen umschreibt; denn in anderen internationalen Regelungen strafbarer Formen der Mitwirkung, insbesondere in Art. 3 Abs. 2 Draft Code 1991, werden diese beiden Möglichkeiten stets als Alternativen gleichrangig gegenübergestellt.

Im Grunde bestehen also gegen alle im Völkerstrafrecht gebräuchlichen Begriffe zur Umschreibung einer Mitwirkung keine wesentlichen Bedenken. Aber eine klare Entwicklungstendenz in Richtung auf ein Einheitstäter- oder Teilnahmesystem ist letztlich keiner der geltenden Regelungen zu entnehmen. Am ehesten deutet noch der Kommentar zu Art. 7 des Jugoslawien-Statutes »(...) all persons who participate in the planing, preparation or execution (...) contribute to the commission of the violation and are therefore, individually responsible« auf ein Einheitstätersystem hin.[149] Die Interpretation im Sinne eines Einheitstätersystems verdient auch deshalb den Vorzug, weil nur so eine stärkere Abhängigkeit vom unmittelbaren Täter oder Haupttäter vermieden und damit eine gerade im Völkerstrafrecht gebotene möglichst eigenständige Strafbarkeit der einzelnen Mitwirkenden gewährleistet werden kann.

Gegen eine weite Auslegung dieser Regelung bestehen ferner keine Bedenken, weil die Tribunale für jedes einzelne der in ihren Statuten angeführten Tatbilder zu prüfen haben, ob ein so weiter Begriff der Beteiligung *gerade für dieses Verbrechen* im Völkerrecht verankert ist.[150]

cc) Besonderheiten wie »Command responsibility« und Mitwirkung an Sonderdelikten

(1) Oben unter 3 b und c wurde bereits auf Art. 86 Abs. 2 des Zusatzprotokolls I hingewiesen, der die strafrechtliche Verantwortlichkeit von Vorgesetzten auch für fahrlässiges Unterlassen begründet und dessen Regelungsgehalt in Art. 12 des Draft Code 1991 sowie in Art. 7 Abs. 3 des Jugoslawien- und in Art. 6 Abs. 3 des Ruanda-Statuts verankert worden ist.[151]

In Nürnberg waren als besondere Formen der Mitwirkung für die Verbrechen gegen den Frieden neben der Planung und Vorbereitung die »Einleitung oder Durchführung« sowie die »Beteiligung an einem gemeinsamen Plan oder an einer Verschwörung zur Ausführung« mit Strafe bedroht. Bei den Kriegsverbrechen gab es vom Täterkreis her keine Beschränkung; in bezug auf die Verbrechen gegen die Menschlichkeit dagegen wurden »Anführer, Organisatoren, Anstifter und Teilnehmer, die am Entwurf oder der Ausführung eines gemeinsamen Planes oder einer Verschwörung zur Begehung (...) teilgenommen haben«, auch für alle Handlungen zur Verantwortung gezogen, die »von irgendeiner Person in Ausführung eines solchen Planes begangen worden sind«.

Durch diese Hervorhebung derjenigen Personenkreise, die in erster Linie Machtpositionen zur Vorbereitung und Durchführung derartiger Verbrechen besitzen, hat sich in der weiteren Entwicklung des Völkerstrafrechts die Tendenz herausgebildet, einige von ihnen eigens zu erwähnen. Zwar sind derartige »Sonderdelikte« im geltenden Völkerstrafrecht wohl nur durch die »Command responsibility« verkörpert. Aber im Draft Code 1991, der jedenfalls zu einem großen Teil allgemein anerkannte Grundsätze des Völkerstrafrechts formuliert und schon von daher beachtet werden muß, sind sie häufiger. In seinem »Besonderen Teil« gibt es drei Formulierungen, die vor allem in der Gegenüberstellung Anlaß zur Prüfung bieten, inwieweit eine Beteiligung an solchen Sonderdelikten möglich und strafbar ist.[152]

(2) Die »Allgemeindelikte« im Draft Code 1991 wie Völkermord, systematische oder massenhafte Verletzung von Menschenrechten und besonders schwere Kriegsverbrechen können nach dem Wortlaut von jedermann verwirklicht werden. Die entsprechenden Formulierungen lauten in den Art. 19, 21, 22, 25 und 26 übereinstimmend: »An individual who commits or orders the commission of (...).«

Im Vergleich dazu enthalten die Art. 15 bis 18 bezüglich der Verbrechen gegen den Frieden und Art. 20 bezüglich der Apartheid die einschränkende Formulierung: »An individual who *as leader or organizer* [in Art. 15 auch: plans] commits or orders the commission of (...).« Für diese Gruppe hat die Kommission in Anlehnung an die Statuten von Nürnberg und Tokio »restricted the circle of potential perpetrators to leaders and organizers«.[153] Ergänzend dazu wird im Kommentar zu Art. 20 ausdrücklich darauf hingewiesen, daß der Anwendungsbereich dieser Tatbestände, wie bei den Verbrechen gegen den Frieden, in der Absicht beschränkt werde »to make criminally liable only those who are in the position to use the State apparatus for the planning, organization or perpetration of the crime«[154].

Noch für eine dritte Gruppe wird der Täterkreis einengend näher umschrieben. Der internationale Terrorismus und die Förderung des Söldnertums sollen nach Art. 23 und 24 des Draft Code 1991 nur für denjenigen strafbar sein, »(...) who *as agent* or *representative of a State* commits or orders the commission of (...)«. In den einleitenden Bemerkungen der ILC zum »Besonderen Teil« steht nach dieser Darlegung der drei Gruppen ausdrücklich, daß die umschriebenen Täterkreise nicht selbst diese Handlungen ausführen müssen, sondern daß es in allen Fällen genügt, wenn sie derartige Verhaltensweisen angeordnet haben. Unmittelbar im Anschluß daran wird dargelegt, daß diese Vorschriften über Täterqualifikationen »(...) must be read in conjunction with article 3 on complicity, conspiracy and attempt (...)«.[155]

Die Gesamtheit der angeführten Formulierungen aus den »Sonderdelikten« des Draft Code könnte auf den ersten Blick zu dem Schluß verleiten, daß eine strafbare Mitwirkung an Taten, für die der Täterkreis ausdrücklich beschränkt wird, nicht in Betracht komme. Dagegen sprechen allerdings ergänzend zu den bereits erwähnten noch die folgenden Gesichtspunkte:

- Der Kommentar zu dem die generelle Regelung enthaltenden Art. 3 Abs. 2 geht von der *allgemeinen* Geltung dieser Vorschrift aus und enthält *keine* Einschränkung für Sonderdelikte.[156]
- In dem gesamten Wortlaut der Kommentierungen wird sorgfältig zwischen »perpetrator« und solchen Personen differenziert, die nicht »themselves perpetrated the act«, sondern ihn zum Beispiel »nur« angeordnet haben. Das deutet auf ein Teilnahmesystem hin, entspricht auch dem anglo-amerikanischen Sprachgebrauch und ermöglicht besonders durch die Form der »participation« eine Teilnahme an Haupttaten von Qualifizierten.
- Es wäre kriminalpolitisch nicht vertretbar, denjenigen, der einem Täter eine Pistole für einen an einer einzigen Person begangenen Völkermord verkauft hat, als Mitwirkenden zu bestrafen, den Waffenhändler für Kriegsmaterial dagegen trotz seiner Mitwirkung an einer bestimmten Angriffshandlung straffrei ausgehen zu lassen.
- Wenn schon die bloße Anordnung durch Qualifizierte strafbar ist, dann wird offensichtlich davon ausgegangen, daß die Ausführung auch durch eine nichtqualifizierte Person erfolgen kann. Diese muß dann aber zumindest als Vollzug der Anordnungen ebenfalls verfolgt werden. Nur so ist auch Art. 11 des Draft Code 1991 zu erklären, nach dem ein Untergebener uneingeschränkt strafrechtlich verantwortlich ist, wenn »in the circumstances at the time, it was possible for him not to comply with that order« (näher unten 5 c dd).
- Im übrigen werden auch in allen anderen allgemeinen Vorschriften des Draft Code keinerlei Einschränkungen in bezug auf Sonderdelikte vorgenommen.

Insgesamt läßt sich daher festhalten, daß alle, die als Nichtqualifizierte bei der Vorbereitung oder bei der Ausführung eines der genannten Sonderdelikte zusammenwirken, strafbar sind, wenn zumindest *eine* entsprechend qualifizierte Person an der Verwirklichung mitgewirkt hat. Die Frage, ob diese Personen lediglich als Beteiligte beziehungsweise Teilnehmer oder als »Täter« bestraft werden können, ist in diesem Zusammenhang von untergeordneter Bedeutung.[157]

b) Versuch

In den Statuten für *Nürnberg* und *Tokio* war die Strafbarkeit des Versuchs nicht ausdrücklich geregelt. Sie ergab sich aber zum Beispiel bei den Verbrechen gegen den Frieden schon daraus, daß aufgrund einer speziellen Umschreibung von Tatmodalitäten in Art. 6 lit. a des Nürnberger Statuts Versuchshandlungen wie die Einleitung eines Angriffskrieges und darüber hinaus *sogar* das »Planen« und die »Vorbereitung« sowie die »Beteiligung an einem gemeinsamen Plan oder an einer Verschwörung zur Ausführung« strafbar waren. Die dadurch erfolgte Vorverlagerung der Strafbarkeit erfaßte nicht nur bereits bloße Vorbereitungshandlungen, sondern machte sie und damit erst recht jeden Versuch der Ausführung eines solchen Verbrechens sogar *als Vollendung* strafbar.

In den *Genfer Konventionen* und den *Zusatzprotokollen* wird der Versuch nicht eigens erwähnt. Die Regelung seiner Strafbarkeit ist dort auch insoweit entbehrlich, als zum Teil (wie in Art. 85 Abs. 4 des Zusatzprotokolls I) reine Tätigkeiten mit Strafe bedroht sind. Im übrigen dürfte für »schwere Verletzungen« wie Tötungen oder Köperverletzungen auf die Strafbarkeit des Versuchs nach allgemein anerkannten Rechtsgrundsätzen zurückgegriffen werden können. Allerdings wird *der Nachweis* eines Versuchs aufgrund des Zusammenhangs mit kriegerischen Auseinandersetzungen wohl in der Regel erheblich erschwert sein.

Dagegen wird in Art. III lit. d der *Völkermord-Konvention* die Strafbarkeit des Versuchs in bezug auf alle Begehungsformen ausdrücklich festgelegt. In der *UN-Konvention über die Apartheid* fehlt eine entsprechende Regelung. Sie ist dort allerdings ebenfalls entbehrlich, weil ganz überwiegend (erfolgsunabhängige) Tätigkeiten mit Strafe bedroht werden, wie in Art. II lit. a (iii) und b. Vergleichbares gilt für Art. 3 der *Resolution über die Definition von Angriffshandlungen.*

In Art. 7 des *Jugoslawien-* und Art. 6 des *Ruanda-Statuts* werden in Anlehnung an das Nürnberger Statut in bezug auf alle dort aufgeführten völkerrechtlichen Verbrechen bereits die Planung, die Bestimmung, Anordnung und Ausführung für strafbar erklärt. Daß *alle* zeitlich *nach* der Planung liegenden Stadien derartiger Verbrechen durch diese *Vorverlagerung der Strafbarkeit* ebenfalls pönalisiert werden sollen, geht aus der Erwähnung der Strafbarkeit jeder Beteiligung an der »Vorbereitung« hervor; denn wenn schon *die Beteiligung* von der Planung an über die Vorbereitungsphase bis zur Ausführung strafbar sein soll, dann ist erst recht der *unmittelbare Täter* ebenso lückenlos für alle diese Stadien der Tat einschließlich des Versuchs zur Verantwortung zu ziehen.

Für diese Auslegung spricht ferner die Tatsache, daß beispielsweise bei Staatsschutzdelikten eine solche Vorverlagerung üblich ist und der Schwere der durch das Jugoslawien-Statut erfaßten Verbrechen gerecht wird. Auch wenn jetzt nur die Aburteilung seit 1991 begangener Taten ansteht, dienen derartige Straftatbestände des Völkerstrafrechts doch generell dem Ziel, schon die *Vorbereitung* einer Bedrohung des internationalen Friedens und der Sicherheit der Menschheit zu pönalisieren; denn ist es erst einmal zu einer *Verletzung* gekommen, gerät diese, wie etwa bei einer Feuersbrunst, leicht außerhalb der Beherrschbarkeit durch die Täter und kann sich, wie die Konflikte im Südosten von Europa belegen, sehr leicht zu einem »Flächenbrand« ausweiten.

In Art. 3 Abs. 3 des *Draft Code 1991* wird der Versuch für alle im Draft Code angeführten Straftaten ausdrücklich für strafbar erklärt. Er wird umschrieben als »any commencement of execution of a crime that failed or was halted only because of circumstances independent of the perpetrator's intention«[158]. Um zum Ausdruck zu bringen, daß möglicherweise doch nicht bei allen Straftatbeständen des Draft Code ein Versuch strafwürdig und strafbedürftig sein könnte, ist in diesem Absatz jedoch alternativ vorgesehen, daß diejenigen Strafbestimmungen, für die ein Versuch in Betracht kommen soll, noch in diese Regelung eingefügt werden. Kommt es dazu, dann wäre ein Versuch nur bei den in Art. 3 Abs. 3 *eigens erwähnten* Tatbeständen strafbar.

5. *Gründe, welche von Strafbarkeit befreien oder die Strafe mildern*

Im folgenden Abschnitt werden ohne Anspruch auf Vollständigkeit einige Gründe zusammengefaßt, die eine Bestrafung ausschließen können. Sie werden zwar *systematisch* geordnet, aber auf ihre dogmatische Einordnung kommt es in diesem Zusammenhang weniger an als auf das Ergebnis: Straffreiheit oder (lediglich) Strafmilderung.

a) *Allgemeines, Artikel 9 des Draft Code 1987 und 14 des Draft Code 1991*

Wie bereits einleitend oben vor 1 angedeutet, wurde allgemeinen Bestimmungen in der Entwicklung des Völkerstrafrechts von Anfang an nur eine nachrangige Bedeutung beigemessen. Dementsprechend sind in die Draft Codes 1951 und 1954[159] zwar bestimmte Formen der Beteiligung und auch die Strafbarkeit des Versuchs, nicht aber Regelungen bezüglich eines Ausschlusses der Strafbarkeit aufgenommen worden. Erstmals war mit Art. 9 im Draft Code 1987 eine ausführliche Regelung enthalten, in der bestimmte Prinzipien wie die unmittelbare Verantwortlichkeit nach Völkerrecht auch für Staatsorgane sowie die Straf*freiheit* für bestimmte Irrtumsarten, Rechtfertigungs- und Entschuldigungsgründe festgeschrieben werden sollten.[160] Diese Regelung wurde aber wegen ihrer mangelnden Ausgewogenheit und weil sie mit mehreren sehr pauschal formulierten Ausnahmen versehen war im weiteren Verlauf der Diskussion nicht mehr für sinnvoll gehalten. Sie wurde in Einzelaspekte aufgelöst, von denen lediglich einige in die Neuformulierung des Draft Code 1991 übernommen worden sind.

Eine aus dieser Vorschrift hervorgegangene allgemeine Regelung ist

Art. 14 des Draft Code 1991, der die Überschrift trägt »Defences and extenuating circumstances«. Er lautet:

> »1. The competent court shall determine the admissibility of defences under the general principles of law, in the light of the character of each crime.
> 2. In passing sentence, the court shall, where appropriate, take into account extenuating circumstances.«

Die ILC konnte sich auch unter Berücksichtigung der Stellungnahmen der Staaten zum Draft Code nicht darüber einigen, welche Gründe im einzelnen als »defences« beziehungsweise als »extenuating circumstances« in die Beurteilung von Straftaten nach Völkerstrafrecht einbezogen werden müßten. Sie wollte aber deren Bedeutung für die Beurteilung der Strafbarkeit nicht unerwähnt lassen. Daraus resultiert die Formulierung in Abs. 1, daß »defences« aufgrund der allgemein anerkannten Grundsätze unter Bedachtnahme auf die jeweilige Gestaltung des anzuwendenden Tatbestandes vom Gericht zuzulassen sind, ähnlich wie auch für die Bestimmung des *Umfangs* der Strafbarkeit einer Beteiligung.[161] Die Strafmilderungsgründe dagegen werden in das Ermessen des Gerichts gestellt, wie zum Beispiel für Österreich in den §§ 32 ff StGB.[162]

Im übrigen wird im Kommentar der ILC zu Art. 14 davon ausgegangen, daß nicht nur Rechtfertigungs- und Entschuldigungsgründe, Zurechnungsunfähigkeit, »force majeure« sowie Zwang und Irrtum von Strafbarkeit befreien, sondern daß möglicherweise auch speziell auf einen Tatbestand zugeschnittene Gründe eine solche Wirkung besitzen können.[163] Von diesen werden einige im folgenden unter Bedachtnahme auf deren dogmatische Einordnung nach dem in Kontinentaleuropa vorherrschenden Strafrechtssystem erörtert.

b) Irrtumsmöglichkeiten über strafbegründende Tatsachen

In den kontinentaleuropäischen und den Strafrechten der anglo-amerikanischen Common-Law-Systeme werden Fehlvorstellungen wie die falsche sinnliche Wahrnehmung oder eine irrtümliche Annahme des Fehlens von Tatsachen, deren Vorhandensein oder Herbeiführung das Tatbild prägen, als Tatbestandsirrtum, »error of fact«, bezeichnet. Weitgehende Einigkeit besteht auch darüber, daß eine solche Fehlvorstellung eine Bestrafung *wegen Vorsatzes* ausschließt und daß, soweit ein korrespondierender Fahrlässigkeitstatbestand besteht, dieser nur anwendbar ist, wenn dem Täter der Irrtum vorgeworfen werden kann. Da Fahrlässigkeitstatbestände im Völkerstrafrecht jedoch die Ausnahme sind (oben 3 b), ist diese zweite Rechtsfolge für dessen Tatbestände ohne große praktische Bedeutung.

In den Statuten für das Jugoslawien- und Ruanda-Tribunal wird diese Möglichkeit für eine Befreiung von der Strafbarkeit nicht ausdrücklich angeführt. Diese Tribunale haben daher bei der Beurteilung der Strafbarkeit im konkreten Fall mit zu berücksichtigen, ob diese Irrtumsart als allgemeiner Rechtsgrundsatz Anerkennung findet. Mit in diese Beurteilung einzubeziehen ist, daß gemäß Art. 9 lit. c des Draft Code 1987 ein Tatbestandsirrtum die Strafbarkeit eines Verhaltens nur *ausschließen* sollte, wenn er »in the circumstances in which it was comitted, it was unavoidable for the perpetrator«[164]. Mit dieser Formulierung bleibt allerdings noch offen, ob Fehlvorstellungen über Tatsachen *generell* den Vorsatz ausschließen und damit lediglich den Rückgriff auf eine eventuelle Fahrlässigkeitshaftung eröffnen oder ob diese Folge nur dann eintreten soll, wenn der Irrtum *unvermeidbar* war. Für die erste Möglichkeit spricht, daß der Täter bei richtiger Wahrnehmung oder Beurteilung des sozialen Bedeutungsgehaltes der tatsächlichen Sachlage rechtstreu geblieben wäre und deshalb jedenfalls keine Strafe wegen der *vorsätzlichen* Verwirklichung des Unrechts der Straftat verdient.[165] Zudem ist schon in Nürnberger Urteilen diese Ansicht vertreten worden (unten c bb).

c) Rechtfertigungsgründe

aa) Allgemeines

Die Frage, ob für unmittelbar nach Völkerrecht strafbare Taten überhaupt keine, die allgemein anerkannten oder spezielle Rechtfertigungsgründe gelten, wurde von der ILC 1987 in dem damals neu formulierten Art. 9 des Draft Code dahingehend entschieden, daß »self-defence, (...) coercion, state of necessity or force majeure« grundsätzlich von strafrechtlicher Verantwortlichkeit freistellen sollten.[166] Aber diese Regelung ist, wie bereits (oben unter a) erwähnt, nicht in den Draft Code 1991 übernommen worden, sondern hat sich nur mit einem allgemeinen Hinweis auf mögliche »defences« in dessen Art. 14 niedergeschlagen.

Nach den damaligen Erörterungen in der ILC kommen bestimmte Sachlagen, wie Notwehr- und Notstandssituationen mit überwiegendem Interesse, aufgrund allgemein anerkannter Rechtsgrundsätze als Rechtfertigungsgründe in Betracht. Es wird deshalb auch insoweit mangels einer ausdrücklichen Regelung in den Statuten davon auszugehen sein, daß insbesondere das Jugoslawien- und das Ruanda-Tribunal in bezug auf die von ihnen abzuurteilenden Straftatbestände zu entscheiden haben werden, ob und gegebenenfalls welche von den allgemein anerkannten Rechtsgrundsätzen im konkreten Fall als Rechtfertigungsgründe zuzulassen sind.

Der Auftrag nach Art. 14 Draft Code 1991 lautet also, unter anderem alle im staatlichen Recht und im Völkerrecht anerkannten *Rechtfertigungs-*

gründe in die Beurteilung einzubeziehen und festzustellen, ob für einen speziellen Tatbestand des Völkerstrafrechts überhaupt eine Rechtfertigung in Betracht kommt. Zwar geht die ILC davon aus, daß bei Menschlichkeitsverbrechen jede Möglichkeit eines Haftungsausschlusses abwegig sei.[167] Aber gerade weil bei allen Rechtfertigungsgründen der Grundsatz der Verhältnismäßigkeit auch nach Ansicht der ILC mit zu berücksichtigen ist, sollte auch bei ihnen ein rechtfertigender Notstand nicht von vorneherein *generell* ausgeschlossen werden. Wer sich zum Beispiel an Maßnahmen der ethnischen Säuberung beteiligt, weil er unter Todesdrohungen dazu gezwungen worden ist, sollte jedenfalls für die Beteiligung an Maßnahmen wie Deportationen oder die Zerstörung von Sachwerten nicht bestraft werden können.[168] Für eine Rechtfertigungsmöglichkeit auch bei Verbrechen gegen die Menschlichkeit spricht auch die Tatsache, daß ein Teil der *Kriegs*verbrechen zugleich als *Verbrechen gegen die Menschlichkeit* einzustufen ist. Bei einer solchen Parallelität geht es aber nicht an, den Täter vom Vorwurf des Kriegsverbrechens aufgrund des Rechtfertigungsgrundes der militärischen Notwendigkeit freizusprechen, ihn aber wegen genau dieser Verhaltensweise für ein Verbrechen gegen die Menschlichkeit zu verurteilen; denn Rechtfertigungsgründe müssen jedenfalls gleichermaßen für alle diejenigen Tatbestände gelten, deren Verwirklichung das gleiche Unrecht herbeiführt.

Bei der Entscheidung über die Zulässigkeit bestimmter Rechtfertigungsgründe können für die Meinungsbildung die Statuten und Urteile von Nürnberg und Tokio, die Diskussionen und Entwürfe der ILC sowie rechtsvergleichende Betrachtungen hilfreich sein. Vor allem aber können aus im Völkerrecht anerkannten oder abgelehnten Rechtfertigungsgründen Hinweise auf die Zulässigkeit weiterer entnommen werden. Einige von ihnen werden deshalb im folgenden kurz dargelegt. Für diese sowie für weitere kann zudem auf die Art. 29 bis 34 des Entwurfs über Staatenverantwortung verwiesen werden, in denen anerkannte »circumstances precluding wrongfulness« verankert sind.

bb) Militärische Notwendigkeit

In Art. 6 lit. b des *Nürnberger Statuts* wurde ausdrücklich anerkannt, daß lediglich »jede durch militärische Notwendigkeit nicht gerechtfertigte Verwüstung« zu den Kriegsverbrechen zu zählen sei. Die damit eröffnete Möglichkeit einer Rechtfertigung war allerdings nach dem Wortlaut ausschließlich auf *Verwüstungen* beschränkt und bezog sich nicht auf die zuvor genannte »mutwillige *Zerstörung* von Städten, Märkten oder Dörfern«. Diese Beschränkung leuchtet schon deshalb ein, weil »mutwillig« und »militärisch notwendig« einander ausschließen.

Im Urteil gegen Lewinski (genannt von Manstein) hat der British Military Court at Hamburg am 19. 12. 1949 den Angeklagten zwar wegen der Deportation von Zivilpersonen verurteilt. In dem Urteil wird jedoch ausdrücklich angeführt, daß die Vertreibung durch militärische Notwendigkeit hätte gerechtfertigt sein können, daß aber *im konkreten Fall* dieser Rechtfertigungsgrund nicht zutraf.[169] In dem Verfahren »In re List and Others (Hostage Trial)« vor dem United States Military Tribunal at Nuremberg wurde auch ein ehemaliger Offizier der deutschen Wehrmacht namens Rendulic angeklagt. Der Vorwurf lautete unter anderem auf Deportation von Zivilpersonen. Von diesem Vorwurf wurde der Angeklagte mit Urteil vom 19. 2. 1948 mit der Begründung freigesprochen, »he could honestly conclude that urgent military necessity warranted the decision made«[170]. Zwar wird die *irrtümliche* Annahme einer militärischen Notwendigkeit als Grund für den Freispruch angegeben; dann muß aber erst recht eine *tatsächliche* Notwendigkeit dieser Art von der Strafbarkeit befreien, und zwar infolge ihrer dogmatischen Einstufung als Rechtfertigungsgrund.

Auch gemäß Art. 49 der *IV. Genfer Konvention* ist ebenso wie gemäß Art. 54 Abs. 5 des *Zusatzprotokolls I* eine Strafbarkeit vom Fehlen »zwingender militärischer Gründe beziehungsweise Notwendigkeit« abhängig. Ähnliches gilt für Art. 53 des IV. Abkommens, wenn Zerstörungen im Rahmen von Kampfhandlungen *unbedingt erforderlich* werden. Auch die »Außergewöhnlich schweren Kriegsverbrechen« gemäß Art. 22 des Draft Code 1991 sind zum Teil schon nach dem Wortlaut nur strafbar, wenn sie »unlawful« sind, lit. b und c. Bassiouni hat für die lit. e und f die Worte »needless« beziehungsweise »not reasonably necessary« eingefügt.

Diese Beispiele dürfen aber nicht zu dem Schluß verleiten, daß *generell* eine militärische Notwendigkeit Verstöße gegen diese Abkommen und Zusatzprotokolle rechtfertigen könnte. Vielmehr ist es nahezu einhellige Meinung, daß dieser Rechtfertigungsgrund nur in den Fällen eingreifen kann, für die er *ausdrücklich* in den Gesetzen und Gebräuchen des Krieges verankert ist.[171]

Eine Verankerung hat dieser Rechtfertigungsgrund auch in Art. 3 lit. b des Jugoslawien-Statuts in bezug auf die Zerstörung von Städten und Dörfern sowie ganz generell für Verwüstungen gefunden. Er geht damit zwar weiter als der oben erwähnte Art. 6 lit. b des Nürnberger Statuts, im Vergleich mit dessen Regelungsgehalt wird aber deutlich, daß *willkürliche* Maßnahmen dieser Art niemals militärisch *notwendig* sind. Auch durch die Formulierung in Art. 3 lit. a »unnecessary suffering« wird klargestellt, daß diesbezüglich der genannte Rechtfertigungsgrund eingreifen kann. Art. 2, der die Kriegsverbrechen umschreibt, geht in den Tatbildern unter lit. d und g ebenfalls von der Möglichkeit einer Rechtfertigung aus, weil dort ausdrücklich auf eine durch militärische Erfordernisse *nicht* gerechtfertigte Ausführung und auf deren *Wider*rechtlichkeit als Voraussetzung für ein solches Verbrechen abgestellt wird.

cc) Repressalien

Repressalien sind Verhaltensweisen, die *grundsätzlich* nach dem Völkerrecht unzulässig sind, aber *ausnahmsweise* als Gegenmaßnahmen auf völkerrechtliches Unrecht anderer Staaten, insbesondere auf völkerrechtliche Delikte, gerechtfertigt sein können. Sie haben nach ganz überwiegender Meinung keinen Strafcharakter, schon weil sie in dem Augenblick ihre Berechtigung verlieren, in dem der vom verletzten Staat erstrebte Zustand erreicht ist.[172]

Ihrer Natur als *Gegen*reaktion nach ist die Repressalie nicht nur zeitlich, sondern auch vom Einsatzbereich her beschränkt. Sie darf zwar in »ansonsten geschützte völkerrechtliche Rechtsgüter *des Staates*, dem das völkerrechtliche Unrecht zuzurechnen ist«, nicht aber in internationale geschützte Rechtspositionen *des Einzelnen* eingreifen, wie sie etwa in den humanitären Abkommen und in den Gebräuchen des Krieges festgeschrieben worden sind. Dementsprechend sind zum Beispiel in den Genfer Konventionen Ge- oder Verbote enthalten, die uneingeschränkte Geltung besitzen und daher auch nicht im Wege einer Repressalie verletzt werden dürfen, etwa in Art. 46 und 50 I. Konvention, Art. 13 und 33 III. und IV. Konvention sowie in den Art. 20, 51 Abs. 6 und 52 Abs. 1 Zusatzprotokoll I.[173]

Eine Form von Repressalien sind auch »spiegelgleiche« Gegenmaßnahmen, bei denen genau diejenigen Pflichten nicht erfüllt werden, die zuvor von dem anderen Staat verletzt worden sind: materielle Reziprozität. In Art. 30 des Entwurfs über Staatenverantwortung wird die Rechtmäßigkeit derartiger »countermeasures« ausdrücklich anerkannt.

dd) Handeln auf Befehl, Artikel 12 des Draft Code 1991?

In Art. 8 des *Nürnberger Statuts* war ausdrücklich geregelt, daß Handeln auf Befehl der eigenen Regierung oder eines Vorgesetzten *nicht* als Strafausschließungsgrund gelte, sondern allenfalls als Strafmilderungsgrund berücksichtigt werden könne, »wenn dies nach Ansicht des Gerichtshofes gerechtfertigt erscheint«. Diese Ansicht hat sich seither nur zum Teil durchgesetzt.

Schon nach Art. 4 des *Draft Code 1951* wurde Straf*losigkeit* nur ausgeschlossen, wenn »a moral choice was possible to him«. 1954 wurde diese Formulierung in »it was possible for him not to comply with the order«

geändert. Nach Art. 9 des Draft Code 1987 sollte die Straf*barkeit* entfallen, wenn »a moral choice was in fact not possible for the perpetrator«. In Art. 11 des Draft Code 1991 wurde wieder die Formulierung aus dem Jahr 1954 verwendet.[174]

Ob ein Befehl überhaupt von Strafbarkeit befreien oder diese lediglich mildern kann, ist allerdings immer noch umstritten. Auf dem XIV. Internationalen Strafrechtskongreß 1989 in Wien wurde mehrheitlich die Ansicht vertreten, daß eine Strafbarkeit wegen der Schwere der Straftaten nach Völkerstrafrecht nur dann entfallen könne, »wenn ein solcher Befehl *nicht offensichtlich rechtswidrig* ist«[175].

In den *vier Genfer Konventionen* fehlt eine Regelung zur Strafbarkeit bei Handeln auf Befehl. Auch Art. 86 des *Zusatzprotokolls I* kann letztlich keine Entscheidung in dieser Frage entnommen werden.[176] In den Art. 7 Abs. 4 und 6 Abs. 4 der *Statuten* für das *Jugoslawien*- und das *Ruanda-Tribunal* wird jedoch ausgeführt, daß – entsprechend der Nürnberger Tradition – Handeln auf Befehl nicht von Strafbarkeit befreie, sondern allenfalls vom Tribunal, wenn es die Gerechtigkeit erfordere, als Straf*milderungsgrund* berücksichtigt werden könne. Ob sich im Vergleich dazu diejenige Ansicht, nach der unter Benutzung unterschiedlicher Formulierungen nicht nur eine Straf*milderung*, sondern in besonders krassen Fällen letztlich doch ein Straf*ausschluß* in Betracht kommt, allgemein im Völkerstrafrecht durchsetzen wird, bleibt abzuwarten.[177]

d) Mangelndes Unrechtsbewußtsein

Erst nach dem Zweiten Weltkrieg hat sich die Lehre durchgesetzt, daß ein Bewußtsein des Täters, Unrecht zu tun, ein unverzichtbares Element für den Schuldvorwurf sei.[178] Die Grundlage für diese Entwicklung bildete die unbefriedigende Differenzierung zwischen außerstrafrechtlichen und strafrechtlichen *Rechts*irrtümern, von denen die *beachtlichen* heute unter der Bezeichnung »Verbotsirrtum« zusammengefaßt werden.

Dabei wird zwischen direktem und indirektem Verbotsirrtum unterschieden. Aus der zweiten Gruppe ist inzwischen eine eigenständige »Sonderkategorie« herausgelöst worden, unter der die Fälle zusammengefaßt werden, in denen der Täter nur deswegen kein Unrechtsbewußtsein hat, weil er durch die irrtümliche Annahme tatsächlicher Umstände glaubte, es greife ein Rechtfertigungsgrund ein.[179]

Die hier vorgenommene Differenzierung orientiert sich an dieser Einteilung in das Unrechtsbewußtsein ausschließende *Tatsachen*- und *Rechts*irrtümer. Ob das Jugoslawien- und das Ruanda-Tribunal entsprechend differenzieren, bleibt abzuwarten. Darauf kommt es aber für die strafrechtliche Beurteilung im konkreten Fall nicht an. Wichtig ist bei der Anwendung des

Völkerstrafrechts nur, daß diese Kategorien materiell zum Tragen kommen; daß erwogen wird, ob sie unterschiedlich oder einheitlich mit Abstufungsmöglichkeiten bei der Beurteilung des konkreten Falls zu behandeln sind, ist demgegenüber eine akademische Frage von sekundärer Bedeutung.

aa) Erlaubnistatbestandsirrtum

Wie oben unter c bb bereits erwähnt, hat sich im kontinentaleuropäischen Bereich eine spezielle Regelung für Fehlvorstellungen über Tatsachen herauskristallisiert, die, wenn sie vorlägen, die Rechtswidrigkeit der Tat ausschließen würden. Ein solcher Irrtum läßt zwar das Unrechtsbewußtsein, also die Vorstellung des Täters, sein Verhalten verstoße gegen die Rechtsordnung, nicht entstehen. Er ist aber *vom Ansatz her* vergleichbar mit den Irrtumsmöglichkeiten über strafbegründende Tatsachen (oben b); denn wenn der Täter den Sachverhalt, der ihn zum Handeln oder Unterlassen veranlaßt, richtig wahrgenommen hätte, wäre er rechtstreu geblieben. Deshalb wird nach überwiegender Ansicht eine Bestrafung wegen eines *Vorsatz*deliktes in derartigen Fällen ausgeschlossen, obwohl der Täter den Vorsatz auf die Verwirklichung eines Tatbildes gehabt hat. Beruht die irrtümliche Annahme eines rechtfertigenden Sachverhaltes allerdings auf Fahrlässigkeit, dann soll eine Bestrafung aus einem entsprechenden *Fahrlässigkeits*tatbestand erfolgen, falls ein solcher vorhanden ist[180].

Würde diese »Sonderkategorie« von Fehlvorstellungen nicht eigens erfaßt, würde sie zwar unter die allgemeine Regelung des Verbotsirrtums fallen, könnte mit ihr aber nicht zu dogmatisch und kriminalpolitisch gleichermaßen zufriedenstellenden Ergebnissen gelangen, wie sie zum Beispiel die Regelung des Erlaubnistatbestandsirrtums in § 8 öStGB ermöglicht.[181]

bb) Verbotsirrtum

In den *Statuten* für *Nürnberg* und *Tokio* war eine Regelung für Tatsachen- oder Rechtsirrtümer nicht enthalten. Aber in den Urteilen wird ein solcher Irrtum berücksichtigt. So wird in dem bereits erwähnten Urteil gegen den Angeklagten Rendulic angeführt, daß »he could honestly conclude that urgent military necessity warranted the decision made. This being true, the defendant may have erred in the exercise of his judgement but he was guilty of no criminal act«. Eine falsche Vorstellung über die Rechtmäßigkeit des Verhaltens hat also jedenfalls zur Straflosigkeit geführt.[182]

Dem Urteil ist nicht zu entnehmen, ob Rendulic eine falsche Sachlage irrtümlich angenommen oder bei richtig erkannter Sachlage diese nur irrtümlich als militärische Notwendigkeit falsch bewertet hat. Darauf kommt es aber auch nicht an, weil das Gericht offensichtlich von der *Un*vermeidbarkeit dieses Irrtums ausgegangen ist. Praktische Bedeutung hat der Unterschied zwischen einem Erlaubnistatbestands- und einem Verbotsirrtum nämlich nur, wenn *kein Fahrlässigkeits*tatbestand vorhanden *und* der Irrtum vermeidbar war; denn dann würde bei Anwendung der Regeln über den *Erlaubnistatbestands*irrtum trotz vorsätzlichen Handelns nicht aus dem Vorsatzdelikt bestraft werden können, der Täter also straflos ausgehen. Bei der Annahme eines *Verbots*irrtums dagegen könnte er wegen der Vermeidbarkeit seines Irrtums aus dem Vorsatzdelikt bestraft werden.[183]

In dem bereits oben unter b erörterten Art. 9 lit. c des Draft Code 1987 wurde auch der Rechtsirrtum geregelt. Ein Ausschluß der Strafbarkeit sollte nach dem Kommentar der ILC nicht in Betracht kommen, wenn dieser Rechtsirrtum offensichtlich, »obvious«, war. Als Beispiel für einen beachtlichen Rechtsirrtum wird angeführt, daß beim Kriegsrecht die gesetzlichen oder gewohnheitsrechtlichen Regelungen widersprüchlich oder unklar sein oder ganz fehlen könnten. Ferner könnten Rechtsfragen auch im Zusammenhang mit dem internationalen Recht auftreten, dessen Kenntnis nicht von jedem einfachen Soldaten erwartet werden könne. Bei den Menschlichkeitsverbrechen dagegen sei ein nicht offensichtlicher Rechtsirrtum schwer vorstellbar, weil diese unabhängig vom positiven Recht eine Frage des Gewissens betreffen.[184]

Auch wenn gegen die letzte Schlußfolgerung erhebliche Bedenken bestehen (oben c dd), wird für alle in Betracht kommenden Irrtumsmöglichkeiten die ursprüngliche Regelung in Art. 9 Draft Code 1987 zu berücksichtigen sein, obwohl diese sich im Draft Code 1991 nicht *ausdrücklich* niedergeschlagen hat.[185]

e) Strafbefreiung durch Rücktritt vom Versuch oder Tätige Reue

Die in den nationalen Strafrechten übliche Regelung, daß unter bestimmten Voraussetzungen bei einem Rücktritt von einem (bereits) strafbaren Versuch oder wenn der Täter nach Vollendung der Tat freiwillig und vor seiner Entdeckung durch die zuständigen Behörden praktisch deren Folgen beseitigt oder wiedergutmacht, Straffreiheit eintreten kann, hat im Völkerstrafrecht bisher noch keinen Niederschlag gefunden. In der Literatur zu diesem Gebiet werden diese Fragen allerdings diskutiert.[186]

Praktische Bedeutung kommt diesen Strafaufhebungsgründen aber insofern zu, als derartige Fallkonstellationen bei Erfolgsdelikten, wie der absichtlichen Tötung oder der Aneignung von Gut, auftreten können. Es erscheint deshalb notwendig, diese Möglichkeiten auch für das Völkerstrafrecht in Erwägung zu ziehen und gegebenenfalls in den Verfahren vor dem Jugoslawien- und dem Ruanda-Tribunal zu prüfen, ob sie nicht schon als anerkannte allgemeine Rechtsgrundsätze dort zu beachten sind. Ihre Berücksichtigung erscheint vor allem deshalb geboten, weil sonst die Angeklagten vor dem Jugoslawien-Tribunal schlechter gestellt würden als diejenigen, die sich zum Beispiel in Österreich oder Deutschland wegen gleichartiger Verbrechen zu verantworten haben.[187] Zwar eröffnen die Statuten für das Jugoslawien- und das Ruanda-Tribunal nicht die Anwendung nationaler Strafrechte, insbesondere des Tatortstaates, obwohl gemäß Art. 24 beziehungsweise Art. 23 die dortige allgemeine Praxis bei der Strafzumessung zu berücksichtigen ist. Aber Art. 14 Abs. 1 des Draft Code 1991 ermöglicht es jedenfalls, Strafbefreiungen durch Rücktritt vom Versuch oder Tätige Reue als anerkannte allgemeine Rechtsgrundsätze einzustufen und anzuwenden. Das wäre im Vergleich mit der andernfalls in derartigen Fällen nur verbleibenden Möglichkeit, unter Berufung auf Art. 14 Abs. 2 Draft Code 1991 die Strafe nach dem Ermessen des Gerichts zu mildern, die dogmatisch und kriminalpolitisch überzeugendste Lösung.

IV. Durchsetzungsmechanismen

Für das Völkerstrafrecht fehlen Durchsetzungsmechanismen, wie sie für das staatliche Strafrecht allgemein anerkannt sind. Das beruht auf der Grundkonzeption des Völkerrechts als Regelung der Verhältnisse zwischen souveränen Staaten, von denen nach der traditionellen Lehre des Völkerrechts keiner über den anderen eine Gerichtsbarkeit besitzt.[188]

Allerdings entwickeln sich seit einiger Zeit für staaten*übergreifende* Regionen, vor allem im europäischen Bereich, in zunehmendem Maße immer vielschichtigere Mechanismen zur Durchsetzung von *gemeinsamen* Rechtsnormen und Wertvorstellungen. Für zwischenstaatliche Beziehungen generell hat nämlich die Erfahrung gelehrt, daß *allein* mit dem Ständigen Internationalen *Staaten*-Gerichtshof in Den Haag auf Dauer der internationale Frieden und die Sicherheit der Menschheit nicht zu gewährleisten sind. Die in Kapitel VII der Satzung der VN vorgesehenen Sanktionsmöglichkeiten werden deshalb immer bedeutsamer und in der Praxis mehr und mehr angewendet. Sie wurden aus Anlaß der Greueltaten im »Jugoslawienkrieg« und in Ruanda erstmals durch Anordnungen des Sicherheitsrats auf gleich in mehrfacher Hinsicht neuartige Sanktionsmechanismen ausgedehnt: Durch die Beschlüsse vom 25. Mai 1993 und vom 8. November 1994 wurden zwei *Internationale Tribunale geschaffen*. Sie erhielten *Straf*kompetenzen, und diese richten sich nicht, wie die übrigen Maßnahmen des Sicherheitsrates, gegen Staaten, sondern gegen *natür-*

liche Personen, die sich als einzelne unmittelbar nach Völkerstrafrecht zu verantworten haben.[189]

1. *Internationale Strafgerichtsbarkeit*

Die Befugnis der VN zur Errichtung internationaler *Straf*gerichtshöfe beruht darauf, daß die Staatengemeinschaft die Beachtung »ihres Völkerstrafrechts« durch eine *eigenständige internationale* Strafgerichtsbarkeit gewährleisten muß; denn nur so kann dieses seine Schutz- und Überwachungsfunktion gegenüber staatlichen Mißbräuchen erfüllen. Nürnberg und Tokio waren die erste, allerdings unvollkommene Verwirklichung des Wunsches nach einer internationalen und der Völkergemeinschaft insgesamt zustehenden Gerichtsbarkeit auf dem Gebiet des Strafrechts, die vor allem von den Staaten bezeihungsweise ihren Organen als den potentiellen Tätern unabhängig sein sollte. Ein solches Bedürfnis nach einer übergeordneten Gerichtsbarkeit wurde ferner ausgelöst durch die Tatsache, daß nach der Ausarbeitung des Kriegsrechts die Siegerstaaten die Besiegten aburteilten und dabei häufig nicht mit der gebotenen Objektivität und Unparteilichkeit vorgingen.[190]

In dem Nürnberger Rendulic-Urteil wurde diesbezüglich ausgeführt:

> »An international crime is such an act universally recognized as criminal which is considered a grave matter of international concern and for some valid reasons cannot be left within the exclusive jurisdiction of the state that would have control over it under ordinary circumstances. The inherent nature of a war crime is ordinarily itself sufficient justification for jurisdiction to attach in the courts of the belligerent into whose hands the alleged criminal has fallen. Some war crimes, such as spying, are not common law crimes at all; they being pure war crimes punishable as such during the war and in this particular case only if the offender is captured before he rejoins his aray (...). There are many reasons why this must be so, not the least of which is that war usually followed by political repercussions and upheavals which at times place persons in power who are not, for one reason or another, inclined to punish the offenders.«[191]

a) Ein Ständiger Gerichtshof

Die Schwächen von Nürnberg und Tokio als Tribunale der Sieger haben schon alsbald im Rahmen der VN zur Ausarbeitung eines »Draft Statute for an International Criminal Court« geführt, das in ersten Fassungen 1951 und 1953 von der ILC verabschiedet worden ist. Nachdem jahrzehntelang dem materiellen Recht Vorrang eingeräumt worden war, sind die Arbeiten an diesem Statut 1991 wiederaufgenommen worden; 1994 wurde in zweiter Lesung ein neuer Entwurf durch die ILC verabschiedet (künftig:

Draft Statute 1994).[192] Nach diesem soll ein Ständiger Internationaler Strafgerichtshof mit angemessenen Beziehungen zu den VN errichtet werden. Er soll, wie die Gerichtshöfe in Nürnberg und Tokio, zuständig sein für Völkermord, Verbrechen gegen den Frieden, schwere Verletzungen der Gesetze oder Gebräuche des Krieges, Verbrechen gegen die Menschlichkeit und ergänzend dazu für solche schwerwiegenden internationalen Verbrechen, die bereits im konventionellen Völkerrecht verankert und im Anhang zu dem Statut angeführt werden, Art. 20 des Statuts.

Grundsätzlich hängt die Kompetenz zur Aburteilung aller Verbrechen jedoch von der Zustimmung der Vertragsstaaten ab, die von derartigen Verbrechen als Opfer selbst betroffen oder auf deren Territorium die Taten begangen worden sind. Nur ausnahmsweise kann der Sicherheitsrat im Rahmen seiner Befugnisse gemäß Kapitel VII der Charta dem Gerichtshof ad hoc eine Zuständigkeit für bestimmte Verbrechen aus den im Draft Statute 1994 und in dessen Anhang angeführten zuweisen. Im übrigen ist dieser Gerichtshof in seiner inneren Struktur und Funktionsweise vergleichbar mit dem Jugoslawien- und dem Ruanda-Tribunal, weil die Ausarbeitung der Statuten sich zeitlich überschnitten hat und eine gegenseitige Beeinflussung daher über die Vorlagen der zuständigen Gremien der VN und die Stellungnahmen der Staaten sowie der »Non-Governmental Organisations« gar nicht zu vermeiden war.[193]

b) *Ad-hoc-Tribunale wie zur Aburteilung von Humanitätsverbrechen auf dem Gebiet des ehemaligen Jugoslawien und für Ruanda*

Es wird zwar in den VN noch diskutiert, ob ein Ständiger oder ein jeweils bei Bedarf einzuberufender Internationaler Strafgerichtshof errichtet werden soll. Die Mehrheit hat sich aber für einen *Ständigen* Gerichtshof entschieden, unter anderem im Hinblick darauf, daß bei der Schaffung von Ad-hoc-Tribunalen eher politische Zufallskonstellationen eine Rolle spielen und daher auch bei der Rechts*anwendung* tagespolitische Einflüsse leichter möglich sein könnten. Diese Befürchtung trifft für das Jugoslawien- und Ruanda-Tribunal nicht zu. Daß sie die ersten ihrer Art seit Nürnberg und Tokio waren, beruht vor allem auf den intensiven Bemühungen zur Weiterentwicklung und Durchsetzung des Völkerstrafrechts innerhalb und außerhalb der VN seit nunmehr fast fünfzig Jahren: Die Zeit war einfach »reif« für eine wenigstens beschränkte Umsetzung in die Praxis. Insofern haben gerade die Ad-hoc-Tribunale für Jugoslawien und Ruanda den Stellenwert einer internationalen *Straf*gerichtsbarkeit bewußt gemacht und deren Notwendigkeit hervorgehoben. Sie sind seit Nürnberg und Tokio der wesentlichste *praktische* Schritt auf dem Wege zur Errichtung eines *Ständigen* Internationalen Strafgerichtshofes.[194]

2. *Staatliche Instanzen als Vollzugsorgane der Völkergemeinschaft*

Derzeit sind zwar das Jugoslawien- und das Ruanda-Tribunal »internationale Vollzugsorgane der Völkergemeinschaft«. Doch haben beide lediglich eine zeitlich und räumlich begrenzte Kompetenz, so daß für alle übrigen Straftaten nach Völkerstrafrecht weiterhin der Bedarf nach einem Ständigen *Internationalen* Strafgerichtshof bestehenbleibt. Aber da dessen Errichtung selbst dann noch einige Zeit auf sich warten lassen dürfte, wenn sie am Ende der Tätigkeit dieser Tribunale unter deren zumindest teilweiser Überleitung in einen solchen Gerichtshof erfolgen könnte, bleibt inzwischen nur die Möglichkeit, durch neue Ad-hoc-Gerichte oder mit Hilfe der *staatlichen* Gerichtsbarkeit dem Völkerstrafrecht zu einem weiteren Durchbruch oder auch in anderen Regionen wenigstens gelegentlich zur Anwendung zu verhelfen.

a) Anwendung des Völkerstrafrechts durch erkennende staatliche Gerichte

Da das Völkerstrafrecht von seiner Konzeption her eine *unmittelbare* Strafbarkeit von Einzelpersonen *nach Völkerrecht* begründet, kann es in jedem Staat der Welt Anwendung finden, in dem die Bereitschaft zu seiner Durchsetzung besteht. Die meisten der Common-Law-Staaten besitzen auch rechtlich die Möglichkeit, Völkerrecht durch ihre nationalen Gerichte *direkt* anzuwenden. Dementsprechend könnte unter dem Aspekt der *Anwendbarkeit* des materiellen Rechts in beiden Fällen von einem »direct-enforcement-model« gesprochen werden; eingeführt worden ist diese Bezeichnung allerdings, um die *unmittelbare* Durchsetzung mit Hilfe *internationaler* Gerichtshöfe von der *in*direkten mit Hilfe *staatlicher* Gerichte zu unterscheiden. Soweit allerdings staatliche Gerichte durch ihre Rechtsordnungen gehindert sind, Völkerrecht *direkt* anzuwenden, ist eine vorherige Transformation in das nationale Recht erforderlich. In derartigen Fällen werden die Anwendbarkeit des Völkerstrafrechts und die staatliche Gerichtsbarkeit übereinstimmend als »indirect-enforcement-model« bezeichnet.[195]

Die Durchführung *staatlicher* Verfahren zur Aburteilung von unmittelbar nach Völkerstrafrecht strafbaren Verbrechen richtet sich entweder – soweit vorhanden – nach den unmittelbar anwendbaren oder ins staatliche Recht transformierten verfahrensrechtlichen Regeln des Völkerstrafrechts, wie sie etwa in Art. 8 des Draft Code 1991 fragmentarisch und umfassender in den Statuten und Verfahrensordnungen für das Jugoslawien- und das Ruanda-Tribunal zum Ausdruck kommen. Sie kann jedoch auch durch das staatliche Recht *ergänzend* geregelt oder von diesem ganz übernommen werden.[196]

Soweit Völkerstrafrecht *unmittelbar* anwendbar ist, bestehen keine Bedenken, auch die allgemein anerkannten Rechtsgrundsätze für die Aburteilung beziehungsweise Durchführung der Verfahren mit heranzuziehen. Soweit allerdings eine Aburteilung durch staatliche Gerichte nur nach vorheriger Transformation des Völkerstrafrechts ins staatliche Recht erfolgen kann, sind grundsätzlich die Regeln des *staatlichen* Rechts maßgebend, unabhängig davon, ob diese nun auf allgemein anerkannte Grundsätze des Völkerrechts, konventionelles Völkerstrafrecht oder auf von diesen in seinem Entstehungszusammenhang unabhängiges staatliches Recht zurückzuführen sind. Auch in diesem Fall kann allerdings bei der *Auslegung der Tatbestände* und der Auslegung *von Regeln des Allgemeinen Teils* das nicht transformierte Völkerrecht mit herangezogen werden. Verbietet das staatliche Recht lediglich die Anwendung strafbegründenden oder strafschärfenden Strafrechts außerhalb *formeller* staatlicher Gesetze, dann kann für die Regeln des *Allgemeinen* Teils weitgehend auf das Völkerstrafrecht *oder* das staatliche Recht zurückgegriffen werden.[197]

b) Kooperation und Rechtshilfe

aa) Allgemeines

Selbst wenn ein Ständiger *Internationaler* Strafgerichtshof oder Ad-hoc-Tribunale zur Aburteilung von unmittelbar nach Völkerrecht strafbaren Verbrechen bestehen, sind diese auf die Rechtshilfe *der Staaten* angewiesen. Denn internationale Exekutivorgane für die Vorbereitung und Durchführung von Verfahren sowie für die Vollstreckung der Urteile solcher Gerichte stehen bisher nicht zur Verfügung und dürften in absehbarer Zeit auch allenfalls für regionale Bereiche zu erwarten sein.

Wie sich eine solche Rechtshilfe gestalten kann, zeigen die Statuten für das Jugoslawien- und das Ruanda-Tribunal, deren einschlägige Regelungen nahezu wörtlich übereinstimmen. In Art. 29 beziehungsweise Art. 28 ist diese Zusammenarbeit und Rechtshilfe dahingehend geregelt, daß alle Staaten zur Untersuchung und Verfolgung solcher Verbrechen mit dem Tribunal zusammenzuarbeiten haben. Auf entsprechende Ersuchen des Gerichts haben sie insbesondere zur Identifizierung und Ausforschung von Personen beizutragen sowie Angeklagte zu überstellen oder den Transfer durch ihr Hoheitsgebiet sicherzustellen. Auch für den Vollzug ist in den Art. 27 beziehungsweise 26 eine Mitwirkung der Staaten vorgesehen, jedoch nur auf freiwilliger Basis.[198]

Art. 51 des Draft Statute 1994 stimmt inhaltlich weitgehend und zum überwiegenden Teil sogar wörtlich mit den erwähnten Art. 29 und 28 überein. Allerdings ist in diesem der Kooperation und Rechtshilfe ein ganzer Abschnitt mit sieben Artikeln gewidmet, dieser Bereich also wesentlich detaillierter geregelt als in den Statuten für das Jugoslawien- und das Ruanda-Tribunal.

bb) Anpassung nationaler Regelungen

Diese speziellen Verpflichtungen der Staaten werden unterstützt durch Art. 2 Ziff. 5 und Art. 25 der Satzung der VN, nach denen alle Mitgliedsstaaten verpflichtet sind, angeordnete Maßnahmen von Organen der VN, zu denen das Jugoslawien- und das Ruanda-Tribunal als Hilfsorgane des Sicherheitsrats gehören, auch tatsächlich durchzuführen. Rechtshilfe ist jedoch nach den bisherigen staatlichen und internationalen Regelungen nur *zwischen Staaten* vorgesehen. Dementsprechend werden zum Beispiel durch das »Europäische Auslieferungsübereinkommen« und das »Europäische Übereinkommen über die Rechtshilfe in Strafsachen« Verpflichtungen auch nur zwischen ersuchenden und ersuchten *Staaten* begründet. Diese Abkommen sind zwar nicht an die neue Situation durch die Errichtung der beiden Ad-hoc-Tribunale anzupassen, weil deren Kompetenz für Ruanda auf Taten aus dem Jahr 1994 begrenzt ist und für Jugoslawien auf Taten ab dem 1. 1. 1991 bis zu einem noch vom Sicherheitsrat festzulegenden Zeitpunkt. Aber für den Fall der Errichtung eines Ständigen Internationalen Strafgerichtshofes sollte zumindest erwogen werden, ob nicht eine gegenseitige Unterstützung auch bei den dann auf die Staaten zukommenden Ersuchen dieses Gerichtshofes mit in die Übereinkommen aufgenommen werden sollte.

Die entsprechenden staatlichen Gesetze, das Allgemeine Rechtshilfegesetz (ARHG) in Österreich und das Gesetz über die internationale Rechtshilfe in Strafsachen (IRG) in Deutschland, stellen ebenfalls ausschließlich auf eine Kooperation und Rechtshilfe *zwischen Staaten* ab. Sie sind bereits jetzt an die neue Situation anzupassen, damit eventuelle Anordnungen oder Ersuchen der beiden Tribunale von diesen Staaten auch aufgrund einer rechtlich einwandfreien Grundlage befolgt werden können. Eine solche Verpflichtung aller Mitgliedsstaaten der VN hat der Sicherheitsrat zum Beispiel in der Resolution 827 vom 25. 5. 1993 unter Ziff. 4 im Hinblick auf des Jugoslawien-Tribunal ausdrücklich festgelegt; ihre Erfüllung ist die Voraussetzung dafür, daß die Staaten ihren Verpflichtungen aus Art. 29 beziehungsweise Art. 28 der Statuten »without undue delay« überhaupt nachkommen können.[199]

Für Deutschland ist inzwischen das »Jugoslawien-Strafgerichtshof-Gesetz« in Kraft getreten, das in seinem § 7 nicht nur das IRG um die §§ 67 a und 74 ergänzt, sondern darüber hinaus eigene spezifische Vorschriften über die Rechtshilfe für das Jugoslawien-Tribunal enthält. Nur die Möglichkeit zur eventuellen Überstellung deutscher Staatsbürger an dieses Tribunal, also eine Ausnahme von Artikel 6 Grundgesetz, wurde noch nicht gesetzlich verankert.[200]

Für Österreich ist ein entsprechendes Gesetz mit einer Anpassung des ARHG alsbald zu erwarten.[201]

3. *Verfahrensrechtliche Vereinheitlichungen*

Da bisher kein Ständiger Internationaler Gerichtshof errichtet worden ist, bestand kein Bedarf für eine Vereinheitlichung verfahrensrechtlicher Regelungen. Vielmehr erschien die Anerkennung materiell-rechtlicher Grundlagen vorrangig. Eine Analyse des Verfahrensrechts kann sich daher nur an einigen wenigen Vorschriften des geltenden Rechts und an Entwürfen für künftige Verfahren orientieren.

a) Die Verfahren nach dem Zweiten Weltkrieg

In den Statuten für Nürnberg und Tokio sind zwar einige Regeln über das Verfahren enthalten, wie zum Beispiel in Art. 4 der Grundsatz der Unmittelbarkeit durch die Notwendigkeit einer gleichzeitigen »Anwesenheit aller vier Mitglieder des Gerichtshofes«; aber gemäß Art. 12 wird ein Verfahren gegen Abwesende ausdrücklich zugelassen. Zwar sind auch darüber hinaus Einzelheiten den weiteren Vorschriften zu entnehmen; jedoch hat gemäß Art. 13 der Gerichtshof seine Verfahrensordnung selbst aufgestellt.

Diese Vorgehensweise war nach dem Statut nur konsequent. Denn nach Art. 1 sollte der Gerichtshof »zwecks gerechter *und schneller* Aburteilung und Bestrafung der Hauptkriegsverbrecher der europäischen Achse gebildet werden«. Zur Beschleunigung wurde in Art. 19 ferner festgelegt, der Gerichtshof sei »an Beweisregeln nicht gebunden, er soll im weiten Ausmaß ein *schnelles und nicht formelles* Verfahren anwenden«.

Auf dieser Linie liegen auch die Nichtgewährung von Rechtsmitteln und die vom Nürnberger Tribunal erlassene Verfahrensordnung. Sie regelt den Anspruch auf Rechtsbeistand und auch sonst einige wesentliche Grundlagen, aber keine Details für die Strafverfahren. Vorrangig ging es in den Statuten und in der Verfahrensordnung darum, grobe Umrisse für ein »faires Verfahren« festzulegen, aber nicht durch Regelung von Einzelheiten die Möglichkeit zu eröffnen, mit entsprechenden Anträgen der Verteidigung die Aburteilungen zu verzögern.[202]

b) Die Verfahren vor den Ad-hoc-Tribunalen für das ehemalige Jugoslawien und für Ruanda

aa) Allgemeines

Struktur und Ablauf der Verfahren für diese beiden Tribunale orientieren sich am anglo-amerikanischen Strafprozeß. Es gibt ein Ermittlungsverfahren, das durch die Stellung des Anklägers als unabhängiges Organ des Tribunals, das Offizialprinzip, das Anklagemonopol und den Anklagegrundsatz entscheidend geprägt wird. Zwar hat der Ankläger gemäß Art. 18 Abs. 1 des Jugoslawien-Statuts Hinweisen von Regierungen, der VN sowie von zwischenstaatlichen und nichtstaatlichen Organisationen nachzugehen. Aber seine Unabhängigkeit wird dadurch deshalb nicht gefährdet, weil er allein entscheidet, ob eine hinreichende Grundlage für eine weitere Verfolgung besteht. In Art. 16 Abs. 2 beziehungsweise 15 Abs. 2 wird zudem generell betont, daß er in bezug auf alle seine Entscheidungen unabhängig ist und weder von einer Regierung noch von einer anderen Stelle Weisungen einholen oder entgegennehmen darf.[203]

Für das *Anklageverfahren* ist eine Kontrolle durch einen Richter des zuständigen Gerichts vorgesehen. Diese Details sind allerdings nicht mehr im Statut selbst, sondern in den »Rules of Procedure and Evidence« (künftig: Rules) geregelt, die sich das Jugoslawien-Tribunal entsprechend seiner Kompetenzen nach Art. 15 des Statuts, wie seinerzeit das Nürnberger Tribunal, selbst gegeben hat. Das Ruanda-Tribunal hat diese Rules gemäß Art. 14 seines Statuts übernommen, allerdings mit den von ihm für notwendig erachteten Änderungen.[204]

Bei den *verfahrenssichernden Maßnahmen* gibt es bestimmte Eilkompetenzen des Anklägers in bezug auf eine *vorläufige* Festnahme von Verdächtigen, Beschlagnahme von Beweismitteln oder sonstige sichernde Maßnahmen zur Durchführung des Verfahrens. Zu den letzten gehören auch seine Befugnisse, Verletzungen oder Einschüchterungen von Zeugen oder Opfern vorzubeugen, eine Neuheit, die wegweisend sein kann für künftige verfahrensrechtliche Regelungen in vielen staatlichen Rechtsordnungen und die auch im Draft Statute 1994 enthalten ist.[205]

Das Gericht kann ebenfalls sichernde Maßnahmen anordnen und hat diejenigen des Anklägers zu prüfen sowie gegebenenfalls aufzuheben oder zu bestätigen. Neu ist auch die Möglichkeit der Anordnung einer Geheimhaltung der sonst gemäß Rule 32 zu veröffentlichenden Anklage. Sie dient nicht nur dazu, eine Überstellung des Angeklagten an das Gericht zu sichern, sondern auch, durch voreilige Bekanntgabe politischen Schaden abzuwenden.[206]

Im Detail sind die Hauptverhandlung, wesentliche Verfahrensgarantien für die Beschuldigten, Rechtsmittel der Berufung, Wiederaufnahme und die Vollstreckung sowie schließlich Umwandlungen der Strafen und Begnadigungen in den Statuten und in den Rules geregelt.[207] Da die Statuten und Rules für das Ruanda-Tribunal weitgehend und zum überwiegenden Teil sogar wörtlich mit denjenigen für das Jugoslawien-Tribunal übereinstimmen, kann insofern auf deren Darlegung verzichtet werden.

bb) Vorrang der internationalen Strafgerichtsbarkeit – Vergleich mit Artikel 6 des Draft Code 1991

Art. 9 des Jugoslawien- beziehungsweise 8 des Ruanda-Tribunals regelt die Konkurrenz der Gerichtsbarkeit dieser Tribunale mit derjenigen *staatlicher* Gerichte. Danach haben die Tribunale Vorrang und können *grundsätzlich* in jedem Stadium ein staatliches Verfahren an sich ziehen. Ergänzend dazu regeln allerdings die Art. 10 beziehungsweise 9, daß dieser Vorrang *nach* Abschluß eines staatlichen Verfahrens nur dann besteht, wenn das staatliche Gericht die Tat als Allgemeinverbrechen beurteilt hat oder das dortige Verfahren nicht unparteiisch und unabhängig, zum Schutz des Angeklagten vor einer *internationalen* strafrechtlichen Verantwortlichkeit geführt oder der Fall nicht sorgfältig genug verfolgt worden ist. Kommt es zu einer Verurteilung durch das Tribunal, dann ist eine bereits verbüßte staatliche Strafe anzurechnen. Der Satz »ne bis in idem« gilt damit *uneingeschränkt* nur für Urteile der Tribunale, für die staatlichen Gerichten die Kompetenz entzogen worden ist.

Im Vergleich dazu ist in Art. 6 des Draft Code 1991 eine Verpflichtung der Staaten vorgesehen, »(...) either try or extradite (...)«. Gemäß Art. 9 Abs. 1 des Draft Code gilt nach dem Urteil eines *internationalen* Gerichts gemäß Abs. 2 der Grundsatz »ne bis in idem« ebenfalls uneingeschränkt, in bezug auf Urteile *staatlicher* Gerichte aber nur *grundsätzlich,* und zwar nur *bei Verurteilungen und bei Vollzug der Strafe.* Eine Ausnahme davon ist aber gemäß Abs. 3 auch für diesen beschränkten Anwendungsbereich noch vorgesehen, nämlich wenn das nationale Gericht die Tat als *Allgemein*verbrechen behandelt hat; in diesem Fall können auch Staaten ein solches Verfahren wiederaufnehmen, wenn die Tat auf ihrem Territorium begangen worden ist oder sie *Haupt*opfer dieser Straftat sind. In jedem Fall ist eine verhängte oder bereits vollzogene Strafe dann zu berücksichtigen.[208]

c) Die Entwürfe für einen Ständigen Internationalen Gerichtshof

Die Entwürfe von 1951 und 1953 sind durch die seitherige Entwicklung zum Teil überholt. Ausschlaggebend für die künftige Weichenstellung ist das Draft Statute 1994, zu dem oben unter 1 a schon Stellung genommen worden ist. Es wird zur Zeit in verschiedenen Gremien innerhalb und außerhalb der VN beraten und könnte bei zustimmenden Stellungnahmen der Staaten von der Generalversammlung der VN frühestens 1996 verabschiedet werden. Zu ihm wird an anderer Stelle ausführlicher Stellung genommen.[209]

Dabei wird besonders auf die Frage einzugehen sein, ob *regionale Kammern* eines Ständigen Internationalen Gerichtshofs sinnvoll erscheinen. Gerade die Erfahrungen mit dem Jugoslawien- und dem Ruanda-Tribunal haben gezeigt, daß zwar eine zentrale Anklagebehörde Vorteile mit sich bringt und die Arbeiten »vor Ort« erleichtern kann. Aber wesentlich ist für alle Organe die Nähe zum Tatort und zum Lebensraum der Täter. Nur dadurch kann eine vollständige und wirklichkeitsgetreue Erfassung aller für die Beurteilung relevanter Tatumstände und Hintergründe gewährleistet werden.[210]

Mit in die Beratungen einzubeziehen sind auch die zahlreichen Vorschläge internationaler Organisationen, wie der Association Internationale de Droit Pénal und der International Law Association, sowie einzelner Wissenschaftler, die sich seit Jahrzehnten intensiv um die Erarbeitung der Grundlagen für eine solche Gerichtsbarkeit bemüht haben. Von ihnen wurde zum Beispiel zur Diskussion gestellt, ob dem offiziellen Ermittlungsverfahren der Staatsanwaltschaft nicht ein eher inoffizielles Untersuchungsverfahren, etwa vor einem Board of Inquiry, oder einer Internationalen Ermittlungskommission, wie sie in den Art. 90ff des Zusatzprotokolls I vorgesehen ist, vorangehen sollte. Dadurch soll verhindert werden, daß bereits Anzeigen und die Aufnahme staatsanwaltschaftlicher Tätigkeiten zu politischen Zwecken mißbraucht werden könnten. Die bisherigen Erfahrungen mit der Vorgehensweise der Anklagebehörde für das Jugoslawien- und das Ruanda-Tribunal sprechen allerdings dafür, daß eine solche »Vorschaltung« doch entbehrlich sein könnte.[211]

V. Ausblick: Anspruch und Wirklichkeit

Das Völkerstrafrecht erhebt nach seiner *theoretischen* Konzeption einen hohen Anspruch: Solche schwersten Beeinträchtigungen von besonders wertvollen Rechtsgütern der internationalen Gemeinschaft zu verhindern und *notfalls* zu bestrafen, durch die der Frieden und die Sicherheit der Menschheit gefährdet werden. Dieser Anspruch gilt unabhängig davon, ob von einem engen Begriff mit nur vorsichtigen Erweiterungen der klassischen Nürnberger Tatbestände ausgegangen wird; denn auch wenn darüber hinaus im Interesse einer raschen Verwirklichung einer Völkerstrafgerichtsbarkeit über einen weiten Begriff Straftaten mit lediglich internationalem Charakter in das Völkerstrafrecht einbezogen werden, bleibt er für den Kernbestand aufrecht und steht im weiteren Sinne auch hinter den anderen Tatbeständen.[212]

Verbrechen nach Völkerstrafrecht können *typischerweise* nicht ohne eine zumindest stillschweigende Duldung von Machthabern in Staaten oder in vergleichbaren Positionen begangen werden. Häufig sind diese als Anordnende die eigentlichen »Drahtzieher«, die in erster Linie vor Gericht gestellt werden sollten. Solcher Personen habhaft zu werden ist jedoch besonders schwer, weil sie meist durch ihren eigenen Machtapparat oder durch Aufnahme in befreundeten Staaten geschützt werden. Ebenso schwierig ist ihre Bestrafung unter dem Gesichtspunkt, daß man sich häufig sogar mit ihnen an einen gemeinsamen Tisch setzen muß, weil eine *friedliche* Beilegung kriegerischer Auseinandersetzungen anders nicht zu erreichen ist und die aus ihnen resultierenden schwerwiegenden Kriegs- und Menschlichkeitsverbrechen ansonsten auch künftig nicht verhindert werden könnten. Ein Konflikt zwischen Gerechtigkeit und Politik als der Kunst des Machbaren beziehungsweise der Möglichkeit, den Krieg mit anderen Mitteln fortzusetzen, ist daher vorprogrammiert.

Auf diesem Hintergrund ist es verständlich, daß das Völkerstrafrecht seit Nürnberg und Tokio nur theoretisch fortentwickelt worden ist. Erst mit der Errichtung des Jugoslawien- und des Ruanda-Tribunals ist die Wirklichkeit dieses Rechtsgebiets erstmals wieder vor der Weltöffentlichkeit in Erscheinung getreten. Es liegt an diesen Gerichten, mit Augenmaß und unter Ausschöpfung aller rechtsstaatlichen Garantien das Recht gegenüber der Gewalt- und Machtpolitik durchzusetzen und damit die Hoffnung zu bestärken, daß dies auch künftig so sein wird.

Zur Erreichung dieses Zieles kommt es nicht auf die Zahl der Verfahren und noch weniger auf diejenigen der Verurteilten an. Zwar ist es zu begrüßen, wenn sich die Verantwortlichkeit bis in die höchsten Ränge militärischer und staatspolitischer Machtstrukturen schon in den Anklagen vom Juli 1995 gegen den politischen und den militärischen Führer der bosnischen Serben, Karadžić beziehungsweise Mladić, sowie gegen den Präsidenten der selbsternannten Republik Krajina, Martić, widerspiegelt. Aber ebenso wichtig ist die Tatsache, daß nicht nur derartige Machthaber unabhängig von ihrer Zugehörigkeit zu der einen oder der anderen Seite der kämpfenden Parteien neben den untersten Rängen in der Hierarchie, sondern auch mittlere Dienstgrade der verantwortlichen Personen, etwa aus dem Offizierskorps, mit vor Gericht gestellt werden. Die Bewußtseinsbildung könnte dadurch in einer Weise gefördert werden und in den oft verkrusteten autoritären machtpolitischen Organisationen zu einem Umdenken führen, damit den Verbrechen gegen das Völkerstrafrecht schon bald auf möglichst breiter Ebene bereits »an der Basis« die Gefolgschaft versagt wird. Vielleicht kommt es dann eines Tages zu der Auslieferung der eigentlichen Machthaber an die Internationale Strafgerichtsbarkeit. Der Draft Code 1991 hat insofern bereits durch die Beschränkung bestimmter Tatbestände auf die Begehung durch Führer und Organisatoren, Staatsagenten und vergleichbare Machthaber und durch die grundsätzliche Strafbarkeit der Anordnung ein entscheidendes Signal gesetzt. Es sollte von den Tribunalen für Jugoslawien und Ruanda aufgegriffen und auch bei der Verurteilung von Untergebenen wenigstens durch entsprechende Hinweise auf diese Zusammenhänge in den Urteilen weitergegeben werden.

Die künftige Entwicklung des Völkerstrafrechts wird wohl noch lange durch eine Diskrepanz zwischen Anspruch und Wirklichkeit gekennzeichnet bleiben. Daran ändern die Bemühungen der Wissenschaft, zahlreicher Organisationen und selbst der gute Wille einiger Staaten und ihrer Organe wenig. Aber diejenigen, die sich derzeit noch offen zu einer Ablehnung des Völkerstrafrechts und seiner Möglichkeiten bekennen, weil sie befürchten, sich sonst selbst vor der Völkergemeinschaft verantworten zu müssen, könnten eines Tages unangenehm überrascht werden, wenn sich die unmittelbar betroffene Mehrheit der Staaten dazu durchringt, von den klassischen Nürnberger Tatbeständen die Verbrechen gegen die Menschlichkeit zu erweitern, um auch auf diesem Wege Hunger und Elend sowie möglicherweise sogar die ausbeuterische wirtschaftliche »Aggression« durch das Völkerstrafrecht zu bekämpfen.[213]

Anmerkungen

1 Für eine andere Reihung vgl. Draft Code of Crimes Against the Peace and Security of Mankind in der Fassung der ersten Lesung der International Law Commission (ILC) 1991 (künftig: Draft Code 1991), abgedruckt in Report der ILC über die 46. Sitzungsperiode v. 19. 7. 1991, UN-Doc. A/46/10, und dazu: Bassiouni (Hg.), *Commentaries on the International Law Commission's 1991 Draft Code*, Toulouse 1993, auch für den Wortlaut der einzelnen Artikel sowie deren Kommentierung durch verschiedene Autoren, jeweils unter Hinweis auf Stellungnahmen von Staaten zum Draft Code 1991. Vgl. auch die Reihung in den Statuten der Internationalen Ad-hoc-Tribunale für Jugoslawien und Ruanda, abgedruckt in International Legal Materials (ILM), Nr. 4, Juli 1993, S. 1192ff bzw. Annex zur Res. 955 des Sicherheitsrats v. 8. 11. 1994.

2 Vgl. zu dem letzten Aspekt näher unten III 5 insb. c aa, d und e sowie das in Anm. 170 und auf S. 241 angeführte Urteil gegen Rendulic, in dem keine dogmatische Zuordnung des Grundes für die Strafbefreiung vorgenommen wird. Für einen umfassenden Begriff der Straftat z.B. Andrejew, *Ustawowe znamiona czynu*, (Die gesetzlichen

Merkmale der Tat), Warschau 1978, und dazu Triffterer, *Merkmale der Fahrlässigkeitsdelikte und ihre Bedeutung im Verbrechenssystem*, in: Andrejew-FS, Warschau 1988, S. 189 (199); ders., *Österreichisches Strafrecht, Allgemeiner Teil*, 2. Auflage 1994 (künftig: AT[2]), Kap. 13, Rz. 13 ff. Vgl. für die Merkmale eines »International Crime« Bassiouni, *A Draft International Criminal Code and Draft Statute for an International Criminal Tribunal*, Dordrecht/Boston/Lancaster 1987, S. 100 ff.

3 Näher zur Bewußtseinsbildung Triffterer, *Grundlagen, Möglichkeiten und Grenzen des internationalen Tribunals zur Verfolgung der Humanitätsverbrechen im ehemaligen Jugoslawien*, in: ÖJZ 1994, S. 825 (841 f) m.w.N. In diesem Sinne z.B. auch R. S. Clark, im Kommentar zu Artikel 20 in: Bassiouni (Anm. 1), S. 242, in bezug auf die Strafbarkeit der Apartheid.

4 Alle Hervorhebungen in Zitaten, auch im folgenden Text, sind vom Verfasser hinzugefügt. – Näher unten IV 3 a. Vgl. die Verfahrensordnung gem. Art. 13 des IMT-Statuts v. 29. Oktober 1945, abgedruckt z.B. in: Friedman, *The Law of the War*, New York 1972, S. 885 ff (insb. 888).

5 Vgl. für eine Zusammenfassung dieser Aspekte Triffterer (Anm. 3), S. 835 ff. Für die Entwicklung in den VN vgl. die Entwürfe für die Nürnberger Grundsätze und den Draft Code im Verhältnis zu den Draft Statutes für die Errichtung eines Internationalen Strafgerichtshofs 1951 und 1953 und auch 1994, die für die Durchführung der Verfahren außer grundsätzlichen Leitlinien keine so detaillierten Regelungen wie kontinentaleuropäische Strafprozeßordnungen enthalten. Dementsprechend soll gemäß Art. 19 Draft Statute 1994 der danach vorgesehene »Ständige Internationale Strafgerichtshof« sich die Verfahrensordnung selber geben, wie es bereits das Jugoslawien- und das Ruanda-Tribunal praktiziert haben; vgl. z.B. Triffterer (Anm. 3), S. 828. Für das Draft Statute 1994 in der Fassung der zweiten Lesung der ILC vgl. Report der ILC A/CN.4/L.491/Rev. 2, v. 14. 7. 1994, sowie Suppl. Nr. 10 (A/49/10).

6 Näher dazu Secretary-General's Report on Aspects of Establishing an International Tribunal for the prosecution of persons responsible for serious violations of international humanitarian law committed in the territory of the former Yugoslavia vom 3. Mai 1993, abgedruckt in ILM 4/1993, S. 1159 ff (künftig: Report 3. Mai 1993). Vgl. auch Triffterer (Anm. 3), S. 835 ff; Report ILC 1991 (Anm. 1); vgl. auch Bassiouni, Kommentar zu Art. 2, in: Bassiouni (Anm. 1), S. 107 ff.

7 Vgl. für eine Beschränkung auf internationale Verbrechen im engeren Sinne z.B. Triffterer, *Efforts to Recognize and Codify International Crimes*, General Report Part I, in: Revue Internationale de Droit Pénal 1989, S. 19, zusammenfassend S. 65 ff m.w.N.; für die deutsche Fassung vgl. Zeitschrift für Rechtsvergleichung (künftig: Generalbericht) 1989, S. 83 ff (95), und für ein weites Konzept Bassiouni (Anm. 2), S. 115 ff. Vgl. dazu auch Eser, *Die Entwicklung des internationalen Strafrechts im Lichte des Werkes von Hans Heinrich Jescheck*, in: Jescheck-FS, Berlin 1985, S. 1353, sowie ebenda: Triffterer, *Völkerstrafrecht im Wandel*, S. 1477 (1486), und ders., *Present Situation, Vision and Future Perspectives*, in: Eser/Lagodny (Hg.), *Principles and Procedures for a New Transnational Criminal Law*, Freiburg i. Br. 1992, S. 369. Zu den grundlegenden theoretischen Konzepten vgl. z.B. Triffterer, *Dogmatische Untersuchungen zur Entwicklung des materiellen Völkerstrafrechts seit Nürnberg*, Freiburg i. Br. 1966, S. 158 ff.

8 Näher z.B. unten III 1 a aa; vgl. auch Triffterer, *Was kann das Völkerstrafrecht zur*

Bewältigung der Regierungskriminalität in der DDR beitragen?, in: Lampe (Hg.), *Die Verfolgung von Regierungskriminalität der DDR nach der Wiedervereinigung*, Köln/Berlin/Bonn/München 1993, S. 131 (135 f), sowie ders., *Regierungskriminalität durch Machtmißbrauch*, in: Kaiser/Jehle (Hg.), *Kriminologische Opferforschung – Neue Perspektiven und Erkenntnisse*, Teilbd. I (Grundlagen – Opfer und Strafrechtspflege – Kriminalität der Mächtigen und ihre Opfer), Heidelberg 1994, S. 137 ff (163). Vgl. auch Art. 2 des Draft Code 1991 (Anm. 1) und dazu Bassiouni, Kommentar zu Art. 2, in: Bassiouni (Anm. 1), S. 107 ff.

9 Näher unten III 2. Vgl. z. B. Triffterer, Untersuchungen (Anm. 7), S. 35 ff m.w.N. für die Anerkennung bis 1965. Vgl. im übrigen auch Ipsen, *Das »Tokyo-Trial« im Lichte des seinerzeit geltenden Völkerrechts*, in: Oehler-FS, Köln/Berlin/Bonn/München 1985, S. 505 (511 f), der zwar die aktuelle Geltung bestimmter völkerstrafrechtlicher Normen, nicht aber die theoretische Möglichkeit ihrer Entstehung bestreitet. Vgl. auch Neuhold/Hummer/Schreuer, *Die Völkerrechtsquellen*, in: dies. (Hg.), *Österreichisches Handbuch des Völkerrechts*, Bd. 1 (Textteil), 2. Auflage, Wien 1991, Rz. 199 ff (200); die in Rz. 202 als ergänzende Quelle angeführten einseitigen Rechtsgeschäfte und Beschlüsse von internationalen Organisationen kommen für die Schaffung von Völkerstrafrecht nicht in Betracht.

10 Vgl. z. B. Jescheck, *Die Verantwortlichkeit der Staatsorgane nach Völkerstrafrecht*, Bonn 1952, S. 20 ff, und Triffterer, Untersuchungen (Anm. 7), S. 4 ff und 182 ff, sowie Final Report of the Commission of Experts for Ruanda Annex to Doc. S/1994/1405, 9 December 1994, § 169 (künftig: Final Report Ruanda).

11 Vgl. z. B. Triffterer, *Völkerstrafrecht*, in: Ulsamer (Hg.), Lexikon des Rechts/Strafrecht, Neuwied 1995, Kap III (im Druck); ders., *Universeller Menschenrechtsschutz auch durch das Völkerstrafrecht?*, in: Die universale Geltung der Menschenrechte, Politische Studien, Zweimonatszeitschrift für Politik und Zeitgeschehen, 45. Jg., Sonderheft 1, 1995, S. 32; vgl. auch Report 3. Mai 1993 (Anm. 6), §§ 53 ff; Final Report of the Commission of Experts established pursuant to Security Council Resolution 780 (1992) (for the former Yugoslavia), Annex to Doc. S/1994/674, 27 May 1994, § 86 (künftig: Final Report Yugoslavia) und die Resolutionen der Generalversammlung der VN (künftig: GV) 47/80 und 47/147; vgl. auch das Urteil gegen Rendulic, Anm. 170.

12 So schon mehrheitlich die Commission on Responsibilities, in: American Journal of International Law (AJIL) 1920, S. 117; vgl. auch UN War Crimes Commissions (Hg.), *History of the United Nations War Crimes Commissions and the Development of the Laws of War 1948*, S. 35; Jescheck (Anm. 10), S. 371 und 416 sowie ders., *Die Entwicklung des Völkerstrafrechts nach Nürnberg*, in: Schweizer Zeitschrift für Strafrecht, Bd LXXII 1957, S. 217 (226 f), und Triffterer, Untersuchungen (Anm. 7), S. 40 ff m.w.N., sowie ders., Völkerstrafrecht (Anm. 11), II 2 und 3; neuerdings auch Quaritsch, *Nachwort zu Carl Schmitt*, in: Carl Schmitt, *Das internationalrechtliche Verbrechen des Angriffskrieges und der Grundsatz »Nullum crimen, nulla poena sine lege«*, herausgegeben von Quaritsch, Berlin 1994, S. 125 (202 ff); für die Anerkennung der im Nürnberger Statut in Art. 6 lit. b und c angeführten Kriegs- und Menschlichkeitsverbrechen als Völkergewohnheitsrecht vgl. Report 3. Mai 1993 (Anm. 6), § 35.

13 Näher dazu Jescheck (Anm. 10), S. 283 ff sowie Triffterer, Untersuchungen (Anm. 7), S. 1 ff, 40 ff, 148 f, 164 f beide m.w.N.; vgl. auch Triffterer, Völkerstrafrecht

(Anm. 11), Kap I 2. (im Druck), sowie für die Bestätigung in den Statuten der Internationalen Ad-hoc-Tribunale, ders. (Anm. 3), S. 829 unter Verweis auf die Art. 7 des Jugoslawien- bzw. 6 des Ruanda-Tribunals; Report 3. Mai 1993 (Anm. 6), §§ 53ff (insb. 55); Partsch, *Der Sicherheitsrat als Gerichtsgründer*, in: Vereinte Nationen 1/1994, S. 11 (12). Vgl. auch Final Report Ruanda (Anm. 10), in dem von einer unmittelbaren strafrechtlichen Verantwortlichkeit nach Völkerrecht ausgegangen wird und in dem nur noch besondere Formen wie z.B. die Command-Responsibility genannt werden, § 55; zur letzten vgl. auch unten III 4 a cc (1) m.N.

14 Vgl. dazu Triffterer, Völkerstrafrecht (Anm. 11), Kap I 2 (im Druck); ders., Universeller Schutz (Anm. 11), S. 40; zur Ansicht, daß die »domaine réservé« überholt ist, vgl. z.B. Hollweg, *Das neue Internationale Tribunal der UNO und der Jugoslawienkonflikt*, in: Juristenzeitung (JZ) 1993, S. 980 (983); wohl anderer Ansicht Nguyen Quoc Dinh/Daillier/Pellet, *Droit International Public*, 4. Aufl., Paris 1992, Rz. 428, 431f.

15 Vgl. zu diesen Erwartungen Triffterer (Anm. 3), S. 843.

16 Vgl. auch unten cc sowie II 1 bis 3 und III 1 und 5.

17 Näher Triffterer, Völkerstrafrecht (Anm. 11), Kap I 2. (im Druck); ders., Universeller Schutz (Anm. 11), S. 41; ders. (Anm. 7), S. 1489; vgl. auch Gornig, *Die Verantwortlichkeit politischer Funktionsträger nach völkerrechtlichem Strafrecht*, in: Neue Justiz (NJ) 1992, S. 4 (6/7).

18 Näher dazu Triffterer (Anm. 3), S. 832f. Einen umfassenden Überblick über diese Entwicklung vermitteln insbesondere O. W. Mueller/ E. M. Wise (Hg.), *International Criminal Law*, New York 1965; Bassiouni/Nanda (Hg.), *A Treatise on International Criminal Law*, Vol. I *Crimes and Punishment* und Vol. II *Jurisdiction and Cooperation*, Springfield (Ill.) 1973; Bassiouni, *International Crimes: Digest/Index of International Instruments 1815–1985*, Vol. I und II, New York 1985, sowie ders., *International Criminal Law*, Vol. I *Crimes*, Vol. II *Procedure* und Vol. III *Enforcement*, New York 1987.

19 Diese Tendenz war schon bei der Formulierung der Nürnberger Grundsätze zu erkennen und hat sich dann in der Entwicklung der Draft Codes 1951 und 1954 niedergeschlagen, allerdings mit der Maßgabe, daß parallel dazu die Entwürfe für Statuten zur Errichtung eines Internationalen Strafgerichtshofs 1951 und 1953 ausgearbeitet worden sind. In dem Draft Code und in den Nürnberger Grundsätzen herrschten aber ursprünglich die Bemühungen vor, vorrangig die Tatbestände festzulegen und allgemeine Regeln nur bezüglich der ganz grundlegenden Aspekte zu erfassen; vgl. auch Triffterer, Generalbericht (Anm. 7), S. 116 bzw. 128, sowie Gardocki, General Report Part II, *Legal problems emerging from the implementation of international crimes in domestic criminal law*, in: Revue International de Droit Pénal, Vol. 60 (1989), S. 91ff. Für allgemeine Regeln auch zu den Genfer Konventionen vgl. z.B. Art. 86 ZP I und dazu unten III für die Entwicklung solcher Vorschriften sowie Anm. 209.

20 Das wird heute selbst von so kritischen Vertretern wie Ipsen nicht mehr bestritten. Vgl dazu ders., *Völkerrecht*, 3. Aufl., München 1990, § 38, wo unter Rz. 14ff die klassischen Nürnberger Tatbestände erwähnt, unter Rz. 21 Einwände gegen Kriegs- und Menschlichkeitsverbrechen zwar berichtet, aber selbst nicht erhoben werden. Vgl. aber auch ders. (Anm. 9), S. 511f; vgl. zu Ipsen Triffterer, *Die Bestrafung von Vertreibungsverbrechen – Zur internationalen Strafbarkeit von Vertreibungen*, in: Blumenwitz (Hg.), *Flucht und Vertreibung*, Köln/Berlin/Bonn/Mün-

chen 1987, S. 259 (276). Zweifelnd Dinstein, *International Criminal Law*, in: Israel Yearbook on Human Rights, 5 (1975), S. 71. Kritisch auch Hoffmann, *Strafrechtliche Verantwortung im Völkerrecht. Zum gegenwärtigen Stand des völkerrechtlichen Strafrechts*, Frankfurt/M./Berlin 1962, S. 65ff.

21 Ausführlich dazu Triffterer, Untersuchungen (Anm. 7), S. 84ff m.N. auch für die gegenteilige Meinung; vgl. auch ders. (Anm. 20), S. 279. Vgl. im übrigen auch dazu Report 3. Mai 1993 (Anm. 6), § 34f, sowie Final Report Ruanda (Anm. 10), § 52f. Vgl. auch die Stellungnahmen zu Art. 85 Abs. 5 von Bohte/Partsch/Solf, *New Rules for victims of armed conflicts. Commentary on the two 1977 Protocolls additional to the Geneva Conventions of 1949*, London 1982, S. 521f.

22 Insofern wird die frühere Bezeichnung in Triffterer, Untersuchungen (Anm. 7), insb. S. 181 und 192, die damals gebräuchlich war, nicht mehr aufrechterhalten. Für weitere strafrechtlich relevante Verletzungen vgl. z.B. Oehler, *Internationales Strafrecht*, 2. Aufl., Köln/Berlin/Bonn/München 1983, Rz. 1035; zu den Bezeichnungen vgl. auch unten (2) sowie b bb (2).

23 Diese Regelungen sind enthalten in den Art. 49ff, 50ff, 129ff bzw. 146ff; für den amtlichen Wortlaut in französischer, englischer und deutscher Sprache vgl. dBGBl 1954 II, S. 800ff, 828ff, 889f und 968f.

24 Ausführlich dazu Oehler (Anm. 22), Rz. 1022. Vgl. auch Triffterer (Anm. 3), S. 834; vgl. auch Report on the International Meeting of Experts on the Establishment of an International Criminal Tribunal, 22.–26. März 1993 (künftig: Vancouver Report 1993), S. 11 und 21, sowie Report 3. Mai 1993 (Anm. 6), § 111.

25 Näher Triffterer, Untersuchungen (Anm. 7), S. 190f.

26 Ebenda, S. 192. Vgl. zu den im Völkerstrafrecht gebräuchlichen Deliktstypen unten b bb sowie III 3 a.

27 Vgl. für den Corfu-Fall Neuhold/Hummer/Schreuer (Hg.), *Österreichisches Handbuch des Völkerrechts*, Bd. 2, Materialienteil, 2. Aufl., Wien 1991, S. 328: »Those principles were expressed by the Court [IGH, Anm. des Verfassers] in the Corfu Channel case as follows: Certain general and well recognized principles, namely: elementary considerations of humanity, even more exacting in peace than in war«; vgl. auch ICJ Reports 1949, S. 22.

28 Näher unten III 3 c sowie 4 a cc.

29 Bindschedler, *Die völkerrechtliche Regelung nicht internationaler bewaffneter Konflikte*, in: von der Heydte-FS, Berlin 1977, S. 21. Damit wird eine Dreiteilung in internationale, nicht internationale und interne (innerstaatliche) bewaffnete Konflikte vorgenommen; vgl. dazu auch Ipsen, *Völkerrecht* (Anm. 20), Rz. 993.

30 Für die Ratifikationszahlen vgl. öBGBl 1993/212 bzw. 213 sowie für die Verankerung im Völkergewohnheitsrecht Report 3. Mai 1993 (Anm. 6), §§ 34f, und Final Report Ruanda (Anm. 10), § 53.

31 Vgl z.B. Roxin, *Strafrecht Allgemeiner Teil*, Bd. 1, *Grundlagen – Der Aufbau der Verbrechenslehre*, 2. Aufl., München 1994 (künftig: AT²), Kap. 23, Rz. 7ff m.w.N. Vgl. auch unten III 3 a und b.

32 Vgl. auch oben in diesem Gliederungspunkt sowie unter 1a bb (1) (b).

33 Näher unten III 3 a und b sowie 4 a cc (1).

34 Vgl. auch oben a bb (2).

35 Vgl. für den Wortlaut und die erläuternden Bemerkungen dazu Report 3. Mai 1993 (Anm. 6), §§ 41ff. Vgl. dazu z.B. Oehler (Anm. 22), Rz. 1032ff, sowie Ipsen,

Völkerrecht (Anm. 20), § 61, jeweils mit entsprechenden Zusammenstellungen. Zur Frage, inwieweit die Straftatbestände in den Art. 2 bis 5 des Jugoslawien-Statuts Völkergewohnheitsrecht enthalten und nur insoweit anwendbar sein sollen, vgl. auch Trautwein, *Das Internationale Jugoslawien-Tribunal und das Völkerrecht*, in: ZPP 1995, 87 f m.w.N. in Fn. 21.

36 Näher z. B. für Art. 4 Ruanda-Statut Annex zur Resolution des Sicherheitsrates 955 vom 8. November 1994 sowie für den Standpunkt, daß die gemeinsamen Art. 3 und das ZP II neuartige Entwicklungen darstellten, für welche die Gesetze und Gebräuche des Krieges nur in begrenztem Maße Ergänzungen sein könnten, z. B. Final Report Ruanda (Anm. 10), S. 125 ff; vgl. auch Bassiouni, *Crimes against Humanity in International Criminal Law*, Dordrecht/Boston/London 1992, S. 427 f. Für das Draft Statute 1994 vgl. Art. 20 lit. c.

37 Typisch dafür ist Art. 21 des Draft Code 1991; vgl. dazu vor allem unten f cc. Allgemein zu diesem Problembereich vgl. z. B. Ipsen, Völkerrecht (Anm. 20), § 64.

38 Näher Triffterer, *Kriminologische Erscheinungsformen des Machtmißbrauchs und Möglichkeiten zu ihrer Bekämpfung*, in: Zeitschrift für Rechtsvergleichung, 1991, S. 184 ff; ders., Bewältigung (Anm. 8), S. 153 ff, und ders., Regierungskriminalität (Anm. 8), S. 163 ff.

39 Für diese Argumentation von Kunz und für Gegenargumente vgl. die Nachweise bei Triffterer, Untersuchungen (Anm. 7), S. 65 ff.

40 Vgl. z. B. für den Umschwung bei Jescheck Triffterer, Wandel (Anm. 7), S. 1479, bzw. Jescheck, Entwicklung (Anm. 12), S. 231. Vgl. im übrigen auch die weiteren Nachweise in Anm. 7 sowie die Resolution der UN-Generalversammlung vom 11. Dezember 1946 zur Bestätigung der Nürnberger Grundsätze und Urteile sowie im Anschluß daran die Draft Codes 1951 und 1954 und dazu Triffterer, Untersuchungen (Anm. 7), S. 75.

41 Vgl. zu dieser Diskussion und auch zur historischen Entwicklung ausführlich Triffterer, Untersuchungen (Anm. 7) S. 65 ff m.w.N. sowie zum »doppelten Rechtsgüterschutz« S. 180 ff.

42 Näher zu diesen beiden Artikeln Bassiouni, in: ders., Commentaries (Anm. 1), S. 95 ff bzw. S. 107 ff. Vgl. zu dem Vorrang des Völkerstrafrechts vor den nationalen Rechten auch unten III 1 a aa und IV 3 b bb.

43 Vgl. auch unten e bb.

44 Vgl. dazu oben 1 a und c.

45 Vgl. z. B. für Österreich den in Salzburg zur Zeit entschiedenen Fall Cvjetkovic und für Deutschland den Fall Tadic sowie den Fall, der in Dänemark zu einer Verurteilung von 8 Jahren Haft geführt hat. Vgl. dazu Triffterer (Anm. 3), S. 828 mit Fn. 13 und S. 836 mit Fn. 58 und Mayerhofer, *Können Kriegsverbrechen auf dem Gebiet des ehemaligen Jugoslawien von österreichischen Gerichten verfolgt werden?*, in: JBl. 1994, S. 569. Für Fälle, die bereits in Bosnien abgeurteilt worden sind, vgl. Bruce Zagaris, International Law Reporter, Vol. 9, Issue 3 March 1993, S. 113 ff.

46 Vgl. auch Weigend, Kommentar zu Art. 3, in: Bassiouni (Anm. 1), S. 113 ff.

47 Näher unten III 2 b; vgl. aber auch bereits oben I 2 b.

48 Vgl. Art. 1 Abs. 3, 13 Abs. 1 lit. b, 55 lit. c, 76 lit. c der UN-Charta bzw. Art. 1 der »Allgemeinen Erklärung der Menschenrechte« und Art. 2 des UN-Paktes II 1966.

49 Vgl. Resolution 1904 (XVIII) vom 20. November 1963.

50 öBGBl. 1972/377.

51 Vgl. dazu Triffterer, Bestrafung (Anm. 20), S. 284 m.N. in Fn. 62.

52 Vgl. für die Zitate die »Präambel« vor Art. 1 und für den englischen Text *UN Juridicle Yearbook 1973*, S. 70.

53 Näher unten III 4 a.

54 Näher oben 1 b bb (1) sowie unten 3 b.

55 Vgl. auch unten 3 c aa sowie näher III 4 a cc (2). Zu dieser Problematik auch Clark, Kommentar zu Art. 20, in: Bassiouni (Anm. 1), S. 242 ff. Vgl. dazu auch Tomuschat, *Die Arbeit der ILC im Bereich des materiellen Völkerstrafrechts*, in diesem Bd. unter III 6.

56 Vgl. dazu Clark (Anm. 55), S. 242 (243) auch für den englischen Wortlaut von Art. 6 lit. c des Nürnberger Statuts.

57 Für eine solche Vision etwa in bezug auf die Strafbarkeit der Vernichtung von Nahrungsmitteln zur Preisstabilisierung vgl. Triffterer, Generalbericht (Anm. 7), S. 89 m.N. in Fn. 17; ders., Bewältigung (Anm. 8), S. 152; ders., Universeller Menschenrechtsschutz (Anm. 11), S. 52; ders., Present Situation (Anm. 7), S. 379.

58 Näher Triffterer, *Das »Folterverbot« im nationalen und internationalen Recht – Anspruch und Wirklichkeit*, in: Amnesty International (Hg.), *Folter*, Baden-Baden 1976, S. 125 ff m.N. in den Fn. 1 bis 12; vgl. auch Novak, *Die Konvention der VN gegen die Folter vom 10. 12. 1984*, in: Europäische Grundrechte-Zeitschrift, 1985, S. 109 ff, und für die deutsche Übersetzung dort S. 131 f sowie öBGBl. 1987/492.

59 Näher zum Vorstehenden insgesamt Triffterer, Folterverbot (Anm. 58), S. 130 ff, auch zum Folgenden.

60 Die Europäische Konvention zur Verhütung der Folter von 1987 enthält keine Strafbestimmungen oder sonstige Regelungen, aus denen eine solche Strafbarkeit abgeleitet werden könnte. Sie dient der Prävention durch Regelungen, die Situationen, in denen Folterungen vorkommen können, transparenter machen soll, auch durch eine Berichtspflicht der Staaten; für den Wortlaut vgl. öBGBl. 1989/74.

61 Näher Blumenwitz, Einführung, in: ders. (Anm. 20), S. 1 (15 ff m.w.N.).

62 Näher Jescheck, Verantwortlichkeit (Anm. 10), S. 140 ff zum Zustandekommen sowie zu den einzelnen Tatbeständen und ihrer Auslegung S. 346 ff; vgl. auch Triffterer, Bestrafung (Anm. 20), S. 271 ff.

63 Näher dazu auch unten f aa sowie für das vollständige Zitat aus dem Urteil gegen Rendulic unten IV 1 vor a. Vgl. auch Triffterer, Bewältigung (Anm. 8), S. 133, sowie ders., Regierungskriminalität (Anm. 8), S. 157 ff, und zur Vertreibung Triffterer, Bestrafung (Anm. 20), S. 271 ff m.w.N.

64 Triffterer, Bestrafung (Anm. 20), S. 275 ff m.w.N.

65 Näher Triffterer, Bestrafung (Anm. 20), S. 278 ff.

66 Näher Triffterer, Bestrafung (Anm. 20), S. 281 f m.w.N. auch für den folgenden Absatz.

67 Vgl. auch oben b bb.

68 Vgl. oben II 2 e aa und bb. Näher zur Diskussion über die umstrittenen Formulierungen dieser Varianten allgemein P. Peters, Kommentar zu Art. 21, in: Bassiouni (Anm. 1), S. 249 ff.

69 Näher zu dieser Entwicklung Blumenwitz, *Grundlegung der Menschenrechte in der westlichen Kultur*, in: Die universale Geltung der Menschenrechte, Politische Studien, Zweimonatszeitschrift für Politik und Zeitgeschehen, Sonderheft 1, 46. Jg. 1995, S. 5 (12).

70 Ausführlich dazu Report ILC 1991 (Anm. 1), Kommentar zu Art. 2. Näher auch unten III 1 a aa.

71 Vgl. Ermarcora, *Rechtspluralismus und universelle Menschenrechte*, in: Die universale Geltung der Menschenrechte, Politische Studien, Zweimonatszeitschrift für Politik und Zeitgeschehen, Sonderheft 1, 46. Jg. 1995, S. 14.

72 Näher Triffterer, Universeller Schutz (Anm. 11), S. 49 sowie ders, *Von »Nürnberg« zu einem Internationalen Gerichtshof zur Verfolgung der Kriegsverbrechen im ehemaligen Jugoslawien*, in: Neisser (Hg.), *Menschenrechte als politischer Auftrag*, Wien 1993, S. 61 (113), und ders. (Anm. 3), S. 829.

73 Näher oben c cc; vgl. auch unten III 4 a cc (2).

74 Vgl. z.B. Bassiouni (Anm. 36), S. 470, sowie ders., *International Criminal Law and Human Rights*, in: *International Criminal Law* (Anm. 18), Vol. I, S. 15ff.

75 Kritisch zu Art. 22 Peters (Anm. 68), S. 249 ff, der die Zeit für eine umfassende Regelung der Menschlichkeitsverbrechen noch für verfrüht hält und befürchtet, daß durch die Aufnahme dieses Tatbestandes die Annahme des Draft Code insgesamt verzögert werden könnte.

76 Näher z.B. Oehler (Anm. 22), Rz. 1006ff, 1011, sowie Ipsen, Völkerrecht (Anm. 20), S. 539; vgl. auch History (Anm. 12), S. 36ff.

77 Näher z.B. Ipsen, Völkerrecht (Anm. 20), § 38 Rz. 23; vgl. auch Schmitt (Anm. 12), S. 41ff.

78 Report ILC 1991 (Anm. 1), Part III vor Art. 15 § 1.

79 Näher z.B. Ipsen, Völkerrecht (Anm. 20), § 38 für nähere Einzelheiten über Einwände; vgl. auch Oehler (Anm. 22), Rz. 1010; Jescheck (Anm. 10), S. 115ff; Dahm, *Zur Problematik des Völkerstrafrechts*, Göttingen 1956, S. 48 sowie oben I 2 d.

80 Näher dazu zum Beispiel Triffterer, Wandel (Anm. 7), S. 1486; ders., Generalbericht (Anm. 7), S. 111, und vor allem Bassiouni, *The History of the Draft Code of Crimes against the Peace and Security of Mankind*, in: ders. (Anm. 1), S. 1 ff m.w.N. über die UN Doc., in denen die verschiedenen Entwicklungsstufen des Draft Code abgedruckt sind.

81 Näher dazu unten III 1 c insb. bb.

82 Näher dazu Ferencz, *Defining International Aggression, The Search for World Peace, A Documentary History and Analysis*, Vol. II, New York 1975, S. 43 ff, mit detaillierten Nachweisen in den Fn. 222ff insb. 236 bzw. S. 564 zu diesem Vorbehalt. Alle einschlägigen internationalen Dokumente zu dieser Tatbestandsgruppe sind in dieser Sammlung mit abgedruckt.

83 Vgl. auch unten c und d.

84 Vgl. Report ILC 1991 (Anm. 1) vor Art. 1 §§ 78ff; kritisch dazu Tomuschat (Anm. 55) VI.

85 Näher dazu Murphy, Kommentar zu Art. 15, in: Bassiouni (Anm. 1), S. 209, auch für ausführliche Stellungnahmen der Staaten und für den genauen Wortlaut dieses Artikels. Zu der Problematik einer Beurteilung durch den Sicherheitsrat oder gar durch Strafgerichte anderer Staaten vgl. z.B. auch Oehler (Anm. 22), Rz. 1006ff, insb. Rz. 1012.

86 Näher dazu Murphy, Kommentar zu Art. 16, in: Bassiouni (Anm. 1), S. 219ff.

87 Report ILC 1991 (Anm. 1), Kommentar zu Art. 3 § 4 sowie Einleitung zu Teil II § 4 in bezug auf die Beschränkungen der Täterkreise. Für das Verhältnis von diesen

Beschränkungen in speziellen Tatbeständen des Besonderen Teils und der allgemeinen Regel des Art. 3 Draft Code vgl. z.B. Weigend (Anm. 46), S. 113ff, sowie Murphy (Anm. 86), S. 219ff. Kritisch E. Wise, *The Structur of the Draft Code*, in: Bassiouni (Anm. 1), S. 35 (40). Vgl. auch oben 2 c cc und näher unten III 4 a cc (2).

88 Vgl. z.B. Wise (Anm. 87), S. 37.

89 Näher Murphy, Kommentar zu Art. 17 und Nanda, Kommentar zu Art. 18, beide in: Bassiouni (Anm. 1), S. 223ff bzw. 229ff.

90 Oehler (Anm. 22), Rz. 1010.

91 Näher zu dem Wortlaut dieser Resolution Neuhold/Hummer/Schreuer (Anm. 27), D 201, S. 288ff.

92 Vgl. dazu insb. zur Verhaltensweise des Sicherheitsrates in der Golfkrise, Triffterer, Present Situation (Anm. 7), S. 372 m.w.N. in Fn. 9 bis 11.

93 Oehler (Anm. 22), Rz. 1014.

94 Näher für die erste Ansicht z.B. Triffterer, Generalbericht (Anm. 7), S. 95ff m.w.N. und zusammenfassend 109ff ; für die zweite Ansicht vgl. z.B. Thiam in seiner Funktion als Sonderberichterstatter der ILC, vgl. Bericht, ILC Yearbook 1984 II/1; Ipsen (Anm. 20), § 38, Rz. 30; vgl. auch Eser (Anm. 7), S. 1353ff und in bezug auf den Wandel bei Jescheck Triffterer, Wandel (Anm. 7), S. 1479. Vgl. für die zweite Ansicht auch Bassiouni, in: Bassiouni/Nanda (Anm. 18), Vol. I Part IV, S. 455 bis 556 für eine Auflistung von Tatbeständen; ders., *International Criminal Law* (Anm. 18), Vol. I Part II, wo nach eigener Angabe der Hg. »15 von 22 internationalen Verbrechen« von verschiedenen Autoren erörtert werden.

95 Näher dazu UN Report of the ILC on the work of its forthy-sixth session 1994, GA Of. Rec. Forty-ninth Session Supplement No.10 (A/49/10); künftig Report ILC 1994.
Neben den angeführten Straftatbeständen werden im Anhang noch erwähnt diejenigen nach der Haager und der Montrealer Konvention über die Sicherheit des Luftverkehrs 1970 bzw. 1971, gegen international geschützte Personen 1973, gegen die Geiselnahme 1979, gegen die Navigation und feste Plattformen auf dem Festlandsockel 1988 sowie diejenigen gegen den Drogenhandel, ebenfalls 1988; vgl. dazu Report ILC 1994, S. 141f. Bei einem Expertentreffen am International Institute of Higher Studies in Criminal Science in Syracusa, Sizilien, im Juni 1995 neigte die Mehrheit der Anwesenden ebenfalls zu der ersten Ansicht.

96 Näher dazu z.B. Triffterer mit der in Anm. 94 angeführten Belegstelle.

97 Report ILC 1991 (Anm. 1), Kommentar zu Art. 23.

98 Näher Report ILC 1991 (Anm. 1), Kommentar zu Art. 24.

99 Näher Report ILC 1991 (Anm. 1), Kommentar zu Art. 25.

100 Vgl. für die Kommentare zu den Art. 23 bis 26 auch Paust, Mosconi, Bassiouni und Nanda, alle in: Bassiouni (Anm. 1), S. 271ff, 277ff, 285ff bzw. 291ff. Vgl. zur Kritik am Gesamtkonzept des Draft Code 1991 als zu stark politisch orientiert Tomuschat (Anm. 55) VI.

101 Zu dieser Frage vgl. unten 1. Für die Anwendbarkeit allgemein anerkannter Rechtsgrundsätze vgl. unten 2 bis 5. Typisch für diese Entwicklung sind z.B. einige detaillierte Regelungen zu Fragen des AT in Art. 9 des Draft Code 1987. Um schon innerhalb der ILC einen möglichst breiten Konsens zu erreichen, wurde diese Vorschrift aber in einige pauschale Formulierungen »aufgelöst«, von denen eine z.B. in Art. 14 des Draft Code 1991 enthalten ist. Vgl. zu den allgemeinen

Regeln des Draft Code 1991 Eser, *The Need for a General Part* und Van den Wyngaert, *The Structure of the Draft Code and the General Part*, beide in: Bassiouni (Anm. 1), S. 43 ff bzw. 53 ff. Für die Vorarbeiten vgl. z. B. die Beiträge in: Bassiouni, *International Criminal Law* (Anm. 18), Vol. I Part One, und Bassiouni (Anm. 7), S. 90 bis 113, wo nach anglo-amerikanischem Muster, wenngleich in dem Bemühen »to synthesize common law and civil law concepts« (101), in sechs Gruppen 40 Vorschriften zusammengestellt werden, die Regeln des AT enthalten und die zum Teil kommentiert werden.

102 Nachweise für die anglo-amerikanischen Staaten bei Oehler (Anm. 22), Rz. 996 ff. Für diese beiden Möglichkeiten vgl. auch unten IV 2.

103 Näher z. B. Jescheck (Anm. 10), S. 295 ff m.w.N.

104 Für die Kompetenzen und die Formulierungen aus dem Jugoslawien-Statut (Anm. 1) Art. 1 bis 5 bzw. aus dem Ruanda-Statut (Anm. 1) Art. 1 bis 4. Für die grundsätzlichen Fragen vgl. z. B. Triffterer, Wandel (Anm. 7), S. 1487 und 1489; ders., Generalbericht (Anm. 7), S. 116–118; ders., Regierungskriminalität (Anm. 8), S. 140–142 und 157; ders., Grundlagen (Anm. 3), S. 832 m.w.N. für das Jugoslawien-Statut. Näher zum Verhältnis vom staatlichen und internationalen Recht auch Triffterer, Bewältigung (Anm. 8), S. 140 ff, sowie ders., Generalbericht (Anm. 7), S. 117.

105 Vgl. zur Bedeutung der Nürnberger Grundsätze und zu der diese bestätigenden Resolution 95 I der UN-Generalversammlung vom 11. Dezember 1946 Triffterer, Untersuchungen (Anm. 7), S. 18 f sowie 75 f m.w.N.; zu Art. 2 des Draft Code 1991 Report ILC 1991 (Anm. 1); Kommentar zu § 2 sowie zu Art. 4 des Entwurfs über Staatenverantwortung Report ILC 1980, in: Yearbook ILC 1980, Vol. II (künftig Report 1980). Vgl. z. B. auch Triffterer, Bewältigung (Anm. 8), S. 140 ff, sowie ders., Generalbericht (Anm. 7), S. 117.

106 Vgl. z. B. Triffterer, Generalbericht (Anm. 7), S. 118; ders., Bewältigung (Anm. 8), S. 142–144; ders., Regierungskriminalität (Anm. 8), S. 163 und Grundlagen (Anm. 3), S. 832; vgl. dazu auch Green, Kommentar zu Art. 13 Draft Code, in: Bassiouni (Anm. 1), S. 197 ff.

107 Näher zu den Durchsetzungsmechanismen in diesen Statuten Triffterer, Grundlagen (Anm. 3), S. 841 ff, auch für die Notwendigkeit der Anpassung nationaler Gesetze und dazu ebenfalls unten IV 2 b bb. Vgl. auch ders., Bewältigung (Anm. 8), S. 143 f; ders., Generalbericht (Anm. 7), S. 118 m.w.N. Vgl. auch Blakesley, Kommentar zu Art. 6 »Obligation to try or Extradite«, in: Bassiouni (Anm. 1), S. 133 ff.

108 Näher dazu oben II 1 a, c und b aa; vgl. auch Triffterer, Bewältigung (Anm. 8), S. 148 f, sowie Green, Kommentar zu Art. 12 in: Bassiouni (Anm. 1), S. 195 f.

109 Vgl. auch unten 3 b. Übereinstimmend mit dieser Auslegung: Erläuternde Bemerkungen zum Jugoslawien-Statut, Report 3. Mai 1993 (Anm. 6), § 56, in dem insoweit ausdrücklich von »imputed responsibility or criminal negligence« gesprochen wird.

110 Vgl. für eine insoweit zumindest nicht eindeutige Ablehnung vor einem sowjetischen Gerichtshof in Minsk Triffterer, *Die Kriegsverbrecherprozesse in Minsk 1946 auf dem Hintergrund von Nürnberg und Tokio sowie im Lichte der jüngsten Entwicklungen des VSR*, in: H. Heer (Hg.), *Der Minsker Prozeß*, Hamburg 1996 (im Druck).

111 Vgl. z. B. § 278 a öStGB sowie dazu Triffterer, *Kommentar zum Strafgesetzbuch*,

Bd. 2, 4. Lieferung (erscheint 1996) und § 129 dStGB sowie dazu Lenckner in: Schönke/Schröder, *Kommentar zum Strafgesetzbuch*, 24. Aufl., München/Berlin 1991, § 129 Rz. 1 ff.

112 Näher zu diesen Ausgangspositionen Triffterer, *Jurisdiction over States for Crimes of State*, in: Bassiouni/Nanda (Anm. 18), Vol. II, S. 86 ff, sowie ders., *Prosecution of States for Crimes of State*, in: Bassiouni, *International Criminal Law* (Anm. 18), Vol. III, S. 99 ff, jeweils m.w.N. Auch die Untersuchungskommissionen nach den Balkankriegen 1912–1914 beschäftigten sich zunächst ausschließlich mit dieser Frage; vgl. dazu Carnegie Endowment for International Peace (Hg.), *Report of the International Commission to Inguire into the Causes and Conduct of the Balkan Wars*, Washington 1914, S. 208 ff. Für die Wende zur individuellen Verantwortlichkeit vgl. Commission on the Responsibility of the Autors of the War and on Enforcement of Penalties (Hg.), *Report Presented to the Preliminary Peace Conference March 29, 1919*, in: AJIL 14 1920 (künftig: Report 1919), S. 95; für deren erstmalige internationale Durchsetzung aufgrund von Anordnungen des Sicherheitsrates gemäß Kapitel VII der Satzung der VN vgl. Triffterer (Anm. 3), S. 829 ff.

113 Näher zu der Entwicklung Triffterer, Untersuchungen (Anm. 7), S. 142 ff m.w.N. Für diesen Gedanken, daß ein Wort der Mächtigen Verbrechen verhindert hätte, vgl. auch Report 1919 (Anm. 112), S. 117.

114 Vgl. für einen historischen Überblick über die Entwicklung der Arbeiten der ILC Bassiouni, History (Anm. 80), S. 1 ff; kritisch Tomuschat (Anm. 55), II 2 und 3 und zur Staatenverantwortung vgl. Report 1980 (Anm. 105), Part Two, Chapter III, §§ 17 ff.

115 Report 1980 (Anm. 105), § 34 Anm. 115. Mögliche Bezeichnungen: 1. Teil: Entstehen der völkerrechtlichen Verantwortlichkeit, 2. Teil: Folgen der völkerrechtlichen Verantwortlichkeit, 3. Teil: Geltendmachung von völkerrechtlicher Verantwortlichkeit; für den neuesten Stand vgl. Yearbook ILC 1991, Vol. II, Part Two, §§ 302 ff, und 1992 Vol. II, Part Two, §§ 105 ff.

116 Ausführlich dazu Simma, *International Crimes: Injury and countermeasures. Comments on Part II of the ILC Work on State Responsibility*, in: Weiler u.a. (Hg.), *International Crimes of State. A critical analizes of the ILC's Draft Article 19 on State Responsibility*, Berlin/New York 1989, S. 283, insb. S. 290 ff und 304 ff; vgl. auch Sunga, *Individual Responsibility in International Law for Serious Human Rights Violations*, Dordrecht/Boston/London 1992, S. 125 ff; vgl. zur Wirkung für Drittstaaten auch Report 1980 (Anm. 105), §§ 37 und 46. Tomuschat lehnt eine strafrechtliche Verantwortlichkeit von Staaten ab, weil sie zur kollektiven Mithaftung der Staatsangehörigen führe (Anm. 55), II 2.

117 Report 1980 (Anm. 105), §§ 35 bis 43; vgl. dazu auch Sunga (Anm. 116), S. 126/127 mit Verweis auf Sinclair in Fn. 8.

118 Näher z.B. Triffterer, Untersuchungen (Anm. 7), S. 142 ff, insb. S. 155 ff m.w.N.; vgl. auch ILC Report 1991 (Anm. 1), Kommentar zu Art. 3 § 2.

119 Vgl. Report Draft Code Yearbook ILC 1987, Vol. II, Part Two, §§ 2 und 3 zu Art. 5.

120 Dagegen Quaritsch, Nachwort (Anm. 12), S. 204 ff. Näher Triffterer, Untersuchungen (Anm. 7), S. 92 ff, insb. 121 ff m.w.N.

121 Näher Triffterer, Untersuchungen (Anm. 7), S. 124, und Quaritsch, Nachwort (Anm. 12), S. 205 ff. Näher vor allem Frowein/Peukert, *Europäische Menschenrechtskonvention – EMRK-Kommentar*, Kehl/Straßburg/Arlington 1985, Art. 7,

Rz. 2 und 6 ff; vgl. auch Villiger, *Handbuch der Europäischen Menschenrechtskonvention*, Zürich 1993, § 24, Rz. 522 ff sowie 527 f; für eine noch weitergehende These, daß sogar die bloße Strafwürdigkeit ausreichen soll, Partsch, *Die Rechte und Freiheiten der Europäischen Menschenrechtskonvention*, Berlin 1966, S. 170 ff. Mit diesen beiden Regelungen sollte im übrigen die Rechtmäßigkeit der Nürnberger Statute und Urteile bestätigt werden; vgl. dazu z. B. Frowein/Peukert (Anm. 121), Art. 7 Rz. 8.

122 Karl in: Neuhold/Hummer/Schreuer (Anm. 9), Rz. 540 f.

123 Für die hier nicht behandelte Lehre von der (objektiven) Zurechnung strafbaren Verhaltens im Völkerstrafrecht vgl. z. B. Marxen, *Die Beteiligung an systematischem Unrecht – Bemerkungen zu einer völkerstrafrechtlichen Straftatlehre*, in: Lüderssen (Hg.), *Aufgeklärte Kriminalpolitik oder Kampf gegen das »Böse« – ein Gegensatz?*, 1996 (im Druck); sowie generell zu der Frage, inwieweit Handeln und Unterlassen von Organen oder Vertretern den Staaten selbst zugerechnet werden kann, Report 1980 (Anm. 105), insb. Art. 5 bis 14.

124 Näher zu den einzelnen Typen Triffterer, AT² (Anm. 2), Kap. 2, Rz. 83 ff, sowie insb. zu den Mischformen: *StGB-Kommentar*, Bd 1, 2. Lieferung, Wien 1993, Vorbemerkung zu §§ 180 ff, Rz. 8 ff.

125 In der deutschen Übersetzung steht bezüglich lit. c lediglich »mit dem Ziel«; die englische Originalfassung »calculated to bring about« stellt mehr auf die Eignung ab, so daß diese vom Richter jeweils eigens festzustellen ist. Vgl. zur Struktur und den typischen Merkmalen der Tatbestände des Völkermordes auch: Triffterer, Untersuchungen (Anm. 7), S. 192 ff, sowie oben II 2 b bb.

126 Näher dazu oben II 1 b bb; vgl. auch unten b aa.

127 Näher dazu Triffterer, *StGB-Kommentar* (Anm. 124), Vorbemerkung zu §§ 180 ff, Rz. 22 ff. Vgl. auch unten b aa.

128 Näher Triffterer, Untersuchungen (Anm. 7), S. 168 ff und 180 ff; vgl. auch ders., Grundlagen (Anm. 3), S. 826 f, 843 f, und Bewältigung (Anm. 8), S. 133, sowie Regierungskriminalität (Anm. 8), S. 163 f; vgl. dazu auch z. B. aus den Nürnberger Verfahren das Urteil gegen Rendulic (Anm. 170) und das unten vor Anm. 191 angeführte wörtliche Zitat.

129 Vgl. z. B. dazu die übersichtsartige Zusammenstellung der Tribunale nach dem Zweiten Weltkrieg und der einzelnen Fälle in History (Anm. 12), S. 461 ff, 476 ff sowie App. III bis V, S. 508 ff.

130 Näher zu diesem Deliktstyp allgemein z. B. Triffterer, AT (Anm. 2), Kap. 6, Rz. 39.

131 Vgl. dazu oben II 1 a bb (2) und b.

132 Vgl. dazu auch oben a aa mit Anm. 127.

133 Vgl. oben II 1 b bb auch in bezug auf Art. 11 des ZP I mit Anm. 31.

134 Vgl. auch oben II 2 c bb.

135 Report ILC 1991 (Anm. 1), Art. 1 § 3.

136 Vgl. für ein solches Verfahren vor dem Geschworenengericht in Salzburg z. B. oben Anm. 45. Für die Notwendigkeit einer eigenständigen Prüfung der Absicht beim Völkermord vgl. für Österreich: Leukauf/Steininger, *Kommentar zum Strafgesetzbuch*, 3. Aufl., Eisenstadt 1992, § 321, Rz. 5 und für Deutschland: Eser, in: Schönke/Schröder (Anm. 111), § 220 a, Rz 5. Vgl. auch Triffterer, Untersuchungen (Anm. 7), S. 192 ff.

137 Näher Report ILC 1991 (Anm. 1), Kommentar zu Art. 2 § 3.

138 Vgl. zu den mit Art. 86 Abs. 2 ZP I übereinstimmenden Art. 7 Abs. 3 bzw. 6 Abs. 3 des Jugoslawien- bzw. Ruanda-Statuts oben 1 a cc (1). Vgl. zum AT des Völkerstrafrechts auch Bassiouni (Anm. 7), S. 100f, der allerdings »recklessness with the understanding that recklessness went beyond the *dolus eventualis*, described under the 1976 German Penal Code as a state of mind such that, the person knew that harm would result«. Zu Art. 85 Abs. 3 bzw. Art. 86 ZP I vgl. oben II 1 b bb (1).

139 Vgl. oben 1 b bb (1) vor Anm. 33.

140 Zurückhaltend Eser (Anm. 101), S. 46.

141 Näher Report ILC 1991 (Anm. 1), Kommentar zu Art. 2 § 3, 10 § 1 und zu Art. 22 § 3.

142 Vgl. z.B. Triffterer, *Die österreichische Beteiligungslehre*, Wien 1983, S. 66ff, sowie Roxin, *Täterschaft und Tatherrschaft*, 5. Aufl., Berlin/New York 1990, S. 335ff.

143 Vgl. dazu Triffterer (Anm. 111), §§ 277 und 278 öStGB, sowie Lenckner (Anm. 111), § 129 a. Für »Beteiligungen« *nach* der Tat vgl. z.B. §§ 164f öStGB und §§ 259ff dStGB.

144 Näher zu den verschiedenen Systemen Triffterer (Anm. 142), insb. 33ff; vgl. auch zu den verschiedenen Täterbegriffen Roxin (Anm. 142), S. 4ff.

145 Näher dazu Eser (Anm. 101), S. 47, sowie Weigend (Anm. 46), S. 113ff, auch für die Stellungnahmen der Staaten zu Art. 3 des Draft Code 1991.

146 Vgl. für diese historische Entwicklung Triffterer, Untersuchungen (Anm. 7), S. 85ff m.w.N.

147 Vgl. dazu z.B. J. Hall, *General Principles of Criminal Law*, 2. Aufl., Indianapolis 1947, Honig, *Das amerikanische Strafrecht*, in: Jescheck/Metzger/Schönke (Hg.), *Das ausländische Strafrecht der Gegenwart*, Bd. 4, Berlin 1962, S. 7 ff. Vgl. auch Ipsen (Anm. 20), § 38, Rz. 24.

148 Näher dazu Report ILC 1991, Kommentar zu Art. 3 §§ 3f.

149 Report 3. Mai 1993 (Anm. 6), § 54.

150 Näher Triffterer, Grundlagen (Anm. 3), S. 833 (rechte Spalte).

151 Vgl. zu dieser Form der fahrlässigen Mitwirkung durch Unterlassen näher oben 3 c.

152 Näher zu den speziellen Regelungen beim Zusammenwirken mehrerer, insb. an der Begehung von Sonderdelikten, z.B. Triffterer, Beteiligungslehre (Anm. 142), S. 83ff.

153 Vgl. Report ILC 1991 (Anm. 1), § 4 der einleitenden Bemerkungen zum Besonderen Teil, vor Art. 15.

154 Vgl. Report ILC 1991 (Anm. 1), Kommentar zu Art. 20 § 3.

155 Vgl. Report ILC 1991 (Anm. 1), §§ 5 und 6 der einleitenden Bemerkungen zum Besonderen Teil, vor Art. 15.

156 Vgl. Report ILC 1991 (Anm. 1), Kommentar zu Art. 3 §§ 3f.

157 Näher dazu z.B. Triffterer, AT^2 (Anm. 2), Kap. 16, Rz. 126ff m.w.N. bzw. Beteiligungslehre (Anm. 142), S. 86ff.

158 Näher Report ILC 1991 (Anm. 1), Kommentar zu Art. 3 § 3.

159 Vgl. Report of the ILC 3rd Session 16. Mai – 27. Juli 1951, Supplement AJIL 45 (1951), S. 126ff, bzw. für den Draft Code 1954, Report of the ILC 6th Session 3. Juni – 28. Juli 1954, Supplement AJIL 49 (1955), S. 17ff.

160 Vgl. zu dieser Regelung im Draft Code 1987 Triffterer, Bewältigung (Anm. 8),

S. 138 ff, insb. 151 f m.N. in Fn. 40; für den Wortlaut des ursprünglichen Art. 8 und die Neufassung durch Art. 9 vgl. dort Fn. 17.

161 Vgl. dazu oben 4 a bb (2) vor Anm. 150.

162 Für die Stellungnahmen der Kommission vgl. Report ILC 1991 (Anm. 1) zu Art. 15 sowie dazu Eser (Anm. 101), S. 48 f; für den Kommentar zu Art. 14 vgl. Robinson, in: Bassiouni (Anm. 1), S. 199 ff, auch mit Stellungnahmen der Staaten zu Art. 14.

163 Vgl. z.B. zu dieser Frage der allgemeinen Grundlagen für derartige Gründe Robinson (Anm. 162).

164 Diese Regelung sollte gemäß Art. 9 lit. c Draft Code 1987 auch für den *Rechts*irrtum gelten. Die Tatsache, daß in den »Erläuternden Bemerkungen« zu dieser Vorschrift zwar nur auf die Frage eingegangen wird, wann das *Unrecht* offensichtlich war, darf aber nicht zu dem Schluß verleiten, daß diese Einschränkung, wie nach dem Wortlaut, *nicht* auch für *Tatbild*irrtümer gelten sollte. Vgl. für den Draft Code 1987 39. Sitzung, Yearbook International Law Commission, Vol. II, Part Two, A/CN.4.SRE.A.1987/ADD.1 (Part 1), 7 ff bis 9.

165 Näher dazu z.B. Jescheck, *Strafrecht Allgemeiner Teil*, 4. Aufl., Berlin 1988 (künftig: AT[4]), S. 416 ff; Triffterer, AT[2] (Anm. 2), Kap. 17, Rz. 36 ff, jeweils m.N.

166 Vgl. Anm. 160. Vgl. für eine Zusammenstellung verschiedener Gründe z.B. den Entwurf über Staatenverantwortung 1980, Art. 29 bis 35; vgl. auch Bassiouni, Draft (Anm. 7), S. 109 f, und mit Bezug auf Kriegsverbrechen 128 f.

167 Report ILC 1991 (Anm. 1), Kommentar zu Art. 14 § 2.

168 Vgl. dazu z.B. auch Gornig (Anm. 17), S. 4 ff (10 mit Fn. 134 und Fn. 135).

169 Vgl. zu dem oben erwähnten Urteil Annual Digest and Reports of Public International Law Cases (künftig: International Law Reports), Bd. 16, 1949, S. 509 (521 und 523).

170 Für das oben angeführte Urteil vgl. International Law Reports (Anm. 169), Bd. 15, 1948, S. 632 (649); vgl. dazu auch de Zayas, *International Law and Mass Population Transfers*, Harvard International Law Journal, 16 (1975), S. 207 (218).

171 Ablehnend Ipsen, Völkerrecht (Anm. 20), § 63, Rz. 3 f mit Verweis auf die zustimmende Meinung von Dinstein (Anm. 20), S. 276.

172 Näher Triffterer, Untersuchungen (Anm. 7), S. 179 m.N. insb. in Fn. 38 und 39.

173 Zemanek in: Neuhold/Hummer/Schreuer (Anm. 9), Rz. 2393 ff mit Verweis auf Art. 60 Abs 5. Wiener Übereinkommen über das Recht der Verträge. Vgl. für die strafrechtliche Beurteilung von Repressalien generell Nill, *»Defences« bei Kriegsverbrechen am Beispiel Deutschland und der USA – Zugleich ein Beitrag zu einem allgemeinen Teil des Völkerstrafrechts*, iur. Diss., Freiburg i.Br. 1996.

174 Vgl. Report ILC 1991 (Anm. 1), Kommentar zu Art. 11, auch für die Zitate aus dem Draft Code 1954; für den Draft Code 1951 vgl. Yearbook ILC 1951 Vol. Two, Chapter IV, S. 137; vgl. auch Gardocki, Generalbericht (Anm. 19), S. 97 ff m.w.N.

175 Gardocki (Anm. 174). Für die abschließende Resolution vgl. Landesgruppe Österreich der Internationalen Strafrechtsgesellschaft (Hg.), *Kongressakten für den XIV. Strafrechtskongress 1989 in Wien*, Resolution der Sektion IV, S. 321; Vancouver-Report (Anm. 24), S. 11. Vgl. auch Triffterer, Bewältigung (Anm. 8), S. 147 f m.w.N.

176 Vgl. dazu z.B. den Kommentar von La Pradelle zu den vier Genfer Konventionen, *La Conférence Diplomatique et les Nouvelles Conventions de Genève du 12. 8. 1949*, Paris 1951.

177 Ausführlich dazu mit zahlreichen Nachweisen Oehler (Anm. 22), Rz. 1038 ff.
178 Grundlegend BGHSt 2,194, insb. S. 200/201; vgl. auch Roxin, AT[2] (Anm. 31), § 21, Rz. 12 ff und Triffterer, AT[2] (Anm. 2), Kap. 12, Rz. 82 ff.
179 Unten aa. Näher dazu auch oben c bb.
180 Vgl z. B. § 8 öStGB und die entsprechende Handhabung in Deutschland; zur letzten Jescheck, AT[4] (Anm. 165), S. 416 ff und für Österreich Triffterer, AT[2] (Anm. 2), Kap. 17, Rz. 39.
181 Vgl. z. B. Triffterer, AT[2] (Anm. 2), Kap. 17, Rz 41.
182 Nähere Angaben zu dem Urteil oben im Text vor Anm. 170 und für das entsprechende Zitat vgl. Anm. 170.
183 Näher z. B. Triffterer, AT[2] (Anm. 2), Kap. 17, Rz. 36 f.
184 Report ILC-Yearbook 1987 (Anm. 119), Kommentar zu Art. 9 §§ 12 bis 18.
185 Vgl. dazu auch oben a und b.
186 Vgl. für ein etwas anderes Konzept der »Renunciation« z. B. Bassiouni (Anm. 7), S. 111.
187 Vgl. z. B. für ein Verfahren in Salzburg oben Anm. 45 m.w.N.
188 Vgl. z. B. Seidl-Hohenveldern, in: Neuhold/Hummer/Schreuer (Anm. 9), Rz. 782 ff. und Oehler (Anm. 22), Rz. 111 ff.
189 Näher dazu z. B. Triffterer, Grundlagen (Anm. 3), S. 832 ff, und Nürnberg (Anm. 72), S. 93 f.
190 Näher Triffterer, Untersuchungen (Anm. 7), S. 86 m.w.N.
191 Für das Urteil vgl. Anm. 170.
192 Report ILC Draft Statute 1994 (Anm. 5).
193 Näher Triffterer, Grundlagen (Anm. 3), S. 826 ff; für die Aktivitäten außerhalb der VN vgl. z. B. Bassiouni, Draft (Anm. 111) bzw. Jescheck, *Der XIV. Internationale Strafrechtskongress der AIDP*, in: Zeitschrift für die gesamte Strafrechtswissenschaft, Bd. 102, 1990, S. 658 ff, sowie Triffterer, Wandel (Anm. 7), S. 1491 ff.
194 Vgl. z. B. Triffterer, Grundlagen (Anm. 3), S. 826 ff und 843 f.
195 Näher zu diesen Bezeichnungen Bassiouni (Anm. 7), S. 69 ff.
196 Vgl. auch unten 3.
197 Näher zur Transformation z. B. Ermacora in: Neuhold/Hummer/Schreuer (Anm. 9), Rz. 573 f.
198 Näher Triffterer, Grundlagen (Anm. 3), S. 842.
199 Näher dazu Triffterer, Grundlagen (Anm. 3), S. 830 f.
200 Für die einzelnen Änderungen im IRG vgl. insbesondere Uhlig/Schomburg/Lagodny, *Gesetz über die internationale Rechtshilfe in Strafsachen (IRG)*, 2. Aufl., München 1992 mit Nachtrag 1995 für die §§ 48 und 49, 51 bis 56 a, 58, 67 a, 71, 73 und 74 a, auch für die englische Übersetzung dieser Regelungen.
201 Es soll noch in dieser Legislaturperiode erlassen werden; vgl. den zur Begutachtung bis zum 15. Juli 1995 ausgesandten Referentenentwurf des Bundesministeriums für Justiz, GZ. 520. 405/64 – IV 1/95 .
202 Vgl. für das Statut und die Verfahrensordnung Internationaler Militärgerichtshof, *Prozeß gegen die Hauptkriegsverbrecher*, Bd. I, Nürnberg 1947, S. 10 ff bzw. 20 ff, bzw. Friedmann (Anm. 4). Die rechtlichen Grundlagen von Nürnberg und Tokio sind ohne wesentliche Änderungen in das Kontrollratsgesetz Nr. 10 übernommen worden. Das gilt nicht nur für die materiell-rechtlichen Tatbestände, sondern auch für die verfahrensrechtlichen Regelungen; vgl. dazu auch z. B. History (Anm. 12), S. 418 f.

203 Näher zu dieser Ermittlungsphase und zu den Rechten des Angeklagten während ihrer Durchführung: Triffterer, Grundlagen (Anm. 3), 835 f m.w.N.

204 Für diese Rules of Evidence and Procedure vgl. ILM 1994, S. 493–545 und für die geänderte sowie ergänzte Fassung S. 838 und S. 1620.

205 Näher dazu Triffterer, Grundlagen (Anm. 3), S. 837 mit Verweis auf die insoweit einschlägigen Regelungen in den Statuten und den »Rules of Procedure and Evidence«.

206 Um die Verfahren nicht unnötig zu verzögern und im Vertrauen auf die Objektivität der Anklagebehörde hat man davon abgesehen, eine Untersuchungskommission, wie sie etwa in Art. 90 Zusatzprotokoll I vorgesehen ist, vorzuschlagen; vgl. dazu auch unten c.

207 Näher dazu Triffterer, Grundlagen (Anm. 3), S. 838 ff.

208 Vgl. dazu Swart, Kommentar zu Art. 9, in: Bassiouni (Anm. 1), S. 173 ff.

209 Vom 24.–27. Juni 1995 hat eine Expertengruppe im »International Institute of Higher Studies in Criminal Science« in Syracusa/Sizilien über diese Fragen beraten. Der Verfasser hat dort zu den Regelungen im Statut bezüglich der anwendbaren Straftatbestände, Art. 20, und der Rechte der Verteidigung, Art. 11, 12, 15, 16, 26–30, 34–37 und 41 Stellung genommen. Im Anschluß an diese Tagung ist eine Veröffentlichung der auf der Erörterung der Referate beruhenden Ergebnisse in der Reihe »Novelles Études Pénales« der Association Internationale de Droit Pénal im Verlag Erès vorgesehen. Vorab werden diese den VN zur Vorbereitung der nächsten Sitzung mit den Regierungsvertretern vorgelegt. Vgl. für eine Zusammenstellung der zahlreichen anderen Entwürfe z.B. Triffterer, Wandel (Anm. 7), S. 1488 ff, sowie Bassiouni, Draft (Anm. 7), S. 3 ff, und für einen eigenen Entwurf dort 213 ff.

210 Näher Triffterer, Nürnberg (Anm. 72), S. 126 f m.N in Anm. 98 und 99.

211 Näher Triffterer, Wandel (Anm. 7), S. 1494 m.w.N. insb. in Fn. 76.

212 Näher insb. oben II 4.

213 Vgl. dazu z.B. näher Triffterer, Generalbericht (Anm. 7), S. 128; Future Perspectives (Anm. 7), S. 379 f; Bewältigung (Anm. 8), S. 159 f.

Christian Tomuschat

Die Arbeit der ILC im Bereich des materiellen Völkerstrafrechts

I. Historische Grundlagen

Die Völkerrechtskommission (International Law Commission, ILC) wurde durch Resolution 174 (II) der Generalversammlung der Vereinten Nationen vom 21. November 1947 als Hilfsorgan mit der Aufgabe geschaffen, das Plenum der Weltorganisation bei der Kodifikation und Fortentwicklung des Völkerrechts (Art. 13 Abs. 1 Buchst. a UN-Charta) zu unterstützen. Die Wahl der seinerzeit 15 Mitglieder fand bereits im November 1947 statt. Am gleichen Tag, als der Gründungsbeschluß erging, hatte die Generalversammlung das – noch gar nicht konstituierte – Gremium angewiesen (Resolution 177 [II] vom 21. November 1947), die in der Charta des Nürnberger Militärgerichtshofs und im Urteil dieses Gerichtshofs anerkannten Grundsätze des Völkerrechts zu formulieren und gleichzeitig einen »Draft Code of Offences against the Peace and Security of Mankind« (nachfolgend: Draft Code) zu erarbeiten, also ein auf Taten gegen den Weltfrieden und die internationale Sicherheit ausgerichtetes Strafgesetzbuch, das den Nürnberger Prinzipien in angemessener Weise Rechnung tragen sollte. Ganz offensichtlich waren beide Aufgaben eng miteinander verschränkt. Demgemäß setzte die ILC auf der ersten Tagung für beide Aufgaben ihr griechisches Mitglied J. Spiropoulos als Berichterstatter ein. Dieser erhielt im Hinblick auf die Nürnberger Prinzipien die Weisung, sie nicht etwa kritisch zu würdigen, sondern lediglich auszuformulieren, getreu ihrer Verankerung in der Charta des Militärgerichtshofs und ihrer Anwendung in der Rechtsprechung dieser Instanz. In der Tat waren die Nürnberger Prinzipien von der Generalversammlung bereits förmlich gebilligt worden (Resolution 95 [I] vom 11. Dezember 1946). Angesichts dieser Sachlage fühlte die ILC sich nicht legitimiert, in eine sachliche Überprüfung einzutreten, die dann ohnehin im Rahmen des Parallelprojekts zu leisten sein würde.

Auftragsgemäß legte der Berichterstatter zur zweiten Jahrestagung der ILC im Jahr 1950 zwei Berichte vor. Seine Vorschläge zu den Nürnberger Prinzipien[1] wurden mit einigen textlichen Verbesserungen weitgehend akzeptiert.[2] Sie bilden auch heute noch das Rückgrat aller Überlegungen zu einer Strafbarkeit unmittelbar kraft Völkerrechts. Grundlegend war die Aussage, daß die völkerrechtliche Verantwortlichkeit unabhängig von den Festlegungen einer nationalen Rechtsordnung sei (Prinzip II). Ausdrücklich hervorgehoben wurde auch, daß ein Handeln in amtlicher Eigenschaft die Strafbarkeit nicht ausschließe und daß demzufolge selbst ein Staatsoberhaupt dem Zugriff des Völkerrechts unterliege (Prinzip III). Ferner wurde bestimmt, daß sich grundsätzlich niemand auf einen ihm erteilten Befehl berufen könne, vorausgesetzt, es habe ihm tatsächlich die Möglichkeit einer »moralischen Wahl« offengestanden (Prinzip IV). Das Kernstück der Kodifikation bildete dann schließlich die Auflistung der drei in der Charta des Nürnberger Militärgerichtshofs vorgesehenen Verbrechensgruppen, nämlich Verbrechen gegen den Frieden, Kriegsverbrechen und Verbrechen gegen die Menschlichkeit.

Zusammen mit Erläuterungen zu den einzelnen Bestimmungen wurde das gesamte Regelwerk 1950 der Generalversammlung vorgelegt. Diese ersuchte die ILC, bei der Ausarbeitung des Draft Code auch die von einzelnen Regierungen zu der Festschreibung abgegebenen Stellungnahmen zu berücksichtigen.[3] Damit war die Arbeit an den Nürnberger Prinzipien als eine rückwärtsgewandte Aufgabe abgeschlossen. Sie behielt indes ihre Bedeutung als Vorstufe für die Erstellung des Draft Code, der künftig dem Gedanken eines Völkerstrafrechts in der internationalen Gemeinschaft Ausdruck verleihen sollte.

In der Tat war auch der im selben Jahr vorgelegte zweite Bericht von J. Spiropoulos, derjenige zum Draft Code,[4] weitgehend an den Nürnberger Präzedenzfall angelehnt, und das Plenum folgte ihm wiederum in allen wesentlichen Schlußfolgerungen. So wurden sogleich einige Leitprinzipien festgelegt, die bis zum heutigen Tage Bestand haben.[5] Einig war man sich, daß es lediglich um strafrechtliche Sanktionen gegen Individualpersonen gehen solle, während davon Abstand zu nehmen sei, das undurchsichtige Thema einer strafrechtlichen Verantwortlichkeit des Staates als abstrakter Rechtsperson aufzugreifen. Zweitens wurde beschlossen, kein umfassendes internationales Strafgesetzbuch anzustreben, das sämtliche Straftaten zusammenfassen würde, an deren Ahndung die internationale Gemeinschaft ein konkretes Interesse hat, sondern ausschließlich solche Handlungen zu berücksichtigen, denen ein politisches Element innewohnt. Ausgeschieden wurden daher Straftaten wie Piraterie, Menschenhandel, Geldfälscherei und Beschädigung von Unterseekabeln, für deren strafrechtliche Verfolgung die traditionellen Mechanismen der zwischenstaatlichen Zusammenarbeit für ausreichend erachtet wurden. Zu Recht ging man davon aus, daß demgegenüber neue Wege gesucht werden müßten, wenn staatliche Amtsinhaber selbst die Urheber des Unrechts sind, da unter solchen Umständen nicht erwartet werden kann, daß eine Strafverfolgung nach Maßgabe staatlichen Strafrechts durch nationale Gerichtsinstanzen irgendwelchen Erfolg verspricht. Insbesondere bei der Auslösung eines Angriffskrieges, Völkermord und Kriegsverbrechen kann lediglich, wenn überhaupt, eine Strafverfolgung durch die internationale Gemeinschaft erfolgreich sein. Diese schlichte Erkenntnis nötigt zu zwei Arten von Maßnahmen: Einmal müssen die einschlägigen Strafnormen international definiert werden, zum anderen bedarf es aber auch eines internationalen Strafverfolgungsmechanismus, weil eben die nationale Justiz in Fällen mit starkem politischem Einschlag an den Grenzen ihrer Leistungsfähigkeit angelangt ist.

Angesichts der Tatsache, daß der Berichterstatter zwar einen sehr detaillierten Bericht vorgelegt, sich aber im Hinblick auf die exakte Umschreibung der Verbrechen und der sie ergänzenden Regeln auf die Erstellung eines bloßen Arbeitspapiers beschränkt hatte,[6] setzte die ILC eine kleine Redaktionsgruppe ein, die einen Vorentwurf für einen Draft Code erarbeitete, der dann wieder an den Berichterstatter zurückverwiesen wurde. Auf dieser Grundlage legte Spiropoulos im Jahr 1951 einen revidierten Entwurf vor,[7] der dann auch mit wenigen Modifikationen von der ILC angenommen wurde.[8] Die Generalversammlung befaßte sich indes vorläufig nicht mit dem ihr übermittelten Text, wobei sie sich von der Überlegung leiten ließ, daß zunächst die Mitgliedstaaten der Weltorganisation Gelegenheit zur Stellungnahme erhalten müßten. Unter Berücksichtigung dieser dann allmählich eingehenden Äußerungen verfaßte der Berichterstatter für die Jahrestagung der ILC im Jahr 1954 einen abschließenden Bericht,[9] der sich knapp, aber treffend mit allen vorgebrachten Anregungen und Einwendungen auseinandersetzte. Das Plenum beschloß noch einige Änderungen – insbesondere fügte es den Straftatbestand der Intervention in die inneren oder äußeren Angelegenheiten eines anderen Staates in den Katalog der Straftaten ein – und übersandte das Gesamtpaket dann in dieser Endversion an die Generalversammlung.[10]

Aber auch nach dieser weiteren Revision des Textes zeigte man dort kein dringliches Interesse an dem Entwurf. Ganz offensichtlich war das Zeitalter des Kalten Krieges für eine Behandlung der hochpolitischen Materie wenig günstig. Den offiziellen Vorwand für eine Vertagung fand man in der Tatsache, daß zunächst der Zentralbegriff der Aggression geklärt werden müsse,[11] eine Aufgabe, mit der die Generalversammlung einen Sonderausschuß betraut hatte. Erst nachdem die Generalversammlung im Jahr 1974 eine Definition der Aggression angenommen hatte,[12] kam wieder Bewegung in das Rechtsetzungsvorhaben. Aber selbst dann verfingen sich zunächst alle Vorstöße in bloßen Verfahrensbeschlüssen. Eine neue Phase wurde nach jahrelangem Tauziehen im Jahr 1981 eingeläutet. Durch Resolution 36/106 vom 10. Dezember 1981 wurde die ILC aufgefordert, ihre Arbeit am Draft Code fortzusetzen. Diesem Ersuchen folgend setzte die ILC während ihrer Jahrestagung 1982 den Senegalesen Doudou Thiam zum Berichterstatter ein, der dann auch seit 1983 in jährlichen Abständen regelmäßig einen Bericht vorgelegt hat. Schließlich konnte der Draft Code 1991 in erster Lesung verabschiedet werden.[13]

Es läßt sich nicht feststellen, daß der Entwurf von den Mitgliedstaaten der Vereinten Nationen mit großem Interesse aufgenommen worden wäre. Nur wenige Regierungen haben sich bisher die Mühe gemacht, eine Stellungnahme abzugeben.[14] Dennoch hat die Überarbeitung bereits begonnen. Zur Jahrestagung 1994 legte Thiam einen Bericht zum allgemeinen Teil des Draft Code vor,[15] der im Plenum diskutiert wurde. Bei dieser Gelegenheit erkannte er selbst an, daß vor allem der besondere Teil mit seinem Katalog der Straftaten einer gründlichen Überarbeitung bedürfe. Für 1995 hat er einen weiteren Bericht angekündigt, der speziell diesem Anliegen gewidmet sein soll. Nach den Planungen der ILC soll der Entwurf in seiner Gesamtheit noch während der jetzigen Amtsperiode der Mitglieder, d. h. spätestens bis zum Jahr 1996, abschließend revidiert und verabschiedet werden.[16]

II. Allgemeine Überlegungen

1) Mit der Verabschiedung des Draft Code, der seit 1987 den offiziellen Titel »Draft Code of *Crimes* against the Peace and Security of Mankind« trägt,[17] würde die vielbeschworene internationale Gemeinschaft einen weiteren Schritt zu ihrer institutionellen Verfestigung tun, vor allem, wenn die materiellen Regeln letzten Endes auch noch durch die Errichtung eines Internationalen Strafgerichtshofs ergänzt würden. Deutlich gemacht wäre in höchst handgreiflicher Weise, daß die *staatliche Souveränität* als Fundamentalnorm der internationalen Beziehungen abgedankt hat. Das Strafrecht schützt Werte, für die dem einzelnen Mitglied des jeweiligen Verbandes die Dispositionsbefugnis fehlt. Sollte das Vorhaben jemals zum Abschluß kommen, so wäre nicht nur einer der Eckpfeiler des heutigen Staatensystems, das Gewaltverbot, unter besonderen Schutz gestellt, sondern ein gleicher Schutz würde auch grundlegenden Rechtsgütern der menschlichen Person zugute kommen, da jedenfalls die gravierendsten Angriffe gegen Leib und Leben unter Strafe gestellt wären. Wenn jedermann, also auch der Staatsmann und der Militärführer, sich für seine Taten vor der internationalen Gemeinschaft zu rechtfertigen hat, ist damit zum Rechtsprinzip erhoben, daß die Menschheit gemeinsame ethisch-morali-

sche Grundlagen besitzt, die nicht der Willkür der politischen Entscheidung des Augenblicks ausgeliefert sind.

2) Freilich muß ein Völkerstrafrecht unter der Leitmaxime der *Subsidiarität* stehen. Wie die bisherige Praxis seit Nürnberg und Tokio gezeigt hat, wird die internationale Gemeinschaft nur in Ausnahmelagen bereit sein, mit dem Schwert des Strafrechts gegen den Rechtsbruch vorzugehen. Viele Verbrechen, deren Wirkung über die Grenzen eines Einzelstaats hinausreichen, lassen sich ohne weiteres mit den traditionellen Methoden der internationalen Zusammenarbeit in der Rechtspflege angemessen ahnden. Es reicht aus, wenn sich das Völkerstrafrecht auf Geschehensabläufe beschränkt, wo die Machtmittel einer Staatsorganisation für verbrecherische Zwecke eingesetzt werden, und auch dann bleibt die Herausforderung noch schwer genug. Gerade in solchen Fällen wird mit der individuellen Verantwortlichkeit eine wesentliche Lücke im traditionellen Normengebäude der Staatenhaftung geschlossen. Die Staatenhaftung begründet eine Verantwortlichkeit des Staates als abstrakter Rechtsperson, was nichts anderes heißt, als daß das gesamte Volk für die Wiedergutmachung des begangenen Unrechts aufzukommen hat, kraft seiner kollektiven Verbindung, ohne jede Rücksicht auf persönliche Schuld oder Nähe zum Unrecht. Im System des Strafrechts gibt es eine solche kollektive Mithaftung nicht, vielmehr kann immer nur derjenige angeklagt werden, der durch eigenes Handeln meßbar und nachweisbar eine Unrechtstat begangen hat. Damit kann man sich auch eine gewisse Abschreckungswirkung erhoffen, die von der Rechtsfigur der Staatenverantwortlichkeit klassischen Zuschnitts noch niemals ausgegangen ist.

3) Zu Recht ist daher auch von Anfang an darauf verzichtet worden, dem Gedanken einer *strafrechtlichen Verantwortlichkeit des Staates* nachzugehen. Denn hier würde man dem grundlegenden Einwand begegnen, daß Strafe nicht ohne Schuld denkbar ist. Dieser Einwand würde bei einer Bestrafung von Staaten um so schwerer wiegen, als ja in die Zukunft wirkende Sanktionen zunehmend Menschen treffen würden, die mit dem inkriminierten Geschehen noch nicht einmal mehr einen zeitlichen Zusammenhang aufweisen. Die »Gnade der späten Geburt« kann nicht vor Besinnung auf die historische Vergangenheit und Schuld des eigenen Volkes schützen. Jeder Bürger lebt in einer historischen Verflechtung, aus der er sich nicht einfach ausklinken kann. Aber es erscheint völlig abwegig, Menschen zu bestrafen, die zur Zeit der Begehung des Unrechts noch nicht einmal geboren waren. Demgemäß hat politische Klugheit zu allen Zeiten darauf gedrungen, nach Zeiten schwerer Verwerfungen wie-

der eine Versöhnung zwischen den verfeindeten Parteien herbeizuführen. Die großen Friedensschlüsse der europäischen Neuzeit suchten stets die Grundlagen für ein künftiges friedliches Zusammenleben zu sichern.[18] Auch nach der Beendigung diktatorischer Herrschaft hat man sich in der jüngeren Gegenwart meist von der Einsicht leiten lassen, daß der Versuch einer umfassenden strafrechtlichen Aufarbeitung der Vergangenheit den Keim zu neuen gewaltsamen Auseinandersetzungen in sich bergen würde. Argentinien, Chile und El Salvador haben sich angesichts des Dilemmas zwischen Vergangenheitsbewältigung und Zukunftsgestaltung dafür entschieden, einen Mittelweg zu gehen und das Unrecht von gestern lediglich aufzuklären, anstatt es der Strenge des Strafrechts zu unterwerfen. Auch im Bereich der zwischenstaatlichen Beziehungen muß über Vorzüge und Nachteile einer solchen Kompromißlösung nachgedacht werden.

4) Die Arbeit am Draft Code läßt sich insgesamt als der Versuch bezeichnen, das Völkerstrafrecht den üblichen Parametern eines *rechtsstaatlichen Strafrechtssystems* anzunähern. Die Nürnberger Richter gingen zwar von der Annahme aus, daß die vor ihnen anhängig gemachten Taten sämtlich vor ihrer Begehung nach gewohnheitsrechtlichen Regeln strafbar gewesen seien, doch ist diese These niemals überzeugend begründet worden.[19] Es hatte bis zum Jahr 1945 keinerlei Praxisbeleg für eine Strafbarkeit der Aggression gegeben. Niemand war wegen der Auslösung eines Angriffskrieges vor Gericht gestellt worden. Auch die Zeit nach Nürnberg hat diese Zweifel nicht beseitigt, sondern sie eher noch verstärkt. Selbst im Statut des Strafgerichtshofs für das ehemalige Jugoslawien[20] taucht die Aggression als Straftat nicht auf, und ähnliche Fragen lassen sich bei allen anderen hochpolitischen Straftaten stellen, für die es an einer festen empirischen Basis fehlt.

Der Draft Code soll letzten Endes als regulärer völkerrechtlicher Vertrag in Geltung gesetzt werden. Werden dazu noch entsprechende nationale Ausführungsbestimmungen erlassen, so ist allen Geboten rechtsstaatlicher Bestimmtheit nach dem *Nullum-crimen*-Grundsatz Genüge getan. Insbesondere die Garantiefunktion der Schriftlichkeit des Straftatbestandes vermag sich dann zu entfalten, vorausgesetzt allerdings, daß die Tatbestandsumschreibungen ein Maß an Präzision erreichen, das den sachlichen Geltungsbereich erkennen läßt. Dennoch löst auch – und gerade – die Vertragsform nicht alle auftretenden Probleme. Denn eine der Grundregeln des völkerrechtlichen Vertragsrechts lautet, daß Verträge zu Lasten Dritter unwirksam sind.[21] Viele Staaten werden zögern, ein internationales Strafgesetzbuch zu akzeptieren, welches sich nicht auf den Kernbereich der allgemein als strafwürdig betrachteten Taten beschränkt. Vor allem die Großmächte befürchten, wie ihre Stellungnahmen in der Generalversammlung erkennen lassen, daß »handfestere« Teile ihrer Außenpolitik künftig als internationale Straftaten stigmatisiert werden könnten. Es ist eine Sache, die Strafverfolgung für einen überschaubaren Kreis von Staatsangehörigen eines fremden Staates gutzuheißen, eine ganz andere Sache hingegen, für sich selbst dieselben Maßstäbe zu akzeptieren. Selbst wenn ein Gemeinwesen volles Zutrauen in die Rechtsverträglichkeit seiner Außenpolitik setzt, muß es doch immer auch damit rechnen, daß internationale Strafnormen jedenfalls für propagandistische Zwecke mißbraucht werden könnten.[22]

5) Zu den Grundproblemen eines Strafgesetzbuchs des Völkerstrafrechts gehört schließlich die Frage, ob man sich inhaltlich auf die *Kodifikation* bereits bestehender oder als bestehend angenommener gewohnheitsrechtlicher Rechtsregeln und gegebenenfalls zusätzlich die Schaffung neuer Rechtsgrundlagen beschränken oder ein umfassendes Regelwerk anstreben soll, das auch diejenigen Straftaten umfaßt, welche bereits durch völkerrechtliche Verträge normiert worden sind. Optiert man für diese letztere Lösung, so ist wiederum zu entscheiden, ob das bestehende Vertragsrecht unverändert übernommen oder gleichzeitig revidiert werden soll. Am Beispiel des Völkermords läßt sich die Alternative sehr anschaulich darstellen.

Zur Ahndung des Genozids wurde von den Vereinten Nationen die Konvention über die Verhütung und Bestrafung des Völkermordes[23] geschaffen, der sich bis zur Gegenwart weit über 100 Staaten angeschlossen haben.[24] Nach Art. I der Konvention ist Völkermord ein Verbrechen »gemäß internationalem Recht«, wie die deutsche Übersetzung der Originalversionen lautet (»a crime under international law«, »un crime du droit des gens«), Art. II enthält eine Tatbestandsumschreibung, und Art. IV legt fest, daß Personen, die Völkermord begangen haben, zu bestrafen sind. In der Bundesrepublik Deutschland ist diese Verpflichtung durch § 220 a StGB umgesetzt worden, wobei man die Tatbestandsdefinition des Art. II wortwörtlich übernommen hat. Der Hinweis auf die stattgefundene Eingliederung der völkerrechtlichen Strafnorm in das deutsche Recht macht gleichzeitig die einzige Schwäche deutlich, die es zu rechtfertigen vermag, auch bereits durch Vertrag begründetes Völkerstrafrecht in das geplante Strafgesetzbuch aufzunehmen. Bisher fehlt es allen internationalen Strafnormen an konkreten Strafsanktionen. Allenfalls heißt es, daß die jeweilige Tat zu bestrafen sei, doch werden Art und Ausmaß der Strafen in keinem Fall festgelegt. Dies versteht sich bei gewohnheitsrechtlich entstandenen Straftatbeständen gleichsam von selbst. Andererseits erklärt sich der Verzicht des vertraglichen Völkerstrafrechts auf die Statuierung genauer Strafen aus der Tatsache, daß es seit Nürnberg keinen einzigen internationalen Strafgerichtshof gegeben hatte, so daß die Durchsetzung aller international vereinbarten Strafnormen in den Händen nationaler Instanzen lag. Demzufolge mußte man auf die besonderen Eigenheiten der unterschiedlichen nationalen Rechtsordnungen Rücksicht nehmen und ihnen gestatten, die völkerrechtlichen Straftatbestände in ihre gewachsenen Rechtskulturen sachgerecht einzupassen.

Diese Ausgangsüberlegung verliert ihre Fundierung in dem Augenblick, wo sich die Errichtung eines ständigen internationalen Strafgerichtshofs abzeichnet. Eine solche internationale Instanz kann auf kein einzelstaatliches Rechtssystem zurückgreifen. Die ihr zu Gebote stehenden Strafen müssen also durch rechtsetzende Entscheidung festgelegt werden. Dies kann entweder im Zusammenhang mit der einzelnen Strafnorm geschehen, wie dies der rechtsstaatlichen Tradition nach dem Grundsatz »nullum crimen, nulla poena sine lege« entspricht, oder es besteht die Möglichkeit, eine generelle Vorschrift über die zulässigen Strafen in das Statut der zuständigen Gerichtsinstanz aufzunehmen, so wie dies beim Strafgerichtshof für das ehemalige Jugoslawien geschehen ist (Art. 24). Dieser zweite Weg kann nur als Notbehelf betrachtet werden. Ihn zu beschreiten heißt, alle Straftaten über einen Kamm zu scheren und auf die Vernunft des Richters zu setzen, womit die rechtsstaatliche Prämisse, daß auch die zulässige Strafe vorherbestimmt sein müsse, weitgehend aufgegeben ist. Es ist also dieser Blick auf die Strafsanktionen, der ein gewichtiges Argument dafür abgibt, auch die bereits vertraglich statuierten Straftaten des Völkerstrafrechts in das künftige Strafgesetzbuch zu integrieren. In der Tat hat sich auch die ILC für diese Vorgehensweise entschieden. In dem Text von 1991 erscheinen gegenüber den früheren Geltungsgrundlagen im wesentlichen unverändert sowohl der Völkermord (Art. 19) als auch die Apartheid (Art. 20), der Einsatz von Söldnern (Art. 23) wie auch Drogenverbrechen (Art. 25). In anderen Fällen hat man sich zu weitreichenden Eingriffen in den tatbestandlichen Geltungsbereich entschlossen. So verweist der Text von 1991 nicht einfach auf »schwere Verletzungen« im Sinne der Genfer humanitären Abkommen von 1949, zu deren Verfolgung alle Vertragstaaten verpflichtet sind, sondern hat sich zur Bildung einer neuen Kategorie von »außergewöhnlich ernsthaften Kriegsverbrechen« (»exceptionally serious war crimes«) (Art. 22) entschlossen. Mit dieser Verschärfung der Anforderungen sollte dokumentiert werden, daß nicht alle der »schweren Verletzungen« der Genfer Konventionen den Schweregrad aufweisen, der ihre Aufnahme in ein internationales Strafgesetzbuch rechtfertigen würde.[25]

III. Die Einzeltatbestände des Draft Code

1) Der Katalog der Straftatbestände im besonderen Teil des Entwurfs von 1991 beginnt mit der *Aggression* (Art. 15). Schon auf den ersten Blick fällt eine entscheidende Verbesserung des Textes gegenüber dem früheren aus dem Jahre 1954 auf. Die ältere Formulierung lautete schlicht, »jeder Aggressionsakt« (»any act of aggression«) stelle eine Straftat gegen den Frieden und die Sicherheit der Menschheit dar. Diese Wortwahl ist deswegen unglücklich, weil ja Aggressionen niemals von einem einzelnen begangen werden können, sondern Staaten zum Urheber haben. Wer sich auf die Feststellung beschränkt, die Aggression sei verboten und strafbar, verbleibt im Grunde im klassischen Denkzusammenhang des zwischenstaatlichen Völkerrechts. Wenn hingegen eine strafrechtliche Verantwortlichkeit der handelnden Regierungsmitglieder und Militärführer festgelegt werden soll, muß auch das Verbindungsglied zwischen dem staatlichen und dem individuellen Handeln präzisiert werden. Die ILC hat dies mit dem Eingangsabsatz 1 getan, wo es heißt:

»Wer als Führer oder Organisator die Begehung eines Aggressionsaktes plant, begeht oder anordnet, wird, falls er für schuldig befunden wird, verurteilt zu (...)«.

In den weiteren Absätzen wird dann mehr oder weniger wortwörtlich der Text der Generalversammlungs-Resolution 3314 (XXIX) vom 14. Dezember 1974 über die Definition der Aggression übernommen. Dabei ist man – unter Mißachtung des *Nullum-crimen*-Grundsatzes – sogar soweit gegangen, die Bestimmung des Art. 4 der Aggressions-Definition mit ihrem Vorbehalt, daß der Sicherheitsrat auch andere Akte als Aggression qualifizieren dürfe, in die Liste der Einzeltatbestände einzugliedern (Buchst. h).

Nach wie vor muß auch heute noch als zweifelhaft erscheinen, ob die Aggression schon nach dem gegenwärtigen Stand der Rechtsentwicklung als ein gewohnheitsrechtlich fundiertes völkerrechtliches Verbrechen gelten kann.[26] Es läßt sich nicht einfach vom Tisch wischen, daß seit Nürnberg und Tokio niemand wegen dieser Straftat angeklagt worden ist. So gewinnt es auch besondere Bedeutung, daß die Aggression im Statut des Strafgerichtshofs für das ehemalige Jugoslawien nicht erwähnt wird. Läßt man andererseits Nürnberg und Tokio als rechtsprägende Präzedenzfälle ausreichen, so muß man sich mit der Tatsache auseinandersetzen, daß in der Charta des Nürnberger Militärgerichtshofs[27] nicht die Aggression schlechthin, sondern die Auslösung eines Aggressionskrieges als internationale Straftat nach Völkerrecht bezeichnet wurde (Art. 6 Abs. 2 Buchst. a).[28] Auch die Deklaration der Generalversammlung von 1970 über Freundschaft und Zusammenarbeit zwischen den Staaten,[29] welche der Internationale Gerichtshof in seinem Urteil aus dem Jahr 1986 im Streit zwischen Nicaragua und den USA grundsätzlich als Ausdruck geltenden Gewohnheitsrechts anerkannt hat,[30] bestimmt lediglich, daß ein Aggressionskrieg ein Verbrechen gegen den Frieden sei (Prinzip 1: Gewaltverbot, Abs. 2), und die von der Generalversammlung angenommene Definition der Aggression wiederholt diese Aussage in ihrem Art. 5 Abs. 2. Es läßt sich zwar nicht genau erkennen, ob diese beiden Resolutionen auf die Aggression als Unrecht im klassischen zwischenstaatlichen Verhältnis abgestellt oder ob sie als Äußerung zur Aggression als individualrechtlich gefärbtem Straftatbestand zu verstehen sind, doch läßt sich auf jeden Fall der Schluß rechtfertigen, daß nur die gesteigerte Form der Aggression in der Form des Krieges zur Strafbarkeit führen sollte. Nicht jedes Grenzscharmützel sollte bereits strafrechtliche Konsequenzen auslösen, zumal die internationale Gemeinschaft an einer ihr aufgezwungenen strafrechtlichen Traktandenliste von gewaltsamen Zwischenfällen kein Interesse haben kann.[31] Vorauszusehen wäre heute schon eine krasse Selektivität bei der Strafverfolgung, wenn diese in weniger gewichtigen Fällen überhaupt jemals eingeleitet würde. Vor diesem Hintergrund wird die ILC ihr Produkt also nochmals gründlich überprüfen müssen, ganz gleichgültig, ob sie der Auffassung ist, mit der Strafbarerklärung der Aggression Kodifikation oder Rechtsinnovation zu betreiben.

2) Eine wenig angemessene Übersteigerung des Pönalisierungsgedankens bedeutet es, wenn die ILC auch die *Aggressionsdrohung* als Straftatbestand vorschlägt (Art. 16). Es ist richtig, daß nach der UN-Charta (Art. 2 Abs. 4) auch die Drohung mit Gewalt verboten ist. Dennoch darf nie aus dem Auge verloren werden, daß sich Regeln für die zwischenstaatlichen Beziehungen nicht unbesehen in das Völkerstrafrecht übertragen lassen. Aggressionsdrohungen schaffen internationale Spannungen. Sie können den betroffenen Staat in eine höchst prekäre Situation stürzen. Aber wenn es bei der Drohung geblieben ist, heißt dies letzten Endes, daß die Parteien auf den Weg zur Friedlichkeit zurückgefunden haben. Es wäre mißlich, eine solche Rückkehr zur Normalität durch Strafsanktionen gegen die verantwortlichen Staatsführer zu verbauen. Art. 16 des Entwurfs sollte deswegen schlicht und einfach gestrichen werden.[32]

3) Zu noch stärkeren Zweifeln gibt der Tatbestand der *Intervention* (Art. 17) Anlaß. In den Nürnberger Prinzipien ist er nicht enthalten und wurde erst 1954 in die damalige Fassung des Draft Code eingefügt. Das Sitzungsprotokoll[33] läßt erkennen, daß über die im Sinne des Interven-

tionsverbots sehr breit formulierte Vorschrift nur eine eher kursorische Debatte geführt wurde, die völlig an der Frage vorbeiging, ob sich das Völkerrecht der zwischenstaatlichen Beziehungen dazu eigne, in Individualstrafrecht umgesetzt zu werden. Die jetzige Fassung ist weitaus vorsichtiger gefaßt. Sie zielt im Kern auf Handlungen ab, die außerhalb des üblichen Spektrums der Außenpolitik liegen. Kein Staat darf zur Destabilisierung der Verhältnisse in einem anderen Staat subversive oder terroristische Aktionen unterstützen oder dafür Waffen bereitstellen. Indes ist der Begriff der »subversiven« Tätigkeit viel zu vage und unbestimmt, als daß er in eine strafrechtliche Vorschrift aufgenommen werden könnte. Die vor das Wort »subversive« gesetzte Qualifikation »armed« steht in eckigen Klammern, womit zum Ausdruck gebracht ist, daß eine größere Gruppe von Mitgliedern den Begriff der Subversion in einem eben nicht bloß auf bewaffnete Handlungen beschränkten Sinne verstehen will. Es ist aus vielen Ländern bekannt, daß insbesondere auch kritische Meinungsäußerungen, welche die Unzulänglichkeiten der Regierungspolitik aufzeigen, als Subversion gewertet werden und ihren Urheber der Strafverfolgung aussetzen können. Im Kommentar zu der Vorschrift[34] wird darauf hingewiesen, daß diejenige Gruppe, die sich für die eckigen Klammern um das Wort »armed« eingesetzt habe, namentlich an Maßnahmen wirtschaftlichen Drucks gedacht habe.

Diese Ausdehnung der Strafandrohung entspricht nicht dem internationalen Rechtsbewußtsein. Schon eine präzise Bestimmung des Interventionsverbots im Hinblick auf Maßnahmen wirtschaftlicher Art bereitet bis heute die größten Schwierigkeiten. Nicht ohne Grund hat der Internationale Gerichtshof in seinem Urteil im Streit zwischen Nicaragua und den USA davon abgesehen, der Beschwerde Nicaraguas stattzugeben, die USA hätten sich mit der Unterbrechung des Handelsverkehrs der unzulässigen Intervention schuldig gemacht.[35] Noch viel weniger läßt es sich rechtfertigen, die Intervention, soweit sie nicht das Mittel der Gewalt einsetzt, als Straftatbestand aufzustellen.

4) Unter Mangel an tatbestandlicher Klarheit leidet auch Art. 18, der *»Kolonialherrschaft und andere Formen von Fremdherrschaft«* unter Strafe stellt. Dem Grundanliegen dieser Bestimmung wird man ein hohes Maß an Sympathie entgegenbringen können. Auch mit den Mitteln des Strafrechts soll dem Selbstbestimmungsrecht, das auch sonst eine privilegierte Stellung in der Normenhierarchie des Völkerrechts einnimmt, zur Durchsetzung verholfen werden. Überwiegend wird das Selbstbestimmungsrecht als Rechtsregel mit der Kraft des ius cogens bezeichnet,[36] und in Teil I des Entwurfs der ILC zur Staatenverantwortlichkeit[37] erscheint es in

Art. 19 Abs. 3 Buchst. b) als ein Rechtsgut, dessen Verletzung die Qualifikation als internationales Verbrechen verdient.[38] So unbestritten aber im Grundsatz der hohe Rang des Selbstbestimmungsrechts ist, so schwer tut man sich gerade in der postkolonialen Gegenwart mit der Bestimmung des Anspruchsinhabers und folglich mit den Rechtsfolgen insgesamt. Es gibt sicher einen klaren Kernbereich: so steht jedem Staatsvolk ein Selbstbestimmungsrecht zu. Zunehmend berufen sich aber auch Volksgruppen innerhalb eines Staates auf das Selbstbestimmungsrecht. Hier sind die politischen Organe der Vereinten Nationen zumeist äußerst zurückhaltend, obwohl die Resolution 2625 (XXV) andeutet, daß einer Volksgruppe jedenfalls dann ein Selbstbestimmungs- und demnach auch ein Sezessionsrecht zustehe, wenn in der staatlichen Herrschaftsordnung, der sie untersteht, ihre Existenzrechte mißachtet werden. Solche Konflikte lassen sich kaum mit den Mitteln des Strafrechts austragen. Der internationalen Gemeinschaft fällt hier die Aufgabe zu, durch Vermittlung einen friedlichen Ausgleich zu erleichtern. Mit der Waffe des Strafrechts würde man die Fronten lediglich verhärten.[39]

5) Starken Rückhalt genießt hingegen der Straftatbestand des *Völkermordes* (Art. 19), obwohl selbst diese Aussage in gewisser Weise nuanciert werden muß, da eben bis heute keineswegs alle Staaten das Völkermordabkommen von 1948 ratifiziert haben.[40] In der Tat aber bildet die Respektierung menschlichen Lebens den Dreh- und Angelpunkt eines Zustandes zivilisierten Zusammenlebens der Staaten und Völker. Würde die internationale Gemeinschaft reaktions- und tatenlos zusehen, wenn in einem Staat eine Menschengruppe allein wegen ihres Andersseins umgebracht wird, so würde sie die Zerstörung ihrer eigenen Existenzgrundlagen betreiben. Es ist kein Ruhmesblatt für sie, daß sie in der Vergangenheit versucht hat, den Völkermord in Kambodscha durch Verschweigen zu ignorieren.

6) Die Bestimmung über die Strafbarkeit der *Apartheid* (Art. 20) ist wörtlich aus der Internationalen Konvention über die Bekämpfung und Bestrafung des Verbrechens der Apartheid von 1973[41] übernommen worden (Art. II). Angesichts dieser Herkunft ist der Straftatbestand mit einer schweren Hypothek belastet. Bis heute hat kein Staat der westlichen Gruppe die Anti-Apartheids-Konvention ratifiziert. Zwei Gründe sind für diese Verweigerungshaltung maßgebend. Zum einen glaubte man, die Ghetto-Bildung der Apartheid in Südafrika am besten durch politische Mittel aufbrechen zu können, gegebenenfalls auch durch wirtschaftlichen Druck. Zum anderen wurde Anstoß genommen an der Weite der Straftat-

bestände. Insbesondere die Teilnahmeklausel des Art. III läßt jegliches Augenmaß vermissen und konnte bei wörtlicher Auslegung zur Brandmarkung eines jeden weißen Südafrikaners als Straftäter führen. Überdies wurde von einigen politisch einflußreichen Stimmen behauptet, daß allein schon die Aufrechterhaltung eines Handelsverkehrs mit Südafrika Unterstützung des Apartheidsregimes bedeute und daher strafbar sei. Angesichts dieser Lage ist jedenfalls sicher, daß die Straftat der Apartheid bis heute keine gewohnheitsrechtliche Fundierung besitzt.[42] Nichts hindert die internationale Gemeinschaft indes daran, mit konstitutiver Wirkung durch Vertrag neues Recht zu schaffen, soweit nicht ohnehin schon für einige Staaten auf Grund der Anti-Apartheids-Konvention eine Rechtsbindung besteht. Gerade jetzt nach dem Ende des Apartheidsregimes in Südafrika kann man von einer Position der Gelassenheit aus erneut darüber nachdenken, ob die Verankerung des Tatbestands im Draft Code im Hinblick auf mögliche künftige Entwicklungen zweckmäßig erscheint.[43]

7) Neuen Boden betritt die ILC mit dem Tatbestand der *»systematischen oder massenhaften Verletzung von Menschenrechten«* (Art. 21). Diese Strafnorm ersetzt die frühere Kategorie der Verbrechen gegen die Menschlichkeit. Nach der Charta des Nürnberger Militärgerichtshofs waren Verbrechen gegen die Menschlichkeit keine selbständige Kategorie. Sie wurden nur insoweit berücksichtigt, als sie in einem funktionellen Zusammenhang mit Verbrechen gegen den Frieden oder Kriegsverbrechen standen (»acts in execution of or in connection with any crime within the jurisdiction of the Tribunal«). Auch in der Formulierung der Nürnberger Prinzipien hielt die ILC an diesem Akzessorietätsband fest. Hingegen schuf die Erstfassung des Draft Code von 1954 eine selbständige Straftat der »inhuman acts« (Art. 2 Abs. 11), die keiner anderen Straftat mehr untergeordnet oder beigefügt waren. Daß nicht jeder Mordfall ohne Rücksicht auf seinen Hintergrund in diese Kategorie fällt, war deutlich gemacht worden durch die Wendung »by the authorities of a State or by private individuals acting at the instigation or with the toleration of such authorities«. Bei der Errichtung des Strafgerichtshofs für das ehemalige Jugoslawien war es eine Zentralfrage, ob man überhaupt von der Existenz einer gewohnheitsrechtlichen Strafnorm ausgehen könne und wie gegebenenfalls ihr Verhältnis zu den an erster Stelle in dem Katalog der Straftaten stehenden Kriegsverbrechen zu definieren sei. Der Generalsekretär der Vereinten Nationen hat sich entschieden, eine gewisse Kompromißlösung vorzuschlagen, die sich allerdings fast gänzlich den modernen Tendenzen anschließt. Verlangt wird lediglich eine Begehung »in« armed conflict, die Verbindung ist also rein zeitlicher Art.[44] Nicht vorausgesetzt wird, daß Verbrechen gegen die

Menschlichkeit als Mittel in der bewaffneten Auseinandersetzung gedient haben.

Obwohl sie in ihrer grundsätzlichen Ausrichtung zu begrüßen ist, leidet die Textfassung der ILC doch an gravierenden redaktionellen Mängeln, weil der notwendige politische Kontext nicht in ausreichender Weise ausgeleuchtet wird. So ist etwa das Verbrechen des Mordes lediglich durch die Merkmale der systematischen oder massenhaften Begehung qualifiziert, so daß auch jeder aus rein privaten Motiven begangene Massenmord erfaßt wäre. Es bedarf daher einer gründlichen Überarbeitung des Textes, dessen Hauptaussage, daß massive Verletzungen der Kerngüter der menschlichen Person strafrechtlich zu ahnden sind, dabei allerdings nicht in Frage gestellt werden sollte. Ebenso müßte man der »persecution on social, political, racial, religious or cultural grounds« klarere Konturen geben, obwohl die Verfolgung aus politischen, rassischen oder religiösen Gründen bereits Bestandteil der Nürnberger Prinzipien war. Der Kommentar der ILC nennt etwa das Verbot, sich – sei es auch nur im privaten Verkehr – einer bestimmten Sprache zu bedienen (Abs. 8).[45] Daß derartiges einen schweren Verstoß gegen anerkannte menschenrechtliche Standards bedeutet, ist kaum zu bezweifeln. Ob mit einem solchen Verbot indes der für die Aufnahme in den Draft Code erforderliche Schweregrad erreicht wird, läßt sich durchaus in Frage stellen. Noch 1980 hat die Türkei eine neue Verfassung erlassen, die in einigen Bestimmungen ganz offen den Begriff der »verbotenen Sprache« verwandte und damit ganz eindeutig auf das Kurdische abzielte. Es ist nicht ersichtlich, daß diese Bestimmungen einen Sturm der Entrüstung in der internationalen Gemeinschaft ausgelöst hätten.

8) Was Verstöße gegen *Regeln des humanitären Kriegsrechts* angeht, so hat die ILC sich von der Formtypik der Genfer Abkommen von 1949 abgewandt und eine neue Kategorie der »außergewöhnlich ernsthaften Kriegsverbrechen« (Art. 22) geschaffen. Ob dieser Versuch, sich von den rechtspolitischen Vorentscheidungen der Genfer Abkommen zu lösen, als geglückt gelten kann, würde einer eigenen Untersuchung bedürfen. Zweierlei kennzeichnet die neue Redaktionstechnik. Zum einen hat man bewußt unter den in den Genfer Abkommen und dem Zusatzprotokoll I aufgeführten Einzeltatbeständen schwerer Verletzungen eine Auswahl vorgenommen, die jeden Spezialisten der Materie schmerzen wird, da die einschlägigen Listen auf internationalen Konferenzen unter Beteiligung allen verfügbaren Sachverstandes erarbeitet worden sind. Zum anderen hat man neue Tatbestandsmerkmale eingeführt (»acts of inhumanity, cruelty or barbarity«), die sich weitgehend auf ein subjektives Wertungsermessen stützen. Nur allzu verständlich erscheint, daß man die Tatbestände

der Genfer Abkommen nicht en bloc übernehmen wollte, da in der Tat auf den Rotkreuz-Konferenzen der humanitäre Eifer gelegentlich zu weit gegangen sein mag.[46] Tatsache ist nämlich, daß sich die vertragliche Verpflichtung, schwere Verletzungen ohne Rücksicht auf Begehungsort und Person des Urhebers zu verfolgen, im wesentlichen als ein Fehlschlag herausgestellt hat. Die jetzige Dreiteilung der Verstöße gegen das humanitäre Recht – »einfache« Verstöße, schwere Verletzungen und »außergewöhnlich ernsthafte« Verbrechen – wird sich allerdings in der Praxis kaum als durchführbar erweisen.[47]

9) Ob es notwendig war, auch eine Vorschrift gegen den Einsatz von *Söldnern* in den Draft Code aufzunehmen (Art. 23), wird je nach Herkunft des Betrachters unterschiedlich beantwortet werden. Hier fehlt es durchaus nicht an dem politischen Element, das die Straftaten des Draft Code ursprünglich generell auszeichnete. Aber der Einsatz von Söldnern gegen ein anderes Land stellt sich doch wohl eher als ein geographisch und zeitlich limitiertes Phänomen dar. Unter diesen Umständen darf man sich die Frage stellen, ob es nicht bei der Konvention vom 4. Dezember 1989[48] sein Bewenden haben kann, deren Bestimmungen hier wiederum bis auf die Eingangsformel über die persönliche Tatverwicklung mehr oder weniger wörtlich übernommen worden sind.

10) Nicht geglückt erscheint die Bestimmung über den internationalen *Terrorismus* (Art. 24). Die Tatbestandsumschreibung des Terrorismus als Begehung von Handlungen, die darauf abzielen, einen Zustand des »terror«, des Schreckens, in der Psyche einzelner Personen, Gruppen oder der Allgemeinheit schlechthin zu erzeugen, ist von einer beklagenswerten Vagheit und Dehnbarkeit. Zuzugeben ist, daß der Terrorismus zu den am schwersten zu fassenden Erscheinungen des Soziallebens gehört. Vielleicht läßt sich auch ein präziser Generalnenner für alle Formen des Terrorismus gar nicht finden. Träfe dies zu, so wäre es ratsam, es bei den speziellen Übereinkommen zu belassen, die im Lauf der letzten Jahrzehnte zur Ahndung der augenfälligsten terroristischen Taten mit internationalem Einschlag erlassen worden sind.[49]

11) Art. 25 über verbotenen *Drogenhandel* stützt sich weitgehend auf das Übereinkommen von 1988 gegen den unerlaubten Verkehr mit Suchtstoffen und psychotropen Stoffen.[50] Selbstverständlich kann es nicht Aufgabe des Draft Code sein, als Allzweckwaffe gegen den Drogenhandel in allen seinen Erscheinungsformen eingesetzt zu werden. Sein Abwehrbereich beginnt erst dort, wo die Interessen der internationalen Gemeinschaft

berührt sind. Diesem Erfordernis versucht der Text der Vorschrift durch das Tatbestandsmerkmal »on a large scale« Rechnung zu tragen, unabhängig allerdings von einer grenzüberschreitenden Dimension des inkriminierten Handelns. Eigentlich sollte dem Drogenhandel durch Maßnahmen auf nationaler Ebene oder mit Hilfe der internationalen Zusammenarbeit begegnet werden können. In manchen Ländern der Karibik oder auch Lateinamerikas hat sich allerdings in der jüngeren Vergangenheit der Staat gegenüber den Drogenbossen als viel zu schwach erwiesen, um mit auch nur einiger Aussicht auf Erfolg Gegenmaßnahmen ergreifen zu können. Wenn demzufolge eines Tages die Strafverfolgung auf eine internationale Instanz übertragen werden sollte, bedürfte es auch internationaler Strafnormen.

12) Der letzte Straftatbestand, der *Umweltverbrechen* pönalisiert (Art. 26), ist Art. 55 Abs. 1 des Zusatzprotokolls I zu den vier Genfer Abkommen von 1949 nachgebildet. Allerdings ist im Draft Code der Kontext des bewaffneten Konflikts verlassen. Die absichtliche Herbeiführung schwerer Umweltschäden ist hier ohne jede weitere Qualifikation unter Strafe gestellt.

13) Insgesamt lautet das Fazit, daß fast alle der im Entwurf von 1991 vorgesehenen Straftaten zu gewissen Zweifelsfragen Anlaß geben, und zwar aus den unterschiedlichsten Gründen, solchen politischer und solchen rechtlicher Art. Viele der festgestellten Mängel wird man durch eine bessere Redaktion beheben können. Es bleiben aber die politischen Kernprobleme. Alle an dem Rechtsetzungsprozeß Beteiligten sollten sich des Ernstes des Unternehmens voll bewußt sein. Strafrechtliche Normen verlangen nach Konsequenz. Sie sind keine Spielzeuge, mit denen nach Belieben propagandistische Manöver angestellt werden könnten. Nichts ist gerade auf dem Gebiet des Strafrechts der Sache von Recht und Gerechtigkeit abträglicher, als wenn das grundlegende Prinzip der Gleichheit verletzt wird. Die internationale Gemeinschaft sollte sich darauf beschränken, in den Draft Code lediglich solche Taten einzuschließen, über deren Verwerflichkeit und Unerträglichkeit ungebrochene Einigkeit besteht. Völkermord und Kriegsverbrechen gehören zu dieser Kernsubstanz wie auch sonstige schwere Verstöße gegen Leib und Leben verfolgter Personengruppen. Jede Ausweitung über diesen Kreis hinaus unterliegt einem Rechtfertigungszwang. Hierbei muß sehr ernsthaft geprüft werden, ob erwartet werden kann, daß die internationale Gemeinschaft in allen Fällen bereit sein wird, die Strafverfolgung in ihre Hände zu nehmen. Die Grenzen zwischen bloßer moralischer Anstößigkeit und einer darüber

hinausgehenden Strafwürdigkeit dürfen auf keinen Fall verwischt werden. Ebenso verhängnisvoll ist die Gleichsetzung von Unzulässigkeit nach den Regeln über die zwischenstaatlichen Beziehungen und individueller Strafbarkeit. Nur die gravierendsten Völkerrechtsdelikte stellen gleichzeitig Straftaten nach Völkerrecht dar.

IV. Der allgemeine Teil des Draft Code

1) In seinem allgemeinen Teil übernimmt der Draft Code im wesentlichen unverändert die Prinzipien des Nürnberger Verfahrens. Die völkerrechtliche Qualifikation wird durch nationale Strafnormen nicht beeinflußt (Art. 2). In der Tat verdankt ja das Völkerstrafrecht seine Existenz der Tatsache, daß eine nationale Rechtsordnung sich bis zur Persiflage pervertieren kann, indem die Begehung von Taten, die allgemein anerkannten völkerrechtlichen Standards widersprechen, von Staats wegen nicht nur gutgeheißen, sondern sogar durch Gesetzesakt angeordnet wird. Rezipiert worden sind auch die nunmehr schon fast »klassisch« zu nennenden Regeln, daß der Untergebene durch einen ihm erteilten Befehl nicht von seiner Verantwortlichkeit befreit wird (Art. 11) und daß das Handeln in amtlicher Funktion ebensowenig als Entschuldigung oder Rechtfertigung zu dienen vermag (Art. 13). Einen neuen Akzent schlägt nach dem Vorbild von Art. 86 Abs. 2 des Zusatzprotokolls I zu den Genfer Abkommen von 1949 Art. 12 an, der den Vorgesetzten für die Unrechtstaten seiner Untergebenen haftbar macht, sofern er in Kenntnis der Sachlage nicht die notwendigen Maßnahmen getroffen hat, um die bevorstehende Begehung der Taten zu verhindern.[51]

2) Einige Bestimmungen des allgemeinen Teils bedürfen nochmals sehr eingehender Überprüfung. Nach einer Differenzierung drängt insbesondere Art. 3 Abs. 2 mit seiner Regelung über die *Teilnahme*. Wie nach einem Lehrbuch des nationalen Strafrechts werden hier auch Anstiftung und Beihilfe unter Strafe gestellt. Damit ergibt sich eine in ihren Konsequenzen kaum überschaubare Ausweitung des Täterkreises. Vor allem steht die Regelung in einem inneren Widerspruch zu dem Bestreben der ILC, in den Eingangsabsätzen der einzelnen Strafnormen die notwendige enge täterschaftliche Verknüpfung von Tatbestand und individuellem Handeln zu betonen.[52] Nochmals sei hervorgehoben, daß bei den Taten, die typische Staatsverbrechen sind, die also niemals ein einzelner allein begehen kann, stets auf die Führungsperson abgehoben wird (»An individual who as leader or organizer plans, commits or orders ...«). Kombiniert man nun

diese Bestimmungen über die Täterschaft mit ausgreifenden Teilnahmeregelungen, so geht der beabsichtigte Einschränkungseffekt fast völlig verloren.[53] Gerade eine solche Ausuferung hat die Staaten der westlichen Gruppe bewogen, dem Anti-Apartheids-Übereinkommen fernzubleiben.

Es ist richtig, daß in der Kodifikation der Nürnberger Prinzipien sowie in der Erstfassung des Draft Code von 1954 ebenfalls ganz ähnlich undifferenzierte Teilnahmeregelungen enthalten waren (Prinzip VII bzw. Art. 2 Abs. 3). Diese Präzedentien liefern jedoch für die Festlegung eines allgemeinen Regimes in einem internationalen Strafgesetzbuch mit zeitlich unbegrenztem Geltungsanspruch keine ausreichende Legitimation. Vor allem das Nürnberger Verfahren war stark durch politisches Ermessen geprägt. Nicht im Ernst dachten die alliierten Siegermächte daran, auch jegliche Form der Teilnahme an den nationalsozialistischen Verbrechen strafrechtlich zu ahnden. So diente seinerzeit die Teilnahmeregelung eher als eine Ausfallgarantie, die gewährleisten sollte, daß die Anklage in keinem der Fälle scheitert, wo nach politischem Vorurteil ein schuldhafter Beitrag zu den verbrecherischen Machenschaften des Dritten Reiches geleistet worden war.

Die Teilnahmeregelung des Art. 3 Abs. 2 ist im übrigen durch eine nicht auf den ersten Blick erkennbare Doppeldeutigkeit gekennzeichnet. Nach der früheren Konzeption handelte es sich um Teilnahme an der Begehung der aufgeführten Taten als solcher, das heißt an Vorgängen, die weitgehend lediglich als ein Handeln von Staaten beschrieben waren (Aggression usw.). Nach der jetzigen Textfassung sind die unter Strafe gestellten Taten sämtlich personalisiert, wie es dem Wesen eines Individualstrafrechts entspricht. Demgemäß könnten nunmehr die Formen der Teilnahme auch als Teilnahme an der spezifischen Straftat eines Individuums aufgefaßt werden. Dies würde etwa für den Fall der Aggression heißen, daß nur derjenige als Anstifter oder Gehilfe bestraft werden kann, der einen »leader or organizer« zu seinem Handeln angestiftet beziehungsweise ihm dabei Beistand geleistet hat, während derjenige, der den Befehl zur Aggression ausführt, ohne selbst »leader or organizer« zu sein, nicht erfaßt würde. Hier bedarf es einer sorgfältigen Klärung, was eigentlich gewollt ist. Überwiegende Gründe würden, wenn man überhaupt eine Teilnahmeregelung für notwendig hält, für die restriktive Lösung sprechen. Sinnvoller wäre es indes, vielleicht abgesehen von der Rechtsfigur der »conspiracy«, völlig auf eine Teilnahmeregelung zu verzichten. Denn es kann ja immer nur darum gehen, die Hauptverantwortlichen zu treffen, und bei ihnen wird man durchweg die Tätermerkmale feststellen können. Insbesondere der Schreibtischtäter wird durch die Gleichstellung von unmittelbarer Begehung und Erteilung des Befehls zur Begehung eines einschlägigen

Verbrechens voll ins Visier genommen. Niemand wird sich demgegenüber damit abgeben wollen und können, penibel auch den Anstifter und den Gehilfen zur Rechenschaft zu ziehen, zumal deren Tatbeiträge bei derart komplexen Abläufen wie einer Aggression sich exakt kaum jeweils werden feststellen lassen. Bei Kriegsverbrechen mag dies anders sein, wenn eine nach Ort und Zeit klar definierte Handlung zur Beurteilung ansteht.

3) Außerordentlich problematisch ist in gleicher Weise eine generelle Bestimmung über die Strafbarkeit des *Versuchs* (Art. 3 Abs. 3). Wiederum mag die Aggression zur Verdeutlichung der Schwierigkeiten dienen. Sobald eine Regierung ihre Truppen über die Grenze hinweg in Bewegung setzt, um ein fremdes Land anzugreifen, ist der Tatbestand der Aggression verwirklicht. Der erfolgreiche Abschluß des Unternehmens ist keine Voraussetzung der Strafbarkeit. Wenn nun im letzten Augenblick vor dem Angriffsbefehl äußere Umstände die Umsetzung der Planungen vereiteln – etwa ein plötzlicher Bankrott der Staatsfinanzen –, so sollte die internationale Gemeinschaft für diese Fügung dankbar sein und nicht etwa in moralischer Rigorosität die böse Absicht zu sanktionieren versuchen. Zu bedenken ist auch, daß nach der jetzigen Fassung die Aggressionsdrohung ebenfalls strafbar ist (Art. 16). Man hat also die Abwehrfront ohnehin weit nach vorne verlagert.[54]

Das Fazit dieser kurzen Überlegungen ist einfach: Regelungen über Teilnahme und Versuch sind überflüssig. Es erscheint völlig ausreichend, eine Verantwortlichkeit des Täters vorzusehen.

4) Was *Rechtfertigungs- und Entschuldigungsgründe* angeht, so sieht der Draft Code bisher von einer detaillierten Regelung ab und verweist auf die allgemeinen Rechtsgrundsätze. In der Tat erscheint diese Verweisungstechnik legitim. Anstatt starr bestimmte Regeln festzulegen, sollten die Richter aus dem gemeinsamen Fundus der nationalen Rechtsordnungen schöpfen können. Der *Nullum-crimen*-Grundsatz gilt insoweit nicht, er beschränkt sich auf die Umschreibung des tatbestandlichen Verhaltens. Wahrscheinlich würde auch die Suche nach einem gemeinsamen Nenner der Rechtsordnungen nicht leicht einen Konsens ergeben, der sich andererseits im konkreten Einzelfall ohne größere Schwierigkeiten wird finden lassen.[55]

5) Geteilter Meinung wird man hinsichtlich der Bestimmung sein können, die eine *Verjährung* bei Verbrechen gegen den Frieden und die Sicherheit der Menschheit ausschließt (Art. 7). Es trifft zwar zu, daß die Vereinten Nationen im Jahr 1968 eine Konvention über die Nichtanwendbarkeit von

Verjährungsvorschriften auf Kriegsverbrechen und Verbrechen gegen die Menschlichkeit beschlossen haben.[56] Doch dieses Übereinkommen hat sich bis zum heutigen Tag, 26 Jahre nach seiner Verabschiedung, nur eine höchst bescheidene Anhängerschaft schaffen können. Unter den 38 Vertragstaaten (31. 7. 1993) befindet sich kein einziger Staat der westlichen Gruppe. Dieser Distanzierung liegt wohl die Überlegung zugrunde, daß selbst bei schwersten Taten mit dem Ablauf der Zeit das Bedürfnis nach Sühne kontinuierlich abnimmt und daß überdies nach Jahrzehnten die Beweisführung zu einem Glücksspiel mit hohen Risiken für alle Beteiligten wird, wie dies etwa vor wenigen Jahren der in Israel gegen Demjanjuk, den angeblichen Iwan der Schreckliche aus dem Vernichtungslager Treblinka, geführte Prozeß exemplarisch gezeigt hat.[57] Auch die Einsicht in die Notwendigkeit, innerhalb einer Nation eine Politik der Aussöhnung zu betreiben, kann es gebieten, von einer Strafverfolgung abzusehen. Allerdings wird es in diesem Zusammenhang in erster Linie um die Zulässigkeit einer Amnestie gehen, ein Problem, das der Draft Code nicht anspricht.[58] Auf keinen Fall könnte der Grundsatz der Nichtverjährung für alle Straftaten des Draft Code gelten.[59]

Juristische Überlegung kann das Für und Wider eines Verjährungsausschlusses lediglich bis zu einem gewissen Punkt klären. Beide Standpunkte lassen sich mit beachtenswerten Gründen vertreten. Letztlich muß hier eine politische Entscheidung getroffen werden.

V. Verfahrensrecht

Der Draft Code enthält schließlich noch eine Reihe verfahrensrechtlicher Vorschriften, die hier nicht im einzelnen erörtert werden können. Eingegangen werden soll nur auf die Grundsatzfrage, in wessen Hände ein solches internationales Strafgesetzbuch zur Durchführung gelegt werden sollte. Mit dieser Problematik hatte sich die ILC im Zusammenhang mit der Aufstellung einer Regel über die Auslieferung (Art. 6) sowie einer Vorschrift über das Prinzip »ne bis in idem« (Art. 9) auseinanderzusetzen. Es mußten hier jeweils konkrete Vorstellungen über die Zuständigkeit zur Verfolgung der im Draft Code zusammengefaßten Straftaten entwickelt werden.

Als 1982 die Arbeiten am Draft Code wiederaufgenommen wurden, erschien die Errichtung eines internationalen Strafgerichtshofs als ein völlig utopisches Idealbild. Das Scheitern entsprechender Vorstöße in den frühen fünfziger Jahren war bekannt. Jedermann mußte sich im übrigen sagen, daß im Zeichen des Ost-West-Gegensatzes eine internationale

Gerichtsinstanz nicht zustande kommen würde. Demgemäß konnte realistischerweise nur ins Auge gefaßt werden, die Durchsetzung des Draft Code nationalen Gerichten anzuvertrauen. Andererseits sind aber solche Gerichte für die Handhabung völkerrechtlicher Strafnormen mit politischem Hintergrund denkbar ungeeignet. Was Aggression, Intervention oder Kolonialismus ist, kann allenfalls von einem internationalen Strafgerichtshof zutreffend beantwortet werden. Anders sind wiederum Straftaten zu beurteilen, die nicht auf der Wertung einer historisch-politischen Gesamtlage beruhen, sondern wegen ihrer auf die konkreten Umstände eines isolierten Geschehens abstellenden Tatbestandsfassung den herkömmlichen Straftaten der nationalen Strafgesetzbücher ähneln.

Angesichts dieser Spannungslage hat in der ILC die Gruppe der westlichen Mitglieder stets die Auffassung vertreten, daß der Draft Code nur dann legitimerweise verabschiedet werden könne, wenn gleichzeitig ein internationaler Strafgerichtshof geschaffen werde. Entsprechende Hinweise finden sich in den Texten der Art. 6 und 9. Andererseits war dieselbe Gruppe aber auch der Ansicht, daß die umgekehrte Aussage nicht gelten könne. Der Draft Code sei zwar nicht denkbar ohne einen internationalen Strafgerichtshof, ein internationaler Strafgerichtshof könne aber nützlich sein, ohne daß zuvor der Draft Code verabschiedet worden sei. Denn immerhin gebe es bereits eine beträchtliche Menge gewohnheitsrechtlich und vertragsrechtlich begründeter völkerrechtlicher Strafnormen.

Seit wenigen Jahren hat sich die Situation grundlegend gewandelt. Seitdem der Strafgerichtshof für das ehemalige Jugoslawien geschaffen worden ist und die ILC zum Abschluß ihrer Jahrestagung 1994 der Generalversammlung den Entwurf für das Statut eines ständigen internationalen Strafgerichtshofs vorgelegt hat, hat sich die Aussicht verstärkt, daß der Draft Code ein angemessenes institutionelles Fundament erhalten kann. Wie angedeutet, verlangen nicht alle der ins Auge gefaßten Verbrechen nach einer Ausschließlichkeit der internationalen Strafverfolgung. So sehen etwa die Genfer Konventionen von 1949 eine Zuständigkeit der nationalen Gerichte für die Verfolgung »schwerer Verletzungen« vor. Man wird also wohl differenzieren können und müssen. Fest steht jedenfalls, daß durchaus zu Recht kein Staat bereit sein wird, die Verfolgung eindeutig außenpolitisch gefärbter Straftaten in die Obhut nationaler Gerichte zu geben. Auch aus der Sicht der Rechtsstaatlichkeit ließe sich eine solche Lösung kaum befürworten. Selbst wer das Bemühen der Richter um Objektivität und Unparteilichkeit generell hoch einschätzt, wird zugeben müssen, daß unter dem Vorzeichen zwischenstaatlicher Auseinandersetzungen Zwänge wirksam werden können, gegen die sich der einzelne Richter kaum erfolgreich zu stemmen vermag. Bei Kriegsverbrechen,

Menschenrechtsverletzungen und Drogenverbrechen andererseits sollte es einen Vorrang der nationalen Gerichte geben und die Zuständigkeit internationaler Gerichtsinstanzen nur subsidiär für den Fall in Betracht gezogen werden, daß aus faktischen oder politischen Gründen die Ausübung von Strafgewalt durch staatliche Organe ausscheidet. Jugoslawien und Ruanda verdeutlichen dem Beobachter die Ursachen für eine solche Ohnmacht der staatlichen Strafjustiz.

VI. Schluß

Die internationale Gemeinschaft ist trotz der Planungen der ILC für den Abschluß ihrer Arbeiten bis 1996 noch weit vom Zustandekommen eines internationalen Strafgesetzbuchs entfernt, das von einem breiten Konsens getragen wird und demgemäß auch eine wirklichkeitsprägende Kraft entfalten kann. Nur eine tiefgreifende Umgestaltung des 1991 in erster Lesung verabschiedeten Entwurfs vermag einen solchen Konsens zu sichern. Der Katalog der Straftaten geht weit über einen allgemein anerkannten »harten Kern« hinaus. Die Kürzung der ausgeuferten Tatbestände ist ein dringendes Gebot. Vor allem durch die Aufnahme von Intervention und Kolonialismus ist der Draft Code weit in den Raum des Politischen hineingeführt worden, wo klare rechtliche Maßstäbe fehlen.[60]

Die bevorstehenden Bemühungen um den Abschluß des Vorhabens werfen auch die Frage nach einem passenden Titel auf. Die bisherige Bezeichnung als »Code of Crimes against the Peace and Security of Mankind« ist eng an das Nürnberger Vorbild angelehnt. Damals stand die Wahrung des Weltfriedens und der internationalen Sicherheit als Leitgedanke im Vordergrund. Die beiden vorrangigen Gruppen von Straftaten waren Verbrechen gegen den Frieden und Kriegsverbrechen, während Verbrechen gegen die Menschlichkeit lediglich akzessorische Bedeutung zukam. Dieses Band der Abhängigkeit hat sich im Zuge der neueren Arbeiten gelöst. Schwere Menschenrechtsverletzungen und Drogenverbrechen haben nichts mehr mit dem ursprünglichen Begriffsverständnis von Weltfrieden und internationaler Sicherheit zu tun, es sei denn, man würde wie der Sicherheitsrat in seiner neueren Praxis auch innere Zustände in einem Land als Bestandteil eines umfassenden Weltfriedens betrachten. Vorzuziehen wäre allerdings, die neue Orientierung deutlich auszuflaggen. Man könnte etwa von einem »Code of Crimes against the Essential Interests of the International Community« sprechen, um nur die Richtung anzugeben, in die sich die Neubenennung orientieren könnte.

1 Formulation of Nurnberg Principles, Report, UN-Doc. A/CN. 4/22, 12.4. 1950, Yearbook of the International Law Commission (YILC) 1950 II, S. 181 (195).
2 [1950] Report of the ILC to the General Assembly, UN-Doc. A/1316, YILC 1950 II, S. 364 (374 ff).
3 Resolution 488 (V), 12.12. 1950.
4 UN-Doc. A/CN. 4/25, 26.4. 1950, 1950 II, S. 253.
5 [1950] Report … (Anm. 2), YILC 1950 II, S. 364 (379 f); ebenso später [1951] Report of the ILC to the General Assembly, UN-Doc. A/1858, YILC 1951 II, S. 123 (134, § 58).
6 Vgl. Anm. 4, S. 277.
7 Second report, UN-Doc. A/CN. 4/44, 12.4. 1951, YILC 1951 II, S. 43 (58).
8 [1951] Report … (Anm. 5), S. 134.
9 UN-Doc. A/CN. 4/85, 30.4. 1954, YILC 1954 II, S. 112.
10 [1954] Report of the ILC to the General Assembly, UN-Doc. A/2693, YILC 1954 II, S. 140 (149).
11 Vgl. den Bericht in Yearbook of the United Nations 1954, S. 408–412.
12 Resolution 3314 (XXIX), 14.12. 1974.
13 [1991] Report of the ILC to the General Assembly, UN-Doc. A/46/10, S. 238.
14 UN-Doc. A/CN. 4/448, 1.3. 1993, und Add. 1, 19.5. 1993.
15 UN-Doc. A/CN. 4/460, 15.4. 1994.
16 Zur Vorgeschichte vgl. auch Ch. Bassiouni, *The History of the Draft Code of Crimes against the Peace and Security of Mankind*, in: ders., *Commentaries on the ILC's 1991 Draft Code of Crimes against the Peace and Security of Mankind*, Toulouse 1993, S. 1 ff; United Nations (Hg.), *The Work of the International Law Commission*, 4. Aufl., New York 1988, S. 27 f, 34 ff, 121 ff.
17 Generalversammlungs-Resolution 42/151, 7.12. 1987.
18 Dazu U. Scheuner, *Die großen Friedensschlüsse als Grundlage der europäischen Staatenordnung zwischen 1648 und 1815*, in: C. Tomuschat (Hg.), *Ulrich Scheuner, Schriften zum Völkerrecht*, Berlin 1984, S. 349 ff.
19 Das Nürnberger Urteil vom 1.10. 1946 berief sich lediglich auf das an Staaten als völkerrechtliche Einheiten gerichtete Verbot des Angriffskrieges, vgl. International Military Tribunal Nuremberg (Hg.), *Trial of the Major War Criminals*, Bd. 1, Washington 1951, S. 171 (220). W. V. O'Brien, *The Nuremberg Precedent and the Gulf War*, in: Virginia Journal of International Law, 31 (1991), S. 391 (393), bezeichnet die Rechtfertigungsversuche des Gerichts sogar als »ludicrous«.
20 UN-Doc. S/25704, 3.5. 1993.
21 Art. 34, 35 der Wiener Vertragsrechtskonvention von 1969.
22 Zur Ingeltungsetzung des Draft Code vgl. C. Tomuschat, *Crimes against the Peace and Security of Mankind and the Recalcitrant Third State*, in: Israel Yearbook on Human Rights, 24 (1994), S. 41 ff.
23 Vom 9.12. 1948, BGBl. 1954 II, S. 730.
24 BGBl. II, Fundstellennachweis B, 1994, S. 261 f: 112 Mitgliedstaaten am 31.12. 1993.
25 Zur Frage der Auswahlprinzipien und zur Alternative zwischen Kodifikation und Rechtsfortbildung vgl. auch Ch. Bassiouni, Kommentar zu Art. 1, in: ders., *Commentaries* (Anm. 16), S. 95 (97–99).

26 Dazu jüngst eingehend H. Quaritsch, in: C. Schmitt, *Das internationalrechtliche Verbrechen des Angriffskrieges und der Grundsatz »Nullum crimen, nulla poena sine lege«*, Berlin 1994, S. 125 ff, und G. Gornig, *Die Verantwortlichkeit politischer Funktionsträger nach völkerrechtlichem Strafrecht*, in: NJ 1992, S. 4 (7 f). Keine Zweifel an einer gewohnheitsrechtlich fundierten Strafbarkeit der Aggression in der Gegenwart haben etwa Y. Dinstein, *International Criminal Law*, in: Israel Law Review, 20 (1985), S. 206 (209 f); I. I. Lukashuk, *International Illegality and Criminality of Aggression*, in: G. Ginsburgs/V. N. Kudriatsev, *The Nuremberg Trial and International Law*, Dordrecht 1990, S. 121 ff.

27 Abgedruckt in: D. Schindler/J. Toman, *The Laws of Armed Conflicts*, 3. Aufl. Leiden 1988, S. 913.

28 Von allen mit einer Äußerung hervorgetretenen Staaten hat lediglich Australien diesen Gesichtspunkt klarsichtig erkannt, UN-Doc. A/CN.4/448, 1.3. 1993, S. 19. Dazu auch H.-H. Jescheck, *Entwicklung, gegenwärtiger Stand und Zukunftsaussichten des internationalen Strafrechts*, in: Goltdammers Archiv 1981, S. 49 (54).

29 Vom 24.10. 1970, Resolution 2625 (XXIX).

30 ICJ Reports 1986, S. 14 (100 f).

31 Selbstverständlich muß andererseits der Sicherheitsrat politisch jede Spannungslage, die sich in militärischen Aktionen äußert, sehr ernst nehmen.

32 Kritisch auch J. F. Murphy, Kommentar zu Art. 16, in: Bassiouni, *Commentaries* (Anm. 16), S. 219.

33 269th meeting, 15.7. 1954, YILC 1954 I, S. 139 f.

34 YILC 1989 II.2, S. 70 Abs. 6.

35 ICJ Reports 1986, S. 14 (126).

36 Dazu jüngst J. A. Frowein, *Self-Determination as a Limit to Obligations under International Law*, in: C. Tomuschat (Hg.), *Modern Law of Self-Determination*, Dordrecht 1993, S. 211 ff.

37 YILC 1980 II.2, S. 30.

38 Der Begriff des »international crime« ist mehrdeutig. In dem genannten Art. 19 bezeichnet er ein besonders schwerwiegendes völkerrechtliches Delikt, das besondere Rechtsfolgen auf der zwischenstaatlichen Ebene auslöst. Unter »international crime« werden aber auch Taten verstanden, die ihren Urheber als Individualperson einer strafrechtlichen Verantwortlichkeit aussetzen. Der Kreis der relevanten Handlungen überschneidet sich weitgehend. Weiterführende Überlegungen bei Dinstein (Anm. 26), S. 221 f; P. Wilkitzki, *Die völkerrechtlichen Verbrechen und das staatliche Strafrecht*, in: ZStW 99 (1987), S. 455 (456 ff).

39 So auch letzten Endes – trotz einer gewissen inneren Widersprüchlichkeit – V. P. Nanda, Kommentar zu Art. 18, in: Bassiouni, *Commentaries* (Anm. 16), S. 229. Vgl. auch A. Eide, *In Search of Constructive Alternatives to Secession*, in: C. Tomuschat (Anm. 36), S. 139 ff.

40 Ausführliche Erörterung vor kurzem durch J. Verhoeven, *Le crime de génocide*, in: Revue belge de droit international, 24 (1991), S. 5 ff.

41 Abgedruckt in deutscher Übersetzung bei: C. Tomuschat, *Menschenrechte. Eine Sammlung internationaler Dokumente zum Menschenrechtsschutz*, Bonn 1992, S. 87.

42 Dazu eingehend C. Tomuschat (Anm. 22).

43 So auch R. S. Clark, Kommentar zu Art. 20, in: Bassiouni, *Commentaries* (Anm. 16), S. 242 (243).

44 Dazu J. C. O'Brien, *The International Tribunal for Violations of International Humanitarian Law in the Former Yugoslavia*, in: American Journal of International Law 87 (1993), S. 639 (649f); K. Oellers-Frahm, *Das Statut des Internationalen Strafgerichtshofs zur Verfolgung von Strafverbrechen im ehemaligen Jugoslawien*, in: ZaöRV 54 (1994), S. 416 (426).

45 [1991] Report ... (Anm. 13), S. 268.

46 Bei der Verweigerung eines unparteiischen ordentlichen Gerichtsverfahrens im Sinne des Art. 85 Abs. 4 Buchst. e von Zusatzprotokoll I wird es im wesentlichen auf die Umstände des Einzelfalls ankommen.

47 Kritisch auch Bassiouni, Kommentar zu Art. 1, in: ders., *Commentaries* (Anm. 16), S. 95 (99).

48 Angenommen durch Generalversammlungs-Resolution 44/34 vom 4.12. 1989.

49 Vgl. auch F. Mosconi, Kommentar zu Art. 24, in: Bassiouni, *Commentaries* (Anm. 16), S. 277.

50 BGBl. 1973 II, S. 1137.

51 Zur Problematik einer solchen Regelung vgl. L. C. Green, *Superior Orders and Command Responsibility*, in: Canadian Yearbook of International Law, 27 (1989), S. 167 (188ff).

52 Dazu auch E. Whise, *The Structure of the Draft Code*, in: Bassiouni, *Commentaries* (Anm. 16), S. 35 (39f).

53 Zu den dabei auftretenden Widersprüchlichkeiten auch R. S. Clark, Kommentar zu Art. 20, in: Bassiouni, *Commentaries* (Anm. 16), S. 242 (243–245). Zuvor schon hatte Dinstein (Anm. 26), S. 231, auf die Notwendigkeit differenzierender Lösungen hingewiesen.

54 Th. Weigend, Kommentar zu Art. 3, in: Bassiouni, *Commentaries* (Anm. 16), S. 113 (117f), stellt gar nicht die Frage, ob eine Versuchsregelung angesichts der besonderen Natur der in Frage stehenden Taten überhaupt notwendig erscheint.

55 Für eine spezifische Regelung plädiert hingegen A. Eser, *The Need for a General Part*, in: Bassiouni, *Commentaries* (Anm. 16), S. 43 (48–51); vgl. auch C. Van den Wyngaert, *The Structure of the Draft Code and the General Part*, ebenda, S. 53 (60); Gornig (Anm. 26), S. 10–12.

56 Generalversammlungs-Resolution 2391 (XXIII), 26.11. 1968, abgedruckt in deutscher Übersetzung bei Tomuschat (Anm. 41), S. 213.

57 Das Urteil erster Instanz mit seinem Schuldspruch aus dem Jahr 1988 – siehe den Bericht von F. Domb, in: Israel Yearbook on Human Rights 18 (1988), S. 229ff – wurde vom Supreme Court of Israel im Jahre 1993 wegen der ungeklärten Identitätsfrage aufgehoben, siehe dazu den Bericht von F. Domb, in: Israel Yearbook of Human Rights, 24 (1994), 323ff.

58 Nach Auffassung der Interamerikanischen Menschenrechtskommission ist eine Amnestie bei Verbrechen gegen die Menschlichkeit unzulässig, vgl. Bericht 28/92 (zu Argentinien) und 29/92 (zu Uruguay) vom 2. 10. 1992.

59 Zutreffend Bassiouni, Kommentar zu Art. 7, in: ders., *Commentaries* (Anm. 16), S. 163; zur Lage nach deutschem Verfassungsrecht vgl. Wilkitzki (Anm. 38), S. 473.

60 So auch die Einschätzung durch Bassiouni, Kommentar zu Art. 1, in: ders., *Commentaries* (Anm. 16), S. 95 (96f); ähnlich Wilkitzki (Anm. 38), S. 459.

Bernhard Graefrath

Jugoslawien und die internationale Strafgerichtsbarkeit

I. Nürnberg und Tokio als einsame Mahner

Internationale Strafgerichtsbarkeit ist ein Thema, das seit dem Ende des Ersten Weltkriegs auf der internationalen Tagesordnung steht.[1] Sie liegt im Spannungsfeld von nationaler Souveränität und internationaler Organisiertheit. Deshalb war sie bislang nur in Sonderfällen und *post factum* realisierbar und konnte die von ihr erwartete friedenssichernde Wirkung nicht erfüllen.

Internationale Strafgerichtsbarkeit soll insbesondere dort ansetzen, wo die nationale Strafgerichtsbarkeit nicht wirksam wird oder werden will. Das gilt vor allem bei Straftaten, die ein Staat selbst angeordnet, veranlaßt, gefördert oder geduldet hat oder die mit Hilfe staatlicher Machtmittel begangen wurden.[2] Bis heute jedoch haben Regierungen keine besondere Sympathie gezeigt, sich der Kontrolle durch eine internationale Strafjustiz auszusetzen oder auch nur die Unparteilichkeit und Effektivität der nationalen Gerichtsbarkeit internationaler Kontrolle zu unterwerfen. Erst in letzter Zeit ist die Bereitschaft gewachsen, die Schaffung eines Internationalen Strafgerichtshofes in Angriff zu nehmen.[3] Internationale Strafgerichtsbarkeit konnte infolgedessen bislang nur gegen besiegte und okkupierte Staaten realisiert werden, wie im Falle von Nürnberg und Tokio.[4]

Obgleich die Generalversammlung der Vereinten Nationen bereits 1946 erklärte, daß es sich bei den »Prinzipien von Nürnberg« um allgemein anerkannte Normen des Völkerrechts handelt[5] und die Völkerrechtskommission 1950 einen Text der Nürnberger Prinzipien vorlegte,[6] war kaum ein Staat bereit, sie als geltendes Völkerrecht zu behandeln.[7] Auf ihrer Grundlage einen Internationalen Strafgerichtshof zu schaffen, erwies sich bis heute als unmöglich. Dabei hat es an Vorarbeiten und Entwürfen nicht gemangelt.[8]

Die Mehrheit der Staaten jedoch zog es vor, sich auf die Koordinierung nationaler Strafverfolgung mit Hilfe des Prinzips der universellen Strafhoheit für bestimmte Verbrechen zurückzuziehen.[9] Das aber läßt den eigentlichen Fall der internationalen Verbrechen unberührt. Gerade diejenigen

Verbrechen, die im Auftrag oder mit Hilfe des Staates begangen wurden, werden über das System der universellen Strafhoheit nicht erreicht, solange sich die Täter in dem Staat aufhalten, der das Verbrechen ermöglicht hat. Auch hebt der Grundsatz *aut dedere aut iudicare* das Verbot der Auslieferung eigener Staatsbürger, das viele Verfassungen kennen, nicht auf. Er beschränkt sich im Falle der Nichtauslieferung auf die Pflicht zur Einleitung der Strafverfolgung und kann keine angemessene Bestrafung garantieren.[10]

Als die Völkerrechtskommission die Arbeiten an einem Entwurf für ein Strafgesetzbuch über Verbrechen gegen den Frieden und die Sicherheit der Menschheit (Draft Code of Crimes against the Peace and the Security of Mankind, nachfolgend: Draft Code) wiederaufnahm, hielt sie sehr bald die Schaffung eines Internationalen Strafgerichtshofes für möglich und nötig. Bereits 1983[11] bat sie die Generalversammlung, ihr das Mandat für Arbeiten an einem Statut für einen Internationalen Strafgerichtshof zu bestätigen. Jedoch über fünf Jahre lang konnte sich eine große Mehrheit der Staaten nicht entschließen, das zu tun. Erst als Trinidad and Tobago 1989 das Thema in Zusammenhang mit dem Kampf gegen den internationalen Drogenhandel brachte, gelang es, der Generalversammlung ein vorsichtiges Mandat abzuringen.[12]

Die ersten Vorarbeiten der Völkerrechtskommission zu einem Statut für einen Internationalen Strafgerichtshof stießen jedoch noch immer auf wenig Gegenliebe.[13] Erst als die Völkerrechtskommission 1992 Grundzüge für eine internationale Strafgerichtsbarkeit vorlegte, die sich auf eine Minivariante beschränkten,[14] kam die Generalversammlung nicht mehr umhin, der Kommission ein Mandat zur Ausarbeitung eines Statuts für einen Internationalen Strafgerichtshof zu erteilen.[15] Diese Variante konzipierte den Gerichtshof als Richterliste, faßte nur vertraglich definierte Verbrechen als möglichen Kompetenzbereich ins Auge und überließ es den Staaten auch nach Ratifikation des Statuts, den Umfang der Jurisdiktion des Gerichtshofes zu bestimmen und sogar von Fall zu Fall zu entscheiden, ob sie dem Gerichtshof einen Fall übertragen.[16]

Unterdessen hatten die Greueltaten im Bürgerkrieg in Jugoslawien in der internationalen Öffentlichkeit solche Empörung hervorgerufen, daß der Ruf nach gerichtlicher Verfolgung der in Jugoslawien begangenen Verbrechen große Resonanz fand.[17] Zugleich war klar, daß an eine internationale strafgerichtliche Verfolgung der in Jugoslawien begangenen Verbrechen nicht zu denken war, wenn man das Ergebnis der Arbeiten der Völkerrechtskommission abwarten wollte. Erstens hätte die Schaffung des Gerichts durch Vertrag noch viele Jahre in Anspruch genommen. Zweitens konnte man sicher sein, daß die Staaten, auf die es ankommen würde, dem Vertrag nicht beitreten. Drittens schließlich hätte nach dem Konzept der Kommission die Behandlung jedes einzelnen Falles auch noch von der Zustimmung der betroffenen Regierungen abgehangen.[18]

Es war somit abzusehen, daß ein Internationaler Strafgerichtshof, der vom Konsens der am Krieg beteiligten Staaten abhängig wäre, zur effektiven Verfolgung von Kriegs- und Menschlichkeitsverbrechen ungeeignet sein würde. Er könnte sich über die Zustimmung der Staaten nicht hinwegsetzen und daher internationale Verbrechen nicht als solche verfolgen. Als Ausweg bot sich an, einen Internationalen Strafgerichtshof für Jugoslawien durch Beschluß des Sicherheitsrates als Hilfsorgan des Sicherheitsrates einzusetzen und ihn damit als Mittel zur Wiederherstellung des Friedens unter Berufung auf Kapitel VII der Charta zu oktroyieren.

II. Das Jugoslawientribunal – ein Ad-hoc-Gericht

Am 25. Mai 1993 hat der Sicherheitsrat mit seiner Resolution 827 (1993) die Einrichtung eines Internationalen Tribunals zur Bestrafung von solchen Kriegs-und Menschlichkeitsverbrechen beschlossen, die nach dem 1. Januar 1991 im Gebiet des ehemaligen Jugoslawien begangen wurden. Das Statut dieses Sondergerichts entspricht einem Vorschlag, den der Generalsekretär aufgrund der Resolution 808 (1993) des Sicherheitsrates vorgelegt hatte.[19]

Der Sicherheitsrat begründete seine Zuständigkeit zur Einsetzung eines Ad-hoc-Strafgerichts damit, daß eine realistische Drohung mit Strafverfolgung für Verletzungen des humanitären Völkerrechts der Wiederherstellung des Friedens in Jugoslawien dienlich sei.[20] Wir lassen hier dahingestellt, ob eine solche Behauptung ausreicht, in Übereinstimmung mit der Charta einen Strafgerichtshof einzusetzen. Obgleich die UNO keine Personalhoheit hat, kein Staat ihr Strafhoheit übertragen hat und der Sicherheitsrat nicht befugt ist, internationale Gesetze zu erlassen, ging der Sicherheitsrat einfach davon aus, daß er mit verbindlicher Wirkung für alle Staaten beschließen kann, was er will, wenn er eine Friedensbedrohung feststellt und im Rahmen des Kapitels VII der UN-Charta handelt. Eine höchst fragwürdige These,[21] die aber z.B. von Tomuschat ausdrücklich unterstützt wird.[22]

Sie führte dazu, daß die Jurisdiktion des Jugoslawientribunals im Unterschied zu allen Entwürfen und Vorstellungen der Völkerrechtskommission von einem Internationalen Strafgerichtshof nicht von der Zustimmung der betroffenen Staaten abhängt. So man der Täter habhaft wird, kann man nach diesem Statut eine gerichtliche Strafverfolgung einleiten, auch wenn die jeweilige Regierung dem nicht zustimmt. Mehr noch, alle Staaten sind nach der Charta verpflichtet, aufgrund des im Rahmen von Kapitel VII vom Sicherheitsrat gefaßten Beschlusses mit dem Tribunal zusammenzuarbeiten.[23] Das bedeutet unter Umständen auch, gegebenenfalls bereits eingeleitete Prozesse an das Tribunal abzugeben[24] und Beschuldigte an das Tribunal zu überstellen. Die Resolution 827 weist in ihrem Absatz 4 ausdrücklich auf diese Pflicht hin.

Im Anschluß an das Nürnberger Statut[25] und im Unterschied zur Vorgehensweise der Völkerrechtskommission, hat der Sicherheitsrat im Statut des Jugoslawientribunals auch die Straftatbestände definiert, die das Tribunal bei seiner Rechtsprechung anzuwenden hat.[26] Auch wenn versucht wurde, sich dabei an Tatbestände zu halten, die gewohnheitsrechtliche Geltung beanspruchen können, so sind die im Statut enthaltenen Texte doch legislative Schöpfungen des Sicherheitsrates.[27]

Das Jugoslawientribunal ist ein Hilfsorgan des Sicherheitsrates, das als Strafgericht fungiert, jedoch auf die Verfolgung materiell, zeitlich und räumlich eng begrenzter Verbrechen beschränkt ist. In diesem Rahmen aber kann es sich über nationale Souveränitätsschranken hinwegsetzen, wird selbst zum Kontrollorgan der nationalen Gerichtsbarkeit.[28] Im Interesse der Verfolgung von »Regierungskriminalität« ist das wünschenswert und vielleicht ideal. Ob es aber eine realistische juristische Konzeption für einen Internationalen Strafgerichtshof ist, muß wohl bezweifelt werden.[29]

Selbst wenn man erwägen würde, dieses Modell wenigstens insoweit zu verallgemeinern, daß man es als Sanktion prinzipiell gegenüber einem Aggressor zur Anwendung bringt,[30] bleiben erhebliche Zweifel. Schließlich verlangt das Konzept des humanitären Völkerrechts, daß seine Normen »unter allen Umständen uneingeschränkt auf alle durch diese Übereinkünfte geschützten Personen anzuwenden sind, und zwar ohne jede Benachteiligung, die auf Art oder Ursprung des bewaffneten Konflikts oder auf Beweggründen beruht, die von den am Konflikt beteiligten Parteien vertreten oder ihnen zugeschrieben werden«[31].

Trotz der erheblichen juristischen Bedenken kam der Beschluß des Sicherheitsrates zur Einsetzung des Jugoslawientribunals ohne Schwierigkeiten zustande.[32] Das lag offensichtlich daran, daß es sich beim Jugoslawientribunal nicht um einen Internationalen Strafgerichtshof mit allgemeiner Zuständigkeit handelt, sondern um ein Ad-hoc-Gericht. Seine Zuständigkeit ist sachlich und zeitlich begrenzt. Das Gericht kann also nie eine Kompetenz in bezug auf Handlungen von Staaten erlangen, die seine Einsetzung beschlossen haben.

Dies ist eine einmalige historische Situation. Sie ergibt sich aus der Besonderheit des bewaffneten Konflikts im ehemaligen Jugoslawien. Bislang waren in bewaffnete Konflikte, bei denen die Forderung nach einem Internationalen Strafgerichtshof laut wurde, in der Regel ständige Mitglieder des Sicherheitsrates in der einen oder anderen Weise verwickelt. Es erwies sich als unmöglich, für die Verfolgung von Kriegs- und Menschlichkeitsverbrechen eine Tatbestandsdefinition zugrunde zu legen, die nur die andere Seite erfaßte.[33] Im Fall des Jugoslawienkonfliktes konnte man jedoch eine einseitige Definition vermeiden und trotzdem unerwünschte Rückwirkungen der Internationalen Strafgerichtsbarkeit durch die geographische und zeitliche Beschränkung der Zuständigkeit des Gerichts ausschließen. So war es möglich, innerhalb von fünf Wochen das Statut für ein internationales Tribunal mit wohl einmaliger Jurisdiktion zu schaffen.

Trotz dieser Besonderheiten werden eine Reihe von Fakten, die mit der Bestätigung des Berichts des Generalsekretärs und des Statuts für das Jugoslawientribunal geschaffen wurden, wie Präzedenzentscheidungen auf alle Staaten, besonders aber auf die ständigen Mitglieder des Sicherheitsrates zurückwirken, wenn sie nicht in den Geruch kommen wollen, für Jugoslawien ein »Ausnahmerecht« und ein Gericht nur für »die anderen« geschaffen zu haben. Wir wollen auf einige Rechtstatsachen hinweisen, die sich aus dem Statut des Jugoslawientribunals ergeben, weil schon jetzt ersichtlich ist, daß sie für die Arbeiten am Statut für einen Internationalen Strafgerichtshof bedeutsam sind.

III. Die fragliche Modellfunktion des Jugoslawientribunals

Der Bericht des Generalsekretärs stellt ausdrücklich fest, daß folgende Konventionen ohne jeden Zweifel völkerrechtliches Gewohnheitsrecht geworden sind: die Genfer Konventionen von 1949, die IV. Haager Konvention mit der Landkriegsordnung von 1907 (HLKO), die Völkermordkonvention von 1948 und die Charta des Nürnberger Militärtribunals von 1945.[34] Es ist auffällig, daß hier wie in den Straftatbeständen des Statuts des Jugoslawientribunals jeder Hinweis auf die Ergänzungsprotokolle zu den Genfer Konventionen fehlt. Dabei hätte das Ergänzungsprotokoll I, gerade im Bereich seiner gewohnheitsrechtlichen Regeln, »modernere« Formulierungen für Straftatbestände geliefert als die HLKO.[35]

Offenbar scheute man nicht nur davor zurück, das Ergänzungsprotokoll I im ganzen als eine Wiedergabe von Völkergewohnheitsrecht zu beschreiben. Auch die im Art. 85 des Protokolls definierten »schweren Verletzungen« paßten nicht in die im Statut getroffene, wenig glückliche und eher überholte Unterscheidung von »schweren Verletzungen« der

Genfer Konventionen und Verletzungen der Gesetze und Gebräuche des Krieges.[36] Dabei wird eine andere Problematik der Tatbestandsbeschreibung im Statut des Jugoslawientribunals deutlich. Sie bezieht »schwere Verletzungen« der Genfer Konventionen wie Kriegsverbrechen offenbar nur auf den internationalen bewaffneten Konflikt und kennt keine Beschränkung auf besonders schwere Fälle. Beides könnte das Gericht angesichts der aus Kroatien und Bosnien berichteten Verbrechen vor schwierige Fragen stellen.[37]

Demgegenüber war die Völkerrechtskommission im Draft Code darum bemüht, nicht Kriegsverbrechen im allgemeinen zu erfassen, sondern die Tatbestände für die Zwecke des Entwurfs einzugrenzen und dadurch die Zuständigkeit eines Internationalen Strafgerichtshofes auf besonders schwere Kriegsverbrechen zu beschränken.[38] Zugleich aber wurden darin diese Tatbestände sowohl auf den internationalen wie auf den nichtinternationalen bewaffneten Konflikt bezogen.[39] Gerade der Jugoslawienkonflikt mit seiner untrennbaren Vermischung des internationalen und nichtinternationalen bewaffneten Konflikts – was für Sezessionskriege durchaus typisch ist – zeigt, wie wichtig und richtig eine solche Annäherung ist.

Auffällig ist auch, daß im Statut des Jugoslawientribunals Kriegsverbrechen wie ein Sammelsurium von anderweitig nicht erfaßten Verbrechen anmuten und in einer nichterschöpfenden Liste eher beispielhaft aufgeführt werden.[40] Man erinnert sich, daß über mehrere Jahre in der Völkerrechtskommission von zahlreichen Juristen aus Ländern, die für die Einsetzung des Jugoslawientribunals federführend waren, gerade eine nichterschöpfende Liste zur Beschreibung strafrechtlicher Tatbestände als unpräzise und völlig ungeeignet abgelehnt worden war.[41] Dabei diente die nichterschöpfende Liste im Kriegsverbrechenstatbestand der Völkerrechtskommission nur als Hinweis für das Gericht, um die Entscheidung darüber zu erleichtern, ob es sich im gegebenen Fall um eine so »schwere« Verletzung handelt, daß sie als Verbrechen im Sinne des Draft Code erfaßt werden kann und damit unter Umständen der Internationalen Strafgerichtsbarkeit und nicht oder nicht nur der nationalen Strafverfolgung unterliegt.[42]

Im Unterschied zu Kriegsverbrechen werden in Art. 5 des Statuts des Jugoslawientribunals Verbrechen gegen die Menschlichkeit unabhängig davon verboten, ob sie in einem internationalen oder nichtinternationalen bewaffneten Konflikt begangen werden. Im Kommentar zum Art. 5 beruft sich der Generalsekretär zwar auf das Nürnberger Statut,[43] übernimmt aber nicht die darin noch enthaltene Bindung des Menschlichkeitsverbrechens an Verbrechen gegen den Frieden und Kriegsverbrechen, wohl aber den völlig offenen Straftatbestand »andere unmenschliche Akte«.

Die Aufzählung der verbrecherischen Akte in Art. 6c des Nürnberger Statuts wird vom Sicherheitsrat im Statut des Jugoslawientribunals durch Folter und Vergewaltigung ergänzt. Beides zweifellos schwere Verbrechen. Was jedoch diese gemeinen Verbrechen zu Verbrechen gegen die Menschlichkeit macht, bleibt völlig offen, zumal keinerlei qualifizierendes Kriterium, das auf eine massenhafte oder systematische Begehung verweist, aufgenommen wurde.[44] Ob es jedoch sinnvoll ist, ein internationales Tribunal (theoretisch) mit einer Zuständigkeit auszustatten, die es zwingt, jeden einzelnen Mord oder Mißhandlungsfall zu verfolgen, dürfte fragwürdig sein und sich jedenfalls für einen allgemeinen Internationalen Strafgerichtshof nicht empfehlen. Hinzu kommt, daß damit für die Anklagebehörde ein außerordentlich weiter Ermessenspielraum legalisiert wird, zumal sie *ex officio* Ermittlungen einleiten kann.[45]

Das Jugoslawientribunal hat Vorrang vor nationaler Gerichtsbarkeit und kann ein Verfahren, das vor einem beliebigen Gericht anhängig ist, jederzeit an sich ziehen.[46] Es ist also berechtigt, in die Gerichtshoheit jedes Staates, nicht nur der Konfliktparteien, einzugreifen, wenn es das für richtig hält. Die Resolution des Sicherheitsrates verpflichtet alle Staaten, das zu dulden und ihre Gesetze entsprechend zu ändern.[47] Das Tribunal hat sich bereits in seinem ersten Fall auf diese Bestimmung berufen, die Änderung nicht übereinstimmender Gesetze angemahnt und darauf verwiesen, daß entgegenstehendes Landesrecht keine Rechtfertigung für die Nichterfüllung völkerrechtlicher Verpflichtungen ist.[48]

Dieses unbeschränkte Primat der internationalen Strafgerichtsbarkeit vor der nationalen Gerichtsbarkeit ist äußerst ungewöhnlich. Es wird in dieser Form zum ersten Mal eingeführt. Man darf bezweifeln, daß es zur Nachahmung stimulieren wird. Schon jetzt hat sich die Völkerrechtskommission deutlich von dieser Bestimmung distanziert. Im Kommentar zum Art. 45 ihres Entwurfes von 1993 hebt sie hervor, daß es nicht als notwendig betrachtet wurde, eine Bestimmung wie die des Art. 9 des Jugoslawientribunals aufzunehmen.[49] Im Entwurf von 1994 wird ausdrücklich unterstrichen, daß die internationale Strafgerichtsbarkeit als Ergänzung der nationalen Strafgerichtsbarkeit betrachtet wird und der Internationale Strafgerichtshof seine Strafgerichtsbarkeit nicht ausüben soll, wenn er der Meinung ist, daß die Sache von einem nationalen Strafgericht zureichend verfolgt wird (Art. 35).[50]

Das Verbot der Doppelbestrafung gilt für das Jugoslawiengericht nicht, wenn es befindet, daß ein Verfahren vor einem nationalen Gericht mit ungenügender Sorgfalt geführt wurde, nicht unparteiisch oder darauf gerichtet war, den Angeklagten vor internationaler Strafgerichtsbarkeit zu schützen.[51] Obgleich auch das eine sehr weitreichende Vollmacht für das

Tribunal darstellt, die in den bisherigen Diskussionen der Völkerrechtskommission undenkbar war, ist die Kommission bereits 1993 in ihrem Entwurf in Art. 45 dem Beispiel des Statuts des Jugoslawientribunals gefolgt und hat diese Position 1994 in Art. 42 des Entwurfs aufrechterhalten. Allerdings haben einige Mitglieder nach wie vor eine solche Regelung abgelehnt, weil auf diese Weise ein Eingriff in die nationale Gerichtsbarkeit zugelassen wird, der als nicht annehmbare Beschränkung der staatlichen Souveränität betrachtet wird.[52] Dieser Einwand ist kaum überzeugend, wenn das Gericht aufgrund der Zustimmung der beteiligten Staaten tätig wird. Er behält jedoch sein Gewicht, wenn das Gericht auf Anordnung des Sicherheitsrates ohne Zustimmung der beteiligten Staaten handelt.[53]

Die Strafandrohung für die einzelnen Verbrechen ist im Statut des Jugoslawientribunals nicht spezifiziert. Bei der Diskussion dieser Problematik im Zusammenhang mit dem Draft Code in der Völkerrechtskommission hielten viele Mitglieder und eine große Zahl von Staaten im 6. Ausschuß der Generalversammlung eine genau spezifizierte Strafandrohung für jeden Tatbestand für notwendig, um dem Grundsatz *nulla poena sine lege* zu genügen.[54] Die jetzt auch im Entwurf der Völkerrechtskommission für einen Internationalen Strafgerichtshof vorgesehene pauschale Strafandrohung (Art. 47), die nur die Todesstrafe ausschließt, genügte vielen nicht.

Demgegenüber glaubte der Sicherheitsrat, daß man dem Gebot *nulla poena sine lege* zur Genüge Rechnung trage, wenn die Todesstrafe ausgeschlossen wird und das Gericht gehalten ist, sich bei der Strafzumessung von Freiheitsstrafen an der Praxis der früheren jugoslawischen Gerichte zu orientieren.[55] Eine ebenso einfache wie praktische Regel. Man wird sehen, ob sie bei den Staaten, die keine Möglichkeit hatten, an der Ausarbeitung des Statuts des Jugoslawientribunals mitzuwirken, auf Zustimmung stößt und ob sie von den Sicherheitsratsmitgliedern in der Völkerrechtskommission und der Generalversammlung auch für den Draft Code oder das Statut eines allgemeinen Internationalen Strafgerichtshofes akzeptiert wird.

Das Statut des Jugoslawientribunals geht davon aus, daß alle Staaten verpflichtet sind, beschuldigte Personen festzunehmen und an das Tribunal zu übergeben oder zu überstellen.[56] Zwar wird der Terminus Auslieferung vermieden, aber eine Übergabe oder Überstellung läuft praktisch auf eine Auslieferung hinaus. Es liegt in der Hand des Gerichts, eine Strafe auszusprechen und zu entscheiden, in welchen Staat der Verurteilte zum Vollzug der Strafe verbracht wird. Mehr noch, das Statut kennt nicht einmal den Grundsatz der Spezialität, der das Auslieferungsrecht beherrscht. Das Tribunal ist nicht an einen bestimmten Verbrechenstatbestand, für den die Überstellung verlangt wurde, gebunden. Es wird auch nicht erklärt, warum das Recht der Staaten, anstelle der Auslieferung selbst ein Strafverfahren durchzuführen, praktisch aufgehoben wird. Das bedeutet zugleich auch einen weitgehenden Eingriff in multilaterale Verträge.

Es wird konsequent das Primat der internationalen Strafgerichtsbarkeit gegenüber der nationalen Gerichtsbarkeit durchgesetzt. Wenn die Staatsanwaltschaft von sich aus Ermittlungsverfahren einleiten und das Tribunal sogar in jedes schwebende Verfahren eingreifen kann, dann gibt es in der Tat keinen Grund, den Staaten im Falle eines Überstellungsersuchens des Tribunals noch die Wahl der Eröffnung eines Verfahrens vor einem nationalen Gericht zu überlassen. Es ist allerdings schwierig zu begründen, woher der Sicherheitsrat das Recht nimmt, in dieser Weise in die Souveränität von Staaten, die nicht einmal am Konflikt beteiligt sind, einzugreifen und Regelungen bestehender Verträge zu negieren. Der magische Hinweis auf Kapitel VII der Charta erscheint für eine so weitreichende internationale Gesetzgebung denn doch zu mager.

IV. Ein realistischer Entwurf für einen Internationalen Strafgerichtshof

Offensichtlich hat die Einsetzung des Jugoslawientribunals durch den Sicherheitsrat das internationale Klima für die Schaffung eines Internationalen Strafgerichtshofes verbessert und die Völkerrechtskommission ermutigt, die Arbeiten am Statut zu beschleunigen. Jedenfalls hat die Völkerrechtskommission in ihrem Bericht über die 45. Sitzung der 48. UN-Generalversammlung einen vollständigen Statutenentwurf für einen Internationalen Strafgerichtshof vorgelegt.[57] Dieser Entwurf hat ein intensives Echo bei den Staaten ausgelöst.[58] Aufgrund dieser Diskussion und weiterer Überlegungen hat die Völkerrechtskommission auf ihrer 46. Sitzung den Entwurf grundlegend überarbeitet und der 49. Generalversammlung eine neue Fassung unterbreitet.[59]

Auch wenn es nicht mehr die reine Minivariante ist, so bleibt die Völkerrechtskommission doch prinzipiell bei ihrer Konzeption, daß ein Internationaler Strafgerichtshof durch einen völkerrechtlichen Vertrag geschaffen werden sollte und seine Kompetenz auf der Zustimmung der Staaten beruhen muß. Sobald der Gerichtshof allerdings einmal geschaffen ist, soll er auch dem Sicherheitsrat jederzeit anstelle eines Ad-hoc-Gerichts zur Verfügung stehen.

Der Internationale Strafgerichtshof wird als eine permanente Institution konzipiert, die jedoch nur zusammentritt, wenn sie einen Fall zu behandeln hat (Art. 4). Er besteht aus dem Gericht, einer Anklagebehörde und der Registratur (Art. 5). Das Gericht soll aus 18 unabhängigen Richtern bestehen, die auf 9 Jahre durch Mehrheitsentscheid der Vertragsstaaten gewählt werden (Art. 6). Die Richter wählen ihrerseits mit absoluter Mehrheit einen Präsidenten und zwei Vizepräsidenten (Art. 8). Auch der Leiter der Anklagebehörde und sein Vertreter werden durch Mehrheitsbeschluß der Vertragsstaaten gewählt (Art. 12). Das Gericht wendet das Recht des Statuts, geltende völkerrechtliche Verträge sowie Regeln und Prinzipien des allgemeinen Völkerrechts an. Als subsidiäre Quelle kann es sich auch auf geltendes Landesrecht stützen (Art. 33).

Ein Fall kann grundsätzlich nur von Staaten, die die Zuständigkeit des Gerichtshofes für die Verfolgung des betreffenden Verbrechens akzeptiert haben (Art. 25), oder von dem Sicherheitsrat vor den Gerichtshof gebracht werden (Art. 23).[60]

Neben den Vertragsstaaten hat jedoch auch der Sicherheitsrat das Recht, dem Gericht einen Fall, für den es sachlich zuständig sein könnte, vorzulegen (Art. 23). Dies ist eine Neuregelung.[61] Sie hängt einmal damit zusammen, daß der Entwurf der Völkerrechtskommission jetzt ausdrücklich das Aggressionsverbrechen als möglichen Tatbestand für die Jurisdiktion des Gerichts vorsieht, zum anderen aber muß man darin auch eine Reaktion der Völkerrechtskommission auf die Einsetzung des Jugoslawientribunals durch den Sicherheitsrat sehen. Ausdrücklich wird im Kommentar zum Art. 25 des Entwurfs von 1993 gesagt, daß eine solche Regelung für notwendig gehalten wurde, um dem Sicherheitsrat die Möglichkeit zu schaffen, eine Sache der internationalen Strafgerichtsbarkeit zu übergeben. Sie träte dann an die Stelle eines Ad-hoc-Strafgerichtshofs, und in Zukunft könnte so die Einsetzung von Ad-hoc-Gerichten durch den Sicherheitsrat entbehrlich werden.[62]

Das Gericht tagt in Kammern (Art. 38).[63] Das Statut sieht die Möglichkeit von Berufungen vor, die von einer aus sieben Richtern bestehenden Berufungskammer unter Vorsitz des Präsidenten oder Vizepräsidenten behandelt werden (Art. 9, 48, 49). Die Vertragsstaaten verpflichten sich, die Urteile des Gerichts anzuerkennen und durchzuführen (Art. 57, 58).

Wir wollen uns im folgenden darauf beschränken zu erörtern, wie einige der Hauptprobleme im Entwurf behandelt werden, die sich im Zusammenhang mit der Schaffung eines Internationalen Strafgerichtshofes stellen. Im wesentlichen geht es um Fragen der Jurisdiktion, des Verhältnisses zur nationalen Gerichtsbarkeit und des Verfahrens.

1. *Eine Mischung von konkurrierender und obligatorischer Gerichtsbarkeit*

Gerade bei der Regelung der Zuständigkeit des Gerichtshofes hat der vorliegende Entwurf zu wesentlichen Verbesserungen geführt und die umständlichen Varianten der ersten Annäherung überwunden. Der derzeitige Vorschlag ist sowohl vorwärtsweisend als auch genügend realistisch, so daß er mit weitgehender Unterstützung rechnen kann. Dabei wurde das ursprüngliche Konzept nur in Umrissen aufrechterhalten und eher akademische Unterscheidungen wurden aufgegeben.

Es gibt eine klare Orientierung, daß der Gerichtshof nur für schwere Verbrechen mit internationaler Betroffenheit zuständig und die bestehende nationale Gerichtsbarkeit insoweit ergänzen soll, als sie ungenügend oder überhaupt nicht wirksam wird (Präambel). Aufgegeben wurde auch die absolute Trennung zwischen Teilnahme am Statut des Internationalen Strafgerichtshofes und der Anerkennung seiner Jurisdiktion, die den Entwurf von 1993 unnötig belastete. Nur Staaten, die das Statut ratifiziert haben, können den Gerichtshof anrufen (Art. 25).[64]

Die sachliche Zuständigkeit des Internationalen Strafgerichtshofes erfaßt zwei Verbrechenskategorien, solche des allgemeinen Völkerrechts und solche des Völkervertragsrechts (Art. 20). Im Unterschied zum Entwurf von 1993 werden die Verbrechen des allgemeinen Völkerrechts genau bezeichnet (nicht definiert).[65] Es handelt sich um Völkermord, Aggression, schwere Kriegsverbrechen und Verbrechen gegen die Menschlichkeit (Art. 20 Abs. 1).

Damit sind vier internationale Verbrechen genannt, die nach heute geltendem Völkerrecht strafbar sind und deren Strafbarkeit nicht auf vertragliche Vereinbarung reduziert werden kann. Auch wenn die Nürnberger Kategorien – Verbrechen gegen den Frieden, Kriegsverbrechen, Verbrechen gegen die Menschlichkeit – nicht direkt übernommen werden, ist die Anknüpfung an Nürnberg unverkennbar. In ähnlicher Weise hatte bereits das Statut des Jugoslawentribunals mit Völkermord, Kriegs- und Menschlichkeitsverbrechen die Nürnberger Tatbestände, wenn auch zum Teil mit eigenen Definitionen, wiederaufgenommen. Der Entwurf der Völkerrechtskommission beschränkt sich auf die Bezeichnung der Verbrechen. Die Tatbestandsbeschreibung verbleibt im allgemeinen Völkerrecht[66] beziehungsweise in völkerrechtlichen Verträgen. Hinzugenommen wurde wieder das Aggressionsverbrechen, der Kern des Verbrechens gegen den Frieden, das in vielen früheren Entwürfen aus politischen Gründen ausgeklammert wurde. Zu Recht wird im Kommentar gesagt, daß »ein Gericht heute in einer wesentlich besseren Position sein muß, das Aggressionsverbrechen des Völkergewohnheitsrechts zu bestimmen, als das Nürnberger Tribunal 1946. Es würde als Rückschritt angesehen werden, 50 Jahre nach Nürnberg die individuelle strafrechtliche Verantwortlichkeit für das Aggressionsverbrechen (aus der Zuständigkeit des Gerichts) auszuschließen.«[67]

Die zweite Kategorie sind Verbrechen, die in völkerrechtlichen Verträgen definiert worden sind (Art. 20 Abs. 2). Sie werden durch eine Aufzählung im Annex näher bezeichnet und umfassen: die vier Genfer Konventionen von 1949; das Ergänzungsprotokoll (I) zu den Genfer Konventionen von 1949 vom 8. Juni 1977; die Konvention über die rechtswidrige Inbesitznahme von Luftfahrzeugen von 1970; die in Art. 1 der Konvention zur Bekämpfung rechtswidriger Handlungen gegen die Sicherheit der Zivilluftfahrt definierten Verbrechen (23. September 1971); Apartheid und verwandte Verbrechen, wie in Artikel 2 der Konvention über die Unterdrückung und Bestrafung des Apartheidverbrechens definiert (30. November 1973); die in Art. 2 der Konvention über die Verhütung, Verfolgung und Bestrafung von Straftaten gegen völkerrechtlich geschützte Personen einschließlich Diplomaten definierten Verbrechen (14. Dezember 1973); die in Art. 1 der Konvention gegen Geiselnehmer definierten Verbrechen (17. Dezember 1979); die gemäß Art. 4 der Antifolterkonvention von 1984 mit Strafe bedrohte Folter; die in Art. 3 der Konvention zur Unterdrückung rechtswidriger Handlungen gegen die Sicherheit der Seeschiffahrt definierten Verbrechen sowie die Verbrechen, die in Art. 2 des Protokolls zur Unterdrückung rechtswidriger Handlungen gegen die Sicherheit feststehender Plattformen im Festlandsockel (10. März 1988) definiert sind; das Verbrechen des Drogenhandels gemäß Art. 3 Abs. 1 der Konvention gegen den Drogenhandel vom 20. Dezember 1988, wenn es eine internationale Dimension hat.

Damit wurde die zweifelhafte Unterscheidung zwischen Verbrechen, die in internationalen Verträgen definiert werden und solchen besonders schweren Verbrechen nach nationalem Recht, deren Straftatbestände der Durchsetzung multilateraler Verträge dienen, aufgegeben.[68] Für alle vertraglich definierten Verbrechen wird ausdrücklich noch einmal betont, daß sie nur dann in die Zuständigkeit des Internationalen Strafgerichtshofes fallen, wenn es sich »um außerordentlich ernste Verbrechen mit internationaler Betroffenheit handelt« (Art. 20 Abs. 2). Auf diese Weise wird unterstrichen, daß die Gerichtsbarkeit des Internationalen Strafgerichtshofes als eine komplementäre Gerichtsbarkeit zur nationalen konzipiert ist. In Übereinstimmung damit hat der Internationale Strafgerichtshof zum Beispiel das Recht, die Ausübung seiner Jurisdiktion abzulehnen, wenn er feststellt, daß die Schwere des Falles ein Tätigwerden des Gerichts nicht rechtfertigt (Art. 35 c).

Voraussetzung für die Ausübung der Jurisdiktion des Internationalen Strafgerichtshofes ist, daß der Gerichtshof in einer Sache angerufen wird, für die er sachlich zuständig ist. Dies kann jederzeit durch den Sicherheitsrat geschehen (Art. 23)[69], im Falle eines Aggressionsverbrechens jedoch nur, wenn der Sicherheitsrat zuvor das Vorliegen einer Aggression gemäß Art. 39 der UN-Charta festgestellt hat.

Staaten können den Gerichtshof anrufen, wenn sie das Statut ratifiziert und – in bezug auf Völkermord – Teilnehmer der Völkermordkonvention sind (Art. 21 Abs. 1; 25 Abs. 1) oder die Zuständigkeit des Gerichtshofes für die Strafverfolgung des Verbrechens durch besondere Deklaration anerkannt haben (Art. 22; 25 Abs. 2).[70]

Im letzten Fall, also bei vertraglich definierten Verbrechen, hängt die Ausübung der Jurisdiktion zudem davon ab, daß außer dem beschwerdeführenden Staat auch der Staat, in dessen Gewahrsam sich der Beschuldigte befindet, sowie der Staat, auf dessen Territorium das Verbrechen begangen wurde, die Jurisdiktion des Internationalen Strafgerichtshofes anerkannt haben (Art. 21).[71]

Damit sind die Voraussetzungen für die Ausübung der Gerichtsbarkeit gegenüber früheren Entwürfen wesentlich vereinfacht und im Grunde einheitlich geregelt worden, was sehr zu begrüßen ist. Allerdings bleibt, wie bereits im Entwurf von 1993, die strafrechtliche Verfolgung einer Person wegen eines Aggressionsverbrechens auch jetzt (Art. 23 Abs. 2) von der vorherigen Feststellung des Sicherheitsrates abhängig, daß der betreffende Staat einen Aggressionsakt begangen hat.[72]

2. *Weitreichende Kompetenzen für den Sicherheitsrat*

Der Sicherheitsrat erhält durch Art. 23 Abs. 2 eine beträchtliche Kompetenz. Zwar wird auf diese Weise ein Konflikt zwischen einer Entscheidung des Gerichts und dem Sicherheitsrat verhindert. Dabei wird jedoch hingenommen, daß – wie oben erwähnt – die strafrechtliche Verfolgung für das Verbrechen der Aggression durch den Internationalen Gerichtshof davon abhängig gemacht wird, daß der Sicherheitsrat zuvor eine Entscheidung über das Vorliegen eines Aggressionsaktes getroffen hat. Da ein Aggressionsakt oder eine Aggression aber ein tatsächlicher Vorgang ist, dessen Existenz nicht von einer Feststellung des Sicherheitsrates abhängt, bedeutet dies, daß die für eine Aggression Verantwortlichen nicht vor einen Internationalen Strafgerichtshof gestellt werden können, wenn der Sicherheitsrat – aus welchen Gründen auch immer – nicht zuvor festgestellt hat, daß eine Aggression vorliegt. Jedes ständige Mitglied des Sicherheitsrates soll danach durch sein Veto die Strafverfolgung wegen eines Aggressionsverbrechens verhindern können. Eine bedenkliche politische Abhängigkeit internationaler Strafjustiz von politischen Konstellationen im Sicherheitsrat.

Dem Sicherheitsrat ist noch auf andere Weise eine wesentliche Einflußnahme auf die Zuständigkeit des Gerichts zugesichert. Gemäß Art. 23 kann er einzelne Fälle, für die eine sachliche Zuständigkeit des Gerichts gegeben ist, von sich aus dem Gerichtshof übertragen, das heißt ohne daß die betreffenden Staaten das Statut ratifiziert oder die Zuständigkeit des Gerichts akzeptiert haben. Damit wird dem Sicherheitsrat eingeräumt, auf ein bestehendes internationales Strafgericht zurückzugreifen, wenn er eine Strafverfolgung anordnen will.[73] An die Stelle der Einsetzung eines Ad-hoc-Gerichts tritt die Ad-hoc-Entscheidung zur internationalen Strafverfolgung. Man war der Meinung, daß eine solche Kompetenz besser und weniger fragwürdig sei als die Einsetzung eines Ad-hoc-Gerichts durch den Sicherheitsrat (wie im Falle Jugoslawiens oder Ruandas).[74] Das mag richtig sein. Jedoch nimmt man dann in Kauf, daß ein politisches Organ einzelne Personen eines Verbrechens verdächtigen und vor Gericht bringen kann.[75] Andererseits wird damit dem Sicherheitsrat nur gestattet, was jeder Staat auch einzeln kann, der das Statut ratifiziert und die sachliche Zuständigkeit des Gerichts für das in Betracht kommende Verbrechen anerkannt hat (Art. 21, 22, 25).

Allerdings darf man nicht verkennen, daß auch im Entwurf der Völkerrechtskommission die Position des Sicherheitsrates wesentlich stärker ist als die jedes einzelnen Vertragsstaates. Im Unterschied zu den Staaten ist der Sicherheitsrat (Art. 23) nicht davon abhängig, daß eine materielle oder personelle Jurisdiktion des Gerichtshofes durch spezielle Erklärungen einzelner Staaten begründet worden ist. Für ihn genügt es, daß der Gerichtshof durch Ratifikation der Staaten ins Leben gerufen worden ist. Selbst wenn noch kein Staat irgendeine Erklärung zur Anerkennung der sachlichen Zuständigkeit nach Art. 22 abgegeben hat, kann er dann jedes im Art. 20 beschriebene Verbrechen, auch wenn Staaten betroffen sind, die das Statut gar nicht ratifiziert haben, an den Gerichtshof überweisen und allein damit dessen sachliche und personelle Jurisdiktion begründen. Auf diese Weise kann der Internationale Strafgerichtshof vom Sicherheitsrat jederzeit wie ein Ad-hoc-Gericht genutzt werden. Dagegen könnten sich Staaten nicht einmal durch Nichtratifikation des Statuts wehren. Darüber hinaus kann der Sicherheitsrat sogar verhindern, daß der Gerichtshof in einer Sache tätig wird, wenn der Sicherheitsrat in bezug auf die gegebene Situation (z. B. weil sie ein ständiges Mitglied betrifft) nicht festgestellt hat, daß es sich um eine Bedrohung oder Verletzung des Friedens gemäß Kapitel VII handelt (Art. 23 Abs. 3). Angesichts der geradezu willkürlichen Auslegung der Kompetenz des Sicherheitsrates nach Kapitel VII, die wir in letzter Zeit erleben, ist das eine höchst fragwürdige Bestimmung. Sie schließt zwar widersprüchliche Grundentscheidungen zwischen Gerichtshof und Sicherheitsrat aus, verstärkt aber die politische Abhängigkeit der Tätigkeit des Internationalen Strafgerichtshofes in bedenklicher Weise.

Man darf annehmen, daß diese Fragen sicher noch weitere Diskussionen hervorrufen werden, zumal die vorgeschlagene Regelung die Privilegien der ständigen Mitglieder des Sicherheitsrates nicht einschränkt, sondern wesentlich erweitert. Sie wäre wesentlich überzeugender, wenn die ständigen Mitglieder des Sicherheitsrates ihre Bereitwilligkeit verkünden würden, wenigstens in Sachen der internationalen Strafgerichtsbarkeit auf ihr Vetorecht zu verzichten.

Allerdings bleibt auch bei der jetzigen Regelung dem Gericht eine gewisse Entscheidungsfreiheit. Auch wenn ein Fall vom Sicherheitsrat an das Gericht übergeben wird, liegt es in der Verantwortung der Anklagebehörde, ob sie Anklage erhebt oder nicht, und das Gericht wird (theoretisch) in seiner Rechtsprechung nicht präjudiziert.

3. *Das Verhältnis zur nationalen Gerichtsbarkeit*

Der Entwurf der Völkerrechtskommission vermeidet es, von konkurrierender, ausschließlicher oder originärer Jurisdiktion zu sprechen. Aber er kann auf diese Weise natürlich nicht die damit zusammenhängenden Probleme der Abgrenzung zwischen nationaler und internationaler Strafgerichtsbarkeit umgehen oder gar lösen. Jedoch wird bereits in der Präambel eine prinzipielle Orientierung gegeben. Sie macht deutlich, daß für die internationale Strafgerichtsbarkeit kein Primat in Anspruch genommen wird, daß sie vielmehr als Ergänzung der nationalen Gerichtsbarkeit verstanden werden will, die sich auf die Verfolgung besonders schwerer internationaler Verbrechen beschränkt. Diese prinzipielle Orientierung wird in einer Reihe von Artikeln konkretisiert. Verwiesen sei auf die Art. 20 Abs. 2; 35 und 39.[76]

Im Zusammenhang mit der Regelung des Verbots der Doppelbestrafung war die Kommission der Meinung, daß eine Bestimmung wie die in Art. 9 des Statuts des Jugoslawientribunals (über das Primat der Internationalen Strafgerichtsbarkeit) nicht notwendig sei, weil die Jurisdiktion nationaler Gerichte im Kommissionsentwurf nicht berührt werde, es sei denn, der Internationale Strafgerichtshof habe tatsächlich Strafhoheit ausgeübt.[77] Offenbar sollte damit gesagt werden, daß eine internationale Strafgerichtsbarkeit in Übereinstimmung mit dem Statut nur nach Zustimmung durch den betreffenden Staat möglich ist und infolgedessen Konflikte nicht entstehen können. Das ist jedoch nicht überzeugend, nicht nur weil die Zuständigkeit auch ohne Zustimmung des Staates durch den

Sicherheitsrat begründet werden kann, sondern auch weil das Verbot der Doppelbestrafung nur die Situation nach einem Urteil betrifft.

Auf diese Weise lassen sich aber Konkurrenzfragen nicht regeln, die vor oder während eines Verfahrens liegen. Wenn zum Beispiel ein Staat die sachliche Zuständigkeit des Gerichts für schwere Verletzungen der Genfer Konventionen in einer allgemeinen Erklärung anerkannt hat, so hat er damit seine nationale Jurisdiktion nicht aufgegeben. Er könnte jederzeit selbst ein Verfahren gegen einen seiner Staatsbürger wegen solcher Verbrechen eröffnen (selbst *in absentia*). Gleichzeitig oder wenig später könnte der Internationale Strafgerichtshof in der gleichen Sache ein Verfahren aufgrund des Antrags eines Vertragsstaates eröffnen, auf dessen Territorium sich der Beschuldigte befindet. Soll dann die Jurisdiktion des Internationalen Strafgerichtshofes davon abhängen, daß der Heimatstaat des Beschuldigten das Verfahren einstellt? Oder was soll geschehen, wenn ein Vertragsstaat ein Verfahren hinsichtlich Verbrechen, die unter Art. 20 fallen, eröffnet hat und der Sicherheitsrat danach beschließt, die gleiche Sache an den Internationalen Strafgerichtshof zu übergeben (oder umgekehrt)?

Es scheint, daß man für solche und ähnliche Fälle eine Regel braucht, die bestimmt, welches Verfahren Vorrang genießen soll. Die Regelung über das Verbot der Doppelbestrafung *(ne bis in idem)* in Art. 42 wird allein nicht ausreichen, weil sie ein abgeschlossenes Verfahren, eine Verurteilung oder einen Freispruch voraussetzt. Auch der neu eingeführte Art. 35 wird nicht in all diesen Fällen Abhilfe schaffen können. Er gibt dem Internationalen Strafgerichtshof die Möglichkeit, auf die Ausübung seiner Strafhoheit zu verzichten, wenn er der Meinung ist, daß der Fall bereits gehörig von einem nationalen Gericht untersucht wurde oder wird. Außerdem berechtigt Art. 34 dazu, die Zuständigkeit des Internationalen Strafgerichtshofes anzufechten.

Für das Verbot der Doppelbestrafung wird in Art. 42 des Entwurfes der Völkerrechtskommission die Regelung des Art. 10 des Jugoslawientribunals übernommen.[78] Diese Regelung stützt sich aber auf das Primat der Internationalen Strafgerichtsbarkeit, das in Art. 9 des Statuts des Jugoslawientribunals ausdrücklich formuliert wurde.[79] Danach ist ein erneutes Verfahren vor dem Internationalen Strafgerichtshof gestattet, wenn das Verbrechen vor dem nationalen Gericht als gemeines Verbrechen qualifiziert oder das Verfahren nicht sorgfältig bzw. nicht unparteiisch durchgeführt wurde oder den Beschuldigten vor internationaler strafrechtlicher Verantwortlichkeit schützen sollte.

Wie immer bedingt, wird damit dem Internationalen Strafgerichtshof für die hier in Betracht kommenden Verbrechen ein Kontroll- oder Revisionsrecht über nationale Gerichtsbarkeit übertragen. Das ist im Statut des Jugoslawientribunals, das ausdrücklich das Primat der internationalen Gerichtsbarkeit statuiert, nicht verwunderlich. Im Entwurf der Völkerrechtskommission, der es vermeidet, von einem solchen Primat zu sprechen, ist es jedoch überraschend. Trotzdem erscheint diese einschränkende Regelung des Verbots der Doppelbestrafung sinnvoll. Sie markiert die Grenzen des Verbots der Doppelbestrafung im internationalen Recht.

Diese Problematik hatte die Völkerrechtskommission bereits im Zusammenhang mit Art. 9 des Draft Code beschäftigt.[80] Dort war die Situation insofern komplizierter, als man es nicht nur mit dem Verhältnis von nationaler und internationaler Strafgerichtsbarkeit zu tun hatte. Im Rahmen der universellen Strafhoheit hatte man auch das Verhältnis verschiedener nationaler Gerichte zueinander zu berücksichtigen. Der Grundgedanke war jedoch der gleiche. Man wollte verhindern, daß Täter durch Scheinverfahren vor nationalen Gerichten mit Hilfe des Verbots der Doppelbestrafung vor der strafrechtlichen Verantwortlichkeit geschützt würden.

Obgleich die in Art. 42 vorgesehene Regelung eine mißbräuchliche Doppelbestrafung nahezu ausschließt, wird auch sie auf heftigen Widerstand stoßen. Er wird einerseits von Staaten kommen, die den Grundsatz *ne bis in idem* bereits als völkerrechtliche Regel interpretieren, die das Verhältnis zwischen nationalen Rechtsordnungen regelt, und andererseits von solchen Staaten, die jede Kompetenz eines Internationalen Strafgerichtshofes zur Überprüfung oder Korrektur nationaler Urteile als unzulässige Einmischung in nationale Souveränität ablehnen.[81] Man wird hier mit hartnäckigem Widerstand zu rechnen haben, obgleich man offenbar davon ausgehen kann, daß im Unterschied zum Art. 10 des Jugoslawientribunals der Gerichtshof im Falle des Art. 42 nicht ohne Antrag eines anderen Staates, nicht *proprio motu* tätig werden kann. Wie in Art. 9 des Draft Code wird auch hier ein Antrag für ein erneutes Verfahren im Grunde nur von besonders interessierten Staaten gestellt werden. Das wird in der Regel entweder der Staat sein, dessen Staatsbürger von einem ausländischen Staat verurteilt wurde, oder der Staat, auf dessen Territorium die Tat begangen wurde, oder der Opfer des Verbrechens war und der der Meinung ist, daß das Verbrechen nur scheinbar oder unzureichend verfolgt worden ist. Vielleicht sollte man eine solche Beschränkung ausdrücklich vorsehen. Jedenfalls eröffnet Art. 42 dem Internationalen Strafgerichtshof die Möglichkeit, korrigierend in nationale Gerichtsbarkeit einzugreifen, wenn dies beantragt und für nötig gehalten wird. Es wäre erstaunlich, wenn das ohne Widerspruch hingenommen würde, nachdem noch vor kurzer Zeit der Spezialberichterstatter der Völkerrechtskommission dergleichen durch eine ausdrückliche Bestimmung unmöglich zu machen suchte.[82]

Eine andere Situation, in der unterschiedliche Jurisdiktionen konkurrieren können, ist im Zusammenhang mit der Durchführung von Haftbefehlen und Auslieferungs- oder Überstellungsgesuchen des Internationalen Strafgerichtshofes möglich. Auch Art. 53 des Entwurfs der Völkerrechtskommission spricht wie Art. 29 des Jugoslawientribunals von Überstellung und vermeidet den Terminus Auslieferung. Jedoch wird in Art. 53 vermieden, eine allgemeine Rechtspflicht der Staaten zur Ausführung der Beschlüsse des Gerichts einzuführen und damit das geltende Auslieferungsrecht einfach auszuhebeln. Außerdem wird im Unterschied zum Statut des Jugoslawientribunals in Art. 54 des Entwurfs der Völkerrechtskommission ausdrücklich und eindeutig das für die Auslieferung im allgemeinen gültige Prinzip der Spezialität für die Überstellung eines Beschuldigten an das Gericht übernommen.

Offengelassen ist im Art. 53 der Fall, daß der Sicherheitsrat ein Verbrechen oder eine Gruppe von Verbrechen dem Gericht zur Strafverfolgung übergibt. Zwar kann der Registrator einen Haftbefehl allen Staaten zur Kenntnis geben, aber es wird im Gegensatz zu Art. 29 des Statuts des Jugoslawientribunals damit keine Verpflichtung von Nichtvertragsstaaten zur Überstellung des Beschuldigten begründet (Art. 53 Abs. 1). Im übrigen werden drei Situationen unterschieden. Die Aufforderung des Gerichts, einen Beschuldigten zu übergeben, ergeht:

a) an eine Vertragspartei, die die Jurisdiktion des Gerichts für das betreffende Verbrechen akzeptiert hat. In diesem Fall ist der Staat verpflichtet, den Haftbefehl auszuführen und die Person an das Gericht zu überstellen (Art. 53 Abs. 2a);[83] für diesen Fall gilt gemäß Art. 51 Abs. 3 auch die Verpflichtung, unverzüglich Anforderungen des Gerichts im Wege der Rechtshilfe zu erfüllen;[84]

b) an eine Vertragspartei, die zwar auch Partei des Vertrages ist, in dem das Verbrechen definiert wird, die aber nicht die Zuständigkeit des Gerichts anerkannt hat. In diesem Fall muß der Staat, wenn er sich entscheidet, die Person nicht an das Gericht zu überstellen, selbst ein Verfahren einleiten. Hier wird keine Priorität für die internationale Strafgerichtsbarkeit geltend gemacht. Dies entspricht dem Grundsatz *aut dedere aut iudicare*, der im allgemeinen Verträge beherrscht, die internationale Verbrechen definieren (Art. 53 Abs. 2b);

c) an eine Vertragspartei, die nicht Partner des Vertrages ist, in dem das Verbrechen definiert wird. Hier soll der Staat erwägen, ob er in Übereinstimmung mit seiner Verfassung Maßnahmen ergreifen kann, den Haftbefehl auszuführen und die Person zu überstellen (Art. 53 Abs. 2 c).

Es wird also – abgesehen vom Fall a), der auf der Zustimmung des Staates beruht – nicht versucht, durch das Statut neue Auslieferungsregeln zu schaffen oder bestehende zu ändern. Die vorgeschlagene Regelung ist in Übereinstimmung mit der allgemeinen Konzeption der Völkerrechtskommission strikt auf dem Konsensprinzip aufgebaut. Sie vermeidet weitgehend, ein Primat für den Internationalen Strafgerichtshof zu fordern oder zu statuieren. Dem entsprechen auch die Regeln in den Abs. 4, 5 und 6 des Art. 53, in denen der Souveränität des ersuchten Staates größtenteils Rechnung getragen wird. Zwar muß ein Vertragsstaat, der die Jurisdiktion des Gerichtes anerkannt hat, dem Überstellungsersuchen des Gerichts Vorrang vor einem Auslieferungsersuchen eines anderen Vertragsstaates geben, jedoch hat dieser die Möglichkeit, über die Art. 34 und 35 die Gerichtsbarkeit des Internationalen Strafgerichtshofs anzufechten.

4. Grundlagen für internationales Strafprozeßrecht

Im Unterschied zum Statut des Jugoslawientribunals, das nur dürftige Verfahrensregeln enthält,[85] die konkrete Regelung des Ermittlungsverfahrens, des gerichtlichen Verfahrens und des Beweisrechts in weiten Teilen dem Tribunal überläßt,[86] hat die Völkerrechtskommission ihren Entwurf mit relativ ausführlichen Verfahrensregeln ausgestattet. Zwar ist auch hier das Gericht berechtigt, weitere Verfahrensregeln zu beschließen (Art. 19), jedoch enthält bereits das Statut eine so weitgehende Verfahrensregelung, daß damit die Umrisse einer internationalen Strafprozeßordnung klar vorgegeben sind. Außerdem bedürfen die ersten Verfahrensregeln, die das Gericht innerhalb von 6 Monaten ausarbeiten muß, der Zustimmung der Vertragsstaaten (Art. 19 Abs. 2).

Die Art. 25–31 betreffen im wesentlichen die Anklagebehörde sowie das Ermittlungsverfahren und geben der Sicherung der Rechte des Angeschuldigten bzw. Beschuldigten breiten Raum.

Das gerichtliche Verfahren ist in den Art. 32–47 klar vorgezeichnet. Die Art. 43 und 44 sind dem Beweisrecht gewidmet. Ausdrücklich wird festgelegt (Art. 44 Abs. 4), daß Beweise, die unter ernsthafter Verletzung des Statuts oder völkerrechtlicher Regeln (einschließlich völkerrechtlich geschützter Menschenrechte) erworben wurden, nicht zugelassen werden dürfen. Das schließt insbesondere durch Folter erpreßte Geständnisse als Beweis aus, ist aber nicht darauf beschränkt.[97] Für eine Regelung durch das Gericht offengelassen wurde die Form der möglichen Beweise. In Art. 43 werden jedoch elektronische und andere Mittel ausdrücklich zugelassen, die gerade bei Kriegs- und Menschlichkeitsverbrechen von erheblicher Bedeutung sein können.[88]

Ausführlicher als im Statut des Jugoslawientribunals und im Draft Code werden die Rechte des Angeklagten umschrieben (Art. 37–41). Dabei wird im Art. 39 noch einmal dem Prinzip *nullum crimen sine lege* besondere Aufmerksamkeit gewidmet, obgleich dies im Grunde bereits durch die Definition der sachlichen Zuständigkeit des Gerichts im Art. 20 weitgehend vorgegeben wurde. Im Art. 39 wird ausdrücklich betont, daß die Tat oder Unterlassung zur Zeit ihrer Begehung ein Verbrechen nach Völkerrecht sein mußte. Dabei gab es unterschiedliche Auffassungen, ob es im Falle der durch internationalen Vertrag definierten Verbrechen (Art. 20 Abs. 2) genügt, daß der Vertrag für das betreffende Land in Kraft getreten war oder ob es zusätzlich notwendig sei, daß seine Bestimmungen durch das Landesrecht anwendbar gemacht wurden. Diese Problematik entsteht auf dem Hintergrund des vielfach von den Staaten angewandten dualistischen Systems, demzufolge völkerrechtliche Verträge neben der Ratifikation einer speziellen Transformation ins Landesrecht bedürfen, um für den einzelnen verbindliches Recht zu werden. Für Kriegs- und Menschlichkeitsverbrechen sollte dieses Problem allerdings nicht entstehen. Gemäß dem Draft Code, aber auch nach allgemeinem Völkerrecht, sind Kriegs- und Menschlichkeitsverbrechen unabhängig davon strafbar, ob sie im jeweiligen Landesrecht für strafbar erklärt worden sind.[89] Allerdings ist diese Frage nicht für alle im Art. 20 Abs. 2 aufgezählten Verbrechen in gleicher Weise zu beantworten. Ausdrücklich wird deshalb im Art. 39 b gefordert, daß der Vertrag auf das Verhalten des Angeklagten anwendbar, das heißt ins Landesrecht umgesetzt war. Auf diese Weise soll verhindert werden, daß der Internationale Strafgerichtshof unter Berufung auf völkerrechtliche Verträge oder Regeln von einem Recht ausgeht, das seiner Meinung nach zur Tatzeit hätte gelten sollen. Daß eine solche Bestimmung keineswegs überflüssig ist, zeigt die derzeitige Rechtsprechung deutscher Gerichte zur sogenannten Regierungskriminalität der DDR und die Prozesse gegen Angehörige der Grenztruppen.

Art. 41 gibt im wesentlichen Art. 14 des Paktes über bürgerliche und politische Rechte wieder, geht aber im Abs. 2 noch darüber hinaus. Dort werden konkrete Regeln über die Offenlegung der von der Anklage herangezogenen Beweise formuliert.[90]

Das Statut läßt Verfahren in Abwesenheit unter gewissen Bedingungen zu (Art. 37). Auch wenn versucht wird, in einem solchen Fall sicherzustellen, daß die Rechte des Angeklagten respektiert werden, bleibt das Verfahren in Abwesenheit eine fragwürdige Einrichtung. Die Bestimmung ist denn auch nach wie vor umstritten und wird zweifellos weitere Diskussionen provozieren.

V. Ein Internationaler Strafgerichtshof als Teil des internationalen Sicherheitskonzepts

Der Entwurf der Völkerrechtskommission hat eine neue Qualität in die Diskussion über die internationale Strafgerichtsbarkeit gebracht. Er hat ohne Polemik die schwierigen Fragen einer obligatorischen internationalen Strafgerichtsbarkeit aufgegriffen, die der Sicherheitsrat durch die Einsetzung des Jugoslawientribunals aufgeworfen hat. Gleichzeitig ist zu hoffen, daß die konkreten Umrisse eines Internationalen Strafgerichtshofes, die die Völkerrechtskommission den Staaten nunmehr vorgegeben hat, auch die Arbeiten am Draft Code erleichtern und beschleunigen und nicht etwa dazu benutzt werden, dieses wichtige Projekt von neuem auf Eis zu legen.[91] Der Entwurf hat nachhaltig deutlich gemacht, daß ein Internationaler Strafgerichtshof nur als Teil eines umfassenden internationalen Sicherheitskonzepts denkbar ist. Im Grunde konzentriert sich die politische und juristische Fragestellung durch den vorliegenden Entwurf auf wenige Probleme. Dazu gehören vor allem:

- Soll die Zuständigkeit des Internationalen Strafgerichtshofes so liberal geregelt werden wie vorgeschlagen, oder läßt sie sich bei einigen Verbrechen wie Aggression, Völkermord und schweren Kriegsverbrechen strenger regeln?
- Soll im Unterschied dazu dem Sicherheitsrat eine so weitreichende Kompetenz zur Nutzung des Internationalen Strafgerichtshofes und Begründung seiner Zuständigkeit eingeräumt werden (ohne das Vetorecht der ständigen Mitglieder einzuschränken)?
- Wird die Zusammenarbeit der Staaten im Rahmen der Internationalen Strafgerichtsbarkeit zu der notwendigen Veränderung bzw. Weiterentwicklung des Auslieferungsrechts führen?
- Wird die Arbeit am Entwurf für einen Internationalen Strafgerichtshof sich positiv auf den Abschluß der Arbeiten am Draft Code auswirken?

Es kann bei allem Optimismus nicht übersehen werden, daß die Kombination von Konsensprinzip bei der Regelung der allgemeinen Zuständigkeit des Gerichts einerseits und Anerkennung einer vom Sicherheitsrat bestimmten Zuständigkeit andererseits weitreichende politische Fragen aufwirft, die eben nicht vom allgemeinen internationalen Sicherheitskonzept losgelöst werden können, sondern die bis in die Reform der UN-Charta reichen. Eine Regelung, die es den Vetomächten (alten wie eventuell neuen) überläßt, die Jurisdiktion des Internationalen Strafgerichtshofes zur Strafverfolgung internationaler Verbrechen zu begründen oder auszuschließen, ist mit dem grundlegenden Prinzip der souveränen Gleichheit der Staaten kaum zu vereinbaren.

1 Vgl. den Bericht der Expertenkommission, die aufgrund der Resolution 780 (1992) des SR eingesetzt wurde, S/1994/674; ferner: M. Cherif Bassiouni, *Draft Statute International Tribunal*, Toulouse 1993, S. 21; ders., *A Draft International Criminal Code and Draft Statute for an International Criminal Tribunal*, Dordrecht/Boston/Lancaster 1987, S. 3, 187; B. B. Ferencz, *An International Criminal Court – A Step Toward World Peace – A Documenmtary History and Analysis*, New York 1980; *Historical Survey of the Question of International Criminal Jurisdiction compiled by the UN Secretary General*, UN-Doc. A/CN. 4/7/Rev. 1, New York 1949.

2 Vgl. den Bericht der ILC-Arbeitsgruppe in UN-Doc. A/47/10, paras. 419, 481.

3 Vgl. die Diskussion im 6. Ausschuß der 46., 47. und 48. Generalversammlung in *Topical Summaries*, UN-Doc. A/CN. 4/L. 469, paras. 217–255; A/CN. 4/446, paras. 11–30; A/CN. 4/457, paras. 8–31 sowie die Stellungnahmen Mexikos in A/CN. 4/452, S. 19 und der USA, S. 25.

4 Vgl. das Statut in UNTS, Vol. 82, Nr. 251; beide reproduziert in: *The Charter and Judgment of the Nürnberg Tribunal*, UN-Doc. A/CN. 4/5, 1949, und in: A/CN. 4/368, 1938, S. 30, 40; deutscher Text des Nürnberger Statuts in: *Völkerrecht, Dokumente*, Bd. I, Berlin 1980, S. 146.

5 GV-Res. 95 (I) v. 11. Dezember 1946.

6 Vgl. *The Work of the ILC*, New York 1988, S. 140.

7 Vgl. dazu Arangio-Ruiz in YBILC 1986, Vol. I, paras. 65, 66; und YBILC 1987, Vol. I, paras. 16, 17; eine der wenigen Ausnahmen war die DDR, vgl. die Entscheidung des Obersten Gerichts, in: Neue Justiz 1963, S. 507; dazu B. Graefrath, *Verurteilung des Rassismus durch die Justiz der DDR*, in: Schriften und Informationen des DDR-Komitee's für Menschenrechte, 1/1989, S. 31, sowie das Einführungsgesetz zum Strafgesetzbuch und zur Strafprozeßordnung der DDR, 12. Januar 1968, GBL. I, S. 97 31, Absatz 6.

8 Vgl. Bassiouni, *Draft Statute* (Anm. 1), S. 28.

9 Vgl. B. Graefrath, *Universal Criminal Jurisdiction and an International Criminal Court*, in: European Journal of International Law (EJIL), 1 (1990), S. 67.

10 Diese Problematik bestimmt z. B. den Rechtsstreit zwischen den USA und Libyen, vgl. dazu Ch. Tomuschat, *The Lockerbie Case before the International Court of Justice*, ICJ Review, 48 (1992), S. 38; T. Stein, *Das Attentat von Lockerbie vor dem Sicherheitsrat der Vereinten Nationen und dem Internationalen Gerichtshof*, in: Archiv des Völkerrechts, 31 (1993), S. 206; B. Graefrath, *Leave to the Court What Belongs to the Court, The Libyan Case*, in: EJIL, 4 (1993), S. 184.

11 Vgl. YBILC, Vol. II (Part two), S. 16.

12 Res. 44/39, 4. Dezember 1989; vgl. auch den Bericht der ILC in YBILC 1990, Vol. II (Part two), para. 93.

13 Vgl. dazu B. Graefrath, *Die Verhandlungen der UN-Völkerrechtskommission zur Schaffung eines Internationalen Strafgerichtshofes*, in: Zeitschrift für die Gesamte Strafrechtswissenschaft, 104 (1992), S. 190.

14 Vgl. UN-Doc. A/47/10, para. 99 und Annex.

15 Vgl. Res. 47/33 v. 25. November 1992.

16 Vgl. UN-Doc. A/47/10, para. 446.

17 Vgl. Bassiouni, *Draft Statute* (Anm. 1), S. 13. Der UN-Generalsekretär konnte sich in seinem Bericht S/25704 vom 3. Mai 1993 auf Vorarbeiten französischer Juristen (S/25266), italienischer Juristen (S/25300) sowie der KSZE (S/25307) stützen, S/25704, para. 13.

18 S/25704, paras. 19,20; A/47/10, paras. 454, 455; vgl. auch P. Szasz, *The Proposed War Crimes Tribunal For Ex-Yugoslavia*, in: New York University Journal of International Law and Politics, 25 (1992/93), S. 405 (409).

19 S/25704, 3. Mai 1993; vgl. den Text des Berichts in: 32 International Legal Materials (ILM) 1159 (1993), den der Resulution 827 (1993) in: 1203 (1993); ein deutscher Text des Statuts in: Europa-Archiv (EA), 3/1994, S. 89; vgl. D. Shraga und R. Zacklin, die »insights« geben, »into the underlying thinking and philosophy of the Secretary General's Report drawing upon [their] unique knowledge from the vantage point of the Legal Council. In particular we have tried to demonstrate that by deliberately and prudently circumscribing the territorial, temporal and subject matter jurisdiction of the Tribunal, the Security Council has acted within its power and competences under the Charter (...).«, *The International Criminal Tribunal for the Former Yugoslavia*, in: EJIL, 5 (1994), S. 360 (380). Vgl. auch J. Nowlan, *Die Regelungen des Statuts des Kriegsgerichtshofs nach Resolution 827 des Sicherheitsrats der Vereinten Nationen*, in: Humanitäres Völkerrecht, 6 (1993), S. 160; J. C. O'Brien, *The International Tribunal for Violations of International Humanitarian Law in the Former Yugoslavia*, in: American Journal of International Law (AJIL), 87 (1993), S. 639; B. Graefrath, *Jugoslawientribunal – Präzedenzfall trotz fragwürdiger Rechtsgrundlage*, in: Neue Justiz 47 (1993), S. 433; ders., *Sondergericht für Jugoslawien?*, in: VDJ Forum 3/1993, S. 23; K. J. Partsch, *Der Sicherheitsrat als Gerichtsgründer*, in: Vereinte Nationen, 1/1994, S. 11.

20 So heißt es in den beiden letzten Präambelabsätzen der Res. 827: »Der Sicherheitsrat, überzeugt, daß die Schaffung eines Internationalen Tribunals als besondere Maßnahme und die Verfolgung der mutmaßlichen Verantwortlichen für schwere Verstöße gegen humanitäres Völkerrecht, unter den besonderen Umständen, die im ehemaligen Jugoslawien herrschen, dieses Ziel erreichbar machen und zur Wiederherstellung und Erhaltung des Friedens beitragen; davon ausgehend, daß die Schaffung eines Internationalen Tribunals und die Verfolgung der mutmaßlichen Verantwortlichen für derartig schwere Verstöße gegen das humanitäre Völkerrecht dazu beitragen werden, diesen Menschenrechtsverletzungen Einhalt zu gebieten und ihre Folgen wirksam zu beheben (...)«; vgl. zur Errichtung des Jugoslawientribunals auch den ersten Jahresbericht des Tribunals, in: A/49/342 (S/1994/1007) v. 29. August 1994.

21 Vgl. Graefrath (Anm. 19), S. 434; Arangio-Ruiz A/CN. 4/SR. 2300, S. 3; sowie A/CN. 4/SR. 2301, S. 8; eigenartig ist auch die Begründung des SR für die Anwendung von Kapitel VII. Der Sicherheitsrat sieht eine »Friedensbedrohung« in der umfangreichen und offenen Verletzung des »humanitären Völkerrechts« (Präambel der Res. 808 und 827), obgleich die Geltung des humanitären Völkerrechts für den bewaffneten Konflikt von der Existenz einer Friedensverletzung (nicht einer Bedrohung) abhängt. Meron sieht in dieser Bestimmung des Sicherheitsrates sogar »an important precedent«. Th. Meron, *War Crimes in Yugoslavia and the Development of International Law*, in: AJIL, 88 (1994), S. 78 (79); vgl. auch D. Thürer, *Vom Nürnberger Tribunal zum Jugoslawien-Tribunal und weiter zu einem Weltgerichts-*

hof?, in: Schweizerische Zeitschrift für internationales und europäisches Recht, 3 (1994), S. 491 (495).

22 Vgl. Ch. Tomuschat, *Ein Internationaler Strafgerichtshof als Element einer Weltfriedensordnung*, in: EA 3/1994, S. 61 (S. 64); vgl. auch A. Pellet A/CN. 4/SR. 2301, S. 5; ders., Le *Tribunal Criminel International pour L'Ex-Yugoslavie: Poudre aux yeux ou avancée décisive?*, in: Revue Génerale de Droit International Public (RGDIP), 98 (1994), S. 7 (25); Meron nennt die Entscheidung des SR »ground-breaking« (Anm. 21), S. 79; vgl. auch K. Lescure, *Le Tribunal International pour L'Ex-Yugoslavie*, Paris 1994, S. 81; Ch. Greenwood, *The International Tribunal for former Yugoslavia*, in: International Affairs, Oct. 1993, S. 641 (654); sowie Szasz (Anm. 18), S. 412.

23 Abs. 4 der Res. 827: »Beschließt, daß alle Staaten voll mit dem Internationalen Tribunal und seinen Organen in Übereinstimmung mit dieser Resolution und dem Statut des Internationalen Tribunals zusammenarbeiten müssen und daß demzufolge alle Staaten die nach ihrem Recht notwendigen Maßnahmen zu ergreifen haben, um die Bestimmungen dieser Resolution und des Statutes auszuführen, einschließlich der Verpflichtung der Staaten, Rechtshilfeersuchen oder Anordnungen zu erfüllen, die von einer Strafkammer gemäß Art. 29 erlassen werden.« Entsprechend Abs. 2 der Resolution 955 (1994), durch die das Ruandatribunal geschaffen wurde. Vgl. den Text der Resolution in: 33 ILM 1958 (1994).

24 Art. 9 Abs. 2 des Statuts lautet: »Das Internationale Tribunal hat Vorrang vor den einzelstaatlichen Gerichten. In jedem Stadium des Verfahrens kann das Internationale Gericht die einzelstaatlichen Gerichte förmlich ersuchen, ihre Zuständigkeit in einem Verfahren in Übereinstimmung mit diesem Statut sowie der Verfahrensordnung und den Beweisregeln des Internationalen Gerichts an das Internationale Gericht abzutreten.« Vgl. S/25704, paras. 65–68; vgl. dazu jedoch die einschränkenden Auslegungen Frankreichs in S/PV. 3217, S. 11, der USA S. 16, Großbritanniens S. 18, Brasiliens S. 47 und Rußlands S. 46. Die Verfahrensregeln 8–13 des Tribunals halten sich jedoch an den Text des Statuts und bestätigen nicht die einschränkenden Auslegungen. Dazu H. Fox, *An international tribunal for war crimes: will the UN succed where Nuremberg failed?*, in: The World Today, 49 (1994), S. 194 (195); Pellet (Anm. 22), S. 25; vgl. auch Shraga/Zacklin (Anm. 19), S. 371; Jahresbericht des Tribunals A/49/342, paras. 84–89.

25 Damals hatten sich jedoch die Staaten, die jeder für sich Strafhoheit hatten, durch Vertrag auf eine gemeinsame Definition der anzuwendenden Straftatbestände geeinigt; vgl. den Jahresbericht des Tribunals A/49/342, para. 10.

26 Art. 2–5 des Statuts in S/25704, paras. 37–49; vgl. in diesem Sinne auch J. C. O'Brien in: ASIL Proceedings, 1993, S. 23 ff (25).

27 Vgl. H-P. Gasser, *Der Internationale Strafgerichtshof für das frühere Jugoslawien und das »Kriegsrecht und die Kriegsgebräuche«*, in: Humanitäres Völkerrecht, 6 (1993), S. 60; B. Jakovljevic, *International Tribunal for Violations of International Humanitarian Law in Former Yugoslavia: Applicable Law*, in: Humanitäres Völkerrecht, 6 (1993), S. 224.

28 Das kommt besonders in den Artikeln 9, 10, und 29 des Statuts zum Ausdruck, vgl. S/25704, paras. 68, 127.

29 Vgl. z. B. die ablehnende Haltung der USA in: A/CN. 4/458/Add. 7, 24 June 1994, S. 20. Nach ihrer Auffassung sollten Kriegs- und Menschlichkeitsverbrechen nur

durch den Sicherheitsrat vor einen internationalen Gerichtshof gebracht werden und im übrigen die nationale Gerichtsbarkeit Vorrang vor der internationalen Gerichtsbarkeit haben, S. 28/29.

30 Einen Ansatz dafür gibt es jetzt im Entwurf der Völkerrechtskommission Artikel 23; vgl. A/CN. 4/L. 491, S. 17; A/49/10, S. 85; sowie bereits den Bericht der Völkerrechtskommission in A/48/10, S. 278, 279, 283. Die Präzedenzwirkung der Errichtung des Jugoslawientribunals ist äußerst umstritten, vgl. z. B. Yankow A/CN. 4/ SR. 2331 S. 10; dagegen Rao A/CN. 4/SR. 2332, S. 9. Welche Aspekte des Statuts des Jugoslawientribunals für einen künftigen Internationalen Strafgerichtshof eine Präzedenzwirkung haben werden, wird man erst in Zukunft beurteilen können.

31 Vgl. Präambel des Zusatzprotokolls I, para. 5, in: Sandoz, Swinarski, Zimmermann (Hg.), *Commentary on the Additional Protocols of 8 June 1977 to the Geneva Conventions of 12 August 1949*, Geneva 1987, S. 23.

32 Vgl. dazu Partsch (Anm. 19), S. 11 sowie die Erklärungen zur Abstimmung im Sicherheitsrat S/PV. 3217, besonders China S. 33 und Brasilien S. 34. Inzwischen hat der Sicherheitsrat am 8.11. 1994 mit der Resolution 955 (1994) nach dem Muster des Jugoslawientribunals ein weiteres Ad-hoc-Tribunal für Ruanda eingesetzt. Es soll schwere Verletzungen des humanitären Völkerrechts verfolgen, die in der Zeit zwischen dem 1. 1. 1994 und 31. 12. 1994 in Ruanda oder von ruandischen Staatsangehörigen in den Nachbarländern Ruandas verübt wurden, S/1994/1168.

33 Solche Versuche sind tatsächlich unternommen worden. Im amerikanischen Senat z. B. wurde anläßlich des Golfkrieges ein Gesetzesentwurf eingereicht, der als Kriegsverbrechen nur Handlungen definierte, die von Irakern begangen wurden. Vgl. The Persian Gulf War Criminals Prosecution Act of 1991, US Senate (102 Congress, 1st Session), auch Res. 69, 28. Februar 1991; Res. 71 v. 5. März 1991 sowie Res. 76 v. 7. März 1991.

34 Vgl. S/25704, paras. 35, 37, 41, 44, 45. Daß die Nürnberger Tatbestände ohne Widerspruch als Völkergewohnheitsrecht zugrunde gelegt werden, wäre noch vor kurzem undenkbar gewesen. In ihrem 1994 erschienenem Buch *Machtpolitik und Völkerrecht in den internationalen Beziehungen*, Baden-Baden 1994, berichten N. Paech und G. Stuby noch, daß alle Versuche, die Nürnberger Prinzipien zu allgemeinem Völkerrecht zu machen, ohne Erfolg waren, »so daß auch heute nur davon ausgegangen werden kann, daß das Londoner Statut lediglich zwischen den Alliierten und den übrigen 19 Unterzeichnerstaaten partikuläres Völkerrecht geschaffen hat« (S. 204). Vgl. auch Meron (Anm. 21), S. 79. Partsch bezweifelt, daß die Strafbarkeit bei Handeln auf Befehl als Gewohnheitsrecht angesehen werden kann (Anm. 19), S. 14; vgl. die strikte Ablehnung der USA in bezug auf das Verbrechen gegen den Frieden, in: A/CN. 4/458/Add. 7, p. 30. Vgl. dagegen M. Castillo, *La Compétence du Tribunal Pénal pour la Yugoslavie*, in: RGDIP, 98 (1994), S. 73 (81).

35 Dazu Gasser (Anm. 27), S. 62; Jakovljevic (Anm. 27), S. 227; demgegenüber nimmt Art. 4 des Satuts des Ruandatribunals ausdrücklich auf das Ergänzungsprotokoll II Bezug.

36 Vgl. Gasser (Anm. 27), S. 61; vgl. auch St. Oeter, *Kriegsverbrechen in den Konflikten um das Erbe Jugoslawiens*, in: Zeitschrift für ausländisches öffentliches Recht und Völkerrecht (53) 1993, S. 1 (26).

37 Zur Qualifikation der unterschiedlichen Konflikte im früheren Jugoslawien vgl. Jakovjlevic (Anm. 27), S. 224, sowie Oeter (Anm. 36), S. 1; im Statut des Ruandatri-

bunals wird ausdrücklich auf den nichtinternationalen Charakter des Konflikts verwiesen, auf Art. 3 der Genfer Konventionen und das Ergänzungsprotokoll II Bezug genommen, und die zu verfolgenden Straftatbestände werden auf »schwere Verletzungen« (Art. 4) bzw. »umfangreiche oder systematische Angriffe« (Art. 3) beschränkt.

38 So ausdrücklich auch der jetzige Entwurf der Völkerrechtskommission zur Schaffung eines Internationalen Strafgerichtshofes, vgl. A/CN. 4/L. 491, insbesondere die Präambel und Art. 20 sowie Art. 35c.

39 Vgl. Art. 22 des Entwurfes der ILC nebst Kommentar in: UN Doc. A/46/10, S. 269. «2. For the purposes of this Code, an exceptionally serious war crime is an exceptionally serious violation of principles and rules of international law applicable in armed conflict consisting of (...).« Jedoch ist der Versuch, nicht alle Kriegsverbrechen vor den Internationalen Strafgerichtshof zu bringen, sondern seine Zuständigkeit auf besonders schwere Kriegsverbrechen zu beschränken, um ihn nicht mit einer Fülle von Fällen zu überschwemmen, von vielen Staaten nicht beifällig aufgenommen worden, obgleich damit die Strafbarkeit anderer Kriegsverbrechen vor nationalen Gerichten nicht berührt würde. Vgl. M. Cherif Bassiouni (Hg.), *Commentaries on the International Law Commission's 1991 Draft Code of Crimes Against the Peace and Security of Mankind*, Toulouse 1993, S. 261.

40 Vgl. Art. 3 des Statuts und dazu auch die, wie Meron (Anm. 21, S. 80) es nennt, »robuste Auslegung« der USA (S. 15), Frankreichs (S. 11) und Großbritanniens (S.19) nach der Abstimmung im Sicherheitsrat S/PV. 3217.

41 Vgl. Topical Summary UN-Doc. A/CN. 4/L.469, 29. Januar 1992, para. 179; vgl. die Diskussion in der ILC, YBILC 1989, vol. I, S. 6, paras. 17–20; S. 10, para. 4; S. 12, para. 21; S. 14, paras. 38–40; S. 17 paras. 3–5; S. 18, paras. 14–16; S. 19, para. 28; S. 20, para. 2–7; S. 22, para. 19; S. 23, para. 22; S. 23, paras. 29–31; S. 28, para. 21; S. 30, para. 38; S. 36, paras. 26–28; S. 39, paras. 50–54; S. 40 paras. 2–7; S. 67–69.

42 Vgl. YBILC 1989, Vol. I, S. 75, paras. 14–17, 21.

43 Vgl. S/25704, para. 47.

44 Entgegen dem Text des Art. 5 verweist der Bericht des Generalsekretärs in seinem Kommentar zu Art. 5 darauf, daß nur massenhafte oder systematische Verletzungen gemeint sind. Diese Einschränkung wird auch in den abgestimmten Erklärungen der USA, Großbritanniens, Frankreichs und Rußlands nach der Abstimmung im Sicherheitsrat in den Text des Statuts hineininterpretiert. Vgl. auch Shraga/Zacklin (Anm. 19), S. 366, die erklären: »the mass scale and widespread nature of the crimes is implicit in the notion of ›attack against civilian population‹ which envisages a plurality of authors and victims of crimes, and is explicitly referred to in paragraph 48 of the Secretary General's Report«. In den Art. 3 und 4 des Statuts des Ruandatribunals finden sich dagegen jetzt solche »Qualifikationen«, jedoch fehlt in Art. 3 (Verbrechen gegen die Menschlichkeit) jeder unmittelbare Bezug auf einen militärischen Konflikt, während in Art. 4 aus der Verletzung des Art. 3 der Genfer Konventionen und des Ergänzungsprotokolls II direkt Straftatbestände abgeleitet werden, obgleich im Unterschied zu den »grave breaches« der Genfer Konventionen und des Ergänzungsprotokolls I weder Art. 3 der Konventionen noch das Protokoll II entsprechende Strafbestimmungen enthalten. Es ist dies ein weiteres Beispiel für die weitreichende Strafgesetzgebung durch den Sicherheitsrat.

45 Art. 18 des Statuts, S/25704, paras. 93, 98.

46 Vgl. Art. 9. Abs. 2 (Anm. 23). Eine entsprechende Regel findet sich in Art. 8 Abs. 2 des Statuts des Ruandatribunals.

47 Vgl. dazu Shraga/Zacklin (Anm. 19), S. 373, sowie H. Fox (Anm. 24), S. 196. Über Gesetzesänderungen in einigen Staaten enthält der Jahresbericht des Tribunals bereits zusammenfassende Informationen, A/49/341 paras. 172–182.

48 Das Tribunal hat von Deutschland die Überstellung eines Beschuldigten verlangt. Deutschland hat zwar seine prinzipielle Bereitschaft erklärt, zugleich aber darauf hingewiesen, daß dies aufgrund des derzeit geltenden Rechts nicht möglich ist. Das Tribunal hat in seinem Auslieferungsersuchen auf Art. 29 des Statuts sowie Abs. 4 der Resolution 827 (1993) verwiesen, wonach alle Staaten verpflichtet sind, Anforderungen des Tribunals auszuführen und, wenn notwendig, ihre Gesetze entsprechend zu ändern. Das Tribunal weist die Berufung auf entgegenstehendes Landesrecht zurück und verweist darauf, daß es seit langem anerkanntes Völkerrechtsprinzip sei, daß Staaten sich der Erfüllung einer völkerrechtlichen Verpflichtung nicht unter Berufung auf entgegenstehendes Landesrecht entziehen können. Vgl. dazu Entscheidung des Trial Chamber in Case No. IT-94-1-D v. 8. November 1994. Inzwischen hat der Bundestag am 9. März 1995 ein »Gesetz über die Zusammenarbeit mit dem internationalen Strafgerichtshof für das ehemalige Jugoslawien« verabschiedet. Es gestattet zwar die Überstellung von Ausländern, nicht aber von deutschen Staatsangehörigen an das Gericht und bleibt insoweit hinter den Anforderungen der Sicherheitsratsresolution 827 (1993) und Art. 29 des Statuts zurück. Vgl. dazu die Bundestagsdrucksachen 13/57 und 13/716 sowie die Debatte im Protokoll: Deutscher Bundestag, 13. Wahlperiode, 24. Sitzung, 9. März 1995, S. 1757–1765.

49 Vgl. UN-Doc. A/48/10, S. 308, 331.

50 Vgl. A/CN. 4/L.491/Rev.2 sowie A/49/10, S. 105. Die USA haben für einen Internationalen Strafgerichtshof ein solches Primat strikt abgelehnt, vgl. A/CN. 4/458/Add. 7, S. 26, und die Strafverfolgung von Kriegsverbrechen, Verbrechen gegen die Menschlichkeit und Völkermord durch ein internationales Strafgericht generell von einer Anordnung des Sicherheitsrates, d. h. der Zustimmung der USA abhängig gemacht. Vgl. auch die Stellungnahme des Vertreters der USA im Rechtsausschuß der 49. UN-Generalversammlung in A/C. 6/49/SR. 17, S. 13.

51 Vgl. Art. 10 Abs. 2 des Statuts.

52 Vgl. UN-Doc. A/48/10, S. 308.

53 Dies ist auch nach Art. 23 des Entwurfs der Völkerrechtskommission möglich, vgl. UN-Doc. A/CN. 4/L. 491 S. 17 sowie A/48/10, S. 278; A/49/10, S. 85; zu Recht weist Mikulka darauf hin: »A major exception to the principle of conferred jurisdiction lay in the Security Council's right to refer a case, or rather a situation, to the court.« In: A/CN. 4/SR. 2330, S. 8.

54 Vgl. die Debatte im Sechsten Ausschuß der Generalversammlung, Topical Summary, UN-Doc. A/CN. 4/L. 469 paras. 203, 204; die Debatte in der ILC in YBILC 1991, Vol. I, S. 5–45.

55 Vgl. Art. 24 des Statuts; ob es eine einheitliche jugoslawische Gerichtspraxis für solche Fälle gibt, kann sehr zweifelhaft sein. Außerdem war die Rechtsprechung in den einzelnen Republiken durchaus unterschiedlich.

56 Vgl. Art. 29 des Statuts; vgl. dazu die ablehnende Haltung Brasiliens S/PV. 3217, S. 37, sowie den Jahresbericht des Tribunals A/49/342, paras. 84–94; entsprechend Art. 28 des Statuts des Ruandatribunals.

57 Vgl. UN-Doc. A/48/10, S. 255. Vgl. dazu J. Crawford, *The ILC's Draft Statute for an International Criminal Tribunal*, in: AJIL 88 (1994), S. 140.

58 Vgl. A/CN. 4/458 und Add. 1–7 sowie Kapitel B des topical summary der Debatte im Sechsten Ausschuß der Generalversammlung A/CN. 4/446.

59 Vgl. A/CN. 4/L. 491/Rev.2 sowie den Bericht der Kommission in A/49/10, S. 43; die Debatte dazu in A/CN. 4/SR. 2329–2334. Vgl. außerdem die Debatte im Rechtsausschuß der 49. UN-Generalversammlung in A/C. 6/49/SR. 17 – SR. 22. Die Generalversammlung hat mit der Resolution 49/53 vom 9.12. 1994 beschlossen, einen Ad-hoc-Ausschuß einzusetzen, der der 50. Generalversammlung einen aufgrund der Stellungnahmen der Mitgliedstaaten überarbeiteten Entwurf vorlegen soll.

60 Nur dann kann die Anklagebehörde ein Verfahren einleiten. Im Unterschied zum Statut des Jugoslawientribunals ist nicht vorgesehen, daß die Anklage *ex officio* tätig werden kann (Art. 26).

61 Sie findet sich zum ersten Mal im Art. 25 des Entwurfes von 1993, vgl. A/48/10, S. 278, ist aber im Art. 23 um Abs. 3 erweitert worden, der dem SR sogar die Möglichkeit gibt, ein Verfahren, das eine Situation betrifft, die unter Kapitel VII fällt, zu blockieren, solange der SR keine Entscheidung getroffen hat. Vgl. A/49/10, S. 87.

62 Vgl. UN-Doc. A/48/10, S. 278, 286; A/49/10, S. 85; zur Problematik dieser Regelung, vgl. S. 307f.

63 In diesem Entwurf wurde nicht festgelegt, wie viele Richter zu einer Kammer gehören.

64 Im Entwurf von 1993 konnten auch Staaten, die das Statut nicht ratifiziert hatten, dem Gerichtshof Fälle übertragen (Art. 23 Abs. 4).

65 In Art. 26 des Entwurfes von 1993 wurden diese Verbrechen nicht konkret benannt sondern allgemein mit der Formel umschrieben, Verbrechen »under a norm of international law accepted and recognized by the international community of States as a whole as being of such a fundamental character that its violation gives rise to the criminal responsibility of individuals«. Diese Formulierung war deutlich der Terminologie des Art. 53 (zwingende Normen) der Vertragsrechtskonvention und dem Art. 19 (Internationale Verbrechen) des Projektes über die völkerrechtliche Verantwortlichkeit der Staaten nachempfunden, ging aber inhaltlich über deren Aussagen hinaus, insofern sie als Konsequenz eine individuelle strafrechtliche Verantwortlichkeit ableitet. Das war eine begrüßenswerte Neuerung. Sie schließt sich an internationale Rechtsauffassungen an, die seit langem bestehen und bereits von der Anklage im Nürnberger Prozeß zum Ausdruck gebracht wurden. Vgl. die Eröffnungsrede des amerikanischen Hauptanklägers Justice Jackson bei P. A. Steiniger, *Der Nürnberger Prozeß*, I 1960, S. 84, (88); die Eröffnungsrede von Sir Hartley Shawcross ebenda, S. 89; die Schlußplädoyers S. 112, 114 sowie die Begründung im Urteil S. 171. Zur Veränderung der Position im Entwurf von 1994 vgl. A/49/10, S. 66.

66 Damit bleiben allerdings schwierige Fragen offen. So verweist der Kommentar zu Art. 20 z.B. sowohl auf die Definition der schweren Kriegsverbrechen im Draft Code als auch auf die Definition von Kriegsverbrechen in den Art. 2 und 3 des Statuts des Jugoslawientribunals, die jedoch durchaus unterschiedlich sind. Zwar hebt der Kommentar hervor, daß nur schwere Kriegsverbrechen erfaßt werden sollen, er sagt aber z.B. nicht, ob der Begriff Kriegsverbrechen auch Verbrechen in

nichtinternationalen bewaffneten Konflikten erfassen soll wie im Entwurf des Draft Code.

67 Vgl. Commentary zu Art. 20, A/49/10, S. 72. Vgl. auch Bowett A/CN. 4/SR. 2329, S. 6; vgl. auch bereits UN-Doc. A/48/10, S. 280.

68 Eine solche Unterscheidung wurde im Entwurf von 1993 noch vorgenommen, vgl. Art. 22, 26 (2b); A/48/10, S. 271, 279. Zur Aufgabe dieser Unterscheidung vgl. A/49/10, S. 68.

69 Pellet hat die Frage aufgeworfen, ob der Sicherheitsrat nach der Charta überhaupt eine Kompetenz hat, eine Zuständigkeit des Gerichts für vertraglich definierte Verbrechen zu begründen, wenn sie nicht zugleich eine Verletzung des Friedens darstellen. A/CN. 4/SR. 2331, S. 5.

70 Damit hat in bezug auf Völkermord der Gerichtshof praktisch eine »inherent jurisdiction« angenommen, vgl. A/49/10, S. 68. Die besondere Behandlung des Völkermordes wird damit begründet, daß die Völkermordkonvention selbst auf die mögliche Jurisdiktion eines Internationalen Strafgerichtshofes Bezug nimmt. Vgl. Kommentar zu Teil 3, Einleitung. Diese Regelung ist zu begrüßen, auch wenn die Begründung nicht sehr überzeugend ist. Sie würde zumindest für das Apartheidverbrechen in gleicher Weise gelten.

71 Wenn es sich dabei um einen Staat handelt, der das Statut nicht ratifiziert hat, kann er der Strafverfolgung durch den Internationalen Strafgerichtshof durch besondere Erklärung zustimmen (Art. 22 Abs. 4).

72 Eine Reihe von Staaten sind nur bereit, das Aggressionsverbrechen mit einem Aggressionskrieg zu koppeln, nicht auch auf einzelne Aggressionsakte, die unterhalb der Schwelle des Aggressionskrieges bleiben, auszudehnen. Vgl. Kommentar der Völkerrechtskommission zu Art. 20, in: A/49/10, S. 72.

73 Der Kommentar der Völkerrechtskommission läßt ausdrücklich offen, ob das gemäß der UN-Charta in die Kompetenz des Sicherheitsrates fällt. Vgl. Kommentar zu Art. 23 in A/49/10, S. 86: »(4) In adopting article 23 (1) the Commission is not to be understood as taking any position as to the powers of the Security Council under Chapter VII of the Charter or otherwise, or as to the situations in which it is proper that these powers should be exercised.«

74 Vgl. UN-Doc. A/48/10, S. 278.

75 Diesem Einwand wird im Kommentar zu Art. 23 mit dem Hinweis begegnet: »The Commission understood that the Security Council would not normally refer to the Court a »case« in the sense of an allegation against named individuals. Article 23 (1) envisages that the Security Council would refer to the Court a »matter«, that is to say, a situation to which Chapter VII of the Charter applies. It would then be the responsibility of the Prosecutor to determine which individuals should be charged with crimes referred to in article 20 in relation to that matter.« Vgl. dazu A/49/10, S. 85. Angesichts der großzügigen Berufung auf Kapitel VII, die zur Zeit en vogue ist, dürfte das Problem damit nicht aus der Welt sein.

76 Vgl. dazu Crawford A/CN. 4/SR. 2330, S. 3.

77 Vgl. UN-Doc. A/48/10, S. 308.

78 Vgl. den Text in Anm. 51.

79 Vgl. den Text in Anm. 24.

80 Vgl. B. Graefrath, *Verbrechen gegen den Frieden und die Sicherheit der Menschheit und das Verbot der Doppelbestrafung*, in: Neue Justiz, 42 (1988), S. 60.

81 Vgl. z.B. UN-Doc. A/CN. 4/442, 20. März 1992 para. 56; UN-Doc. A/47/10, para. 43; Topical Summary UN-Doc. A/CN. 4/446 para. 51 sowie H. Jung, Zur »Internationalisierung« des Grundsatzes »ne bis in idem«, in: Albrecht, Ehlers, Lamott, Pfeiffer, Schwind, Walter (Hg.), Festschrift für Horst Schüler-Springorum, Köln/Berlin 1993, S. 493.

82 Vgl. UN-Doc. A/CN. 4/442, 20. März 1992, para. 47, Abs. 3.

83 Auch hier entsteht die Frage, ob das auch dann gilt, wenn der Staat bereits ein Verfahren eingeleitet hat. Art. 53 sagt darüber nichts. Wenn gewollt ist, daß eine Überstellungspflicht an den Internationalen Strafgerichtshof Vorrang vor dem nationalen Verfahren hat, dann würde über Art. 53 Abs. 2 a eine ähnliche Prioritätsregel eingeführt, wie sie Art. 9 des Statuts des Jugoslawientribunals kennt. In Ausführung des Art. 29 des Statuts des Jugoslawientribunals hat das Gericht in der Regel 58 seiner Verfahrensregeln noch einmal ausdrücklich festgestellt, daß Überstellungsverpflichtungen nach Art. 29 des Statuts dem nationalen Recht oder Auslieferungsverträgen des betroffenen Staates vorgehen. Demgegenüber wird im Kommentar zu Art. 53 der Völkerrechtskommission ausdrücklich erklärt, daß im Unterschied zum Jugoslawientribunal (Art. 9) »the present Statute operates in principle on the basis of concurrent jurisdiction«.

84 Art. 51 Abs. 1, der sich an alle Vertragsstaaten wendet, spricht dagegen nicht von einer allgemeinen Kooperationspflicht der Vertragsstaaten. (»States parties shall use their best efforts to cooperate with the Court.«)

85 Vgl. die Art. 20–22.

86 Das Gericht hat bereits am 11. Februar 1994 eine umfangreiche Verfahrensordnung beschlossen (Rules of Procedure and Evidence). Sie regelt in 125 Artikeln die Einzelheiten des Strafprozesses. Vgl. IT/32, 14 March 1994; vgl. dazu die Erläuterungen im Jahresbericht des Tribunals A/49/342 paras. 52–97. Art. 14 des Statuts des Ruandatribunals weist das Tribunal an, die Verfahrensregeln des Jugoslawientribunals *mutatis mutandem* zu übernehmen.

87 Vgl. auch die Regeln 92, 95 und 96 der »Rules of Procedure and Evidence« des Jugoslawientribunals, in: IT/32. Die Beweisregeln des Jugoslawientribunals (Rules 89–98) sind sehr prozeßorientiert, versuchen den Besonderheiten von Massenverbrechen gerecht zu werden und lassen dem Gericht erheblichen Spielraum, vgl. dazu den Jahresbericht des Tribunals A/49/342, paras. 72–76. Bemerkenswert sind die ausführlichen Regelungen zum Schutz von Zeugen, vgl. paras. 78–83.

88 Ein Problem, das gelegentlich diskutiert wird, ist die Strafbarkeit von Falschaussagen vor dem Internationalen Strafgerichtshof. Während vielfach die Strafverfolgung von Falschaussagen den nationalen Gerichten überlassen wird, hat das Jugoslawientribunal in seinen Verfahrensregeln in eigener Machtvollkommenheit Falschaussagen mit einer Geldstrafe von 10 000 $ oder 12 Monaten Haft bedroht, vgl. Rule 91.

89 Art. 2 des Draft Code, UN-Doc. A/46/10, S. 238.

90 Vgl. auch Art. 30, der konkrete Regeln über die Zustellung der Anklage enthält.

91 Über die Bedeutung des Draft Code für einen Internationalen Strafgerichtshof und umgekehrt, vgl. z.B. Calero Rodrigues A/CN. 4/SR. 2330, S. 15; Rao A/CN.4/SR. 2332, S. 8; Güney S. 17.

Herbert Jäger

Makroverbrechen als Gegenstand des Völkerstrafrechts Kriminalpolitisch-kriminologische Aspekte

I. Die Frage nach der Reichweite des Verbrechensbegriffs

Die Geschichte des zu Ende gehenden 20. Jahrhunderts mit seinen historisch einzigartigen Ereignissen extremer kollektiver Gewalt, Grausamkeit und Destruktivität hat die Kriminalwissenschaften mit einem neuartigen Problem konfrontiert, dessen fortwährende Aktualität uns durch schokkierende und dennoch inzwischen längst zur abstumpfenden Normalität gewordene Berichte und Schreckensbilder fast täglich vor Augen geführt wird. Es geht dabei um die Frage, ob Gewalt- und Greueltaten in Kriegen und Bürgerkriegen, bei bewaffneten politischen, ethnischen und religiösen Auseinandersetzungen und im Zusammenhang mit staatlichem Terror in Diktaturen und totalitären Systemen individuell zurechenbar und mit dem Verbrechensbegriff zu erfassen sind und wie das staatliche und das noch in den allerersten Anfängen befindliche völkerrechtliche Strafrecht auf Unmenschlichkeiten dieser Größenordnung reagieren können und sollen.

Die Frage nach der Reichweite des Verbrechensbegriffs und seiner Anwendbarkeit auf Großkollektive, Machtapparate und politische Systeme ist von wesentlicher und zukunftsweisender Bedeutung vor allem für die Fortentwicklungsmöglichkeiten des Völkerstrafrechts. Die folgenden Überlegungen zielen deshalb darauf hin, eine engere interdisziplinäre Verbindung zwischen den Kriminalwissenschaften und der Völkerrechtswissenschaft herzustellen, um auf diese Weise eine Verständigungsbasis für die Diskussion der wichtigsten Aspekte dieses komplexen Grundlagenproblems zu schaffen. Auf dem Prüfstand befindet sich damit zugleich der von mir seit 1988 für kollektive Großverbrechen verwandte Begriff der Makrokriminalität und das mit ihm zusammenhängende Denkkonzept, das von der Notwendigkeit einer Ausweitung unseres Kriminalitätsverständnisses auf den Makrobereich kollektiven und staatlichen Handelns ausgeht.[1]

Gegenwärtig gibt es zumindest drei aktuelle Anlässe, sich mit der Problematik der Makrokriminalität auseinanderzusetzen:

1. Den aktuellsten Anlaß bildet die Einsetzung eines UN-Kriegsverbrechertribunals zur Verfolgung und Ahndung schwerer Verletzungen des

humanitären Völkerrechts im früheren Jugoslawien seit Beginn des Jahres 1991 sowie eines Tribunals für Ruanda, das die für Völkermord und andere schwere Menschenrechtsverletzungen Verantwortlichen aburteilen soll. In unmittelbarem Zusammenhang damit sind die schon länger andauernden völkerrechtspolitischen Bemühungen um die Schaffung einer internationalen Strafgerichtsbarkeit zu sehen, für die diese Tribunale wichtige Erprobungs- und Testfälle sein könnten.

2. Im innerdeutschen Bereich stellt die Aufarbeitung der sogenannten Regierungskriminalität der ehemaligen DDR durch die deutsche Justiz den derzeit wichtigsten praktischen Anwendungsfall des Strafrechts auf makrokriminelles Unrecht dar. Die Problematik dieser Strafverfahren hat zu der kritischen Frage geführt, ob Fälle dieser Art wegen ihrer übernationalen Bedeutung nicht statt vor innerstaatliche Gerichte in die Zuständigkeit eines internationalen Strafgerichtshofes gehörten, der nun allerdings bisher noch nicht existiert.

3. Auf wissenschaftlichem Gebiet ist ein allmählich wachsendes Interesse innerhalb der Kriminologie an der »Kriminalität der Mächtigen« wie überhaupt an Erscheinungsformen und Problemen der Makrokriminalität zu registrieren, das zwangsläufig auch Überlegungen über angemessene Reaktions- und Sanktionierungsmöglichkeiten des Strafrechts und eine auf völkerrechtliche Verbrechen zugeschnittene Kriminalpolitik der Völkergemeinschaft nach sich zieht. Das würde nun aber neue und andere Denkmodelle erforderlich machen, als sie uns bisher zur Verfügung stehen. Kriminologisch bedeutsam sind auch soziologische Forschungsarbeiten der letzten Zeit, die zu wichtigen Erkenntnissen über die Funktionsweise eines totalitären Machtapparats und die Situation und Handlungsbedingungen des einzelnen innerhalb eines staatsterroristischen Systems, etwa die nationalsozialistischen Konzentrationslager oder die Anwendung der Folter in Diktaturen, gelangt sind. Sie sind geeignet, manchen in der Öffentlichkeit verbreiteten Klischeevorstellungen über die Täter von Makroverbrechen mit differenzierten Einsichten und empirischem Material kritisch entgegenzutreten.

II. Makrokriminalität und andere Großverbrechen

Zunächst sind einige Klarstellungen zum Begriff der Makrokriminalität angebracht, der sich in der kriminologischen Literatur zwar allmählich durchzusetzen beginnt, gleichzeitig aber durch seine unterschiedliche Anwendung auf ganz verschiedenartige Kriminalitätsformen seine Konturen zu verlieren und die ihm ursprünglich zugedachte, sachlich folgenreiche besondere Bedeutung einzubüßen droht.[2] So kann mit der Größe der Verbrechen, auf die der Begriff hinweist, entweder die außerordentliche Schadensdimension oder aber die Größenordnung des Täterkollektivs gemeint sein. Ich halte es für sinnvoll, sich für den zweiten Definitionsansatz zu entscheiden, von Makrokriminalität allerdings erst dann zu sprechen, wenn sich die kollektiven Taten als Teilakte gesamtgesellschaftlicher Konflikte und Prozesse darstellen, Staat und Gesellschaft also durch ihre auslösende Bedeutung unmittelbar in die kriminellen Ereignisse involviert sind. Denn erst diese Abhängigkeit der individuellen Handlung von den Geschehnissen der Makroebene bewirkt jenen Qualitätsumschlag, der den eigentlichen Unterschied von anderen Straftaten ausmacht und dazu nötigt, nach neuartigen kriminologischen Erklärungsmustern, kriminalpolitischen Konzepten und nach den Besonderheiten dieser Verbrechen adäquaten Reaktionen und Sanktionszielen Ausschau zu halten.

Völlig anders ist die Situation bei Verbrechen, die wegen ihrer gesamtgesellschaftlichen Auswirkungen für die Kriminalpolitik eine besondere Herausforderung darstellen, wie etwa schwere Wirtschafts- und Umweltverbrechen, antistaatlicher Terrorismus oder organisierte Kriminalität in ihren unterschiedlichen Erscheinungsformen.[3] Gefährdungen durch solche »Kriminalitätsdimensionen im Großformat«[4] gibt es nun aber auch in einigermaßen geordneten und rechtlich intakten Gesellschaften. Sie setzen also nicht voraus, daß politische Zustände und Machtverhältnisse in Staat und Gesellschaft die Verbrechen ausgelöst und möglich gemacht haben, wie das in Kriegen, Bürgerkriegen oder Diktaturen der Fall ist.

Der Begriff der Makrokriminalität, den ich bisher vor allem auf Völkermorde, Kriegs- und Menschlichkeitsverbrechen, also »kriegs- und völkerrechtsrelevante Makro-Geschehnisse«[5], bezogen habe, geht demgegenüber davon aus, daß es kriminelle Handlungen gibt, die überhaupt nur unter bestimmten politischen Rahmenbedingungen möglich sind, also eine kriminogene staatlich-gesellschaftliche Ausnahmesituation zur Voraussetzung haben. Es handelt sich um im ganzen systemkonforme und situationsangepaßte Verhaltensweisen innerhalb eines Organisationsgefüges, Machtapparates oder sonstigen kollektiven Aktionszusammenhanges. Ihre Besonderheit besteht darin, daß niemals isoliert handelnde einzelne, Gruppen oder Organisationen für sich allein solche Verbrechen begehen könnten. Kein einzelner und keine Gruppe wäre beispielsweise zu einem Völkermord oder zur Vorbereitung eines Angriffskrieges (vgl. §§ 220 a, 80 StGB) imstande. Makroverbrechen unterscheiden sich also fundamental von allem, was wir sonst als Straftaten oder kriminell abweichendes Verhalten betrachten. An diesem sachlich wichtigen Unterschied sollte festgehalten werden.

III. Die Verankerung der Makroverbrechen im positiven Recht

Eine solche Ausweitung des Kriminalitätskonzepts auf den Makrobereich bedarf zu ihrer Begründung keiner »strafrechtsübergreifenden Moral«, wie gelegentlich unterstellt wird:[6] sie setzt auch nicht die Anerkennung »natürlicher Verbrechen« voraus.[7] Der Begriff der Makrokriminalität, obwohl selbst kein Rechtsbegriff, läßt sich vielmehr unmittelbar aus den Normen des staatlichen und des völkerrechtlichen Strafrechts und den Besonderheiten der in ihnen geregelten Straftatbestände herleiten. So finden sich in einzelstaatlichen Rechtsordnungen Straftatbestände, die charakteristische Merkmale des Makroverbrechens aufweisen. Zu ihnen gehören im deutschen Strafgesetzbuch die schon genannten Tatbestände des Völkermordes und der Vorbereitung eines Angriffskrieges, mögen diese auch eher von symbolischer als praktischer Bedeutung sein. Auch die klassischen Straftatbestände wie Mord, Totschlag, Körperverletzung und Freiheitsberaubung sind, wenn nicht besondere, zumal völkerrechtliche Rechtfertigungsgründe vorliegen, grundsätzlich auch auf Makroverbrechen anwendbar und bisher auch schon, wie die deutschen Strafverfahren nach den Regimezusammenbrüchen der Jahre 1945 und 1989 gezeigt haben, angewandt worden. Aus dem Bereich des Völkerstrafrechts sind vor allem die den Nürnberger Prozessen zugrundeliegenden Tatbestände des Verbrechens gegen den Frieden, des Kriegsverbrechens und des Verbrechens gegen die Menschlichkeit zu nennen, selbst wenn diese nach überwiegender Meinung später nicht zu Völkergewohnheitsrecht erstarkt sind und insoweit zwischen den damaligen Alliierten und den übrigen 19 Unterzeichnerstaaten des Londoner Statuts nur partikulares Völkerrecht entstanden ist.[8]

Das kriminalpolitische Interesse muß aber auch im Vorbereitungs- und Beratungsstadium befindlichen, noch nicht in Kraft gesetzten völkerstrafrechtlichen Neukriminalisierungen gelten, wie sie insbesondere im Vertragsentwurf über die Verbrechen gegen den Frieden und die Sicherheit der Menschheit enthalten sind.[9] Zu ihnen gehören außer Kriegsverbrechen, Völkermord und Verbrechen gegen die Menschlichkeit beispielsweise Tatbestände wie Aggression sowie die Vorbereitung und Androhung von Aggression, die Organisation bewaffneter Verbände durch einen Staat, die innere Unruhe im Territorium eines anderen Staates hervorrufen sollen, die Verletzung von Abrüstungsabmachungen, die Annexion eines Staatsgebietes durch einen anderen Staat, Kolonialismus und Apartheid. Obwohl nur schwer vorstellbar ist, wie solche komplexen Verbrechenstatbestände in das Format individuell zurechenbaren Verhaltens transformiert und mit der rechtsstaatlich gebotenen Bestimmtheit formuliert werden können, sind doch ihre makrokriminellen Besonderheiten ohne weiteres erkennbar: Alle diese Verbrechen hängen von einer sie ermöglichenden, sie scheinbar rechtfertigenden staatlich-gesellschaftlichen Gesamtkonstellation ab.

Das Denkkonzept, das den Blick auf Makroverbrechen lenkt und sie in die kriminologische Theoriebildung und in programmatische kriminalpolitische Überlegungen einbezieht, orientiert sich also vor allem am positiven Recht. Es hat darüber hinaus aber auch die Fortentwicklungen und Projekte des Völkerstrafrechts vorausdenkend mit zu berücksichtigen und zu reflektieren. »Moralunternehmerische« Absichten werden mit ihm daher allenfalls in diesem rechtlichen und rechtspolitischen Rahmen verfolgt.[10] Immerhin setzt die konsequente Anwendung des Verbrechensbegriffs auf kollektives und staatliches Handeln einen Bewußtseinsbildungsprozeß voraus, der ohne eine Veränderung moralischer Anschauungen im Sinne einer »Fernraumethik« kaum vorstellbar ist.

IV. Die Zurechenbarkeit kollektiver Verbrechen

Makrokriminalität stellt sich uns als kollektives Ereignis dar. Das heißt, wir nehmen von ihr zunächst politische Gesamtkonstellationen, internationale Konfliktfelder, handelnde Organisationen, umfassende Verbrechenskomplexe wahr, nicht individuelle Verhaltensweisen, die der Erkenntnis hier ohnehin zumeist nur schwer zugänglich sind. Der individuelle Einzelfall ist erst das Ergebnis komplizierter Sachverhaltsanalysen, wie sie in Ermittlungs- und Strafverfahren zu leisten sind. Auch Verantwortung wird zumeist kollektiv zugeschrieben – den Staaten, Völkern, politischen Systemen und Bewegungen –, nicht oder doch nur ausnahmsweise den einzelnen beteiligten Personen. Makroverbrechen werden im allgemeinen durch die Orte und Stätten gekennzeichnet, an denen sie begangen worden sind, nicht durch die Namen von Tätern. Deren Taten und Tatbeiträge scheinen in einem undurchdringlichen Netzwerk unterschiedlicher, eng miteinander verflochtener Einzelaktivitäten zu verschwinden, die durch das oft koordinierte Zusammenwirken vieler den Eindruck erwecken, es habe im Grunde die Organisation, das Kollektiv, das »System« selbst gehandelt, nicht die einzelne beteiligte Person. Unsere Attributionsgewohnheiten sind hier also auf Kollektivität programmiert. Unter diesen widrigen Umständen dringt die Aufklärungsarbeit der Strafverfolgungsbehörden und Menschenrechtsorganisationen nur mit großer Mühe bis zum individualisierbaren Einzelgeschehen vor.

Das aber ist nötig; denn im Strafrecht geht es ja um die individuelle Zurechnung und Bestrafung begangenen Unrechts. Das kann und das wird, soweit ich sehe, auch im künftigen Völkerstrafrecht nicht anders sein. Denn Schuldvorwürfe können nur gegen Einzelpersonen, nicht gegen Kollektive erhoben und Strafen daher auch nicht gegen Völker, Staaten, Machtapparate, Regierungen und politische Systeme verhängt werden. Oder vielleicht doch? So meinte der Bielefelder Strafrechtslehrer Ernst-Joachim Lampe, nur Einzelpersonen herauszugreifen erscheine wie eine willkürliche Selektion von Sündenböcken. Gerechtigkeit könne nur entstehen, wenn sich das Strafrecht gegen das System selbst wende.[11] Das mag auf den ersten Blick ein einleuchtender und suggestiver Gedanke sein. Aber wie sollte ein solches »System-Strafrecht« aussehen? Natürlich könnte man der Auffassung sein, daß unter einem kriminell handelnden Regime »der Machtapparat selbst ein Unrechtssystem ist, dessen Mitglied zu sein Unrecht bedeutet«[12]. Das liefe dann jedoch auf die problematische und wiederum gegen den einzelnen gerichtete Strafbarkeit der Mitgliedschaft in einer kriminellen oder terroristischen Vereinigung hinaus, bei der es um die reine Organisationszugehörigkeit geht, während die innerhalb der Organisation begangenen Verbrechen selbst unberücksichtigt blieben. Auch die Verurteilung verbrecherischer Organisationen als solcher hat sich in Nürnberg als Irrweg erwiesen, zumal es sich zum Urteilszeitpunkt bereits um nicht mehr existierende, »tote« Organisationen handelte.[13] Selbst eine solche Verurteilung würde aber eine klare Organisationsstruktur mit eindeutig erfaßbaren Zugehörigkeiten voraussetzen, an der es bei Staaten, Völkern und Systemen jedoch fehlt. Die Rückkehr zu Kollektivschuldzuweisungen ist deshalb kein Ausweg aus den Schwierigkeiten individueller Zurechnung.

Denkbar wäre schließlich, in politischen und wirtschaftlichen Sanktionen sowie militärischen »Strafexpeditionen« gegen Unrechtssysteme »Ausübung von Recht« zu sehen und jedenfalls der Völkergemeinschaft ein solches Recht zuzubilligen.[14] Derartige »Strafaktionen«, auch wenn es sich bei ihnen um Interventionen zum Schutz von Menschenrechten und humane Zielsetzungen handelt, sind jedoch Zwangsmaßnahmen zur Durchsetzung bestimmter politischer Forderungen; mit der Strafe haben sie allenfalls den Namen gemeinsam und mit Völkerstrafrecht nichts zu tun. Wie bedenklich übrigens eine solche »militärische Kriminalpolitik« sein kann, wird immer dort besonders deutlich, wo sich bewaffnete Aktionen – wie eigentlich immer – gegen Unbeteiligte richten und ihnen ausschließlich Unschuldige, vor allem Zivilisten, zum Opfer fallen. Trotz ihres humanitären Anspruchs und ihrer oft berechtigten Anlässe geraten sie leicht in die Gefahr, selbst unvermittelt in makrokriminelles Unrecht umzuschlagen.

V. Zur Individualisierung der politischen Dimension

Makroverbrechen sind, wie sich schon aus der zu Beginn vorgeschlagenen Definition ergibt, politische Kriminalität, auch wenn der Begriff damit anders gebraucht wird, als es sonst üblich ist. Denn als politische Kriminalität gelten im allgemeinen politisch motivierte individuelle Straftaten, die gegen den Staat, seine Verfassung und seine Repräsentanten gerichtet sind.[15] Im Fall der Makrokriminalität haben wir es in gewissem Sinne mit der umgekehrten Angriffsrichtung zu tun, d.h. mit Verbrechen von Staaten, Herrschaftssystemen und Großkollektiven gegen Individuen und Minderheiten. Dabei handelt es sich nicht notwendig um politisch motivierte, immer aber um politisch bedingte Taten, da ihre Begehung, wie wir sahen, an bestimmte politische Rahmenbedingungen und Machtverhältnisse gebunden ist. Dieser kriminellen Angriffs- und strafrechtlichen Schutzrichtung entspricht der Regelungsbereich des Individualschutzes im Völkerrecht, der sich auf das Verhalten der Völkerrechtssubjekte gegenüber dem Menschen und durch gemeinsame Merkmale verbundenen Menschengruppen bezieht.[16]

Gerade diese politische Bedingtheit des Makroverbrechens ist es nun aber, die Zweifel an seiner individuellen Zurechenbarkeit und damit auch an der Ausweitung des Verbrechensbegriffs weckt. Können eigentlich Verhaltensweisen, und seien sie noch so ungeheuerlich, als Kriminalität bewertet werden, wenn sie Ausdruck eines aus den Fugen geratenen Gesellschaftszustandes sind, der sie möglich gemacht hat: Taten also, für die nicht »Abweichung«, sondern Anpassung, Konformität und eine situationsadäquate, das Verhalten vieler bestimmende »Normalität« charakteristisch sind? Offenbar von solchen Zweifeln geht die Auffassung aus, die Anwendung rechtsstaatlichen Strafrechts setze voraus, daß auch die zu ahndenden Taten ihrerseits »unter den Rahmenbedingungen eines funktionierenden Rechtsstaats begangen wurden«[17]. Die wichtigste Begründung hierfür lautet, die Tat müsse, damit Unrecht und Schuld einem einzelnen Individuum präzise zuzurechnen seien, aus ihrem sozialen, politischen und historischen Wirkungszusammenhang herausgelöst werden können; im Umfeld des Täters müsse es daher rechtmäßig zugehen.[18] Abgesehen davon, daß diese These schon im Hinblick auf viele alltägliche Straftaten zweifelhaft erscheint, wäre ihre Konsequenz, daß selbst die schwersten Untaten, wenn sie nur in den Wirren des Krieges oder Bürgerkrieges oder unter einem Terrorregime begangen worden sind, von jeglicher strafrechtlicher Bewertung und allen Strafrechtsfolgen freigestellt wären. Verbrechen in kollektiven Ausnahmesituationen – in Diktaturen und bewaffneten Konflikten – könnte es dann generell nicht geben. Völkermorde, Massenvergewaltigungen als systematisches Mittel zur Zerstörung einer Bevölkerungsgruppe, Folter und willkürliche Hinrichtungen müßten ohne strafrechtliche Reaktion bleiben, da es in ihrem Umfeld ja gewiß nicht rechtmäßig zugegangen ist.

Auch Günther Jakobs meint, vor allem mit Blick auf das DDR-Regime und die spezielle Problematik der Tötungen an der innerdeutschen Grenze, »wohlgeordnete« und »pervertierte« Gesellschaften einander gegenüberstellen zu sollen.[19] Die individuelle Zurechenbarkeit von Taten in einer insgesamt pervertierten Gesellschaft – was immer man darunter verstehen mag – erscheint aus dieser Sicht fraglich und der Täter nur als deren »Produkt«, als »Glied in der Genese des Konflikts, nicht aber deren Grund«. Das werde, wenn man den Täter als »nennenswerten Grund« definiere, verschleiert und ein »genuin politischer Konflikt« auf diese Weise »aus der politischen Dimension ins Individuelle geschoben«.[20] Da Makroverbrechen nun aber gerade in Situationen vorkommen, in denen die Gesellschaft »pervertiert« und nicht »wohlgeordnet« ist, müßte folgerichtig ein Kriminalitätskonzept, das sie einbezieht, aus dieser Sicht nicht akzeptabel sein.

Der Auffassung, daß Verbrechen, wenn sie nur die Dimension von »Politik« erreicht haben, nicht mehr individuell zurechenbar seien, ist bereits entgegengehalten worden, daß damit das Strafrecht gerade vor Verbrechen größten Ausmaßes »die Waffen streckt«[21]. Gravierender noch scheint mir der Einwand zu sein, daß es für eine solche Einschränkung des Verbrechensbegriffs nicht nur keinerlei Anhaltspunkte im geltenden Recht gibt, so daß sie sich allein mit informellen Anwendungsregeln begründen ließe, sondern daß sie der bestehenden Rechtslage sogar widerspricht, da einzelstaatliches wie völkerrechtliches Strafrecht, wie schon deutlich wurde, durchaus Straftatbestände mit typisch makrokriminellem Unrechtsgehalt kennen, die überhaupt nur in »ungeordneten« Situationen zu verwirklichen sind. Exemplarisch seien noch einmal der Völkermordtatbestand und die Genozidkonvention genannt. Ein auf die Mikroebene beschränktes Kriminalitätskonzept müßte außerdem sämtlichen nach 1945 gegen nationalsozialistische Täter vor dem Internationalen Militärtribunal in Nürnberg und später vor deutschen Gerichten, aber auch im Ausland durchgeführten Strafverfahren wie auch den seit 1989 gegen Funktionäre des DDR-Regimes stattfindenden Verfahren pauschal die Legitimation absprechen. So weit will Jakobs nun zwar nicht gehen, aber die meisten seiner Argumente scheinen mir, beim Wort genommen, doch darauf hinauszulaufen. Vor allem aber würde ein reduktionistisches Kriminalitätsverständnis den Bemühungen um den Ausbau eines humanitären Völkerrechts und die Schaffung eines internationalen Strafgerichtshofes die Grundlage entziehen. Denn Makroverbrechen sind der eigentliche und typische Gegenstand des Völkerstrafrechts. Die Entkriminalisierung des Makrobereichs hätte also sehr weitreichende Konsequenzen.

VI. Kritik des funktionalistischen Täterbildes

Hinter den theoretischen Zweifeln an der Zurechenbarkeit kollektiven Handelns ist, wie ich glaube, ein in der Öffentlichkeit verbreitetes Bild von der reduzierten Bedeutung des Individuums erkennbar: das Stereotyp des funktionalisierten, ohne Eigenmotivation mitwirkenden Täters. Aus dieser Perspektive besteht der »Grund« des Verbrechens allein oder doch ganz überwiegend in den objektiven Verhältnissen, d. h. den das Kollektiv, den Staat, das System beherrschenden politischen Kräften. Der einzelne ist nichts weiter als Charge, Statist und Nebenfigur des Geschehens, in das er »verstrickt« ist. Ihn durch das Strafrecht ins Zentrum der Aufmerksamkeit zu rücken, wäre danach unangemessen und würde die politische Wirklichkeit verfehlen. Der eigentliche »Konfliktgrund«, meint denn auch Jakobs mit Blick auf das DDR-Unrecht und die Taten der »Mauerschützen«, sei nicht der ausführende Täter, sondern die »elende Politik«.[22] Diese Entpersönlichung und Anonymisierung der Verantwortlichkeit ist merkwürdig schon deshalb, weil »politische Kräfte« schließlich die von Menschen sind und »elende Politik« ihr Werk ist. Sie ist aber wohl auch darauf zurückzuführen, daß individuelle Mitwirkung an Kollektivverbrechen oft nur schwer aufklärbar ist und an die Stelle empirisch genau analysierter konkreter Sachverhalte allzuleicht das vorurteilshafte Konstrukt tritt. So begegnet man immer wieder der Vorstellung, der einzelne sei an kollektiven und staatlich organisierten Verbrechen wie an einem fremdgesteuerten Mechanismus beteiligt. Er sei daher nichts anderes als ein »Rädchen im Getriebe« – so die geläufige, etwas überstrapazierte Metapher – oder aber, in der drastischen Formulierung von Jakobs, eine »personale Hülle, gefüllt mit dem Blut des jeweiligen Systems«[23]. Wäre damit die Realität wirklich erfaßt, und sei es nur in Form eines suggestiven Bildes, wäre der Makrobereich in der Tat der Zurechenbarkeit weitgehend entzogen und läge jenseits des mit strafrechtlichen und kriminologischen Begriffen Erfaßbaren. Denn weder »Systeme« noch »Rädchen« oder »personale Hüllen« können ja ernstlich für irgend etwas von ihnen Bewirktes verantwortlich gemacht werden.

Der komplizierten Wirklichkeit ist jedoch mit abstrakten Deutungsmustern nicht näherzukommen, sondern nur durch eine empirisch genaue »Nahsicht« der Verhältnisse.[24] Soziologische Untersuchungen der letzten Jahre über Praktiken, Strukturen und Prozesse der Macht bieten inzwischen ein weitaus differenzierteres Bild, zumindest im Hinblick auf wichtige Einzelkomplexe kollektiver Verbrechen. Für wenig erhellend hält denn auch Wolfgang Sofsky in seiner Monographie über das Konzentrationslager »die funktionalistische Sichtweise, die die Täter zu Erfüllungsgehilfen einer selbständig laufenden Terrormaschine degradiert«[25]. Zumindest für diesen Spezialbereich, der Vorstellungen von zentraler Lenkung und mechanischer Befehlsbefolgung besonders gut nachvollziehbar und suggestiv erscheinen läßt, bestätigt seine Analyse das vorhandene Ausmaß an Machtdelegation, lokaler Selbständigkeit und spontaner Improvisation. »Chancen absoluter Tötungsmacht« seien genutzt und erweitert und die Arbeit des Terrors von einzelnen oft nur zu bereitwillig übernommen worden. Eigeninitiative, flexible Aktionen, nicht Buchstabentreue waren gefordert, so wie auch formelle Regeln die Macht nicht begrenzten, sondern der »Freiheit des Terrors nur den institutionellen Unterbau« lieferten.[26] Die Verantwortung allein der Führung oder einer charismatischen Leitfigur zuzuschreiben, mag zwar – so Sofsky – »das Weltbild in Ordnung halten, verfehlt jedoch das Prinzip des kollektiven Verbrechens«[27]. Es wäre wohl gerade die Aufgabe kriminologischer Forschung, solche »Weltbilder« durch empirisch fundierte, differenzierte Wirklichkeitsbilder zu ersetzen.

Über die konkreten Handlungsbedingungen, unter denen Kollektivverbrechen begangen werden, fehlt es noch an umfassenden und empirisch gesicherten Erkenntnissen. Am meisten wissen wir bisher noch, nicht zuletzt dank sorgfältiger und umfangreicher strafrechtlicher Ermittlungen, aber auch durch historische Forschung, über bestimmte Teilbereiche des nationalsozialistischen Herrschaftsapparats.[28] Diese Kenntnisse mögen zumindest ausreichen, vorschnelle Verallgemeinerungen zu vermeiden. Gewiß sind solche für einzelne historische Verbrechenskomplexe gültigen Forschungsergebnisse nicht einfach auf andere Realitätsfelder zu übertragen, beispielsweise die Befunde über nationalsozialistische Konzentrationslager auf die Gefangenenlager auf dem Gebiet des früheren Jugoslawien, in denen getötet, vergewaltigt und gefoltert worden ist; aber sie sind bei der Hypothesenbildung doch im Gedächtnis zu behalten. Immerhin wird man vermuten dürfen, daß zentrale Lenkung und organisatorische Strukturen dort eher noch schwächer ausgebildet waren als in den Lagern der Nationalsozialisten.

VII. Ausnahmecharakter und Selektivität der Strafverfolgung

Weltweit betrachtet ist Makrokriminalität eine Massenerscheinung von unabschätzbaren Ausmaßen. Man braucht nur an die – wenn auch ungesicherten – Berichte über einzelne Massaker und Konfliktherde und die bekanntwerdenden Zahlen der Opfer kollektiver Verbrechen zu denken, um zumindest vage Rückschlüsse auf die Größenordnung der beteiligten Täterkollektive ziehen zu können. Kriminalität als Massenphänomen ist nun zwar gewiß keine Besonderheit des Makrobereichs, aber sie erreicht hier doch eine geradezu »astronomische« Dimension, die jeden Versuch, ihr mit strafrechtlichen Mitteln zu begegnen, aussichtslos erscheinen lassen könnte. Auch die Dunkelfelder bekommen hier eine neue Qualität insofern, als Unaufklärbarkeit und Unverfolgbarkeit zum Regelfall werden, ja Makrokriminalität insgesamt wie ein einziges riesiges Dunkelfeld mit nur wenigen »Lücken« erscheinen könnte. Dabei geht es um Dunkelfelder ganz unterschiedlicher Art: nicht nur um unbekannt bleibende, nichtregistrierte Taten, sondern auch um Bereiche kriminellen politischen oder militärischen Handelns mit kollektiv weitgehend suspendierten Unrechtsvorstellungen, bei denen nicht die Tatsachen, sondern die normativen Bezüge dunkel bleiben (»normative Dunkelfelder«),[29] oder aber um Taten und kriminelle Aktionen, die von Machthabern und ihren Machtapparaten systematisch abgeschirmt und vor strafrechtlicher Verfolgung geschützt werden (»institutionelle Dunkelfelder«). Ermittlungs- und Strafverfahren sind daher nur unter extrem seltenen Ausnahmebedingungen möglich, etwa nach dem Sturz eines Regimes oder dem Ende eines Krieges oder Bürgerkrieges.

Es fragt sich, was diese Situation kriminalpolitisch für die Fortentwicklung und Ausgestaltung eines Völkerstrafrechts bedeutet. Eine naheliegende, wohl auch verbreiteten Denkweisen entsprechende Konsequenz wäre der »resignative Verzicht auf den Kriminalitätsbegriff«, in den dann auch der »für die Kriminalität der Mächtigen typische Sanktionsverzicht« eingeschlossen wäre.[30] Das wäre allerdings ein vorschneller Rückzug, der nicht nur auf eine realistische Beurteilung der außerordentlichen Schwierigkeiten jeglichen Strafrechts, sondern auch auf eine Entkriminalisierung hinauslaufen würde. Eine solche »normative Kraft der Praktikabilität« wäre aber gefährlich und außerdem eine Überreaktion. Nicht nur, daß auf diese Weise eindeutig kriminelle Handlungen »verharmlost, entpolitisiert und der Kompetenz der Strafverfolgungsbehörden schon semantisch entrückt« würden;[31] eine solche Preisgabe des Verbrechensbegriffs würde auch denjenigen Verfahren, die möglich und durchführbar wären, die Rechtsgrundlage entziehen. Ist nun aber die zumeist faktische Unerreichbarkeit der politischen Sphäre durch das Strafrecht erst einmal zum normativen Einwand erstarkt, wäre sogar in diesen Ausnahmesituationen jegliches strafrechtliche Vorgehen gegen die für Großverbrechen Verantwortlichen blokkiert und eine »kalte Amnestie« theoretisch vorprogrammiert. Hierfür sind überzeugende Gründe nicht zu erkennen.

Dennoch bleiben Ausnahmecharakter und Selektivität der Strafverfolgung für jedes Strafrecht und gerade auch ein Völkerstrafrecht ein heikles Problem und im Hinblick auf Gleichbehandlung und Gerechtigkeit eine schwere Belastung. Nicht nur wegen der Vielzahl und weltweiten Verbreitung von Makroverbrechen könnte es bedenklich erscheinen, daß die Jurisdiktion des von der UNO eingesetzten Ad-hoc-Tribunals auf ein bestimmtes regionales Konfliktfeld wie das frühere Jugoslawien beschränkt bleiben soll mit der Folge, daß andere, nicht minder gravierende und vielleicht noch bedeutsamere Komplexe von Massenunrecht, wie es in vielen Weltregionen immer wieder geschieht, ignoriert, vernachlässigt oder sogar wegen politischer oder ökonomischer Interessen einer internationalen Strafgerichtsbarkeit absichtsvoll entzogen werden. Unangenehme Einwände werden laut. Ein Land, so heißt es, müsse nur groß genug sein wie China, um allen anderen Ländern den moralischen Maßstab aus der Hand fallen zu lassen.[32] Weshalb solle Serbiens Staatspräsident Milošević zur Verantwortung gezogen werden, so wurde in der Generalversammlung der UNO gefragt, während doch die Vereinten Nationen gegen den Kambodschaner Pol Pot nichts unternähmen.[33] Selbst bei einer Beschränkung auf einen eng umgrenzten Bereich bleibt Makrokriminalität aber immer noch ein Massenphänomen, das kaum zu bewältigen ist. Es ist deshalb eine offene Frage, nach welchen Kriterien die Auswahl anzuklagender Fälle aus der Fülle ähnlicher Verbrechen erfolgen soll. Werden zufällig bekanntgewordene oder besonders spektakuläre Einzeltaten herausgegriffen, muß das bei den Verurteilten das Gefühl auslösen, in die Rolle stellvertretend bestrafter Sündenböcke geraten zu sein, während die von jeglicher Strafverfolgung Verschonten sich von der Verantwortlichkeit für eigene Taten entlastet fühlen können. Für diese Probleme scheint es völlig überzeugende Lösungsmöglichkeiten nicht zu geben. Aber auch der Rückzug des Strafrechts wäre keine.

Eine internationale Strafgerichtsbarkeit auf eine Art Legalitätsprinzip mit Verfolgungs- und Anklagezwang zu verpflichten, würde ihr Unmögliches aufbürden und wäre ebenso undenkbar wie die Anwendung eines auch im staatlichen Strafprozeßrecht nur in leichteren Fällen für akzeptabel gehaltenen Opportunitätsprinzips. Die Praxis des künftigen Völkerstrafrechts würde daher wohl die Notwendigkeit einschließen, im Hinblick auf sonst unverzichtbar erscheinende Gleichheitsvorstellungen Einschränkungen hinzunehmen, die wohl um so eher vertretbar sind, wenn es sich um Hauptverantwortliche und Schlüsselfiguren der Macht handelt, die sich kaum darauf berufen könnten, daß es in anderen Regionen dieser Erde noch Täter ihrer Größenordnung gibt, die der Strafverfolgung entzogen bleiben. Zumindest auf dieser Ebene kann es nur um die durch keinerlei Vergleiche zu relativierende persönliche Verantwortlichkeit gehen. In den unteren Rängen und bei massenhaft gleichgelagerten Fällen muß eine derartige Einbuße an Gleichbehandlung allerdings weitaus problematischer erscheinen, so daß insoweit wahrscheinlich nur der Ausweg weitreichender Amnestien bleibt. Eine internationale Strafgerichtsbarkeit sollte sich daher auf herausragende Fälle von besonderer Bedeutung beschränken, die allerdings der generellen kodifikatorischen Festlegung bedürfen. Sie wird jedenfalls nicht Gerechtigkeit im Sinne von Gleichbehandlung herstellen, sondern nur Exempel statuieren können. Das gehört, wie ich meine, zu den kriminalpolitischen Prämissen, von denen eine einigermaßen realistische Einschätzung der Möglichkeiten des Völkerstrafrechts auszugehen hat.

VIII. Zum Kriminalitätsverständnis des Definitionsansatzes

Für Makroverbrechen ist also charakteristisch, daß sie nur ausnahmsweise und mit größten Schwierigkeiten mit den Mitteln des Strafrechts zu erfassen sind. Gerade diese »relative Sanktionsimmunität«[34] ist es nun aber, die bestimmten Denkrichtungen innerhalb der Kriminalsoziologie »Probleme mit der Makrokriminalität«[35] bereitet. Das gilt vor allem für den aus unterschiedlichen theoretischen Traditionen hervorgegangenen Definitions- und Reaktionsansatz, der deutlich gemacht hat, daß Kriminalität keine Eigenschaft und immanente Qualität bestimmter menschlicher Verhaltensweisen ist, sondern das Ergebnis einer Zuschreibung durch andere, vor allem durch justitielle Verfahren.[36] Von einer kriminellen Handlung kann danach erst gesprochen werden, wenn die Kriminalisierung im Einzelfall erfolgreich war, die Zuschreibung also hinsichtlich des Verhaltens einer bestimmten Person gelungen ist. Dem Verbrechensbegriff wären damit von seiner strafrechtlichen Funktionsfähigkeit her Grenzen gesetzt. Die Auffassung, daß Handlungen nicht »von Natur aus« kriminell sind, sondern erst infolge einer an sie herangetragenen Bewertung, ist dem rechtsstaatlichen Strafrecht so ungeläufig schießlich nicht, sondern entspricht seinen wichtigsten Grundprinzipien (Unschuldsvermutung, *nul-*

lum crimen sine lege-Grundsatz). Mit ihr stimmt aber auch die Erfahrung überein, daß gerade besonders gravierende politische und staatliche Rechtsverletzungen oftmals nicht als Kriminalität wahrgenommen werden, weil sie nicht im Zugriffsbereich des Strafrechts liegen und es daher zu einer kriminalisierenden Zuschreibung nicht kommt.[37]

Es wäre an sich wohl konsequent, wenn eine Auffassung, die den Kriminalitätsbegriff an die faktische Kriminalisierung bindet, die Existenz einer Makrokriminalität leugnet, solange völkerrechtliche Möglichkeiten ihrer Verfolgung und Ahndung nicht zur Verfügung stehen.[38] Das ist nun aber schon deshalb ausgeschlossen, weil es im zurückliegenden halben Jahrhundert immerhin eine nicht geringe Zahl von Fällen gegeben hat, in denen es zu einer Ahndung und »Kriminalisierung« von Makroverbrechen gekommen ist, die auch den radikalsten Verfechtern des Definitionsansatzes beweisen, daß unter bestimmten Umständen auch im Makrobereich Kriminalität zugeschrieben wird, es Makrokriminalität also »gibt«. Da sich gerade auf diesem Gebiet die Frage aufdrängt, weshalb solche Kriminalisierungen so selten sind, müßte Makrokriminalität im Grunde ein naheliegender und besonders interessanter definitionstheoretischer Forschungsgegenstand sein.[39] Unverständlich ist daher, weshalb ein kriminalsoziologisches Forschungsinteresse bisher nicht zu erkennen ist, sondern Distanz gegenüber der gesamten Problematik gewahrt wird.

Bedenklich am Kriminalitätsverständnis des Definitionsansatzes scheint mir nun allerdings zu sein, daß er die faktische Leistungsfähigkeit des real existierenden Strafrechts zum ausschließlichen Kriminalitätskriterium erhebt. Das mag in der kriminologischen Forschung eine Berechtigung haben, die sich bei ätiologischen Untersuchungen entgegenhalten lassen muß, nur die justitiell ausgefilterten Straftaten auf ihre »Ursachen« hin zu untersuchen und auf diese Weise einen ungerechtfertigten Unterschied zu jenen zahllosen Handlungen herzustellen, die im Dunkelfeld verbleiben. Für die Kriminalpolitik, die planen und in die Zukunft denken muß, ist eine derartige Reduktion jedoch hinderlich und kontraproduktiv, da bei der gesetzgeberischen Kriminalisierung ja Handlungstypen, nicht konkrete Einzeltaten bewertet werden und die generelle Entscheidung über ihre Strafwürdigkeit und Strafbedürftigkeit, aus der sich spätere Einzelfallzuschreibungen ergeben, schon hier fällt. Allgemeine Zuschreibungen durch Normsetzung müßten daher bereits ausreichen, um von Kriminalität unabhängig davon zu sprechen, ob sie zur Kriminalisierung des Einzelfalles führen oder nicht. Staatliche Verletzungen völkerstrafrechtlicher Normen wären auch dann Kriminalität, wenn sie strafrechtlicher Verfolgung auf Dauer entzogen blieben.

IX. Traditionelle Zielbestimmungen der Strafe

Bei der Zielbestimmung und Rechtfertigung der völkerrechtlichen Strafe wie überhaupt der Bestrafung von Makroverbrechen liegt es nahe, sich zunächst an herkömmlichen straftheoretischen Denkmustern zu orientieren. Dabei erweist sich die Strafe auf diesem besonderen Gebiet als noch schwerer rational begründbar als im Strafrecht sonst. Denn mit den Taten, um die es hier geht, ist eine so neue und andere Dimension und Qualität des Verbrechens gegenüber den Straftaten, mit denen es die Strafjustiz sonst zu tun hat, erreicht, daß die bisherigen theoretischen Begründungen auf sie überhaupt nicht anwendbar oder doch nur in weitgehend modifizierter Form übertragbar sind.

In den der internationalen Strafgerichtsbarkeit und dem UNO-Tribunal geltenden aktuellen Äußerungen und Stellungnahmen spielen straftheoretische und kriminalpolitische Fragen bisher nur eine minimale Rolle und ist vom Sinn und Zweck der Strafe kaum die Rede. Offenbar wird hier mit großer Selbstverständlichkeit davon ausgegangen, daß es im Völkerstrafrecht die einzige Aufgabe der Strafe sei, Vergeltung zu üben. Damit würde nun aber das Begründungsspektrum drastisch reduziert und die Diskussion weit hinter den Entwicklungs- und Erkenntnisstand zurückfallen, der in der modernen Kriminalpolitik inzwischen erreicht worden ist. Vergeltung im Sinne des »Gegenschlags«[40], mögen die dahinter deutlich werdenden aggressiven Strafbedürfnisse gerade bei besonders extremen Unmenschlichkeiten auch noch so verständlich sein, ist »ein Atavismus in der fortschreitenden Gesellschaft«[41] und die »Vergeltungstheorie« heute »wissenschaftlich nicht mehr haltbar«.[42] Die Vorstellung, Schuld könne durch Strafe »ausgeglichen« werden, muß denn auch bei Verbrechen dieser Größenordnung besonders absurd erscheinen. Auch ein völkerrechtliches Strafrecht darf sich auf ihre Irrationalität nicht einlassen und den Anschluß an moderne Auseinandersetzungen über die Funktion und Berechtigung der Strafe nicht verpassen.

Von der Strafe im Makrobereich abschreckende Wirkungen zu erwarten, d. h. anzunehmen, das Völkerstrafrecht könne durch Strafdrohungen einen effektiven Beitrag zur Eindämmung staatlichen und kollektiven Unrechts leisten, erscheint illusionär und realitätsfern. In der jüngsten Geschichte sind keine Anzeichen zu entdecken, die zu solchen Hoffnungen berechtigen. Außerdem wissen wir heute, daß generalpräventive Wirkungen nicht schon von gesetzlichen Strafandrohungen als solchen ausgehen, sondern daß sie an bestimmte Randbedingungen gebunden sind. Sie setzen vor allem eine funktionsfähige Strafrechtsordnung voraus, die eine rasche Entdeckung, Aufklärung und Sanktionierung von Straftaten möglich – wenn schon nicht wahrscheinlich – erscheinen läßt. Jedenfalls von einer gerade erst im Stadium der Vorplanung und Entstehung befindlichen völkerstrafrechtlichen Normenordnung, der noch alle Voraussetzungen ihrer praktischen Durchsetzung und eine ausreichende institutionelle Binnenausstattung fehlen, ist eine präventive Wirkung noch auf lange Zeit nicht zu erwarten. Auch die Erkenntnis, daß das Strafrecht nicht von sich aus ein Normbewußtsein schafft, sondern nur die auf andere Weise, vor allem im sozialen Nahraum vermittelten Norm- und Wertvorstellungen unterstützen und stabilisieren kann, spricht dagegen, daß völkerstrafrechtliche Regelungen als solche eine bisher noch weitgehend fehlende Ethik des politischen und kollektiven Verhaltens schaffen oder gar ersetzen könnten. Das ist überhaupt nur als Langzeitwirkung eines ganz allmählichen, komplexen Prozesses des Umdenkens und der Bewußtseinsbildung vorstellbar, zu dem das Völkerstrafrecht allerdings beitragen und wichtige Anstöße geben könnte. Der Annahme abschreckender Wirkungen steht im übrigen auch die Besonderheit makrokriminellen Unrechts entgegen, an bestimmte staatliche und gesamtgesellschaftliche Rahmenbedingungen gebunden zu sein. Denn Strafverfolgung und Ahndung setzen ja, bevor an sie überhaupt ernstlich gedacht werden kann, die völlige Veränderung der politischen Verhältnisse, z. B. die Beendigung bewaffneter Konflikte oder den Zusammenbruch des Unrechtssystems, die die Verbrechen ermöglicht oder ausgelöst haben, voraus. Es wäre wirklichkeitsfremd anzunehmen, Machthaber und ihre Funktionäre fürchteten nicht in erster Linie die Niederlage im Krieg oder das Ende ihrer Herrschaft und des Erfolges ihrer Politik, wohl aber eine später nachfolgende und überdies ungewisse Bestrafung.[43] Strafnormen müßten, ginge man von dieser spekulativen Annahme aus, über große zeitliche und historische Abstände hinweg von einer politischen Epoche in eine spätere Fernwirkungen entfalten. Das hieße jedoch, dem Völkerstrafrecht und seinen generalpräventiven Möglichkeiten allzuviel zuzutrauen. Ob für bestimmte vorübergehende Konfliktsituationen und Ausnahmezustände, deren Ende absehbar ist, etwas anderes zu gelten hat, mag hier undiskutiert bleiben.

Spezialpräventive Konzepte der Resozialisierung und Behandlung, die die Programmatik des modernen Strafrechts maßgeblich bestimmen, sind offenkundig nicht für kriminell handelnde Machthaber, Militärführer, hochrangige Funktionäre und Folterschergen gemacht, sondern auf gänzlich andere Tätergruppen zugeschnitten. Das Vollzugsziel, Gefangene zu befähigen, künftig in sozialer Verantwortung ein Leben ohne Straftaten zu führen, wie es das deutsche Strafvollzugsgesetz vorsieht, verliert jeden vernünftigen Sinn, ja wird zur Absurdität, wenn man es auf die »Kriminalität der Mächtigen«, etwa auf Gestalten wie Hitler, Stalin, Pol Pot, Idi Amin,

Saddam Hussein oder auf jene lokalen Machthaber anwenden würde, die für Massenverbrechen in Bosnien-Herzegowina verantwortlich sind.

Mit der Einbeziehung der Makroverbrechen wird nun endgültig deutlich, daß von Kriminalität nicht mehr als einem straftheoretisch einheitlich zu erfassenden Phänomen gesprochen werden kann, auf das mit einem für sämtliche Verbrechensformen gleichermaßen gültigen kriminalpolitischen Programm zu reagieren sei. Der extremen Verschiedenheit der »Kriminalitäten« können nur unterschiedliche Programme und Zielsetzungen der kriminalpolitischen Reaktion auf sie entsprechen. Differenzierungen sind daher unerläßlich: »Nicht die Strafe überhaupt ist Gegenstand der Straftheorie, sondern die Strafe für bestimmte Straftaten.«[44] Fast sämtliche Diskussionen über die angemessene Reaktion auf abweichendes Verhalten gehen jedoch immer noch von einem verengten Bild des Verbrechens aus. So scheinen sich Reform- und Behandlungskonzepte auf die Kriminalität insgesamt und auf den »Verbrecher als solchen« zu beziehen, obwohl sie in Wahrheit oft nur einen Teilausschnitt aus dem Kriminalitäts- und Straftäterbereich vor Augen haben: vor allem den Unterschichtkriminellen mit seinen Sozialisationsdefiziten, Lebensbeschädigungen und psychosozialen Störungen.[45] Haben sie hier ihre unbezweifelbare Berechtigung, können sie doch auf die Kriminalität der Mächtigen und Makroverbrechen nicht einfach übertragen werden. Dieser gravierende Unterschied wird auch eingeebnet, wenn beispielsweise gegen Therapie- und Behandlungsprogramme undifferenziert mit dem Argument polemisiert wird, auch KZ-Täter wie Höß und Mengele »stünden damit als hilfsbedürftige Opfer da, denen wir etwas schuldig wären, nämlich eine angemessene psychotherapeutische Betreuung auf Krankenschein«[46]. Es sollte daher zur festen Regel des wissenschaftlichen Diskurses werden, nicht mehr über »die« Kriminalität zu sprechen, sondern jeweils deutlich zu machen, von welcher Kriminalität jeweils die Rede ist.

Soweit in Stellungnahmen zum Tribunalvorhaben der UNO in eher theoriefernen Überlegungen und Wendungen ausnahmsweise einmal die Aufgaben des Völkerstrafrechts und die Strafziele angesprochen und reflektiert worden sind, nähern sie sich noch am meisten dem Gedanken der positiven Generalprävention an, dem es um Normstabilisierung geht. So etwa, wenn der EG-Unterhändler im ehemaligen Jugoslawien, Lord Owen, meinte, ein internationaler Gerichtshof müsse zur Wiederherstellung der moralischen Ordnung eingesetzt werden, weil oft vergessen werde, daß es »auch im Kriege gewisse Regeln gibt, die man nicht durchbrechen darf«.[47] In der strafrechtlichen Literatur ist im Anschluß an die Nürnberger Prozesse sehr früh schon der Standpunkt vertreten worden, die vordringliche Aufgabe der Strafe im Völkerrecht sei es, »allmählich neue Wertvorstellungen des politischen Handelns zu schaffen«[48]. Das geht über positive Generalprävention im bisherigen Sinne insofern erheblich hinaus, als ja das Normbewußtsein hier nicht nur zu stabilisieren, sondern weitgehend überhaupt erst zu schaffen ist.[49] Zur Bewußtseinsbildung bedarf es allerdings nicht notwendig der Strafe, so wie andererseits die Strafe, wie wir sahen, für sie nicht ausreicht. Der Verzicht auf Strafe hätte allerdings in einer Welt, die in ihr das wesentliche Sanktionsinstrument sieht und sie noch ganz selbstverständlich anwendet, die bedenkliche Folge, daß staatliche und kollektive Handlungen privilegiert und Reaktionen auf sie nicht ernst genommen würden. Gerade dem müßte das Völkerstrafrecht aber entgegenwirken.

X. Strafverfolgungsinteresse und politische Opportunität

Für das Völkerstrafrecht stellt sich nun im Zusammenhang mit solchen Zweckerwägungen nicht nur die Frage nach seinen positiven Funktionen, sondern es fragt sich auch, ob Strafdrohungen nicht auch höchst unerwünschte Wirkungen haben können. Denn Strafverfolgungsinteresse und politische Opportunität können zueinander in ein kompliziertes Konkurrenzverhältnis geraten. Dabei ist nicht einmal so sehr an die problematische Doppelgleisigkeit zu denken, die entsteht, wenn bei Friedensverhandlungen und im diplomatischen Umgang mit denjenigen verhandelt werden muß, gegen die gleichzeitig eine Anklage wegen Kriegs- oder Humanitätsverbrechen vorbereitet wird, und dem Verhandlungspartner von heute, dem als Repräsentanten einer fremden Macht offizielle Ehrungen bei gleichzeitigem Immunitätsschutz zuteil werden, morgen dann die Ereignisse, die Gegenstand der politischen Gespräche waren, in einer Anklageschrift als kriminelles Unrecht vorgehalten werden. Mit diesem schon häufiger gegen das Tribunal angeführten Widerspruch könnte man sich aber wohl abfinden, wenn man bedenkt, daß schließlich auch sonst, etwa bei Geiselnahmen und Flugzeugentführungen, potentiellen Angeklagten zunächst auf dem Verhandlungswege begegnet wird, bevor das Strafrecht zum Zuge kommt. Bei aller nicht zu leugnenden Verschiedenheit dieser Situationen ist doch die eine wichtige Gemeinsamkeit nicht zu übersehen, daß es zunächst um das pragmatische Ziel geht, den eingetretenen Verbrechenszustand in seiner unmittelbaren Gefährlichkeit möglichst unblutig und friedlich zu beenden.

Dabei zeigt sich übrigens auf besonders augenfällige Weise, was auch sonst für Straftäter gelten sollte: daß es nötig ist, »das Kriminalisierungskonzept zu entpersonalisieren«, d.h. zu erkennen, daß kriminelle Taten zwar – wie Detlev Frehsee es formuliert hat – unerwünschte Handlungen, Vorgänge und Lebensereignisse sind, die im Sinne normativer Stabilisierung zu mißbilligen sind, es aber »überflüssig, kriminalsoziologisch ungerechtfertigt und kriminalpsychologisch schädlich« sein kann, »das Mißbilligungsurteil auf die Person zu erstrecken und mit einer Abwertung ihres Persönlichkeits- und Sozialstatus zu verbinden«.[50] Wohl auf keinem anderen Gebiet werden uns Rollenwechsel, biographische Brüche, Umbewertung und sich ändernder Stellenwert kriminellen Verhaltens so drastisch vorgeführt wie auf dem des politischen Handelns: aus früheren Terroristen werden allgemein anerkannte Staatsmänner, so wie umgekehrt Machthaber und hohe Staatsfunktionäre, sobald sie ihrer Ämter ledig sind, sehr unvermittelt zu angeklagten Mördern und Kriegsverbrechern werden können. Zwischen beiden Seiten der Person – großen politischen Verdiensten und großen Verbrechen – kann es auch ein Nebeneinander geben, für das es unterschiedliche Verarbeitungsweisen, nicht selten die der Verdrängung und Neutralisierung gibt. Daraus entstehende politische Komplikationen müssen in manchen Situationen mit diplomatischem Geschick vermieden werden, etwa wenn bei Staatsbesuchen die weltweit bekannten Untaten des Gastes in der Öffentlichkeit thematisiert werden, seine Doppelrolle als hochrangiger Politiker und Verbrecher also nicht zu übersehen und zu verschleiern ist.

Sehr viel heikler noch ist die Frage, ob ein drohendes Strafverfahren vor einem internationalen Tribunal oder Gerichtshof nicht die notwendige politische Lösung erschweren oder zunichte machen kann, Friedensbemühungen und Einleitung eines Strafverfahrens also möglicherweise in einen gefährlichen Kollisionskurs miteinander geraten. Schon Jescheck hat darauf aufmerksam gemacht, daß die angedrohte völkerrechtliche Strafe den Verlierenden zum äußersten Widerstand anspornen könnte, »um sich lieber mit seinem Volk begraben zu lassen, als in die Hand der Sieger zu fallen«[51]. Dies ist, wie auch Roy Gutman in seinen Reportagen aus Bosnien befürchtet, »ein wirklicher Konflikt zwischen zwei Positionen«, der »nichts Gutes für den Prozeß ahnen« läßt.[52] Strafverfolgungsinteressen werden also in manchen solchen Konfliktsituationen hinter vorrangigen politischen Zweckerwägungen, vor allem solchen der Friedensherstellung, zurücktreten müssen. Sie dürfen nicht zu Konfliktverschärfungen führen, wenn es blutige Kämpfe zu beenden gilt. Schließlich hat das Strafrecht ja gerade Befriedungsfunktionen zu erfüllen. Solche Interessenabwägungen sind auch den staatlichen Strafrechtsordnungen nicht fremd (vgl. § 153 d StGB). Gerade im Völkerstrafrecht erscheint jedoch die Anerkennung eines Opportunitätsprinzips, das ein Absehen von Strafe aus politischen Gründen ermöglicht, von besonderer Dringlichkeit zu sein.

XI. Nah- und Fernziele eines Völkerkriminalrechts

Es hieße, die Bedeutung und die besonderen Aufgaben des Völkerstrafrechts – oder wegen der Verengung des Begriffs auf das Sanktionsinstrument der Strafe vielleicht besser: des »Völkerkriminalrechts« – zu verkennen, würde man sich bei der Beurteilung seiner Ziele und Verwirklichungschancen ausschließlich am Vorbild des staatlichen Strafrechts in seiner herkömmlichen Form und an den zur Begründung der staatlichen Strafe entwickelten Straftheorien orientieren. So sehr sich Makroverbrechen von den alltäglichen Straftaten unterscheiden, so sehr zwangsläufig auch das ihnen angemessene Rechtsfolgen- und Sanktionensystem von der Strafpraxis der staatlichen Justiz und ihren Zwecksetzungen. Etwas dem staatlichen Strafrecht in jeder Hinsicht Entsprechendes kann es, was die Ausdifferenzierung der Zurechnungsdogmatik, die Durchführbarkeit der Ermittlungen, das Verfahren und seine leitenden Prinzipien oder die Funktion und den Vollzug von Strafen betrifft, im Bereich des Völkerkriminalrechts und der internationalen Strafgerichtsbarkeit ohnehin nicht geben, dies schon wegen der Unterschiedlichkeit der miteinander zu harmonisierenden Rechtssysteme und Rechtsvorstellungen. Auch würde man jedes Strafrecht, auch ein völkerrechtliches, überfordern und illusionäre Erwartungen an seine Leistungsfähigkeit knüpfen, wollte man sich vorstellen, es könne mit seinen Strafdrohungen in kollektive Prozesse eingreifen und jene Gesamtkonstellationen, die Makroverbrechen möglich machen, verhindern und also auf bewaffnete Konflikte oder die terroristische Praxis einer Militärdiktatur einen mäßigenden oder gar präventiven Einfluß ausüben. Das Strafrecht kann in diesem Sinne kein Instrument der Makroebene sein, das als Mittel gegen staatliche und kollektive Unmenschlichkeiten effektiv werden kann – eine Hoffnung, die offenbar manchmal mit dem UN-Tribunal verbunden wird – und das weit massiveren Vorgehensweisen wie denen der militärischen Intervention, der Ausübung politischen und ökonomischen Drucks oder des revolutionären Umsturzes an die Seite gestellt werden könnte. Heißt das aber, daß es gegenüber staatlichem und kollektivem Unrecht funktionslos und jeder Gedanke, dem Strafrecht mit seinen begrenzten Möglichkeiten auch auf diesem Gebiet Kompetenzen zuzuweisen, als realitätsfern und utopisch abzutun ist?

Die historischen Erfahrungen seit dem Ende des Zweiten Weltkriegs lassen immerhin deutlich erkennen, daß das Strafrecht in Zeiten des Umbruchs und der politischen Erneuerung ganz unvermittelt gefordert sein und sehr direkt mit makrokriminellen Ereignissen konfrontiert werden kann. Es hat dann eine so offensichtliche Befriedungsfunktion, daß sich die Frage, ob es auf makrokriminelle Taten anzuwenden oder aber auf seine Mitwirkung an der Wiederherstellung rechtlicher Verhältnisse zu verzichten ist, ernstlich nicht stellt. Denn Strafrecht und Strafprozeßrecht erweisen sich in solchen Situationen als die einzigen zur Verfügung stehenden Mittel, die auf den Zusammenbruch eines staatsterroristischen Systems zwangsläufig folgenden Konflikte auf sozial erträgliche Weise zu verarbeiten, sie in die geregelten Bahnen eines rechtlich geordneten Verfahrens zu lenken und so die Gesellschaft vor neuen gewaltsamen Auseinandersetzungen zu bewahren.

Dazu würde übrigens, was oft übersehen wird, auch gehören, daß ohne solche Verfahren die der Begehung von Verbrechen Beschuldigten jeglicher rechtsstaatlicher Schutzgarantien beraubt wären, die Strafrecht und Strafverfahrensrecht zur Verfügung stellen. Da in einer von staatlichem Terror oder den Schrecken eines Krieges oder Bürgerkrieges befreiten Gesellschaft begangene Greueltaten und Unmenschlichkeiten schließlich nicht einfach in Vergessenheit geraten und die für sie Verantwortlichen nicht ohne weiteres reaktionslos integriert werden können, würde der Verzicht auf rechtsförmige Aufarbeitung des Geschehenen willkürlicher und möglicherweise maßloser Vergeltung und der Ausübung von Selbst- und Lynchjustiz das Feld überlassen. Insofern hat das Strafrecht, vor allem allerdings das staatliche, indem es den Kreislauf kollektiven Unrechts unterbricht, eine wichtige und kaum zu überschätzende Friedensfunktion zu erfüllen.

Damit ist nun allerdings die Frage nach der Funktion der Strafe selbst noch nicht beantwortet. Auf dem Gebiet des Makroverbrechens wird man von anderen Zielbestimmungen als im Strafrecht sonst ausgehen und auch Zwecksetzungen in Betracht ziehen müssen, die im innerstaatlichen Strafrecht, in dem es selbst bei schwersten Verbrechen letztlich immer auch um die Reintegration der verurteilten Täter geht, inakzeptabel erschienen. Stigmatisierung, Ächtung, Ausgrenzung, Ausgliederung statt Wiedereingliederung widersprechen modernem kriminalpolitischem Denken so sehr, daß sie als inhumane Zielvorstellungen von vornherein auszuscheiden scheinen. Tabus und Denkverbote darf es aber gerade hier nicht geben. Jedenfalls scheint mir auf dem Gebiet der Makrokriminalität, wenn auch in engsten Grenzen und beschränkt auf die schwersten Fälle, mit denen das Völkerstrafrecht wohl ausschließlich befaßt werden sollte, das Ziel der »radikalsten Desolidarisierung der Gemeinschaft gegenüber dem Verbrecher«, von dem Peter Noll im Hinblick auf die Aburteilung von Verbrechern gesprochen hat, die staatliche Macht zur Begehung ihrer Taten eingesetzt haben, ausnahmsweise legitimierbar zu sein.[53] Strafe wäre dann die endgültige Trennung und Distanzierung von den für begangene Großverbrechen Hauptverantwortlichen, ohne die es zur Befriedung der Gesellschaft nicht kommen kann. Denn daß sich mit den großen Weltzerstörern und Menschenvernichtern nicht leben läßt und sie nicht Teil der Gesellschaft sein können, die auf die Epoche ihrer Herrschaft folgt und die sich gerade von ihnen befreit hat, erscheint sicher. In einer Völkerrechtsordnung, die sich, wie die Planungen des neu geschaffenen Kriegsverbrechertribunals zeigen, bewußt gegen das barbarische Relikt der Todesstrafe entschieden hat, kann daher eine Distanzierung allein in Form dauerhaften Freiheitsentzuges in Betracht kommen. Ob es sich dabei letztlich um eine Strafe handelt oder aber eine Maßnahme mit pönalen Elementen, die Zurechenbarkeit und Verurteilung im rechtsförmigen Verfahren zur Voraussetzung hat, mag in diesem Zusammenhang offenbleiben.

Eine begrenzte, in ihren Wirkungen nur schwer einzuschätzende Bedeutung könnte dem weiteren Ausbau des Weltrechtsprinzips, nach dem Beschuldigte in jedem einzelnen Staat zur Verantwortung gezogen werden können, und der Einschränkung des politische Straftaten privilegierenden Auslieferungsverbots insofern zukommen, als sie das Risiko von Machthabern und Angehörigen von Führungseliten erhöhen, im Ausland strafrechtlich verfolgt zu werden, und für sie die Möglichkeit der Asylgewährung durch Drittstaaten weitgehend entfällt. In diesem Sinne meinte denn auch der Generalsekretär der Internationalen Juristenkommission, der Singalese Adama Dieng, es dürfe »für Diktatoren keine sicheren Häfen geben«[54].

Grundsätzlich ist zu bedenken, daß jede Theorie über Ziele und Aufgabe der Strafe in eine Theorie über Ziele und Aufgabe des Strafrechts insgesamt einmünden muß, es also im Strafrecht nicht allein um die Funktion der Strafe geht.[55] Das sollte auch für die Zielbestimmungen eines völkerrechtlichen Kriminalrechts gelten. Dabei wird dann die sich vom sonstigen Strafrecht unterscheidende Ausgangslage sehr schnell deutlich. Denn während die Erwartung generalpräventiver Wirkungen gesetzlicher Strafdrohungen im allgemeinen von einer gefestigten Strafrechtswirklichkeit mit ihren Normen, Institutionen und Verfahren ausgehen kann, handelt es sich bei der völkerrechtlichen Strafrechtsordnung vorerst und wohl auf lange Zeit noch um ein Zukunftsprojekt, dem trotz erster Verwirklichungsbemühungen die Realität noch in keiner Weise entspricht. Auch sind die Normen, die der Kriminalisierung völkerrechtlicher Verbrechen zugrunde liegen, im Bewußtsein der Weltöffentlichkeit noch keineswegs fest verankert. Wichtig ist deshalb in diesem Zusammenhang die Erkenntnis, daß das Strafrecht seine Funktionen niemals unabhängig von anderen in der Gesellschaft wirksamen sozialen Normen und Kontrollmechanismen erfüllen kann. Strafdrohungen sind »keine isolierbaren Phänomene«, sondern sie existieren »in einem Feld vielfältiger Instrumente und Prozesse, von denen sie in ihrer Wirksamkeit abhängen, unter deren Einfluß sie stehen und die sie selbst beeinflussen: Instrumente und Prozesse ›sozialer Kontrolle‹«[56]. Das bedarf auch im Bereich des Völkerstrafrechts der Beachtung. Es läßt sich nun aber nicht übersehen, daß solche informellen Normen und Kontrollen, wie sie im sozialen Nahraum vorhanden sind, im »Fernraum« des politischen Handelns und internationalen Umgangs weitgehend fehlen.[57] Denn es gibt bisher keine durch Tradition gefestigten und durch Sozialisation vermittelten Normen, an die das Völkerstrafrecht anknüpfen und die es mit seinen Mitteln unterstützen könnte.

Es muß deshalb das vordringliche Ziel einer Kriminalpolitik des Völkerstrafrechts sein, gleichzeitig mit einer völkerkriminalrechtlichen Normenordnung ein normatives »Klima« zu schaffen, in dem diese Ordnung überhaupt erst ihre Wirkungen entfalten kann, und für Möglichkeiten und Institutionen einer Art von sozialer Kontrolle staatlicher Politik Sorge zu tragen.[58] Auch wenn Strafverfolgung dabei nicht das vorrangige Ziel wäre, könnte die Anwendung des Völkerstrafrechts und der völkerrechtlichen Strafe immerhin »die Bewährung des Völkerrechts in der Wirklichkeit erweisen«, da sie der Menschheit zum Bewußtsein brächte, »daß das Völkerrecht Recht ist und schließlich gegenüber dem Rechtsbrecher durchgesetzt wird«.[59] Wenn Jescheck in seiner vor mehr als vier Jahrzehnten erschienenen völkerstrafrechtlichen Monographie meinte, daß Kriegsverbrecherprozesse auf die Dauer wenigstens den Erfolg zeitigen werden, die Existenz eines Kriegsrechts »allen, die es angeht« zum Bewußtsein zu bringen,[60] so mag das auch für andere Bereiche der Makrokriminalität und die durch ihre Kriminalisierung zu bewirkende Bewußtseinsbildung gelten.[61] Eine solche Bewußtseinsbildung setzt allerdings voraus, daß es »ein universales Völkerstrafrecht in der Hand eines echten internationalen Strafgerichtshofs wirklich geben wird«[62].

In der Völkerrechtstheorie scheint die Auffassung an Boden zu gewinnen, dieses Ziel sei nur schrittweise über einzelne Zwischenstufen zu erreichen.[63] Das erscheint realistisch und ermutigt gleichzeitig dazu, die Realisation bestimmter Teilelemente des Gesamtprojekts schon zu einer Zeit ins Auge zu fassen, in der eine funktionsfähige völkerrechtliche Kriminalrechtsordnung noch in weiter Ferne liegt. Dabei ist an den Ausbau von Einrichtungen einer internationalen Politikkontrolle und Maßnahmen zu denken, die das Rechtsbewußtsein auf diesem Gebiet intensivieren und die Kriminalitätswahrnehmung schärfen könnten.[64]

1. Von Bedeutung sind vor allem die Ermittlung und Aufklärung relevanter Verbrechenskomplexe durch Untersuchungskommissionen, Men-

schenrechtsorganisationen und besondere Anklagebehörden. Bereits Amnesty International hat auf diesem Gebiet Wichtiges geleistet. Die Rede ist auch von einer International Commission of Investigation.[65] Das Ziel ist, Verbrechen aus den machtgeschützten institutionellen Dunkelfeldern, die sie ermöglichen, in das »Hellfeld« allgemeiner Aufmerksamkeit und Beachtung zu überführen. Jedenfalls gehört es zu den wichtigsten Ergebnissen der politischen Analyse von Diktaturen und totalitären Systemen, daß selbst skrupelloseste Machthaber auf ein gewisses Maß an Akzeptanz in der eigenen Bevölkerung angewiesen sind und auch vor der Weltöffentlichkeit den Schein der Wohlanständigkeit zu wahren versuchen, sich also den völligen Ausstieg aus der Zivilisation nicht leisten können und deshalb um ihrer internationalen Reputation willen die Aufdeckung ihrer Verbrechen scheuen. Daher ist vom Öffentlichmachen von Verbrechen schon während der Fortdauer kollektiver Unrechtszustände mehr noch als von drohenden Bestrafungen nach ihrem Ende, die erst in ferner Zukunft real werden können, ein gewisser präventiver Effekt zu erhoffen.

2. Die Aufdeckung und Publikation begangener Verbrechen könnten solche Wirkungen um so eher erzielen, wenn es gelingt, bis zum Einzelfall vorzudringen, d. h. individuelle Verantwortlichkeiten zu identifizieren und sichtbar zu machen. Denn die Taten werden wesentlich dadurch gefördert, daß der einzelne sich als Machthaber oder im Kollektiv Handelnder für sie nicht verantwortlich fühlt. Die möglichst genaue Erfassung persönlich zurechenbarer Taten oder Verbrechensanteile ist jedenfalls eine gerade im Bereich der Makrokriminalität besonders wichtige Erkenntnisleistung der Strafverfolgungsorgane. Ob man allerdings so weit gehen sollte zu sagen: »Wir brauchen die Zurechnung; die Strafe brauchen wir nicht«[66], erscheint mir gerade auf dem Gebiet des Makroverbrechens zweifelhaft, nicht jedoch die Annahme, daß individueller Zurechnung eine eigenständige, von der Anwendung der Strafe unabhängige Bedeutung zukommt.

3. Die Sichtbarmachung individueller Verantwortlichkeiten noch vor ihrer gerichtlichen Feststellung, etwa durch Veröffentlichung einer Anklageschrift mit den in ihr enthaltenen Ermittlungsergebnissen, erscheint mir entgegen spontanen Bedenken, die sie wecken könnte, im Bereich des Völkerstrafrechts nicht schlechthin ausgeschlossen. So ist beispielsweise die Einrichtung einer Internationalen Anklagekammer (Committing Chamber) vorgeschlagen worden, »die eine präventive Wirkung haben und einen großen psychologischen Druck ausüben könnte durch die Vorlage eines Anklageaktes vor der Weltöffentlichkeit«[67].

4. Die öffentliche Erörterung der Völkerrechtswidrigkeit und des kri-

minellen Charakters bestimmter politischer Ereigniskomplexe und kollektiver Aktionen in öffentlichen Hearings, Expertenrunden, parlamentarischen und internationalen Gremien oder Veranstaltungen nach Art der sog. Russell-Tribunale mit großer Publizität und Medienbeteiligung könnte, wenn auch wohl nur von begrenzter Wirkung, zur Verbreitung der Kenntnis vorhandenen Tatsachenmaterials, vor allem aber zu der Erkenntnis verhelfen, daß Makroverbrechen nicht im rechtsfreien Raum geschehen. Eine derartige Entlegitimierung und Entneutralisierung völkerrechtswidriger Machtausübung könnte zu Veränderungen der öffentlichen Meinung beitragen und staatliche Verhaltensweisen und Aktivitäten, die bisher als rechtsneutrale Vorgänge den Regierungen ganz selbstverständlich zugestanden wurden, in einem neuen problematischen Licht erscheinen lassen.[68] Auch die systematische Untersuchung makrokrimineller Handlungen in der kriminologischen Forschung und die Veröffentlichung von Forschungsergebnissen könnten diesen Prozeß, wenn auch gewiß nur mit bescheidenen Mitteln, unterstützen.

5. Von besonderer Bedeutung wären zumindest erste Verfahren vor dem neugeschaffenen Kriegsverbrechertribunal oder – nach seiner Einrichtung – vor einem internationalen Strafgerichtshof, die weltweit sichtbar machen, daß es auch im Makrobereich strafrechtliche Normen und Sanktionen gibt, die anwendbar sind. Selbst ein Schuldfeststellungsurteil ohne Strafausspruch könnte diese Wirkung haben. Die Strafe selbst ist jedenfalls nicht deren entscheidende Vorbedingung.

Insgesamt sollte auch bei kriminalpolitischen Überlegungen zum Völkerstrafrecht berücksichtigt werden, daß die Strafe im Verlauf moderner Entwicklungen nicht mehr als unangefochtenes alleiniges Sanktionsmittel im Zentrum des Strafrechts steht. Strafgesetze »dienen nicht nur instrumenteller realer Strafverfolgung, sondern sie sollen soziale Werte und Normen stärken«[69]. Zurechenbares Verhalten muß also nicht notwendig Strafe nach sich ziehen, sondern kann im Prinzip auch andere Rechtsfolgen legitimieren.[70] Das sollte auch völkerrechtlichen Verbrechen gegenüber bedacht werden. Besonders deutlich wird das Spektrum der Aufgaben und Zielsetzungen eines zeitgemäßen Kriminalrechts im neuesten Reformentwurf eines Arbeitskreises deutscher, schweizerischer und österreichischer Strafrechtslehrer, dem 1992 veröffentlichten »Alternativ-Entwurf Wiedergutmachung (AE-WGM)«[71]. Das Kriminalrecht läßt sich, wie es in seiner Begründung heißt, »nicht einfach mit dem Anwendungsbereich der Strafe gleichsetzen«. Es hat vielmehr »im Hinblick auf die heute schon gegebene Reaktionspalette nur einen gemeinsamen Ausgangspunkt, nämlich das Vorliegen einer Straftat, d. h. eines vom Gesetzgeber bestimmt definierten sozialschädlichen Verhaltens«. Ziel ist »die kontrollierte Wiederherstellung des gestörten und die Sicherung des künftigen Rechtsfriedens«. Das Kriminalrecht bleibt damit »eingebunden in eine unverzichtbare Basisfunktion jeglichen Rechts: Konflikte zu lösen«. Es muß daher heute »anders definiert werden als in einer Zeit, da die Strafe das einzige Reaktionsmittel war. Heute reichen die möglichen Rechtsfolgen vom Reaktionsverzicht über die schuldbezogene Bestrafung bis zur präventiven Beseitigung der Gefährlichkeit des Täters«.

Auch wenn diese Überlegungen nicht auf Makroverbrechen und ihre völkerstrafrechtliche Verarbeitung gemünzt sind, die Strafe gerade in diesem Bereich zweifellos noch eine herausragende Bedeutung behalten wird und Alternativen zu ihr sich nur schwer werden finden lassen – Wiedergutmachung wird bei Verbrechen dieser Unrechtsdimension als adäquate Reaktion wohl kaum jemals denkbar sein –, sollten solche Veränderungen im Selbstverständnis des Kriminalrechts auch bei der Arbeit an einem Völkerkriminalrecht nicht unreflektiert bleiben, sondern seine kriminalpolitische Programmatik mitbestimmen und in ihr unübersehbare Spuren hinterlassen.

XIII. Völkerkriminalrecht als Zukunftsprojekt

Die anfangs gestellte, im weiteren Verlauf dann in ihren einzelnen Aspekten diskutierte Frage, ob der Verbrechensbegriff und das Strafrecht auf die Makrodimension kollektiven Handelns auszuweiten seien, erweist sich, wie ich meine, als das zentrale kriminalpolitische Grundlagenproblem des Völkerstrafrechts. Letztlich geht es darum, ob das Bemühen um eine »humanitäre Weltordnung«[72], zu der auch eine Völkerkriminalrechtsordnung gehören würde, in einer weitgehend inhumanen, von blutigen Konflikts- und Verbrechenszonen überzogenen Welt eine wirklichkeitsfremde Hoffnung und Phantasie ist oder ein rechtspolitisch vernünftiges, realistisches Ziel, auf das sich schrittweise zuzubewegen sinnvoll und lebensnotwendig ist. Denken in konkreten Utopien ist dafür zweifellos eine unerläßliche Voraussetzung.[73]

In manchen wissenschaftlichen Disziplinen, die sich mit der Zukunft der Menschheit beschäftigen, scheut man nicht davor zurück, über eine »planetarische Makroethik«, die darauf hinzielt, »die kollektive Verantwortung der Menschen für die unabsehbaren Folgen ihrer kollektiven Handlungen zu organisieren«[74], über ein »Projekt Weltethos«[75] und eine »Weltinnenpolitik« nachzudenken, mit der nun allerdings nicht »das goldene Zeitalter der Konfliktlosigkeit« gemeint ist, sondern »eine neue Form der Kanalisierung der Konflikte«.[76] Ist man davon überzeugt, daß »heute nur die konsequente Unterwerfung politischen Handelns unter die Menschenrechte mit der Folge eines Welt-Sanktionsrechts für die Ahndung von Menschenrechtsverletzungen der Weg zum Frieden« sein kann[77] – und davon gehen auch diese Überlegungen aus –, dann müßte zu einem solchen neuen Umgang mit Konflikten auch ein künftiges Völkerkriminalrecht einen sinnvollen Beitrag leisten können.

Anmerkungen

1 Der Text nimmt Gedankengänge aus früheren Arbeiten auf: *Verbrechen unter totalitärer Herrschaft. Studien zur nationalsozialistischen Gewaltkriminalität*, Olten/Freiburg i. Br. 1967 (Neuausgabe Frankfurt/M. 1982); *Versuch über Makrokriminalität*, in: Strafverteidiger 4/1988, S. 172–179; *Makrokriminalität. Studien zur Kriminologie kollektiver Gewalt*, Frankfurt/M. 1989; *Amnestie für staatliche Verbrechen?*, in: Kritische Justiz 4/1990, S. 467–472; *Kriminalpolitik und kriminelle Politik*, in: Neue Kriminalpolitik 3/1991, S. 22–25; *Strafrechtsschutz für Menschenrechte?*, in: Mittelweg 36, 4/1992, S. 70–80; *Zur Kriminalisierung von Politik durch ein Völkerkriminalrecht*, in: Mittelweg 36, 1/1993, S. 66–70; *Menschheitsverbrechen und die Grenzen des Kriminalitätskonzeptes*, in: Kritische Vierteljahresschrift für Gesetzgebung und Rechtswissenschaft 3/1993, S. 259–275. Einzelne Formulierungen und kürzere Passagen aus diesen Publikationen sind ohne weiteren Hinweis in den vorliegenden Beitrag übernommen worden.

2 So werden neuerdings, anders als hier, zur Makrokriminalität häufiger auch oder überhaupt nur Wirtschafts-, Datenverarbeitungs-, Umweltdelikte, Terrorismus und organisierte Kriminalität gerechnet. Jüngstes Beispiel: K.-L. Kunz, *Kriminologie*, Bern/Stuttgart/Wien 1994, S. 64.

3 Im Zusammenhang mit diesen Herausforderungen der Kriminalpolitik spricht Horst Schüler-Springorum, *Kriminalpolitik für Menschen*, Frankfurt/M. 1991, S. 235 ff, von »Megakriminalität« oder der »Mega-Dimension« des Verbrechens.

4 Kunz (Anm. 2), S. 64.

5 Schüler-Springorum (Anm. 3), S. 236.

6 Vgl. die Rezension von W. Lehne im Kriminologischen Journal 3/1990, S. 219–223, (222).

7 So mit Recht K. Lüderssen, *Der Staat geht unter – das Unrecht bleibt? Regierungskriminalität in der ehemaligen DDR*, Frankfurt/M. 1992, S. 44.

8 Vgl. dazu etwa K. Ipsen (Hg.), *Völkerrecht*, 3. Aufl., München 1990, S. 542; N. Paech, G. Stuby, *Machtpolitik und Völkerrecht in den internationalen Beziehungen*, Baden-Baden 1994, S. 204.

9 Dazu im einzelnen Ipsen (Anm. 8), S. 541 f; vgl. auch H.-H. Jescheck, *Lehrbuch des Strafrechts, Allgemeiner Teil*, 4. Aufl., Berlin 1988, S. 104 ff (109).

10 Von einem »Moralunternehmen« ist in diesem Zusammenhang u.a. bei Michael Walter, *Über Probleme mit der Makrokriminalität*, in: L. Böllinger, R. Laut-

mann (Hg.), *Vom Guten, das noch stets das Böse schafft*, Frankfurt/M. 1993, S. 81, und bei H. Hess, *Kriminologen als Moralunternehmer*, ebenfalls dort, S. 329 ff, die Rede.

11 E.-J. Lampe, *Unrechtsverantwortung innerhalb komplexer Systeme*. Unveröffentlichter Vortrag, 1994. Das Manuskript ist mir vom Verfasser freundlicherweise zur Verfügung gestellt worden. Siehe außerdem inzwischen: E.-J. Lampe, *Systemunrecht und Unrechtssysteme*, in: Zeitschrift für die gesamte Strafrechtswissenschaft 106 (1994), S. 683 ff.

12 Ebenda.

13 So schon K. Siegert, *Grundlinien des Völkerstrafprozeßrechts*, Göttingen 1953, S. 37.

14 So ist denn auch Lampe, *Systemunrecht und Unrechtssysteme* (Anm. 11), zu verstehen.

15 Zum Begriff der politischen Kriminalität vgl. z.B. G. Grünwald, *Aspekte der Bewertung politischer Straftaten*, in: W. de Boor (Hg.), *Politisch motivierte Kriminalität – echte Kriminalität?*, Basel/München/Paris/London/New York/Sidney 1978, S. 23. Ebenfalls dort: B. Schünemann, *Politisch motivierte Kriminalität*, S. 49 ff.

16 Vgl. dazu Ipsen (Anm. 8), S. 627.

17 So A. Zielcke, *Gnade vor Recht?*, in: Kritische Justiz 4/1990, S. 460 ff (464).

18 Ebenda.

19 G. Jakobs, *Vergangenheitsbewältigung durch Strafrecht? Zur Leistungsfähigkeit des Strafrechts nach einem politischen Umbruch*, in: J. Isensee (Hg.), *Vergangenheitsbewältigung durch Recht*, Berlin 1992, S. 37 ff (42).

20 Ebenda, S. 42 und 56.

21 F. C. Schroeder, *Zur Strafbarkeit von Tötungen im staatlichen Auftrag*, in: JZ 1992, S. 990 ff (992).

22 Jakobs (Anm. 19), S. 56.

23 Ebenda, S. 42.

24 W. Sofsky, *Die Ordnung des Terrors: Das Konzentrationslager*, Frankfurt/M. 1993, S. 19.

25 Ebenda, S. 18 f.

26 Ebenda, S. 30.

27 Ebenda, S. 318.

28 Siehe etwa: R. Hilberg, *Die Vernichtung der europäischen Juden*, Berlin 1982; Chr. R. Browning, *Ganz normale Männer. Das Reserve-Polizeibataillon 101 und die »Endlösung« in Polen*, Reinbek 1993; Sofsky (Anm. 24); Jäger, *Verbrechen unter totalitärer Herrschaft* (Anm. 1).

29 Vgl. H. Jäger, *Makrokriminalität* (Anm. 1), S. 19.

30 D. K. Pfeiffer, S. Scheerer, *Kriminalsoziologie*, Stuttgart/Berlin/Köln/Mainz 1979, S. 89.

31 Ebenda.

32 R. Augstein in Der Spiegel Nr. 9/1993, S. 31.

33 Vgl. Der Spiegel Nr. 18/1993, S. 16.

34 S. Scheerer, *Kriminalität der Mächtigen*, in: G. Kaiser u. a., *Kleines Kriminologisches Wörterbuch*, 3. Aufl., Heidelberg 1993, S. 246 ff (248).

35 Walter (Anm. 10). Zu Walters kritischen Einwänden vgl. meinen Beitrag *Menschheitsverbrechen und die Grenzen des Kriminalitätskonzeptes* (Anm. 1), S. 266–268.

36 Eine knappe Darstellung des Definitionsansatzes und seiner aktuellen Bedeutung findet sich in W. Hassemers *Einführung in die Grundlagen des Strafrechts*, 2. Aufl., München 1990, S. 54ff.

37 In diesem Sinne auch H. Müller-Dietz, *Die soziale Wahrnehmung von Kriminalität*, in: Neue Zeitschrift für Strafrecht (NStZ) 1993, S. 57ff (64).

38 So auch Lüderssen (Anm. 7), S. 45.

39 So für die Kriminalität der Mächtigen ausdrücklich Hassemer (Anm. 36), S. 66.

40 Vgl. Schüler-Springorum (Anm. 3), S. 187, 189 m. w. Hinw.

41 K. Lüderssen, *Krise des Resozialisierungsgedankens im Strafrecht?*, in: Juristische Arbeitsblätter 1991, S. 223.

42 C. Roxin, *Strafrecht, Allgemeiner Teil*, Bd. I, 2. Aufl., München 1994, S. 42.

43 In diesem Sinne auch G. Jakobs, *Untaten des Staates – Unrecht im Staat*, in: Goltdammer's Archiv für Strafrecht 1994, S. 1ff (18).

44 W. Naucke, *Strafrecht. Eine Einführung.*, 6. Aufl., Neuwied/Kriftel/Berlin 1991, S. 68.

45 Vgl. Scheerer, *Kriminalität der Mächtigen* (Anm. 34), S. 248 m. w. Hinw.

46 So H. M. Enzensberger, *Aussichten auf den Bürgerkrieg*, Frankfurt/M. 1993, S. 38.

47 Vgl. Der Spiegel Nr. 7/1993, S. 151.

48 H.-H. Jescheck, *Die Verantwortlichkeit der Staatsorgane nach Völkerstrafrecht*, Bonn 1952, S. 195.

49 Den Gesichtspunkt der Bewußtseinsbildung betont auch O. Triffterer, *Die völkerrechtlichen Verbrechen und das staatliche Strafrecht*, in: Zeitschrift für Rechtsvergleichung (ZfRV) 1989, S. 83–128 (102).

50 D. Frehsee, *Zur Abweichung der Angepaßten*, in: Kriminologisches Journal 1/1991, S. 25–45 (41).

51 Jescheck (Anm. 48), S. 195.

52 R. Gutman, *Augenzeuge des Völkermordes*, Göttingen 1994, S. 204.

53 P. Noll, *Die ethische Begründung der Strafe*, Tübingen 1962, neu abgedruckt in: ders., *Gedanken über Unruhe und Ordnung*, Zürich 1985, S. 101.

54 Vgl. Der Spiegel Nr. 23/1993.

55 So mit eindrucksvollen Überlegungen Hassemer (Anm. 36), S. 282.

56 Ebenda, S. 316f.

57 Zum Nah- und Fernraumaspekt und seiner kriminologischen Bedeutung grundlegend: A.-E. Brauneck, *Allgemeine Kriminologie*, Reinbek 1974.

58 Vgl. auch Triffterer (Anm. 49), S. 93.

59 Jescheck (Anm. 48), S. 195.

60 Ebenda, S. 196.

61 Dazu Triffterer (Anm. 49).

62 Jescheck (Anm. 48), S. 197.

63 Hinweis von R. Merkel, *Politik und Kriminalität*, in: S. Unseld, *Politik ohne Projekt? Nachdenken über Deutschland*, Frankfurt/M. 1993, S. 298–332 (331), m. w. Hinw.

64 Zur Kriminalitätswahrnehmung Müller-Dietz (Anm. 37) mit grundlegenden Überlegungen.

65 Hinweis bei Merkel (Anm. 63), S. 331.

66 K. Lüderssen, *Der Freiheitsbegriff der Psychoanalyse und seine Folgen für das moderne Strafrecht*, in: W. Hassemer, K. Lüderssen, W. Naucke, *Fortschritte im Strafrecht durch die Sozialwissenschaften*, Heidelberg 1983, S. 67–91.

67 G. O. W. Müller, zit. nach Merkel (Anm. 64), S. 331.

68 Hierzu und zum Beispiel des Wandels der öffentlichen Meinung in den USA gegenüber dem Vietnamkrieg und seinen kriminellen Exzessen vgl. Jäger, *Makrokriminalität* (Anm. 1), S. 210f.

69 P.-A. Albrecht, *Das Strafrecht im Zugriff populistischer Politik*, in: Strafverteidiger 5/1994, S. 265ff (267).

70 Vgl. auch K. Lüderssen, *Kriminalpolitik auf verschlungenen Wegen*, Frankfurt/M. 1981, S. 58.

71 J. Baumann, A.-E. Brauneck u.a., *Alternativ-Entwurf Wiedergutmachung (AE-WGM)*, München 1992, S. 23.

72 C. Hollweg, *Das neue Internationale Tribunal der UNO und der Jugoslawienkonflikt*, in: JZ 1993, 980ff, bezeichnet das Tribunal als Testfall für eine »humanitäre Weltordnung«.

73 W. Schomburg, *Die neue Welt braucht einen internationalen Strafgerichtshof*, in: Zeitschrift für Rechtspolitik (ZRP) 3/1993, S. 308, meint, ohne den utopischen Charakter seiner Forderung zu verkennen, nie sei die Chance der Einrichtung eines solchen Gerichts größer gewesen als heute.

74 K.-O. Apel, *Zurück zur Normalität? Oder könnten wir aus der Katastrophe etwas Besonderes gelernt haben?*, in: Forum für Philosophie Bad Homburg (Hg.), *Zerstörung des moralischen Selbstbewußtseins: Chance oder Gefährdung?*, Frankfurt/M. 1988, S. 91–142 (129).

75 H. Küng, *Projekt Weltethos*, 4. Aufl., München/Zürich 1992.

76 C. F. v. Weizsäcker, *Der bedrohte Friede*, 2. Aufl., München 1984, 156.

77 So K. Günther, *Kampf gegen das Böse? Zehn Thesen wider die ethische Aufrüstung der Kriminalpolitik*, in: Kritische Justiz 2/1994, S. 135–157 (142).

Hermann Weber

Die Vielzahl von Verbrechen und das »zivilisatorische Minimum«

I. Das uneingelöste Versprechen der Zivilisation

Die Vielzahl von Verbrechen, die das 20. Jahrhundert gesehen hat, sind kein Ruhmesblatt der Zivilisation, und nur wenige Staaten, die die politische Entwicklung unseres Jahrhunderts durch eine aktive Rolle beeinflußt haben, können für sich in Anspruch nehmen, vom Vorwurf, sich an Massenverbrechen beteiligt zu haben, frei zu sein. Der Zweite Weltkrieg legte nahezu alle Schranken nieder, die die westlich-abendländische Zivilisation für die kriegerische Austragung von politischen Konflikten in einem langen Entwicklungsprozeß errichtet hatte. Die deutschen Massaker in Guernica (1937), in Lidice (1942), in Oradour-sur-Glane und in den Ardeatinischen Höhlen bei Rom (1944) oder in der Schlucht von Babi Yar in der Ukraine (1941), um nur wenige Beispiele zu nennen, sind zum Fanal für Verbrechen geworden, die die Weltöffentlichkeit der deutschen Staatsführung als Vertreterin einer bis dahin international nicht bestrittenen Kulturnation nicht zugetraut hatte. Der vom NS-Regime betriebene und vom ganzen deutschen Volk zu verantwortende Genozid an den europäischen Juden ist zum spektakulärsten Massenverbrechen des 20. Jahrhunderts geworden.

Andere Völker haben sich, wenn auch unter anderen Voraussetzungen und weniger systematisch, ebenfalls an Massenverbrechen beteiligt. Die spanischen Giftgasangriffe gegen die aufständischen Rif-Kabylen (1926), die italienische Kriegführung gegen Äthiopien unter rücksichtslosem Einsatz von Giftgas (1935/36), die Massaker der Japaner an der Zivilbevölkerung in Nanking (1937/38) und der Sowjetunion an den kriegsgefangenen polnischen Offizieren in Katyn (1940) sowie der gezielte Einsatz der Folter an den algerischen Widerstandskämpfern durch Frankreich (1945 und 1956/61) – alle diese Verbrechen sind das Ergebnis der großen uneingelösten Versprechen der menschlichen Zivilisation. Die Atombombenangriffe der USA auf Hiroshima und Nagasaki (1945) und die amerikanische Kriegführung unter Einsatz von Chemiewaffen im Vietnam-Krieg (1965/75) führten zu ganz neuen Dimensionen des Massenverbrechens. An den Folgen der Atombombenabwürfe über Japan und der Entlaubungsaktionen in Vietnam, mit denen den Vietcong-Kämpfern die Operationsbasis genommen werden sollte, leidet die Zivilbevölkerung noch 50 respektive 20 Jahre nach Beendigung des Krieges. Auch nach dem Vietnam-Krieg hat der Rückgriff auf makrokriminelle Methoden in der Verfolgung politischer Ziele nicht aufgehört. In den achtziger Jahren hat das Pol-Pot-Regime in Kambodscha einen millionenfachen Mord an der Zivilbevölkerung begangen. Zur selben Zeit hat die Sowjetunion in Afghanistan gezielt und systematisch Kriegsverbrechen begangen. Der Vorwurf des Völkermords wird auch gegenüber den Serben nach dem Zerfall der jugoslawischen Föderation erhoben. Wie die Serben waren auch Kroaten und bosnische Muslime an schweren Kriegsverbrechen beteiligt. Zuletzt haben die Massaker an Hunderttausenden Menschen in Ruanda die Weltöffentlichkeit aufgeschreckt.

Das 19. Jahrhundert hatte seine Hoffnungen noch ganz auf den zivilisatorischen Fortschritt gesetzt, trotz mancher skeptischer Stimmen, die, wie Nietzsche, den »Übermenschen« mit den technisch-industriellen Errungenschaften aufkommen sahen: Mit dem »Übermenschen« verband sich aber nichts Mitmenschliches mehr. Allgemein wurden gerade die technisch-industriellen Erfolge als optimale Voraussetzungen für die Sicherung der individuellen Freiheiten und Entfaltungsmöglichkeiten in einer am Gemeinwohl orientierten und nichtdiskriminierenden staatlichen Rechts- und Sozialordnung angesehen. Die offene Gesellschaft ist jedoch, trotz vielseitiger und differenzierter Rechtsgarantien, ihrer Zivilisationsaufgabe nur zum Teil gerecht geworden. Während das Individualverbrechen in der Erforschung der psychischen Konstellation der Persönlichkeit und der sozialen und Umweltfaktoren im weitesten Sinne mit Hilfe der modernen Wissenschaften eine, wenn auch immer zu verbessernde, Erklärung gefunden hat, die sich in einem differenzierten und humanen Strafvollzug, ergänzt durch entsprechende Resozialisierungsanstrengungen der Gesellschaft, widerspiegelt, sind gleiche Zivilisationsfortschritte bei der Suche nach den tatsächlichen Möglichkeiten der Reduzierung der Makrokriminalität nicht zu verzeichnen.[1] Das Phänomen der willkürlichen, undifferenzierten und unverhältnismäßigen Zerstörung der menschlichen Existenz im Großmaßstab innerhalb der Reichweite staatlicher und internationaler Rechtsordnungen, also gleichsam unter den Augen der Zivilisation, bestimmt nach wie vor die politische Landschaft rund um den Erdball.

1. *Massenverbrechen und moderne Industriegesellschaft*

Wie die Jahresberichte von Amnesty International und anderer Menschenrechtskommissionen ausweisen, werden makrokriminelle Handlungen unter politischen Vorzeichen in weit höherem Grade durch staatliche und öffentliche Institutionen begangen, gefördert und geduldet, als es vom Anspruch einer aufgeklärten Gesellschaft am Ende des 20. Jahrhunderts erwartet wird. Noch vor 100 Jahren konnten Judenpogrome im zaristischen Rußland und türkische Massaker an den Armeniern als barbarische Entgleisungen gewertet und als atavistische Relikte Gesellschaften zugerechnet werden, die durch eine atypische Entwicklung den Anschluß an die moderne Industriegesellschaft mit ihren Ergebnissen der Arbeitsteilung und eines alle politischen Kräfte repräsentierenden politischen Systems noch nicht gefunden hatten. Ihnen wurde nachgesehen, daß sie keine historische Chance hatten, durch eine Renaissance, Reformation oder Revolution sich im westlich-europäischen Sinne zu erneuern, »zu zivilisieren«, das heißt sich als aufgeklärte Verfassungsstaaten zu konstituieren, um ein Abgleiten der Gesellschaft in die Barbarei wirksam zu verhindern. Schon die europäische Entwicklung vor Beginn des Ersten Weltkrieges weckte indes Zweifel, ob die moderne Zivilisation zusammen mit dem System der individuellen Rechtsgarantien gegen das Phänomen des Massenverbrechens ausreichend gefeit ist. Die Begleitumstände bei der Niederschlagung des Pariser Kommune-Aufstands 1871, des Buren-Aufstands in Südafrika 1899, des chinesischen Boxer-Aufstands durch die europäischen Interventionsmächte 1900 oder der Revolution in St. Petersburg nach dem Russisch-Japanischen Krieg 1905 waren erste Menetekel, daß die moderne Industriegesellschaft mit ihrem unerschütterlichen Fortschrittsglauben nicht tragen würde, wenn es erst zu einer großen bewaffneten Auseinandersetzung unter den Mächten, die für diese Garantien bis dahin mit ihrem Profil als Hüter der Zivilisation einstanden, gekommen sein würde. Die Zweifel, ob die aufgeklärte Gesellschaft als Makrokriminalität hinderndes oder gar überwindendes Zivilisationsmodell richtig bewertet erscheint, waren früh geweckt worden. Denn schon die Massenverbrechen des französischen Jakobinertums waren zuallererst ein Verbrechen an der Zivilisation und erst an zweiter Stelle auch eine neue Grunderfahrung der Menschheit in der Überwindung des Despotismus. Der sozioökonomische Wandel der nachfolgenden 200 Jahre, wie er zunächst durch die Aufklärungsphilosophie eingeleitet und später in den veränderten Einstellungen sichtbar wurde, spiegelt daher den zivilisatorischen Fortschritt insgesamt nur bruchstückhaft und von zahllosen Rückschlägen gezeichnet wider. Sobald die Staaten sich in ihrem politischen Kalkül in einer Notstandslage glaubten oder von einer anderen vergleichbaren existentiellen Gefährdung bedroht sahen, mochte sie nun tatsächlich vorgelegen haben oder nur vorgeschoben sein, boten sie dem einzelnen auf der Makroebene der staatlichen Sicherungen nur bedingt Schutz gegen den Verlust von Leben, Freiheit und Menschenwürde. In politischen Ausnahmesituationen, wie sie Krieg und Bürgerkrieg darstellen, reduzierten sich die Mindestgarantien schnell auf Null und öffneten dem Rückfall in die Barbarei Tür und Tor, wie der spanische Bürgerkrieg 1936/39 und die Ereignisse in Ex-Jugoslawien seit 1991 in aller Deutlichkeit gezeigt haben.

Das Massenverbrechen erscheint so, wie es auf einer Soziologen-Tagung in Hamburg im Mai 1994 formuliert wurde, immer »inherent in modernity« (Shmuel Eisenschatz), also als ständig gegenwärtige Bedrohung der zuallererst auf technisch-industrielles Wachstum fixierten modernen Zivilisation. Dieser latent zivilisationsfeindliche Aspekt, ein Grundwiderspruch der modernen Industriegesellschaft, wird in der den sozioökonomischen Wandel begleitenden konkreten politischen Aktion erkennbar, aber auch in den utopischen Leitbildern, die den Wandel durch Verabsolutierung der Ziele zuletzt im Massenverbrechen enden lassen. Das makrokriminelle Phänomen, die extremste Form des staatlichen Machtanspruchs, dessen sich eine politische Führung zur Disziplinierung von Menschen bedient, ist unter den Kategorien der modernen Industriegesellschaft Teil der politisch-wirtschaftlichen Verunsicherung, fortbestehender wirtschaftlich-sozialer Ungleichheit und anderer Modernisierungskrisen. Wo die »Civitas Dei« oder die »Civitas maxima«[2] aufgegeben ist und vor das staatliche Handeln gestellte unveränderliche Verhaltensnormen ihre Allgemeingültigkeit verloren haben, können bloßer Fortschrittsglaube und aus ideologischen Dogmen abgeleitete politische Gestaltungsrechte das in der Krise sichtbare Legitimationsdefizit der modernen Zivilisation nicht ausgleichen. In einer solchen Gesellschaft gibt sich das Massenverbrechen gleichsam seine Legitimation selbst.

Unter dem Primat eines ungeschminkten staatlichen Machtanspruchs schwächt das Modernisierungsdogma die Zivilisation zusätzlich. In der Verfolgung der Zivilisationsaufgabe erscheint die moderne Industriegesellschaft doppelt fragwürdig, je radikaler der Staat das selbstgesetzte Modernisierungsziel verfolgt und sich dem Risiko schwerer wirtschaftlicher und sozialer Erschütterungen aussetzt. Schon die Vorstellung, ein am technisch-industriellen Fortschrittsglauben ausgerichtetes politisches Ordnungssystem könne allgemeingültige Menschheitsprinzipien außer Kraft setzen, wie dies die politische Führung Chinas noch fünf Jahre nach dem Massaker auf dem Platz des Himmlischen Friedens (1989) vor der Weltöffentlichkeit behauptet,[3] impliziert die Aussonderung von Menschen aus der Gesellschaft, bevor es noch zu konkreter Diskriminierung und Verfolgung gekommen ist. In solchen in die Vergangenheit gerichteten Modernisierungsvarianten kann sich die Zivilisation weder als rechtsstaatliche Ordnung noch als politischer Entwicklungsprozeß einer friedlichen Gesellschaft wiedererkennen.

2. *Massenverbrechen und »civil society«*

Das Massenverbrechen hat seit jeher einen günstigen Nährboden in solchen Gesellschaften gefunden, in denen die Entwicklung zum unitarischen Zentralstaat moderner Prägung mit dem »nation building« einer »civil society« nicht Schritt gehalten hat. Wo das Machtkalkül nicht durch ein rechtsstaatliches Profil sein zivilisatorisches Gegengewicht gefunden hat, wo vor allem die Gleichbehandlung vor dem Gesetz, die Anwendung des Gesetzes »ohne Ansehen der Person«, nicht gewährleistet war, konnte sich eine »civil society« nicht ausbilden. Auf das Gesetz aber stützt sich in erster Linie ein eigenständiger und selbstbewußter Bürgersinn. Erst aus der Verfassung leitet der einzelne seinen Status als Bürger her, und nur mit den Grundrechten kann er dem unbegrenzten staatlichen Machtanspruch entgegentreten.

Die europäische Zivilisationsgeschichte hat im Verlauf ihrer Entwicklung den Zusammenhang von unvollkommener »civil society« und Massenverbrechen mehr als einmal erwiesen. In den entscheidenden Phasen des Umbaus der französischen Feudalgesellschaft zum unitarischen Zentralstaat unter Katharina von Medici, Heinrich III. und Ludwig XIII. wurde die Integration der Hugenotten in die neue Staatsform nicht für opportun gehalten. Auch die Unterdrückung der »Geusen«, der protestantischen Freiheitsbewegung in den spanischen Niederlanden, durch Herzog Alba verstand sich primär als Machtdemonstration der spanischen Krone. Den Herrschaftsanspruch künftig auf eine religionsunabhängige Loyalität aller Bürger zu gründen, kam den politischen Eliten in Frankreich und Spanien in der fraglichen Epoche des Umbaus der Gesellschaft zum europäischen Territorialstaat nicht in den Sinn. Anders als im England des 16. und 17. Jahrhunderts hatte auf dem Kontinent der unitarische Machtstaat bereits feste Konturen gewonnen, bevor sich ein bürgerlicher Gemeinsinn ausbilden konnte. Die zivile Austragung politischer, wirtschaftlicher, religiöser und anderer Interessengegensätze war auf dem europäischen Festland nur im Schweizer Bund – sieht man von dem Sonderfall des calvinistischen Genf ab – und in den Niederlanden nach deren Befreiung von der spanischen Vorherrschaft im Prinzip gewährleistet. In allen anderen Staaten blieb die politische und religiöse

Verfolgung eine Gefahr, auf die der einzelne zu jeder Zeit vorbereitet sein mußte.

Das Napoleonische Frankreich ist auch ein historischer Beleg für eine unvollkommene »civil society«. Dort wurde das Dogma von der Befreiung des einzelnen aus staatlicher und kirchlicher Vormundschaft, kurz: das Dogma von der mündigen und selbstverantwortlichen Bürgergesellschaft, wie es die Französische Revolution verkündet hatte, schon bald dem imperialen und hegemonialen Machtanspruch eines autokratischen Führers geopfert. Das von großen Erwartungen in ganz Europa begleitete »nation building« durch freie und gleiche »citoyens« degenerierte zur Diktatur, noch bevor sich ein freier Bürgersinn in der neuen Gesellschaft etablieren konnte. Die Diktatur aber wurde zum Vorspiel für eine Expansion, die, wie in Spanien (1808), zum Synonym für Barbarei wurde und das ganze Ausmaß der Verbrechen einer enthemmten Gesellschaft sichtbar machte.

Unter ganz anderen politischen und historischen Voraussetzungen hat das Massenverbrechen in Rußland bis in die Mitte dieses Jahrhunderts Tradition. Die Kulakenverfolgungen unter Lenin, die Millionenopfer der Stalinschen Kollektivierung der Landwirtschaft und die Säuberungen der dreißiger Jahre sowie das ganze schreckliche System der Aussonderung von Millionen Menschen in den sibirischen Straflagern waren nicht nur die Auswüchse der kranken Phantasie der sowjetischen Führer, sondern in gleichem Maße das Ergebnis einer autokratischen Herrschaftsstruktur, die seit Peter dem Großen bis in die Mitte dieses Jahrhunderts in Rußland und in den unterworfenen Gebieten in Ost- und Südosteuropa, im Kaukasus und in Zentralasien Bestand hatte.

Dagegen gab es in Deutschland in der ersten Hälfte des 19. Jahrhunderts mehrere Ansätze zur Etablierung einer freien Bürgergesellschaft, die jedoch alle der Metternichschen und später der preußischen Reaktion zum Opfer fielen. Die in weiten Strecken rückwärtsgerichtete Ausgestaltung der Reichsverfassung durch Bismarck nach der Reichsgründung 1871 schloß die stark anwachsende Arbeiterklasse von der politischen Mitbestimmung aus und ließ sie kein Vertrauen in den neuen Staat gewinnen. Das Manko des Dreiklassenwahlrechts in Preußen und der parlamentarischen Nichtverantwortung der Reichsregierung, die sich über ein Jahrzehnt einen anachronistischen Kampf mit der Sozialdemokratie lieferte, den politischen Ansprüchen der preußischen Militärkaste aber wenig Widerstand entgegensetzte, brachten das »nation building« einer offenen Gesellschaft nicht zur Entstehung. Statt dessen fanden die Forderungen der Koloniallobby und des Flottenbauvereins, unterstützt von den irrationalen Träumereien der »Alldeutschen«, unverhältnismäßiges Gehör und ebneten einer Politik den Weg, die – in der Vorbereitung des großen europäischen Krieges – zuletzt das Massenverbrechen als politisch-militärische Option (Grabenkrieg in Verdun, die Schlachten in Flandern und an der Somme) einschloß. Das Massenverbrechen des NS-Regimes an den europäischen Juden hatte bereits in den expansionistischen Intentionen und antidemokratischen Traditionen des kaiserlichen Deutschlands einen geistigen Wegbereiter der Inhumanität gefunden.[4] Zu Recht ist deshalb die 100 Jahre währende deutsch-jüdische Symbiose nicht als Ergebnis einer emanzipatorischen Entwicklung, sondern als Pluralismusdefizit einer Gesellschaft bewertet worden, die nicht fähig gewesen sei, das Anderssein religiöser Minderheiten, so wie sie sich präsentierten, zu ertragen.[5]

Am Defizit des »nation building« mit dem Ziel und in den Formen der »civil society« ist auch Titos Jugoslawien gescheitert. Sein Versuch, die nach Sprache, Herkunft, Religion, Geschichte und Mentalität zum Teil, jedoch nicht so stark wie heute angenommen, divergierenden südslawischen Völker nach den Erfahrungen des Zweiten Weltkrieges zu einer neuen Gesellschaft unter kommunistischen Vorzeichen, aber mit eigenständiger kultureller Prägung zusammenzuführen, mißlang im Angesicht einer lang andauernden Wirtschaftskrise, deren Dimension und Tempo die Belgrader Führung überforderten. Der serbische Vormachtsanspruch aber verhinderte den Interessenausgleich, als er noch möglich war. Als es 1991 zum Konflikt zwischen Slowenien und der Belgrader Führung um die Zuständigkeit der Zoll- und Grenzabfertigung an der slowenischen Grenze zu Italien und Österreich kam, konnten die streitenden Parteien nicht auf eine Streitschlichtungskultur zurückgreifen, wie sie in der Tradition einer freien Bürgergesellschaft angelegt ist. Ohne »civil society« im eigentlichen Sinn des Wortes fehlte Jugoslawien die notwendige Loyalität des einzelnen gegenüber seinem Staat, die für den Fall der Krise das Abgleiten der Gesellschaft in die Barbarei bremsen konnte. Zu lange war dem Bürger die Teilnahme am politischen Prozeß auf der Grundlage eines »allen zugänglichen Grundstatus« (Dahrendorf) vorenthalten worden. Die Folge davon war der Bürgerkrieg, dessen makrokriminelle Begleiterscheinungen alles in den Schatten stellten, was Europa nach 1945 gesehen hat.

3. *Die zivilisatorischen Vorgaben in der politischen Praxis*

Boten schon das Modernisierungsdogma der auf Wachstum fixierten Industriegesellschaft und das Defizit an »civil society« im Prozeß des »nation building« in vielen Staaten wenig Sicherheit, um den einzelnen vor der jederzeitigen Gefahr makrokrimineller Handlungen zu bewahren, so erwiesen sich die internationalen Rahmenbedingungen und Rechtsvorschriften zum Schutze des Menschen als noch fragwürdiger. Wenn es galt, Leben, Freiheit und Menschenwürde vor den zügellosen Angriffen des Staates oder anderer unter staatlicher Duldung Tätiger zu schützen, war die internationale Gemeinschaft nur sehr bedingt handlungsfähig. Der bis heute bestehende Widerspruch zwischen Anspruch und Wirklichkeit im Bereich des elementaren Menschenrechtsschutzes ist teils Strukturmerkmal der internationalen Gemeinschaft, teils direkte Folge der Praxis, dem staatlichen Interesse den Vorrang vor dem Menschenrechtsschutz einzuräumen. Die Wiederanknüpfung freundschaftlicher Beziehungen zu China schon bald nach dem Massaker auf dem Platz des Himmlischen Friedens ist, trotz des anfänglichen Protestes der internationalen Gemeinschaft gegen dieses Vorgehen, lebendiger Ausdruck dieses Widerspruchs. Es ist dies die Praxis von Staaten, deren Zivilisationsbegriff erhebliche Mängel aufweist: Auf der einen Seite wird der elementare Menschenrechtsschutz als eine Folgerung aus dem Naturgesetz behauptet, auf der anderen Seite wird der Mensch in eine Rangordnung der Natur gestellt, in der er die höchste Stufe für sich beansprucht und das politische Handeln frei bestimmt.

Es ist eine Folge dieses Grundwiderspruchs der Zivilisation, daß es der aufgeklärten Gesellschaft bis heute nicht gelungen ist, das Sittengesetz anzuerkennen und es mit dem empirischen Naturgesetz in Einklang zu bringen. Die von Immanuel Kant inspirierte Vorstellung, allein das rationale, an der »praktischen Vernunft« des Menschen ausgerichtete Verhalten, sofern es nur ethisch begründet ist, führe bereits den Menschen in eine friedliche Ordnung, reicht nicht aus zu erklären, warum das Sittengesetz befolgt werden soll. Zu Recht hat Albert Schweitzer deshalb gegen die optimistische Ethik Kants eingewandt, daß, wer die Absolutheit der sittlichen Verpflichtung behauptet, auch den allgemeinen Inhalt des Sittlichen benennen muß: »Er muß ein Prinzip des Verhaltens dartun, das als absolut verbindlich und den verschiedenartigsten Pflichten zugrunde liegend einleuchtet.«[6]

In der internationalen Ordnung war der zivilisatorische Standard als absolut wirkendes Sittengesetz nicht zu allen Zeiten überzeugend kenntlich gemacht. Die geltende Völkerrechtsordnung ist aus dem Völkergewohnheitsrecht hervorgegangen, das im wesentlichen auf der gleichförmigen Praxis einer Vielzahl von Staaten über lange Zeiten beruhte und dem Moment der gemeinsamen Handels- und Seefahrtinteressen den Vorrang vor anderen Werten einräumte. Von der Völkerrechtsordnung, wie sie über Jahrhunderte gewachsen ist, wurde erwartet, daß ihre Prinzipien den souveränen Staaten in der Welt der widerstreitenden Interessen zunächst nicht mehr als allgemeine Verhaltensregeln lieferten, die den Kern der

Souveränität nicht antasteten. Die völkerrechtlichen Prinzipien beruhen zum Teil noch heute auf dem Gedanken des vernünftigen Kompromisses in einem tatsächlichen oder angenommenen Interessenwiderstreit und nehmen einen Konsens voraus, der ohne das Bestehen der Prinzipien von Fall zu Fall erst gesucht werden müßte.

Es liegt auf der Hand, daß eine Ordnung, in der das staatliche Interesse und das dadurch bedingte politische Kalkül den Ton im Handeln und in den Entscheidungsprozessen der Staaten bestimmen, den spezifischen menschenrechtlichen Anforderungen, die aber den Kern der Zivilisation ausmachen, keine primäre Aufmerksamkeit schenkt. Der internationale Menschenrechtsschutz im Krieg hat dennoch in vielen kleinen Schritten Eingang in das Völkerrecht gefunden.[7]

Das erste moderne und universell rechtsetzende Rotkreuz-Abkommen zum Schutz der Verwundeten im Landkrieg war die Genfer Konvention vom 22. 8. 1864. Es ist später mehrmals novelliert (1906, 1929, 1949) und zugunsten der Verwundeten im Seekrieg (1907, 1949) und der Kriegsgefangenen (1929, 1949) erweitert worden. Die Haager Landkriegsordnung von 1907 und die vier Genfer Konventionen von 1949 zur Verbesserung des Loses der Verwundeten und Kranken der Streitkräfte im Feld, desgleichen der Streitkräfte zur See, über die Behandlung der Kriegsgefangenen sowie zum Schutze von Zivilpersonen in Kriegszeiten (1949) sind zusammen mit den zwei Ergänzungsprotokollen von 1977 die maßgeblichen Kodifikationen, die dem zivilisatorischen Mindeststandard im bewaffneten Konflikt heute Ausdruck geben. Seit dem Ende des Zweiten Weltkrieges und zum Teil bedingt durch seine Folgeerscheinungen sind diese Anforderungen durch eine Vielzahl von menschenrechtlichen Konventionen auf eine breite Grundlage gestellt und über den Bereich des Individualschutzes in Kriegszeiten hinaus auf alle Situationen des internationalen bewaffneten Konflikts unterhalb eines formalisierten Krieges und, wenn auch weniger weitreichend, auf Situationen des inneren Konflikts ausgedehnt worden.[8] Am weitesten reichen die Schutzvorschriften der Europäischen Menschenrechtskonvention (1950): Sie erlauben keine Einschränkungen grundlegender Garantien der menschlichen Existenz »im Falle eines Krieges oder eines anderen öffentlichen Notstands, der das Leben der Nation bedroht«[9].

Allen völkerrechtlichen Regeln ist aber gemeinsam, daß sie den individuellen Schutz gegen staatliche Übergriffe – sieht man von den vergleichsweise weit entwickelten europäischen Rechtsgarantien ab – nicht konsequent gewährleisten. Unterschiedliche Interessen und inkongruente Ordnungsvorstellungen der politischen Kräfte im Innern haben es bisher verhindert, daß ein gleicher Mindeststandard im Bereich der elementaren Menschenrechte in allen Staaten verbindlich durchgesetzt werden konnte.

Damit ist das zivilisatorische Minimum in der internationalen Ordnung als verbindlicher Verhaltensstandard in seinem Kern zwar festgeschrieben. Um diese Ordnung aber als echte Zivilisation erscheinen zu lassen, bedarf es noch der konkreten Realisierung ihres Vorrangs vor dem Kalkül der staatlichen Macht.[10]

Nach wie vor nehmen viele Staaten das Massenverbrechen in Kauf oder richten sich darauf ein. Das entsprechende Verhalten versteckt sich in den Verteidigungsdoktrinen, in den Notstandsprogrammen für den Fall einer inneren Staatskrise oder auch nur in der Lässigkeit, mit der den zahlreichen Umweltrisiken begegnet wird. Der Reaktorunfall von Tschernobyl 1986 hat die ganze Dimension solcher Lässigkeit aufgezeigt. Häufig senken auch reine Opportunitätserwägungen die von den Zivilisationsanforderungen vorgegebenen Grenzen auf ein unverantwortliches Niveau ab. Nicht Senecas Wort »Die Natur schuf uns alle als Verwandte«[11], sondern der Wille, sich alle Optionen offenzuhalten, bestimmt das politische Handeln. Wie im Ersten Weltkrieg, als mit einer neuen Generation von Waffen (U-Boot, Maschinengewehr, Tank, Flugzeug und Giftgas) eine bis dahin nicht gekannte Dimension der Massenvernichtung eingeführt wurde, knüpft die Staatengemeinschaft heute ihr Überleben an Rüstung, militärtechnologische Überlegenheit und die Fähigkeit, politische Pressionen mit den Ergebnissen des waffentechnischen Fortschritts auszuüben, und sei es auch nur, um den Kreis der Kernwaffenstaaten zu begrenzen.

Inzwischen hat der aufkommende Nationalismus und seine primitiven Losungen, mit denen nicht nur an der Propagandafront gefährliche Haßkriege geführt werden, ein gut Teil der internationalen Sicherheit aufgezehrt, die nach dem Ost-West-Ausgleich auf dem Rüstungssektor und nach der allgemeinen politischen Aussöhnung der ehemals verfeindeten Supermächte gewonnen worden war. Unter dem Strich hat sich so wieder ein Potential staatlich gelenkter oder geduldeter Unsicherheit auf universeller Ebene aufgebaut, mit dem zu jeder Zeit und an jedem Ort der Rückfall in die Barbarei bewerkstelligt und die internationale Ordnung als Zivilisation in Frage gestellt werden kann.

II. Die völkerrechtlichen Ansätze, die die Wirksamkeit des »zivilisatorischen Minimums« in der politischen Praxis bezeugen

Im Angesicht der Situation, in der die internationale Gemeinschaft durch differenzierte und vielfältige Festschreibungen des absoluten Sittengesetzes die Grundlagen der Zivilisation nach außen kenntlich gemacht hat, aber aus den unterschiedlichsten Gründen den Beweis schuldig geblieben ist, daß sie auch den Willen hat, die zivilisatorischen Anforderungen tatsächlich zu erfüllen, bleibt die Frage zu beantworten, wo sich in der geltenden internationalen Ordnung die rechtlichen Ansätze finden, die am ehesten die Wirksamkeit des »zivilisatorischen Minimums« vor dem staatlichen Kalkül bezeugen. Die Staatengemeinschaft kann sich, wenn sie sich nicht selbst aufgeben will, nicht auf eine ferne Zukunft vertrösten, in der ihre zivilisatorischen Grundlagen universell gewährleistet sein werden. Sie zeigt deshalb bereits *hic et nunc* die Grenze auf, jenseits der sich jeder ins Unrecht setzt, der Verantwortung trägt, sei es als individuell Handelnder, als Vollstrecker in einer Befehlskette oder als politischer Repräsentant, wie begründet auch immer das mit der Unrechtshandlung verfolgte Ziel ist oder gewesen ist.

1. *Die Ablösung der Lehre vom »gerechten Krieg«*

Eine erste deutliche Zivilisationsmarke, mit der gegenüber der staatlichen Macht eine Grenze im Sinne des »zivilisatorischen Minimums« gezogen wurde, war die Ablösung des bis in die beginnende Neuzeit verwendeten Begriffs des »gerechten Krieges« (*bellum-iustum*-Lehre) durch die spanische Spätscholastik (Vitoria und Suárez). Wenn auch der neue Begriff des formal »rechtmäßigen« Krieges *(bellum legale)* den Krieg als politisches Faktum und als militärische Option der Politik nicht in Frage stellte, so gelang doch mit ihm ein erster Einbruch in die Praxis der unbegrenzten und unverhältnismäßigen Kriegführung. Von nun an war es nicht mehr legitim, einen Eroberungskrieg einseitig für eine »gerechte Sache« zu erklären und einen grausamen Ausrottungs- und Bestrafungskrieg zu führen. Die »iusta causa« wurde beiden Kriegführenden unterstellt und die Rechtmäßigkeit des Krieges von der Einhaltung formalisierter Regeln des Kriegsbeginns sowie des inzwischen deutlich eingegrenzten »Kriegsbrauchs« (»Kriegsmanier«, »lois de la guerre«) abhängig gemacht. Zugegebenermaßen erfüllte der »legale« Krieg noch lange Zeit nicht die zivilisatorischen Anforderungen, die das geltende Völkerrecht den Staaten in der Haager Landkriegsordnung und in den Genfer Konventionen heute vorschreibt. Auch wurden Bürgerkriege vom neuen Kriegsbegriff nicht erfaßt. Die von Richelieu belagerten Hugenotten in La Rochelle haben dies auf bittere Weise erfahren. Der neue Kriegsbegriff enthielt jedoch seit seiner Einführung einige grundlegende Standards, die heute wie damals durch keine Staatsräson außer Kraft gesetzt werden können: das Verbot der willkürlichen grausamen Behandlung des Kriegsgegners und das Gebot der Schonung der Frauen, Kinder und Greise vor der Furie des Krieges.[12]

Bereits von Augustin werden bestimmte Methoden der Kriegführung als Problem der christlichen Heilserwartung diskutiert.[13] Später haben die Formen der spanischen Eroberung Amerikas heftige Kontroversen in der Öffentlichkeit ausgelöst, in denen der unauflösbar erscheinende Widerspruch zwischen spanischer Staatsräson und den Geboten der Menschlichkeit, von denen sich auch ein christlicher Herrscher zu leiten habe, den zentralen Gegenstand des Streites bildete.[14] Die Darstellung dieses Widerspruchs durch den Dominikaner Las Casas vor dem Indienrat in Valladolid vor fast 500 Jahren ist als großes Plädoyer der Menschlichkeit in der historischen Erinnerung geblieben. In Wahrheit offenbarte der Widerspruch jedoch ein schon damals universelles Zivilisationsdilemma, die Frage nämlich, ob Staat und Gesellschaft in den modernisierten Formen des Gemeinschaftslebens, die den Menschen zunehmend von der traditionalen Gemeinschaft isolieren, ohne den zentralen Schutz des einzelnen auf Dauer bestehen können. Es hat bis zur Mitte des 19. Jahrhunderts gedauert, bis die europäischen Mächte konkrete Folgerungen aus der *bellum legale*-Doktrin zogen und die Völkergemeinschaft über den Kreis der christlichen Staaten hinaus erweiterten. Seit der Pariser Seerechtsdeklaration 1856 fanden entsprechende universelle Regeln, zunächst beschränkt auf einzelne ausgewählte elementare Gefährdungslagen des Individuums in Kriegszeiten, auf See (Piraterie) und gegen Verschleppung in die Sklaverei Eingang in das geschriebene Völkerrecht. Mit der Anerkennung von Tatbeständen der groben Menschenrechtsverletzung als »delicta iuris gentium« sowie des *ius in bello* in den Formen universell gültiger völkerrechtlicher Verträge war ein wichtiges Zivilisationsziel in der politischen Praxis erreicht worden: die unstreitige Begrenzung der Staatsräson in konkreten Gefährdungslagen des einzelnen unter den Kategorien absolut verbindlicher Mindeststandards.

2. *Die Amnestieklauseln in den Friedensverträgen*

Lange blieb auch die Frage der Eingrenzung der Makrokriminalität im Krieg durch strenge Strafverfolgung der Kriegsverbrechen ungelöst. Die Frage warf vor dem Hintergrund der Wiederherstellung des Friedens spezifische Probleme auf. Ein Blick auf die Praxis der Amnestieklauseln in Friedensverträgen zeigt diesen Zusammenhang auf und gibt Aufschluß darüber, welchen Rang das humanitäre Kriegsvölkerrecht tatsächlich eingenommen hat. Sobald es darum ging, die Eckpfeiler eines politischen Neuanfangs in einem Friedensvertrag aufzurichten, fand häufig die Amnestie Eingang in den Vertrag, mit der das gegenseitige Auf- und Gegenrechnen von wechselseitigen Ansprüchen aus Verstößen gegen das Kriegsrecht ausgeschlossen wurde. Um die Wiederanknüpfung normaler Beziehungen, vor allem im Interesse des Außenhandels, nicht zusätzlich zu erschweren, wurde das geltende Prinzip der individuellen Haftung für Verletzungen des Kriegsrechts seitens eigener Staatsangehöriger oder der Angehörigen abgetretener Gebiete außer Kraft gesetzt.[15] Allenfalls verletzte Eigentumsrechte wurden durch Restitution in den entzogenen Besitz und Rückübertragung der verlorenen Rechte wieder ausgeglichen.[16]

Strafrechtlichen Pardon für Verstöße gegen das Kriegsrecht gaben die Friedensverträge bis weit ins 19. Jahrhundert hinein, wobei einzelne Verträge die Amnestie auch auf politisches Handeln ausgedehnt haben.[17] Unter diesen Gegebenheiten erscheinen die völkerrechtlichen Garantien für den einzelnen in Kriegszeiten vergleichsweise schwach verankert, denn die Staatenpraxis folgte keinem starren Prinzip der strafrechtlichen Verantwortung für Verstöße gegen das Kriegsrecht. Andererseits machten nicht alle Friedensverträge von der Möglichkeit der Amnestie Gebrauch.[18] Insoweit war die Praxis der Amnestieklauseln völkergewohnheitsrechtlich nicht abgesichert. Allenfalls die Tendenz, der strafrechtlichen Verantwortung des einzelnen im internationalen Kontext kein überragendes Gewicht beizumessen, ist aus der Praxis der Friedensverträge herauszulesen – eine Tendenz, von der die Staaten in diesem Jahrhundert wieder abgewichen sind. Die Friedensverträge von Portsmouth (1905) und Bukarest (1913) enthalten keine Amnestieklausel. Die entsprechenden Verträge von Lausanne (1912) und von Konstantinopel (1913) schränken die Amnestie ein, indem sie »zivile Verbrechen« von der Amnestie ausnehmen beziehungsweise nur eine befristete Amnestie aussprechen. Lediglich der Friedensvertrag von Athen (1913) führt noch einmal die ältere Völkerrechtspraxis der Amnestieklausel fort.

Das Bestrafungsrecht gegenüber jedermann, der sich eines Verstoßes gegen das Völkerrecht im Kriege schuldig gemacht hatte, war deshalb unter den Kategorien der *bellum legale*-Doktrin abgesichert. Es bestand zunächst auch gegenüber dem Monarchen.[19] Die Praxis der Friedensverträge nahm jedoch diesen Personenkreis von der völkerrechtlichen Haftung aus mit dem Hinweis, daß der Friede schwerlich gesichert werden kann, solange die alten Kriegsgründe weiterhin Gültigkeit haben. Dieser primär an praktikablen Ordnungsvorstellungen und weniger an der Gerechtigkeit ausgerichtete Gedanke wurde lange Zeit als mit den Grundvorstellungen von Zivilisation noch eben im Einklang stehend empfunden.[20] Erst der Weltkrieg 1914/18 brachte einen Einschnitt in diese Vorstellungswelt. Das IV. Haager Abkommen von 1907 hatte die völkerrechtliche Haftung für Verstöße gegen das Kriegsrecht verschärft, indem es erstmals die Staatshaftung für Individualverschulden von Truppenangehörigen eingeführt hat (Art. 3). Nun forderten die Pariser Vorortverträge von 1919/20 die Auslieferung von Kriegsverbrechern zur Aburteilung durch internationale Militärgerichte.[21] Zusätzlich verlangte der Friedensvertrag von Versailles die Auslieferung des Kaisers als Hauptverantwortlichen am Ausbruch des Krieges (Art. 227).

3. Die Rückkehr zum Bestrafungsrecht wegen Verstoßes gegen den Zivilisationsstandard

Mit den Vorschriften über Bestrafung und Auslieferung der Kriegsverbrecher in den Pariser Vorortverträgen von 1919/20 gaben die Vertragsstaaten die Praxis der Amnestieklauseln in Friedensverträgen auf und kehrten zum früheren uneingeschränkten Bestrafungsrecht zurück. Anders als unter der Geltung der *bellum iustum*-Lehre wurde nun aber die Bestrafung nicht aus Gründen der Rache, des verletzten Ehrgefühls oder des Vorwurfs der Häresie, sondern allein aus Gründen des Verstoßes gegen grundlegende Ordnungsvorschriften der Zivilisation gefordert. Schon das Boxer-Protokoll von 1907, also die Friedensregelung zwischen den Großmächten und Peking nach dem gescheiterten Boxer-Aufstand 1900, sah die lebenslange Bestrafung der für die fremdenfeindlichen Ausschreitungen in China Hauptverantwortlichen unter dem Gesichtspunkt des Verstoßes gegen grundlegende Prinzipien der Staatengemeinschaft vor.[22] Wenn auch das Boxer-Protokoll, wie schon die vorausgegangene Intervention, von einer betont kolonialistischen Einstellung der Großmächte gegenüber China geprägt war – das Bestrafungsverlangen zielte auf die öffentliche Demütigung Chinas –, so war doch die Besorgnis, grundlegende Standards des internationalen Diplomatenschutzes könnten in Zukunft nicht mehr allgemeine Anerkennung finden, für die gewählten Modalitäten der Friedensregelung mitentscheidend.[23]

Der Gedanke der Pariser Vorortverträge von 1919/20, daß der Verstoß gegen den Zivilisationsstandard einen internationalen Strafanspruch rechtfertige, war deshalb nicht neu. Daß das Bestrafungs- und Auslieferungsverlangen in der Person Wilhelms II. einen zusätzlichen emotionsgeladenen Hintergrund hatte, soll nicht bestritten werden. Viele Operationen der deutschen Heeresführung an der Westfront hatten die belgische und französische Zivilbevölkerung unverhältnismäßig in Mitleidenschaft gezogen und entsprechenden Forderungen der öffentlichen Meinung Nahrung gegeben.[24] Für die hier zu behandelnde Frage, welche völkerrechtlichen Kategorien in der politischen Praxis das zivilisatorische Minimum bezeugen, sind jedoch die damaligen Auseinandersetzungen um die Person des deutschen Ex-Kaisers nicht von zentraler Bedeutung. Wichtiger ist, in welcher Weise die Staaten zuletzt ihren Vorstellungen von internationaler Ordnung völkerrechtlichen Ausdruck gegeben haben.

Gegenüber Wilhelm II. bestimmte der Versailler Vertrag das »internationale Sittengesetz« und die »Heiligkeit der Verträge« zur Richtschnur für das Sonderstrafverfahren. Auch sollte sich das Gericht in seiner Entscheidung »von den höchsten Prinzipien der internationalen Politik« leiten lassen und den »feierlichen Verpflichtungen und internationalen Verbindlichkeiten ebenso wie dem internationalen Sittengesetz Achtung verschaffen«. Ausdrücklich wurde das vorgesehene internationale Sondergericht zum Strafausspruch verpflichtet (Art. 227). Wenn es zuletzt auch nicht zu einem Strafverfahren gegen den deutschen Ex-Kaiser gekommen ist,[25] so war doch der Versuch, den Monarchen unter eine internationale Anklage zu stellen, um ihn eines Zivilisationsverbrechens zu überführen, ein bemerkenswertes Unternehmen. Dies zeigt auch der Vergleich des Art. 227 mit Art. 228 des Versailler Vertrages, der die Bestrafung anderer Beschuldigter »wegen Verstoßes gegen die Gesetze und Bräuche des Krieges« sicherstellen sollte:[26] Der Kaiser als hauptverantwortlicher Staatsmann sollte sich zu seiner Rechtfertigung weder auf die Immunität des Monarchen noch auf das Argument berufen können, für die Einhaltung des Kriegsrechts seien andere verantwortlich gewesen. Auf dieses Argument hatten später die Angeklagten in den Nürnberger Hauptkriegsverbrecherprozessen ihre Verteidigung gestützt, ohne damit bei den Richtern Gehör zu finden.[27]

Auch die politische Führungselite der untergegangenen DDR, der man den Vorwurf macht, mit dem sogenannten »Schießbefehl« an der Berliner Mauer gegen den grundlegenden Menschenrechtskanon verstoßen zu haben, wehrt sich dagegen, nach anderen Kategorien als der *lex lata*, wie sie zum fraglichen Zeitpunkt in der DDR gültig war, unter Anklage gestellt zu werden. Erst jüngst hat der 5. Strafsenat des Bundesgerichtshofes dieser Verteidigungspraxis politischer Schreibtischtäter den Boden entzogen. In einer Revisionsentscheidung gegen führende Mitglieder des DDR-Verteidigungsrates hat der BGH die politische Mitwirkung an Tötungsdelikten als »mittelbare Täterschaft« qualifiziert. In einer weiteren Entscheidung gegen sogenannte »Mauerschützen« hat der BGH für die Tötung eines Flüchtlings an der Grenze die Berufung auf Rechtfertigungsgründe nicht zugelassen. In beiden Fällen hat er dies mit den universell gültigen Prinzipien des Menschenrechtsschutzes begründet, die bereits vor Inkrafttreten der UN-Menschenrechtspakte für die DDR im Jahre 1976 aufgrund deren Beitritts zur UNO (1973) Geltung erlangt hätten.[28] Mit dieser Begründung hat erstmals in der deutschen Rechtsgeschichte ein deutsches oberstes Bundesgericht der politischen Verantwortung eine adäquate strafrechtliche Dimension gegeben aufgrund der Gültigkeit universeller Rechtsprinzipien, deren Gewicht für den Bestand der Zivilisation als so gravierend angesehen wird, daß ihnen gegenüber jeder Einwand aus staatlichem Recht zurücktritt.

Der Bundesgerichtshof ist in seinem Urteil gegen die Mitglieder des DDR-Verteidigungsrates den Urteilen des Nürnberger und des Tokioter Militärgerichtshofes mit einer zeitlichen Verzögerung von fast 50 Jahren gefolgt. Das Londoner Protokoll vom 8. August 1945[29] hatte in einem Gerichtsstatut das Verfahren, die Zuständigkeit und die materiellen Strafnormen festgelegt, unter denen die Zivilisationsverbrechen gegen die Hauptkriegsverbrecher zur Anklage gebracht wurden. Hervorstechendstes Merkmal der Nürnberger und Tokioter Kriegsverbrecherprozesse war die Tatsache, daß erstmals in der neueren Staatenpraxis vor einem internationalen Gericht Anklage gegen politische Repräsentanten eines Staates erhoben und diese Anklage über den Kreis der engeren »Kriegsverbrechen« hinaus auf »Verbrechen gegen den Frieden« und »Verbrechen gegen die Menschlichkeit (Menschheit)«[30] ausgedehnt wurde.

Mit der Erweiterung der Straftatbestände vollzogen die Alliierten keinen Bruch mit dem damals geltenden Völkerrecht, denn in einem mutwillig vom Zaun gebrochenen Überfallkrieg sah die Staatengemeinschaft seit jeher einen Verstoß gegen grundlegende Völkerrechtsprinzipien.[31] Dasselbe gilt für den Tatbestand der »Verbrechen gegen die Menschlichkeit (Menschheit)«. Durch ihn war die ganze Skala der nationalsozialistischen Verfolgungsmaßnahmen unter dem Vorzeichen der »Rassenpolitik« als strafwürdiges Verhalten erfaßt und eine formale Voraussetzung geschaffen, daß diese Politik mit richterlicher Autorität als Menschheitsverbrechen deklariert werden konnte. Für die unmittelbare Individualhaftung nach Völkerrecht machte es dabei keinen Unterschied, ob das Menschheitsverbrechen durch Leitung, Organisation, Anstiftung oder Mitwirkung, durch Formulierung oder Ausführung eines allgemeinen Plans oder in der Form der Verschwörung begangen wurde. Alle Formen der Beteiligung erfüllten den Tatbestand des Verstoßes gegen den zivilisatorischen Mindeststandard und waren keiner wie auch immer begründeten Rechtfertigung nach Kategorien der Staatsräson oder des Nothandelns zugänglich.[32]

Die konsequente strafrechtliche Inanspruchnahme politischer Repräsentanten unter den Kategorien des Londoner Protokolls von 1945 war eine Folge des politischen Willens der Alliierten, den zivilisatorischen Mindeststandard stärker ins Bewußtsein der Weltöffentlichkeit zu heben. Weiter war es die Absicht der Alliierten, die Individualhaftung auf alle Täter zu erstrecken, die in einer Befehlskette gestanden hatten, und alle Versuche, sich dieser Haftung mit dem Hinweis auf mögliche Folgen einer Befehlsverweigerung zu entziehen, prinzipiell zurückzuweisen. Allgemeinen Erwägungen der Aufrechterhaltung der militärischen Disziplin gaben die Alliierten nur insoweit Raum, als das Handeln auf Befehl gegebenenfalls als Strafmilderungsgrund Berücksichtigung finden konnte.[33]

4. *Die Kontroverse um die Strafbarkeit von Zivilisationsverbrechen*

In der deutschen Völkerrechtsdoktrin hat das Nürnberger Urteil gegen die Hauptkriegsverbrecher mehr Kritik als Zustimmung erfahren.[34] Der Haupteinwand richtete sich gegen das Verfahren, in dem elementare rechtsstaatliche Schutzvorschriften zu Lasten der Angeklagten nicht beachtet worden seien, in erster Linie das Rückwirkungsverbot (Grundsatz »nulla poena sine lege«) und der Grundsatz des »gesetzlichen Richters«. Der Einwand der mangelnden Konkretisierung der Strafnormen und der Strafandrohung zum Zeitpunkt der Tat sowie der Einwand des Fehlens eines zur Tatzeit zuständigen Gerichts stoßen jedoch ins Leere. Denn der Angriffskrieg und die Kriegsverbrechen waren durch das Kriegsverbot des Briand-Kellogg-Paktes von 1928 und das geltende *ius in bello*, wie es 1907 kodifiziert worden war, hinreichend als Zivilisationsverbrechen gekennzeichnet. Die Verbrechen gegen die Menschlichkeit (Menschheit) aber waren seit langem durch das Menschheitsgewissen geächtet, ohne daß es zusätzlicher Substantierung in Form von staatlichen Gesetzen bedurft hätte.[35] In welchen Formen der staatlichen Gesetzgebung hätte auch, so ist zu fragen, die Transformation der Völkerrechtsprinzipien in staatliches Recht erfolgen sollen, nachdem die materielle Gesetzeslage in Deutschland durch Willkürakte und Führererlasse bestimmt war?[36]

Beschuldigte, denen Kriegsverbrechen, Verbrechen gegen den Frieden und Verbrechen gegen die Menschlichkeit (Menschheit) zur Last gelegt werden, haben wie jeder Angeklagte Anspruch auf ein rechtsstaatliches Verfahren, das ihnen die faire Ausübung ihrer Verteidigungsrechte sichert. Die Gleichsetzung von Steuerstraftatbeständen und Verstößen gegen die Straßenverkehrsordnung mit schweren Verletzungen des Zivilisationsstandards ist jedoch nicht Teil des Rechtsstaatsprinzips, wenn dadurch nachgewiesene Zivilisationsverbrechen ohne Bestrafung bleiben. Die Mißachtung des »zivilisatorischen Minimums« hat immer individuelles Handeln zur Voraussetzung. Seine Sanktion kann nicht aus dem Grund entfallen, daß das Verbrechen sich in seinem Gewicht durch die Vielzahl der Verantwortlichen oder durch die brutalen Zeitumstände relativiere. Die in Nürnberg bestätigten Zivilisationsstandards besitzen universelle Geltung, unabhängig davon, ob sie durch die staatliche Rechtsordnung gewährleistet werden.[37] So konnte der Internationale Gerichtshof auch das Verbot des Völkermords als allgemeinverbindliches Völkerrechtsprinzip deklarieren und brauchte seine Allgemeingültigkeit nicht vom Beitritt zur Genozid-Konvention von 1948 abhängig zu machen.[38]

Gegen die unmittelbare Geltung der in Nürnberg bestätigten universellen Zivilisationsstandards wird in der deutschen Doktrin eingewendet, die von der Völkerrechtskommission (International Law Commission/ILC) der Vereinten Nationen unternommenen Anstrengungen, die Nürnberger Standards zu kodifizieren, seien bis heute nicht über das Stadium eines Vertragsentwurfs hinausgekommen. Dieser Einwand ist insofern richtig, als die ILC mit dem »Draft Code of Crimes against the Peace and Security of Mankind« (nachfolgend Draft Code)[39] eine universelle vertragliche Bindung der Staaten in der Frage der Bestrafung des einzelnen anstrebt. Es darf aber nicht übersehen werden, daß die mangelnde Vertragsreife einer in Aussicht genommenen universellen Regelung den bestehenden Konsens der Staaten in der Frage der Strafwürdigkeit von Zivilisationsverbrechen nicht beseitigt. Die ILC hat sich nicht die Meinung der deutschen Doktrin zu eigen gemacht, im Urteil des Nürnberger Militärgerichtshofes seien neue Völkerrechtsregeln aufgestellt worden. Vielmehr stellt ihr Berichterstatter Thiam in seinem 4. Report ausdrücklich fest, daß die ILC entschieden habe, daß von der strafrechtlichen Verantwortung des einzelnen auszugehen sei und daß infolgedessen jeder, der sich unter dem Völkerrecht eines Verbrechens schuldig gemacht habe, der Bestrafung unterliege.[40]

Die prinzipielle Unterscheidung zwischen zu allen Zeiten der freien Disposition des Staates entzogenen Zivilisationsverbrechen und anderen Völkerrechtsverletzungen, die die Frage nach der strafrechtlichen Verantwortung des einzelnen aufwerfen, jedoch zugleich Erwägungen der staatlichen Opportunität in diese Frage einbeziehen, war auch Gegenstand der Vorarbeiten zum Draft Code in der ILC. Der Berichterstatter Thiam stellte dazu fest, daß noch in Nürnberg und Tokio die Begriffe »war crimes« und »crime against humanity« nicht als bedeutungsgleich angesehen wurden. Die ILC habe jedoch entschieden, den Begriff »crime« den gravierenden Verstößen gegen grundlegende Verhaltensregeln vorzubehalten.[41] Soweit beide Begriffe noch auf einen Bedeutungsunterschied hinweisen, sei er dadurch nivelliert worden, daß der Begriff »crimes against humanity« heute alle Zivilisationsverbrechen erfasse und nicht nur die Verbrechen im Verlauf bewaffneter Konflikte.[42] Als »crimes against humanity« erscheinen alle schweren Rechtsverstöße, die einen politischen, rassischen oder religiösen Hintergrund haben, darüber hinaus können sie auch »Kriegsverbrechen« im engeren Wortverständnis sein.[43] Aus diesem Grund ordnet die ILC den Völkermord den »crimes against humanity« zu.[44]

Die begriffliche Klärung von »crime« und seine Zuordnung zu den gravierenden Verstößen gegen grundlegende menschenrechtliche Prinzipien führt die ILC dazu, die minder schweren Beteiligungs- und Vorbereitungsformen »against humanity« als »offences« zu qualifizieren, ohne diesen Begriff abschließend zu klären.[45] Für die hier zu beantwortende Frage nach den völkerrechtlichen Ansätzen, die das zivilisatorische Minimum in der politischen Praxis bezeugen, ist die Trennung der Begriffe »crime« und »offence« insofern aufschlußreich, als sie eine Unterscheidung der individuellen Strafbarkeit nach Kategorien des zivilisatorischen Mindeststandards vornimmt, wie sie auch in den vier Genfer Konventionen von 1949 enthalten ist.

5. *Der zivilisatorische Mindeststandard der Genfer Konventionen von 1949 und der Zusatzprotokolle von 1977*

Die Genfer Rotkreuzkonventionen von 1949 gehen von vier typischen Bedrohungssituationen im bewaffneten Konflikt aus und bündeln entsprechend Rechte und Verhaltenspflichten in den vier Abkommen: »Los der Verwundeten und Kranken der Streitkräfte im Felde« (I. Abkommen), »Los der Verwundeten, Kranken und Schiffbrüchigen der Seestreitkräfte« (II. Abkommen), »Behandlung der Kriegsgefangenen« (III. Abkommen) und »Schutz von Zivilpersonen in Kriegszeiten (IV. Abkommen). In zwei Zusatzprotokollen von 1977 zu den Rotkreuzkonventionen werden weitere Bedrohungssituationen in den Menschenrechtsschutz der Rotkreuzkonventionen einbezogen und der Schutz der Opfer bewaffneter Konflikte erweitert und präzisiert: »Schutz der Opfer internationaler bewaffneter

Konflikte« (Protokoll I) und »Schutz der Opfer nichtinternationaler bewaffneter Konflikte« (Protokoll II). Damit ist das *ius in bello* nicht abschließend kodifiziert – neben den Genfer Konventionen und den Zusatzprotokollen bleiben die Haager Landkriegsordnung von 1907 und aufgrund der Martensschen Klausel[46] das Völkergewohnheitsrecht im Krieg als völkerrechtliche Auffangtatbestände weiter in Kraft –, es kann jedoch insoweit als geklärt gelten, als es die universelle Geltung des zivilisatorischen Mindeststandards nicht mehr ernsthaft in Frage stellt.

Alle vier Konventionen gehen unter den genannten Rahmenbedingungen von unterschiedlichen Rechten und Pflichten aus, deren Verletzung unterschiedliche Sanktionen nach sich ziehen. Alle Rechte und Pflichten haben den Schutz des durch das jeweilige Abkommen privilegierten Personenkreises zum Ziel und verstärken ihn in einzelnen Bestimmungen noch einmal gesondert durch Vorschriften, die die Schutzwürdigkeit bestimmter Personen, Objekte, Orte, Zonen, Ressourcen oder Situationen herausstreichen oder die im Hinblick auf bestimmte unverhältnismäßige Folgewirkungen von Kriegshandlungen spezifische Verhaltenspflichten festlegen. Die Konventionen unterscheiden zwischen Rechten und Pflichten, die den Staaten beziehungsweise den Parteien eines bewaffneten Konflikts als völkerrechtliche Pflichten auferlegt sind, und solchen, die sich unmittelbar an einzelne mit militärischer Gewalt ausgestattete Adressaten richten, unabhängig davon, ob diese einen Status im Völkerrecht besitzen. Innerhalb dieser Unterscheidung nach dem Ausmaß der jeweils festgelegten oder übertragenen Verantwortungsbereiche ziehen die Konventionen die Grenze zwischen einfachen und schweren Verletzungen der auferlegten Pflichten: Die »schweren Verletzungen« sind als Verstöße gegen den zivilisatorischen Mindeststandard hervorgehoben, indem sie einzeln aufgelistet sind und die Individualhaftung durch angemessene Strafbestimmungen verstärkt wird. Zum Erlaß entsprechender Strafnormen werden die Vertragsparteien der Genfer Konventionen ausdrücklich verpflichtet. Ist eine Vertragspartei an einer gerichtlichen Verfolgung nicht interessiert, hat sie die beschuldigten Personen auf Verlangen interessierter dritter Vertragsparteien auszuliefern. Dagegen sind die einfachen Verletzungen der Konventionen – als »Zuwiderhandlungen« gekennzeichnet – nicht zwingend unter Strafe gestellt. Ihnen haben die Vertragsparteien lediglich mit »notwendigen Maßnahmen« zu begegnen.[47]

In der Unterscheidung zwischen einfachen Verfehlungen – »Zuwiderhandlungen« im Sprachgebrauch der Genfer Konventionen – und »schweren Verletzungen« des kodifizierten *ius in bello* bringt die Staatengemeinschaft ihren zivilisatorischen Anspruch auf unzweideutige Weise zum Ausdruck: Gegenüber der Mißachtung des menschenrechtlichen Grundstatus des einzelnen im bewaffneten Konflikt soll es keine Flucht in die staatliche Souveränität und keine Berufung auf Immunität, staatlich definierte Loyalität oder Befehlsstrukturen geben. In anderen Fällen der Verletzungen der Genfer Konventionen bleibt es hingegen bei der Regel, daß der einzelne durch seinen Heimatstaat mediatisiert wird und die unmittelbare völkerrechtliche Haftung nur den Staat trifft. Den Vertragsparteien bleibt es in diesen Fällen selbst überlassen, in welcher Weise sie dem in den Genfer Konventionen aufgestellten individuellen Verhaltenskodex Nachdruck verleihen wollen. Hier erscheint die völkerrechtliche Sanktion noch unscharf und reiht sich ein in den *domaine reservé*, den vorbehaltenen Bereich, in dem die Staaten nach der allgemeinen Regel des Völkerrechts ihr Verhalten weitgehend autonom bestimmen.

Die verbindliche Festlegung der materiellen Strafnormen, die das zivilisatorische Minimum bezeichnen, ist zuletzt 1977 im I. Zusatzprotokoll zu den Genfer Konventionen von 1949 vorgenommen worden. Danach schützt Art. 11 alle Personen, ob Kombattanten oder Nichtkombattanten, die Opfer eines internationalen bewaffneten Konflikts, eines nationalen Befreiungskrieges oder eines Konflikts mit einem antirassistischen Hintergrund geworden und dabei in die Gewalt der gegnerischen oder einer dritten Partei geraten sind, gegen alle vorsätzlichen Handlungen oder Unterlassungen, die ihre körperliche oder geistige Gesundheit erheblich gefährden. In Art. 75 des Protokolls sind die grundlegenden Garantien genannt, auf die alle Personen, die von den genannten Situationen betroffen sind, überall und jederzeit unbedingten Anspruch haben. Art. 85 und 86 regeln die Ahndung der schweren Verletzungen der Abkommen und des I. Zusatzprotokolls. Unbeschadet der Anwendung der (I. bis IV.) Abkommen sowie des I. Zusatzprotokolls gelten alle dort als »schwere Verletzungen« gekennzeichneten Rechtsverstöße als »Kriegsverbrechen«.[48] Als Kriegsverbrecher beschuldigte Personen sind ungeachtet ihrer Nationalität nach dem Rechtsgrundsatz »aut iudicare aut dedere« (bestrafen oder ausliefern) zu behandeln. Damit gehen die Bestimmungen des I. Zusatzprotokolls zur Fixierung und Durchsetzung des zivilisatorischen Mindeststandards in bewaffneten Konflikten internationalen Charakters weit über das Maß hinaus, das die Staatengemeinschaft im Regelfall als Sanktion zur Wiederherstellung des Rechtsfriedens zuläßt.

Gegenüber dem I. Zusatzprotokoll bleibt das II. Zusatzprotokoll in der Frage der Fixierung des zivilisatorischen Mindeststandards in nichtinternationalen bewaffneten Konflikten zurück. Dies gilt sowohl für den Umfang der Regelung als auch für die Intensität des Eingriffs in staatliche Souveränitätsrechte zur Durchsetzung elementarer Menschenrechte. Viele Staaten sind nach wie vor zurückhaltend in der Übernahme vertraglicher

Verpflichtungen in Situationen, in denen sie sich einer durch Rebellion, Revolution oder Bürgerkrieg ausgelösten Staatskrise gegenübersehen. Immerhin enthält auch das II. Zusatzprotokoll einen Katalog grundlegender Garantien sowie einige Vorschriften, die die Haftbedingungen und die Strafverfolgung von Straftaten, die mit dem bewaffneten Konflikt in Zusammenhang stehen, in Anlehnung an den Mindeststandard des I. Zusatzprotokolls (Art. 75) und des UN-Menschenrechtspaktes über bürgerliche und politische Rechte von 1966 regeln.[49] Den Schutz der Verwundeten, Kranken, Schiffbrüchigen und der Zivilbevölkerung gleicht das II. Zusatzprotokoll den Kernaussagen des I. Zusatzprotokolls an.[50] Dagegen fehlen Strafnormen, die eine individuelle Haftung für Verletzungen des im II. Zusatzprotokoll festgelegten Menschenrechtskanons begründen und insofern auch die entscheidenden Vorschriften, die das Protokoll aus dem Rahmen eines bloßen Lippenbekenntnisses herausheben.[51]

6. *Die Realisierung des zivilisatorischen Mindeststandards durch Strafgerichte der Vereinten Nationen*

Die Zusatzprotokolle I und II zu den Genfer Rotkreuz-Abkommen schaffen kein geschlossenes System der strafrechtlichen Verantwortung des einzelnen für schwerwiegende Verletzungen des zivilisatorischen Mindeststandards. Zwar knüpft das I. Zusatzprotokoll an bestimmte schwere Verletzungen der Abkommen und des Protokolls eine unbedingte Bestrafungspflicht respektive Auslieferungspflicht. Das Protokoll versagt aber in den Fällen, in denen sich die Vertragsstaaten entsprechenden Anschuldigungen gegenüber indifferent verhalten oder die Zusammenarbeit mit anderen Vertragsstaaten (Art. 88) verweigern. Eine »internationale Ermittlungskommission«, zuständig für die Untersuchung von Vorwürfen schwerer Verletzungen der Abkommen und des I. Zusatzprotokolls, wird durch eine Fakultativklausel des Protokolls in das Ermessen der Vertragsstaaten gestellt. Die Klausel erfüllt deshalb in allen relevanten Fragen der Organisation und des Verfahrens zur Ahndung von Kriegs- und Menschheitsverbrechen nicht die Voraussetzungen einer obligatorischen Strafgerichtsbarkeit (Art. 90). Bei erheblichen Regelverstößen in bewaffneten Konflikten bleibt es bei einer wenig substantiierten Pflicht der Staaten, »sowohl gemeinsam als auch einzeln in Zusammenarbeit mit den Vereinten Nationen und im Einklang mit der Charta der Vereinten Nationen tätig zu werden« (Art. 89).

Der Verweis des I. Zusatzprotokolls auf die Vereinten Nationen und die UN-Charta deutet bereits an, daß die internationale Strafverfolgung wegen schwerer Verstöße gegen den zivilisatorischen Mindeststandard nur in engen Grenzen möglich ist. Da die UN-Charta die Souveränität der Staaten prinzipiell unangetastet läßt (Art. 2 Ziff. 1) und der Sicherheitsrat nur aus Gründen unmittelbarer Gefahr für den internationalen Frieden und die internationale Sicherheit in den *domaine reservé* der Staaten eingreift (Art. 39 i.V.m. Art. 2 Ziff. 7), gibt allein die Verletzung grundlegender Verhaltensstandards des humanitären Völkerrechts in bewaffneten Konflikten dem Sicherheitsrat keine Handhabe zum Eingreifen. Erst die Verbindung von groben und systematischen Menschenrechtsverletzungen mit Kategorien der internationalen Sicherheit kann den Sicherheitsrat dazu veranlassen, eine internationale Strafgerichtsbarkeit einzurichten.[52]

Im Fall der gegen die Serben, aber auch der gegen andere Kriegsparteien im Prozeß des Zerfalls des jugoslawischen Staates und des in Bosnien-Herzegowina ausgetragenen Bürgerkrieges erhobenen Vorwürfe hat der Sicherheitsrat der Vereinten Nationen erstmals 1993 in einer Resolution[53] von der Möglichkeit Gebrauch gemacht, konkrete Anforderungen an die internationale Sicherheit mit dem Menschenrechtsstandard zu verknüpfen. Er setzte ein internationales Strafgericht ein mit dem Auftrag, alle seit dem 1. Januar 1991 im ehemaligen Jugoslawien begangenen Verbrechen entsprechend dem Statut zu ahnden, das er zugleich mit der Einsetzung des Gerichts verabschiedet hat. In diesem Statut sind Organisation, Zuständigkeit, Verfahren (einschließlich Untersuchungs- und Anklageverfahren) sowie der Rahmen der anzuwendenden materiellen Strafnormen festgelegt worden. Außerdem regelt das Statut den Strafvollzug sowie das Begnadigungsverfahren.[54] Das Gericht hat im April 1994 seine Arbeit in Den Haag aufgenommen.

Mit der zeitlichen und räumlichen Begrenzung der Strafverfolgung bestimmter internationaler Verbrechen hat der Sicherheitsrat auf unzweideutige Weise zu erkennen gegeben, daß er die universelle Durchsetzung der elementaren Menschenrechte nicht als seine Primäraufgabe ansieht. Vielmehr kam es ihm zuallererst darauf an, deutlich zu machen, daß ohne rigides Vorgehen der Staatengemeinschaft gegen individuelle Exzesse im jugoslawischen Bürgerkrieg eine friedliche Lösung auf Dauer nicht zu erzielen ist. Mit der zentral organisierten Strafverfolgung gegen Kriegsverbrecher im Jugoslawien-Konflikt sollte auch der Mißstand teilweise ausgeglichen werden, daß die Staatengemeinschaft selbst nicht bereit oder in der Lage war, durch eine Kollektivaktion in Form der militärischen Intervention dem Massenverbrechen ein Ende zu bereiten.

In der scharfen Begrenzung der internationalen Strafverfolgung von Kriegsverbrechern aus Gründen der Befriedung des Jugoslawien-Konflikts könnte eine Relativierung des unabänderlichen und immer zu beachtenden zivilisatorischen Mindeststandards gesehen werden, die sich vom

Rang und von der Stellung dieses Standards innerhalb der internationalen Ordnung her eigentlich verbietet.[55] Tatsächlich hat jedoch der Sicherheitsrat mit der Einsetzung des Jugoslawien-Tribunals den Mindeststandard für politische Zwecke nicht instrumentalisiert, sondern in der Frage seiner Gewährleistung einen bedeutenden Schritt nach vorne getan. Denn mit der Einrichtung eines internationalen Strafgerichts in einem Konflikt, in dem es keine Sieger und keine Besiegten geben wird, ist auch ein Anspruch erfüllt worden, daß die Zivilisation als eine der internationalen Sicherheit vorgelagerte Kategorie die Bestrafung von Menschheitsverbrechen unabhängig von Sicherheitsüberlegungen erwarten darf. Der Sicherheitsrat ist dem Verlangen der Weltöffentlichkeit nach Bestrafung der Kriegsverbrecher in einem besonders krassen Fall des Regelverstoßes nachgekommen und hat seiner Antwort auf diese Herausforderung eine Form gegeben, die angesichts der starken Vorbehalte gegen internationale Interventionen in Menschenrechtsfragen und der bestehenden Strukturschwächen der organisierten Staatengemeinschaft nicht hoch genug eingeschätzt werden kann.[56]

Die Einrichtung des internationalen Jugoslawien-Tribunals stellt die schärfste Antwort dar, mit der seit den Nürnberger und Tokioter Kriegsverbrecherprozessen die These vom »totalen Krieg« als einem alle Rücksichten und vorgegebene Handlungsschranken verleugnenden Phänomen auf rechtsstaatlichem Wege zurückgewiesen wird. Das Tribunal widerlegt die These, daß die vor 50 Jahren durchgeführten Strafverfahren ein Unikum der Staatengeschichte gewesen seien, das in der politischen Praxis keine Nachfolge gefunden habe. Die tatsächliche Inanspruchnahme des Bestrafungsrechts durch die Vereinten Nationen selbst ermöglicht es, den strafrechtlichen Kern des individuellen Handelns in einer Staatskrise in seinem politischen Umfeld unparteiisch zu bestimmen, ihn in diesem Umfeld abzugrenzen und zuletzt in den Formen des Rechtsstaates zu sanktionieren.[57] Damit treten die Vereinten Nationen einer verbreiteten, aber falschen Vorstellung entgegen, daß niemand Schuld auf sich lädt, wo alle schuldig werden.[58] Gerade in Zeiten, in denen politische Auseinandersetzungen bewaffnet ausgetragen werden, ist das verantwortliche Handeln des einzelnen, dem Macht gegeben worden ist, an erster Stelle gefordert. Die zivilisatorischen Anforderungen liefern Integrität und Legitimität der menschlichen Existenz und der Wille der Staatengemeinschaft, dafür auch mit den Mitteln des Strafrechts und des Völkerrechts einzustehen.

1 Bürgerkriege wie im früheren Jugoslawien finden nach Darstellung des Berliner Friedensforschers Ulrich Albrecht zur Zeit an etwa 70 Orten der Welt statt. Der Begriff der »Makrokriminalität« als Sammelbezeichnung für Massenverbrechen und alle Großformen des Verbrechens, die auf Selbstzerstörung der Menschheit hinauslaufen, ist erstmals durch den Kriminologen Herbert Jäger eingeführt worden, vgl. *Versuch über Makrokriminalität*, in: Strafverteidiger 4/1988, S. 172–179. Siehe auch den Beitrag von Jäger in diesem Band.

2 Augustinus, *De Civitate Dei* (413/426) und Chr. Wolff, *Jus gentium methodo scientifica pertractatum* (1749), dazu: G. Schwarzenberger, *Civitas maxima?*, in: Recht und Staat in Geschichte und Gegenwart, Heft 413/414, Tübingen 1973.

3 Ministerpräsident Li Peng rechtfertigte gegenüber dem amerikanischen Außenminister Christopher die Menschenrechtsverletzungen damit, daß China ein armes asiatisches Entwicklungsland sei, das erst genügend Nahrung für seine Bevölkerung beschaffen müsse, bevor man über westliche Begriffe von Menschenrechten diskutieren könne (Süddeutsche Zeitung vom 14. 3. 94). Vgl. dazu P. Rudolf, *Menschenrechte und Meistbegünstigung. Die amerikanische China-Politik*, in: M. Dembinski u.a. (Hg.), *Amerikanische Weltpolitik nach dem Ost-West-Konflikt*, Baden-Baden 1994, S. 201–224.

4 Ausführlich F. Fischer, *Krieg der Illusionen. Die deutsche Politik von 1911–1914*, 2. Aufl., Düsseldorf 1970. Zum geistigen Hintergrund der deutschen Situation vor 1914 vgl. H. Plessner, *Die verspätete Nation*, Stuttgart 1959.

5 E. Traverso, *Die Juden und Deutschland. Auschwitz und die »jüdisch-deutsche Symbiose«*, Berlin 1994. Der Autor betont, daß den Juden in Deutschland durch die spezifische Form der Judenemanzipation die jüdische Identität genommen wurde und nennt das Ergebnis »jüdischen Selbstbetrug« und »nostalgischen Mythos«. Siehe auch M. Richarz (Hg.), *Bürger auf Widerruf. Lebenszeugnisse deutscher Juden 1780–1945*, München 1989.

6 A. Schweitzer, *Kultur und Ethik. Kulturphilosophie*, 2. Teil, München 1926, S. 104.

7 E. de Vattel, *Droit des Gens ou Principes de la Loi Naturelle* (1758), vgl. Anhang 1, S. 384ff. Vattel war bis weit in das 19. Jahrhundert ein Standardwerk in den europäischen Regierungskanzleien, das in allen Fragen des Völkerrechts als autoritative Quelle in hohem Ansehen gestanden hat. Vgl. ferner E. Gurlt, *Zur Geschichte der internationalen und freiwilligen Krankenpflege im Kriege* (Leipzig 1873), unveränderter Neudruck Wiesbaden 1972. Gurlt zählt zwischen 1581 und 1864 291 völkerrechtliche Vereinbarungen auf, in denen die menschenfreundliche Tendenz, das Los der im Kriegsdienst Verwundeten zu mildern, hervortritt.

8 Vom erweiterten Menschenrechtsschutz erfaßt sind vor allem Angriffe, die einen politischen, nicht dezidiert privaten Hintergrund haben. Die UN-Menschenrechtspakte von 1966 und die Sonderabkommen gegen spezielle Diskriminierungen sind Ausdruck dieses breiten internationalen Rechtsschutzes, vgl. dazu N. Paech, G. Stuby, *Machtpolitik und Völkerrecht in den internationalen Beziehungen*, Baden-Baden 1994, S. 518ff.

9 Zu diesen Garantien zählt Art. 15 Abs. 2 der EuMRK das Recht auf Leben (Art. 2)

(ausgenommen Todesfälle, die auf rechtmäßige Kriegshandlungen zurückzuführen sind), das Folter-Verbot (Art. 3), das Sklaverei-Verbot (Art. 4 Abs. 1) und den Grundsatz »nulla poena sine lege« (Art. 7).

10 Kritisch zur Situation äußert sich B. O. Bryde, *Verpflichtungen Erga Omnes aus Menschenrechten*, in: Aktuelle Probleme des Menschenrechtsschutzes, Berichte der Deutschen Gesellschaft für Völkerrecht, Bd. 33 (1993), S. 165–190.

11 Zitiert nach G. Oestreich, *Die Entwicklung der Menschenrechte und Grundfreiheiten*, in: K. A. Bettermann u. a. (Hg.), *Die Grundrechte*, 1. Bd., 1. Halbband, Berlin 1966, S. 5 (13).

12 E. de Vattel (Anm. 7), Lib. III, 141. Vgl. dazu unten Anhang 1, S. 386. Vattel benützt noch die Formulierung »gerechter Krieg« (bellum iustum), verwendet aber, wie schon Ayala, den Begriff im Sinne von »rechtmäßig« (= »legal«). Vgl. dazu W. Grewe, *Epochen der Völkerrechtsgeschichte*, Baden-Baden 1984, S. 131 ff, 240 ff (245 f).

13 Grewe (Anm. 12), S. 133 f.

14 Ebenda, S. 277–282.

15 So die Friedensverträge von Nijmwegen 1678 (Art. 3), Utrecht 1713 (Art. 3), Aachen 1748 (Art. 2), Paris 1763 (Art. 1). Alle hier und nachfolgend zitierten Friedensverträge in: *Major Peace Treaties of Modern History*, introd. by A. Toynbee, ed. by F. L. Israel, com. by E. Chill, 4 Vols., New York 1967.

16 So der Friedensvertrag von Aachen (Art. 3).

17 Vgl. die Friedensverträge von Campo Formio 1797 (Art. 16), Amiens 1802 (Art. 13/3), Zürich 1859 (Art. 22).

18 Keine Amnestieklauseln enthalten die Friedensverträge von Lunéville (1801) und Lima (1883).

19 E. de Vattel sagt: »Aber es gibt kein Kriegsgesetz, das unter allen Umständen die Schonung der Person des feindlichen Königs vorschreibt« (Anm. 7), Lib. III, § 159, vgl. unten Anhang 1, S. 390. So auch Grotius, *De iure belli*, Lib. III, Cap. X, §§ III et IV, und G. F. Martens, *Précis de Droit des Gens moderne de l'Europe*, T. 2, Paris 1831, § 278.

20 Die Frage der Geltung der Amnestieklausel als einer Regel des Völkergewohnheitsrechts stellte sich im Fall der Einzelpersonen ohne Regentenstatus nicht, da in der Praxis der Friedensverträge die Amnestie frei vereinbart wurde.

21 Versailler Vertrag (Art. 228), entsprechend die Verträge von St. Germain-en-Laye (Art. 173, 176) und Trianon (Art. 157, 160).

22 Art. 2 des Protokolls schränkte selbst das Begnadigungsrecht des chinesischen Kaisers ein.

23 Die Pflicht des Staates, fremden Diplomaten, denen das Agrément erteilt wurde, im Gaststaat den bestmöglichen Schutz zuteil werden zu lassen unter dem Gesichtspunkt, daß die Staatengemeinschaft in ihrem Bestand andernfalls bedroht sei, betonte auch der IGH in der Entscheidung über die Teheraner Geiselaffäre, in: Europäische Grundrechte-Zeitschrift 1980, S. 394–406.

24 Dazu A. Kramer, *»Greueltaten«. Zum Problem der deutschen Kriegsverbrechen in Belgien und Frankreich 1914*, in: G. Hirschfeld und G. Krumeich (Hg.), *Keiner fühlt sich mehr als Mensch. Erlebnis und Wirkung des Ersten Weltkrieges*, Essen 1993, S. 85–114.

25 Die niederländische Regierung lehnte das Auslieferungsersuchen ab, weil sie als

Nichtvertragspartei des Versailler Vertrages keinen entsprechenden völkerrechtlichen Pflichten unterliege (»pacta tertiis nec nocent nec prosunt«).

26 Mit Note v. 16.2. 1920 verzichteten die Alliierten auf die Auslieferung der beschuldigten Offiziere und Beamten, wenn sie in Deutschland vor Gericht gestellt würden. Vgl. dazu J. F. Willis, *Prologue to Nurenberg. The politics and diplomacy of punishing war criminals of The First World War*, Westport (Conn.)/ London 1982.

27 Internationaler Militärgerichtshof in Nürnberg, Der Prozeß gegen die Hauptkriegsverbrecher, Bd. XXII, Nürnberg 1947, S. 466 ff (529). S. dazu T. Taylor, *Die Nürnberger Prozesse. Kriegsverbrechen und Völkerrecht*, Zürich 1951, S. 31 ff.

28 Vgl. die beiden Entscheidungen vom 26. 7. 1994 in: Neue Juristische Wochenschrift, 1994 (41), S. 2703 und S. 2708. Vgl. auch den Kommentar dazu von H. Prantl in Süddeutsche Zeitung vom 29.7. 1994: *»Warum erst jetzt?«*

29 UNTS 1951, Vol. 82, S. 280.

30 Art. 6 Abs. 2 des Statuts. Der Vertragswortlaut »Humanity« resp. »Humanité« (Abs. 2, lit. c) läßt im Deutschen beide Bedeutungen zu.

31 Nach E. de Vattel erlauben nur erlittenes Unrecht oder drohendes Unrecht den Beginn eines Krieges. Die schrecklichen Wirkungen und die unheilvollen Folgen »verlangen nach den ›stärksten Gründen‹«, vgl. Anm. 7, §§ 24–27, 43.

32 Art. 6 Abs. 3 des IMT-Statuts.

33 Art. 8 des IMT-Statuts. S. auch Anm. 27.

34 Vgl. H.-H. Jescheck, *Die Verantwortlichkeit der Staatsorgane nach Völkerstrafrecht. Eine Studie zu den Nürnberger Prozessen*, Bonn 1952; G. Dahm, *Zur Problematik des Völkerstrafrechts*, Göttingen 1956; G. Hoffmann, *Strafrechtliche Verantwortung im Völkerrecht*, Frankfurt/M. 1962; W. Grewe, *Strafbarkeit des Angriffskrieges* (1949) und: *Rückblick auf Nürnberg* (1989) in: W. Grewe, *Machtpositionen und Rechtsschranken*, Baden-Baden 1991, S. 279 und 292; K. Ipsen, *Das »Tokyo-Trial« im Lichte des seinerzeit geltenden Völkerrechts*, in: R. D. Herzberg (Hg.), *Festschrift Dietrich Oehler*, Köln/Berlin/Bonn/München 1985, S. 505; zuletzt K. Ipsen, *Völkerrecht*, 2. Aufl., München 1990, S. 536 ff. Auch die an den Menschenrechten ausgerichtete Auslegung des strafrechtlichen Rechtfertigungsgrundes, der der BGH seit 1993 in seiner Rechtsprechung Vorrang einräumt, hat Kritik erfahren, s. Alexy, *Zum Verhältnis von Recht, Moral und Strafbarkeit* (1993).

35 Vgl. E. de Vattel, unten Anhang 1, und Urteil des IMT Nürnberg, Bd. XXII, Nürnberg 1947, S. 524–528. Auch die Völkermordkonvention von 1948 schuf kein neues Völkerrecht, sondern präzisiert nur einen Tatbestand, der bereits durch ältere Vorschriften des Völkerrechts unter Verbot gestellt war. Vgl. die Martenssche Klausel in der Präambel des IV. Haager Abkommens betreffend die Gesetze und Gebräuche des Landkrieges von 1907 (ebenso schon das II. Haager-Abkommen von 1899), wonach »die Bevölkerung und die Kriegführenden unter dem Schutz und der Herrschaft der Grundsätze des Völkerrechtes bleiben, wie sie sich ergeben aus den unter gesitteten Völkern feststehenden Gebräuchen, aus den Gesetzen der Menschlichkeit und aus den Forderungen des öffentlichen Gewissens«. Die Martenssche Klausel übernahmen später das Genfer Giftgasprotokoll von 1925 sowie die Genfer Konventionen.

36 In der deutschen Kritik am Nürnberger Urteil gegen die Hauptkriegsverbrecher wird eine Fehlentwicklung sichtbar, die das Rechtsdenken in Deutschland seit dem Ausgang des 19. Jahrhunderts durchzieht: die einseitige Fixierung auf das Territo-

rialitätsprinzip, wonach jeder Staat auf seinem Hoheitsgebiet nur eigene Strafnormen gelten lasse. Diese Vorstellung geht auf eine im Wilhelminischen Kaiserreich entwickelte Lehre vom Völkerrecht als »Außenstaatsrecht« zurück, die ihrerseits ihre Wurzeln im Positivismus und in den Kategorien des Hegelschen Machtstaates hat. Obwohl das Grundgesetz der Bundesrepublik Deutschland den allgemeinen Regeln des Völkerrechts vor dem staatlichen Recht Priorität zuerkennt und ausdrücklich feststellt, daß sie unmittelbar Rechte und Pflichten für jedermann erzeugen (Art. 25), ist die staatsnahe Interpretation elementarer Völkerrechtsprinzipien gängige Praxis in Deutschland, sobald der Individualschutz die unmittelbare Anwendung dieser Prinzipien verlangt. Die deutschen Asyl- und Einbürgerungsvorschriften sind typische, aber nicht die einzigen Beispiele dieser einseitigen Fixierung auf das Territorialitätsprinzip.

37 G. Dahm dagegen (Anm. 34, S. 36f) möchte die Anwendung des Weltrechtsprinzips nur auf Kriegsverbrechen zulassen, weil die Staaten in den Genfer Konventionen von 1949 entsprechende Verpflichtungen zur Strafverfolgung eingegangen sind, lehnt sie aber auf Verbrechen gegen die Menschlichkeit (Menschheit) ab: »Recht dieser Art ist immer in Gefahr, seine Begrenzungsfunktion zu verlieren.«

38 Vgl. International Court of Justice, Reports, 1951, S. 23.

39 Vor 1987: »Draft Code of Offences against the Peace and Security of Mankind«, vgl. Yearbook of the International Law Commission. Der 1. Report erschien in YBILC 1983, Vol. II, Part One, S. 137. Zum letzten (9.) Report vgl. YBILC 1991, Vol. II, Part Two, S. 79. Dazu: M. Ch. Bassiouni, *A Draft International Criminal Code and Draft Statute for an International Criminal Tribunal*, Dordrecht/Boston/Lancaster 1987.

40 YBILC 1986, Vol. II, Part One, S. 53, Ziff. 148.

41 Ebenda, Ziff. 18–19.

42 Ebenda, Ziff. 10–11.

43 Ebenda, Ziff. 78.

44 Offen blieb in der ILC die Frage, ob Genozid bereits an einzelnen Opfern erfüllt werden könne oder ob es massenhafte Begehung voraussetze, ebenda, Ziff. 29–50.

45 Ebenda, Ziff. 89–145.

46 Vgl. oben Anm. 35.

47 Art. 129, 130 III. Abkommen und Art. 146, 147 IV. Abkommen. Weniger weitreichend dagegen das I. Abkommen (Art. 45) und das II. Abkommen (Art. 46).

48 Art. 85 Abs. 5 i.V.m. Abs. 2 des I. Zusatzprotokolls, vgl. unten Anhang 2.

49 Art. 4 bis 6 des II. Zusatzprotokolls.

50 Art. 7 bis 18 des II. Zusatzprotokolls.

51 Von den bestehenden 187 Staaten (184 UNO-Mitglieder) gehören nach dem Stand vom 1. 1. 94 178 Staaten den Genfer Rotkreuz-Abkommen an. Von diesen sind 126 Vertragsparteien der Zusatzprotokolle, von denen 12 Staaten nur dem I. und 2 Staaten nur dem II. Protokoll beigetreten sind. Quelle: Vereinte Nationen 1/94 und Fundstellennachweis B zu BGBl, Teil II.

52 H. Weber, *Nürnberg oder St. Helena? Die Grenzen der strafrechtlichen Verantwortung im Völkerrecht*, in: Vereinte Nationen, 1990, S. 205–211; ders.: *Makrokriminalität, internationale Strafgerichtsbarkeit und Völkerrecht*, in: Mittelweg 36, Hamburger Institut für Sozialforschung, 3/93, S. 32–36.

53 S/RES/808 (1993) v. 22. 2. 1993.

54 Die Strafnormen erstrecken sich auf die in den Genfer Rotkreuz-Abkommen

aufgelisteten »schweren Verstöße«, auf Verletzungen der Haager Landkriegsordnung (IV. Haager Abkommen von 1907) als Ausdruck des geltenden Völkergewohnheitsrechts, auf Verstöße gegen die Völkermordkonvention sowie auf Verbrechen gegen die Menschlichkeit (Menschheit), wie sie das Nürnberger Statut nennt. Kritisch zur Einsetzung des Internationalen Jugoslawien-Tribunals äußert sich B. Graefrath, oben S. 297.

55 Das Problem hat eine weite Dimension angenommen: Viele Fragen der Politik werden heute als menschenrechtliche Forderungen thematisiert und auf diese Weise die Menschenrechte in ihrem Kern entwertet. Vgl. dazu J. Fisch, *Die Menschenrechte als Politik-Ersatz*, in: Süddeutsche Zeitung vom 19./20.6. 1993.

56 Auf der UN-Menschenrechtskonferenz in Wien im Juni 1993 konnten sich die westlichen Industriestaaten mit ihren zentralen Forderungen nicht Gehör verschaffen: Zahlreiche Entwicklungsländer unter der Führung Chinas sperrten sich gegen die Einrichtung eines Internationalen Strafgerichtshofes zur Verfolgung von Menschenrechtsverletzungen. Sie verhinderten auch die Einsetzung eines UN-Kommissars für Menschenrechte. Vgl. dazu auch oben, S. 379, Anm. 3 – Indes werden in Äthiopien gegen 1200 Beschuldigte Prozesse wegen Verbrechen gegen die Menschlichkeit (Menschheit) vorbereitet, die während der 17jährigen Herrschaft des 1991 gestürzten Obersten Mengistu verübt worden waren. 50000 Menschen sind diesen Verbrechen zum Opfer gefallen. Mehrere westliche Staaten leisten finanzielle und juristische Hilfe bei der Vorbereitung dieser Prozesse, um den internationalen Standard der Rechtsprechung sicherzustellen (Hamburger Abendblatt vom 5.4. 1994).

57 Dazu ausführlich: Final Report of the Commission of Experts established persuant to Security Council Resolution 780 (1992).

58 Vgl. K. Jaspers, *Die Schuldfrage*, Heidelberg 1946. Jaspers unterscheidet vier Schuldformen: die kriminelle, die politische, die moralische und die metaphysische Schuld. Er läßt keinen Zweifel daran, daß kriminelle Schuld aus der NS-Zeit gerichtlich verantwortet werden muß. Macht und Gewalt gehören zwar zur Grundsituation der Menschen, sie bestimmen jedoch nicht allein die Realität. Der einzelne ist kraft seiner Freiheit auch in der Lage, seine Gewalt überzuführen in eine Verwirklichung von Recht (S. 31, 47ff, 52f).

Anhang
Dokumentation des zivilisatorischen Mindeststandards im bewaffneten Konflikt

1. »Das Recht der Nationen im Kriege. Rechte und Befugnisse gegen die Person des Feindes in einem gerechten Kriege«

Auszug aus: Eméric de Vattel, Das Völkerrecht oder Grundsätze des Naturrechts, angewandt auf das Verhalten und die Angelegenheiten der Staaten und Staatsoberhäupter (1758).[1]

§ 136

Hauptregel für die Rechte gegen den Feind in einem gerechten Krieg

Alles bisher Gesagte bezieht sich auf das Recht, den Krieg zu beginnen. Betrachten wir jetzt das Recht, das im Krieg selbst gelten muß, die Regeln, die die Nationen untereinander beachten müssen, nachdem sie die Waffen ergriffen haben, um ihre Streitigkeiten zu beendigen. Wir beginnen mit den Rechten der Nation, die einen gerechten Krieg führt. Was ist dem Feind gegenüber erlaubt? Dies alles ist aus einem einzigen Prinzip herzuleiten, nämlich aus dem Endzweck des gerechten Krieges. Denn sobald ein Ziel rechtmäßig ist, ist eben deshalb der nach ihm Strebende berechtigt, alle zu seiner Erreichung notwendigen Mittel zu gebrauchen. Das Endziel eines gerechten Krieges ist die *Ahndung oder Verhütung eines Unrechts* (§ 28[2]), d.h. man verschafft sich durch Gewalt Gerechtigkeit, die man anders nicht erlangen kann, man zwingt einen Ungerechten, das begangene Unrecht wiedergutzumachen oder Sicherheiten gegen ein Unrecht zu geben, mit dem er uns bedroht. Ist der Krieg erklärt, so ist man also berechtigt, gegen seinen Feind all das zu unternehmen, was zur Erreichung dieses Ziels notwendig ist, was also dazu dient, ihn zurechtzuweisen und von ihm Gerechtigkeit und Sicherheit zu erlangen.

§ 137

Unterschied zwischen den Kriegshandlungen, die berechtigt sind, und den Kriegshandlungen, die nur erlaubt und straflos sind

Das legitime Ziel gibt ein wahres Recht nur auf die zur Erreichung dieses Ziels notwendigen Mittel; alles was darüber hinausgeht, wird durch das Naturrecht mißbilligt und ist vor dem Gewissen fehlerhaft und verwerflich. Hierauf beruht es, daß das Recht auf diese oder jene Kriegshandlung je nach den Umständen verschieden ist. Was in einem Krieg angesichts einer besonderen Lage gerecht und völlig unbedenklich ist, ist es nicht immer bei anderen Gelegenheiten. Das Recht folgt Schritt für Schritt dem Bedürfnis und dem Erfordernis des Falles; es überschreitet nicht diese Grenzen.

Da es nun aber sehr schwierig ist, mit Sicherheit zu entscheiden, was der Einzelfall erheischt, und da es überdies jeder Nation zusteht, selbst darüber zu urteilen, was ihre besondere Lage ihr erlaubt (Einl. § 16[3]), *ist es unbedingt notwendig, daß die Nationen sich auf diesem Gebiet an allgemeine Regeln halten.* Sobald feststeht und anerkannt ist, daß ein bestimmtes Mittel, eine bestimmte Kriegshandlung notwendig ist, um den Widerstand des Feindes zu brechen und das Endziel eines rechtmäßigen Krieges zu erreichen, gilt dieses Mittel, ganz allgemein gesehen, gemäß dem Völkerrecht in einem Kriege als rechtmäßig und ehrenhaft, obwohl jemand, der es ohne Notwendigkeit benutzt und dem weniger harte Mittel genügen könnten, vor Gott und seinem Gewissen nicht schuldlos ist. Dies zeigt den Unterschied zwischen dem, was im Kriege gerecht, billig und untadelhaft ist, und dem, was unter den Nationen nur erlaubt ist und straflos bleibt. *Der Souverän, der sein Gewissen reinhalten und die Pflichten der Menschlichkeit genau erfüllen will, darf niemals aus dem Auge verlieren*, daß, wie schon mehrfach betont, *die Natur ihm das Recht zur Kriegführung gegen seinesgleichen nur aus zwingender Not als einen Ausweg einräumt*, der immer verdrießlich, häufig aber gegen beharrliche Rechtsverweigerung oder Gewalt unentbehrlich ist. Wenn er von dieser Wahrheit durchdrungen ist, wird er bei der Anwendung dieses Mittels die richtigen Grenzen einhalten und sich davor hüten, hierbei härter zu verfahren, als die Sorge für seine eigene Sicherheit und die Verteidigung seiner Rechte es erforderlich machen.

§ 138

Das Recht, den Feind mit allen an sich zulässigen Mitteln zu schwächen

Da es sich in einem gerechten Krieg darum handelt, über Ungerechtigkeit und Gewalt Herr zu werden und gegen denjenigen Zwangsgewalt anzuwenden, der die Gerechtigkeit verweigert, ist man berechtigt, gegen den Feind alles zu tun, was notwendig ist, um ihn zu schwächen und zum Widerstand und zur Fortsetzung seines ungerechten Verhaltens unfähig zu machen. Man kann die für diesen Zweck wirksamsten und geeignetsten Mittel auswählen, vorausgesetzt, daß sie nicht verwerflich, an sich unerlaubt und *durch das Naturrecht* verboten sind.

§ 139

Das Recht über die Person des Feindes

Der ungerechte Angreifer gibt mir das Recht, seinen Angriff abzuschlagen. Wer mir mit den Waffen entgegentritt, obwohl ich nur das mir Geschuldete verlange, wird durch seinen ungerechten Widerstand der wahre Angreifer. Er ist der erste Urheber der Gewalt; er zwingt mich, Gewalt zu gebrauchen, um mich gegen das Unrecht zu wehren, das er meiner Person oder meinem Besitz zufügen will. Wenn sich diese Gewaltanwendung dahin auswirkt, daß er sein Leben einbüßt, ist er selbst an diesem Unglück schuld. Müßte ich nämlich zu seiner Schonung das Unrecht dulden, dann wären die Guten bald die Beute der Bösen. Hieraus entspringt das Recht zur Tötung der Feinde in einem gerechten Krieg. Kann man nicht durch gelindere Mittel den Widerstand der Feinde brechen und sie bezwingen, so hat man das Recht, ihnen das Leben zu nehmen. Unter Feinden hat man, wie wir es auseinandergesetzt haben, nicht nur den ersten Urheber des Krieges, sondern auch alle zu verstehen, die sich ihm anschließen und für seine Sache kämpfen.

§ 140

Grenzen dieses Rechts. Einen Feind, der den Widerstand aufgibt, darf man nicht töten

Aber die Art selbst, wie sich das Recht zur Tötung des Feindes demonstriert, kennzeichnet die Grenzen dieses Rechts. Sobald sich ein Feind ergibt und die Waffen ausliefert, darf man ihm nicht das Leben nehmen. *Man muß also jedem, der in einem Gefecht die Waffen streckt, »Pardon« geben und darf bei der Belagerung einer Festung der die Kapitulation anbietenden Besatzung die Sicherheit für ihr Leben nicht verweigern.* Man kann die Menschlichkeit, mit der heute die meisten europäischen Nationen Krieg führen, nicht genug loben. Verweigert ein Soldat in der Hitze des Gefechts manchmal den »Pardon«, so geschieht es immer gegen den Willen der Offiziere, die sich bemühen, das Leben der entwaffneten Feinde zu schonen.

§ 141

Ausnahmefall, in dem man einem Feind den »Pardon« verweigern kann

In einem besonderen Falle darf man einem Feind, der sich ergibt, *den »Pardon« verweigern* und einer Festung, deren Widerstand zum Erliegen kommt, die Kapitulation abschlagen, nämlich dann, *wenn dieser Feind sich eines besonders schweren Verstoßes gegen das Völkerrecht schuldig gemacht, vor allem wenn er die Kriegsgesetze verletzt hat. Die Weigerung, ihm das Leben zu schenken, ist keine natürliche Folge des Krieges, sondern eine vom Verletzten verhängte Strafe für ein Verbrechen. Damit aber die Strafe gerecht sei, muß sie den wahren Schuldigen treffen.* (...)

§ 142

Die Repressalien

Wir kommen nun zu einer Vergeltungsart, die manchmal im Kriege angewandt wird und *Repressalie* heißt. Weil beispielsweise der feindliche General ohne gerechten Anlaß einige Gefangene hat hängen lassen, hängt man von seinen Leuten ebensoviel Gleichrangige auf und teilt ihm gleichzeitig mit, daß man fortfahren werde, Gleiches mit Gleichem zu vergelten, um ihn zur Beachtung der Kriegsgesetze zu zwingen. Einen Gefangenen wegen der Verfehlung seines Generals so elend umkommen zu lassen, ist ein schreckliches Vergeltungsmittel; hat man dem Gefangenen schon das Leben versprochen, so kann man ohne Ungerechtigkeit die Repressalie überhaupt nicht an ihm ausüben. Jedoch, ebenso wie ein Souverän oder sein Heerführer berechtigt sind, das Leben der Feinde seiner eigenen und seiner Leute Sicherheit zu opfern, darf er wohl, wenn sein Feind zu Unmenschlichkeiten neigt und sich häufig zu derartigen Übergriffen hinreißen läßt, einigen Gefangenen das Leben verweigern und sie ebenso behandeln, wie man seine Leute behandelt hat. Besser ist es jedoch, den edelmütigen *Scipio* zum Vorbild zu nehmen. Nach Niederwerfung des Aufstandes der spanischen Fürsten erklärte der große Mann, er halte sich nicht an die unschuldigen Geiseln, sondern an die schuldigen Fürsten selbst; auch wolle er sich nicht an einem waffenlosen Feind rächen, sondern an denen, die die Waffen trügen.[4] *Alexander der Große* ließ dem *Darius*, dessen Kriegshandlungen ihm Anlaß zur Beschwerde gaben, mitteilen, er werde, falls *Darius* in dieser Weise Krieg führe, ihm einen Kampf auf Leben und Tod liefern und keinen »Pardon« geben.[5] Auf diese Art muß man einen Feind, der die Kriegsgesetze verletzt, zurechtweisen und nicht dadurch, daß man die Strafe für sein Verbrechen an Unschuldigen vollzieht.

§ 145

Frauen, Kinder, Greise und Kranke

Frauen, Kinder, Greise und Kranke werden zu den Feinden gerechnet (§§ 70 u. 72); man hat Rechte über sie, weil sie Angehörige der Nation sind, mit der man Krieg führt, und weil die Rechte und Ansprüche von Nation zu Nation den Gesamtkörper der Gemeinschaft mit allen seinen Gliedern angehen (Buch II, §§ 81, 82 und 344). Sie sind aber Feinde, die keinen Widerstand leisten, daher hat man auch kein Recht, sie schlecht zu behandeln, Gewalt gegen sie zu gebrauchen oder ihnen sogar das Leben zu nehmen (§ 140). *Es gibt heute keine gesittete Nation, die sich diesem gerechten und humanen Grundsatz verschließt.* Sollte sich mitunter ein zuchtloser Soldat dazu hinreißen lassen, Frauen und Mädchen zu vergewaltigen oder zu töten, Kinder und Greise niederzumetzeln, so sind dies Ausschreitungen, die gewöhnlich den Offizieren viel Kummer bereiten, denen sie nach Möglichkeit vorbeugen und die von einem weisen und menschlichen Befehlshaber bestraft werden. Wenn die Frauen verschont bleiben wollen, so müssen sie sich verhalten, wie es ihrem Geschlecht zukommt, und sich nicht in das Handwerk der Männer einmengen, indem sie etwa auch zu den Waffen greifen. Die Militärgesetze der Schweiz, die die Mißhandlungen von Frauen verbieten, nehmen infolgedessen diejenigen ausdrücklich aus, die feindliche Handlungen begehen.[6]

§ 147

Die Bauern und allgemein das unbewaffnete Volk

Früher wurde jeder waffenfähige Mann Soldat, wenn seine Nation Krieg führte, vor allem, wenn sie angegriffen wurde. *Grotius*[7] indessen erwähnt verschiedene Völker und einige große Kriegsherren wie *Cyrus* und *Belisar*, die die Bauern wegen ihrer allgemein nützlichen Arbeit vom Kriegsdienst befreit haben. Heute bedient man sich zur Kriegführung ordentlicher Truppen, während das Volk, Bauern und Bürger, sich nicht beteiligt und im allgemeinen von den feindlichen Waffen nichts zu fürchten hat. Sofern die Einwohner sich dem jeweiligen Herrn des Landes fügen, die auferlegten Kontributionen zahlen und sich jeder Feindseligkeit enthalten, leben sie in Sicherheit, wie wenn sie Freunde wären. Sie behalten auch ihr Eigentum. Die Bauern können ungehindert ihre Erzeugnisse in den Kriegslagern verkaufen und genießen im Rahmen des Möglichen Schutz vor den Drangsalen des Krieges. Diese Gewohnheit ist löblich und humaner Nationen würdig, sie nützt auch dem Feind selbst, der diese Mäßigung übt. Wer die zivile Bürgerschaft schützt, seine Soldaten in strenger Zucht hält und das Land pfleglich behandelt, erleichtert sich selbst das Leben in diesem Feindesland und erspart sich viele Übel und Gefahren. Hat er Grund, den Bauern und Bürgern zu mißtrauen, so ist er berechtigt, sie zu entwaffnen und Geiseln von ihnen zu verlangen. Den feindlichen Anordnungen müssen sich alle fügen, die sich Unannehmlichkeiten ersparen wollen.

§ 148

Das Recht, Kriegsgefangene zu machen

Aber es ist rechtlich erlaubt, alle besiegten oder unbewaffneten Feinde, deren Schonung aus Gründen der Menschlichkeit geboten ist, alle zur feindlichen Nation gehörigen Personen, einschließlich Frauen und Kinder, festzunehmen und zu Gefangenen zu machen, sei es um sie daran zu hindern, wieder die Waffen zu ergreifen, sei es um den Feind zu schwächen (§ 138), sei es schließlich in der Absicht, den Souverän durch die Festnahme einer Frau oder eines Kindes, die ihm lieb und teuer sind, zur Bewilligung angemessener Friedensbedingungen zu veranlassen. *Heute allerdings wird unter den gesitteten europäischen Nationen dieses Mittel kaum mehr angewandt. Man gewährt Frauen und Kindern völlige Sicherheit und jede Bewegungsfreiheit.*

Diese Mäßigung und Höflichkeit ist zwar lobenswert, jedoch an sich keine unbedingte Pflicht. Wenn ein Heerführer davon absehen will, kann man ihm eine Verletzung der Kriegsgesetze nicht vorwerfen. Es steht ihm frei, in dieser Beziehung nach seinem Gutdünken zu handeln. Verweigert er diese Freiheit den Frauen grundlos aus Willkür, so wird man ihn für einen harten und brutalen Mann halten und ihn tadeln, weil er einen humanen Brauch nicht befolgt. (...)

§ 149

Man darf einen Kriegsgefangenen nicht töten

Sobald unser Feind entwaffnet und in unserer Gewalt ist, haben wir kein Recht mehr, ihm das Leben zu nehmen (§ 140), es sei denn, daß er uns ein Recht hierzu durch eine neue Tat gibt oder sich vorher eines todeswürdigen Verbrechens gegen uns schuldig gemacht hat (§ 141). *Es war also ein fürchterlicher Irrtum und eine ungerechte und barbarische Rechtsanmaßung, die Kriegsgefangenen töten zu lassen*, und zwar sogar durch die Hand des Scharfrichters. Seit langer Zeit hat man sich auf gerechtere und menschlichere Grundsätze besonnen. (...)

§ 150

Behandlung der Kriegsgefangenen

Man ist berechtigt, die Kriegsgefangenen in sicheren Gewahrsam zu nehmen und sie zu diesem Zweck zu internieren und einzusperren, sogar sie zu fesseln, wenn Grund zur Befürchtung besteht, daß sie meutern oder flüchten können. Eine harte Behandlung ist jedoch verboten, sofern sie sich nicht persönlich gegen den Gewahrsamsstaat vergangen haben. In diesem Fall hat dieser Staat die Befugnis, sie zu strafen. *Zur Ehre der europäischen Völker sei gesagt, daß selten die Kriegsgefangenen von ihnen schlecht behandelt werden.* Die Engländer und Franzosen erscheinen uns lobenswert, wenn wir die Berichte über die Behandlung der Kriegsgefangenen durch diese großmütigen Nationen vernehmen. Man tut sogar noch mehr; nach einer Übung, die den Anstand und die Menschlichkeit der Europäer in helles Licht setzt, läßt man einen kriegsgefangenen Offizier auf Ehrenwort frei. Er kann auf diese Weise die Zeit seiner Kriegsgefangenschaft in seinem Vaterland und im Schoße seiner Familie verbringen, und der Gegner, der ihn freiließ, ist seiner ebenso sicher, wie wenn er ihm Fesseln angelegt hätte.

§ 152

Die Frage, ob man die Kriegsgefangenen zu Sklaven machen darf

Die Frage, ob man Kriegsgefangene zu Sklaven machen kann, ist in den Fällen zu bejahen, da man das Recht hat, sie zu töten, wenn sie nämlich sich persönlich irgendeines todeswürdigen Verbrechens schuldig gemacht haben. In alten Zeiten wurden die Kriegsgefangenen in die Sklaverei verkauft; man hielt sich für berechtigt, sie töten zu lassen. *Jedoch immer dann, wenn ich von Rechts wegen meinem Gefangenen das Leben nicht nehmen darf, habe ich auch kein Recht, ihn zum Sklaven zu machen.* Schone ich sein Leben, verurteile ihn aber zu einem Los, das der Natur des Menschen zuwider ist, so halte ich ihm gegenüber den Kriegszustand weiter aufrecht. Was ist das Leben ohne Freiheit? Betrachtet jemand das Leben auch dann noch als Gunst, wenn man es ihm in Ketten schenkt, nun gut, dann mag er die Wohltat annehmen, sich in seine Lage fügen und die daraus erwachsenden Pflichten erfüllen. Darüber soll er sich dann bei anderen Schriftstellern belehren lassen, die lang und breit darüber geschrieben haben. In Europa gibt es ohnehin keine Sklaverei mehr.

§ 156

Es ist verboten, sich vergifteter Waffen zu bedienen

Man könnte leichter einen Vorwand finden, um den Gebrauch vergifteter Waffen zu entschuldigen oder zu verteidigen. Wenigstens bedient man sich hierbei nicht des Verrats oder heimlicher Schliche. *Dennoch ist der Gebrauch vergifteter Waffen durch das Naturrecht nicht weniger verboten. Denn es gestattet nicht, die Übel des Krieges ins Unendliche auszuweiten.* Man darf zwar seinen Feind so treffen, daß seine Anstrengungen zunichte werden. Ist er aber einmal kampfunfähig, ist es dann nötig, daß er an seinen Verwundungen unfehlbar stirbt? Außerdem wird, wenn wir unsere Waffen vergiften, der Feind es auch tun. Ohne einen Gewinn für die Endentscheidung gestalten wir daher den Krieg nur grausamer und schrecklicher. *Der Krieg ist den Nationen nur durch die Notwendigkeit gestattet. Alle haben sich daher der den Krieg verschärfenden Dinge zu enthalten und sind sogar zu Gegenmaßnahmen verpflichtet. Es ist also Rechtens und pflichtgemäß, daß die zivilisierten Völker in das Kriegsrecht das Verbot des Gebrauchs vergifteter Waffen aufgenommen haben.*[8] *Alle sind deshalb im Interesse ihrer gemeinsamen Wohlfahrt befugt, die ersten, die dieses Gesetz übertreten sollten, zu überwältigen und zu bestrafen.*

§ 157

Es ist verboten, das Wasser zu vergiften

Noch größere Übereinstimmung herrscht in der Verurteilung der Vergiftung der Gewässer, Quellen und Brunnen, weil nach der Meinung einiger Schriftsteller Unschuldige und Nichtfeinde getötet werden könnten. Das ist zwar auch ein Grund, aber nicht der einzige oder der wahre, denn man läßt sich ja auch nicht von der Beschießung eines feindlichen Schiffes abhalten, wenn neutrale Passagiere an Bord sind. Wenn man sich aber auch des Gebrauchs von Gift enthalten soll, so ist es doch erlaubt, das Wasser abzuleiten, Quellen abzuschneiden oder auf irgendeine andere Art unbrauchbar zu machen, um dadurch den Feind zur Übergabe zu zwingen.[9] Dies ist ein milderer Weg als der Gebrauch der Waffen.

§ 159

Schonung der Person des feindlichen Königs

Einst wurde der Mann, der den feindlichen König oder Feldherrn töten konnte, gelobt und belohnt. Die Erbeutung der Rüstung des im Kampf getöteten feindlichen Anführers *(spolia opima)* brachte bekanntlich dem römischen Feldherrn große Ehren ein. Nichts war natürlicher; bei den Alten ging der Kampf fast immer um den Bestand ihres Staates und oft beendigte der Tod des Führers den Krieg. In den heutigen Kriegen würde sich kein Soldat rühmen, wenn er dem feindlichen König das Leben genommen hätte. *Die Souveräne gewähren sich heute in stillschweigendem Einverständnis persönliche Sicherheit.* Man muß zugeben, daß in einem Krieg, in dem es nicht um den Bestand des Staates geht, diese Achtung vor der königlichen Majestät nur löblich ist, zumal dies nur den gegenseitigen Pflichten der Nationen entspricht. Wenn man in einem solchen Krieg dem Souverän der feindlichen Nation das Leben nähme, während man ihn schonen könnte, würde man der Nation vielleicht mehr Schaden zufügen, als zur glücklichen Beendigung des Streites nötig wäre. *Aber es gibt kein Kriegsgesetz, das unter allen Umständen die Schonung der Person des feindlichen Königs vorschreibt*; man ist dazu nur verpflichtet, wenn man ihn mit Leichtigkeit gefangennehmen kann.

2. I. Zusatzprotokoll (1977) zu den Genfer Rotkreuz-Abkommen von 1949 über den Schutz der Opfer internationaler bewaffneter Konflikte[10] (Auszug)

Artikel 10

Schutz und Pflege

(1) Alle Verwundeten, Kranken und Schiffbrüchigen, gleichviel welcher Partei sie angehören, werden geschont und geschützt.

(2) Sie werden *unter allen Umständen mit Menschlichkeit behandelt* und erhalten so umfassend und so schnell wie möglich die für ihren Zustand erforderliche medi-

zinische Pflege und Betreuung. Aus anderen als medizinischen Gründen darf kein Unterschied zwischen ihnen gemacht werden.

Artikel 11

Schutz von Personen

(1) Die körperliche oder geistige Gesundheit und Unversehrtheit von Personen, die sich in der Gewalt der gegnerischen Partei befinden, die infolge einer in Art. 1 genannten Situation[11] interniert oder in Haft gehalten sind oder denen anderweitig die Freiheit entzogen ist, dürfen nicht durch ungerechtfertigte Handlungen oder Unterlassungen gefährdet werden. *Es ist daher verboten*, die in diesem Artikel genannten Personen einem medizinischen Verfahren zu unterziehen, das nicht durch ihren Gesundheitszustand geboten ist und das nicht mit den allgemein anerkannten medizinischen Grundsätzen in Einklang steht, die unter entsprechenden medizinischen Umständen auf Staatsangehörige der das Verfahren durchführenden Partei angewandt würden, denen die Freiheit nicht entzogen ist.

(2) *Es ist insbesondere verboten*, an diesen Personen, selbst mit ihrer Zustimmung,
a) körperliche Verstümmelungen vorzunehmen,
b) medizinische oder wissenschaftliche Versuche vorzunehmen,
c) Gewebe oder Organe für Übertragungen zu entfernen,
soweit diese Maßnahmen nicht gemäß den Voraussetzungen nach Absatz 1 gerechtfertigt sind.
(3) Ausnahmen von dem in Absatz 2 Buchstabe c bezeichneten Verbot sind nur bei der Entnahme von Blut oder Haut für Übertragungen zulässig, sofern die Einwilligung freiwillig und ohne Zwang oder Überredung und der Eingriff nur zu therapeutischen Zwecken und unter Bedingungen erfolgt, die mit den allgemein anerkannten medizinischen Grundsätzen im Einklang stehen und Kontrollen unterliegen, die dem Wohl sowohl des Spenders als auch des Empfängers dienen.
(4) *Eine vorsätzliche Handlung oder Unterlassung, welche die körperliche oder geistige Gesundheit oder Unversehrtheit einer Person erheblich gefährdet*, die sich in der Gewalt einer anderen Partei als derjenigen befindet, zu der sie gehört, und die entweder gegen eines der Verbote der Absätze 1 und 2 verstößt oder nicht den Bedingungen des Absatzes 3 entspricht, stellt eine *schwere Verletzung dieses Protokolls* dar.
(5) Die in Absatz 1 bezeichneten Personen haben das Recht, jeden chirurgischen Eingriff abzulehnen. Im Fall einer Ablehnung hat sich das Sanitätspersonal um eine entsprechende schriftliche, vom Patienten unterzeichnete oder anerkannte Erklärung zu bemühen.
(6) Jede am Konflikt beteiligte Partei führt medizinische Unterlagen über die einzelnen Entnahmen von Blut und Haut für Übertragungen, die von den in Absatz 1 genannten Personen stammen, sofern die Entnahmen unter der Verantwortung dieser Partei erfolgen. Ferner ist jede am Konflikt beteiligte Partei bemüht, Unterlagen über alle medizinischen Verfahren betreffenden Personen zu führen, die infolge einer in Artikel 1 genannten Situation interniert oder in Haft gehalten sind oder denen anderweitig die Freiheit entzogen ist. Diese Unterlagen müssen der Schutzmacht jederzeit zur Einsicht zur Verfügung stehen.

Artikel 75

Grundlegende Garantien

(1) Soweit Personen von einer in Artikel 1 genannten Situation[12] betroffen sind, werden sie, wenn sie sich in der Gewalt einer am Konflikt beteiligten Partei befinden und nicht aufgrund der Abkommen oder dieses Protokolls eine günstigere Behandlung genießen, *unter allen Umständen mit Menschlichkeit behandelt* und genießen zumindest den in diesem Artikel vorgesehenen Schutz, ohne jede nachteilige Unterscheidung aufgrund von Rasse, Hautfarbe, Geschlecht, Sprache, Religion oder Glauben, politischer oder sonstiger Anschauung, nationaler oder sozialer Herkunft, Vermögen, Geburt oder einer sonstigen Stellung oder anderer ähnlicher Unterscheidungsmerkmale. Jede Partei achtet die Person, die Ehre, die Überzeugungen und die religiösen Gepflogenheiten aller dieser Personen.

(2) *Folgende Handlungen sind und bleiben jederzeit und überall verboten*, gleichviel ob sie durch zivile Bedienstete oder durch Militärpersonen begangen werden:

a) Angriffe auf das Leben, die Gesundheit oder das körperliche oder geistige Wohlbefinden von Personen, insbesondere
   i) vorsätzliche Tötung,
   ii) Folter jeder Art, gleichviel ob körperlich oder seelisch,
   iii) körperliche Züchtigung und
   iv) Verstümmelung;
b) Beeinträchtigung der persönlichen Würde, insbesondere entwürdigende und erniedrigende Behandlung, Nötigung zur Prostitution und unzüchtige Handlungen jeder Art,
c) Geiselnahme,
d) Kollektivstrafen und
e) die Androhung einer dieser Handlungen.

(3) Jede wegen Handlungen im Zusammenhang mit dem bewaffneten Konflikt festgenommene, in Haft gehaltene oder internierte Person wird unverzüglich in einer ihr verständlichen Sprache über die Gründe dieser Maßnahme unterrichtet. Außer bei Festnahme oder Haft wegen einer Straftat wird eine solche Person so schnell wie irgend möglich, auf jeden Fall aber dann freigelassen, sobald die Umstände, welche die Festnahme, Haft oder Internierung rechtfertigen, nicht mehr gegeben sind.

(4) Gegen eine Person, die für schuldig befunden wurde, im Zusammenhang mit dem bewaffneten Konflikt eine Straftat begangen zu haben, darf eine Verurteilung nur in einem Urteil ausgesprochen und nur aufgrund eines Urteils eine Strafe vollstreckt werden; dieses Urteil muß von einem unparteiischen, ordnungsgemäß zusammengesetzten Gericht gefällt werden, welches die allgemein anerkannten Grundsätze eines ordentlichen Gerichtsverfahrens beachtet; *dazu gehören folgende Garantien*:

a) Das Verfahren sieht vor, daß der Beschuldigte unverzüglich über die Einzelheiten der ihm zur Last gelegten Straftat unterrichtet werden muß, und gewährt ihm während der Hauptverhandlung und davor alle zu seiner Verteidigung erforderlichen Rechte und Mittel;
b) niemand darf wegen einer Straftat verurteilt werden, für die er nicht selbst strafrechtlich verantwortlich ist;
c) niemand darf wegen einer Handlung oder Unterlassung angeklagt oder verurteilt

werden, die nach dem zur Zeit ihrer Begehung für ihn geltenden innerstaatlichen oder internationalen Recht nicht strafbar war; ebenso darf keine schwerere Strafe als die im Zeitpunkt der Begehung der Straftat angedrohte verhängt werden; wird nach Begehung der Straftat durch Gesetz eine mildere Strafe eingeführt, so kommt dies dem Täter zugute;

d) bis zum gesetzlichen Nachweis seiner Schuld wird vermutet, daß der wegen einer Straftat Angeklagte unschuldig ist;

e) jeder wegen einer Straftat Angeklagte hat das Recht, bei der Hauptverhandlung anwesend zu sein;

f) niemand darf gezwungen werden, gegen sich selbst als Zeuge auszusagen oder sich schuldig zu bekennen;

g) jeder wegen einer Straftat Angeklagte hat das Recht, Fragen an die Belastungszeugen zu stellen oder stellen zu lassen und das Erscheinen und die Vernehmung von Entlastungszeugen unter den für die Belastungszeugen geltenden Bedingungen zu erwirken;

h) niemand darf wegen einer Straftat, derentwegen er bereits nach demselben Recht und demselben Verfahren rechtskräftig freigesprochen oder verurteilt worden ist, erneut von derselben Partei verfolgt oder bestraft werden;

i) jeder wegen einer Straftat Angeklagte hat das Recht auf öffentliche Urteilsverkündung;

j) jeder Verurteilte wird bei seiner Verurteilung über sein Recht, gerichtliche und andere Rechtsmittel oder Rechtsbehelfe einzulegen, sowie über die hierfür festgesetzten Fristen unterrichtet.

(5) Frauen, denen aus Gründen im Zusammenhang mit dem bewaffneten Konflikt die Freiheit entzogen ist, werden in Räumlichkeiten untergebracht, die von denen der Männer getrennt sind. Sie unterstehen der unmittelbaren Überwachung durch Frauen. Werden jedoch Familien festgenommen, in Haft gehalten oder interniert, so bleibt die Einheit der Familie bei ihrer Unterbringung nach Möglichkeit erhalten.

(6) Personen, die aus Gründen im Zusammenhang mit dem bewaffneten Konflikt festgenommen, in Haft gehalten oder interniert werden, wird auch nach Beendigung des Konflikts bis zu ihrer endgültigen Freilassung, ihrer Heimschaffung oder Niederlassung der in diesem Artikel vorgesehene Schutz gewährt.

(7) Zur Ausschaltung jedes Zweifels hinsichtlich der Verfolgung und des Gerichtsverfahrens *in bezug auf Personen, die der Begehung von Kriegsverbrechen oder von Verbrechen gegen die Menschlichkeit beschuldigt werden, sind folgende Grundsätze anzuwenden*:

a) Personen, die solcher Verbrechen beschuldigt werden, sollen in Übereinstimmung mit den anwendbaren Regeln des Völkerrechts verfolgt und vor Gericht gestellt werden, und

b) alle Personen, die nicht aufgrund der Abkommen oder dieses Protokolls eine günstigere Behandlung genießen, wird die in diesem Artikel vorgesehene Behandlung zuteil, gleichviel ob die Verbrechen, deren sie beschuldigt werden, schwere Verletzungen der Abkommen oder dieses Protokolls darstellen oder nicht.

(8) Die Bestimmungen dieses Artikels sind nicht so auszulegen, als beschränkten oder beeinträchtigten sie eine andere günstigere Bestimmung, die aufgrund der Regeln des anwendbaren Völkerrechts den unter Absatz 1 fallenden Personen größeren Schutz gewährt.

Artikel 85

Ahndung von Verletzungen dieses Protokolls

(1) Die Bestimmungen der Abkommen über die Ahndung von Verletzungen und schweren Verletzungen, ergänzt durch die Bestimmungen dieses Abschnitts, finden auch auf die Ahndung von Verletzungen und schweren Verletzungen dieses Protokolls Anwendung.

(2) *Die in den Abkommen als schwere Verletzungen bezeichneten Handlungen*[13] *stellen schwere Verletzungen dieses Protokolls dar,* wenn sie gegen Personen, die sich in der Gewalt einer gegnerischen Partei befinden und durch die Artikel 44, 45 und 73[14] des Protokolls geschützt sind, oder gegen Verwundete, Kranke und Schiffbrüchige der gegnerischen Partei, die durch dieses Protokoll geschützt sind, oder gegen dasjenige Sanitäts- oder Seelsorgepersonal oder die Sanitätseinheiten oder Sanitätstransportmittel begangen werden, die der gegnerischen Partei unterstehen und durch dieses Protokoll geschützt sind.

(3) *Als schwere Verletzungen dieses Protokolls gelten außer den in Artikel 11 bezeichneten schweren Verletzungen folgende Handlungen, wenn sie vorsätzlich unter Verletzung der einschlägigen Bestimmungen des Protokolls begangen werden und den Tod oder eine schwere Beeinträchtigung der körperlichen Unversehrtheit oder der Gesundheit zur Folge haben:*

a) gegen die Zivilbevölkerung oder einzelne Zivilpersonen gerichtete Angriffe;
b) Führen eines unterschiedslos wirkenden, die Zivilbevölkerung oder zivile Objekte in Mitleidenschaft ziehenden Angriffs in Kenntnis davon, daß der Angriff Verluste an Menschenleben, die Verwundung von Zivilpersonen oder die Beschädigung ziviler Objekte zur Folge haben wird, die im Sinne des Artikels 57 Absatz 2 Buchstabe a Ziffer iii[15] unverhältnismäßig sind;
c) Führen eines Angriffs gegen gefährliche Kräfte enthaltende Anlagen oder Einrichtungen[16] in Kenntnis davon, daß der Angriff Verluste an Menschenleben, die Verwundung von Zivilpersonen oder die Beschädigung ziviler Objekte zur Folge haben wird, die im Sinne des Artikels 57 Absatz 2 Buchstabe a Ziffer iii unverhältnismäßig sind;
d) gegen unverteidigte Orte und entmilitarisierte Zonen gerichtete Angriffe;
e) gegen eine Person gerichtete Angriffe in Kenntnis davon, daß die Person außer Gefecht befindlich ist;
f) heimtückische gegen Artikel 37 verstoßende Benutzung des Schutzzeichens des roten Kreuzes, des roten Halbmonds oder des roten Löwen mit roter Sonne oder anderer durch die Abkommen oder dieses Protokoll anerkannter Schutzzeichen.

(4) *Als schwere Verletzungen dieses Protokolls gelten außer den in den vorstehenden Absätzen und in den Abkommen bezeichneten schweren Verletzungen folgende Handlungen, wenn sie vorsätzlich und unter Verletzung der Abkommen oder des Protokolls begangen werden:*

a) die von der Besatzungsmacht durchgeführte Überführung eines Teiles ihrer eigenen Zivilbevölkerung in das von ihr besetzte Gebiet oder die Verschleppung oder Überführung der Gesamtheit oder eines Teiles der Bevölkerung des besetzten Gebiets innerhalb desselben oder aus demselben unter Verletzung des Artikels 49 des IV. Abkommens;

b) ungerechtfertigte Verzögerung bei der Heimschaffung von Kriegsgefangenen oder Zivilpersonen;
c) Praktiken der Apartheid und andere auf Rassendiskriminierung beruhende unmenschliche und erniedrigende Praktiken, die eine grobe Verletzung der persönlichen Würde einschließen;
d) weitgehende Zerstörung verursachende Angriffe, die gegen eindeutig erkannte geschichtliche Denkmäler, Kunstwerke oder Kultstätten gerichtet sind, welche zum kulturellen oder geistigen Erbe der Völker gehören und denen aufgrund einer besonderen Vereinbarung, zum Beispiel im Rahmen einer zuständigen internationalen Organisation, besonderer Schutz gewährt wurde, wenn keine Anzeichen dafür vorliegen, daß die gegnerische Partei Artikel 53 Buchstabe b[17] verletzt hat und wenn die betreffenden geschichtlichen Denkmäler, Kunstwerke und Kultstätten nicht in unmittelbarer Nähe militärischer Ziele gelegen sind;
e) Maßnahmen, durch die einer durch die Abkommen geschützten oder in Absatz 2 genannten Person ihr Recht auf ein unparteiisches ordentliches Gerichtsverfahren entzogen wird.

(5) *Unbeschadet der Anwendung der Abkommen und dieses Protokolls gelten schwere Verletzungen dieser Übereinkünfte als Kriegsverbrechen.*

Artikel 86

Unterlassungen

(1) Die Hohen Vertragsparteien und die am Konflikt beteiligten Personen ahnden schwere Verletzungen und treffen die erforderlichen Maßnahmen, um alle sonstigen Verletzungen der Abkommen oder dieses Protokolls zu unterbinden, die sich aus einer Unterlassung ergeben, wenn eine Rechtspflicht zum Handeln besteht.

(2) Wurde eine *Verletzung der Abkommen oder dieses Protokolls von einem Untergebenen begangen*, so enthebt dies seine Vorgesetzten nicht ihrer strafrechtlichen beziehungsweise disziplinarrechtlichen Verantwortlichkeit, wenn sie wußten oder unter den gegebenen Umständen aufgrund der ihnen vorliegenden Informationen darauf schließen konnten, daß der Untergebene eine solche Verletzung beging oder begehen würde, und wenn sie nicht alle in ihrer Macht stehenden praktisch möglichen Maßnahmen getroffen haben, um die Verletzung zu verhindern oder zu ahnden.

Artikel 87

Pflichten der militärischen Führer

(1) Die Hohen Vertragsparteien und die am Konflikt beteiligten Parteien verlangen von den militärischen Führern im Hinblick auf die ihrem Befehl unterstellten Angehörigen der Streitkräfte und die übrigen Personen in ihrem Befehlsbereich, Verletzungen der Abkommen und dieses Protokolls zu verhindern, sie erforderlichenfalls zu unterbinden und den zuständigen Behörden anzuzeigen.

(2) Um Verletzungen zu verhindern und zu unterbinden, verlangen die Hohen Vertragsparteien und die am Konflikt beteiligten Parteien von den militärischen Führern, in ihrem jeweiligen Verantwortungsbereich sicherzustellen, daß die ihrem Befehl unter-

stellten Angehörigen der Streitkräfte ihre Verpflichtungen aus den Abkommen und diesem Protokoll kennen.
(3) Die Hohen Vertragsparteien und die am Konflikt beteiligten Parteien verlangen von jedem militärischen Führer, der erfahren hat, daß Untergebene oder andere ihm unterstellte Personen eine Verletzung der Abkommen oder dieses Protokolls begehen werden oder begangen haben, daß er die erforderlichen Maßnahmen zur Verhinderung derartiger Verletzungen anordnet und gegebenenfalls ein Disziplinar- oder Strafverfahren gegen die Täter einleitet.

Anmerkungen

1 Deutsche Übersetzung aus dem Französischen von W. Euler, erschienen in der Reihe »Die Klassiker des Völkerrechts«, Bd. III, Tübingen 1959. Der Abdruck erfolgt mit freundlicher Genehmigung des Verlages J.C.B. Mohr (Paul Siebeck). Hervorhebung im Text vom Verfasser.
2 »Der Zweck des Krieges: Das Unrecht zu rächen oder zu verhüten«.
3 Aus der »Freiheit und Unabhängigkeit der Nationen« (Einl. § 15) folgt, daß »jede Nation selbst darüber zu entscheiden hat, was ihr Gewissen von ihr fordert, was sie kann oder nicht kann, was ihr genehm oder nicht genehm ist und daß sie infolgedessen zu prüfen hat und zu bestimmen hat, ob sie einer anderen Nation einen Dienst erweisen kann, ohne Pflichten gegen sich selbst zu versäumen« (Einl. § 16).
4 *Titus Livius*, Lib. XXVIII.
5 *Quintus Curtius*, Lib. IV, Cap. I und Cap. XI.
6 *Simler*, De Republic Helvetica.
7 Lib. III, Cap. XI, § XI.
8 *Grotius*, Lib. III, Cap. IV, § XVI.
Ebenda, § XVII.
10 Quelle: Schriften des Deutschen Roten Kreuzes: *Die Genfer Rotkreuz-Abkommen vom 12. August 1949 und die beiden Zusatzprotokolle vom 8. Juni 1977*, eingef. von A. Schlögel, 8. Aufl., Bonn 1988. Hervorhebungen im Text vom Verfasser.
11 Der fragliche Passus des Art. 1 lautet:
»(3) Dieses Protokoll, das die Genfer Abkommen vom 12. August 1949 zum Schutz der Kriegsopfer ergänzt, findet in den Situationen Anwendung, die in dem diesen Abkommen gemeinsamen Artikel 2 bezeichnet sind.
(4) Zu den in Absatz 3 genannten Situationen gehören auch bewaffnete Konflikte, in denen Völker gegen Kolonialherrschaft und fremde Besetzung sowie gegen rassistische Regimes in Ausübung ihres Rechts auf Selbstbestimmung kämpfen, wie es in der Charta der Vereinten Nationen und in der Erklärung über Grundsätze des Völkerrechts betreffend freundschaftliche Beziehungen und Zusammenarbeit zwischen den Staaten im Einklang mit der Charta der Vereinten Nationen niedergelegt ist.«

Der den vier Genfer Konventionen gemeinsame Art. 2 lautet:
»Außer den Bestimmungen, die bereits in Friedenszeiten durchzuführen sind, findet

das vorliegende Abkommen Anwendung in allen Fällen eines erklärten Krieges oder eines anderen bewaffneten Konflikts, der zwischen zwei oder mehreren der Hohen Vertragsparteien entsteht, auch wenn der Kriegszustand von einer dieser Parteien nicht anerkannt wird.
Das Abkommen findet auch in allen Fällen vollständiger oder teilweiser Besetzung des Gebietes einer Hohen Vertragspartei Anwendung, selbst wenn diese Besetzung auf keinen bewaffneten Widerstand stößt.
Ist eine der am Konflikt beteiligten Mächte nicht Vertragspartei des vorliegenden Abkommens, so bleiben die Vertragsparteien in ihren gegenseitigen Beziehungen gleichwohl durch das Abkommen gebunden. Sie sind ferner durch das Abkommen auch gegenüber dieser Macht gebunden, wenn diese dessen Bestimmungen annimmt und anwendet.«

12 Vgl. Anm. 11.

13 Art. 50 des I. Abkommens, Art. 51 des II. Abkommens, Art. 130 des III. Abkommens und Art. 147 des IV. Abkommens.

14 Die genannten Artikel beziehen sich auf den Status von Kombattanten, Kriegsgefangenen, Personen mit ungeklärtem Status, soweit sie an Feindseligkeiten teilgenommen haben, sowie auf Staatenlose und Flüchtlinge.

15 Die Vorschrift verbietet Angriffe auf Ziele, die unverhältnismäßige Folgen für die Zivilbevölkerung erwarten lassen.

16 Art. 56 nennt Staudämme, Deiche und Kernkraftwerke und verbietet Angriffe auf diese Ziele, wenn dadurch Kräfte frei werden, die unverhältnismäßige Folgen für die Zivilbevölkerung haben können.

17 Diese Vorschrift verbietet den Mißbrauch geschützter Kulturgüter und Kultstätten für militärische Zwecke.

III. Einzelne Problemfelder

Manfred Mohr

Strafrechtliche Verantwortlichkeit und Staatenverantwortlichkeit für internationale Verbrechen – Wechselwirkung statt Konfusion

Das Phänomen »Nürnberg« ist unter verschiedenen Aspekten erörtert worden: Siegerjustiz, Verletzung von *nullum crimen sine lege*, Verantwortlichkeit von Staatsfunktionären, verbrecherische Organisationen u. a. m. Die eigentliche Spezifik dieses Phänomens erschließt sich jedoch erst dann, wenn man sowohl auf die Abgrenzung als auch das Wechselspiel zwischen strafrechtlicher Verantwortlichkeit (des Individuums) und völkerrechtlicher Verantwortlichkeit (des Staates) eingeht: scheinbare Widersprüche und Mißverständnisse lösen sich auf. Die neuere Entwicklung zum Thema »Internationale Strafgerichtsbarkeit« bestätigt eine solche Erkenntnis.

I. Internationale Verbrechen als »Systemkriminalität«

Ein genereller Zugang zu den genannten Problemkomplexen erschließt sich über die Definition von »Makrokriminalität«: Kriminelle Verhaltensweisen des Individuums, die in einem bestimmten kollektiv-organisatorischen oder »System«-Zusammenhang stehen.[1] Bei den hier behandelten internationalen Verbrechen – Aggressions-, Kriegs- und Menschlichkeitsverbrechen – wird das »System« durch den Staat gebildet, der Träger völkerrechtlicher Verantwortlichkeit ist; der einzelne handelt in seiner Eigenschaft als Staatsorgan. Insbesondere geht es dabei um die Erfassung politisch hochrangiger Tätergruppen, denen aufgrund ihrer herausgehobenen Stellung innerhalb des Staatssystems eine hohe kriminelle Potenz (und entsprechende strafrechtliche Verantwortlichkeit) zuwächst. Daß es nicht allein auf die formale Stellung, sondern auf die tatsächliche Machtausübung ankommt, hat der Nürnberger Gerichtshof im Verfahren gegen Angehörige des Oberkommandos der Wehrmacht (Fall XII) deutlich gemacht, als er die Verurteilung der Angeklagten ablehnte, da sie nicht in der Lage gewesen wären, Politik maßgeblich zu gestalten.[2]

Auch für das Jugoslawien-Tribunal ist eine Konzentration auf »higher officials« vorgeschlagen worden.[3] Der französische Vorschlag stellt als höchste Ebene die von »policy makers« heraus, »(...) who turned the violation of basic human rights and the laws of war into a permanent system for attaing political objectives«[4].

Die besondere Nähe zum politischen System bedeutet andererseits nicht, daß sich jene makrokriminellen Handlungen und Verantwortlichkeiten hierin auflösen; ihre Träger bleiben das Individuum und der Staat. Das politische System mit all seinen organisatorischen Strukturelementen (Parteien, Verbänden, Gruppierungen) wird über den Staat beziehungsweise das individuell agierende Staatsorgan erfaßt.

Eine völkerrechtliche beziehungsweise international-strafrechtliche Deliktsfähigkeit von »Kollektiven« *zwischen* Staat und Individuum hat sich nicht durchsetzen lassen, obwohl es hierfür immer wieder Ansätze gegeben hat. So ist etwa auch in der aktuellen Diskussion (zum »Draft Code of Crimes against the Peace and the Security of Mankind«) auf den weiten Bereich zwischen Staatsführern und Individuen hingewiesen und die Fixierung der Verantwortlichkeit von Organisationen verlangt worden.[5] Eine ähnliche Forderung enthält der französische Vorschlag zum Jugoslawien-Tribunal, dessen Statut sich dann aber auf Individuen beziehungsweise natürliche Personen beschränkt.[6]

Die Fokussierung auf den einzelnen beziehungsweise den Staat als Handlungs- und Verantwortlichkeitsträger soll eine Kollektivhaftung ausschließen, die sowohl dem Strafrecht als auch dem Völkerrecht fremd ist. Die Deliktsfähigkeit knüpft an die individuelle oder einzelstaatliche (völkerrechtssubjektbezogene) Zurechenbarkeit an. Auch die nach Art. 9, 10 des Statuts des Internationalen Militärtribunals (IMT-Statut) mögliche und vom Tribunal sehr begrenzt vorgenommene Kennzeichnung einer Organisation als verbrecherisch hebt das Prinzip der individuellen Zurechnung nicht auf. Kollektivschuld und Kollektivbestrafung sind hierdurch nicht ins Völker-/Strafrecht eingeführt worden.[7] Es haftet der einzelne oder der Staat. Mit der klaren Beschränkung auf diese beiden, allgemein anerkannten Verantwortlichkeitssubjekte soll schließlich erreicht werden, daß die Verantwortlichkeit für internationale Verbrechen auch tatsächlich angenommen wird und nicht auf konzeptionelle Einwände trifft.

Die Einschränkung von Makro- oder Systemkriminalität auf den Staat und seine Organpersonen führt zu weiteren Ausklammerungen. Das betrifft – neben der »organisierten Kriminalität« (Mafia u. ä.) – vor allem Wirtschaftsspitzen, die nicht unerheblichen Einfluß auf die Politik eines Staates ausüben können. Bekanntlich hat der Nürnberger Gerichtshof im Verfahren gegen Flick diesen Bereich zu erfassen versucht. Das Ergebnis aber war enttäuschend. Insbesondere hat das Gericht – der Verteidigung folgend – einen klaren qualitativen Unterschied zwischen staatlichen

Spitzenfunktionären und der Position der Angeklagten als »Private« gemacht.[8]

Dem Staat und damit der hier vertretenen Verantwortlichkeitskonstruktion zurechenbar ist dagegen das Verhalten von Personen, die faktisch für den Staat als Staatsorgane gehandelt haben.[9] So nimmt Jescheck für die NS-Verhältnisse, speziell während des Krieges, an, daß die Führer der deutschen Wirtschaft wie beziehungsweise als »Staatsorgane im juristischen Sinne« gehandelt haben.[10] Das Flick-Urteil ist dem offensichtlich – so pauschal – nicht gefolgt.

Differenzierungen und Abgrenzungen sind heute in noch stärkerem Maße vonnöten, wo staatliche, private und teilweise auch kriminelle Strukturen eng miteinander verquickt sind. Dazu kommen Erscheinungen des Zerfalls beziehungsweise der (zeitweiligen) Nichtexistenz von Staaten. Lang andauernde, zum Teil verwirrende Bürgerkriegssituationen, scheinbar unkontrolliert operierende Milizen und ähnliches machen es häufig schwer, »den Staat« als Verantwortlichkeitsträger auszumachen. So wendet sich etwa der UN-Sicherheitsrat in seiner Resolution 794 (1992) mit der Forderung nach Einstellung aller Verletzungen des humanitären Völkerrechts an alle »Parteien, Bewegungen und Splittergruppen« in Somalia.[11] Resolution 804 (1993) verurteilt derartige Verletzungen, die von »bewaffneten Zivilisten« begangen werden.[12]

Hierbei handelt es sich um Rand- und Grenzfälle. Typisch für internationale Verbrechen ist dagegen, daß sie im makrokriminellen System des Staates angesiedelt sind und insoweit ein verantwortliches Völkerrechtssubjekt gegeben ist. In Ausnahmefällen kann dies auch durch ein sogenanntes »De-facto-Regime« repräsentiert werden, zum Beispiel eine völkerrechtlich anerkannte (Bürger-)Kriegspartei, die weite Landesteile kontrolliert. Fehlt ein solches Zurechnungssubjekt, entfällt die Basis für eine völkerrechtliche Verantwortlichkeit und damit für die hier beschriebene Wechselwirkung mit der individuellen strafrechtlichen Verantwortlichkeit.

II. Die besondere Qualität internationaler »Staatsverbrechen«

Die besondere Qualität internationaler »Staatsverbrechen« resultiert im wesentlichen aus drei Faktoren:

a) der Involvierung des Staates;

b) der massenhaften, systematischen Begehungsweise;

c) der Betroffenheit von Frieden und internationaler Sicherheit.

Diese drei Faktoren oder Bedingungen sind auf das engste miteinander verbunden. Sie können deshalb nicht nur isoliert betrachtet werden; andererseits ist das Vorliegen bereits einer Bedingung Indiz dafür, daß insgesamt die spezifische Qualität solcher Formen von »Makrokriminalität« gegeben ist.

Erst der Einsatz des Staates und seiner Maschinerie ermöglicht, ja bedingt die massenhafte und systematische Regelungsweise. Aggressions- und Völkermordverbrechen können nicht von privaten Einzeltätern begangen werden. Solche internationalen Verbrechen sind stets besonders grausam und folgenreich.[13] Es handelt sich – so Jäger – um »Großformen« von Kriminalität, die aber dennoch in den Verbrechensbegriff und in die Strafrechtskompetenz miteinzubeziehen sind.[14] Hinzukommen müssen allerdings, wie noch näher zu erläutern sein wird, international-völkerrechtliche Komponenten und Betrachtungsweisen.

Eine besondere Rolle hat in der Diskussion das Kriterium der »Schwere« (»seriousness«) der Verbrechen und Verletzungshandlungen gespielt. Es leitet sich gewissermaßen aus den Faktoren a) und b) ab und löst sich sogleich im Faktor c) auf, wenn man jene Schwere mit der Betroffenheit der »elementaren Grundlagen der menschlichen Gesellschaft« gleichsetzt.[15] Für praktische Abgrenzungserfordernisse und im Sinne der erwähnten Indizwirkung kann es durchaus nützlich sein, den Aspekt der schweren, groben, ernsthaften Verletzung wie auch – am besten damit gekoppelt – den des Systematischen, der Planmäßigkeit und Massenhaftigkeit heranzuziehen. Bekanntlich gibt es solche Kriterien schon im Bereich der Menschenrechte (zum Beispiel als »Filter« im »1503«-Verfahren[16]) oder des humanitären Völkerrechts (»grave breaches«, »serious violations«). Sie haben auch Eingang in den Draft Code gefunden.[17]

Diese Abgrenzungskriterien und -bemühungen mögen im einzelnen verschwommen bleiben und auch nicht immer ganz glücklich gefaßt sein. Entscheidend ist, daß sie eine gewisse qualitative Zuspitzung deutlich machen: auf schwerste, politisch kalkulierte und staatlich getragene Verbrechen, von denen eine große Gefahr für die internationale Gemeinschaft ausgeht.[18]

Nach Art. 20 des Statutenentwurfs der International Law Commission (ILC) für einen Internationalen Strafgerichtshof gibt es eine Zuständigkeit für »exceptionally serious crimes of international concern« aus dem Kreis vertraglich verankerter Verbrechenstatbestände. Stets hat der Gerichtshof Jurisdiktionsbefugnis über (feststehende, genannte) »crimes under international law«[19]. Diese Formel deutet auf einen Kernpunkt der besonderen Qualität jener internationalen Verbrechen, nämlich auf ihren völkerrechtlichen Charakter. Er resultiert daraus, daß in diesem Fall ein Staat beziehungsweise Völkerrechtssubjekt tätig wird, von dem eine nicht unerhebliche Gefährdung für die internationalen Beziehungen, für Frieden und internationale Sicherheit ausgeht.[20] Die Ausrichtung auf Frieden und internationale Sicherheit ergibt sich bereits aus dem Titel des Draft Code. Sie bewirkt eine rechtliche (und nicht allein zum Beispiel nur moralische) Betroffenheit aller Staaten, löst Handlungsmöglichkeiten und -pflichten aus. Da der Zusatz »under international law« die allgemeine völkerrechtliche Relevanz und Charakterisierung und nicht nur deren tatbestandsmäßige Verankerung gut zum Ausdruck bringt, sollte er im Draft Code (Art. 1) aufrechterhalten bleiben.[21]

III. Die Doppelnatur von Handlungen und Handlungsträgern

Mit der Regelung internationaler Verbrechen verbindet sich eine Dichotomie: Es handelt sowohl das Individuum als auch der Staat. Der Staatsfunktionär, zum Beispiel ein Offizier, der den Befehl zu Kriegsverbrechen gibt, agiert zum einen als »Einzeltäter«, zum anderen für den Staat, der hinter ihm steht. Der internationale Straftäter, schreibt Weber, ist zugleich und vor allem auch staatlicher Repräsentant.[22]

Sowohl die von der ILC formulierten »Nürnberger Prinzipien« als auch der Draft Code gehen grundsätzlich davon aus, daß die jeweiligen Verbrechen von Individuen verübt werden können, egal ob sie als Privatpersonen oder als Staatsfunktionäre handeln. Dies ist als Ausgangspunkt, der auf den einzelnen und dessen strafrechtliche Verantwortlichkeit abstellt, sicher begründet.[23] Allerdings ist für jene internationalen Verbrechen charakteristisch, daß sie nur vermittels des Einsatzes staatlicher Gewalt und Machtpositionen verübt werden können. So ist in der Diskussion zum Draft Code die viel zu breite Anlage kritisiert und eine Konzentration auf die »wirklichen Führer« verlangt worden.[24] Auch das Nürnberger und Tokioter Tribunal haben sich schließlich – relativ eng und konsequent – auf Personen orientiert, die auf dem »policy-making level« operierten.[25]

Wenn Handlungsträger oder -subjekt in Individuum und Staat zerfallen, stellt sich die Frage nach einer möglichen »Identität« der Handlungen selbst. Bei einzelnen, abgeschlossenen Vorgängen – etwa Kriegsverbrechen – mag eine solche Identität gegeben sein. Überwiegend wird jedoch keine Deckungsgleichheit gegeben sein: Der komplexe, völkerrechtswidrige Akt des Staates setzt sich auch aus einer Vielzahl individueller, verbrecherischer Handlungen (Führungsentscheidungen, Befehle u. ä.) zusammen. Von daher ist auch die Relation zwischen dem ILC-Kodifikationsprojekt der Staatenverantwortlichkeit – speziell seinem Art. 19 – und dem Draft Code diskutiert worden. Die in Art. 19 für den Staat und dessen Verantwortlichkeit verankerten »Tatbestände« (u.a. Aggression und Genozid) sowie ihre allgemeine Charakterisierung[26] bilden zwar den Rahmen auch für die Verbrechen nach dem Draft Code. Ansonsten fallen die beiden Projekte aber schon deshalb auseinander, weil die Handlungen beziehungsweise Handlungsebenen nicht deckungsgleich sind. Insoweit ist es kritikwürdig, wenn die Beschreibung komplexer, auf der Ebene des Staates angesiedelter Verbrechensvorgänge (wie die der Aggression nach der Aggressionsdefinition der UN-Vollversammlung) einfach in den Draft Code übernommen werden. Die in Art. 19 des Staatenverantwortlichkeitsprojekts enthaltenen Formulierungen sind schließlich zu vage, um individuelle Straftatbestände abgeben zu können.[27]

Die Spezifik des Verhältnisses zwischen Staatshandeln und Individualhandeln ist durch strafrechtliche Konstruktionen der Unterstützung, Beihilfe, »Konspiration« oder Anstiftung nur schwer zu erfassen. Ausgehend vom IMT-Vorbild (Art. 6 IMT-Statut), sind sie jedoch regelmäßig in den betreffenden Regelungen enthalten,[28] was zu teilweise verwirrenden Diskussionen geführt hat.[29] Solche strafrechtlichen Beteiligungsformen machen wohl Sinn bei normaler Kriminalität und in bezug auf das Handlungsgefüge zwischen einzelnen Individuen. Die hier in Frage stehenden internationalen Verbrechen erwachsen jedoch daraus, daß der einzelne für oder durch den Staat handelt, daß seine Aktivität Teil der Gesamtaktivität des Staates oder gar mit ihr identisch ist.

Ansonsten mag es unschädlich sein, wenn mit derartigen Konstruktionen operiert wird. Es könnte sich höchstens das Problem ergeben, daß man den Kreis zu weit zieht und eine Abgrenzung der politisch wirklich verantwortlichen Täter erschwert.[30] In jedem Fall als besondere Handlungsformen herausgehoben und bewahrt werden sollten die Planung und Vorbereitung eines Angriffskrieges im Rahmen des Verbrechens gegen den Frieden. Hieran können sich nur politisch verantwortliche Tätergruppen beteiligen. Eine generelle eigenständige Kategorie bildet außerdem noch die der Befehlsgabe.

IV. Die Doppel-Verantwortlichkeit

Komplexität und Doppelnatur internationaler Verbrechen verlangen eine angemessene, umfassende Reaktion. Sie kann ebenfalls nur komplex oder »doppelt« sein: völkerrechtliche (Staaten-)Verantwortlichkeit für den Staat, der internationale Verbrechen im Sinne von Art. 19 des ILC-Staatenverantwortlichkeitsentwurfes begeht; strafrechtliche Verantwortlichkeit für das Individuum, das sich der Begehung von Verbrechen gemäß dem Draft Code schuldig gemacht hat. Da Völkerrechtsverletzungen trotz ihrer Zurechenbarkeit zum Staat stets durch menschliches Verhalten verursacht werden – so die allgemeine Argumentation von Ipsen –, ist es auch möglich, daß neben die Staatenverantwortlichkeit »völkerrechtliches Individualunrecht« tritt.[31]

Erstmals ernsthaft praktiziert wurde jene Doppel-Verantwortlichkeit, das Dazutreten individuell-strafrechtlicher zu völkerrechtlich-staatlicher Verantwortlichkeit, durch den Nürnberger Gerichtshof. Er faßte dies in den berühmten Satz: »Verbrechen gegen das Völkerrecht werden von Menschen und nicht von abstrakten Wesen begangen, und nur durch die Bestrafung jener Einzelpersonen, die solche Verbrechen begehen, kann den Bestimmungen des Völkerrechts Geltung verschafft werden.«[32]

Nürnberg bedeutete die Anwendung eines rechtlich zulässigen und erforderlichen Konzeptes. Es war auch insoweit nicht einfach »Siegerjustiz«. Nur über Mittel des Strafrechts kann das Individuum erreicht und sein schuldhaftes, kriminelles Verhalten angemessen sanktioniert werden. Das gilt für internationale Verbrechen generell. Abgesehen von der staatlich-politischen Verwurzelung und unten zu erörternden Besonderheiten, handelt es sich bei diesem Einstehenmüssen um normale strafrechtliche Verantwortlichkeit.[33] Individuelle Bestrafung und differenzierte Reaktion vermeiden den Rückgriff auf »Kollektivschuld«, also die mögliche Bestrafung eines Volkes oder Staates.[34]

Über den konkreten Sinn und Effekt individuell-strafrechtlicher Sanktionierung internationaler Verbrechen sind verschiedene Überlegungen angestellt worden. Grundsätzlich gibt es die Wirkung der rechtlichen Entlegitimierung oder Kriminalisierung staatlicher Politik.[35]

Nürnberg war Ausdruck der *rule of law* in den internationalen Beziehungen, der notwendigen Respektierung des internationalen Rechts.[36] Um Recht im Sinne der Friedenssicherung durchzusetzen, bedarf es der konsequenten Reaktion auf internationale Verbrechen – ebenjener, das Individuum und Strafrecht mit einschließenden, Doppel-Verantwortlichkeit.

Es wird bezweifelt, daß der Einsatz strafrechtlicher Mittel gegen internationale Verbrechen nach »herkömmlichen straftheoretischen Denkmustern« (Vergeltung, Abschreckung, [Spezial-]Prävention) begründbar ist.[37] Bestenfalls könne man einen Effekt der Offenlegung, der Aufdekkung von Tatsachen verzeichnen.[38] Dieser ist auch wirklich gegeben und wird zum Beispiel beim Jugoslawien-Tribunal eine Rolle spielen, dessen Vorbereitung bereits in ganz erheblichem Maße auf vielfältigen Factfinding-Aktivitäten fußte.

Jescheck sah den Sinn der Bestrafung in den Nürnberger Prozessen weniger in Rache und (konkreter) Abschreckung als in einer generalpräventiven Wirkung in Form von Bewußtseinsbildung und Erziehung. Diese sei darauf gerichtet, Völkerrecht als Recht zu begreifen, das man durchsetzen könne und in dem Kriegführungsregeln existierten sowie Menschenrechte garantiert würden.[39] Solche Überlegungen sind durchaus aktuell. Sie fließen ein in prinzipielle Vorstellungen von Recht und Gerechtigkeit sowie von Wirkungen für die Zukunft, die etwa – trotz geäußerter Kritik – zu einer relativ breiten publizistischen Zustimmung zum Jugoslawien-Tribunal geführt haben.[40]

Welche Faktoren und Motive dabei eine Rolle spielen, zeigte 1993 die Debatte im 6. Komitee der 48. UN-Generalversammlung. Da war beispielsweise die Rede von: »frustration of seeing appaling crimes go unpunished«; »impunity for the quilty was no longer acceptable«; »achieving respect for the rule of law and a better lot for the victims of conflicts«; »prosecution of international crimes which, in the absence of such a tribunal, might give rise to threats against international peace and security«.[41]

Hieran erkennt man, daß es – jedenfalls in der öffentlichen, politischen Diskussion – um übergreifende Vorstellungen und Erwartungshaltungen geht. Es soll – genau wie damals in Nürnberg – über das traditionelle völkerrechtliche Verantwortlichkeitsinstrumentarium hinaus »etwas« gegen diese furchtbaren Verbrechen »getan« werden. Dazu verlangt man nach einem internationalen Tribunal, das – im Zusammenspiel mit anderen internationalen und nationalen Aktivitäten wie zum Beispiel der Tatsachenermittlung – künftig derartige Taten zu vermeiden hilft und so zur Friedenswahrung beiträgt.[42]

V. Gegen Konfusionen

Das Herausstellen der Doppelnatur von Handlungsträgern, Handlungen und Verantwortlichkeit bei internationalen Verbrechen bedeutet, daß von Zusammenhängen, aber auch von Abgrenzungen ausgegangen wird. Die strafrechtliche Verantwortlichkeit des Individuums für solche Verbrechen ist nicht mit der völkerrechtlichen Verantwortlichkeit des Staates identisch oder etwa damit austauschbar. Entsprechende Vermengungen und Begriffskonfusionen begleiten und belasten die ILC-Arbeiten zur Staatenverantwortlichkeit, speziell Art. 19, sowie zum Draft Code. Festgemacht am bloßen Begriff des (internationalen) Verbrechens beziehungsweise einem »zivilrechtlichen« Verständnis von völkerrechtlicher Verantwortlichkeit, wird die Bestrafung von Staaten verlangt oder aber abgelehnt. Letzteres ist, allein schon aus Gründen der souveränen Gleichheit, im Ergebnis richtig, darf aber nicht dazu führen, daß man das Konzept der internationalen Verbrechen sowie den Differenzierungsgrundsatz im Recht der Staatenverantwortlichkeit negiert. Es geht nicht um ein »Bestrafen« von Staaten, sondern um das Auferlegen spezifischer, besonders weitreichender Verantwortlichkeitsfolgen. Andererseits wurde das Draft-Code-Projekt dadurch behindert, daß man versuchte, hierin auch eine strafrechtliche Verantwortlichkeit der Staaten zu verankern.[43]

Vermengungen und Verwirrungen gehen weiter. So hat Arangio-Ruiz während der 45. ILC-Tagung (1993) behauptet, der Staat (im Unterschied zu juristischen Personen des Landesrechts) wäre – dem individuellen Straftäter vergleichbar – zu Verbrechen, Schuld und Bestrafbarkeit fähig. Man müßte allerdings zwischen »politischen« Maßnahmen, die den Staat treffen, und »gesetzlichen Strafen« gegen »einzelne Regierende« differenzieren.[44]

In ihrem Kommentar zu der in erster Lesung angenommenen Fassung des Draft Code (Art. 3) hat die Kommission betont, daß in jedem Fall die Verantwortlichkeitsregime für Staaten und für Individuen unterschiedlich sind.[45] Im Anschluß erinnert sie an die schon bei der Kommentierung von Art. 19 des Verantwortlichkeitsentwurfes ausgesprochene Warnung vor Konfusionen.[46]

Die Trennung zwischen völkerrechtlicher Staatenverantwortlichkeit und strafrechtlicher Individuenverantwortlichkeit äußert sich auch in dem Grundsatz, wonach die Strafverfolgung internationaler Verbrecher nicht von der Verantwortlichkeit des Staates befreit; eine wechselseitige »Konsumtion« findet nicht statt. Der Grundsatz ist in Art. 5 des Draft Code enthalten. »Klassisch« ist er schon im Kriegs- oder humanitären Völkerrecht verankert. Gemäß dem Genfer Abkommen von 1949 kann sich keine Vertragspartei von Verantwortlichkeit (»any liability«) befreien, die ihr im Hinblick auf schwere Abkommensverletzungen und deren Bestrafung zukommen.[47] Damit soll ausgeschlossen werden, daß sich ein Staat durch die Bestrafung von Kriegsverbrechern von eigener verbleibender Verantwortlichkeit – insbesondere im Hinblick auf mögliche Schadensersatzleistungen – freimacht.[48] Art. 3 des IV. Haager Abkommens von 1907 und (wiederholend) Art. 91 des Zusatzprotokolls I zu den Genfer Abkommen bestimmen, daß eine Konfliktpartei bei Vertragsverletzungen gegebenenfalls zum Schadensersatz verpflichtet und für alle Handlungen verantwortlich ist, die von ihren Streitkräfteangehörigen begangen werden.[49]

Auch im ILC-Kommentar zu Art. 5 Draft Code heißt es, daß die Bestrafung verantwortlicher Individuen (Organpersonen) die betreffende

Verantwortlichkeit des Staates, etwa im Hinblick auf von diesen verursachte Schäden, nicht erschöpft.[50] Belgien und andere Staaten haben sich für die ausdrückliche Aufnahme einer Schadensersatz- oder Reparationsklausel als Ausdruck von Staatenverantwortlichkeit in den Draft Code ausgesprochen.[51] Mir erscheint dies nicht besonders günstig und die allgemeine Formel des Art. 5 ausreichend zu sein. Es besteht die Gefahr, daß die beiden Verantwortlichkeitsformen oder -ebenen wieder zu stark vermengt werden. Die Frage des Schadensersatzes für staatliches Organhandeln gehört in den Bereich der Staatenverantwortlichkeit, nicht in den der strafrechtlichen Verantwortlichkeit von Individuen.[52]

Der Grundsatz, daß die individuelle strafrechtliche Verantwortlichkeit *neben* die Staatenverantwortlichkeit tritt (sie aber jedenfalls nicht aufhebt)[53], ist auch durch die jüngere Praxis des UN-Sicherheitsrates bestätigt worden. Der Rat hat in den friedensverletzenden oder -bedrohenden Situationen wie in Ex-Jugoslawien, Somalia oder Angola Maßnahmen der Staatenverantwortlichkeit (Embargo und andere Sanktionen) getroffen und *daneben* die Durchsetzung der individuell-strafrechtlichen Verantwortlichkeit für schwere Verletzungen des humanitären Völkerrechts verlangt. Entsprechende Ansätze gab es auch im Vorgehen des UN-Sicherheitsrates gegen den Aggressor Irak vor dem Golfkrieg. Dann aber war es ein entscheidendes Defizit der Resolution 687, die dem Irak ein umfassendes Sanktionsregime auferlegte, daß hierin keinerlei Aussage zur strafrechtlichen Verantwortlichkeit für (massenhaft) begangene Kriegsverbrechen enthalten war. Damit, so Meron, sei eine historische Chance vertan worden.[54]

Das Nebeneinanderbestehen von strafrechtlicher und Staatenverantwortlichkeit könnte dann besonders wichtig sein, wenn der betreffende Staat nicht mehr vorhanden ist oder gefestigte staatliche Strukturen (noch) nicht ausgeprägt sind (Fall Somalia). Dies stellt jedoch nicht die normale, typischerweise zu erfassende Situation dar. Charakteristischerweise gibt es einen Staat, der die Verbrechen deckt, ja erst ermöglicht. Geht dieser – was im Falle des nationalsozialistischen Deutschen Reiches streitig ist – unter, so gibt es einen oder mehrere Nachfolgestaaten, die die völkerrechtliche Verantwortlichkeit trifft beziehungsweise treffen kann. Ein »durchgängiges Band« bietet immerhin die individuelle strafrechtliche Verantwortlichkeit.

VI. Wechselwirkungen

Auch wenn man von den angedeuteten Differenzierungen ausgeht, kommt man wieder zu Überschneidungen und Wechselwirkungen. Das liegt daran, daß die staatliche Ermöglichung und Abdeckung individuell-verbrecherischer Verhaltensweisen der hier behandelten Qualität für sich genommen völkerrechtswidrig sind. Insoweit fallen »Souveränitätsrücksichten« und Souveränitäts-»Schutzhüllen« weg. Dies – und nicht die bloße Tatsache der Bestrafung – ist eigentlich Ausdruck der völkerrechtlichen Verantwortlichkeit des Staates.

Markanter Beleg für eine solche Wechselwirkung zwischen individuell-strafrechtlicher und staatlich-völkerrechtlicher Verantwortlichkeit ist der Wegfall der Immunität. Die Hülle, die normalerweise den handelnden Staatsdiener vor individueller Verfolgung und den Staat vor Einmischung schützt, ist nicht mehr vorhanden beziehungsweise wird nicht mehr respektiert. Das Handeln in offizieller Position, in typischerweise gehobener Stellung im Staat (beispielsweise als Staats- oder Regierungschef), befreit nicht von strafrechtlicher Verantwortlichkeit.

Der Wegfall des Immunitätseinwandes beziehungsweise die Nichtanwendbarkeit der *act of State*-Doktrin[55] auf internationale Verbrechen ist völkerrechtlich weithin anerkannt.[56] Hier überlagert sich die oben entwikkelte Argumentationslinie einer notwendigen »Doppel-Reaktion« mit der einer schwerwiegenden, souveränitätsdurchbrechenden Völkerrechtswidrigkeit,[57] die zum Fortfall des normalerweise gewährten Schutzanspruches führt. Es ist eher eine praktisch-politische Frage, ob man von dieser strafrechtlichen »Durchgriffsmöglichkeit« Gebrauch macht. An dieser Stelle deutet sich wieder das Problem der Verhaftung oder Nichtverhaftung politischer Verhandlungsführer an.[58]

Es soll und kann hier nicht die Frage vertieft werden, ob der Immunitäts- und Souveränitätseinwand sowieso entfällt, wenn der betreffende Staat nicht mehr vorhanden ist. Nach meinem Dafürhalten könnte aus grundsätzlicheren Erwägungen, die mit der Respektierung oder Nichtrespektierung gegebener Souveränitäts- und Rechtsordnungsverhältnisse zusammenhängen, auch eine »rückwirkende« Bezugnahme in Betracht kommen. Für internationale Verbrechen der behandelten Art scheiden Einwand und Souveränitätsschutz in jedem Fall aus.[59]

Ausdruck der Durchbrechung wie der Nichtanerkennung staatlicher Machtstrukturen ist die strafrechtliche Verantwortlichkeit des Befehlsgebers, die bekanntlich sehr weit gezogen wird.[60] Sie ist fester Bestandteil des Systems der Strafsanktionen im humanitären Völkerrecht: Derjenige trägt strafrechtliche Verantwortlichkeit, der Kriegsverbrechen begeht oder dazu den Befehl erteilt. So sind auch durchgängig neuere, humanitäre Völkerrechtsverletzungen verurteilende Resolutionen des UN-Sicherheitsrates abgefaßt.[61]

Im Unterschied[62] zur uneingeschränkten Verantwortlichkeit von Befehlsgebern, sonstigen Vorgesetzten und politisch Verantwortlichen, die unmittelbar ihre, das heißt die staatliche Macht zur Verbrechensausübung einsetzen, haben Ausführende, speziell bei Handeln auf Befehl, gewisse Verteidigungsmöglichkeiten. Es kann hier dahingestellt bleiben, ob Handeln auf Befehl nur einen Strafmilderungsgrund[63] oder gegebenenfalls sogar einen Strafausschließungsgrund[64] darstellt. Die üblicherweise genannten Kriterien (Erkennen der [Völker-]Rechtswidrigkeit des Befehls; Möglichkeit der Nichtbefolgung, Bestrafungsrisiko) sind nur ein Indiz dafür, wieweit der einzelne in Staats- und Militärmaschinerie verstrickt war, hinter der er sich dann nicht mehr »verstecken« kann.[65]

Diese Betrachtung gilt grundsätzlich auch für sonstige allgemeine Rechtfertigungsgründe wie Notstand, Notwehr oder Selbstverteidigung. Ihre pauschale, undifferenzierte Übernahme aus allgemeinem »völkerrechtlichen Deliktsrecht« beziehungsweise Strafrecht[66] geht am Kern der Sache vorbei. Sie kann jedenfalls nicht dazu benutzt werden, begründete Fälle von Amtsinhaber-, von Befehlsgeber- und Befehlsempfängerverantwortlichkeit wieder aufzulösen. Gleiches gilt für die Einwände »militärischer Notwendigkeit« oder des *tu quoque*.[67] Derjenige, der als verantwortlicher politischer oder militärischer Funktionsträger internationale Verbrechen begeht, kann sich hierfür nicht dadurch rechtfertigen, daß er auf die (von ihm mitgetragenen beziehungsweise eingesetzten) Machtverhältnisse oder irgendeine »Zwangslage« verweist.

Die ILC verlangt in ihrem Kommentar zum Draft Code[68] schuldhaftes, vorsätzliches Handeln (»guilty intent«). Dies wäre bei den fraglichen Verbrechen immer gegeben und ließe sich schon aus deren massenhaftem, systematischem Charakter ableiten. Verantwortlichkeit tritt unabhängig von den Tatmotiven ein, seien sie politischer, rassischer, religiöser oder sonstiger Art.[69] Ihr Vorliegen mag für die behandelten Verbrechen sogar typisch sein.[70] »Überzeugungstäterschaft« wird jedenfalls nicht anerkannt, vielmehr gibt es hier eine Überschneidung zu den völkerrechtlichen »Propagandaverboten« (Kriegspropaganda und Rassenhaß). Internationale beziehungsweise Draft-Code-Verbrechen sollen schließlich keiner Verjährung unterliegen.[71]

All diese Regeln sollen sicherstellen, daß – unabhängig von Souveränitäts- und sonstiger Rücksichtnahme – internationale Verbrechen uneingeschränkt verfolgt werden können und die Bestrafung unausweichlich ist. Dem dient in besonderer Weise auch der Universalitätsgrundsatz, das heißt die strafrechtliche Verfolgung unabhängig von Tatort und Staatsangehörigkeit des Täters, mit der alleinigen Alternative: bestrafen oder ausliefern. Es ist sogar eine »Doppelbestrafung« möglich, wenn die Tat vorher nur als »gewöhnliches Verbrechen« geahndet worden ist.[72]

Ganz allgemein gilt, daß Charakterisierung und Strafbarkeit internationaler Verbrechen unabhängig von eventuell entgegenstehendem, anderslautendem Landesrecht sind.[73] Auch dieses Prinzip ist eine Widerspiegelung »souveränitätsauflösender« Verantwortlichkeit. Für viele ist das direkte Einwirken völkerrechtlich verankerter Strafbarkeit das Kriterium für »echtes Völkerstrafrecht«. Fehlendes oder abweichendes Landesrecht kann jedenfalls eine Verfolgung internationaler Verbrechen nicht verhindern. Ansonsten dürfte gerade hier eine innerstaatliche Transformation angebracht, ja vorgeschrieben sein.[74]

VII. Strafrechtliche Verantwortlichkeit als Rechtsfolge völkerrechtlicher Verantwortlichkeit?

Internationale Verbrechen rufen eine rechtliche Betroffenheit aller Staaten hervor. Es entsteht eine *erga omnes*-Struktur mit einer Reaktionsmöglichkeit für alle Staaten, einschließlich von »Drittparteien«.[75] Diese können – so ausdrücklich der 2. ILC-Berichterstatter zur Staatenverantwortlichkeit, Riphagen – Forderungen im Rahmen von Reparation und Garantien gegen Wiederholung erheben.[76]

Unter Reparation *latu sensu* rechnen der jetzige Berichterstatter Arangio-Ruiz beziehungsweise die Kommission die spezielle Rechtsfolge der »Satisfaktion«, die u.a. die Bestrafung »kriminell agierender« Staatsfunktionäre umfaßt. Diese Rechtsfolge sollte jedoch auf wirklich »schwere Fälle« begrenzt bleiben, da es sich sonst – bei »extensiver Anwendung« – um unzulässige Einmischung handeln würde. Generell wären Satisfaktions- und Garantieforderungen bei internationalen Verbrechen dadurch gekennzeichnet, daß sie stark in den Souveränitätsbereich des betreffenden (Verletzer-)Staates eingreifen.[77]

Damit sind im Teil II des ILC-Projekts zur Staatenverantwortlichkeit, der sich mit den Rechtsfolgen beschäftigt, Verantwortlichkeitskonsequenzen angelegt, die ins Strafrecht weisen und die auch bei internationalen Verbrechen Anwendung finden können. Dabei ist aber zu betonen, daß Satisfaktionsmaßnahmen unterhalb der Schwelle internationaler Verbrechen (bei sogenannten »internationalen Delikten«) andere Dimensionen und Funktionen aufweisen. Sie kommen nur sehr begrenzt, fast ausnahmsweise, zum Einsatz und dienen der »Genugtuung« des betroffenen Staates für den erlittenen »moralischen Schaden« (zum Beispiel durch Übergriffe auf seine

Diplomaten). Die Bestrafung der Verantwortlichen erfolgt durch den verantwortlichen (Empfangs-)Staat.

Anders bei internationalen Verbrechen. Hier ist die strafrechtliche Verantwortlichkeit verantwortlicher Organpersonen eine typische Konsequenz. Ihre Umsetzung kann durch jeden anderen Staat erfolgen und ist grundsätzlich nicht einschränkbar. Ihre Funktion besteht im obigen Sinne in der Entfaltung »generalpräventiv«-bewußtseinsbildender, »abschrekkender« Effekte, und im Verständnis der Staatenverantwortlichkeit ist sie auf Garantien gegen eine Wiederholung gerichtet.[78]

Vor diesem Hintergrund sollte die strafrechtliche Verantwortlichkeit im Rahmen der spezifischen Rechtsfolge internationaler Verbrechen verankert werden. Damit wäre endlich die Klammer zwischen den beiden ILC-Projekten – Staatenverantwortlichkeit und Draft Code – gegeben. Die bisher von Riphagen für das spezielle Verantwortlichkeits- oder Rechtsfolgenregime internationaler Verbrechen vorgesehenen Artikelentwürfe (14 beziehungsweise 15) enthalten dies nicht und sind auch insgesamt noch völlig unzureichend.[79]

Eigentlich geht es dabei weniger um die Bestrafung selbst als um die Möglichkeit beziehungsweise den Grundsatz strafrechtlicher Verfolgung durch alle anderen Staaten (Universalität) beziehungsweise durch einen internationalen Strafgerichtshof, unbeschadet irgendwelcher »Souveränitätsrücksichten« wie Immunität, amtliche Stellung, Befehlsgeber oder Landesrecht. Demgemäß sollte auch die Formulierung als Rechtsfolge völkerrechtlicher (Staaten-)Verantwortlichkeit für internationale Verbrechen erfolgen. Es gibt zwar eine Verbindung zwischen beiden Projekten beziehungsweise Verantwortlichkeiten, die strafrechtliche Verantwortlichkeit von Individuen wird aber nur im Draft Code geregelt.

Diesem Teil im Staatenverantwortlichkeitsentwurf soll ein weiterer (Teil III) über die Durchsetzung der Verantwortlichkeit und ihre Rechtsfolgen angeschlossen werden. Hierum rankt sich eine intensive Debatte darüber, ob Verantwortlichkeitsmaßnahmen, insbesondere sogenannte »Gegenmaßnahmen«, unter Umständen erst nach Ausschöpfung eines vorgesehenen mehrstufigen Streitbeilegungssystems ergriffen werden können.[80] Schritte strafrechtlicher Verantwortlichkeit für internationale Verbrechen könnte man wohl unabhängig davon einleiten; sie dürften durch ein solches Streitbeilegungssystem, etwa in Gestalt einer festgelegten IGH-Jurisdiktion, nicht blockiert werden. In jedem Fall würde eine entsprechende Sicherheitsratsfeststellung unter Einschluß einer Aufforderung zur strafrechtlichen Verfolgung zum Beispiel von Kriegsverbrechern oder die Entscheidung eines internationalen Straftribunals die immer wieder gewünschte Basis einer autoritativen Drittpartei-Entscheidung abgeben können.

VIII. »Völkerrechtliche Deliktsfähigkeit« des Individuums?

Eine weitere Abgrenzung oder Relativierung wird erforderlich, weil meines Erachtens die Spezifik strafrechtlicher Verantwortlichkeit für internationale Verbrechen eher etwas mit der Wechselwirkung zwischen Staat und Individuum sowie den beiden Verantwortlichkeitsformen zu tun hat als mit einer abstrakten Entwicklung einer »völkerrechtlichen Rechtsfähigkeit« beziehungsweise Völkerrechtssubjektivität oder von »völkerrechtlichen Grundpflichten« des Individuums.[81]

Nürnberg sowie die (mögliche) Existenz eines »echten Völkerstrafrechts«[82] sind immer wieder als Belege für derartige Entwicklungstendenzen angeführt worden. Der Kern der hier vertretenen Doppelkonstruktion strafrechtlicher und völkerrechtlicher Verantwortlichkeit besteht aber nicht darin, daß sich für den einzelnen ein völkerrechtlicher Pflichtenkatalog aufgebaut hat, für dessen Verletzung er unmittelbar völkerrechtlich haftet und wodurch er wiederum zunehmend in die Rolle eines Völkerrechtssubjekts hineinwächst.[83] Vielmehr handelt es sich darum, daß die völkerrechtliche Verantwortlichkeit den Grundsatz strafrechtlicher Verantwortlichkeit von Einzelpersonen mit umfaßt, den die Staaten in »souveränitätsdurchbrechender« Weise durchsetzen können. Nicht eine abstrakte völkerrechtliche Verpflichtung und Bestrafung des Individuums sind der primäre Anknüpfungspunkt, sondern die völkerrechtlichen Pflichten und die Verantwortlichkeit der Staaten beziehungsweise ihrer Organe.[84]

IX. Kooperationspflichten und der internationale Strafgerichtshof

Zur Verfolgung und Bestrafung internationaler Verbrechen besteht eine Pflicht. Gemäß Universalitätsgrundsatz gilt: bestrafen oder ausliefern.[85] Was jeder Staat einzeln tun kann und muß, kann auch organisiert-institutionalisiert durch einen internationalen Strafgerichtshof erfolgen. Durch Überstellung des Straftäters an ein solches Tribunal, das im Universalitätsgrundsatz eine Stütze findet, kann jener Verfolgungspflicht Genüge getan werden. Hinzu kommen weitere vielfältige Kooperationspflichten in bezug auf den Gerichtshof beziehungsweise unabhängig davon.[86] Bei Verletzung solcher Pflichten könnten sich möglicherweise neue, »sekundäre« Verantwortlichkeitskonstellationen ergeben. Sie dürften sich insgesamt aber wohl nicht auf der Ebene eines internationalen Verbrechens bewegen und keine strafrechtliche Verantwortlichkeit (etwa eines »säumigen« Richters) mit einschließen.[87]

Die Einrichtung eines internationalen Straftribunals gegen den Willen eines Staates kann als Äußerung der beschriebenen völkerrechtlichen Verantwortlichkeit begriffen werden. Dies könnte man auch auf den Fall des Jugoslawien-Tribunals anwenden. Problematisch ist hier jedoch, daß durch den Sicherheitsrat nur pauschal auf Kapitel VII UN-Charta sowie auf den Charakter einer Maßnahme zur Wiederherstellung des Friedens Bezug genommen wird.[88] Offensichtlich soll damit eine Bindungswirkung auch für alle anderen, für die Verbrechen nicht verantwortlichen Staaten begründet werden. Dies ist und bleibt jedoch der entscheidende Kritikpunkt,[89] der auch nicht dadurch überspielt werden kann, daß man dieses Einrichtungsverfahren als besonders praktikabel, weil schnell und effektiv, herausstellt.[90] Eine Legitimierung im Hinblick auf andere Staaten wäre bestenfalls aus einer Verletzung universeller Verfolgungspflichten ableitbar. Doch selbst dann würde man sich – wie festgestellt – nicht auf dem Niveau eines weitreichende Souveränitätseingriffe rechtfertigenden Verbrechens bewegen, wie das bei der »Primär«-Verantwortlichkeit der Fall ist.

Insoweit führt an Zustimmung und Vereinbarung kein Weg vorbei. Hierauf gründet sich das Konzept des (ständigen) Internationalen Strafgerichtshofes, dessen Statutenentwurf eine entsprechende Jurisdiktionsregelung wie auch Festlegungen über »Cooperation and judicial assistance« enthält.[91] Eine Durchbrechung des Systems ist wiederum aufgrund einer Aktion des UN-Sicherheitsrates möglich.[92]

Generell kann eine Ad-hoc-[93] oder permanent eingerichtete internationale Strafgerichtsbarkeit durchaus ein wirksames Instrument darstellen, um die Doppel-Verantwortlichkeit für internationale Verbrechen umzusetzen. Internationale Tribunale agieren eher »objektiv«. Ihre Verfahren können die oben erwähnten Effekte der Offenlegung und Bewußtseinsbildung besser fördern. Wichtig bleibt jedoch, die angedeuteten Differenzierungen zu beachten.

X. Kriege gegen Verbrecher?

Die Einsetzung des Nürnberger und Tokioter Tribunals ist eine Äußerungsform völkerrechtlicher Verantwortlichkeit im eben umrissenen Sinne.[94] Mit Einschränkungen könnte man – trotz aller geäußerter Kritik[95] – hierunter auch das Jugoslawien-Tribunal rechnen. Es stellt sich aber die Frage, ob es legitim ist, zur Durchsetzung strafrechtlicher Verantwortlichkeit und als Ausdruck damit zusammenhängender Staatenverantwortlichkeit auch weitergehende Maßnahmen zu ergreifen, konkret: militärische Gewalt anzuwenden.

Zur Beantwortung dieser Frage kann man sich auf zwei Eckpunkte stützen. Zum einen auf die Beschränkung militärischer Gewaltanwendung auf den Fall von Selbstverteidigung oder des legitimen Handelns eines kollektiven Sicherheitssystems; zum anderen auf den Grundsatz der Proportionalität und Angemessenheit. Hieran gemessen, erscheint die Feststellung einer Verfolgung und Bestrafung der Hauptschuldigen als eines der grundsätzlichen Kriegsziele der Alliierten im Zweiten Weltkrieg[96] legitim.

Sehr schwierig wäre es dagegen, einen UN- oder NATO-»Krieg« allein zur Festsetzung der Hauptkriegsverbrecher in Ex-Jugoslawien zu begründen. Etwas anders stellt sich die Rechtslage dar, wenn es sich um militärische Aktionen im Rahmen eines legitimierbaren Kriegsgeschehens handelt. Die dafür anzuführenden Beispiele aus jüngerer Zeit (Operation »Get Saddam« während des Golfkrieges; Jagd auf Aidid in Somalia) sind allerdings – neben ihrer Erfolglosigkeit – aus der Sicht des humanitären Völkerrechts bedenklich.[97]

Rechtlich eindeutig unzulässig war die Militärintervention der USA in Panama, die u.a. das Ziel der Verhaftung Noriegas (als Drogenhändler) verfolgte.[98] Auch der Luftangriff auf Bagdad im Juni 1993 – als »Vergeltung« für ein vor Monaten geplantes Bush-Attentat – entbehrt jeder völkerrechtlichen Grundlage.[99] In diesen beiden Fällen ist nicht einmal die Ebene der hier behandelten internationalen Verbrechen erreicht worden, so daß schon von daher schwerwiegende Reaktionsformen ausgeschlossen sind. Ähnliches kann man auch für den Lockerbie-Fall sagen, bei dem der massive Einsatz des nichtmilitärischen UN-Zwangsapparates zumindest unangemessen ist.[100]

Militärische und sonstige einschneidende Zwangsmaßnahmen sind damit in der Regel unzulässig, um strafrechtliche Verantwortlichkeit für internationale Verbrechen im Wege von Sanktionsmechanismen der Staatenverantwortlichkeit durchzusetzen. Es bleibt im wesentlichen bei den oben (S. 413f) behandelten Rechtsfolgen souveränitätsdurchbrechender Strafverfolgung – bis hin zur Einsetzung eines internationalen Tribunals. Man darf auch nicht übersehen, daß beispielsweise die autoritative Aufforderung des UN-Sicherheitsrates, Kriegsverbrechen zu verfolgen und zu bestrafen, bereits Ausdruck nicht unerheblicher staatlich-völkerrechtlicher Verantwortlichkeit ist.

XI. Anwendungsfälle und Tatbestände

Für die Anwendung jener Doppelverantwortlichkeit kommen im wesentlichen drei Gruppen in Betracht:

a) Aggression/Verbrechen gegen den Frieden;
b) Genozid und andere (schwere) Menschlichkeitsverbrechen beziehungsweise systematische Menschenrechtsverletzungen;
c) schwere Kriegsverbrechen.

Diese Kategorien ergeben sich aus einer Zusammenschau beziehungsweise Überschneidungen verschiedener Instrumente und Entwicklungen (beispielsweise Art. 6 IMT-Statut; Art. 19 ILC-Staatenverantwortlichkeitsentwurf; Draft Code). Besonders deutlich werden diese drei beziehungsweise – bei Hervorhebung von Genozid – vier Anwendungsbereiche auch im Statutenentwurf für den Internationalen Strafgerichtshof herausgestellt. Dessen Art. 20 unterscheidet zwischen diesen Verbrechen »under general international law« und sonstigen lediglich vertragsrechtlich verankerten Verbrechen »of international concern«.[101]

Meines Erachtens gibt es keinen Grund dafür, diesen Katalog noch wesentlich einzuschränken, etwa durch Herausnahme des Aggressions- beziehungsweise des Menschlichkeitsverbrechens.[102] Gerade das Verbrechen gegen den Frieden offenbart die besondere Qualität und den Doppelcharakter eines internationalen Verbrechens. Das Fehlen dieses Tatbestandes in der Jurisdiktionsregelung für das Jugoslawien-Tribunal ist rechtlich nicht nachvollziehbar.[103] Dafür ist das Menschlichkeitsverbrechen enthalten, für dessen Relevanz das Geschehen im ehemaligen Jugoslawien viele neue und erschütternde Anhaltspunkte gegeben hat.[104]

Der Kreis darf aber auch nicht zu weit gezogen werden. Es werden nur solche internationalen Verbrechen erfaßt, die eine spezifische, schwerwiegende Form sowohl strafrechtlicher als auch völkerrechtlicher Verantwortlichkeit auslösen. Stets muß der Staat in maßgeblicher Weise involviert sein. Handlungen des Terrorismus, des Drogenhandels oder der Umweltschädigung, die von Privatpersonen begangen werden, fallen heraus. Insoweit geht der Draft Code zu weit.[105] Dabei ist nicht ausgeschlossen, daß den Staat – bei entsprechender Voraussetzung (Förderung oder Nichtunterbindung der genannten Aktivitäten) – auch völkerrechtliche Verantwortlichkeit in Verbindung mit derartigen Handlungen treffen kann. Sie liegt jedoch auf einer anderen Ebene als der für »echte« internationale Verbrechen.[106]

Die Rechtskonstruktion der Doppelverantwortlichkeit für internationale Verbrechen ist nicht mehr und nicht weniger als ein Angebot an Politik beziehungsweise Justiz, hiervon Gebrauch zu machen. Stets muß jedoch der Nachweis geführt werden, daß es sich tatsächlich um jene besondere Qualität handelt, die sich in den oben (S. 403 f) genannten drei Faktoren niederschlägt (das bedeutet zum Beispiel, daß *allein* die staatliche Beteiligung unzureichend ist, wenn nicht die friedensbedrohende »Schwere« dazukommt).[107] Gelingt dies nicht, kommt lediglich »normale« strafrechtliche Verantwortlichkeit beziehungsweise »normale« völkerrechtliche Verantwortlichkeit zum Zuge. Das hat insbesondere zur Folge, daß Immunitäts- und andere Schutzwirkungen der staatlichen Souveränität wie der Geltung der jeweiligen Staats- und Rechtsordnung zu beachten sind.

Dies ist auch der Maßstab, nach dem »DDR-Kriminalität« zu beurteilen ist. Hier besteht offensichtlich allgemein Konsens darüber, daß die Ebene »echter« internationaler Verbrechen, speziell des Menschlichkeitsverbrechens, nicht erreicht worden ist.[108] Souveränitätsdurchbrechende strafrechtliche Verantwortlichkeit der in diesem Aufsatz behandelten Art kann also nicht angenommen werden. Sonstige Völkerrechts- und Menschenrechtsverletzungen stehen auf einem anderen Blatt.[109]

Anmerkungen

1 Vgl. H. Jäger, *Zur Kriminalisierung von Politik durch ein Völkerkriminalrecht*, in: Mittelweg, Bulletin 6/1993, S. 67, Fn. 3; als Hauptbeispiele für Makrokriminalitäts-Erscheinungen werden von Jäger Völkermord, Kriegsverbrechen, nukleare Massenvernichtung und Staatsterrorismus genannt.

2 Vgl. zum Beispiel: H.-H. Jescheck, *Nuremberg Trials*, in: R. Bernhardt (Hg.), *Encyclopedia of Public International Law (EPIL)*, inst. 4, S. 55.

3 Vgl. J. O'Brien, *The International Tribunal for Violations of International Humanitarian Law in the Former Yugoslavia*, in: American Journal of International Law (AJIL), 87 (1993), S. 651.

4 Vgl. S/25266, para. 84; ähnlich ist im US-amerikanischen Papier von Verantwortlichkeit für verbrechensauslösende Direktiven oder Politik die Rede; vgl. S/25575, S. 7.

5 Vgl. Äußerungen im 6. Komitee der 46. UN-Generalversammlung; A/CN.4/ L. 469, paras. 156 bzw. 112.

6 Vgl. hierzu K. J. Partsch, *Der Sicherheitsrat als Gerichtsgründer. Zur Entstehung des besonderen internationalen Strafgerichts für Jugoslawien*, in: Vereinte Nationen (VN), 42 (1994), S. 14; O'Brien (Anm. 3), S. 659.

7 Vgl. (in Auseinandersetzung mit entsprechender deutscher Kritik) R. Woetzel, *The Nuremberg Trials in International Law*, London/New York 1960, S. 214 u. a.; N. Hoven, *From Nuremberg to the Balkans: The International War Crimes Tribunal for the former Yugoslavia*, in: A. Bloed et al. (Hg.), *Monitoring Human Rights in Europe*, 1993, S. 277; H. Jäger, *Menschlichkeitsverbrechen und die Grenzen des Kriminalitätskonzeptes. Theoretische Aspekte der Einsetzung eines UN-Kriegsverbrechertribunals*, in: Kritische Vierteljahresschrift für Gesetzgebung und Rechtswissenschaft, 76 (1993), S. 262.

8 Vgl. S. Jung, *Die Rechtsprobleme der Nürnberger Prozesse: dargestellt am Verfahren gegen Friedrich Flick*, Tübingen 1992, S. 191 f.

9 Vgl. Art. 8 des in erster Lesung angenommenen Teils 1 der Artikelentwürfe der UN-Völkerrechtskommission (ILC) zum Kodifikationsprojekt »Staatenverantwortlichkeit«; Yearbook of the International Law Commission (YBILC), 1980, Vol. II (Part two), S. 30 ff (31).

10 Vgl. H.-H. Jescheck, *Die Verantwortlichkeit der Staatsorgane nach Völkerrecht*, Bonn 1952, S. 10.

11 Vgl. para. 4.

12 Vgl. para. 10.

13 Vgl. U. K. Preuß, *Über politische Verbrechen und politische Schuld*, in: Bulletin 8/1993, S. 27; G. Stuby, *Dreizehn Thesen*; ebenda, S. 39.

14 Vgl. Jäger (Anm. 7), S. 262.

15 Vgl. Kommentar der ILC zu Art. 1 des »Draft-Code«-Entwurfes, in: YBILC, 1987/1991, Vol. II (Part two), S. 7 ff bzw. S. 198 ff; vgl. auch ähnliche Äußerungen im 6. Komitee der 46. UN-Generalversammlung (Anm. 5), paras. 148 ff; als weitere Kriterien werden hier genannt:
- die Notwendigkeit internationaler Verfolgung;
- das daran bestehende allgemeine (rechtliche) Interesse der internationalen Gemeinschaft;
- die Verbindung zwischen Verbrechen und Staat.

16 Das Verfahren wurde nach der Resolution 1503 (XLVIII) des UN-Wirtschafts- und Sozialrats vom 27. 5. 1970 benannt. Es besagt, daß sich UN-Organe wie die Menschenrechtskommission mit Menschenrechtsverletzungen nur zu befassen haben, wenn sie eine gewisse Dimension aufweisen.

17 Vgl. Art. 21: »Systematic or mass violations of human rights« sowie – noch mehr einengend – Art. 22: »Exceptionally serious war crimes«.

18 Insoweit vermag ich auch nicht die Bedenken zu teilen, die Partsch (Anm. 6, S. 14) in bezug auf Überlegungen äußert, wonach das Jugoslawien-Tribunal sich generell nur mit systematischen und planmäßigen Verletzungshandlungen befassen solle (was er – für mich insoweit unerheblich – mit einer Einschätzungsprärogative der Anklagebehörde begründet).

19 Genozid; Aggression; schwere Kriegsrechtsverletzungen; Menschlichkeitsverbrechen. Vgl. Text und Kommentar des Entwurfs in: Report of the International Law Commission on the work of its forty-sixth session (A/49/10), S. 43 ff.

20 Ein solches Gefahrenmoment kann – trotz anderslautender Behauptungen (vgl. etwa Niederlande; A/41/406, S. 2, para. 2) – wohl kaum mit Handlungen von »reinen« Privatpersonen verbunden sein, selbst wenn es sich um »größte Terroristen« handeln sollte. Es handelt sich – so die ILC-Diskussion zum Draft Code – um »crimes of crimes«, die geschützte Interessen der »mankind as a whole« betreffen und typischerweise von »State agents« begangen werden; vgl. ILC-Bericht (Anm. 19), paras. 163 ff.

21 Thiam verkennt dies in seinem 12. Bericht (A/CN.4/460), wenn er die Streichung mit der lapidaren Begründung vorschlägt, der Draft Code wäre (dann) schließlich selbst ein »internationales Instrument«; vgl. para. 12. Ansonsten ist die Terminologie nicht gerade einheitlich. Hier wird (auch im Sinne der Staatenverantwortlichkeit) auf den Begriff der internationalen Verbrechen (international crimes) abge-

stellt. Jescheck unterscheidet etwa zwischen »crimes against international law« und dem breiteren Begriff der »international crimes«. Wichtig ist, daß er (auch) bei letzterem eine allgemeine Betroffenheit und ein Verfolgungsinteresse der internationalen Gemeinschaft hervorhebt; vgl. H.-H. Jescheck, *International Crimes*, in: EPIL, inst. 8, S. 333.

22 Vgl. H. Weber, *Makrokriminalität, internationale Strafgerichtsbarkeit und Völkerrecht*, in: Bulletin 8/1993, S. 34f Insoweit ist die betreffende Person u.U. als Verhandlungspartner für eine politische Konfliktlösung unverzichtbar; vgl. ebenda. Dies zeigt sich mit besonderer Deutlichkeit bei den Vorgängen in Ex-Jugoslawien, ändert aber nichts an der Tatsache der Doppelnatur entsprechender Handlungen und Verantwortlichkeiten. Für das Jugoslawien-Tribunal, das ausdrücklich als Instrument der Friedenswiederherstellung eingesetzt wurde, ergibt sich allerdings die (praktische) Kalamität, daß es sich bei der Bestrafung der Hauptverantwortlichen »zurückhalten« muß, solange mit ihnen einigermaßen aussichtsreiche Friedensverhandlungen geführt werden; vgl. Partsch (Anm. 6), S. 12, 17. Dennoch werden entsprechende Verfahren vorbereitet; vgl. UN weekly 11 (1995), 17, S. 2.

23 Vgl. B. Graefrath, M. Mohr, *Völkerrechtliche und strafrechtliche Verantwortlichkeit für internationale Verbrechen*, in: Staat und Recht, 35 (1986), S. 31.

24 Vgl. 6. Komitee der 46. UN-Generalversammlung (Anm. 5), para. 155.

25 Vgl. insbesondere im Zusammenhang mit dem Verbrechen gegen den Frieden: B. Röling, *Crimes against peace*, in EPIL, inst. 3, S. 135f.

26 »(...) breach (...) of an international obligation so essential for the protection of fundamental interests of the international community that its breach is recognized as a crime by that community as a whole (...)« (Art. 19 Abs. 2).

27 Vgl. insgesamt: Graefrath/Mohr (Anm. 23), S. 34f.

28 Vgl. Art. 3 Abs. 2 und 3 Draft Code; Art. 7 Abs. 1 Statut des Jugoslawien-Tribunals.

29 Vgl. z.B. 6. Komitee der 46. UN-Generalversammlung (Anm. 5), paras. 113ff.

30 Vgl. die Kritik von Graefrath an Art. 7 des Jugoslawien-Statuts, in: ders., *Jugoslawientribunal – Präzedenzfall trotz fragwürdiger Rechtsgrundlage*, in: Neue Justiz (NJ), 47 (1993), S. 436.

31 Vgl. K. Ipsen, in: ders. (Hg.), *Völkerrecht*, München 1990, S. 488f. Für Bassiouni ist in gewisser Weise sogar die Verantwortlichkeit des Staates (nur) abgeleitet von der Verantwortlichkeit der (allein) handelnden Individuen; vgl. M. Cherif Bassiouni, *A Draft International Criminal Code and Draft Statute for an International Criminal Tribunal*, Dordrecht/Boston/Lancaster 1987, S. 49.

32 *Der Prozeß gegen die Hauptkriegsverbrecher vor dem Internationalen Militärgerichtshof*, Band I, Einführungsband, Nürnberg 1947, S. 250. Seit bzw. mit dem Nürnberger Urteil existiert die Bestrafung des verantwortlichen Individuums als neue Sanktion neben der klassischen völkerrechtlichen Sanktion der Staatenverantwortlichkeit; vgl. Jescheck (Anm. 2), S. 53.

33 Dies zeigt sich z.B. auch in der bei allen Entwürfen und Texten zur internationalen Strafgerichtsbarkeit vorgesehenen Einhaltung international-menschenrechtlicher Verfahrensgarantien; vgl. z.B. Art. 41 des Draft Statute. Insoweit ist es unnötig, ja gefährlich, wenn Preuß zwecks Widerlegung der Siegerjustiz-Argumentation den Nürnberger Prozeß als eine Reaktion »hors la loi« bezeichnet; vgl. U. K. Preuß, *Staatsverbrechen und Politische Justiz*, in: M. Hirsch, N. Paech, G. Stuby (Hg.), *Politik als Verbrechen. 40 Jahre »Nürnberger Prozesse«*, Hamburg 1986, S. 44ff.

34 Der ILC-Berichterstatter zur Staatenverantwortlichkeit, Arangio-Ruiz, hält es durchaus für offen, ob nicht ein Volk für eine Aggression schuldig sein und verantwortlich gemacht werden kann, das dem betreffenden Diktator »enthusiastisch applaudiert« hat; vgl. Report of the International Law Commission on the work of its forty-fifth session (A/48/10), para. 327. In der ILC-Diskussion ist dagegen vor einer solchen Idee – der »Bestrafung von Völkern« – gewarnt worden; eine Lösung könnte sein »(...) the prosecution and punishment of responsible leaders and officials« (!); vgl. ILC-Bericht (Anm. 19), paras. 292 ff, 295.

35 Vgl. Jäger (Anm. 1), S. 69 f.

36 Vgl. M. Lippman, *Nuremberg: Forty Five Years Later*, in: Connecticut Journal of International Law, 7 (1991), S. 50, 61 f.

37 Vgl. H. Jäger, *Makroverbrechen als Gegenstand des Völkerstrafrechts. Kriminalpolitisch-kriminologische Aspekte*, in diesem Band, S. 325 (339 f).

38 Vgl. ebenda S. 347 f; J. Fried, *»Nürnberg« als Botschaft gegen Fatalismus und Resignation*, in: Hirsch/Paech/Stuby (Anm. 33), S. 88 f. In der Abschlußerklärung der diesem Band zugrundeliegenden IVDJ-Konferenz vom November 1985 heißt es: »Über all diese unfaßbaren Verbrechen haben die Nürnberger Prozesse detailliert Protokoll geführt. Dieses Protokoll (...) macht (...) deutlich, wie ein System kollektiven Verbrechens und staatlicher Kriminalität zusammengesetzt ist aus individuell zurechenbaren Einzeltaten, die ohne Ausnahme einer strafrechtlichen Verantwortung und Bewertung unterliegen.« Ebenda, S. 221.

39 Vgl. Jescheck (Anm. 10), S. 191 ff; Jäger hat (in einer früheren Arbeit) die Bedeutung solcher Strafe noch am ehesten in einer Art positiver Generalprävention sowie »nachträglicher Aufarbeitung« gesehen. Nach bisherigen Erfahrungen seien Reaktionen erst nach einem Systemzusammenbruch bzw. -wechsel möglich gewesen; vgl. dazu Jäger (Anm. 7), S. 265, 270 ff. Letzeres muß jedoch für die (nähere) Zukunft nicht notwendig mehr so sein, sollte etwa das Jugoslawien-Tribunal oder der Grundsatz der universellen Strafverfolgung wirksam zum Tragen kommen.

40 Es sei nur auf die oben bzw. im weiteren angeführten Arbeiten von O'Brien, Partsch, Howen, Meron, Hollweg und Tomuschat verwiesen.

41 A/CN. 4/457, paras. 9, 10 bzw. 13.

42 In den Worten Tomuschats: »Angesichts dieses Dilemmas [der unzureichenden abschreckenden Wirkung völkerrechtlichen Deliktsrechts, M. M.] bildet die persönliche Haftbarmachung der verantwortlichen politischen Führer einen wichtigen Baustein für die Errichtung eines effektiven Systems internationaler Konfliktverhütung durch glaubhafte Mechanismen der Abschreckung.« Chr. Tomuschat, *Ein Internationaler Strafgerichtshof als Element einer Weltfriedensordnung*, in: Europa-Archiv (EA) 3/1994, S. 62.

43 Vgl. – jeweils mit weiteren Nachweisen – Graefrath/Mohr (Anm. 23), S. 32 ff; M. Mohr, *The ILC's distinction between »international crimes« and »international delicts« and its implications*, in: M. Spinedi/B. Simma (Hg.), *United Nations Codification of State Responsibility*, New York/London/Rome 1987, S. 139 ff.

44 Vgl. ILC-Bericht über die 45. Tagung (Anm. 34), paras. 319 ff; dort ist die Rede von »legal penalties« gegen »individual rulers«. Auch (noch) in seinem 6. Bericht an die 46. ILC-Tagung nimmt Arangio-Ruiz u. a. Bezug auf »doubts as to whether the very notion of international crimes of States should be retained at all« (A/CN. 4/461/ Add. 1, para. 5). Während der Diskussion im 6. Komitee der 47. Vollversammlung

wurde die ILC in verwirrender Weise von einem Delegierten »gewarnt«: »(...) if it insisted on the notion of ›crimes of States‹, and disregarded the important work being done in the field of the criminal responsibility of individuals, the results of its work would be accepted by far fewer States« (A/CN. 4/ 457, para. 374).

45 Vgl. A/46/10, S. 251, para. 2.

46 Sie endet mit folgendem Schlüsselsatz: »Once again, the Commission takes the opportunity of stressing that the attribution to the State of an internationally wrongful act characterized as an ›international crime‹ is quite different from the incrimination of certain individual organs for actions connected with the commitment of an ›international crime‹ of the State, and that the obligation to punish such individual actions does not constitute the form of international responsibility specially applicable to a State committing an ›international crime‹ or, in any case, the sole form of this responsibility.« YBILC, 1976, Vol. II (Part two), S. 119, para. 59.

47 Vgl. Art. 51 des I.; 52 des II.; 131 des III. und 148 des IV. Genfer Abkommens.

48 Vgl. J. Pictet, *Commentary, I. Geneva Convention*, Geneva 1952, S. 373. Pictet stellt hierzu fest (ebenda): »It would seem unfair that individuals should be punished, if the State in whose behalf – and often on the instructions of which – they have acted were absolved of all responsibility«.

49 Vgl. hierzu Y. Sandoz, Chr. Swinarski, B. Zimmermann, *Commentary on the Additional Protocols of 8 June 1977 to the Geneva Conventions of 12 August 1949*, Geneva 1987, S. 1053 ff.

50 Vgl. A/46/10, S. 255, para. 2.

51 Vgl. 12. Thiam-Bericht (Anm. 21), paras. 42 ff.

52 Dies ist prinzipiell begründet und hat nichts damit zu tun, daß, wie Thiam meint, die Schadensersatzsumme für den einzelnen Staatsfunktionär u. U. zu hoch wäre; vgl. 12. Bericht (Anm. 21), para. 47. Daneben gibt es aber (beispielsweise von Howen [Anm. 7, S. 279]) den – m. E. nicht besonders »passenden« – Vorschlag, daß sich das Ad-hoc-Tribunal zu Jugoslawien auch mit Schadensersatzfragen befassen soll.

53 Unter Umständen kann aber – wie im 6. Komitee der 46. Vollversammlung (Anm. 5, para. 124) richtig festgestellt wurde – die innerstaatliche Strafverfolgung eines internationalen Verbrechens die Verantwortlichkeit des betreffenden Staates *reduzieren*. Letztlich ist dann jedoch irgendwann auch der Punkt erreicht, wo die hier zugrundegelegte staatliche Involvierung in das internationale Verbrechen nicht mehr vorliegt.

54 Vgl. Th. Meron, *The Case for War Crimes Trials in Yugoslavia*, in: Foreign Affairs, 72 (1993), S. 124 f. Nach Williams wäre es dabei nicht nur um die persönliche strafrechtliche Verantwortlichkeit von Hussein, sondern auch die von Bush (u. a. auch für Verbrechen gegen den Frieden gemäß Art. 6 [a] IMT-Statut) gegangen; vgl. K. Williams, *The Iraq-Kuwait crisis: an analysis of the unresolved issue of war crimes liability*, in: Brooklyn Journal of International Law, 18 (1992), S. 385 ff; bes. S. 402 ff. Vgl. insgesamt auch B. Graefrath, M. Mohr, *Legal Consequences of an Act of Aggression: The Case of the Iraqi Invasion and Occupation of Kuwait*, in: Austrian Journal of Public and International Law, 43 (1992), S. 109 ff, bes. S. 129 ff.

55 Beide Konstruktionen sind zwar nicht deckungsgleich, haben aber den gleichen rechtsdogmatischen Ausgangspunkt: Respektierung fremder Souveränität aufgrund souveräner Gleichheit der Staaten; vgl. hierzu etwa C. Gloria, in: K. Ipsen (Anm. 31), S. 334 ff; A. Verdross, B. Simma, *Universelles Völkerrecht*, Berlin 1984, S. 773 ff.

56 Vgl. Art. 13 Draft Code (mit Berufung auf Art. 7 IMT-Statut); vgl. YBILC, 1980, Vol. II (Part two), S. 71, para. 1; Art. 7 Abs. 2 Statut Jugoslawien-Tribunal; M. Herdegen, *Die Achtung fremder Hoheitsrechte als Schranke nationaler Strafgewalt*, in: Zeitschrift für ausländisches öffentliches Recht und Völkerrecht (ZaöRV), 47 (1987), S. 224 ff; C. Hollweg, *Das neue Internationale Tribunal der UNO und der Jugoslawienkonflikt. Testfall für die humanitäre Weltordnung*, in: Juristenzeitung (JZ), 48 (1993), S. 980 f; A. Bianchi, *Denying State Immunity to Violators of Human Rights*, in: Austrian Journal of Public and International Law, 46 (1994), S. 195 ff.

57 Es geht nicht nur darum, ob bestimmte staatliche Akte »einfach« völkerrechtswidrig sind oder nicht (so der Ansatz der *act of State*-Doktrin oder auch der Darstellung von Bianchi, die dann im weiteren aber deutlich auf die besondere, Iuscogens-Qualität der behandelten [Menschenrechts-]Normen abhebt); vgl. Bianchi (Anm. 56), S. 200 ff, 228.

58 Vgl. Weber (Anm. 21); Partsch (Anm. 6), S. 14; Hollweg erwähnt immerhin, daß es der bosnische Serbenführer Karadžić aus Furcht vor gerichtlicher Verfolgung bereits jetzt ablehnt, zu Verhandlungen in die USA einzureisen; vgl. Hollweg (Anm. 56), S. 981 (Fn. 5).

59 Der BGH macht es sich in seiner »Mauerschützen«-Entscheidung vom 3. 11. 1992 insoweit einfach, als er sich bei der Zurückweisung des Immunitäts- bzw. *act of State*-Arguments lediglich darauf bezieht, daß der Staat DDR nicht mehr besteht; auf die dahinter- und tieferliegende Problematik der Wirksamkeit von DDR-Souveränität und Rechtsordnung wird (an dieser Stelle) nicht eingegangen; vgl. NJW 46 (1993), S. 142. Andererseits ist dem Staatsratsvorsitzenden der DDR – offensichtlich aus Gründen der politischen Opportunität – im Jahr 1984 ausdrücklich Immunität zuerkannt worden; vgl. ebenda; weiter etwa R. Geiger, *Grundgesetz und Völkerrecht*, München 1994, S. 343; M. Schweitzer, *Staatsrecht III*, Heidelberg 1992, S. 198 (für den mit dem Untergang des [allgemeinen] Zurechnungssubjektes Staat jegliche Möglichkeit der Inanspruchnahme des Staates und seiner Organe entfallen ist); Gloria, in: Ipsen (Anm. 31), S. 345.

60 Fall Yamashita; vgl. auch Art. 12 Draft Code und Kommentar in YBILC, 1980 (Anm. 56), S. 70, para. 1; Art. 86 Abs. 2 ZP I zu den Genfer Abkommen; Art. 7 Abs. 3 Statut Jugoslawien-Tribunal; O'Brien (Anm. 3, S. 653) nimmt eine Verantwortlichkeit auch dann an, wenn es sich nur um eine regionale (faktische) Autorität handeln sollte. Der französische Vorschlag für das Jugoslawien-Tribunal (S/25 266, para. 83 ff) unterscheidet neben der »höchsten Ebene« (des policy makers) eine mittlere des Befehlsgebers (die als eigenständiger Tatbestand und nicht über Komplizenschaft o. ä. erfaßt werden sollte) sowie eine darunterliegende (subordinate level), die dennoch nicht herausfallen sollte.

61 Vgl. z. B. para. 6 von Res. 820 (1993), der die Verantwortlichkeit für entsprechende Akte in Vergangenheit und Zukunft (!) postuliert.

62 Vgl. O'Brien (Anm. 3), S. 651 ff.

63 So die »Nürnberger Konstruktion«, vgl. Art. 8 IMT-Statut; ähnlich beispielsweise Art. 7 Abs. 4 Statut des Jugoslawien-Tribunals.

64 Vgl. G. Gornig, *Die Verantwortlichkeit politischer Funktionsträger nach völkerrechtlichem Strafrecht*, in: NJ 46 (1992), S. 11; Herdegen (Anm. 56), S. 227 ff; Partsch (Anm. 6), S. 14; Art. 11 Draft Code und Kommentar, A/46/10, S. 256 f.

65 Hinzu kommt beispielsweise die Forderung, daß der einzelne zur Nichtbefolgung

völkerrechtswidriger Befehle selbst dann verpflichtet ist, wenn ihm dafür Bestrafung droht; vgl. 6. Komitee, 46. Vollversammlung (Anm 5), para. 140.

66 Vgl. Gornig (Anm. 64), S. 10; Art. 14 Draft Code bzw. (hierzu) den 12. Thiam-Bericht (Anm. 21), S. 31f.

67 Vgl. etwa Woetzel (Anm. 7), S. 119ff; Jescheck (Anm. 2), S. 277ff, 328ff, 411ff; Jung (Anm. 8), S. 194.

68 Zu Art. 1 vgl. YBILC, 1987, Vol. II (Part two), S. 13, para. 3.

69 Vgl. Art. 4 Draft Code und Kommentar (A/46/10, S. 254). Auch hier deutet sich im 12. Thiam-Bericht (Anm. 21, para. 39) leider eine Schwächung bzw. Verwässerung an, wenn die Streichung von Art. 4 für möglich gehalten wird.

70 Vgl. u.a. G. Stuby, *Dreizehn Thesen*, in: Bulletin, 8/1993, S. 39; ILC-Kommentar (A/46/10, S. 254): »By reason of their motives (...) the crimes to which the draft Code relates are the most serious crimes«.

71 Vgl. (u.a. mit Bezug auf die Nichtverjährbarkeits-Konvention) Art. 7 und Kommentar, YBILC, 1987 (Anm. 68), S. 15. Bedauerlicherweise schlägt Thiam in seinem 12. Bericht (Anm. 21, para. 81) auch eine Streichung dieser wichtigen Grundregel vor, da sie nicht allgemein akzeptiert wäre.

72 Vgl. Art. 9 Abs. 3 Draft Code; Art. 10 Abs. 2 (a) Statut Jugoslawien-Tribunal; Art. 42 Abs. 2 (a) Statutentwurf für Internationalen Strafgerichtshof. Im 12. Bericht sieht Thiam (wegen des »Widerstands« einiger Staaten) diese Regel nur noch im Verhältnis zwischen nationaler und internationaler Strafgerichtsbarkeit vor, obwohl er selbst eine Relevanz im Verhältnis nationaler Strafzuständigkeiten einräumt; vgl. 12. Bericht (Anm. 21), para. 107.

73 Vgl. Art. 2 Draft Code. Auch diese zentrale Bestimmung kann nach Thiam gestrichen werden, nachdem er sich bereits für eine Beseitigung der Charakterisierung »under international law« in Art. 1 ausgesprochen hatte. Er bezieht sich dabei auf einen britischen Einwand, demzufolge eine Strafbarkeit allein nach internationalem Code – ohne entsprechende landesrechtliche Fixierung – nur »schwer vorstellbar« sei; vgl. 12. Bericht (Anm. 21), para. 18.

74 Vgl. hierzu etwa Gornig (Anm. 64), S. 7; Ipsen, in: ders. (Anm. 31), S. 532f; G. Schwarzenberger, *The Problem of an International Criminal Law*, in: Current Legal Problems, 3 (1950), S. 272.

75 Vgl. etwa in J. Weiler, A. Cassese, M. Spinedi (Hg.), *International Crimes of State. A Critical Analysis of the ILC's Draft Article 19 on State Responsibility*, Berlin/New York 1989: Abi-Saab (S. 148f, S. 218f), Cassese (S. 207ff), Condorelli (S. 233ff); Art. 5 Abs. 3 von Teil 2 des ILC-Staatenverantwortlichkeits-Entwurfes: »(...) ›injured State‹ means, if the internationally wrongful act consitutes an international crime (...), all other States.«

76 Vgl. 4. Riphagen-Bericht, YBILC, 1983, Vol. II (Part one), paras. 59ff.

77 Vgl. den Entwurf zu Art. 10 Abs. 2 (d), in: ILC-Bericht der 45. Tagung (Anm. 34), paras. 288f; S. 206, para. 15.

78 Diese spielen generell bei internationalen Verbrechen eine große Rolle, wie im Kommentar zum Artikelentwurf 10 bis (»assurances and guarantees of non-repetition«) hervorgehoben wird; vgl. ILC-Bericht der 45. Tagung (Anm. 34), S. 211, para. 1.

79 Vgl. insgesamt – mit weiteren Nachweisen – Graefrath, Mohr (Anm. 23), S. 31f, 36f; Mohr (Anm. 42), S. 129ff; B. Graefrath, *International Crimes – A Specific Regime of International Responsibility of States and its Legal Consequences*, in:

Weiler, Cassese, Spinedi (Anm. 75), S. 166ff; R. Hofmann, *Zur Unterscheidung von Verbrechen und Delikt im Bereich der Staatenverantwortlichkeit*, in: ZaöRV 45 (1985), S. 208, S. 211 ff. Der 6. Bericht von Arangio-Ruiz (vgl. Anm. 44) hat zwar erneut zu einer großen zum Teil kontroversen Diskussion über das »Verbrechenskonzept« des Art. 19 (eine mögliche »Bestrafung« von Staaten u. ä.), aber immer noch nicht zu einer klaren, inhaltlichen Fixierung spezifischer Rechtsfolgen geführt; vgl. ILC-Bericht (Anm. 19), paras. 229 ff.

80 Vgl. insgesamt etwa 6. Bericht von Arangio-Ruiz, A/CN. 4/461; 6. Komitee der 47. UN Vollversammlung, A/CN.4/466, para. 142 ff; Chr. Tomuschat, *Are Counter-measures Subject to Prior Recourse to Dispute Settlement Procedures?*, in: EJIL, 5 (1994), S. 77 ff; B. Simma, *Counter-measures and Dispute Settlement: A Plea for a Different Balance*, in: ebenda, S. 102 ff; Hofmann (Anm. 79), S. 222 ff.

81 Vgl. hierzu und zum folgenden z. B. Jung (Anm. 8), S. 170 ff mit weiteren Nachweisen; Gornig (Anm. 64), S. 13 f; Herdegen (Anm. 56), S. 229; Schwarzenberger (Anm. 74), S. 275; Chr. Tomuschat, *Grundpflichten des Individuums nach Völkerrecht*, in: Archiv des Völkerrechts (AVR), 21 (1983), S. 289 ff.

82 Vgl. oben S. 413.

83 Kritisch-skeptisch, speziell auch gegenüber einem innerhalb der UN-Menschenrechtskommission gestarteten Projekt der Formulierung von Pflichten des Individuums (Daes-Studie): Tomuschat (Anm. 81), S. 315.

84 Insoweit könnte man auch eine direktere, transformationsunabhängige Völkerrechtsbindung staatlicher Organpersonen annehmen. Jescheck (Anm. 10, S. 212) erklärt diese Bindung dagegen über die Bindung des einzelnen (an sich). Dies kann wiederum weitgehend darüber »aufgelöst« werden, daß in seiner Darstellung »Individuum« und »Staatsorgan« eigentlich synonym verwandt werden.

85 Vgl. Art. 6 Draft Code. Im 6. Komitee der 46. Vollversammlung (Anm. 5, para. 121) wurde gefordert, in Art. 4 Draft Code die entsprechenden Verbrechen ausdrücklich als nicht »politische« zu kennzeichnen, um Auslieferungs- und Bestrafungshindernisse zu vermeiden.

86 Vgl. Meron (Anm. 54), S. 134 f; Hollweg (Anm. 56), S. 984, 988. Tomuschat (Anm. 42, S. 69) sieht in der Zulieferung an eine internationale Gerichtsinstanz keine verfassungsrechtlichen Probleme, da es sich nicht um die verbotene Auslieferung an einen fremden Staat handeln würde.

87 Ähnlich liegt der Fall bei der Nichtbeachtung von Strafverfolgungs- und Kooperationspflichten im Hinblick auf Zuwiderhandlungen gegen Boykottmaßnahmen des UN-Sicherheitsrates (vgl. z. B. Res. 820 [1993], para. 18 [zu »Rest-Jugoslawien«]; Res. 841 (1993), paras. 10e, 12 [zu Haiti]). Da es sich hierbei überdies um die strafrechtliche Sanktionierung des Verhaltens natürlicher und juristischer Personen handelt, scheidet von vornherein die Qualität eines »Staatsverbrechens« aus.

88 Vgl. S/25 704, paras. 22 f, 27 f.

89 Vgl. u. a. Graefrath (Anm. 30), S. 434 ff; Hollweg (Anm. 56), S. 981 ff. Arangio-Ruiz (45. ILC-Bericht [Anm. 34], para 303) sieht die Tribunal-Einsetzung als Beispiel für eine gewisse »Evolution« der Sicherheitsratskompetenzen, allerdings auch für »less easily justifiable decisions«.

90 Vgl. etwa Tomuschat (Anm. 42), S. 63 ff (70).

91 Vgl. Art. 22 bzw. 51 und 56.

92 Vgl. Art. 23 Abs. 1. Problematisch scheint auch, daß gem. Art. 23 Abs. 2 eine An-

klage wegen Aggression nur dann vorgebracht werden kann, wenn der Sicherheitsrat vorher festgestellt hat, daß der betreffende Staat eine Aggression verübt hat.

93 So ist per Sicherheitsrats-Res. 955 (1994) v. 8. 11. 1994 die Einrichtung eines Internationalen Gerichts für Ruanda beschlossen worden, das sich mit Völkermord, Menschlichkeitsverbrechen und (interessanterweise) schweren Verletzungen humanitär-völkerrechtlicher Regeln für den nichtinternationalen bewaffneten Konflikt befassen soll.

94 Damit entfällt die Grundlage für die bekannte *pacta tertiis*-Argumentation von Jescheck (u. a.), demzufolge es sich hier bestenfalls um ein Besatzungsgericht, nicht aber um ein »echtes« internationales, völkerrechtliches Gericht gehandelt haben könnte; vgl. Jescheck (Anm. 2), S. 150f, 168ff; vgl. auch Jung (Anm. 8), S. 110, 134.

95 Vgl. etwa auch Hoven (Anm. 7, S. 267f), der der Tribunal-Einrichtung vorwirft, sie würde nur kurzfristigen politischen Zielen dienen und Ausdruck eines Doppelstandards sein. Trotz allem Verständnis für eine solche Kritik geht sie am Kern der hier entwickelten rechtlichen Begründungsmöglichkeit für das Tribunal vorbei.

96 Vgl. u. a. die Deklaration von St. James v. 13. 1. 42, para. 3; Text in: *History of the United Nations War Crimes Commission and the development of the Laws of War*, London 1948, S. 90.

97 Vgl. zum ersteren Graefrath, Mohr (Anm. 23), S. 134, Fn. 89.

98 Vgl. L. Henkin, *The invasion of Panama under international law: a gross violation*, in: Columbia Journal of Transnational Law, 29 (1991), S. 293ff, bes. S. 304f. Weitere offizielle Invasionsziele waren der Schutz amerikanischen Lebens, die Verteidigung der Demokratie in Panama sowie die Sicherung des Status der Kanalzone; vgl. ebenda, S. 294. Als Befürworter, der die Intervention insgesamt für legitim (notwendig, proportional, rechtmäßig) hielt, vgl. A. Sofaer, *The Legality of the U. S. Action in Panama*, in: ebenda, S. 281ff, besonders S. 283f, 289.

99 Vgl. dagegen W. Reisman, *The Raid on Baghdad: Some Reflections on its Lawfulness and Implications*, in: EJIL, 5 (1994), S. 120ff. Die Tatsache, daß die USA nicht das Ende eines entsprechenden Untersuchungs- und Gerichtsverfahrens zur Bestrafung der Schuldigen abwarteten, wurde von einigen Beobachtern damit erklärt, daß der Angriff vor allem auch eine Warnung an Nordkorea (in Verbindung mit der IAEA-Affäre) sein sollte (!); vgl. ebenda, S. 132f.

100 Vgl. u. a. M. Mohr, *Der Lockerbie-Fall vor UN-Sicherheitsrat und IGH*, in: Demokratie und Recht, 20 (1992), S. 305ff (bes. S. 312ff); B. Graefrath, *Leave to the Court What belongs to the Court. The Libyan Case*, in: EJIL, 4 (1993), S. 184ff (bes. S. 195ff); (positiv) T. Stein, *Das Attentat von Lockerbie vor dem Sicherheitsrat der Vereinten Nationen und dem Internationalen Gerichtshof*, in: AVR 31 (1993), S. 206ff (bes. S. 217).

101 Flugzeugentführungen, Drogenhandel u. a.; vgl. Art. 20 Abs. 2, Annex sowie Kommentar in: A/49/10, S. 71f.

102 Vgl. in dieser Richtung: Gornig (Anm. 64), S. 7ff; Tomuschat (Anm. 42), S. 65f.

103 O'Brien (Anm. 3, S. 645) akzeptiert dies aber mit der Überlegung, daß sich sonst das Gericht mit den Konfliktursachen und anderen »politischen« Fragen hätte befassen müssen. Vgl. dagegen generell: Röling (Anm. 25, S. 135f), der die aktuelle Bedeutung des Aggressions-Tatbestandes für eine Kriminalisierung des Krieges hervorhebt.

104 Graefrath (Anm. 30, S. 436) ist darin zuzustimmen, daß das von der ILC in Draft Code verfolgte Konzept einer (endgültigen) Loslösung dieses Tatbestandes vom bewaffneten Konflikt und Auflösung im Tatbestand systematischer Menschenrechtsverletzungen überzeugend ist. Andererseits darf die Kategorie der schweren, strafrechtliche Verantwortlichkeit besonderer Art auslösender Menschenrechtsverletzungen auch nicht »überdehnt« werden. Dies ist m. E. die Tendenz bei Sunga, der einen Bogen vom IMT-Statut bis zur Sklaverei u. ä spannt; vgl. dazu S. Sunga, *Individual responsibility in international law for serious human rights violations*, Dordrecht/Boston/London 1992, S. 161 u. ä.

105 Es ist auch kaum plausibel, wenn andererseits angenommen wird, daß Verbrechen wie die des Genozid oder systematischer Menschenrechtsverletzungen auch von Privatpersonen begangen werden können. Kriterium bleibt die staatliche Beteiligung; sie macht die Begehung internationaler Verbrechen erst möglich. Davon einmal abgesehen, ist es in *praktischer* Hinsicht wohl hinnehmbar, wenn der Draft Code in Randbereichen über das internationale Verbrechenskonzept im engeren Sinne hinausgeht. Dies bringt auch eine gewisse Absicherung dergestalt, daß nur scheinbar von Privatpersonen verübte Verbrechen erfaßt werden.

106 Bassiouni (Anm. 31, S. 56f) unterscheidet auch insoweit zwischen internationalen Verbrechen als »product of state-policy« oder »state-favoring policy« (Aggression, Kriegsverbrechen, Einsatz verbotener Waffen, Menschlichkeitsverbrechen, Genocid, Apartheid) und »international delicts« (Sklaverei, Drogenhandel u. ä.).

107 Das mag z. B. auf vereinzelte, »minderschwere« Kriegsverbrechen nicht zutreffen. Deshalb erfolgt die Eingrenzung auf besonders schwere Kriegsverbrechen, bei denen auch regelmäßig eine bewußte staatliche Involvierung angenommen werden kann.

108 Vgl. etwa E. Klein, *Die Bedeutung der Nürnberger Prozesse für die Bewältigung des SED-Unrechts*, in: Zeitschrift für Rechtspolitik, 25 (1992), S. 212f; J. Polakiewicz, *Verfassungs- und völkerrechtliche Aspekte der strafrechtlichen Ahndung des Schußwaffeneinsatzes an der innerdeutschen Grenze*, in: Europäische Grundrechte-Zeitschrift, 19 (1992), S. 181; K. Amelung, Strafbarkeit von »Mauerschützen« – BGH, NJW 1993, 141, in: Juristische Schulung 8/1993, S. 637; für Gornig (Anm. 64, S. 14) ist dagegen der Tatbestand des Menschlichkeitsverbrechens erfüllt; er sieht ihn aber (s.o.) als »völkergewohnheitsrechtlich noch nicht durchgesetzt« an.

109 Eine nähere Abhandlung der äußerst komplexen Problematik sprengt in jedem Fall den Rahmen dieser Darstellung. Hier sei nur – im Einklang mit einer oben gemachten Bemerkung (vgl. S. 408 sowie Anm. 57ff) – darauf hingewiesen, daß allein die Tatsache einer Verletzung von Völkerrecht oder einzelner Menschenrechtsstandards (selbst wenn es sich um ius coges handeln sollte!) noch nicht zu Souveränitätsauflösung und »völkerstrafrechtlicher« Verantwortlichkeit führt. Vgl. aber S. Hobe, Chr. Tietje, *Schießbefehl an der DDR-Grenze und ius coges. Zur Nichtigkeit des § 27 Grenzgesetz unter völkerrechtlichen Aspekten*, in: AVR 32 (1994), S. 130ff; vgl. weiter insgesamt für viele: J. Isensee (Hg.), *Vergangenheitsbewältigung durch Recht. Drei Abhandlungen zu einem deutschen Problem*, Berlin 1992; R. Wassermann, *Verbrechen unter totalitärer Herrschaft – zur Rolle des Rechts bei der Aufarbeitung der DDR-Vergangenheit*, in: NJW 46 (1993), S. 895ff; F. Lorenz, *»Rechtsgeltung«, DDR-»Geschichte« und Angemessenheit von Strafe*, in: JZ 49 (1994), S. 388ff.

Gerhard Stuby

Internationale Strafgerichtsbarkeit und staatliche Souveränität

Die völkerrechtliche Diskussion um die Einrichtung eines internationalen Strafgerichtshofes ist nicht neu. Sie bewegt sich in Wellen. Bei brutalen Greueltaten in Kriegen und Bürgerkriegen, das heißt bei besonders flagranten Verletzungen von unstrittig erscheinenden humanitären Grundsätzen, taucht der Ruf nach einem internationalen Strafgericht sehr intensiv in der Öffentlichkeit auf. Der internationale Militärgerichtshof von Nürnberg beziehungsweise Tokio ist in der Völkerrechtsgeschichte bislang allein geblieben. Der Ost-West-Konflikt lähmte wie in manchen anderen Problemkreisen so auch in dieser Frage die Auseinandersetzung in den zuständigen UN-Gremien, insbesondere in der Völkerrechtskommission (International Law Commission, ILC). Hier konzentrierte man sich daher hauptsächlich auf die Diskussion materieller Strafrechtsnormen, während die prozessuale Seite, das heißt die Strafverfolgung, weitgehend den Nationalstaaten überlassen und der Gedanke einer internationalen Strafgerichtsbarkeit auf Eis gelegt wurde. Als Hoffnung existierte er dennoch nach wie vor weiter. Nicht nur die Völkermordkonvention von 1948, sondern auch noch die Apartheidkonvention von 1973 sahen neben der staatlichen Verpflichtung, die in den Konventionen formulierten Straftatbestände vor einem zuständigen Gericht eines jeden Vertragsstaates zu verfolgen, die Alternative eines internationalen Strafgerichtes vor, »daß für die Vertragsstaaten, die seine Gerichtsbarkeit anerkannt haben, zuständig ist«. In dieser Formulierung zeigt sich jedoch schon das eigentliche Problem. Nicht nur ist zuvor eine internationale Strafgerichtsbarkeit einzurichten, sondern zudem müssen die Staaten noch die Zuständigkeit dieser Strafgerichtsbarkeit für sich anerkennen. Die doppelte Sicherung zeigt, daß die Staaten gerade ihre Strafkompetenz als zum innersten Kern ihrer Souveränität gehörend betrachten.

Die plötzliche Einrichtung eines Ad-hoc-Strafgerichts für das ehemalige Jugoslawien hat daher überrascht. Überraschend ist nicht nur die schnelle Einigung, sondern auch die Einigung über die Art der Einrichtung, nämlich durch den Sicherheitsrat. Eine weitere Überraschung besteht darin, daß kaum Widerspruch gegen diese Vorgehensweise zu vermelden ist, wenn man von einigen einzelnen Stimmen absieht.[1] Bei Autoren aus der Bundesrepublik, wo bekanntlich gegenüber dem Internationalen Militärgericht (IMT) von Nürnberg und Tokio unter Souveränitätsgesichtspunkten besonders heftige Zweifel geäußert wurden, findet die Einrichtung des Ad-hoc-Strafgerichts für das ehemalige Jugoslawien weitgehend Anerkennung.[2]

Ob Sinneswandel oder Inkonsequenz bleibe dahingestellt. Den vielschichtigen Gründen soll hier nicht nachgegangen werden. Das Phänomen als solches wird vielmehr als Anlaß genommen, das Verhältnis von staatlicher Souveränität und internationaler Strafgerichtsbarkeit im Zusammenhang mit den Entstehungsgründen der UN-Charta zu problematisieren. Die Kernfrage ist die Durchgriffskompetenz unmittelbar auf ein einzelnes »staatsangehöriges« Individuum durch eine solche internationale Strafgerichtsbarkeit. Wie läßt sie sich mit dem Grundsatz der staatlichen Souveränität völkerrechtlich vereinbaren?

Die sich so stellende Frage nach dem Verhältnis zwischen staatlichem Souveränitätsanspruch einerseits und wirksamer Sicherung internationaler Interessen – oder pathetischer ausgedrückt: Menschheitsinteressen – andererseits soll anhand folgender Problemkomplexe zu beantworten versucht werden: »Nürnberg« im Konzept der Alliierten zur Behandlung Deutschlands nach der bedingungslosen Kapitulation (I), »Nürnberg« im Kontext der UN-Charta. (II) und Ende des Systemgegensatzes: Neue Weltordnung ohne staatliche Souveränität? (III).

I. »Nürnberg« im Konzept der Alliierten zur Behandlung Deutschlands nach der bedingungslosen Kapitulation

Nach Art. 2 Ziff. 1 der UN-Charta beruht die UNO als Organisation auf dem Grundsatz der souveränen Gleichheit aller ihrer Mitglieder. Zur Verwirklichung dieses Grundsatzes verzichten nach Art. 2 Ziff. 4 alle Mitglieder nicht nur auf Gewalt und Androhung von Gewalt in den internationalen Beziehungen, sondern die UNO selbst versagt sich eine Befugnis zum Eingreifen in Angelegenheiten, die ihrem Wesen nach zur inneren Zuständigkeit eines Staates gehören (Art. 2 Ziff. 7). Die Gründer der Vereinten Nationen rückten die nationalstaatliche Souveränität entgegen allen Behauptungen von ihrer Zurücknahme in das Zentrum der Charta. Dieser streng formulierte Grundsatz der Respektierung der staatlichen Souveränität findet allerdings einige wichtige Einschränkungen durch mögliche Zwangsmaßnahmen des UN-Sicherheitsrates nach Kapitel VII der UN-Charta.

Die wichtigste Ausnahme war jedoch 1945 beim Zustandekommen der UN-Charta in San Francisco die Frage der Behandlung Deutschlands. Art. 53 und Art. 107 UN-Charta sehen ausdrücklich vor, daß »Maßnahmen, welche die hierfür verantwortlichen Regierungen als Folge des Zweiten Weltkrieges in bezug auf einen Staat ergreifen oder genehmigen, der während dieses Krieges Feind eines Unterzeichnerstaates dieser Charta war, von dieser Charta weder außer Kraft gesetzt noch untersagt [werden]«.

Die Behandlung der Staaten der sogenannten Achse, also insbesondere Deutschlands, wurde damit als ein Sonderregime ausdrücklich von der Charta ausgenommen. Zu den Maßnahmen im Rahmen dieser Sonderbehandlung gehörte auch die Einrichtung des IMT in Nürnberg beziehungsweise Tokio durch die Londoner Vereinbarungen vom August 1945.

1. *Keine normale Okkupation nach dem traditionellen Kriegsrecht, sondern eine »reformatorische« Verwaltung für Deutschland*

a) Kelsens These vom Untergang Deutschlands

Die Koalition der Alliierten gegen Hitler kam bekanntlich nur sehr mühsam zustande. Das lag nicht nur an dem »widernatürlichen« Verbündeten, der von Stalin beherrschten UdSSR. Diese hatte bis vor kurzem mit dem Gegner paktiert, den sie ideologisch stets als Todfeind bezeichnet hatte. Stalin hatte sich nicht geniert, über alle bislang feierlich verkündeten hehren außenpolitischen Grundsätze des ersten sozialistischen Staates hinweg – voran die Unverletzlichkeit der Souveränität der Staaten und Völker –, Länder und Völker mit dem faschistischen Partner aufzuteilen.[3] Aber auch die Westalliierten waren untereinander in der Einschätzung des deutschen Aggressionsverhaltens zu weit auseinander, um zu wirksamem gemeinsamem Handeln zu gelangen. Jedenfalls dauerte es lange, bis den politischen Eliten in den der Achse gegenüberstehenden Ländern die Einsicht aufging, daß dieser Krieg nicht mit den bisher üblichen Maßstäben gemessen werden konnte.

In der am 14. August 1941 verabschiedeten Atlantik-Charta erklärten die USA und Großbritannien feierlich – die Sowjetunion trat später der Erklärung bei –, keine territorialen oder irgendwelche anderen Veränderungen anzustreben und keine territorialen Veränderungen zu akzeptieren, die nicht in Übereinstimmung mit dem frei geäußerten Willen der betreffenden Länder erfolgen. Alle Völker sollten das Recht haben, die Regierungsform zu wählen, unter der sie zu leben wünschen. Nach der endgültigen Vernichtung der nazistischen Tyrannei sollte eine Friedensordnung errichtet werden, in der alle Völker in ihren Gebieten ohne Furcht und Not in Sicherheit leben können. Zu diesem Zeitpunkt rechnete man damit, nach dem militärischen Sieg über Deutschland mit einer Regierung zu tun zu haben, der es gelungen sei, das Hitler-Regime zu beseitigen. Ein Friedensvertrag mit ihr erschien möglich. Je mehr jedoch der Krieg sich seinem Ende näherte, um so mehr wurde deutlich, wie wenig mit effektivem Widerstand in Deutschland zu rechnen war.[4]

Zwar waren die Verbrechen des Hitler-Regimes, insbesondere der Massenmord an den Juden, in den oberen Etagen der westlichen Administrationen seit längerem bekannt, und es erschienen auch zahlreiche Presseberichte in den westlichen Ländern.[5] Dennoch war man über den Umfang und die neue Qualität der staatlich organisierten Verbrechen entsetzt, die zunehmend mit dem Rückzug der deutschen Truppen bekannt wurden.[6] Die militärischen Fragen, die bislang bei den großen internationalen Konferenzen im Vordergrund standen, traten zurück, als die deutsche Niederlage nur noch eine Frage der Zeit war. In den Vordergrund traten die Fragen der Behandlung Deutschlands nach dem Krieg und die Gestaltung einer neuen Weltordnung.[7] Der Versailler Vertrag und die Völkerbundordnung konnten dabei nur zum Teil als Vorbild dienen.

Der Versailler Vertrag war zwar in Deutschland als Diktat empfunden worden – und er war es auch in vielen Punkten. Dennoch kam er nach den traditionellen völkerrechtlichen Regeln zustande. Nachdem die Ententemächte den militärischen Sieg errungen und entsprechend den damaligen kriegsrechtlichen Regeln (insbesondere Haager Landkriegsordnung, HLKO) einen Waffenstillstand abgeschlossen hatten, verzichteten sie auf eine Besetzung Deutschlands[8] und vereinbarten einen Friedensvertrag mit dem Deutschen Reich. Dieses hatte durch die Novemberrevolution seine völkerrechtliche Identität nicht verloren.

Gegenüber dem Hitler-Regime hingegen war es gegen Ende des Krieges für die Alliierten klar, daß in diesem Rahmen mit Deutschland nicht verfahren werden könnte. Deutschland sollte vollständig besetzt werden. Die während der Besatzung vorgesehenen Maßnahmen sollten sich nicht in den Beschränkungen des traditionellen Kriegsvölkerrechtes, insbesondere den Regeln der HLKO, bewegen. Die notwendigen Änderungen und Eingriffe in die Staats- und Gesellschaftsstruktur in Deutschland überschritten diesen Rahmen. Deshalb wurde ein völkerrechtlicher Weg gesucht, der einerseits die Alliierten von den Beschränkungen freistellte, aber andererseits sich nicht allzuweit von den Zielsetzungen entfernte, derentwegen die Alliierten in den Krieg gegen Deutschland eingetreten waren und die sie als Grundsätze für eine neue Weltordnung in der UN-Charta festschreiben wollten. Bedingungslose Kapitulation und völlige Beseitigung des faschistischen Herrschaftsapparates auf der einen und »reformatorische« interalliierte Verwaltung auf der anderen Seite sollte die Spannung zwischen diesen beiden Zielkonflikten erträglich machen.[9]

Die Regeln, die die HLKO in ihren Art. 43 ff vorschreiben, gehen von der »normalen« kriegerischen Auseinandersetzung zwischen zwei souveränen Staaten aus, wie sie im 19. Jahrhundert üblich waren. Krieg war lediglich die Unterbrechung eines anderen völkerrechtlichen Zustandes, des Friedens, zwischen zwei völkerrechtlichen Subjekten, nämlich zwei Staaten. In dem Wechsel zwischen den beiden völkerrechtlichen Zuständen wurde ihre Souveränität unter Umständen zwar eingeschränkt, aber nicht im Kern berührt. Die Einschränkungen während des kriegerischen Zustandes waren in den völkerrechtlichen Regeln der Kriegführung, insbesondere in der HLKO, festgelegt. Sollten sie nach Beendigung des Kriegszustandes fortbestehen, mußten sie in einem Vertrag zwischen den beiden betroffenen Völkerrechtssubjekten festgeschrieben werden. Sollte die völkerrechtliche Subjektivität eines Staates enden, so geschah dies normalerweise durch Annexion, bisweilen auch durch vorausgehenden Einverleibungsvertrag.[10]

Um diesen völkerrechtlichen Schwierigkeiten aus dem Weg zu gehen, schlug unter anderem Hans Kelsen schon 1944 vor, neben der üblichen *debellatio*, die lediglich zur völligen Zerstörung der militärischen Gewalt des Feindes, jedoch nicht zu seiner völkerrechtlichen »Vernichtung« führt, einen anderen Weg zu beschreiten. Nach der *debellatio* sollte ein sogenanntes Kondominium der Besatzungsmächte auf dem Territorium Deutschlands errichtet werden.[11] Er schrieb dazu:

»Nach der Beendigung des Kondominiums und der Wiedererrichtung der Souveränität wäre Deutschland rechtlich ein neuer Staat. Zwischen dem zerstörten Nazi-Staat und dem neuen demokratischen Deutschland bestünde keine Kontinuität. (...) Nur unter der Voraussetzung, daß es eine neue Gemeinschaft geworden ist, die mit keinem rechtlichen Band mehr mit Nazi-Deutschland verbunden ist, sollte das dann demokratische Deutschland nach dem Krieg der Staatenorganisation beitreten.«[12]

b) Die Wiedererrichtung eines »neuen« Deutschlands

Das Kondominium oder, anders ausgedrückt, die internationale Verwaltung der Alliierten sollte also einerseits die alte völkerrechtliche Subjektivität Deutschlands auslöschen, das sich durch sein Verhalten völlig außerhalb der Völkerrechtsgemeinschaft gestellt hatte. Die nationalsozialistische Völkerrechtskonzeption – soweit man davon sprechen kann – begriff die absolut negierende Position der Deutschen Reiches gegenüber dem traditionellen Völkerrecht ebenso.[13] Die Alliierten strebten einen völkerrechtlichen Effekt an, wie er bei einer Annexion entstanden sein würde. Die Erklärung der Alliierten vom 5. Juni 1944 »in Anbetracht der Niederlage Deutschlands und der Übernahme der obersten Regierungsgewalt hinsichtlich Deutschlands«, die entsprechend der Atlantik-Charta abgefaßt war, schloß eine Annexion ausdrücklich aus. Gleichzeitig sollten andererseits die Voraussetzungen für ein neues deutsches Völkerrechtssubjekt begründet werden, das in völliger Diskontinuität zu dem alten Deutschland stehen sollte:

»Die Alliierten haben in Deutschland eingegriffen, nicht nur um hier nach der vollständigen militärischen Niederlage den Eintritt eines Chaos zu verhindern, sondern auch um hier demokratische Einrichtungen zu schaffen und sie in ihren Anfangsstadien zu schützen, um die militärische Bedrohung durch dieses Land von Grund auf zu beseitigen und die Wiedergutmachung der Schäden sicherzustellen, die den Vereinten Nationen durch den von Deutschland verschuldeten Krieg verursacht worden sind. Zur Erreichung dieser Ziele, die in den Abkommen von Jalta und Potsdam festgelegt sind, sind die Alliierten genötigt, auf allen Gebieten der Politik, Wirtschaft und Gesetzgebung in Deutschland einzugreifen, um grundlegende Reformen durchzuführen. (...) Durch die Reformen wollen die Alliierten demokratische Einrichtungen in Deutschland wieder herstellen und das Wiedererwachen einer demokratischen Auffassung von der politischen Gewalt im Bewußtsein des deutschen Volkes fördern. Die alliierten Behörden machen es sich also zur Aufgabe, deutsche repräsentative Verwaltungen wieder herzustellen, Wahlen auf dem ganzen Gebiet Deutschlands wieder einzuführen, den aus Wahlen hervorgegangenen repräsentativen Verwaltungskörpern immer größere Machtbefugnisse anzuvertrauen und ihre direkte Tätigkeit gegenüber dem deutschen Volk durch eine bloße Kontrolle der Tätigkeit der deutschen Behörden zu ersetzen.«[14]

Der Kalte Krieg hat dazu geführt, daß dieses Programm zunehmend halbherziger umgesetzt und dann letztlich ganz abgebrochen wurde. Der dem Programm zugrundeliegende politische Wille der Alliierten war aber deutlich vorhanden. Er hat nicht nur völkerrechtliche Bedeutung hinsichtlich der Frage der Identität des Deutschen Reiches, auf die später noch eingegangen wird. Er kommt auch im Nürnberger Konzept der strafrechtlichen »Aufarbeitung« des nationalsozialistischen »verbrecherischen Staates« zum Ausdruck, der als eine Bündelung von verbrecherischen Organisationen oder gar als eine eigene verbrecherische Organisation im Sinne des Londoner Abkommens zu sehen ist.[15]

2. *»Nürnberg« im Kontext des deutschen Wiederaufrichtungsprogrammes*

a) Anknüpfung an Versailles?

Das Entsetzen in den Ländern der Alliierten über das antizivilisatorische Verhalten der deutschen Führungseliten, die gegen Ende der Nazi-Herrschaft, soweit sie nicht, wie nach dem 20. Juli 1944, eliminiert oder sonstwie ausgeschaltet waren, völlig mit den »braunen Eliten«[16] kollaborierten, wurde schon erwähnt. Spätestens nach der Niederlage von Stalingrad wurden daher in erster Linie in den USA Pläne diskutiert, wie mit den deutschen verantwortlichen Spitzen im Staatsapparat und in Wirtschaftskreisen zu verfahren sei. Über Auge-um-Auge-, Zahn-um-Zahn-Konzepte wurde sowohl in den Administrationen als auch in der Öffentlichkeit diskutiert. Ernstlich dürften sie aber nie in Frage gekommen sein.[17] Vielmehr wurden von Anfang an justizförmige Verfahren erwogen, »through the channel of organized justice«, wie sich Telford Taylor ausdrückt.[18]

Vorbildfunktion im negativen wie im positiven Sinne hatte auch die schon im Versailler Vertrag vorgesehene internationale Strafgerichtsbarkeit. Art. 27 des Versailler Vertrages soll als eine der ersten Formulierungen eines völkerrechtlichen Textes ganz zitiert werden:

»Die alliierten und assoziierten Mächte stellen Wilhelm II. von Hohenzollern, vormaligem Kaiser von Deutschland, wegen schwerster Verletzung des internationalen Sittengesetzes und der Heiligkeit der Verträge unter öffentliche Anklage.

Ein besonderer Gerichtshof wird eingesetzt, um über den Angeklagten unter Wahrung der wesentlichen Bürgschaften des Rechtes auf Verteidigung zu Gericht zu sitzen. Der Gerichtshof besteht aus 5 Richtern, von denen je einer von folgenden 5 Mächten, nämlich den Vereinigten Staaten von Amerika, Großbritannien, Frankreich, Italien und Japan ernannt wird.

Der Gerichtshof urteilt auf der Grundlage der erhabensten Grundsätze der internationalen Politik; Richtschnur ist für ihn, den feierlichen Verpflichtungen und internationalen Verbindlichkeiten ebenso wie dem internationalen Sittengesetz Achtung zu verschaffen. Es steht ihm zu, die Strafe zu bestimmen, deren Verhängung er für angemessen erachtet.

Die alliierten und assoziierten Mächte werden an die Regierung der Niederlande das Ersuchen richten, den vormaligen Kaiser zum Zwecke seiner Aburteilung auszuliefern.«

Die Auslieferung fand nicht statt, weil die niederländische Regierung sie ablehnte. Das Verfahren konnte daher nicht durchgeführt werden. Die Begründung der Ablehnung in einer Note vom 21. 1. 1920 ist in unserem Zusammenhang interessant:

»Wenn in Zukunft durch den Völkerbund eine internationale Rechtsprechung geschaffen werden sollte, die befugt wäre, im Falle eines Krieges über Tatsachen Recht zu sprechen, die durch ein vorher ausgearbeitetes Statut zu Verbrechen gestempelt und als solche sanktioniert sind, dann werden die Niederlande sich der neuen Ordnung der Dinge anschließen.«[19]

Holland hielt sich durchaus im Rahmen der damaligen völkerrechtlichen Verpflichtungen, als es die Auslieferung mit Hinweis auf seine Souveränitätsvorstellungen verweigerte. Denn mit *de lege ferenda*-Überlegungen konnte es nicht gebunden werden. Der deutsche Kaiser war nach wie vor deutscher Staatsbürger, und insofern war die Auslieferung eine Angelegenheit zwischen Holland und dem Deutschen Reich, das Dritten gegenüber, die keine Ansprüche aus dem Versailler Vertrag stellen konnten, unbeschränkt souverän war. Irgendwelche Verpflichtungen Hollands den Alliierten gegenüber, einen deutschen Staatsangehörigen auszuliefern, bestanden nicht.[20] Auch dieses Dilemma hatten die Alliierten der Anti-Hitler-Koalition vor Augen, als sie den Sonderstatus hinsichtlich der internationalen Strafgerichtsbarkeit, wie sie in Nürnberg durchgeführt wurde, beschlossen. Sie beabsichtigten, den Prozeß nur dann durchzuführen, wenn sie der Hauptkriegsverbrecher wirklich habhaft werden würden.

Eine weitere Regelung im Versailler Vertrag, ebenso im Vertrag von St. Germain, verdient Erwähnung. In Art. 228 Versailler Vertrag räumte die deutsche Regierung »den alliierten und assoziierten Mächten die Befugnis ein, die wegen eines Verstoßes gegen die Gesetze und Gebräuche des Krieges angeklagten Personen vor ihre Militärgerichte zu ziehen. (...) Die deutsche Regierung hat den alliierten und assoziierten Mächten oder derjenigen Macht von ihnen, die einen entsprechenden Antrag stellt, alle Personen auszuliefern, die auf Grund der Anklage, sich gegen die Gesetze und Gebräuche des Krieges vergangen zu haben, sei es namentlich, sei es nach ihrem Dienstgrad oder nach der ihnen von den deutschen Behörden übertragenen Dienststellung oder sonstigen Verwendung bezeichnet werden.« Auch diese Regelungen konnten nur sehr unvollkommen durchgeführt werden. Die deutsche Regierung wandte gegenüber dem Auslieferungsersuchen der alliierten und assoziierten Mächte ein, sie riskiere Unruhen in der deutschen Bevölkerung, falls sie diese Personen ausliefern würde. Unter den auszuliefernden Personen, die die Alliierten auf ihre Kriegsverbrecherliste gesetzt hatten, befanden sich unter anderem der Kronprinz, dem Verbrechen gegen Kriegsgefangene und gegen die französische Zivilbevölkerung vorgeworfen wurde, der General und spätere Reichspräsident Paul von Hindenburg und General Erich Ludendorff, denen militärisch ungerechtfertigte Verwüstungen in Nordfrankreich und die Verschleppung von französischen Zivilisten zur Zwangsarbeit nach Deutschland angelastet wurden. Die alliierten Mächte gingen auf die deutschen Einwendungen ein und gestatteten, daß die betroffenen Personen vor deutschen Gerichten zur Verantwortung gezogen würden. Das erfolgte allerdings sehr schleppend und nur zum Teil, und die dann letztlich verurteilten Personen wurden nach kurzer Zeit wieder freigelassen.

Insgesamt kann man sagen, daß diese strafrechtliche Verfolgung ein Schlag ins Wasser war. Der polnische Völkerrechtler Bierzanek spricht denn auch von einer »karikaturellen Entstellung« der strafgerichtlichen Bewältigung der Kriegsverbrechen aus dem Ersten Weltkrieg.[21]

b) Entstehung des »Nürnberger« Konzepts

Ein wichtiger Beweggrund, das Problem der deutschen Hauptkriegsverbrecher justizförmig zu lösen, mag ein politischer gewesen sein. Die verständlichen Rache- und Lynchgefühle der Bevölkerung, vor allem in den von den Deutschen besetzten Gebieten, sollten in beherrschbare Bahnen gelenkt werden. Ausschlaggebender dürfte aber gewesen sein, in der justizförmigen Negation des antizivilisatorischen Effektes des von den Deutschen verbreiteten Grauens eine positive Botschaft für eine neue Weltordnung zum Ausdruck zu bringen, die nach dem Krieg zu erstellen war.[22] Es sei zudem »Sinn und Zweck dieser Strafverfolgung, eine gut dokumentierte historische Darstellung dessen zu erarbeiten, was nach unserer Überzeugung ein großangelegter, konzertierter Plan war, die Aggressionen und Barbareien anzuzetteln und zu verüben, die die Welt schockiert haben«[23].

In den verschiedenen Erklärungen, die ausgehend von den Vorarbeiten der in den USA arbeitenden »Kriegsverbrechenskommission der Vereinigten Nationen« (UNWCC) zustande kamen, wurde dieser Wille deutlich – angefangen bei der bekannten Erklärung von St. James vom 13. Januar 1942 über die Erklärung der Moskauer Konferenz vom 1. November 1943 bis zum Londoner Abkommen vom 8. August 1945, das eine Reihe von Prozessen vor dem einzurichtenden Internationalen Militärgericht (IMT) vorsah.[24] Er zeigt sich auch in der vielzitierten Anklagerede des amerikanischen Anklägers Justice Jackson, der wesentlich am Zustandekommen dieses Gerichtes beteiligt war:

»Daß vier große Nationen, erfüllt von ihrem Sieg und schmerzhaft gepeinigt von dem geschehenen Unrecht, nicht Rache üben, sondern ihre gefangenen Feinde freiwillig dem Richtspruch des Gesetzes überlassen, ist eines der bedeutsamsten Zugeständnisse, das die Macht jemals der Vernunft eingeräumt hat. Dieser Gerichtshof, wenn er auch neuartig sein mag und ein Versuch, ist weder aus abstrakter Spekulation entstanden, noch wurde er geschaffen, um irgendwelche rechtswissenschaftliche Theorien zu rechtfertigen. Mit dieser gerichtlichen Untersuchung wollen vielmehr vier der mächtigsten Nationen, unterstützt von weiteren siebzehn Nationen, praktisch das Völkerrecht nutzbar machen, der größten Drohung unserer Zeit entgegenzutreten: dem Angriffskrieg. Die Vernunft der Menschheit verlangt, daß das Gesetz sich nicht genug sein läßt, geringfügige Verbrechen zu bestrafen, die sich kleine Leute zuschulden kommen lassen. Das

Gesetz muß auch die Männer erreichen, die eine große Macht an sich reißen und sich ihrer mit Vorsatz und in gemeinsamem Ratschlag bedienen, um ein Unheil hervorzurufen, das kein Heim in der Welt unberührt läßt.«[25]

Die Alliierten betrachteten »Nürnberg« als Bestandteil der internationalen (reformatorischen) Verwaltung Deutschlands. Das gilt sowohl für die erste Gruppe der Nürnberger Prozesse vor dem IMT und dem Prozeß von Tokio. Diese Prozesse wurden vor Gerichten verhandelt, die ad hoc – also im nachhinein – nach internationalen Vereinbarungen zusammengesetzt waren, in Nürnberg von Angehörigen von vier Nationen, in Tokio von elf Nationen. Auch die zweite Gruppe, die unter internationaler Zuständigkeit nach dem Kontrollratsgesetz Nr. 10, aber vor Tribunalen unter der Leitung der einzelnen Besatzungsmächte durchgeführt wurden, ist hier einzuordnen. Hierzu gehören insbesondere die zwölf Nachfolgeprozesse.[26]

Eine neue deutsche Staatlichkeit auf den »Trümmern« des zerstörten Nazi-Staates zu errichten, war die erklärte Absicht der Alliierten. Die Auslöschung der Souveränität des Deutschen Reiches durch *debellatio* und die Einrichtung einer Besatzungsherrschaft, die sich nicht an die Regeln der HLKO gebunden fühlte, sollte ein außerordentlicher Notbehelf in einer einmaligen historischen Situation darstellen. In dem Notbehelfsregime, in dem die strafrechtlichen und strafprozessualen Maßnahmen eine herausragende Funktion zu erfüllen hatten, sollten gleichzeitig die Grundlagen einer neuen Weltordnung angesprochen werden, in die die neue deutsche Souveränität eingebettet sein würde. Dieser Gesichtspunkt wurde in der Anklageschrift durch Justice Jackson so formuliert:

»Denn wir dürfen niemals vergessen, daß nach dem gleichen Maß, mit dem wir die Angeklagten heute messen, auch wir morgen von der Geschichte gemessen werden. Den Angeklagten einen Giftbecher reichen, heißt, ihn auch an unsere eigenen Lippen setzen. Wir müssen an unsere Aufgabe mit soviel innerer Überlegenheit und geistiger Unbestechlichkeit herantreten, daß dieser Prozeß einmal der Nachwelt als die Erfüllung menschlichen Sehnens nach Gerechtigkeit erscheinen möge.«[27]

Art. 6 des Londoner Statuts vom 8. August 1945 führt bekanntlich drei Straftatbestände auf. Das eigentlich neue und hier interessante Delikt ist das Verbrechen gegen den Frieden mit der im Urteil verflochtenen Konstruktion der verbrecherischen Verschwörung (conspiracy).[28] Es unterscheidet sich strukturell von den Kriegs- und Humanitätsverbrechen. In der langfristigen Planung der Aggression mit der Zielsetzung der Auslöschung souveräner Staaten und Unterdrückung, ja Vernichtung ganzer Völker wurde das Wesen des verbrecherischen Nazi-Staates gesehen.[29]

Die Nürnberger Richter bemerken sehr wohl, daß dieser »Etat criminel« (Verbrecherstaat) nicht vom Himmel gefallen ist, sondern in einem längeren Prozeß aus einem »normalen« inneren und äußeren Umfeld entstanden ist. Dies dürfte ein ausschlaggebender Grund gewesen sein, zum einen die innenpolitischen Aspekte des nationalsozialistischen Systems auszuklammern, also inbesondere die Menschheitsverbrechen nicht auf deutsche Staatsbürger zu beziehen, und zum anderen die außenpolitische Tätigkeit des Deutschen Reiches vor dem 1. 9. 1939 nicht strafrechtlich relevant werden zu lassen.[30]

Diese vielkritisierte Beschränkung macht deutlich, daß auch gegenüber Nazi-Deutschland der Grundsatz der strikten Respektierung der staatlichen Souveränität, auf der die zukünftige Weltordnung nach den Vorstellungen der UN-Gründer fußen sollte, Grenzen setzte. Auslöschung der Souveränität kam nur von einem eindeutigen Umschlagpunkt an in Frage, nämlich des »normalen« in den »Verbrecherstaat«. Für die Richter wurde dieser Punkt durch den Beginn der Aggression gegen Polen markiert.

Diese Vorsicht wird auch bei der Handhabung der ebenfalls vielkritisierten Organisationsverbrechen deutlich. Nach Art. 10 konnte das IMT eine Organisation für verbrecherisch erklären mit der Folge, daß schon die Mitgliedschaft in einer solchen Organisation strafrechtlich relevant war. Entsprechend dem Antrag der Anklage hatte das IMT das Korps der politischen Leiter der Nazi-Partei, Gestapo, SD und SS zu solchen verbrecherischen Organisationen erklärt, nicht jedoch SA, Reichsregierung, Generalstab und Oberkommando der Wehrmacht. Den Nazi-Staat als solchen zur verbrecherischen Organisation zu erklären, wurde zwar bisweilen erörtert. Rechtlich hat dieser Gesichtspunkt aber keine Rolle gespielt.[31]

In unserem Zusammenhang ist interessant, daß ein leitender Gesichtspunkt für die Mehrheit der Richter, den weitergehenden Antrag der Anklage abzulehnen – bekanntlich gab der sowjetische Richter ein »dissenting vote« ab –, in der nicht genügenden Trennschärfe zwischen den Aktivitäten dieser Organisationen und den »normalen« staatlichen Tätigkeiten lag. Anders ausgedrückt: Diese Taten bleiben trotz innerstaatlicher Illegalität und internationaler moralischer Provokation eine innere Angelegenheit, die in den staatlichen Souveränitätsbereich fällt.

In der Konzeption der strafgerichtlichen Aufarbeitung der Zivilisationsverbrechen des Nazi-Regimes wurde ein Unterschied gemacht zwischen demjenigen Personenkreis, der in hoher staatlicher oder wirtschaftlicher Stellung an Planung und Durchführung der drei Verbrechenskategorien beteiligt war, und denjenigen, die mehr als befehlsausführende Chargen gehandelt hatten. Die zweite Kategorie sollte von nationalen Gerichten beziehungsweise von den jeweiligen Besatzungsgerichten abgeurteilt werden. Unter den Hauptverantwortlichen wurde wiederum eine Unterscheidung vorgenommen, nämlich zwischen denjenigen, deren Verbrechen einen geographisch nicht bestimmbaren Ort hatten, und denen, die auf einem bestimmten Territorium verantwortlich gehandelt hatten. Letztere sollten an die betreffenden Staaten zur Verurteilung ausgeliefert werden. Die Hauptkriegsverbrecher hingegen, deren Taten nicht einem geographisch bestimmten Ort zugewiesen werden konnten, sollten vor eine internationale Strafgerichtsbarkeit gestellt werden, nämlich in Nürnberg und Tokio. Diese Unterscheidung ließ sich nicht ganz konsequent durchführen. Ein Teil der Hauptverantwortlichen, und zwar nicht der unbedeutendste, nämlich die Juristen, Diplomaten, Ärzte, Wirtschaftsführer usw., wurden in den zwölf Nachfolgeprozessen unter amerikanischer Leitung abgeurteilt.

Diese Verteilung der Zuständigkeiten auf verschiedene gerichtliche Instanzen reflektiert die Differenzierung in der persönlichen strafrechtlichen Verantwortung in der Befehlshierarchie des verbrecherischen Regimes. Auch hier kommt ein vorsichtiger Umgang mit dem Grundsatz der staatlichen Souveränität zum Ausdruck. Die Festlegung des Umfangs der persönlichen strafrechtlichen Haftung des ausführenden staatlichen Organs gehörte seit eh und je zum Sanktuarium der staatlichen Souveränität. Hier hatten aber Art. 7 und 8 des Londoner Statuts eine Bresche in den Immunitätspanzer geschlagen, indem sie weder Stellung in der Amtshierarchie noch Befehl als Strafausschließungsgrund akzeptierten. Diese in der Tat »revolutionäre« Neuerung ist vor allem von der Verteidigung kritisiert worden.[32] Die Neuformulierung des staatlichen Souveränitätsbegriffes durch die Markierung der Grenze zwischen staatlicher Normalität und Umschlag in die verbrecherische Organisation war die unabdingbare Voraussetzung für die Durchführung des Prozesses. Für die Durchführung mag die völkerrechtliche Legitimation nach wie vor bestritten sein. Eindeutig ist jedoch die normative Geltung seit diesem Zeitpunkt.[33]

Bilanzierend läßt sich feststellen, daß die Alliierten nicht nur darauf bedacht waren, die deutschen Hauptkriegsverbrecher nach völkerrechtlichen Grundlagen abzuurteilen und nicht einfach »out law« zu stellen. Sorgsam ist im Urteil das IMT darauf bedacht, bei jedem Angeklagten auch eine »traditionelle« strafrechtliche Grundlage für die Verurteilung anzuführen (z. B. die Beteiligung an Kriegsverbrechen, die auch Verbrechen gegen die Humanität waren). In unserem Zusammenhang ist es besonders wichtig, daß sie gleichzeitig die Neuformulierung des völkerrechtlichen Grundsatzes der Respektierung der staatlichen Souveränität bei ihrem »reformatorischen« Vorgehen im Auge hatten.[34] Nürnberg ist zu einem »Präzedenzfall von unvergleichbarer Tragweite« geworden. Diese Ansicht des französischen Richters Donnedieu de Vabre ist trotz möglicher Bedenken gegen die Fassung bestimmter Delikte einhellig.[35]

3. *Das »neue« Deutschland – »friedliebend« im Sinne der UN-Charta*

Die im Versailler Vertrag mit Deutschland vereinbarten Einschränkungen seiner Souveränität, zum Beispiel was Rüstungsauflagen und die Aburteilung von Kriegsverbrechern anlangte, waren mit dem Völkerbundsystem verschränkt. Die Organe des Völkerbundes hatten bestimmte Rechte und Pflichten, um die Umsetzung der vertraglich übernommenen Verpflichtungen Deutschlands zu gewährleisten. Diese Verschränkung hatte sich nicht bewährt, sondern vielmehr zur Diskreditierung des Völkerbundes geführt. Nach dem Zweiten Weltkrieg erschien es daher den Alliierten wichtig, diesem Beispiel nicht zu folgen und die Spezialregelungen für Deutschland vom System der Vereinten Nationen, wie es in der UN-Charta festgelegt wurde, fernzuhalten. Was die Verwirklichung der internationalen, reformatorischen Verwaltung Deutschlands anlangte, waren allein die mit Deutschland kriegführenden Mächte, insbesondere also die vier Alliierten Besatzungsmächte in Deutschland, zuständig. Dies wurde ausdrücklich in Art. 53 und 107 der UN-Charta, der sogenannten Feindstaatenklausel, festgelegt. Bis zu dem Zeitpunkt seiner Aufnahme in die Vereinten Nationen, die nach einer gewissen Zeit ausdrücklich vorgesehen war, sollten die Bestimmungen der Charta nicht für Deutschland gelten.[36] Zu einem späteren Zeitpunkt nach Beendigung des Regimes der internationalen Verwaltung war vorgesehen, daß Deutschland im Sinne des Art. 4 der UN-Charta als »friedliebender Staat« in die UNO aufgenommen würde. Der Kalte Krieg und die Systemauseinandersetzung sollten zu einer anderen Entwicklung führen.

Welche Folgerungen sind aus dem Nürnberger Konzept, das in das Sonderregime für Deutschland eingebettet war, für die Funktion einer internationalen Strafgerichtsbarkeit innerhalb des UN-Systems in ihrem Verhältnis zur staatlichen Souveränität zu ziehen?

II. »Nürnberg« und die UNO

1. *Was heißt kollektives Sicherheitssystem und welche Funktion könnte eine internationale Strafgerichtsbarkeit in diesem System erfüllen?*

Die UNO versteht sich als eine Organisation, die auf dem Grundsatz der souveränen Gleichheit ihrer Mitglieder beruht (Art. 2 Ziff. 1). Daher verzichtet sie darauf, sich eine Befugnis anzumaßen, die zum Eingreifen in Angelegenheiten ermächtigt, die ihrem Wesen nach zur inneren Zuständigkeit eines Staates gehören (Art. 2 Ziff. 7). Ausgenommen hiervon sind aber Zwangsmaßnahmen, die der Sicherheitsrat im Rahmen des Kap. VII verhängen kann.

Art. 4 der UN-Charta bezeichnet als Voraussetzung für die Mitgliedschaft in den Vereinten Nationen die Eigenschaft eines Staates, »friedliebend« zu sein. Gemeint sind damit solche Staaten, »welche die Verpflichtungen aus dieser Charta übernehmen und nach dem Urteil der Organisation fähig und willens sind, diese Verpflichtungen zu erfüllen«. Nach Art. 5 kann einem Mitglied der Vereinten Nationen, gegen das der Sicherheitsrat nach Kap. VII Vorbeugungs- oder Zwangsmaßnahmen getroffen hat, von der Ausübung der Rechte und Vorrechte aus seiner Mitgliedschaft zeitweilig suspendiert werden.

Dem sanktionierten Mitglied wird also nicht die Mitgliedschaft entzogen. Erst eine »beharrliche« Verletzung der Grundsätze der Charta (Art. 6) kann zum Ausschluß führen. Dieser vorsichtige Umgang mit dem Ausschlußmechanismus ergibt sich aus dem Charakter des kollektiven Sicherheitssystems, das sich von einem traditionellen Bündnissystem unterscheiden will. Im traditionellen Bündnissystem schließen sich mehrere Staaten gegen einen potentiellen Aggressor zusammen, der außerhalb des Bündnisses steht. Anders im kollektiven Sicherheitssystem. Dieses ist potentiell universal angelegt. Alle Staaten der Welt sollen seine Mitglieder sein. Der potentielle Aggressor ist Mitglied des Systems und steht nicht außerhalb.[37] Das Verhältnis zwischen Kollektivsystem – hier UNO – und dem mit den Mitteln des Kap. VII sanktionierten Staat soll nicht aus den von dem traditionellen Völkerrecht her bekannten »Kriegsbeziehungen« begriffen werden. Gewaltanwendung und Gewaltandrohung ist zwischen den Staaten grundsätzlich ausgeschlossen (Art. 2 Ziff. 4 UN-Charta). Gewalt gegen ein Mitglied kann nur im Rahmen der Selbstverteidigung (Art. 51 UN-Charta) oder im Kontext des Kap. VII durch den Sicherheitsrat angewandt werden. Diese Zwangsmittel sind darauf ausgerichtet, das Mitglied, das wegen seiner schweren Verletzungen der UN-Verpflichtungen gemäß Art. 39 sanktioniert wird, möglichst bald wieder als volles

»friedliebendes« Mitglied in den Kreis der Völkerrechtsgemeinschaft zurückzuholen. Die Zwangsmaßnahmen sind in einem fein abgestimmten, auf »Abkühlung« ausgerichteten Instrumentensystem einerseits als ultima ratio gedacht, dann nämlich, wenn alle anderen nicht mit Gewalt verbundenen Maßnahmen ineffektiv sind. Andererseits soll möglichst schnell wieder die gewaltmäßige Auseinandersetzung in friedliche, normale politische Auseinandersetzung zurückgeführt werden. Hier stellt sich die Frage, ob Völkerstrafrecht und seine Umsetzung durch ein internationales Strafgericht eine Mittlerfunktion erfüllen kann.

2. *»Nürnberg« als Vorkonzept für die Einrichtung einer internationalen Strafgerichtsbarkeit*

Es wurde darauf hingewiesen, daß die in den alliierten Regelungen vorgesehene »reformatorische« Behandlung Deutschlands entsprechend Art. 53 und Art. 107 als außerhalb der Charta stehendes Konzept zu betrachten ist. In dieses Konzept gehörte auch die »Nürnberger« strafgerichtliche Aufarbeitung des NS-Unrechtsregimes. Trotz seiner Separierung soll dieses Reformationssystem im Zusammenhang mit den Grundsätzen der UN-Charta aufgefaßt werden. Es wird als Einübung in ein neues Völkerrecht verstanden: Einerseits Abrechnung und Verurteilung eines eindeutigen antizivilisatorischen Verhaltens, das in der totalen Negation des im Völkerrecht niedergelegten zivilisatorischen Minimums besteht.[38] Andererseits Vorkehrungen, damit sich das gerade erlebte Desaster nicht wiederholen kann, durch Beseitigung der Schwächen des bestehenden Völkerrechtes und Weiterentwicklung seiner normativen Grundlagen. Die Grundsätze, nach denen die »reformatorische« Verwaltung Deutschlands betrieben wurde, sollten in Zukunft für die ganze Staatengemeinschaft verbindlich sein. Das betraf auch die völkerstrafrechtlichen Vorkehrungen.[39] Innerhalb des UN-Systems wurde allerdings nur eine internationale Gerichtsbarkeit zur Regelung von Streitigkeiten zwischen den Staaten vorgesehen (Art. 7, Art. 92 ff), nicht jedoch ein internationaler Strafgerichtshof. Er blieb ausdrücklich ausgeklammert und sollte Gegenstand eigener völkerrechtlicher Vereinbarungen zwischen den Staaten werden.[40]

3. *Einige Bemerkungen zur Verarbeitung des Nürnberg-Komplexes in der deutschen Wissenschaft*

Es wurde bislang herausgearbeitet, daß die strafrechtliche Aufarbeitung der Nazi-Verbrechen durch die Alliierten sowohl in materieller als auch in prozessualer Hinsicht einen wichtigen Stellenwert innerhalb des Konzeptes der reformatorischen Verwaltung Deutschlands nach dem Zweiten Weltkrieg hatte. Der Zielkonflikt, der bei diesem Regime hinsichtlich des völkerrechtlichen Grundsatzes der Respektierung der gleichen Souveränität der Staaten als Subjekte des Völkerrechtes auftrat, wurde in den Diskussionen während, aber vor allen Dingen gegen Ende des Krieges sehr genau gesehen. Das Prinzip der Souveränität der Staaten wurde nicht nur als ein zentrales Moment des bisherigen Völkerrechtes betrachtet, sondern sollte auch weiterhin die Grundlage der neuen Weltordnung bilden, wie sie in der UN-Charta ihren Ausdruck fand. Gerade die völlige Negierung dieses Prinzips durch das Nazi-Regime, das sich durch seine im Vernichtungskrieg gipfelnden, jeden bisherigen Humanitätsgedanken negierenden außenpolitischen Aktivitäten – Hitler sprach verächtlich von den kleinen »Dreckstaaten«, die zu beseitigen seien[41] – selbst »out law« gesetzt hatte, stand als Menetekel den Architekten der neuen Weltordnung vor Augen. Die Beseitigung des Nazi-Regimes völkerrechtlich gesehen durch *debellatio* und die Installierung eines alliierten Kondominiums, also der internationalen reformatorischen Verwaltung, wurde zwar als eine außerordentliche, im positiven Völkerrecht nicht vorgesehene Maßnahme betrachtet, nicht aber als eine Verletzung des Prinzips der Souveränität. Sie war vielmehr eine Folge der totalen Negation der Souveränität durch das Nazi-Regime, und zwar auch der Souveränität des Deutschen Reiches selbst, wie es bis 1933 bestanden hatte.

Gegen die Untergangsthese des Deutschen Reiches richtete sich denn auch der zentrale Angriff der deutschen Völkerrechtslehre, als sie sich im Schatten des Kalten Krieges und der Systemauseinandersetzung sowie anknüpfend an die Kontinuität der deutschen Funktionseliten in den Wissenschaftsinstitutionen der westlichen Zonen und später der Bundesrepublik wieder aufrichten konnte. Die Antiargumentation entwickelte sich in Phasen, was hier nicht im einzelnen dargestellt werden kann und muß.[42] Bei allen Differenzierungen und Variierungen im Laufe der Zeit blieb das zentrale Argument für den Nichtuntergang des Deutschen Reiches die nicht erfolgte Annexion Deutschlands durch die Alliierten nach der *debellatio*. Den Ausschluß der Annexion hatten die Alliierten ausdrücklich in der Berliner Erklärung vom 15. Juni 1945 beschlossen. Deutschland sei zwar durch die *debellatio* und die Besetzung handlungs-, aber nicht rechtsunfähig geworden. Die Besatzungsmächte hätten treuhänderisch für Deutschland gehandelt, bis es wieder eigene funktionsfähige Organe gehabt habe. Die konsequentesten Vertreter dieser Theorie haben daher dieses Besatzungsregime eigentlich erst mit dem Zwei-plus-vier-Vertrag enden lassen. Alle zwischenzeitlichen Veränderungen haben ihrer Ansicht nach an der Fortexistenz des Deutschen Reiches nichts geändert.[43]

Akzeptiert man diese Ausgangsposition, daß nämlich das Deutsche Reich als völkerrechtliches Subjekt nicht untergegangen ist, so hat das für die reformatorische Verwaltung Deutschlands und die völkerrechtliche Grundlage der Nürnberger Prozesse erhebliche Auswirkungen. Die Besatzung der Alliierten wäre an die Beschränkungen der HLKO gebunden gewesen und hätte einen Großteil der Eingriffe, die nach dem Krieg erfolgten, ohne Zustimmung der deutschen Repräsentanten zu einem Friedensvertrag nicht vornehmen dürfen.

Aber auch die völkerrechtlichen Grundlagen des Nürnberger Prozesses sowohl in materiell-rechtlicher als auch in prozessualer Hinsicht werden dadurch zweifelhaft. Das zeigt sich deutlich in den Hauptargumenten, die bis heute vornehmlich in der deutschen Völkerrechtsliteratur gegen die rechtliche Grundlage dieser Prozesse vorgetragen werden. Auf der materiell-rechtlichen Seite ist der Hauptgegenstand der Kritik das in Art. 6 Ziff. 1 IMT-Statut niedergelegte Verbrechen gegen den Frieden. Kriegs- und Menschheitsverbrechen hingegen werden weniger angegriffen. Hier richten sich die Bedenken mehr gegen die mangelnde Berücksichtigung der Befehlsstruktur in einem diktatorischen System und der Nichtberücksichtigung des sogenannten *tu quoque*-Arguments.[44] Hinsichtlich des Vorwurfs des Friedensverbrechens geht Wilhelm G. Grewe so weit, die Verurteilung von Rudolf Heß im Nürnberger Prozeß als einen Justizirrtum zu bezeichnen.[45]

Besonders umstritten ist die prozessuale Seite der Nürnberger Prozesse. Wenn ihnen überhaupt eine völkerrechtliche Legitimität zuerkannt wird, dann als auf eine Verfolgungs-Kompetenz für traditionelle Kriegsverbrechen beschränkte Besatzungsgerichte, meist mit dem Zusatz Siegerjustiz. Etwas differenzierendere Meinungen gestehen ihnen »wegen der Übernahme der obersten Hoheitsgewalt in Deutschland, eine zumindest nicht von vornherein suspekte Zuständigkeit zur Jurisdiktion in Strafsachen« als Siegermächte zu.[46] Das bedeutet selbstverständlich, daß materiell-rechtlich bestenfalls eine Zuständigkeit für Kriegsverbrechen akzeptiert werden kann. Die in Art. 6 Ziff. 3 IMT-Statut genannten Menschheitsverbrechen werden schon bezweifelt. Ihnen kann bestenfalls eine übereinstimmende nationale Rechtsgrundlage zugebilligt werden. Völlig abgelehnt wird eine Zuständigkeit sowohl materiell-rechtlich als auch prozessual für das Friedensverbrechen.[47]

Vergegenwärtigt man sich diese Ablehnung und Skepsis gegenüber Nürnberg im Kontext des alliierten Konzepts für die Behandlung Deutschlands nach dem Zweiten Weltkrieg – eine Skepsis und Ablehnung, die sich bis heute auch bei jüngeren Vertretern der Völkerrechtslehre gehalten hat und die in unserem Kontext des Verhältnisses von staatlicher Souveränität und internationaler Strafgerichtsbarkeit zur Ablehnung aller Tendenzen geführt hat, die zu einer Einschränkung der Souveränität zugunsten einer internationalen Strafgerichtsbarkeit zum Beispiel im Kontext der ILC führten, erstaunt der abrupte Wechsel der Ansichten hinsichtlich des Ad-hoc-Strafgerichts zu den Völkerrechtsverbrechen im ehemaligen Jugoslawien. Grewe befürwortete noch 1989 »eine intensivierte internationale Zusammenarbeit zum Ausbau eines internationalen Strafrechts mit allmählicher Erweiterung des Weltrechtsprinzips«[48]. Heute hingegen überwiegen die Stimmen, die zumindest das Instrument des Ad-hoc-Strafgerichtshofes, wie jetzt für das ehemalige Jugoslawien, im Kontext der Kompetenzen des Sicherheitsrates befürworten.[49] Stephan Oeter[50] äußert einige Bedenken hinsichtlich der Effektivität des Ad-hoc-Tribunals für das ehemalige Jugoslawien. Nicht jedoch wegen der Einrichtung als solcher im Kontext eines Sicherheitsratsbeschlusses, sondern wegen der Schrittfolge. Er meint, zuvor müßte eine vollständige Ordnungsintervention im Rahmen des Kapitels VII der UN-Charta erfolgt sein, bevor ein derartiges Tribunal überhaupt wirksam arbeiten könne. Unter Ordnungsintervention versteht er eine vollständige Besetzung durch UN-Interventionstruppen. Diesen Schluß muß der Leser ziehen, weil er ausdrücklich auf die Besetzung Deutschlands durch die Alliierten verweist, die Voraussetzung gewesen sei, um die deutschen Kriegsverbrecher in Nürnberg aburteilen zu können.

Allerdings entspricht die Tendenz, die staatliche Souveränität zugunsten einer internationalen obligatorischen Strafgerichtsbarkeit zu relativieren, einem allgemeinen Trend, sowohl dem einzelnen Individuum eine stärkere völkerrechtliche Subjektstellung zu verschaffen[51] als auch generell die Eingriffsmöglichkeiten der internationalen Gemeinschaft und betroffener Staaten zu erweitern (humanitäre Intervention).[52] Besonders ausgeprägt ist dieser Trend im Bereich des internationalen Menschenrechtsschutzes, wenn auch bislang eine gerichtsförmige internationale Kontrolle der völkerrechtlichen Pflichten der Staaten nur im partikularen Völkerrecht zu verzeichnen ist.[53]

Im völkerstrafrechtlichen Bereich – sowohl materiell als auch prozessual – wird dem Individuum eine Pflichtenstellung gegenüber der internationalen Gemeinschaft auferlegt, während es ansonsten hinsichtlich seines Schutzes zusätzliche subjektive Rechte sowohl gegenüber seinem Staat als auch der internationalen Gemeinschaft gegenüber erhält. Diesen unterscheidenden Gesichtspunkt gilt es bei den folgenden Betrachtungen festzuhalten.

4. *Zum Stand der völkerrechtlichen Entwicklung in der Strafverfolgung von Völkerrechtsverbrechen*

Trotz aller Hemmnisse des Ost-West-Konfliktes blieb die völkerstrafrechtliche Entwicklung nicht stehen. Im materiellen Bereich fand eine Anknüpfung an den in Nürnberg erreichten Standard statt. Der in Art. 6 des IMT niedergelegte materiell-rechtliche Kern für ein neues Völkerstrafrecht dürfte heute weitgehend unbestritten sein. Für die Kriegs- und Menschheitsverbrechen galt das zwar schon zur Zeit der Nürnberger Prozesse. In der folgenden Zeit sind jedoch bestimmte Tatbestände präzisiert und weiterentwickelt worden, wie das Genozidverbrechen, das Apartheidverbrechen oder spezielle Ausformulierungen des Foltertatbestandes.[54] Auch das in Nürnberg umstrittene Friedensverbrechen hat inzwischen genauere Konturen erhalten. Der Tatbestand der Aggression ist vielfach bestätigt und präzisiert (Stand: Aggressionsdefinition von 1974) worden, ebenso die individuelle strafrechtliche Verantwortung bei Begehen dieser Handlungen. Die Arbeiten der ILC gehen von diesem Befund aus. Für die Mehrheit der Kommissionsmitglieder ist die individuelle Strafbarkeit und der Ausschluß der Berufung auf den Grundsatz *nullum crimen sine lege* bei den sogenannten Völkerrechtsverbrechen – ihr Kennzeichen ist der Massencharakter und ihre Schadenszufügung aus politischen, rassischen, nationalen oder religiösen Gründen im Unterschied zu anderen internationalen Straftatbeständen – selbstverständlich.[55]

So ermutigend die völkerrechtliche Entwicklung hinsichtlich der materiellen Strafrechtsnormen sein mag, was die prozessuale Seite anlangt, ist die Entwicklung differenzierter und skeptischer zu betrachten. Es traf bis vor kurzem zu, daß innerhalb der ILC die Frage der Einrichtung eines internationalen Strafgerichts weitgehend auf der Stufe der in den Jahren 1951 und 1953 ausgearbeiteten Entwürfe eines »Statute for an International Criminal Court« stehengeblieben ist, die von der UN-Generalversammlung nicht akzeptiert wurden beziehungsweise deren Beurteilung vertagt wurde. Erst in jüngster Zeit ist seit der Einrichtung des Ad-hoc-Strafgerichtshofs für das ehemalige Jugoslawien (nachfolgend: Jugoslawien-Tribunal, JT) in diese Diskussion Bewegung geraten.[56]

Andererseits darf man nicht verkennen, daß unterhalb der Ebene der Strafverfolgung durch einen internationalen Strafgerichtshof ein hoher völkerrechtlicher Verdichtungsgrad hinsichtlich der Verpflichtung der einzelnen Staaten zur Verfolgung von Völkerrechtsverbrechen erreicht werden konnte. Diese Frage soll hier in ihrem Bezug zur Souveränitätsproblematik etwas näher dargestellt werden. Dazu ist es aber wichtig, erst einige begriffliche Klärungen und Abgrenzungen vorzunehmen, soweit sie für das Verhältnis von internationaler Strafverfolgung und Staatssouveränität Bedeutung haben.

a) Verfolgung von Völkerrechtsverbrechen: national und international

Die erste wichtige Unterscheidung ist die zwischen der Frage der strafrechtlichen individuellen Verantwortlichkeit für einen Rechtsbruch (Verbrechen oder Vergehen) und der Staatenverantwortlichkeit für einen Völkerrechtsbruch. Während die Staatenverantwortlichkeit nur auf der Ebene des Völkerrechts entschieden wird, kann die Frage der individuellen strafrechtlichen Verantwortlichkeit ihren Geltungsgrund sowohl im Völkerrecht als auch im innerstaatlichen Recht haben. Von Völkerstrafrecht spricht man beziehungsweise sollte man nur sprechen, wenn die Frage der strafrechtlichen Verantwortlichkeit des handelnden Individuums unmittelbar auf der Völkerrechtsebene entschieden ist.[57] Ob dies unmittelbar ohne staatlichen Transformationsakt möglich ist, ist eine strittige Frage mit nicht nur theoretischer Relevanz zwischen sogenannten Monisten und Dualisten.[58]

Eine Handlung eines Individuums kann sowohl Staatenverantwortlichkeit begründen, nämlich dann, wenn das Individuum als Agent (Organ) des Staates handelt und der Staat völkerrechtlich für dieses Handeln haftet,[59] als auch individuelle strafrechtliche Verantwortlichkeit des handelnden Individuums, nämlich dann, wenn das Völkerrecht eine solche strafrechtliche individuelle Verantwortlichkeit festlegt. Zudem muß die völkerrechtlich ausgesprochene individuelle strafrechtliche Verantwortlichkeit innerstaatliche Wirkung entfalten, sei es durch einen staatlichen Transformationsakt oder unmittelbar im Sinne der monistischen Theorie.

Die Frage dieser individuellen strafrechtlichen Verantwortlichkeit (materielles Strafrecht) ist zu unterscheiden von der strafgerichtlichen Verfolgung. Letztere ist denkbar auf internationaler Ebene (bislang nur Nürnberg, Tokio sowie das JT und jetzt auch das Ruanda-Tribunal) und auf nationaler Ebene. Sie kann in beiden Fällen völkerrechtlich begründet sein, so immer bei der Verfolgung durch einen internationalen Strafgerichtshof, aber auch bei nationaler Strafverfolgung wegen eines völkerrechtlich begründeten Delikts.[60]

Die völkerrechtlich begründete individuelle Verantwortlichkeit für einen Rechtsbruch kann verschiedene Verdichtungsstufen erfahren. Die erste, lockerste Form ist erreicht, wenn gewohnheitsrechtlich oder vertraglich ein Tatbestand formuliert wird, dessen strafrechtliche Repression den Staaten freigestellt ist. Als historischer Paradefall ist die Piraterie[61] zu nennen. Nach Art. 19 des Seerechtsübereinkommens vom 1958, fußend auf altem Gewohnheitsrecht, kann »jeder Staat (...) auf Hoher See (...) ein

Seeräuberschiff (...) aufbringen, die Personen festnehmen (...). Die Gerichte des Staates (...) können (...) über die zu verhängenden Strafen (...) entscheiden«. Ähnliche Formulierungen sind für andere Tatbestände wie Sklavenhandel, Sklaverei, Kriegsverbrechen, Rauschgifthandel und anderes seit Ende des vorigen Jahrhunderts zu finden.

In diesen Konstellationen wird zunächst die individuelle strafrechtliche Verantwortlichkeit entweder gar nicht angesprochen oder den Staaten freigestellt, die individuelle Bestrafung neben anderen Repressionsmitteln zu wählen, um eine Situation, die von der Staatengemeinschaft insgesamt nicht gewünscht beziehungsweise als schädlich betrachtet wird, zu bereinigen. Ein höherer Grad der Staatenverpflichtung sowohl was die Formulierung des Tatbestandes einschließlich des zu schützenden »internationalen Rechtsgutes«, aber vor allem was die individuelle Strafverfolgung anlangt, wird auf der nächsten Stufe erreicht. Hier sieht die Völkerrechtsnorm selbst die individuelle Strafbarkeit vor (declare criminel[62]) und verpflichtet die Staaten, die strafrechtliche Verfolgung zu gewährleisten.

Derartige Tatbestände gab es zwar schon zuvor, wenn auch nur vereinzelt in einigen nationalen Rechtsordnungen, zum Beispiel die Piraterie oder das Verbot des Sklavenhandels in England.[63] Da diese Delikte in souveränitätsfreien Räumen begangen werden, wie die Piraterie auf hoher See, oder zumindest grenzüberschreitenden Charakter (Rauschgifthandel) haben, war eine wirksame Bekämpfung auf zwischenstaatliche Kooperation angewiesen. Das sollte ihre »Internationalisierung« durch Übernahme der Tatbestände in völkerrechtliche Verträge und durch Transformierung in das jeweilige nationalstaatliche Recht erreichen. Für Staaten, die diese Tatbestände bislang in ihrem nationalen Recht noch nicht kannten, bedeutete diese Transformierung zugleich eine normative Neubegründung.

Rechtsgeschichtlich und systematisch ist der völkerrechtliche Tatbestand vom innerstrafrechtlichen zu trennen. Dort wo das Völkerrecht selbst – bisweilen schon sehr detailliert – die individuelle Strafbarkeit bestimmt, vor allem bei den hier in Frage stehenden Kriegs- und Menschheitsverbrechen, ist praktisch eine solche Unterscheidung kaum durchzuführen, so daß manche Autoren die individuelle Strafbarkeit unmittelbar aus dem Völkerrecht ableiten (genuines Völkerstrafrecht). Hinsichtlich gewohnheitsrechtlicher Tatbestände wie Kriegs- und Menschheitsverbrechen mag das für Staaten, die eine unmittelbare Transformation allgemeiner Regeln des Völkerrechts vorsehen – wie Art. 25 GG für die Bundesrepublik –, zutreffen. Der Streit ist hier aber müßig, da alle diese Delikte betreffenden vertraglichen Normen nicht nur nach Art. 59 Abs. 2 GG mit dem entsprechenden Zustimmungsgesetz transformiert sind, sondern wie zum Beispiel das Genozidverbrechen eigens ins Strafgesetzbuch aufgenommen wurden (§ 220a StGB). Probleme nicht nur theoretischer Art entstehen aber zum Beispiel beim Aggressionsverbrechen, wo Streit darüber besteht, ob eine individuelle Strafbarkeit schon völkerrechtlich begründet ist. Hier beruht die Strafbarkeit unter Umständen allein auf dem innerstaatlichen Umsetzungsakt beziehungsweise je nach vertretener Ansicht auf dem Neusetzungsakt (§§ 80, 80a StGB für die Bundesrepublik).[64]

Bei der völkerrechtlichen Festlegung der Strafverfolgung (prozessuale Regelungen: Verfahren und Zuständigkeit im Unterschied zu den materiellen Strafbarkeitsnormen) ist ebenfalls eine unterschiedliche Dichte möglich. In der ersten Stufe wird zunächst nur der Staat verpflichtet, auf dessen Gebiet die Straftat erfolgt. Drittstaaten sind aus der Norm nicht verpflichtet, abzuurteilen oder auszuliefern. Ein Beispiel ist die völkerrechtliche Regelung des Genozids. In der Völkermordkonvention vom 9. 12. 1948 verpflichten sich die Vertragsstaaten, den Völkermord als internationales Verbrechen zu verfolgen (Art. I, Art. VI). Für eine nicht auf dem eigenen Territorium begangene Handlung ist die Auslieferung entsprechend dem eigenen Recht an den Staat des Begehungsortes vorgesehen (Art. VI, Art. VII).[65]

Die nächste und bislang höchste Stufe der Verdichtung der international gesicherten Strafbefugnis und daran anknüpfend der Strafverfolgungspflicht ist erreicht, wenn sie alle Vertragsstaaten trifft, gleichgültig auf welchem Gebiet eines Vertragspartners die Tat begangen wurde. Das ist bislang nur in ganz wenigen Fällen geschehen. Die wichtigsten sind die kriegsrechtlichen Regeln der Genfer Konventionen, soweit sie den internationalen Konflikt betreffen (Art. 146 des IV. Genfer Abkommens vom 12. 8. 1949), und neuestens die Regeln der Folterkonvention (Art. 7 des Übereinkommens gegen Folter vom 10. 12. 1984).[66]

Zwar gehen diese Regelungen im Grundsatz zunächst davon aus, daß der für die Verletzungen verantwortliche Staat selbst die Täter verurteilen soll. Da aber erfahrungsgemäß ein solches Regime, solange es an der Macht ist, diese Taten gar nicht oder nur sehr zögerlich verfolgt, sehen die Genfer Konventionen und jetzt auch die Zusatzprotokolle (ZP I Art. 85, Art. 86) das System der universellen Strafgerichtsbarkeit (Weltrechtsprinzip) vor. Sie verpflichten die anderen Vertragsstaaten ergänzend, die Ahndung der Kriegsverbrechen selbst in die Hand zu nehmen, soweit sie der Täter habhaft werden können.[67] Außerdem haben sie nach dem System der Genfer Konventionen das Recht des »verletzten« Konfliktgegners, das heißt, sie können die verantwortlichen Täter für Kriegsverbrechen zur Rechenschaft zu ziehen, soweit sie als Gefangene in ihren Gewahrsam gelangt sind.[68]

b) *Zur Verschränkung von Staatenverantwortlichkeit und individueller strafrechtlicher Verantwortlichkeit bei der Verfolgung von Völkerrechtsverbrechen*

Ein zentrales Argument der Verteidigung im Nürnberger Prozeß war das Problem der individuellen strafrechtlichen Verantwortlichkeit insbesondere in bezug auf das Aggressionsverbrechen. An erster Stelle stand zwar die Behauptung, das Verbot des Angriffskrieges sei 1939 noch nicht völkergewohnheitsrechtlich verfestigt gewesen. Dies wurde vor allen Dingen in dem Gutachten von Jahrreiss im Nürnberger Hauptkriegsverbrecherprozeß als Argument der Verteidigung vorgetragen.[69] Selbst dann, so führte er aus, wenn man von einer völkergewohnheitsrechtlichen Geltung dieses Verbots ausgehe, sei damit noch nicht gesagt, daß derjenige, der an der Planung des Angriffskrieges beteiligt gewesen wäre, persönlich verantwortlich sei. Bestenfalls ergebe sich hieraus eine Staatenverantwortlichkeit, die im Rahmen der Wiedergutmachung, insbesondere durch Reparationen, relevant werden könnte. Ähnliches wurde für die beiden anderen Kategorien von Verbrechen vorgetragen, nämlich die Kriegs- und Menschheitsverbrechen. Auch sie begründeten bestenfalls eine Staatenverantwortlichkeit, eine persönliche Verantwortlichkeit ergebe sich lediglich aus dem nationalen Recht, falls dieses derartige Normen vorgesehen habe. Das gelte auch für die traditionellen Kriegsverbrechen, wie sie im Haager Recht völkerrechtlich festgelegt worden seien. Ohne innerstaatliche Umsetzung könnte eine strafrechtliche Verantwortlichkeit nicht geltend gemacht werden. Das IMT ging in seinem Urteil auf diese Einwände ein:

»Es ist ausgeführt worden, daß sich das Völkerrecht auf Handlungen souveräner Staaten beziehe und keine Bestrafung von Einzelpersonen vorsehe; und weiter, daß dort, wo die fragliche Handlung ein Staatsakt ist, jene Personen, die sie ausführen, keine eigene Verantwortung tragen, sondern durch die Doktrin von der Souveränität des Staates geschützt seien. (...) Daß das Völkerrecht Einzelpersonen so gut wie Staaten Pflichten und Verbindlichkeiten auferlegt, ist längst anerkannt.«[70]

Mag man für den damaligen Zeitpunkt diese allgemeine Anerkennung bezweifeln, heute wird man sie annehmen können. Jedenfalls war die im Nürnberger Prozeß diskutierte und bezweifelte Verschränkung von Staatenverantwortlichkeit und strafrechtlicher Verantwortlichkeit des handelnden Individuums seitdem ein ständiger Gegenstand, der in der ILC diskutiert und behandelt wurde.

Die Diskussion konzentrierte sich zunächst auf die Ebene der Staatenverantwortlichkeit. Hier wurde zwischen internationalen Verbrechen (international crimes) und anderen völkerrechtlichen Pflichtverletzungen (other offences, delicts) unterschieden. Als Beispiele für internationale Verbrechen werden folgende Kategorien genannt:

- eine schwere Verletzung einer völkerrechtlichen Verpflichtung von wesentlicher Wichtigkeit für die Aufrechterhaltung des Friedens und der internationalen Sicherheit, wie zum Beispiel die Aggression;
- eine schwere Verletzung einer völkerrechtlichen Verpflichtung von wesentlicher Bedeutung für die Aufrechterhaltung des Selbstbestimmungsrechtes der Völker, wie zum Beispiel Einrichtung und Aufrechterhaltung von kolonialer Gewalt;
- eine schwere Verletzung auf einer breiten Skala einer internationalen, für die Erhaltung der menschlichen Existenz wesentlichen Verpflichtung, wie zum Beispiel das Verbot der Sklaverei, des Völkermords, von Apartheid;
- eine schwere Verletzung einer internationalen Verpflichtung, die wesentlich ist für den Schutz und die Erhaltung der menschlichen Umwelt, wie zum Beispiel die massive Verschmutzung der Atmosphäre und der Meere.

Welche Bedeutung die Unterscheidung zwischen internationalen Verbrechen und anderen völkerrechtlichen Delikten für die Staatenverantwortlichkeit hat, ist bis heute nicht ganz geklärt. Einige, wie Ago in seinem Kommissionsbericht, sehen die Bedeutung der Unterscheidung darin, daß bei internationalen Verbrechen auch andere Subjekte als die Staaten eine solche Verantwortlichkeit wegen der Verletzung einer völkerrechtlichen Verpflichtung geltend machen können, während in den anderen Fällen nur die Staaten Berechtigte sein können. Es handele sich daher um Verpflichtungen *erga omnes*.[71] Andere bezweifeln diese Argumentation unter Hinweis darauf, daß die Verletzung von *erga omnes*-Verpflichtungen nicht in jedem Fall ein internationales Verbrechen darstellen muß. So seien die Verpflichtungen im Meeresrecht *erga omnes*-Regelungen, ohne daß alle Verletzungen zwangsläufig internationale Verbrechen darstellen müßten. Auch der Parallelismus zwischen internationalen Verbrechen und *jus cogens* decke sich nicht vollständig.

Vorgetragen wurde auch der Gesichtspunkt, daß dann, wenn ein Fall eines internationalen Verbrechens vorläge, entweder dem betroffenen Staat oder der internationalen Gemeinschaft ein »Interventionsrecht« zustehe. Für den einzelnen Staat bedeute das die Wahrnehmung der Möglichkeiten, die das Repressalienrecht biete, für die internationale Gemeinschaft die Wahrnehmung der Kompetenzen durch den Sicherheitsrat in Kap. VII. Auch hier sind die Einzelheiten zum Teil heftig umstritten.[72]

Völlig offen geblieben ist die Bedeutung der Unterscheidung zwischen völkerrechtlichen Verbrechen und anderen Delikten für die Frage der individuellen strafrechtlichen Verantwortlichkeit.

Versucht man ein vorsichtiges Fazit zu ziehen, so läßt sich folgendes formulieren: Die im heutigen Völkerrecht als Völkerrechtsverbrechen mit individueller strafrechtlicher Verantwortlichkeit bezeichneten Tatbestände, zum Beispiel ältere wie Piraterie oder neuere wie Genozid oder Apartheidverbrechen, stellen gleichzeitig Tatbestände internationaler Verbrechen im Kontext der Staatenverantwortlichkeit dar. Umgekehrt läßt sich jedoch nicht feststellen, daß alle Kategorien von Handlungen, die im Rahmen der Staatenverantwortlichkeit als internationale Verbrechen diskutiert werden, schon mit individueller strafrechtlicher Verantwortung behaftet sind. Insofern gibt die Unterscheidung zwischen internationalen Verbrechen und sonstigen Verletzungen des Völkerrechtes für die Frage der individuellen strafrechtlichen Verantwortlichkeit für Völkerrechtsverbrechen nicht sehr viel her. *De lege ferenda* wäre es sicherlich wünschenswert, eine Vereinheitlichung der Kategorien sowohl auf der Ebene der Staatenverantwortlichkeit als auch der individuellen strafrechtlichen Verantwortlichkeit herbeizuführen. Alle Handlungen, die als internationale Verbrechen bezeichnet werden können, sollten zum einen selbstverständlich eine Staatenverantwortlichkeit, unter Umständen mit strengeren Maßstäben hinsichtlich des subjektiven Tatbestandes oder der Beweislast für die Höhe des Schadens etc., zum anderen eine individuelle strafrechtliche Verantwortlichkeit begründen. Gesondert wäre zu diskutieren, welche von diesen Tatbeständen hiervon in die Zuständigkeit einer einzurichtenden internationalen Strafgerichtsbarkeit zu verweisen wären und welche Tatbestände in nationaler Verfolgungszuständigkeit bleiben sollen. Gesichtspunkte könnten hilfreich sein, die schon in der Vorbereitung der Hauptkriegsverbrecherprozesse vornehmlich in der UNWCC diskutiert, dann aber in der Durchführung der NS-Kriegsverbrecherprozesse nicht ganz konsequent durchgesetzt wurden.[73]

III. Ende des Systemgegensatzes: Neue Weltordnung ohne staatliche Souveränität?

1. *Eine internationale Strafgerichtsbarkeit im Kooperationskonzept der UN-Charta*

Daß schwere Völkerrechtsverbrechen in Jugoslawien begangen worden sind, ist unstrittig. Die UN-Untersuchungsberichte haben Vorgänge beschrieben, die man im heutigen Europa zumindest für unvorstellbar hielt.[74]

Dennoch sollte man vorsichtig sein und diese Situation nicht vorschnell mit den Verbrechen des Nazi-Regimes vergleichen. Die Völkerrechtsverbrechen, die im Holocaust geendet haben, waren von einem administrativen Apparat eines Verbrecherstaates geplant, dessen spezifische Qualität im Vergleich zu allen anderen Staatswesen im Nürnberger Prozeß mit juristischen Kategorien herausgearbeitet wurde. Die Beschränkung im Prozeß auf die Außenaktivität dieses »Verbrecherstaates« machte die Vorsicht deutlich, die der Respekt der staatlichen Souveränität forderte. Auch die besonderen völkerstrafrechtlichen Verantwortungstatbestände, um die politische Elite verurteilen zu können, spiegeln die Einmaligkeit der Situation wider.

Die Vorgänge in Jugoslawien weisen besondere Charakteristika auf. Sie haben nicht nur andere Ursachen, sondern sind Ergebnisse einer Bürgerkriegssituation im Zerfallsprozeß einer größeren staatlichen Einheit. So schrecklich sie im einzelnen in ihren Auswirkungen sein mögen, bislang gehören sie zu den »normalen« Konflikten, wie sie die Väter der UN-Charta für möglich hielten und zu deren Regulierung sie die Instrumente der UN-Charta schufen. Ein Ausnahmeregime, wie es in den Artikeln 53 und 107 für die Vorgänge in Nazi-Deutschland vorgesehen war, dürfte für die jugoslawischen Ereignisse außerhalb ihrer Konzeption gelegen haben. Auch die oft kritisierte zurückhaltende, anfangs sogar zögernde Vorgehensweise der UNO im ehemaligen Jugoslawien, weil der internationale Charakter des Konflikts noch nicht genügend profiliert war, entspricht dieser Sicht.

Mit Art. 2 Ziff. 4 stellt die UN-Charta fest, daß das Gewaltverbot in den internationalen Beziehungen verpflichtendes Völkerrecht geworden ist. Seiner Sicherung dienen zwei Sanktionsmechanismen. Einmal die mögliche Selbstverteidigung nach Art. 51, allerdings nur, bis der Sicherheitsrat reagieren kann, zum anderen die Zwangsmechanismen, wie sie das Kapitel VII dem Sicherheitsrat einräumt. Es ist oft darauf hingewiesen worden, daß das Selbstverteidigungsrecht des Art. 51 eigentlich eine zwielichtige Konzession darstellt, die das Gewaltverbot selbst in Frage stellen kann.[75] Wie dem auch sei, der Schwerpunkt liegt bei der zentralisierten kollektiven Reaktion des Sicherheitsrates. Vergleicht man die Einwirkungsmöglichkeiten des Sicherheitsrates insgesamt in der Abstimmung des VI. und VII. Kapitels, so kommt man zu der Erkenntnis, daß die Zwangsmaßnahmen des Kapitels VII, insbesondere die militärischen Mittel in Art. 42, als Ultima-ratio-Maßnahmen gedacht sind. Auf keinen Fall sind sie Ausfluß einer Vorstellung, die den Krieg durch Krieg bekämpfen will. Eher kommt hier zum Ausdruck, daß, falls die UNO überhaupt militärische Zwangsmaßnahmen anwenden muß, dies unter Umständen ein Scheitern des gesamten Regelungsmechanismus der UN-Charta anzeigt. Es handelt sich, wie oben schon ausgeführt, immerhin um eine Reaktion gegenüber einem Mitglied der UNO, also einem »friedliebenden« Staat im Sinne des Art. 4 der UN-Charta. Gerade im Gegensatz zur Behandlung von Nazi-Deutschland – deshalb Art. 53 und 107 UN-Charta – geht auch die Einräumung von Zwangsmaßnahmen für den UN-Sicherheitsrat davon aus, daß der Kooperationszusammenhang der Völkerrechtsgemeinschaft mit dem zu sanktionierenden Mitglied nicht aufgehoben ist. Es handelt sich daher eher um Polizeimaßnahmen, als um den Einsatz kriegerischer Mittel zur Vernichtung des Feindes im traditionellen Sinne. Das macht aktuell bei den Bemühungen, eine Lösung des Konfliktes im ehemaligen Jugoslawien zu finden, auch den Unterschied zwischen dem Konzept des UN-Einsatzes auf der einen und dem traditionellen Bündniskonzept der NATO auf der anderen Seite deutlich.

2. *Funktion einer internationalen Strafgerichtsbarkeit in einem kollektiven Friedenssicherungssystem*

Im Rahmen dieser Skizze eines Friedenssicherungssystems ist auch die Funktion einer internationalen Strafgerichtsbarkeit zu beurteilen. Auch sie kann nur auf dem Kooperationsgedanken basieren. Ähnlich wie im Bereich der Schutzsysteme der Menschenrechte, die zwar die Verletzung der Menschenrechte anprangern, aber gleichzeitig Hilfestellungen leisten wollen, um die Voraussetzung für die Einhaltung der normativen Festlegungen zu sichern, sollen hier parallel zur stringenten und repressiven Grenzziehung mit strafrechtlichen Mitteln die gesellschaftlichen Voraussetzungen und die jeweilige Systembedingtheit schwerwiegender Völkerrechtsbrüche aufgedeckt und damit Lösungsmöglichkeiten aufgezeigt werden. Internationale Strafgerichtsbarkeit hat subsidiäre Funktionen in einem Völkerrechtssystem, das aus guten Gründen von den bestehenden gesellschaftlichen Einheiten, das heißt den souveränen Staaten, ausgeht. Jedenfalls ist die Konzeption der UN-Gründer nach wie vor internationale Praxis, wenn auch in der Völkerrechtstheorie teilweise bestritten. Allerdings können die Kritiker meist keine überzeugenden Alternativen aufzeigen.[76]

Dort, wo nationale Strafvergeltung zur Verfolgung von Völkerrechtsverbrechen (vor allem die zum Weltrechtsprinzip verdichtete) nicht greifen kann, da der Staatsapparat selbst die gravierende Völkerrechtsverletzung betreibt, könnte eine internationale Strafgerichtsbarkeit die entstandene Lücke füllen. Die schon in den Nürnberger Prozessen versuchte Abschichtung von Hauptkriegsverbrechern, deren Verbrechensbegehung nicht örtlich festzulegen ist und von den höchsten Stellen des Staatsapparates ausgeht, von den übrigen schwerwiegenden Völkerrechtsverletzungen, die auf einem eingegrenzteren Territorium stattfinden und in der Ausführungsebene tiefer angesiedelt sind, könnten auf die neuen Fallkonstellationen übertragen werden. In den Kompetenzbereich internationaler Strafgerichtsbarkeit fallende Tatbestände sind dann solche, die nicht nur materiell die Völkerrechtsgemeinschaft in ihrer Identität und in ihren existentiellen Überlebensinteressen berühren, sondern deren Verfolgung die Kapazität des einzelnen Nationalstaates übersteigt. Es handelt sich um schwerwiegende Völkerrechtsverstöße, die eigentlich nur dann möglich sind, wenn sich eine völlige Dekomposition und Transformation des staatlichen Gebildes zu einer verbrecherischen Mafia vollzogen hat.[77] Da jeder Staat von einer derartigen Gefahr bedroht ist, beschließt er, im »gesunden« Zustand präventiv die Strafkompetenz in einer so gearteten Situation an eine internationale Institution abzugeben. Eine derartige Entwicklung käme dann schon in die Nähe eines verbrecherischen Staatsgebildes nazistischer Prägung, wie es in Nürnberg diskutiert wurde. Dort wurde, wie erwähnt, die innere Entwicklung zwar gesehen, aber ausgeklammert. Heute kann man von einem höheren Stand internationaler normativer Verdichtung der Menschenrechte ausgehen, so daß die innere Entwicklung eines Staates bei der Beurteilung des Umschlagpunktes in die völkerrechtlich relevante verbrecherische Qualität miteinbezogen werden kann. Der Sicherheitsrat hat spätestens seit der Berücksichtigung der Kurdenunterdrückung als friedensbedrohenden Tatbestand diesen Schritt vollzogen.[78]

Festzuhalten bleibt jedoch, daß die Funktion einer internationalen Strafgerichtsbarkeit eingebettet in ein kooperatives Sicherungssystem nicht darin bestehen kann, die jeweilige nationale Souveränität zu »knacken«, sondern flankierende Hilfestellungen zur Rückkehr in die staatliche »Normalität« zu geben. Internationale Repressionsmechanismen dienen allgemein – damit auch internationale Strafkompetenz, wenn man sie in diesem Kontext ansiedelt – der Rückbesinnung auf internationale Verpflichtungen und stehen unter strengen Verhältnismäßigkeitsanforderungen (Geeignetheit, Erforderlichkeit etc.).

Legt man diese Maßstäbe an, so müßte dies Folgerungen für die Verteilung der Zuständigkeiten der Verfolgung von Völkerrechtsverbrechen haben. Drei Ebenen sollten sorgsam unterschieden, aber gleichzeitig aufeinander bezogen werden:
- die nationale Ebene,
- die allgemeine obligatorische internationale Strafgerichtsbarkeit und
- die internationale Ad-hoc-Strafgerichtsbarkeit.

Dort, wo bislang die Verfolgung auf der nationalen Ebene nicht die Verdichtung des Weltrechtsprinzips erlangt hat, ist die Begründung der

Zuständigkeit einer allgemeinen internationalen Strafgerichtsbarkeit zweifelhaft, sollte sie nun als internationale Organisation – als Kammer des IGH oder eigener Gerichtshof – eingerichtet werden. Nur dort, wo der Staatenkonsens zur Vereinbarung der Verfolgung auf der Stufe des Weltrechtsprinzips führt, ist als nächster Vereinbarungsschritt erst möglich, die subsidiäre Zuständigkeit einer internationalen Strafgerichtsbarkeit zu installieren, wenn die nationale Verfolgung versagen sollte. Diese »vorsichtige« Behandlung der staatlichen Souveränität legt nicht nur ein realistischer Blick auf den bislang erreichten Stand der völkerrechtlichen Vereinbarungen nahe. Die Konzeption des UN-Systems beruht auf der Kooperation souveräner Staaten, die trotz aller Divergenzen ihrer Gesellschaften in einem Zivilisationsminimum übereinstimmen, das im unabdingbaren Kern deutlich ist. In der Verneinung der faschistischen Barbarei hat es 1945 in San Francisco und Nürnberg präzise Konturen angenommen. Seitdem ist »der Inbegriff der menschlichen Daseinsnorm« (François de Menthon) vornehmlich durch den internationalen Menschenrechtsschutz vielfältig weiterentwickelt worden, ohne daß der Stand einer »einheitlich organisierten Weltgemeinschaft« erreicht ist oder überhaupt erreicht werden muß.[79]

Eine internationale Ad-hoc-Strafgerichtsbarkeit stellt eine Ausnahmemaßnahme dar, die die Väter der Charta für eine Situation schufen, die sie als einmalig betrachteten. Für den Normalfall sollte eine internationale Strafgerichtsbarkeit erst noch begründet werden, allerdings unter Berücksichtigung der Nürnberger Erfahrungen. Unter den heutigen Bedingungen kann eine solche Ad-hoc-Strafgerichtsbarkeit mit Interventionscharakter nur mit äußerster Zurückhaltung erwogen werden. Nicht nur die Situation muß zumindest in wesentlichen Aspekten vergleichbar sein, sondern auch der Staatenkonsens sollte eine ähnliche Dichte wie bei den Nachkriegsprozessen erreichen. Beides kann bezweifelt werden. Auf den Unterschied der Situation im ehemaligen Jugoslawien wurde hingewiesen. Vor allem aber der Staatenkonsens ist auf relativ wenige Staaten beschränkt. Die Mehrzahl der Staaten der Dritten Welt verhält sich gegenüber den Beschlüssen des Sicherheitsrates, in denen die ständigen Mitglieder die Protagonisten des JT sind, zurückhaltend bis skeptisch.[80] Sie fürchten einen allzu unbeschwerten Umgang mit dem Grundsatz des Respektes der staatlichen Souveränität zu ihren Ungunsten.

Die neuesten Vorschläge der ILC, die einerseits ein Statut für einen internationalen Strafgerichtshof fordern, das auf dem traditionellen Weg der zwischenstaatlichen Vereinbarungen einzurichten ist, andererseits aber diesen internationalen Strafgerichtshof in spezifischen Situationen dem Sicherheitsrat als eine Ad-hoc-Strafgerichtsbarkeit – im Sinne einer die militärische Gewaltanwendung rechtfertigenden Maßnahme nach Art. 42 UN-Charta – zur Verfügung stellen wollen, könnten eine vernünftige Kompromißlinie aufzeigen, die in etwa den skizzierten Grundprinzipien entspricht.[81]

Das Ende der Bipolarität der Nachkriegszeit stellt eine Chance dar. Aber nur, wenn die ursprüngliche Konzeption der UN-Charta von der Kooperation souveräner Staaten festgehalten wird. Verkommt sie zu einem wie auch immer gearteten interventionistischen Führungsmodell – womöglich mit erhobenem moralischem Zeigefinger –, kann die Chance vertan sein.

Anmerkungen

1 Vgl. zum Beispiel B. Graefrath, *Jugoslawientribunal – Präzedenzfall trotz fragwürdiger Rechtsgrundlage*, in: Neue Justiz, 10/1993, S. 433 ff; ders., *Sondergericht für Jugoslawien – ein Schritt in die richtige Richtung?*, in: VDJ Forum, III/1993, S. 23 ff. Umfassende Information über die der Einrichtung des Tribunals vorlaufenden Diskussion im Sicherheitsrat bei F. Cede, H. Tichy, *Die Bestrafung von Kriegsverbrechern als Aufgabe des Systems der kollektiven Sicherheit. Vorarbeiten zur Errichtung eines UN-Kriegsverbrechertribunals für das Gebiet des ehemaligen Jugoslawiens*, in: H. Neisser (Hg.), *Menschenrechte als politischer Auftrag*, Wien 1993, S. 37 ff.

2 Vgl. zum Beispiel Chr. Tomuschat, *Ein internationaler Strafgerichtshof als Element einer Weltfriedensordnung*, in: Europa-Archiv, 3/1994, S. 61 ff.

3 Die Authentizität des sogenannten Geheimprotokolls, die ich bis vor kurzem noch bezweifelt habe, dürfte inzwischen eindeutig geklärt sein. An den grundsätzlichen Einschätzungen über Gründe und Auswirkungen, die ich vertreten habe, muß meines Erachtens allerdings nichts geändert werden, vgl. dazu: N. Paech, G. Stuby, *Machtpolitik und Völkerrecht in den internationalen Beziehungen*, Baden-Baden 1994, S. 164 f.

4 Vgl. hierzu neuestens W. L. Shirer, *Berliner Tagebuch. Das Ende 1944–45*, Leipzig 1994.

5 Eine detaillierte Aufstellung von Presseveröffentlichungen im Westen seit 1942 über die Judenvernichtung gibt Robert Kempner, der stellvertretende amerikanische Hauptankläger in Nürnberg, in einer Leserzuschrift in der FAZ vom 19. 7. 1963.

6 Nicht nur der Holocaust als das »spezifische, grundsätzliche, grauenhafte, singuläre Merkmal des Nationalsozialismus« wurde deutlich. Offenbar wurde auch, daß »die sozialen Klassen, die bestehenden Institutionen von Hitler instrumentalisiert, vergewaltigt, beherrscht, aber nicht total zerstört worden« sind. Diese Kennzeichnung von Jorge Semprún (FAZ-Magazin vom 7. 10. 1994) scheint mir das Phänomen gut zu beschreiben, vor dem die Alliierten 1945 standen und die sie zu den »originellen« völkerrechtlichen Antworten wie Nürnberg brachten. Auf einem anderen Blatt

steht, ob Sempruns Kennzeichnung des stalinistischen Totalitarismus zutreffend ist, den er letztlich im Stile der Totalitarismustheorien einebnet, ganz wie in seinem Wortspiel: »Der Tod ist nicht ein Meister aus Deutschland, sondern ein Meister aus Menschheit.« Vgl. die Rede anläßlich der Verleihung des Friedenspreises des deutschen Buchhandels, in: FAZ vom 10. 10. 1994.

7 Eine wichtige Rolle bei der Abstimmung zwischen den Alliierten spielte die Europäische Beratungskommission in London. Hierzu den auch noch heute interessanten Bericht eines Mitglieds Ph. E. Mosely, *Die Friedenspläne der Alliierten und die Aufteilung Deutschlands. Die alliierten Verhandlungen von Jalta bis Potsdam*, in: Europa-Archiv 1950, S. 3032 ff.

8 Die Rheinlandbesetzung fand erst später, 1923, statt, und zwar als eine im Versailler Vertrag vorgesehene Sanktion wegen ausgebliebener Reparationszahlungen.

9 Die Kennzeichnung »reformatorisch« stammt von M. Virally, *Die internationale Verwaltung Deutschlands vom 8. Mai 1945 bis 24. April 1947*, Baden-Baden 1948, insbes. S. 45 ff.

10 Zum Beispiel die Aufnahme Texas durch die Joint Resolution of Congress vom 1. 3. 1845 am 22. 12. 1845 (vgl. D. Rauschning, *Das Schicksal völkerrechtlicher Verträge bei der Änderung des Status ihrer Partner*, Hamburg 1963, S. 119) und Hawaiis durch die Joint Resolution of Congress 1898 (vgl. A. McNair, *The Law of Treaties*, Oxford 1961, S. 597).

11 H. Kelsen, *The international legal status of Germany to by established immediately upon termination of the war*, in: AJIL 38 (1944), S. 689. Dieses Kondominium wäre dann der neue Souverän, der frei von allen völkerrechtlichen Beschränkungen die notwendigen Veränderungen vornehmen könnte, nach denen dann eine neue deutsche Regierung, in diesem Fall ein neues deutsches völkerrechtliches Subjekt, eingesetzt werden könnte. Diese Theorie ist von anderen aufgenommen und verfeinert worden, zum Beispiel W. Abendroth, *Die Haftung des Reiches, Preußens, der Mark Brandenburg und der Gebietskörperschaften des öffentlichen Rechtes für Verbindlichkeiten, die vor der Kapitulation vom 8. 5. 1945 entstanden sind*, in: Neue Justiz, 1947, S. 73 ff; Virally (Anm. 9), S. 19 ff.

12 »After the period of condominium has been terminated and the sovereignty of Germany restored, Germany would legally be a new state. No continuity between the destroyed Nazi state and the new democratic Germany would exist (...). Only as a new community which is connected by no legal bonds with Nazi Germany, should democratic Germany enter the international organization after this war.« Kelsen (Anm. 11), S. 693.

13 Immer wieder war die Rede davon, mit aller »liberalen, jüdischen und bolchewistischen Tradition« gebrochen zu haben. Vgl. zur NS-Völkerrechtslehre Paech, Stuby (Anm. 3), S. 176 ff. Besonders drastisch bei den SS-Theoretikern wie Werner Best, *Grundfragen einer deutschen Großraumverwaltung*, in: Festgabe für Heinrich Himmler zum 40. Geburtstag, Darmstadt 1941, S. 33–60.

14 Zitiert nach: Virally (Anm. 9), S. 45 f.

15 Hierzu die klassische Analyse von O. Kirchheimer, *Politische Justiz*, Neuwied u. a. 1965, S. 467 ff.

16 Vgl. R. Smelser, R. Zitelmann (Hg.), *Die braune Elite. 22 biographische Skizzen*, Darmstadt 1989; vgl. auch M. Broszat, K. Schwabe, *Die deutschen Eliten und der Weg in den Zweiten Weltkrieg*, München 1989. Zur amerikanischen Diskussion,

wie mit diesen Eliten zu verfahren sei, informativ Chr. Simpson, *The Splendid Blond Beast*, New York 1993, insbes. Kap. 10, S. 149 ff.

17 Die Gründe werden in den oft zitierten Ausführungen von Thomas Mann präzise angeführt: Um in irgendeinem Sinn eine »adäquate« Bestrafung Deutschlands zu erreichen, müßten mindestens eine Million Menschen hingerichtet werden. Wenn man das tun wollte, müßte man aber gegen die Prinzipien verstoßen, um derentwillen man gegen Nazi-Deutschland Krieg geführt habe.

18 T. Taylor, *50 Jahre danach. Die Nürnberger Prozesse. Hintergründe, Analysen und Erkenntnisse aus heutiger Sicht*, München 1994, S. 41. T. Taylor war Mitglied der amerikanischen Anklagevertretung im Nürnberger Hauptkriegsverbrecherprozeß und Hauptankläger in den Folgeprozessen der Jahre 1946 bis 1949. Er berichtet in seinem neuesten Buch ziemlich ausführlich über Pläne kursorischer Schnellverfahren (S. 36 ff), kommt aber auch zum Ergebnis, daß sich derartige Tendenzen schon im Anfangsstadium nicht durchsetzen konnten. Vgl. auch Simpson (Anm. 16).

19 Text der Note aus H. Düx, *Vorläufer der Nürnberger Prozesse vor dem 1. Weltkrieg*, in: M. Hirsch, N. Paech, G. Stuby (Hg.), *Politik als Verbrechen. 40 Jahre »Nürnberger Prozesse«*, Hamburg 1986, S. 47 ff (48).

20 Der damalige Standpunkt ist formuliert von B. v. Frank, *Stichwort Strafrecht und Völkerrecht*, in: K. Strupp, *Wörterbuch der Völkerrechte und der Diplomatie*, Bd. 3, Leipzig 1929, S. 1087 ff.

21 Vgl. Düx (Anm. 19), S. 49 f.

22 Vgl. John H. E. Fried, *»Nürnberg« als Botschaft gegen Fatalismus und Resignation*, in: Hirsch, Paech, Stuby (Anm. 19), S. 86 ff.

23 Vgl. Taylor (Anm. 18), S. 74.

24 Zu den Vorarbeiten vgl. T. Taylor, *Kriegsverbrechen und Völkerrecht. Die Nürnberger Prozesse*, Zürich 1950, S. 11 ff; vgl. auch ders. (Anm. 18), insbes. S. 36 ff, 62 ff, 77 ff, mit z.T. neuen Materialien.

25 Anklagerede am 21. November 1945, in: *Der Prozeß gegen die Hauptkriegsverbrecher vor dem Internationalen Militärgerichtshof Nürnberg, 14. November 1945 – 1. Oktober 1946*, Bd. II, Nürnberg 1947, S. 115.

26 Von diesen Nachfolgeprozessen besteht bis jetzt nur eine englischsprachige Dokumentation mit ausgewählten Materialien. D. A. Sprecher, H. E. Fried (Hg.), *Trials of War Criminals before the (U.S.) Nuernberg Military Tribunals, 1951–1953*. Eine deutsche Ausgabe ist überfällig.

27 Vgl. Anm. 25, S. 118

28 Zur Kritik schon Kirchheimer (Anm. 15), S. 475.

29 Die konzeptionelle Entwicklung der Völkervernichtung als ›Endlösung‹ im Kontext der staatlichen geplanten Völkerverschiebung (Um- und Ansiedlung; »Umvolkung« und »Eindeutschung« im Sprachstil der Zeit) ist besonders eindrucksvoll herausgearbeitet bei Götz Aly, Susanne Heim, *Vordenker der Vernichtung*, Hamburg 1991, und neuestens Götz Aly, *»Endlösungen«. Völkerverschiebung und der Mord an den Europäischen Juden*, Frankfurt/M. 1995.

30 Vgl. Urteil IMT, Bd. 1, Nürnberg 1947, S. 189 ff.

31 Meines Wissens ist dieser Gesichtspunkt unter juristischen Aspekten nur von O. Kirchheimer (Anm. 15) S. 468 angesprochen. Er berührt die delikate Frage, inwieweit zwischen den traditionellen Eliten in Deutschland, die einen Teil der imperialistischen Politik des Naziregimes unterstützt haben, und Hitler sowie

seinem engen Kreis von Gefolgslosen unterschieden werden kann, die für eine spezifische Vernichtungspolitik unter rassistischen Vorzeichen verantwortlich sind. Vgl. hierzu sie skizzierte Debatte bei Klaus Hildebrand, *Das vergangene Reich: Deutsche Außenpolitik von Bismarck bis Hitler – 1871–1945*, Stuttgart 1995, insbes. S. 813 ff.

32 Vor allem im Gutachten von Jahrreiss, in: *Der Prozeß gegen die Hauptkriegsverbrecher vor dem IMT Nürnberg*, Nürnberg 1948, Bd. 17, S. 499 ff.

33 Wegen der dekretierten individuellen strafrechtlichen Verantwortlichkeit und des Ausschlusses der Einwendung, auf Befehl gehandelt zu haben. Vgl. neuestens Taylor (Anm. 18), S. 311 ff.

34 Auf diesen Gesichtspunkt weist Virally (Anm. 9) S. 28 hin. Die Einmaligkeit, der Makroverbrechenscharakter, um mit H. Jäger zu sprechen, das gezielte Verbrechen als Politik, wie es von der Funktionselite Nazi-Deutschlands angestrebt wurde, wird von allen Beteiligten der damaligen Zeit in verschiedener Variation betont. Sie war die Begründung für das deutsche Sonderregime.

35 Hierzu Kirchheimer (Anm. 15), S. 477.

36 Auf einem anderen Blatt steht, ob dies auch für die völkergewohnheitsrechtlichen Grundsätze gilt, die hinter einigen Formulierungen der UN-Charta stehen, zum Beispiel das Gewaltverbot in Art. 2 Ziff. 4.

37 Anders die herrschende Lehre in der Bundesrepublik und jetzt auch das BVerfG im Urteil des 2. Senates zu den Außeneinsätzen der Bundeswehr vom 12. Juli 1994. Für die Mindermeinung vgl. G. Stuby, *Friedensstaatlichkeit: Verteidigung durch Abschrekkung oder Sicherheitspartnerschaft*, in: *Zwischen Gehorsam und Widerstand. 40 Jahre einer vorläufigen Verfassung*, in: Demokratie und Recht, Sonderheft 1989, S. 158 ff.

38 Nach der treffenden Charakterisierung des französischen Anklägers François de Menthon ging es um »Verbrechen gegen die Menschenwürde als Inbegriff der menschlichen Daseinsnorm, also im Grunde gegen die Daseinsvoraussetzungen jeder zivilisierten Gesellschaft«. Zitiert nach Kirchheimer (Anm. 15), S. 479. Im Zusammenhang mit dem im IMT von der Verteidigung vorgetragenen Arguments des *tu quoque* weist Kirchheimer (S. 495) darauf hin, daß »bei Untaten, in denen wir [die Richter] Verstöße gegen die menschliche Daseinsnorm sehen, es schlechterdings keine vergleichbaren Praktiken irgendeines im Gericht vertretenen Staates [gab], die zur Entschuldigung oder Strafmilderung hätten herangezogen werden können«. Katyn oder andere stalinistische Verbrechen auf der einen und die Bombardierung von Dresden, Hiroshima und Nagasaki auf der anderen Seite blieben in der Sichtweise der Richter außen vor. Ein für die heutige Diskussion nicht uninteressanter Aspekt.

39 Taylor (Anm. 18), S. 60 f, weist auf den engen Zusammenhang zum Entstehungsprozeß der UN-Charta in San Francisco ausdrücklich hin.

40 Zur Geschichte der völkerstrafrechtlichen Entwicklung vgl. O. Triffterer, *Von »Nürnberg« zu einem internationalen Strafgerichtshof zur Verfolgung der Kriegsverbrechen im ehemaligen Jugoslawien*, in: Neisser (Anm. 1), S. 61 ff.

41 Vgl. Hildebrand (Anm. 31), S. 820.

42 Sie ist an anderer Stelle erfolgt. Vgl. Hinweise bei Paech, Stuby (Anm. 3), S. 316 ff.

43 Besonders klar und eindeutig formuliert von G. Ress, *Grundlagen und Entwicklung der innerdeutschen Beziehungen*, in: J. Isensee u. a., *Handbuch des Staatsrechtes der BRD*, Band I, Heidelberg 1987, S. 449 ff, und dann weiter bis zum Zwei-plus-vier-

Vertrag von 1990 fortgesetzt, ders., in: B. Simma, *Charta der Vereinten Nationen*, München 1991, Art. 107, Rz. 3, 4 und 18.

44 Eine relativ neue Auflistung aller Argumente der herrschenden Position ist zu finden bei K. Doehring, *Völkerrechtliche Beurteilung des Kriegsverbrecherprozesses von Nürnberg. Auch nach 40 Jahren sind die Prinzipien von Nürnberg nicht verwendbar gemacht worden*, in: Beiträge zur Konfliktforschung (16), 4/1986, S. 75ff; W. G. Grewe, *Rückblick auf Nürnberg*, in: K. Hailbronner u. a., *Staat und Völkerrechtsordnung, Festschrift für Karl Doehring*, Heidelberg u. a. 1989, S. 229ff.

45 Grewe (Anm. 44), S. 249.

46 So Doehring (Anm. 44), S. 78.

47 Interessant ist in diesem Zusammenhang auch, daß eine eindeutige Aggressionsdefinition bezweifelt wird, weil durch die Legalisierung des kolonialen Befreiungskampfes der Gewaltausschluß wiederum relativiert worden sei. Folge dieser Argumentation ist, daß bis heute völkerrechtlich kein eindeutiges Gewaltverbot besteht. So Grewe und Doehring (Anm. 44).

48 Grewe (Anm. 44), S. 249.

49 Vgl. für viele: Chr. Tomuschat (Anm. 2), S. 61ff.

50 St. Oeter, *Kriegsverbrechen in den Konflikten um das Erbe Jugoslawiens. Ein Beitrag zu den Fragen der kollektiven und individuellen Verantwortlichkeit für Verletzungen des humanitären Völkerrechtes*, in: Zeitschrift für ausländisches öffentliches Recht und Völkerrecht (ZaöRV), 53/1 (1993), S. 1ff (43f).

51 Vgl. Jennings, Watts (Hg.), *Oppenheims's International Law*, Ninth Edition, Vol. I, § 7; Paech, Stuby (Anm. 3), S. 286ff.

52 Vgl. den Artikel von Richard Falk in diesem Band.

53 Paech, Stuby (Anm. 3), S. 553ff.

54 Vgl. die detaillierten Ausführungen von Triffterer und Tomuschat in diesem Band.

55 Vgl. H. Weber, *St. Helena oder Nürnberg?*, in: Vereinte Nationen (VN) O 6/199, S. 205ff, dort auf S. 211 Hinweis auf weitere Entwicklungen in der ILC: Ausarbeitung eines Draft Code mit Völkerrechtsverbrechen, vgl. auch M. Bedjaoui, *Die Arbeit der Völkerrechtskommission zur Weiterentwicklung der Nürnberger Prinzipien*, in: Hirsch, Paech, Stuby (Anm. 19), S. 103ff. Umfassende Angaben über den Stand der Diskussion in und außerhalb der ILC sind zu finden bei Jennings, Watt, (Anm. 51), § 148; für die neueste Entwicklung Cede, Tichy (Anm. 1), S. 39f, und Graefrath beziehungsweise Tomuschat in diesem Band.

56 Zum Stand bis zur Einrichtung des JT vgl. umfassend informierend M. Cherif Bassiouni, *A Draft International Criminal Code and Draft Statute for an International Criminal Tribunal*, Dordrecht/Boston/Lancaster 1987; zur neuesten Entwicklung Graefrath und Triffterer in diesem Band.

57 »It is necessary to distinguish an act which as a matter of international law is a crime in international law, and an act which a state is required by international law (usually a treaty) to punish as criminal under national law.« Zitiert nach Jennings, Watts (Anm. 51), § 148, S. 506, Anm. 7. Es folgt der Hinweis auf Art. 7 der EMRK, der Vergehen nach nationalem und internationalem Recht unterscheidet. Siehe auch den Beitrag von Mohr.

58 Vgl. zu der inzwischen recht verbreiteten Meinung, derzufolge eine Strafbarkeit schon aus rein völkerrechtlichem Rechtsgrund existiert, selbst wenn keine Umsetzung durch Strafbestimmungen des nationalen Rechts erfolgt ist: Jescheck, *Geno-*

cide, in: EPIL, Inst. 8 (1985), S. 255ff (256); auch Art. 15 des »Internationalen Paktes über bürgerliche und politische Rechte von 1966« geht von einer unmittelbar auf Völkerrecht beruhenden individuellen Strafbarkeit aus, vgl. hierzu die Kommentierung von M. Nowack, *UNO-Pakt über bürgerliche und politische Rechte und Fakultativprotokoll/CCPR-Kommentar (1989)*, S. 287ff, insbes. Rz. 5f und 17f.

59 Vgl. die Hinweise bei Jennings, Watts (Anm. 51), §§ 159–167.

60 Vgl. Anm. 33.

61 Vgl. Abendroth, *Piraterie*, in: Strupp/Schlochhauer, *Wörterbuch des Völkerrechts*, Bd. II, S. 768.

62 Vgl. I. Brownlie, *Principles of Public International Law*, 4. Aufl., Oxford 1990, S. 305.

63 Vgl. Paech, Stuby (Anm. 3), S. 80ff.

64 Hinweise dazu u.a. bei K. Ipsen, in: ders. (Hg.), *Völkerrecht*, 3. Aufl., § 38.

65 Eine Bestimmung, die eine universelle Strafgewalt begründet hätte, wurde aus dem Konventionsentwurf 1948 wieder gestrichen. Die Mehrheit der Staatenvertreter beharrte darauf, daß die Strafbefugnis (und die daran anknüpfende Strafverfolgungspflicht) nur den Territorialstaat trifft, auf dessen Gebiet die Taten des Völkermordes begangen worden sind bzw. begangen werden. Die Sowjetunion bekämpfte die Einrichtung einer obligatorischen internationalen Strafgerichtsbarkeit, weil sie darin eine Verletzung des Prinzips der Nichteinmischung in die inneren Angelegenheiten erblickte. Vgl. H.-H. Jescheck, *Genocidium*, in: Strupp/Schlochauer, *Wörterbuch des Völkerrechts*, Bd. 1, S. 658 ff. Vgl. auch Kuper, *The Prevention of Genocide*, 1985, S. 173; zur Entstehungsgeschichte der Völkermordkonvention ausführlich M. Lippman, *The Drafting of the 1948 Convention on the Prevention and Punishment of the Crime of Genocide*, Boston University International Law Journal, 3 (1985), S. 1ff.

66 Vgl. Th. Meron, *Human Rights and Humanitarian Norms as Customary Law*, Oxford 1989, S. 208ff.

67 Zum System des *aut dedere aut iudicare* in den Genfer Konventionen vgl. van den Wyngaert, *The Suppression of War Crimes under Additional Protocol I*, in: *Essays in Honour of Frits Kalshoven*, 1991, S. 202ff; J. Pictet (Hg.), *Commentaire à la IVème Convention de Genève*, 1956, Vorbemerkungen vor Art. 146 (S. 624ff) und Kommentierung zu Art. 146 (S. 634ff); vgl. auch K. Sachariew, *Les droits des Etats en matière de mesures de mise en œuvre du droit international humanitaire*, in: Revue Internationale de la Croix Rouge (RICR), 71 (1989), S. 187ff. (200).

68 Vgl. J. Pictet (Hg.), *Commentaire à la IIème Convention de Genève*, 1958, S. 439; sowie A. Rosas, *The Legal Status of Prisoners of War*, Helsinki1976, S. 368. Diese reale Möglichkeit der Gegenseitigkeit dürfte auch der Grund für die Einführung des vollen Weltrechtsprinzips hier sein.

69 Vgl. Anm. 32, S. 499ff (517); vgl. auch Paech, Stuby (Anm. 3), S. 389.

70 Vgl. Anm. 30, S. 189ff, 248f.

71 Ago u.a. stützen ihre Ansicht auf die Entscheidung des IGH, den sogenannten Barcelona Traction Fall. Vgl. zu dem Ganzen M. Bedjaoui, *Droit International. Bilan et Perspectives*, Band I, S. 378f; vgl. auch Jennings, Watts (Anm. 51), § 148. Sowie insgesamt Mohr in diesem Band.

72 Vgl. Angaben zu Anm. 42 und Graefrath und Mohr in diesem Band.

73 Vgl. zu den Vordiskussionen Taylor (Anm. 18), S. 36ff; speziell zur Statenverantwortlichkeit Meron (Anm. 66), S. 208ff; Paech, Stuby (Anm. 3), S. 331ff.

74 Vgl. zum Beispiel die Berichte und Vorschläge der KSZE-Berichterstattergruppe, vor allem deren zweiten Bericht »Proposal for an International War Crimes Tribunal for the former Yugoslavia, by Rapporteurs (Corell-Türk-Thune) under the CSCE Moscow Human Dimension Mechanism to Bosnia-Herzogovina and Croatia« vom 9. 2. 1993.

75 H. Kelsen, *The Law of the United Nations*, 1950, zit. bei Ulrich Scheuner, *Kollektives Sicherheitssystem*, in: Strupp/Schlochauer, *Wörterbuch des Völkerrechts*, Berlin 1961; Paech, Stuby (Anm. 3), S. 432ff.

76 Vgl. R. Knieper, *Nationale Souveränität. Versuch über Ende und Anfang einer Weltordnung*, Frankfurt 1991; zum Grundsätzlichen vgl. Paech, Stuby (Anm. 3), S. 286ff.

77 Dies deckt sich weitgehend mit dem von H. Jäger entwickelten Begriff des Makroverbrechens. Vgl. den Beitrag von Jäger in diesem Band.

78 Vgl. die Resolution 688 von 8. 4. 1991.

79 Das Fehlen einer solchen »einheitlich organisierten Weltgemeinschaft« sieht Kirchheimer (Anm. 15), S. 491, als Haupthindernis für die Einrichtung eines internationalen Strafgerichtshofes. Heute sollte man ein Fragezeichen an solche Gedankengänge setzen. Gerade auf der internationalen Ebene haben Pluralität und Multikultur einen zentralen Stellenwert.

80 Brasilien als nichtständiges Mitglied des Sicherheitsrates hat zwar der Einrichtung eines Ad-hoc-Tribunals zugestimmt, aber seine Stellungnahme qualifiziert. Einer Einrichtung durch völkerrechtlichen Vertrag solle der Vorzug gegeben werden. Es werden Zweifel an der Zuständigkeit des Sicherheitsrates angemeldet. Vgl. UN-Doc. A/47/92/922-S/25540 vom 6. April 1993. Auch Mexiko als nichtständiges Mitglied des Sicherheitsrates hat zwar die Einrichtung des Ad-hoc-Tribunals befürwortet, aber hervorgehoben, daß der Sicherheitsrat die Souveränitätsrechte der UN-Mitgliedstaaten respektieren und deshalb der Dialog zwischen dem Sicherheitsrat und der Generalversammlung installiert werden muß; vgl. UN-Doc. S/25417 vom 16. März 1993. Allerdings haben die Mitglieder der Organisation der islamischen Konferenz (Ägypten, Iran, Malaysia, Pakistan, Saudi-Arabien, Senegal und Türkei) auch eine Kapitel VII-Lösung vorgeschlagen. Vgl. Cede, Tichy (Anm. 1), S. 50.

81 Vgl. Graefrath in diesem Band.

Kader Asmal

Zur Rolle der »Wahrheitskommission« in Südafrika

Ein Name steht für einen anderen, ein Teil für das Ganze: die historische Gewalt der Apartheid läßt sich stets als Metonymie verwenden. In ihrer Vergangenheit ebenso wie in ihrer Gegenwart. Durch ihre Einzigartigkeit lassen sich über verschiedene Wege (Verdichtung, Verdrängung, Ausdruck oder Repräsentation) viele verschiedene Formen der Gewalt entschlüsseln, die sich in der Welt ereignen (...). Also: unendliche Verantwortung, keine Ruhepause für ein gutes Gewissen in irgendeiner Form.

Jacques Derrida, *Specters of Marx* (1994)

I. Einleitung

Wird über Wahrheitskommissionen geschrieben, bemüht man sich in der Regel, akademisch und neutral zu sein. Artikel werden oft in einem pseudowissenschaftlichen Ton verfaßt, selbst wenn sie von Personen stammen, die an den beschriebenen oder beurteilten Ereignissen unmittelbar beteiligt waren. Der vorliegende Beitrag kann und soll nicht diese Eigenschaft haben. Er kann nicht neutral sein, weil zum Zeitpunkt, in dem er geschrieben wird, die südafrikanische Wahrheitskommission Gegenstand einer kontroversen gesetzgeberischen Debatte in diesem Land ist, in der der Autor eine eindeutige Stellung bezieht. Es wäre künstlich – sogar unehrlich – in einem Ton zu schreiben, der etwas anderes vermuten läßt.

Außerdem sollte dieser Artikel nicht in diesem Ton geschrieben sein, weil die Fragen, die er anspricht, ebensosehr mit Ethik wie mit Sachkenntnis zu tun haben. Die Versuchung liegt nahe, so zu schreiben, als wäre in Zeiten des politischen Übergangs die Frage des Wahrheitsagens ein technisches Unterfangen, bei dem verschiedene Rezepte eine vorhersagbare kausale Auswirkung auf Erfolg oder Scheitern dieses Übergangs haben. Aber eine solche Herangehensweise beruht darauf, daß man sich übermäßig auf Wissen und Weitsicht von Experten verläßt, und kann uns dazu verleiten, folgenschwere und unnötige ethische Kompromisse einzugehen, indem wir uns auf eine Suche nach Gewißheiten einlassen, die im Grunde nicht möglich sind. Mir geht es eher darum, herauszuarbeiten, daß die südafrikanische Wahrheitskommission ein Kapitel in einem geschichtlichen Abenteuer von großer Tragweite darstellt.

II. Das Ideal der konstruktiven Revolution

Südafrika versucht, ein neues Modell progressiver Politik zu verwirklichen: das Ideal der *konstruktiven Revolution*. Wir hoffen, die beiden Extreme von Gewagtheit und Feigheit vermeiden zu können, ebensowie wie die schale Orientierungslosigkeit politischer Zurückhaltung. Dieses Ideal einer konstruktiven Revolution wurde bereits 1992 von unserem Präsidenten Nelson Mandela formuliert. Ganze zwei Jahre, bevor er die Zügel der Macht übernahm, betonte der zukünftige Präsident, daß das »schlimme Unrecht, die gesellschaftliche Verzerrung und Ungleichheit, die von der Apartheid geschaffen und aufrechterhalten wurden, in geordneter Weise in Angriff genommen, behoben und beseitigt werden müssen«. Südafrikas Wahrheitskommission, die das Ziel der nationalen Aussöhnung verfolgt, muß als bedeutender, aber auch begrenzter Teil dieser Bemühungen gesehen werden.

Dank dieses Ideals der konstruktiven Revolution hat das neue Südafrika die grimmige und stets flüchtige Genugtuung einer rücksichtslosen Siegerpolitik erfolgreich vermieden. Während Frantz Fanons Modell revolutionärer Gewalt seinerzeit brauchbar war (aber auch extrem mißbraucht wurde), sind wir jetzt in der Lage, aus Entwicklungen, die seit Fanons Zeit in integrativer Politik stattgefunden haben, unsere Lehren zu ziehen. Das Ergebnis ist, daß die Machtverschiebung in unserem Land tatsächlich ohne Anarchie stattgefunden hat. Zur Verwirrung der Zweifler hat das Zentrum standgehalten.

Wir haben, mit Dankbarkeit und Bescheidenheit, die Phantomdemokratie hinter uns gelassen, in der die alte Garde, äußerlich entmachtet, in Wirklichkeit ein direktes Veto gegen den Demokratisierungsprozeß besaß. Im heutigen Südafrika ist der höchste Trumpf, den die Männer von gestern ausspielen können, nicht – wie es anderswo der Fall gewesen ist – die Androhung eines direkten militärischen Coups. Das übersteigt bei weitem die militärischen und politischen Mittel der alten Garde. Sie ist jetzt heillos zersplittert und zerstritten, erschöpft sich in bitteren gegenseitigen Anschuldigungen, die Sache verraten zu haben, und erliegt plötzlich einer Epidemie geheimnisvoller medizinischer Leiden, die Frühpensionierungen oder großzügige Renten erfordern. Sie haben auch größtenteils die Fähigkeit verloren, den schrecklichen Destabilisierungsprozeß der Vorwahlzeit weiter zu finanzieren, den wir inzwischen als die »dritte Kraft« bezeichnen.

Die Anhänger der alten Ordnung können heute bestenfalls verschiedene Formen bürokratischer Obstruktion androhen. Und ihre Versuche, dies zu tun, sind bisher selbst auf höchster Regierungsebene gescheitert. Sie haben ihre Machtlosigkeit eher noch verstärkt, als daß ein grundsätzlicher Richtungswechsel erzwungen worden wäre. Auch ohne die Basis von Sieg und Kapitulation in eindeutigem militärischem Sinne, wie sie die Grundlage der Nürnberger Prozesse gebildet hat, haben, verglichen mit anderen Ländern, wo Wahrheitskommissionen eingesetzt wurden, die Verfechter der Menschenrechte in Südafrika einen einzigartig starken Stand. Das gleicht vielleicht die Tatsache aus, daß wir uns mehr Zeit als andere Länder gelassen haben, ein Wahrheitsfindungsverfahren in Gang zu setzen. Für jene bedeutete eine Verzögerung eine unvermeidliche Niederlage. Für uns sind die sehr realen Kosten der Verzögerung komplexer und nicht so weitreichend gewesen.

III. Sind Prozesse genug?

Paradoxerweise wirft die relative Stärke der südafrikanischen Menschenrechtslobby eher neue und schwierige Fragen auf, als daß sie auf leichte Lösungen hindeutet. Unsere Kraft erfordert sorgfältiges Nachdenken über die Ziele, die wir erreichen wollen. Wir könnten zum Beispiel über den Punkt hinausgehen, der in Argentinien erreicht wurde. Dort bedeutete die relative Schwäche der Menschenrechtslobby, daß ein Programm strafrechtlicher Verfolgung abrupt mit der *Punto-Final*-Gesetzgebung Ende 1986 endete (die eine Verjährungsfrist von 60 Tagen festsetzte, so daß nach Februar 1987 keine neue Strafverfolgung eingeleitet werden konnte).

Aber möchte Südafrika den Erfolg seiner Wahrheitskommission wirklich nur nach der Zahl von Schuldsprüchen messen? Unsere relative Stärke sollte eher dazu dienen, ehrgeizigere Ziele anzustreben. Außerdem ist es so, daß die großen politischen Hindernisse, die einem strafverfolgungsorientierten Verfahren im Wege stehen, zwar vielleicht durchaus überwindbar sind, aber doch praktische Hindernisse bestehenbleiben, wie etwa die Beschaffung von Beweismitteln in Form von Urkunden und Zeugenaussagen, die gerichtlichen Anforderungen standhalten. Die tatsächlichen Aussichten auf erfolgreiche Strafverfolgung sind daher unsicher, wie auch die Aussichten, die ganze Wahrheit aufzudecken.

Ein strafverfolgungsorientiertes Verfahren wäre von den engbegrenzten entscheidungserheblichen Sachverhalten bestimmter Fälle gekennzeichnet sowie von der zufälligen Verfügbarkeit oder des Fehlens hieb- und stichfester Beweise. Doch kann die Verfügbarkeit oder das Fehlen solchen Materials nur eine schwache Beziehung zu tatsächlichen Mustern von Verantwortung haben. Zum Beispiel könnten wir ohne weiteres eine Reihe von Handlangern strafrechtlich verfolgen, einfach nur weil ihnen die Macht fehlte (oder der Zugang zu den Akten), um sie belastende Beweismittel zu vernichten oder zu verändern. Wir könnten dann unabsichtlich jene freisprechen, die eine gewichtigere moralische Verantwortung besitzen und eine entsprechend größere Fähigkeit, ihre Vergehen zu verbergen. Das Ergebnis eines solchen strafverfolgungsorientierten Verfahrens könnte eher die Glücklosigkeit der Schuldigen widerspiegeln (in ihrer Unfähigkeit, ihre Spuren zu verwischen) als ihre wirkliche Verantwortung.

Aber selbst angenommen, ein Programm der Massenstrafverfolgung wäre durchführbar, so ist doch das wesentliche Argument dagegen, daß die Langwierigkeit eines ordentlichen gerichtlichen oder sonstwie justizförmigen Verfahrens und die begrenzte Reichweite der Ergebnisse (individuelle Schuldermittlungen) die Frage nach dem Sinn des ganzen Unterfangens aufwerfen müssen.

Die Apartheid war eine systematische und kriminelle Verschwörung, die durch ein politisches System ausgeführt wurde. Sie war nicht bloß die Summe der Menschenrechtsverletzungen fehlgeleiteter Einzelpersonen. Aus diesen und anderen Gründen betonte der ANC (Afrikanischer Nationalkongreß, heute Regierungspartei) frühzeitig während der Verhandlungen über die Machtübergabe, daß Prozesse im Stil von Nürnberg nicht unsere Absicht sind. Unser Wahrheitsfindungsverfahren soll der nationalen Aussöhnung dienen und weiterreichende Ziele haben, mit der Betonung auf Aufdeckung und nicht auf Bestrafung.

Das soll nicht heißen, daß es keine Strafverfolgung geben wird, nur daß ein justizförmiges Verfahren und gerichtliche Schuldermittlung nicht im Mittelpunkt des Vorganges stehen sollten. Allgemeiner Anstand wie auch unsere Verpflichtungen gegenüber internationalem Recht erfordern, daß wir, wo Beweismittel vorhanden sind, bestimmte Strafverfolgungen in Gang setzen, vor allem in Fällen, in denen Entschädigung nicht beansprucht oder gewährt wird. Trotzdem muß der Schwerpunkt des Unternehmens woanders liegen.

IV. Das brückenspannende Ziel der Wahrheitskommission

Die Vision des ANC, wie mit der Vergangenheit umgegangen werden sollte, war stets im Ideal der konstruktiven Revolution und ihrer logischen Folge, der Rechtsstaatlichkeit verwurzelt. In diesem Geiste haben wir das *Groote-Schuur-Protokoll* vom Mai 1990 ausgearbeitet, eine Vereinbarung mit dem alten Regime, in der wir uns auf »eine gemeinsame Verpflichtung« verständigten, »das existierende Klima der Gewalt und Einschüchterung aufzulösen«. Diese Verpflichtung wurde vom ANC und dem Regime im *Pretoria-Protokoll* vom 6. August 1990 bestätigt, in dem der ANC seinen bewaffneten Kampf aussetzte, »um so schnell wie möglich zu einer durch Verhandlungen herbeigeführten friedlichen politischen Lösung zu kommen«.

Spätere Enthüllungen, die von einer Kommission unter Leitung des Richters Richard Goldstone und weiteren Untersuchungen bestätigt wurden, über gewaltsame, vom Staat unterstützte Destabilisierung, durch die die Verhandlungsposition des Regimes gestärkt werden sollte, deuten darauf hin, daß die angeblich »gemeinsame« Verpflichtung zwischen dem alten Regime und dem ANC in der Praxis etwas einseitig war.

Diese Einseitigkeit war auch in der während der gesamten Verhandlungen beibehaltenen Haltung des Regimes zu erkennen, das darauf bestand, daß eine umgehende Absolution der Sünden von Jahrzehnten gewährt werde. Wie sich auch in dem Versuch zeigte, Arbeitsplatzgarantien im Staatsdienst festzuschreiben, lag dem Regime eher daran, seine Generäle und sein Fußvolk zu schützen, als die Grundlagen für eine Rechtsstaatlichkeit zu schaffen.

Bei den Verhandlungen machte das Regime wiederholt den Vorschlag, durch Mittel wie Generalamnestien »die Vergangenheit zu löschen«, und ging sogar so weit, eine einseitige Selbstamnestie vorzuschlagen. Dieses Manöver wurde frühzeitig durch die klare Erklärung der Befreiungsbewegung vereitelt, daß ein solcher Schritt internationales Recht verletze, eine juristische Nichtigkeit darstelle und eine in der Folge demokratisch gewählte Regierung sich nicht daran gebunden fühlen würde. Trotzdem blieben die Spannungen zwischen sofortiger Absolution und Rechenschaftspflicht, zwischen historischer Genauigkeit und Propaganda, zwischen der Schaffung von Rechtsstaatlichkeit und einer Notbehelfspolitik ein Merkmal der Verhandlungen und bestimmen immer noch das Wesen der aktuellen Debatten.

Die heutigen Gegner eines Wahrheitsfindungsverfahrens warnen mit eintöniger Penetranz davor, die vielfältigen Abszesse des Gesellschaftskörpers »erneut zu öffnen«. Sie wollen damit andeuten, daß all diese verschiedenen Geschwüre auf wunderbare Weise über Nacht geheilt wären, als wären die Wahlen so etwas wie ein Allheilmittel. Zusätzlich unterstellen sie, daß sich das Ziel, historische Genauigkeit anzustreben, und das Ziel, die gegenwärtige Stabilität zu erhalten, gegenseitig neutralisieren würden. Ihre unartikulierte Prämisse lautet, daß das Streben nach Gerechtigkeit und die Schaffung von Rechtsstaatlichkeit miteinander in Konflikt stünden.

Dies ist ein vertrautes Argument in den akademischen Publikationen, die sich mit den Erfahrungen befassen, die weltweit mit Wahrheitskommissionen gemacht wurden, und es mag in bestimmten kritischen Phasen in Südafrikas jüngster politischer Geschichte einige Berechtigung gehabt haben. Aber angesichts des freundlicheren politischen Klimas von heute ähneln Befürworter dieser Ansicht Leuten, die im Sommer Mäntel tragen, weil sie sich daran erinnern, im Winter gefroren zu haben. Die Umstände haben sich verändert, doch wird dasselbe alte Argument – Jahrgang 1990 – ohne die geringste Konzession an die sich entwickelnden politischen Realitäten vorgebracht. Scharfsinnigere Beobachter erkennen, daß der südafrikanische Himmel nicht auf Geheiß der Anhänger der alten Ordnung einstürzen wird.

V. Wahrheit und Rechtsstaatlichkeit

Es ist daher nicht mehr notwendigerweise wahr (wenn es überhaupt jemals der Fall war), daß in Südafrika die Erfordernisse, die das Streben nach Gerechtigkeit mit sich bringt, mit denen im Widerspruch stehen, die die Schaffung einer Rechtsstaatlichkeit verlangt. Die entscheidende Aufgabe besteht darin, Gerechtigkeit ausführlich zu bestimmen, damit wir nicht in die Falle geraten, sie zu eng als eine innerhalb der Gerichte zu klärende Frage von Verbrechen und Strafe zu definieren.

Anstatt mit einem endlosen justizförmigen Verfahren ist der Sache der Gerechtigkeit eher mit einer Richtigstellung der geschichtlichen Tatsachen gedient, damit die Wirklichkeiten in ihren plastischen und grotesken Details hervortreten können, die unter der besänftigenden Propaganda der Apartheid verschüttet gewesen waren – oder der »getrennten Entwicklung« beziehungsweise der »getrennten Freiheiten«, oder mit welchen Euphemismen auch immer Apartheid beschrieben wurde. Es genügt nicht, den Jahrzehnten, in denen den Menschen sowohl Wahlrecht wie Bildung vorsätzlich vorenthalten wurden, ein Ende zu setzen; wir müssen auch weiße Südafrikaner und ihre ehemaligen Verbündeten andernorts aus einem selbstgefälligen moralischen Schlummer rütteln. Eine wirkungsvolle Bewältigung der zweiten Aufgabe wird die Umverteilung der Ressourcen rechtfertigen, die für die erste erforderlich ist. Aus diesem Grund werden die Stimmen und die Geschichten der Opfer ein entscheidendes Element des südafrikanischen Demokratisierungsprozesses sein.

Dieses Streben nach Gerechtigkeit mittels geschichtlicher Richtigstellung wird die Schaffung von Rechtsstaatlichkeit eher unterstützen, als daß sie mit ihr kollidiert. Es wird die Qualität der öffentlichen Diskussion auf der ganzen Bandbreite aktueller Fragen anheben, von aktiver Gleichstellungspolitik (»affirmative action«) über Außenpolitik bis zur Reform der Sicherheitsdienste. Es wird die Wahrnehmungskluft verringern, die sich, anläßlich einer Kontroverse über die Entlassung eines Deputy Ministers, in dem Vorwurf der National Party manifestiert, daß das wirkungsvolle Funktionieren unseres neuen verfassungsmäßigen gesellschaftlichen Prozesses – die Durchsetzung des neuen Gedankens, daß die Regierung verfahrenstechnisch korrekt vorzugehen habe – uns in den Augen der Welt wie eine »Bananenrepublik« erscheinen lasse. Es ist lehrreich, daß eine derartige Behauptung im Jahr 1995 von jenen kommt, die einem Paria-Regime vorgestanden haben, dessen Politik von der Weltgemeinschaft offiziell als ein Verbrechen gegen die Menschlichkeit verurteilt wurde.

Während einerseits Initiativen, die darauf abzielen, die empörenden Lebensbedingungen unseres Volkes zu lindern, bei bestimmten wirtschaftlich abgesicherten Kreisen automatisch die Antwort provozieren, daß Südafrika sich die erforderlichen Ausgaben »nicht leisten« könne, ist da andererseits die Verschwendung, wie sie im Beharren der National Party auf eine Stellengarantie im Staatsdienst zum Ausdruck kommt, in den massiven Abstandssummen, die großzügig Angehörigen des Sicherheitsdienstes gewährt werden, die sich frühzeitig pensionieren lassen, in den wirkungsvollen Bestechungsgeldern, mit denen das Schweigen anderer Sicherheitsdienstler erkauft wurde – Faktoren, die in irgendeinem kognitiven schwarzen Loch verschwinden, wenn die Architekten der Apartheid versuchen, ernstgenommen zu werden und wenn sie Verfassungsstaatlichkeit mit dem »Verfassungsverständnis von Bananenrepubliken« gleichsetzen.

Diese kognitive Dissonanz beschränkt sich nicht auf den Bereich politischer Parteirhetorik, sondern durchzieht auch die meisten technokratischen Aspekte der Politikformulierung im neuen Südafrika. Bei der endgültigen Fertigstellung des Weißbuches der Regierung der Nationalen Einheit zur Entwicklung der Klein-, Mittel- und Minibetriebe hatte die National Party prinzipielle Einwände gegen jene Teile des Entwurfs, in denen in einem völlig zurückhaltenden und geschäftsmäßigen Ton die dunklen Methoden beschrieben wurden, mit denen die Apartheid schwarze Kleinbetriebe aktiv demontiert und bewußt behindert hatte. Indem sie darauf bestand, daß die geschichtsbezogenen Teile des Entwurfs gestrichen werden, zeigte die National Party, daß, wie die Dichterin Adrienne Rich andernorts bemerkt hat, »Schweigen ein rigoros durchgeführter Plan sein kann (...). Man darf Verschwiegenwerden nicht mit Nichtvorhandensein verwechseln.« Das herrschende Schweigen über unsere Vergangenheit ist etwas Reales und Greifbares von großer Macht. Es ist etwas, das wir uns bemühen müssen zu zerstören.

In der Debatte um die aktive Gleichstellungspolitik hat sich in bestimmten Kreisen eine völlig unbegründete Vorstellung von »umgekehrter Diskriminierung« verbreitet, und es herrscht sogar die Auffassung – obwohl in der Verfassung ausdrücklich das Gegenteil gesagt wird –, daß Hilfsmaßnahmen und Entschädigungen für die Opfer der Apartheid gegen die südafrikanische Verfassung verstoße. Im gleichen Zuge haben jene, die teilweise erst gegen Ende der siebziger Jahre Bewohner von ihrem Grund und Boden vertrieben hatten, keine Hemmungen, die Eigentumsschutzklausel der neuen Verfassung zu zitieren und Entschädigung für »ihr« Eigentum zu verlangen.

In ähnlicher Weise setzt sich, wie sie es bei den Verhandlungen vor den Wahlen getan hat, die begüterte, aber traditionell apartheidfeindliche Democratic Party für eine Form verfassungsmäßig geschützter »Freiheit« ein, die zu »Gleichheit« in einem gewissen Widerspruch steht. Dies kann keinen Sinn in einer Gesellschaft ergeben, in der gesetzlich durchgesetzte Ungleichheit gerade das Wesentliche im Fehlen politischer Freiheit ausgemacht hat. Selbst die Democratic Party, altbewährter Gegner der Apartheid, hat offenbar Nachhilfeunterricht in Geschichte nötig in dieser Zeit, in der das neue Südafrika die nach wie vor bestehenden materiellen Privilegien seiner wohlhabenden liberalen Wählerschaft in Frage stellt. In diesem Zusammenhang wird das Streben nach Wahrheit über die Vergangenheit ein ethisches, politisches und selbst technisches Potential freisetzen, das zu einer progressiven politischen Debatte über eine Reihe von Fragen beitragen wird.

Die Wahrheitskommission wird nicht nur wegen der neuen Einzelheiten ihrer Enthüllungen wertvoll sein, sondern auch – sogar in erster Linie – wegen der öffentlichen Zurkenntnisnahme dessen, was einigen von uns schon seit langem bekannt ist. Wenn neue Erkenntnisse und geschichtliche Perspektiven auf diese Weise zum »öffentlichen kognitiven Schauplatz« werden, wie der amerikanische Philosoph Thomas Nagel es einmal bezeichnet hat, sind bestimmte Formen moralischer und politischer Rückständigkeit endgültig aufgebrochen. Die Wahrheitskommission muß die

Strategien des Schweigens und des Vergessens der Apartheid auflösen, die selbst in der neuen Politik dieses Landes immer noch über eine so lautstarke Stimme verfügen. Daher noch einmal die Bedeutung, die den Stimmen der Opfer zukommt.

Zur Zeit gleicht unsere politische Kultur einer Schlange, die ihre alte Haut abstreift, weil sich darunter eine neue gebildet hat. Eine solche Erneuerung ist für sich genommen schon eine bedeutende Leistung. Aber wenn wir erst mal von den Gesichtern am Boden des Brunnens gehört haben, können wir vielleicht anfangen, nicht nur die Haut der Schlange abzustreifen, sondern auch ihre schlangenähnlichen Eigenschaften.

VI. Wahrheit und Selbstkritik

Die zum Ziel der nationalen Aussöhnung eingesetzte Wahrheitskommission steht vor einer großen Aufgabe der Umerziehung. Es soll hier festgehalten werden, daß die Kommission keine einseitige Maßnahme gegen die Funktionäre der alten Ordnung sein wird. Der ANC steht unter den Nicht-Regierungsorganisationen einzigartig dar, indem er Untersuchungen seiner eigenen Verstöße gegen die Menschenrechte eingeleitet hat, noch bevor er die Macht übernahm, noch während er sich mitten in einem Kampf um Überleben und Befreiung befand, der vom internationalen Recht gutgeheißen wurde.

Im Gegensatz dazu ist die Führung der National Party auch heute noch nicht in der Lage, die ethische Grausamkeit des Systems zuzugeben, das sie ersonnen hat und dem sie so lange vorgestanden ist. Ihre Führung beharrt darauf, daß Apartheid, überall als ein Verbrechen gegen die Menschlichkeit verurteilt, »als Idealismus auf der Suche nach Gerechtigkeit« begonnen habe.

Die Kommission stellt einen entscheidenden Schritt in der Demontage der großen Lüge dar, die die Apartheid belebt hat. Im Innern des *Voortrekker*-Denkmals, ein Wahrzeichen außerhalb Pretorias, das den Buren gewidmet ist, brennt über einer Plakette eine ewige Flamme. Die Flamme und die Plakette erinnern an die Ankunft der weißen Trekker, die als die Träger des »Lichts der Zivilisation« bezeichnet werden. Genau wie bei den hochtrabenden Klischees, mit denen andere immer noch versuchen, den Kolonialismus weltweit keimfrei zu machen, war eine solche Anschauung nichts anderes als ein Gerüst für die Barbarei. Und bis heute bleiben Teile unseres Landes von einem solchen falschen Licht geblendet.

Während also belegt ist, daß der ANC sich um Menschlichkeit bemüht, indem er eigene Rechtsverletzungen aufdeckt, fehlt, mit den Worten meines Kabinettskollegen Minister Trevor Manuel, den Architekten der Apartheid nach wie vor »die Fähigkeit zur Reue, so entscheidend für Versöhnung«. Im Gegensatz dazu ist Selbstkritik ein zentraler Bestandteil des Projekts des neuen Südafrika der konstruktiven Revolution. Unser Demokratisierungsprozeß wird nicht zu einer Geschichtsschreibung des Siegers und auch nicht zu bloßer Selbstrechtfertigung verkommen.

VII. Wahrheit und gesellschaftlich-wirtschaftlicher Wiederaufbau

Stellt man die Ideale der konstruktiven Revolution und Rechtsstaatlichkeit ins Zentrum des Wahrheitsfindungsprozesses, ließe sich damit eine seit langem bestehende Anomalie in der internationalen Gemeinschaft der Menschenrechtsorganisationen richtigstellen. Viele von ihnen, die sich sowohl für Wahrheitskommissionen als auch für die Menschenrechte der zweiten und dritten Generation einsetzen, gehen allzuoft so vor, als wäre jede dieser Kampagnen von der anderen vollkommen unabhängig.

Und doch stellten die staatlichen und politischen Grausamkeiten wie Folter, Mord und Verschleppungen tatsächlich nur eine Kategorie jener Übel dar, die aus dem Fehlen des Wahlrechts entsprangen. Die bürgerliche und politische Vorenthaltung des Wahlrechts hatte auch vorhersehbare Folgen auf Gesellschaft, Wirtschaft, Kultur und Umwelt. Die willkürliche Mittelvergabe-Politik des Apartheidregimes konnte ungestraft betrieben werden, da sie von jeglicher Rechenschaftspflicht gegenüber jenen befreit war, die von den sozialen und wirtschaftlichen Folgen betroffen waren.

Wenn die Sicherheitskräfte spät in der Nacht oder früh am Morgen an den Häusern unschuldiger Menschen anklopften, dann wurden damit sicher die Bürgerrechte von Einzelpersonen verletzt. Die gleiche Praxis hatte aber katastrophale Auswirkungen auch sozialer und wirtschaftlicher Art, wenn diese Zwangsverschleppungen nicht nur einzelne Haushalte, sondern ganze Gemeinden betrafen. Die unter Mißachtung bürgerlicher und politischer Normen erfolgten Inhaftierungen von Familienoberhäuptern verletzten ebenfalls die sozialen und wirtschaftlichen Rechte der zerstörten Familien und stürzten die Angehörigen der Inhaftierten in materielle Unsicherheit.

Die bürgerliche und politische Straffreiheit für Folter und körperliche Mißhandlung und die Pervertierung sozialer Rechte durch die Gesetzgebung wie zum Beispiel in Form des *Immorality Act*, der gemischte Ehen verbot und der bis Mitte der achtziger Jahre in Kraft war, sind zwei Seiten derselben Medaille. Die Verachtung der bürgerlichen und politischen Rechte durch das Apartheidregime korrespondierte mit ihrer Haltung gegenüber den sozialen, ökonomischen, kulturellen und umweltbezogenen Rechten von Menschengruppen, die wegen ihrer Rasse benachteiligt wurden.

Durch diese soziale und ökonomische Linse betrachtet, könnte eine Einengung des Blickfelds auf ein justizförmiges Verfahren und auf die Verurteilung oder Grundrechtsbeschränkung von Einzelpersonen leicht dazu führen, daß eine neue Wahrheit eher verhüllt als aufgedeckt wird. Während sie richtigerweise eine Doktrin des höheren Befehls ablehnen, sollten sich unsere Wahrheitsfindungsverfahren nicht an ein individualisierendes Modell orientieren, bei dem oft mitleiderregende Fußsoldaten verteufelt werden (und damit ihre Bedeutung übertrieben wird), die den Abzug betätigt, die Fingernägel herausgerissen oder Bürger überfallen haben. Sie waren zwar Bestandteil krimineller Verschwörungen, die aber in Wirklichkeit oft zuvor von Kabinettsministern abgesegnet worden waren.

VIII. Abschreckung ist ein falscher Weg

Viele von uns in Südafrika stehen Argumentationen, die für die Wahrheitskommission eine Abschreckungsfunktion vorsehen, mit einer gewissen Skepsis gegenüber. Sicher, es geht uns darum zu vermeiden, daß sich Mißbrauch, wie er in der Vergangenheit stattgefunden hat, nicht wiederholt. Aber die Wahrheitskommission wird sehr nützlich sein, indem sie eine Informationsgrundlage für die Bildung alternativer institutioneller Strukturen schafft und neue Anreize innerhalb jener früheren Täterorganisationen fördert, die wir nicht auflösen, sondern reformieren wollen. Um zukünftige Menschenrechtsverletzungen zu vermeiden, werden solche konkreten institutionellen Reformen viel wichtiger sein als das Spektakel individueller Bestrafung.

Es kann als eines der vielen vorhandenen Beispiele für die analytische Schizophrenie einiger unserer wohlmeinenden Genossen von der Linken gelten, wenn jene, die als erste die Mängel einer auf Abschreckung beruhenden Argumentation aufzeigen, die sich an der Todesstrafe und an einer unnachgiebigen Strafverfolgung orientiert, in der Regel diese Scharfsinnigkeit plötzlich verlieren, sobald es um Wahrheitskommissionen geht.

Institutionelle Reform, nicht Schauprozesse, werden gegenwärtige und zukünftige Menschenrechtsverletzer von ihrem Tun abhalten. Die begrenzte Rolle der Wahrheitskommission in diesem Zusammenhang besteht darin, die Strukturen und Anreize, die zur Ausführung der abscheulichen Praktiken der Vergangenheit geschaffen wurden, genau zu untersuchen und zu benennen, so daß der Prozeß der Demontage und Umkehrung dieser Strukturen und Anreize von einer optimalen Informationsbasis ausgehen und entsprechend wirkungsvoll sein kann. Das Langzeitziel ist es, eine *permanente Kultur der Toleranz zu schaffen.*

IX. Wahrheit und internationale Beziehungen

Die kriminellen Verschwörer, die die Apartheid betrieben haben, achteten keinerlei nationale Grenzen. In einer wahrhaft orwellschen Umkehrung nutzte das Apartheidregime die Forderung nach nationaler Sicherheit dazu aus, um sowohl die Verunsicherung von Einzelpersonen als auch unserer Verbündeten in den Nachbarstaaten und jenseits davon zu vergrößern.

Zur Verteidigung der Apartheid wurden Menschen in Paris, Maputo, Harare, London und anderswo auf offener Straße niedergeschossen und durch Bombenanschläge getötet. Ganze Länder in der südafrikanischen Region wurden destabilisiert und, im Fall von Namibia, illegal besetzt unter Mißachtung der internationalen Gemeinschaft, die für das Mandatsgebiet verantwortlich war.

Eine konstruktive Revolution in unseren Außenbeziehungen ist schon im Gange. Zum Beispiel hat die Sprecherin unserer demokratischen Nationalversammlung, Frene Ginwala, sich bei unseren Nachbarn für die Greueltaten entschuldigt, die diese unter der Apartheid erleiden mußten. Während Anhänger der alten Ordnung Wehgeschrei des Protests anstimmten, ist die Karawane weitergezogen, und unsere längst fällige Entschuldigung an das Volk von Mosambik ist eine in Hansard protokollierte Tatsache geworden. Auch die Stimmen von Opfern jenseits der Grenze sollen gehört werden.

X. »Wahrheit« durch Wahrheiten ersetzen

Ich habe bisher zu verdeutlichen versucht, daß das Verfahren der südafrikanischen Wahrheitskommission weit mehr sein wird als eine legalistische Übung oder eine bürokratische Ermittlungsmission. In den Worten des französischen Philosophen Michel Foucault, »gibt es eine Schlacht um die Wahrheit. Die politische Frage ist die Wahrheit selbst.« Wir müssen die

Fabeln des Geschichtslehrplans der National Party beenden und auch die gefährliche und heuchlerische Idee des staatlich sanktionierten Historizismus ablehnen.

Die südafrikanische Wahrheitskommission ist eines der Instrumente, von dem wir uns erhoffen, das alte Regime der Wahrheit abbauen zu können, um es durch neue und vielfältige Schilderungen zu ersetzen. Wir sind uns der Gefahr wohl bewußt, daß wir den utopischen Historizismus der Apartheid durch unseren eigenen ersetzen. Wenn wir neue geschichtliche Schilderungen schaffen, wird das in der Form von *Heterotopien* anstatt Utopien geschehen, und im Bewußtsein der schmerzhaften epistemologischen Gewalt, die widerstreitende ethische Welten einander zufügen, wenn sie aufeinanderstoßen. Unsere staatlich geförderte, aber unabhängige Kommission wird kein Monopol auf den Prozeß der geschichtlichen Richtigstellung besitzen. Sie wird nicht mehr als ein Forum sein für die Stimmen unseres Volkes, eine Quelle für die nachfolgenden Interpretationsversuche von Historikern, Intellektuellen und Denkschulen.

Uns wird eine komplexe, widersprüchliche Vielfalt von Schilderungen über unsere Vergangenheit zur Verfügung stehen. Und es wird unsere Aufgabe sein, unsere politische Realität zu etwas umzubilden, das kohärent, aber selbstkritisch ist, ethisch eindeutig, aber nicht selbstgerecht. Wir werden so besser in der Lage sein, aus unserer Vergangenheit zu lernen.

XI. Wahrheit und Restgewalt

Der amerikanische Rechtshistoriker Robert Coven hat betont, daß Schlachten über fundamentale Strukturen einer Gesellschaft in »der Währung des Blutes« gefochten und gewonnen werden, nicht auf dem Papier. Aufständische Bewegungen in feindseligen Rechtsräumen – wie die United Democratic Front unter der Apartheid – leben beharrlich ihre eigenen Realitäten aus und erdulden bereitwillig die Peitsche des unbarmherzigen Staates, bis dieser Staat schließlich, erschöpft, die aufständische Realität innerhalb seiner formalen – und plötzlich legitimen – Rechtsstrukturen aufnimmt.

Doch hinkt substantielle Gerechtigkeit immer formaler Legitimität hinterher. Der schmerzhafte Müll der alten Rechtsnormen lebt unter dem neuen und legitimen System weiter, selbst nachdem die Aufständischen ihre Waffen niedergelegt haben und reaktionäre Gewalt in den meisten Landesteilen weitgehend aufgehört hat. Obwohl oberflächlich schnell wieder Normalität hergestellt ist, ist es, selbst unter dem neuen legitimen System, nach wie vor der Fall, daß, wie Cover in seinem Artikel *Gewalt und das Wort* schreibt:

»Rechtsauslegungen in einem Umfeld von Schmerz und Tod stattfinden (...) *die Beziehung zwischen Rechtsauslegung und der Zufügung von Schmerz bleibt wirksam, selbst in den alltäglichen rechtlichen Handlungen* (...). *Die Richter teilen Schmerz und Tod aus* (...). Solange Tod und Schmerz Teil unserer politischen Welt sind, ist es entscheidend, daß sie sich im Zentrum unseres Rechtssystems befinden.«

Diese ernüchternde Perspektive ist ein nützliches Korrektiv für jene oberflächlichen und privilegierten Feierer der neuen Ordnung, die glauben, politische Legitimität könne über Nacht voll erblühen. Wir sind lediglich in eine neue Phase eines seit langem bestehenden und schmerzhaften Prozesses eingetreten. Die Verfahren der Wahrheitskommission und die Abnahme (aber noch nicht Beendigung) unmittelbar physischer Mißhandlungen sollte nicht zu dem Glauben verleiten, daß wir die Gewalt hinter uns gelassen hätten. Die neuen Schmerzen sind vielleicht weniger blutig als die alten, sie sind aber deswegen nicht weniger stark.

Während die Wahrheitskommission das vergossene Blut der Vergangenheit katalogisiert, müssen progressive Elemente innerhalb der Gesellschaft den dadurch gelieferten neuen Schwung und Informationszufluß benutzen, um eine revidierte Rechtsdebatte zu speisen, die dem Scheitern der Vergangenheit entgeht.

XII. Konstruktive Revolution in der gesellschaftlichen intellektuellen Kultur

Jetzt, da alle Parteien in diesem Land die Waffen niedergelegt haben, ist die entscheidende Frage, welche der vorhandenen, heterogenen Bausteine wir für den Wiederaufbau benutzen wollen. Wer soll, während wir in der beginnenden Nach-Apartheid-Ära auf eine neue gesellschaftliche intellektuelle Kultur hinarbeiten, die Autorität ausüben, um die zahllosen und notwendigen Grenzen zwischen Vernunft und Exzeß zu ziehen? Wieder muß die Wahrheitskommission als ein bedeutsamer, aber begrenzter Bestandteil der konstruktiven Revolution in diesem Bereich gesehen werden.

In einer gesunden Gesellschaft könnten wir erwarten, daß die Medien diese moralische Erneuerung stärken und erweitern. Bedauerlicherweise scheint unseren Medien der Mut für diese Aufgabe zu fehlen. Unser Präsident hat zum Beispiel den sehr vernünftigen Vorschlag gemacht, daß die Nichtverbreitung von Atomwaffen die Länder des Nordens wie die des Südens gleichermaßen binden müsse. Aber bestimmte Länder des Nordens haben auf eine einseitige Nichtverbreitungs-Verpflichtung bestanden, in der die vorhandenen Nuklearmächte – in Mißachtung des südafrikanischen Vorbilds vollständiger und freiwilliger Abrüstung – ihre Waffen behalten dürfen, während andere daran gehindert werden, eine ähnliche Kapazität zu entwickeln.

Nachdem wir in Südafrika alle unsere Waffen abgebaut haben, sind wir bestens in der Lage, diese vertrauten Manöver zu durchschauen. Die führende Sonntagszeitung des Landes bezog in einem Leitartikel mit der Überschrift »Südafrika sollte nicht gegen Goliath antreten« allerdings eine andere Position. Sie ermahnte uns, die Rolle der »Maus, die wie ein Löwe brüllt« zu vermeiden. In dem Leitartikel heißt es:

> »Es mag zutreffen, daß die Vereinigten Staaten den [Atomwaffen-]Sperrvertrag benutzen, um ihre eigene Atommachtposition zu stärken und sich die wirtschaftlichen Früchte des Nuklearmonopols zu sichern. Es mag zutreffen, daß die Vereinigten Staaten kleinere Staaten, vor allem die machtlosen bündnisfreien Staaten, mit einer Mißachtung behandeln, die an Verachtung grenzt. Es mag zutreffen, daß aus dem Verzicht auf Atomwaffen dadurch, daß ihn die großen Mächte und die Vereinigten Staaten im besonderen nicht selbst üben, ein Instrument amerikanischer Globalhegemonie werden kann (...), aber wenn diese winzige Nation sich zu einer Konfrontation mit den Vereinigten Staaten verleiten läßt, werden weder ihr Einfluß noch ihre moralische Anmaßung [sic] von sehr langer Dauer sein. Die Amerikaner sind in der Lage, Waffen jeglicher Art einzusetzen, von Bomben bis zu Handelsembargos, von Schmiergeldern bis zu destruktiver Propaganda, und sie tun es rücksichtslos.«

Man sollte sich hier eher an die Bomben, Schmiergelder und rücksichtslose Propaganda des Apartheidregimes erinnern anstatt an die der Amerikaner. Man erhält hier einen seltenen Einblick in die Moral bestimmter einflußreicher südafrikanischer Journalisten und des »Systems der Wahrheit«, dessen Komplizen sie waren und sind. Hier läßt sich jene schäbige Amoralität und feige Selbstzensur erkennen, die es so vielen Medienpersönlichkeiten ermöglicht hat, während der abstoßenden Diktatur der Apartheidjahre zu gedeihen – selbst bis zu dem Punkt, Botschafterposten angeboten zu bekommen.

Es ist ein kaum verhüllter Opportunismus, der, als raffinierter Pragmatismus getarnt, das alte System der Wahrheit in diesem Land speist. Es wird daher eine enorme Aufgabe sein, Südafrikas öffentliche internationale Moral neu zu definieren – und seine nationale politische Kultur.

Aber wenn unser Versuch, diese neue politische Kultur zu schaffen, erfolgreich ist, werden wir eine öffentliche, intellektuelle und politische Aufgabe ersten Ranges gelöst haben. Wir werden der politischen und akademischen Welt gleichermaßen gezeigt haben, daß die als »Dekonstruktion« bezeichneten intellektuellen Strömungen auch zur Rekonstruktion fähig sind, nicht bloß zu ständiger, ergebnisloser oder gar narzißtischer Kritik. Die Wahrheitskommission hat eine bedeutende, aber – wie ich hoffe, gezeigt zu haben – begrenzte Rolle in diesem umfassenden Prozeß der konstruktiven Revolution zu spielen.

Aus dem Englischen von Matthias Müller

Norman Paech

Nürnberg und die Nuklearfrage

Als das Londoner Abkommen, mit dem die Alliierten den Weg für die strafrechtliche Verfolgung der deutschen Kriegsverbrecher in Nürnberg ebneten, am 8. August 1945 unterzeichnet wurde, warfen an ebendem Tag amerikanische Bomber die zweite Atombombe über Nagasaki ab. Die erste war bereits zwei Tage zuvor über Hiroshima explodiert. Dies mag ein zufälliges Zusammentreffen gewesen sein, anders als der von Truman forcierte Test der Bombe, um sie seinem Widersacher in Potsdam, Stalin, zu präsentieren und ihn damit – erfolglos – einzuschüchtern. Aber das Zusammentreffen des erstmaligen Einsatzes des furchtbarsten Massenvernichtungsmittels mit der ersten internationalen Strafverfolgung von Kriegsverbrechen und Verbrechen gegen die Menschheit ist niemals thematisiert worden – als wenn es überhaupt nichts miteinander zu tun gehabt hätte.[1]

Wir müssen davon ausgehen, daß es zwischen der Entwicklungsgeschichte der Atombombe und der Vorgeschichte der Nürnberger Prozesse keine kritische Verbindung gegeben hat. Sie berührten sich nicht einmal in dem allen gemeinsamen Ziel, den Kriegsgegner zu überwinden. Denn einerseits erschien die Atombombe als unverzichtbare Voraussetzung für den Sieg, um den Deutschen in der Entwicklung zuvorzukommen. Andererseits zielte die Absicht, die Hauptkriegsverbrecher strafrechtlich zur Verantwortung zu ziehen, auf die Wiederherstellung einer zivilisierten internationalen Rechtsordnung. Sie folgten aufeinander und liefen dann aneinander vorbei, ohne daß ihren so unterschiedlichen Schöpfern nach dem Sieg über den Faschismus gewahr wurde, daß beide Instrumente zum Aufbau und zur Sicherung einer Nachkriegs-Friedensordnung in einem tiefen Widerspruch zueinander standen. Nicht nur, daß die Nuklearwaffe mit ihren in Hiroshima und Nagasaki erwiesenen Wirkungen die ultimative Variante derjenigen Waffen war, die die Hauptkriegsmächte seit der Konferenz von St. Petersburg im Jahr 1868 in wiederholten Anläufen zu ächten versuchten. Sie war auch anachronistischer Höhepunkt einer Epoche, die trotz Ächtung des Krieges im Jahr 1928 immer noch am Krieg als Mittel der internationalen Politik festhielt, während gleichzeitig mit der internationalen Strafgerichtsbarkeit dieser Krieg und seine grausamsten Mittel unter Strafe gestellt wurden.

Die Vereinten Nationen haben die neue, die friedliche Logik der Nachkriegsordnung durch zahlreiche völkerrechtliche Institutionen zu stützen versucht. Sie haben das Kriegsverbot zum allgemeinen Gewaltverbot in Art. 2 Ziff. 4 der UN-Charta ausgedehnt und mit einer ihrer frühesten Resolutionen versucht, die Nürnberger Prinzipien zu verbindlichem Völkerrecht zu machen.[2] Beiden Initiativen war kein nachhaltiger Erfolg beschert. Die schon während der Verhandlungen anhebende Konfrontation zwischen Ost und West stornierte jeden weiteren völkerrechtlichen Fortschritt der Nürnberger Prinzipien[3] und forcierte demgegenüber die nukleare Wettrüstung. Das Nürnberger Strafrecht tauchte nicht nur in der Bundesrepublik nach einem kurzen Intermezzo im Kontrollratsgesetz Nr. 10 unter,[4] sondern wurde auch weltpolitisch im Kalten Krieg eingefroren. Es konnte seine abschreckende Wirkung, die jedem Strafrecht zugedacht wird, gar nicht erst entfalten, sosehr wurde es auf die Verfolgung der Naziverbrechen im öffentlichen Verständnis eingeengt.

I. Nürnberg und Vietnam

Um diese Blockierung des Bewußtseins zu durchbrechen, bedurfte es außergewöhnlicher Umstände und Ereignisse, die erst Ende der sechziger Jahre der Vietnamkrieg bot. Nicht die drohende Gefahr unabschätzbarer Folgen einer nuklearen Konfrontation, sondern die handgreiflichen Verbrechen dieses Krieges ließen die Nürnberger Prinzipien wieder aus dem Vergessen treten. »Es mag ironisch klingen«, erklärte die National Lawyers Guild in den USA, »daß der erste ernsthafte Versuch, Nürnberg als einen bindenden rechtlichen und moralischen Präzedenzfall wiederzubeleben, von Bürgern dieses Landes unternommen wird, die meinen, daß sich ihr eigenes Land in einen illegalen Krieg in Vietnam unter Verletzung des internationalen Rechts und der Moral eingelassen hat.«[5] Und Eric Norden schrieb: »Unsere Aktionen in Vietnam fallen unter die in Nürnberg verbotenen Klassifikationen der Kriegführung (...) die Vereinigten Staaten sind eindeutig der ›Kriegsverbrechen‹, ›Verbrechen gegen den Frieden‹ und ›Verbrechen gegen die Menschheit‹ schuldig, Verbrechen, für die die deutschen Führer entweder ins Gefängnis geworfen oder exekutiert worden sind.«[6]

Es waren vor allem drei Juristen, von denen zwei in verschiedenen Funktionen an den Nürnberger Prozessen teilgenommen hatten und die ihre detaillierten Studien über die Illegalität der US-amerikanischen Kriegführung in Vietnam unter anderem auf die Nürnberger Prinzipien gründeten. Telford Taylor war der Nachfolger von Robert H. Jackson als amerikanischer Chefankläger bei den Nürnberger Prozessen gegen die Hauptkriegsverbrecher. Richard A. Falk war Berater des U.S. Senate Foreign Relations Committee. Und John H. E. Fried war juristischer Sonderberater der US-Richter in den Nürnberger Folgeprozessen und Mitherausgeber der Prozeßdokumente.[7] Er hat als Berichterstatter des Lawyers Committee On American Policy Towards Vietnam die erste und gründlichste Studie über die Illegalität des amerikanischen Vietnamkrieges vorgelegt.[8] Ihr folgten zahlreiche Arbeiten, unter denen die von Richard A. Falk ein Jahr später in zwei Bänden gesammelten herausragen, sowie die von Taylor geschriebene Studie, die sich vor allem auf die Nürnberger Prinzipien stützt.

Die völkerrechtliche Rechtfertigung der US-amerikanischen Regierung bewegte sich in einem Dreischritt, der davon ausging, daß Nordvietnam Südvietnam unter Verletzung von Art. 2 Ziff. 4 UN-Charta angegriffen habe. Südvietnam sei deswegen zum Zurückschlagen des rechtswidrigen Angriffs und die USA zum Beistand im Rahmen der »kollektiven Verteidigung« des Art. 51 UN-Charta berechtigt.[9] Thurman Arnold, Richter und unbeirrter Propagandist der Vietnam-Politik von Präsident Johnson, scheute sich nicht, die Rechtfertigung auch noch mit einem Hinweis auf die Nürnberger Prinzipien abzurunden: »Zur Zeit der Nürnberger Prozesse feierten jene, die Kommentare in unserer Presse zu schreiben pflegen, wie Walter Lippmann, unabhängige Intellektuellen-Organisationen (...) und liberale Professoren an unseren Universitäten, das Prinzip der Ächtung des Aggressionskrieges als einen großen Schritt vorwärts im Völkerrecht. Heute nehmen sie jede Anstrengung auf sich, um die Stärkung des Prinzips zu verhindern, das Nürnberg der Welt verkündet hat (...). Sie stärken Hanoi in dem Glauben, daß, wenn es nur durchhalte, die Vereinigten Staaten ihren Versuch aufgeben würden, das Nürnberger Prinzip in Asien durchzusetzen.«[10]

Die Kritiker hingen nicht der Illusion an, den Krieg durch den Supreme Court verbieten zu können, zumal nach der »supremacy clause« des Art. VI der Verfassung[11] das internationale Recht und die Nürnberger Prinzipien nicht Teil des »supreme law of the land« ist. Der Krieg mußte, so wie er durch den Präsidenten und den Kongreß als den vom Volk gewählten Repräsentanten begonnen worden war, »allein durch die Aktion des nationalen Willens beendet werden, ausgeführt auf politischem und nicht gerichtlichem Wege«[12]. Dafür war es jedoch wichtig, der Öffentlichkeit die Standards des internationalen Rechts darzulegen und ihr begreiflich zu machen, daß diese Standards, die vor 25 Jahren gegen die Deutschen angewandt worden waren, auch geeignet waren, die Kriegführung der amerikanischen Administration als individuelle Handlungen zu richten. So waren es vor allem zwei Prinzipien, unter denen das amerikanische Eingreifen in Vietnam diskutiert wurde: »Verbrechen gegen den Frieden« und »Kriegsverbrechen«.[13]

Selbst wenn es erst 1974 gelang, sich international über eine handhabbare Definition der Aggression zu einigen,[14] und die Kritiker immer wieder hervorhoben, daß die Verurteilung der Planung, Vorbereitung, des Beginns und der Führung eines Angriffskrieges in Art. 6 des Statuts als internationale Verbrechen gegen den Frieden über keine hinreichende Definition verfüge, so konnte diese Kritik zu jenem Zeitpunkt nicht mehr als Argument ausreichen, die amerikanische Einmischung vom Vorwurf völkerrechtswidrigen Verhaltens zu entlasten.[15] Die Berufung der US-amerikanischen Administration auf Art. 51 UN-Charta wurde von den meisten Autoren mit dem Hinweis darauf verworfen, daß Südvietnam und die USA das Genfer Abkommen von 1954[16] verletzt hätten, indem sie freie Wahlen und die Vereinigung des Landes verweigert hätten. Darüber hinaus handele es sich bei der Waffenstillstandslinie nicht um eine internationale Grenze. Die Nordvietnamesen seien daher berechtigt gewesen, dem Vietcong zu Hilfe zu kommen, um im Süden eine Regierung zu bilden, die die Ziele des Genfer Abkommens verwirklichte.[17]

Das Massaker von Song My (My Lai) vom 16. März 1968, in dem amerikanische Truppen mehr als 500 Dorfbewohner umbrachten und den Flecken dem Erdboden gleichmachten, wurde sogar von Präsident Nixon verurteilt und weckte Erinnerungen an die schlimmsten Naziverbrechen, ob in Dubno in der Ukraine, Klissura in Griechenland, Lidice in der Tschechoslowakei oder Oradour in Frankreich. Song My war nur das grauenhafteste und in diesem Ausmaß wohl einzige Exempel einer Kriegführung, die mit unterschiedslosen Luftbombardierungen, Zerstörung von Dörfern, Verwendung von Napalm, Terrorisierung der Bevölkerung, Folterung von Gefangenen etc. weit jenseits der vom Völkerrecht in den Haager und Genfer Konventionen gesteckten Grenzen operierte. Während Nürnberg für manche dieser Kriegsformen wie Flächenbombardierung, Napalm u. ä. noch keine Grundlagen für eine Anklage bieten konnte, waren andere Praktiken und insbesondere Song My durchaus mit den Nürnberger Prinzipien zu erfassen. Vor allem stellte sich in dem My-Lai-Prozeß die gleiche Frage der Verantwortlichkeit wie in den Nürnberger Prozessen gegen die Hauptkriegsverbrecher und das Oberste Heereskommando. Wer konnte auf welcher Ebene für die Verbrechen zur Verantwortung gezogen werden? In der New Yorker *Village Voice* wurde von zwei

Reportern die Frage erwogen, ob nicht Präsident Johnson, nähme man die Versprechen von Jackson in Nürnberg ernst, vor Gericht zur Verantwortung gezogen werden müsse.[18]

II. Nürnberg und das Nuklearzeitalter: Die Arbeiten von John H. E. Fried

Bekanntlich sind die Nürnberger Prinzipien weder gegen Präsident Johnson noch im My-Lai-Prozeß zur Anwendung gekommen. Auch die Massenverbrechen des Pol-Pot-Regimes in Kambodscha haben die Arbeiten der Internationalen Völkerrechtskommission, die seit 1946 mit der Umsetzung der Nürnberger Prinzipien in ein auf Verbrechen gegen den Weltfrieden und die internationale Sicherheit ausgerichtetes Strafgesetzbuch beschäftigt sind, nicht entscheidend vorangebracht. Und in der Literatur wurden die Stimmen seltener, die sich mit der Aktualität der Nürnberger Prinzipien unter der Konfrontation des Kalten Krieges auseinandersetzten. Mit einer Ausnahme: John H. E. Fried, seit 1965 Professor an der New York City Universität, der mit zahlreichen Arbeiten »The Positive Message of Nuremberg for the Nuclear Age« in die Erinnerung der Öffentlichkeit zurückbringen wollte.[19] Fried war einer jener jüdischen Intellektuellen und Wissenschaftler, die vor dem Faschismus in Europa emigrieren mußten und in den USA eine neue Heimat mit einem internationalen beruflichen Wirkungsfeld fanden.[20] Seit seiner Tätigkeit als Rechtsberater der amerikanischen Richter bei den zwölf Nürnberger Nachfolgeprozessen, deren Dokumente er gemeinsam mit Drexel A. Sprecher in 14 Bänden (sogenannte grüne Serie, 1950–1953) herausgab, wurde er nicht müde, den juristischen Gehalt und die politische Wirksamkeit der »Nürnberger Botschaft« gegen den nuklearen Konfrontationskurs in der Nachkriegszeit zu setzen.

Grundlage seiner Argumentation war das mit dem Briand-Kellogg-Pakt von 1928 zwischen den Hauptkriegsmächten beschlossene Verbot des Angriffskrieges, der in den Nürnberger Prinzipien mit dem Verdikt des schwersten internationalen Verbrechens belegt wurde.[21] Dies sei nicht nur eine abstrakte Feststellung gegenüber Staaten, sondern gegenüber jedem einzelnen, der weder durch staatliches Gesetz noch militärischen Befehl gerechtfertigt werden könne: »Verbrechen gegen internationales Recht werden durch Menschen begangen, nicht durch abstrakte Einheiten (...). Die Täter können sich nicht hinter offiziellen Positionen verstecken«, zitiert Fried das Internationale Militärtribunal. Das bedeute zugleich, daß dort, wo eine moralische Wahl für den einzelnen möglich war, dieser verpflichtet war, diese Wahl zu nutzen und sich dem Befehl zu widersetzen. Diese »Moral-choice«-Doktrin habe vor allem Bedeutung für die sogenannten Schreibtischtäter:

»Die wirklich großen Gefahren kommen nicht von den improvisierten Befehlen auf dem Schlachtfeld, sondern von den lange vorher veranstalteten bürokratischen Beratungen und Planungen in den mit Teppichen ausgelegten Büros fern von der Schlacht, die schließlich zu den regierungsorganisierten Massengrausamkeiten führten wie die ›Endlösung der jüdischen Frage‹, die schon vor der Besetzung der Länder geplanten Plünderung und Aushungerung sowie das Zwangsarbeiterprogramm. Keines dieser riesigen Programme hatte irgend etwas mit Krieg zu tun – sie wurden diskutiert, verändert, revidiert, und das über Monate und sogar Jahre hindurch (...). Das Wesentliche dieser Nürnberger Doktrin vom ›höheren Befehl‹ ist, daß die Personen, deren Einfluß die internationalen Verbrechen verhindern oder ihnen vorbeugen konnten, die Verpflichtung haben, ihren Einfluß entsprechend ihren Möglichkeiten einzusetzen.«

Die amerikanischen Richter hatten in den Folgeprozessen den Einwand des Handelns auf Befehl nicht vollständig außer acht gelassen, weder Märtyrer gefordert noch eine Kollektivschuld des ganzen Volkes für seine Führer postuliert, jedoch eine Pflicht für einflußreiche Politiker und Personen formuliert, den verbrecherischen Charakter bestimmter Handlungen zu erkennen und zu versuchen, sie zu verhindern.

Man wird dieses Prinzip heute als allgemein anerkannt akzeptieren, selbst wenn es in der konkreten Anwendung Zweifelsfälle nicht ausschließt. Dies gilt auch von dem weiteren Prinzip, daß die Grenzen der Kriegsgewalt nicht dadurch beschränkt werden, was technologisch möglich ist, sondern dadurch, was völkerrechtlich vereinbart worden ist. Dieses Prinzip ist akzeptiert in seiner Ablehnung des Konzepts des »totalen Krieges« sowie der Forderung, daß erlaubt ist, was militärisch notwendig ist, und zwar auch wenn die Gefahr besteht, einen Krieg zu verlieren: »Die Behauptung, daß die Regeln und Gebräuche des Krieges dann verletzt werden können, wenn eine Partei im Krieg unter harten Druck gerät, muß zurückgewiesen werden (...). Die Regeln und Gebräuche für die Kriegführung in allen Phasen (...) umfassen auch das Recht in derartigen Notfällen.«[22]

Wir betreten allerdings ein unsicheres Terrain, wenn wir dieses Prinzip mit Fried auf die nukleare Kriegführung ausdehnen. Hier kommt zu den allgemeinen Zweifeln, die immer wieder gegen die Aktualisierung Nürnbergs vorgebracht worden sind, die in den westlichen Regierungen vorhandene dezidierte Abneigung hinzu, sich mit völkerrechtlichen Argumenten das atomare Schwert aus den Händen winden zu lassen. Dabei sind bereits bestimmte Methoden der Kriegführung, wie der Gebrauch von erstickenden, giftigen oder anderen Gasen, und bakteriologische Methoden der Kriegführung durch besondere vertragliche Vereinbarungen verboten.

»Die Annahme, daß die Abwesenheit eines solchen Übereinkommens [über das Verbot des Nuklearwaffeneinsatzes, N. P.] die Wirkung hat, alle bestehenden Kriegsregeln insoweit aufzuheben wie Nuklearwaffen betroffen sind, oder daß die bloße Verfügbarkeit über Nuklearwaffen diese Einschränkungen obsolet gemacht hat, ist unhaltbar. Diese Sicht gründet zum Teil auf der fatalistischen Annahme, daß in der Geschichte alle verfügbaren Technologien ›unausweichlich‹ benutzt worden sind. Wäre diese Platitüde korrekt, hätte die Menschheit schon lange aufgehört zu existieren. Nürnbergs Entmystifizierung des Krieges weist die angebliche ›Unvermeidbarkeit‹ des Gebrauchs nuklearer Waffen zurück (...). Alles in allem ist die Vorstellung, daß die Nuklearwaffen von den fundamentalen Regeln der Kriegführung ausgenommen sein sollen, bedrohlich ähnlich dem Konzept vom ›totalen Krieg‹, das so strikt in Nürnberg zurückgewiesen worden ist.«[23]

Zu der Zeit, als Fried diese Zeilen schrieb, war die »Diplomatische Konferenz zur Neubestätigung und Weiterentwicklung des in bewaffneten Konflikten anwendbaren humanitären Völkerrechts«, die am 20. 2. 1974 in Genf begonnen hatte, bereits seit zwei Jahren mit der Verabschiedung des I. Zusatzprotokolls am 9. 6. 1977 zu Ende gegangen. Einer der Hauptstreitpunkte während und nach der Konferenz war die Frage, ob die Vorschriften über den Waffeneinsatz auch auf Nuklearwaffeneinsätze anwendbar sei.[24] Die Vorbehalte, die die drei Nuklearmächte USA, Frankreich und Großbritannien, aber in ihrer Gefolgschaft auch die Bundesrepublik Deutschland gegen die Anwendbarkeit und damit gegen das Verbot von Nuklearwaffeneinsätzen eingelegt hatten, waren bekannt. Frieds Kritik hätte nicht klarer ausfallen können. Er argumentiert nicht immanent aus der Vertragsgeschichte und dem Vertragstext des I. Zusatzprotokolls, sondern auf der Basis fundamentaler Regeln des Völkerrechts, wie sie vor allem durch die Haager Konventionen von 1907 und die Genfer Konventionen von 1949 in die internationalen Beziehungen eingeführt worden sind.[25]

Die Fülle der aus diesen Konventionen gegen den atomaren Ersteinsatz ins Feld zu führenden Vorschriften vermag nicht darüber hinwegzutäuschen, daß es ein ausdrückliches Verbot, einen internationalen Vertrag zur speziellen Ächtung des Atomwaffeneinsatzes nicht gibt.[26] Dies war zumindest für die Haager Konventionen auch nicht möglich, denn zukünftige technologische Möglichkeiten waren nur begrenzt vorhersehbar. Um sicherzustellen, daß auch künftige Entwicklungen der Kriegsmethoden und -technologie nicht durch die Maschen der Vertragsverbote fallen, nahmen die Vertragsstaaten in die Präambel zum IV. Haager Abkommen die sogenannte Martensklausel auf.[27] Das Urteil des Nürnberger US-Kriegsverbrecherprozesses im Fall Krupp bemerkt zu dieser Klausel:

»Sie ist viel mehr als eine fromme Proklamation. Sie ist eine generelle Klausel, die die Gebräuche, die zwischen zivilisierten Nationen hergestellt wurden, die Gesetze der Menschlichkeit und die Forderungen des öffentlichen Gewissens zum rechtlichen Maßstab machen, der anzuwenden ist, wenn die spezifischen Bestimmungen des IV. Abkommens und die ihm beigefügten Regeln spezifische Fälle, die im Kriege oder im Umfeld des Krieges vorkommen, nicht abdecken.«[28]

Mag es auch streitig sein, ob diese Klausel inzwischen wie die übrigen Haager Regeln völkergewohnheitsrechtliche Verbindlichkeit hat, auf jeden Fall sind die aktuellen Atommächte sämtlich als Mitgliedstaaten an das Abkommen gebunden.

Fried bezieht seine These vom völkerrechtlichen Verbot des Atomwaffeneinsatzes nur auf den Erstschlag. Er erstreckt es nicht auf die atomare Antwort im Rahmen der Selbstverteidigung, allerdings auch nur verstanden als Antwort auf einen verbotenen atomaren Erstschlag. Eine nukleare Verteidigung als Antwort auf einen Angriff mit konventionellen Waffen bliebe weiterhin verboten. Das Dilemma dieser Konzeption ist offensichtlich und von Fried durchaus gesehen worden. Läßt man auch nur einen Spalt offen für die Anwendung nuklearer Waffen, kann der Zirkel von Rüstung, Drohung und Mißbrauch dieser Waffen nicht durchbrochen werden. Auch seine weitere Eingrenzung, daß ein atomarer Erstschlag, der sich lediglich aufgrund einer technologischen oder menschlichen Panne ereignet und nicht das Ergebnis autorisierter Regierungserklärung ist, keine atomare Antwort erlaubt, führt nur in ein weiteres Dilemma. Denn trotz der Abkommen über den »heißen Draht« von 1963 und 1971, nach denen sich Moskau und Washington über zufällige und nichtsanktionierte Zwischenfälle informieren wollten, bleibt damit ein atomarer Antwortmechanismus nicht ausgeschlossen, der sich um derartige Feinheiten nicht kümmert. Die atomare Gefahr bliebe in jedem Fall virulent, wenn nicht Wege ihrer ausnahmslosen Ächtung gefunden werden.

III. Das World-Court-Project

Fried ist nicht der erste gewesen, der sich mit der Legalität der Nuklearwaffen beschäftigt hat. Schon 1959/60 veröffentlichten Nagendra Singh, Georg Schwarzenberger und Eberhard Menzel Studien zu der Problematik.[29] Und schon 1961 begann die UN-Generalversammlung mit einer Serie von Resolutionen, die bis in die neunziger Jahre reicht und mit immer höherer Staatenbeteiligung die Illegalität des Nuklearwaffeneinsatzes und der -strategie erklärte.[30] Aber erst Anfang der achtziger Jahre wurden mit der wachsenden Friedensbewegung in den atlantischen Staaten auch die völkerrechtlichen Analysen zahlreicher.[31] Die ablehnende Hartnäckigkeit, mit der vor allem die westlichen Nuklearmächte gegen alle UN-Resolutionen stimmten und alle Versuche torpedierten, zu einer vertraglichen Ächtung der Nuklearkriegführung zu kommen, hat seit langem Überlegungen stimuliert, den Internationalen Gerichtshof (IGH) aufzufordern, ein Gutachten über die Legalität des Nuklearwaffeneinsatzes zu erstatten. Nach vielen vergeblichen Ansätzen konnte schließlich die World Health Organization (WHO) gefunden werden, die am 14. Mai 1993 beschloß, dem IGH folgende Frage zur Erstattung eines Rechtsgutachtens vorzulegen: »Wäre im Hinblick auf die Folgen für Gesundheit und Umwelt der Gebrauch von Atomwaffen im Krieg oder in einem anderen internationalen Konflikt durch einen Staat eine Verletzung der völkerrechtlichen Verpflichtungen einschließlich der WHO-Verfassung?«[32]

Die entschiedensten Einwände gegen ein derartiges Gutachten kommen begreiflicherweise von den NATO-Staaten. Sie konnten es allerdings trotz intensiver Bemühungen nicht verhindern, daß auch die Generalversammlung der Vereinten Nationen am 16. Dezember 1994 die Einholung eines Gutachtens beim IGH mit Mehrheit beschlossen hat.[33] Der Antrag geht sogar noch über den der WHO hinaus, insofern er dem Gerichtshof die allgemeine Frage vorlegt, ob der Einsatz und die Androhung des Einsatzes von Atomwaffen gegen geltendes Völkerrecht verstößt. War es zumindest rechtlich noch möglich, der WHO Mandat und Kompetenz zu bestreiten, ein solches Gutachten beim IGH nach Art. 96 Abs. 2 UN-Charta anzufordern,[34] ist dies gegenüber der Generalversammlung der UNO aussichtslos.

Abgesehen davon halten die Nuklearmächte an der offiziellen Strategie des nuklearen Ersteinsatzes unverändert fest.[35] Diese Weigerung, sich auch nur auf Verhandlungen zur vollständigen nuklearen Abrüstung einzulassen, ist kaum mit Art. VI des Atomwaffensperrvertrages zu vereinbaren, in dem sich die Vertragsparteien gerade zu solchen Verhandlungen verpflichten.[36] Sie zeigt zudem die Schwäche des Völkerrechts, wenn es nicht von den zentralen Mächten akzeptiert wird. Wo jedoch der Widerstand so hartnäckig auf allen Ebenen artikuliert wird, muß es sich um substantielle Gründe handeln, die die Völkerrechtswidrigkeit des Nuklearwaffeneinsatzes tragen. Da sie in den vergangenen Jahren durch zahlreiche Veröffentlichungen im Detail erschlossen und gleichsam kanonisiert worden sind, mag hier eine Zusammenfassung genügen.

Als rechtliche Grundlagen kommen vor allem eine Reihe von multilateralen Verträgen in Betracht, deren Ziel die Begrenzung der Kriegführung und Waffenwirkung ist. Sie reichen zurück bis zur St. Petersburger Deklaration aus dem Jahre 1868, in der zum ersten Mal bestimmte Waffen, und zwar neu erfundene explosive Projektile, verboten wurden. Wichtiger sind jedoch die allgemeinen in der Präambel enthaltenen Prinzipien. Sie halten fest, daß das einzig legitime Ziel des Krieges lediglich die Schwächung der gegnerischen Streitkräfte sei und daß der Einsatz von Waffen, welche unnötig die Leiden der kampfunfähigen Gegner verschlimmere oder ihren Tod unvermeidlich herbeiführe, über das Ziel hinausgehe und gegen die Menschlichkeit verstoße.

Dieser Gedanke der Vermeidung unnötiger Leiden zieht sich durch alle folgenden Konferenzen und Konventionen als leitender Tenor des Versuchs, die Grauen des Krieges einzugrenzen. So auch in der IV. Haager Konvention von 1907, in deren Anlage mit dem Titel »Ordnung der Gesetze und Gebräuche des Landkriegs«, die sogenannte Haager Landkriegsordnung, die Art. 22ff die Mittel zur Schädigung des Gegners eingrenzen. Dies bezieht sich nicht nur auf bestimmte grausame Waffen wie Gift und Gegenstände, die unnötige Leiden verursachen, sondern auch auf meuchlerische Praktiken, die Zerstörung unbeteiligten Eigentums und unverteidigter Städte und Ortschaften sowie die Begrenzung der Ziele bei Belagerung und Beschießung. In der V. Haager Konvention wird das Territorium neutraler Staaten für unverletzlich erklärt.

Das sogenannte Genfer Giftgasprotokoll von 1925,[37] welches erst 1975 von den USA ratifiziert worden ist, präzisiert und erweitert das Giftverbot des Art. 23 Buchstabe a Haager Landkriegsordnung. Es ist für alle Atommächte bindend, da sie es alle ratifiziert haben. Darüber hinaus ist heute davon auszugehen, daß es gewohnheitsrechtlich gilt. Allerdings ist die von Fried u. a.[38] begründete Anwendbarkeit des Verbots auf Nuklearwaffen (radioaktiver Fallout als »Gift oder gleichartiges Gas« bzw. »ähnliche Flüssigkeit, Stoff oder Verfahrensart«) umstritten.

Die Genozidkonvention von 1948[39] verbietet die Tötung oder die schwere körperliche oder psychische Beeinträchtigung rassischer, nationaler, religiöser oder ethnischer Gruppen. Doch muß der Nachweis hinzukommen, daß dies beabsichtigt ist.

Überzeugender und unproblematischer ist die Berufung auf die Genfer Konventionen von 1949, die vier Jahre nach dem ersten Einsatz der Atombombe verabschiedet wurden und ein Jahr später bereits in Kraft getreten sind. Das IV. Abkommen zum Schutz der Zivilbevölkerung entfaltet in einer Reihe von Vorschriften (Art. 13ff) ein umfangreiches Geflecht von Normen, um die Auswirkungen des Krieges auf die Zivilbevölkerung zu reduzieren. So sind insbesondere Krankenhäuser und Sicherheitszonen für Verwundete, Kranke, Alte und Kinder zu respektieren. Nur die bewaffneten Streitkräfte dürfen Ziel eines militärischen Angriffs sein, und es dürfen nur solche Taktiken und Waffen eingesetzt werden, die Soldaten und Zivilpersonen nicht unterschiedslos treffen. Der IGH hat die Bestimmungen der Genfer Konventionen als »elementare Bestandteile der Menschlichkeit« bezeichnet.[40] Auch sie sind heute als Völkergewohnheitsrecht anerkannt.

Im Jahr 1974 versammelte das Internationale Komitee vom Roten Kreuz (IKRK) die Staaten in Genf zu einer Diplomatischen Konferenz, auf der die bestehenden Grundsätze des humanitären Völkerrechts ergänzt und präzisiert werden sollten. Das Ergebnis im Jahre 1977 waren zwei Zusatzprotokolle zu den Genfer Konventionen von 1949, deren erstes den Schutz der Opfer in internationalen bewaffneten Konflikten betrifft. In ihm werden die bekannten Verbote bestätigt, so das von Waffen, die unnötige Leiden verursachen, das Verbot von Waffen und Methoden, die unterschiedslos Militär und Zivilpersonen treffen. Weitere Verbote treten hinzu, so das Verbot von Waffen und Methoden, die, wenn auch unbeabsichtigt, erhebliche Opfer unter der Zivilbevölkerung oder langfristige und schwere Schäden an der Umwelt hervorrufen, die im Vergleich zu den direkten militärischen Vorteilen unverhältnismäßig sind.[41] Während der Schutz der natürlichen Umwelt in Art. 55 konkretisiert wird,[42] enthält Art. 51 einen umfangreichen Katalog zum Schutz der Zivilbevölkerung. Neben den bereits erwähnten Schutzvorschriften ist vor allem die Definition des unterschiedslosen Angriffs in den Absätzen 4 und 5 bemerkenswert:

»4. Unterschiedslose Angriffe sind verboten. Unterschiedslose Angriffe sind

a) Angriffe, die nicht gegen ein bestimmtes militärisches Ziel gerichtet werden,

b) Angriffe, bei denen Kampfmethoden oder -mittel angewendet werden, die nicht gegen ein bestimmtes militärisches Mittel gerichtet werden können, oder

c) Angriffe, bei denen Kampfmethoden oder -mittel angewendet werden, deren Wirkungen nicht entsprechend den Vorschriften dieses Protokolls begrenzt werden können und die daher in jedem dieser Fälle militärische Ziele und Zivilpersonen oder zivile Objekte unterschiedslos treffen können.

5. Unter anderem sind folgende Angriffsarten als unterschiedslos anzusehen:

a) ein Angriff durch Bombardierung – gleichviel mit welchen Methoden oder Mitteln – bei dem mehrere deutlich voneinander getrennte militärische Einzelziele in einer Stadt, einem Dorf oder einem sonstigen Gebiet, in dem Zivilpersonen oder zivile Objekte ähnlich stark konzentriert sind, wie ein einziges militärisches Feld behandelt werden, und

b) ein Angriff, bei dem damit zu rechnen ist, daß er auch Verluste an Menschenleben unter der Zivilbevölkerung, die Verwundung von Zivilpersonen, die Beschädigung ziviler Objekte oder mehrere derartige Folgen zusammen verursacht, die in keinem Verhältnis zum erwarteten konkreten und unmittelbaren militärischen Vorteil stehen.«

Es ist kaum vorstellbar, daß die Vertreter der Staaten bei der Formulierung dieser Passagen lediglich die Flächenbombardierungen und Terrorangriffe gegen englische und deutsche Städte und nicht die Wirkungen des Einsatzes von Nuklearwaffen vor Augen gehabt haben. In Nürnberg und danach gab es Versuche, das Kriegsrecht als von der tatsächlichen Kriegsentwicklung überholt zu erklären: Es werde der Wirklichkeit des totalen Krieges, in dem es keinen Unterschied mehr zwischen Militär und Zivilpersonen gebe, nicht mehr gerecht. Diese Position ist jedoch von dem Internationalen Militärtribunal ausdrücklich zurückgewiesen worden.[43]

1984 veröffentlichte die WHO einen Report, der die Einschätzung medizinischer Experten enthielt,

»daß die Detonation einer einzigen 1-Megatonnen-Bombe über einer großen Stadt mehr als 1,5 Mio. Menschen töten und ebenso viele verletzen würde. Ein ›begrenzter‹ Nuklearkrieg mit kleineren taktischen Nuklearwaffen von zusammen 20 Megatonnen, die auf militärische Ziele in einer verhältnismäßig dicht besiedelten Region gerichtet werden, würde insgesamt etwa 9 Mio. Tote und Schwerverletzte fordern, von denen mehr als 8 Mio. Zivilpersonen sein würden. Ein totaler Nuklearkrieg (...) würde in mehr als 1000 Mio. Toten und 1000 Mio. Verletzten enden (...). Deshalb ist der einzige Ansatz zur Behandlung von Gesundheitsfolgen einer nuklearen Explosion die primäre Prävention solcher Explosionen, das ist die Prävention des Atomkrieges.«[44]

Der Antrag, mit dem die WHO jetzt beim IGH ein Gutachten über die Legalität des Nuklearwaffeneinsatzes einfordert, ist der Versuch einer solchen Prävention.

Der Gerichtshof wird sich dabei u. a. mit einer Frage auseinandersetzen müssen, die nach wie vor äußerst strittig ist. Findet das I. Zusatzprotokoll von 1977 überhaupt auf den Nukleareinsatz Anwendung? Die Regierungen der westlichen Nuklearmächte USA, Großbritannien und Frankreich hatten während der Konferenz erklärt, daß die vom Zusatzprotokoll I eingeführten Bestimmungen über den Einsatz von Waffen sich nicht auf nukleare Waffen beziehen, die USA und Großbritannien hatten einen entsprechenden Vorbehalt bei der Unterzeichnung hinzugefügt.[45] Sie nahmen damit Bezug auf eine ähnliche Erklärung des IKRK, welche dieses dem ersten Entwurf des Protokolls im Jahre 1977 hinzugefügt hatte, um überhaupt die Staaten an den Verhandlungstisch zu bekommen. Das IKRK hatte nämlich bei vorangegangenen Versuchen die Ablehnung insbesondere der westlichen Nuklearstaaten erfahren müssen, die Ächtung nuklearer, bakteriologischer und chemischer Waffen in den Vertragsrahmen aufzunehmen.[46] Auch die Regierung der Bundesrepublik Deutschland hat bei der Hinterlegung der Ratifizierungsurkunde im Jahr 1990 eine entsprechende Erklärung abgegeben, mit der sie sich den westlichen Alliierten anschloß.[47]

Der Streit über die Wirksamkeit dieser Erklärungen hält bis auf den heutigen Tag an, denn unbestritten ist, daß der Wortlaut der Bestimmungen des I. Zusatzprotokolls (insbes. Art. 35, 51 ff) auf Massenvernichtungsmittel wie Nuklearwaffen zutrifft. So bezieht sich die eine Seite darauf, daß die vom IKRK und den westlichen Nuklearmächten gemachten Vorbehalte auf der Konferenz niemals zum Gegenstand einer kontroversen Debatte gemacht worden sind und deshalb als sogenannter Nuklearkonsens für die Auslegung des Protokolls gemäß Art. 31 Abs. 2 der Wiener Übereinkommen über das Recht der Verträge (WVK) maßgebend sei.[48] Die andere Seite verweist auf den eindeutigen Wortlaut der Bestimmungen, der nach der Auslegungsregel des Art. 32 WVK Vorrang habe, sowie auf Art. 19 WVK, wonach solche Vorbehalte ungültig sind, die »mit Ziel und Zweck des Vertrages« unvereinbar sind.[49]

Unabhängig von diesem Streit stellt sich die Frage, ob nicht die Bestimmungen des Zusatzprotokolls I, die im wesentlichen Bestimmungen der Genfer Konventionen konkretisieren und den neuen Gegebenheiten der modernen Kriegführung anpassen, bereits gewohnheitsrechtliche Geltung haben. Dies wird z. B. für das Verbot der Zufügung unnötiger Leiden, das Verbot von Waffen und Methoden, die unterschiedslos Soldaten und Zivilpersonen treffen sowie für das Verbot der Verwendung erstickender, giftiger oder ähnlicher Gase oder entsprechender Flüssigkeiten, Materialien, Vorrichtungen oder Waffen auch von denen anerkannt, die das Zusatzprotokoll I auf konventionelle Waffen beschränken möchten. Damit sind zwar verschiedene Wirkungen von Waffen gewohnheitsrechtlich verboten, man scheut sich jedoch, dieses Verbot auch auf die entsprechenden Waffen auszudehnen, die solche Wirkungen hervorrufen.[50] Ein Widerspruch, der dadurch nur grotesker wird, daß man ihn damit zu überwinden glaubt, daß z.B. das allgemeine Verbot unterschiedsloser Kampfführung auch für den Einsatz von Nuklearwaffen gelten soll, der »nur unter ganz besonders strikten Vorsichtsmaßregeln« erfolgen dürfe.[51]

Da die gewohnheitsrechtliche Geltung der zentralen Bestimmungen der Genfer Konventionen und des Zusatzprotokolls I heute als gesichert gelten kann, wird sich der IGH mit einer weiteren Frage auseinanderzusetzen haben: Wird das gewohnheitsrechtliche Verbot bestimmter Waffenwirkungen nicht ergänzt durch das gewohnheitsrechtliche Verbot der Waffen, die die verbotenen Waffenwirkungen erzeugen?

Seit 1961 hat die Generalversammlung in immer neuen Resolutionen ihre Auffassung bestätigt, »daß der Einsatz von Kernwaffen eine Verletzung der Charta der Vereinten Nationen und ein Verbrechen gegen die Menschlichkeit darstellt«.[52] Das ist eine über dreißigjährige Resolutionspraxis, die zwar für sich selbst keine eigenständige Rechtsquelle schaffen kann, da derartige Resolutionen der UNO keinen Rechts-, sondern nur Empfehlungscharakter haben. Dennoch wird die Bedeutung der Resolutionen für die Herausbildung von Gewohnheitsrecht in neuerer Zeit zunehmend anerkannt.[53]

Für einen derartigen rechtsbildenden Prozeß spräche die logische und praktische Übereinstimmung einer völkergewohnheitsrechtlichen Ächtung nuklearer Waffen mit allen bisherigen Verträgen des humanitären Völkerrechts, die weitgehende Einigkeit der völkerrechtlichen Literatur in dieser Frage, die Tatsache, daß seit dem Abwurf auf Hiroshima und Nagasaki im Jahre 1945 trotz zahlreicher Gelegenheiten und Überlegungen[54] kein Einsatz erfolgt ist und die Staaten seit den achtziger Jahren mit jeweils überwältigenden Mehrheiten die Anwendung von Kernwaffen verurteilen. Dagegen spräche die Tatsache, daß faktisch alle drei westlichen Kernwaffenmächte sich der Ächtung ihrer Monopolwaffe widersetzen und Rußland sich dieser Position anzunähern scheint. Selbst wenn theoretisch auch gegen die Staaten, die allein über den Gegenstand der zu treffenden Regelung verfügen, ein Völkergewohnheitsrecht zu begründen wäre, scheitert seine praktische Existenz und rechtliche Effektivität an der Weigerung der Adressaten, die allein dem Recht Geltung verschaffen könnten.

Niemand erwartet vom Völkerrecht eine Lösung der Nuklearfrage, bei der es nicht nur um die konkreten Waffen, sondern um Sicherheits- und Präventionsstrategien, Rüstungs- und Machtfragen geht. Eine autoritative Feststellung durch ein Rechtsgutachten des IGH würde aber zweifellos wie schon in anderen Fragen (z. B.: Südwestafrika/Namibia, Westsahara) einen erheblichen politisch-psychologischen Einfluß auf die Lösung der Nuklearfrage bei den Staaten haben, die sich zur Schaffung einer neuen Weltordnung berufen fühlen. Die Beseitigung der Nukleardrohung aus den internationalen Beziehungen wäre ein später, aber noch rechtzeitiger Sieg auch der Prinzipien von Nürnberg.

Anmerkungen

1 Der einzige, der diesen Zusammenhang erwähnt, ist Richard Falk, *Die Folgenlosigkeit von Nürnberg*, in: M. Hirsch, N. Paech, G. Stuby (Hg.), *Politik als Verbrechen*, Hamburg 1986, S. 96ff (99).

2 Affirmation of the Principles of International Law Recognized by the Charter of the Nuremberg Tribunal, UNGV Res. 95 (I) vom 11. Dezember 1946. Zu den weiteren Versuchen der Kodifizierung vgl. M. Cherif Bassiouni, in diesem Band.

3 Die erfolglosen Arbeiten der Internationalen Völkerrechtskommission, die noch am selben Tag von der Generalversammlung beauftragt wurde, Vorschläge zur Kodifizierung der Rechtssätze zu entwickeln, geben dafür genügend Anschauungsmaterial.

4 Anders war es in der DDR, wo das Statut des Militärtribunals unmittelbar in der Strafrechtsprechung zur Geltung kam; vgl. H. Toeplitz, *Die Verwirklichung der Nürnberger Prinzipien in der Rechtspraxis der Deutschen Demokratischen Republik*, in: Hirsch, Paech, Stuby (Anm. 1), S. 164ff.

5 National Lawyers Guild, zitiert nach R. Falk, *The Vietnam War and International Law*, 2 Vols., Princeton 1968.

6 Eric Norden, Artikel in Liberation, Feb. 1968, zitiert nach T. Taylor, *Nuremberg and Vietnam: an American Tragedy*, New York 1970, S. 96.

7 John H. E. Fried, Drexel A. Sprecher (Hg.), *Trials of War Criminals before the Nuernberg Military Tribunals*, 14 Vols., Washington, D.C., 1950–1953.

8 John H. E. Fried, *Vietnam and International Law, The Illegality of United States Military Involvement*, New Jersey 1967.

9 *The Legality of United States Participation in the Defense of Viet-Nam*, Memorandum from the Department of State, Office of the legal Adviser, March 4, 1966, Congressional Record, Vol. 112, No. 43, of March 10, 1966, S. 5274–5279.

10 »At the time of the Nuremberg trials those who write the think columns in our press, such as Walter Lippmann, and independent organizations on intellectuals (...) and liberal professors on our campuses, acclaimed the principle of the outlawing of aggressive war as a great stepp forward in international law. Today they are bending every effort to prevent the enforcement of the principle that Nuremberg announced to the world (...). They are encouraging Hanoi to believe that if it will only hang on the United States will abandon its attempt to enforce the Nuremberg principle in Asia.« Zitiert nach T. Taylor (Anm. 6), S. 95.

11 Art. VI: »This Constitution, and the Laws of the United States which shall be made in Pursuance there of, and all Treaties made, under the Authority of the United States, shall be the Supreme Law of the Land; and the Judges in every State shall be bound thereby, any Thing in the Constitution or laws of any State to the Contrary notwithstanding.«

12 Taylor (Anm. 6), S. 121.

13 Diese Diskussion führt vor allem Telford Taylor, während John H. E. Fried seine Analyse auf die UN-Charta und auf internationales Vertragsrecht stützt.

14 UNGV Res. 3314 (XXIX) vom 14. Dezember 1974. Zur Geschichte vgl. N. Paech, G. Stuby, *Machtpolitik und Völkerrecht in den internationalen Beziehungen*, Baden-Baden 1994, S. 457ff.

15 Taylor (Anm. 6), S. 98.

16 Abkommen, welches den französischen Kolonialkrieg durch die Teilung Vietnams beendete und die Einsetzung einer internationalen Überwachungskommission bis zu allgemeinen Wahlen nach zwei Jahren vorsah. Es wurde von allen Beteiligten außer den USA akzeptiert, die den Krieg bis 1975 fortführten.

17 Fried (Anm. 8), S. 25ff, 43ff.

18 G. Cowan, J. Coburn, *The War Criminals Hedge their Bets*, Village Voice v. 4. Dezember 1969. Townsend Hoopes, damaliger Unterstaatssekretär der Air Forces, antwortete im Januar 1970 im The Washington Monthly unter dem Titel »The

Nuremberg Suggestion«, daß Lyndon B. Johnson auch nicht in seinen schlimmsten Momenten einem Mann im »Hitlerian sense« gleiche und daß »seine nächsten Ratgeber fast einmütig als Männer angesehen würden, die zu den fähigsten, besten, humansten und liberalsten gehörten, die für die öffentliche Verantwortung gefunden werden könnten«.

19 Ein Papier mit dem Titel *The Positive Message of Nuremberg for the Nuclear Age* wurde im August 1949 auf dem Weltkongreß der Internationalen Gesellschaft für Politische Wissenschaften in Moskau vorgelegt und ist in dem postumen Sammelband *Toward a Right of Peace, Selected Papers of John H. E. Fried*, Northampton (Massachusetts) 1994, S. 33ff, veröffentlicht worden. Weitere Veröffentlichungen: *The Electronic Battlefield and the Dictates of the Public Conscience*, in: Revue Belge de Droit International 2/1972, S. 431ff; *Ersteinsatz von Atomwaffen. Bestehende Verbote im Völkerrecht*, in: Demokratie und Recht 3/1981, S. 243ff, engl. Fassung: *International Law prohibits First Use of Nuclear Weapons*, in: Revue Belge de Droit International, 2/1981/82, S. 33ff; *The Nuclear Collision Course: Can International Law Be Of Help?*, in: Denver Journal of International Law and Policy 14/1 (1985), S. 97ff; *The True Purpose of the Nuremberg Trials: To save Mankind from the Scourge of War*, Moskau 1986; *Nürnberg als Botschaft gegen Fatalismus und Resignation*, in: Hirsch, Paech, Stuby (Anm. 1), S. 86ff; *The Significance of Nuremberg for Peace in the Nuclear Age*, 1987, in: *Toward a Right of Peace*, 1994, S. 67ff; *Ein Großprojekt der UNO: der Kodex der Verbrechen gegen den Frieden und die Sicherheit der Menschheit*, in: Neue Justiz 5/1989, S. 174ff.

20 John Hans Ernst Fried wurde am 12. November 1905 in Wien geboren, wo er Jura und Politische Wissenschaft studierte und darin 1930 an der Wiener Universität seinen Dr. machte. 1938 emigrierte er in die USA und machte 1942 seinen PH.D. in Public Law and Government an der Columbia University. Es schlossen sich verschiedene Lehrtätigkeiten in New York an. Von 1963 bis zu seiner Emeritierung im Jahr 1976 war er Professor für Politische Wissenschaft an der City University of New York. Er war in verschiedenen UN-Missionen tätig und von 1975 bis zu seinem Tod im Dezember 1990 Repräsentant der Stiftung für die Errichtung eines Internationalen Strafgerichtshofs bei den Vereinten Nationen.

21 Vgl. zum Folgenden insbesondere den Aufsatz *The Positive Message of Nuremberg for the Nuclear Age* (Anm. 19).

22 Urteil im Krupp-Fall, *Trials of War Criminals before the Nuernberg Military Tribunals*, Vol. IX, 1950, S. 1347.

23 Zitiert nach: *The Positive Message of Nuremberg for the Nuclear Age* (Anm. 19), S. 38f.

24 Vgl. als neueste Veröffentlichung zur Geschichte und zu den Ergebnissen der Konferenz: H.-M. Empell, *Nuklearwaffeneinsätze und humanitäres Völkerrecht*, Heidelberg 1993.

25 Vgl. Fried, *Ersteinsatz von Atomwaffen. Bestehende Verbote im Völkerrecht* (Anm. 19).

26 Zum strittigen Geltungsumfang des I. Zusatzprotokolls von 1977 zu den Genfer Konventionen von 1949 weiter unten.

27 Die nach dem russischen Völkerrechtler Martens genannte Klausel heißt: »So lange, bis ein vollständigeres Kriegsgesetzbuch festgestellt werden kann, halten es die hohen vertragschließenden Teile für zweckmäßig, festzusetzen, daß in den Fällen, die in den Bestimmungen der von ihnen angenommenen Ordnung nicht

einbegriffen sind, die Bevölkerung und die Kriegführenden unter dem Schutz und der Herrschaft der Grundsätze des Völkerrechts bleiben, wie sie sich aus den unter gesitteten Völkern feststehenden Gebräuchen, aus den Gesetzen der Menschlichkeit und aus den Forderungen des öffentlichen Gewissens ergeben.« Fried diskutiert diese Klausel eingehend in: *The Electronic Battlefield and the Dictates of the Public Conscience* (Anm. 19), S. 451 ff.

28 Vgl. *Trials of War Criminals before the Nuernberg Military Tribunals*, Vol. IX, 1950, S. 1343.

29 N. Singh, *Nuclear Weapons and International Law*, London 1959; G. Schwarzenberger, *The Legality of Nuclear Weapons*, London Institute of World Affairs, London 1959; E. Menzel, *Legalität oder Illegalität der Anwendung von Atomwaffen*, Tübingen 1960.

30 Etliche Resolution sind abgedruckt bei N. Grieff, *Völkerrecht gegen Kernwaffen*, Rechtsgutachten der International Association of Lawyers against Nuclear Armement für das World-Court-Project, Marburg 1993, S. 31 ff.

31 Überblick bei Paech, Stuby (Anm. 14), S. 478 ff; Empell (Anm. 24); Grief (Anm. 30).

32 Resolution 64.40, dokumentiert in M. Bothe, *Atomwaffen vor dem Internationalen Gerichtshof*, Gutachten der IALANA zur Zulässigkeit des WHO-Antrages, Marburg 1994.

33 78 Ja-Stimmen, 43 Nein-Stimmen, 38 Enthaltungen.

34 Diesen Einwänden haben sich auch Rußland, Finnland und Australien angeschlossen. Dagegen das Gutachten von M. Bothe (Anm. 32), welches der polynesische Staat Nauru beim IGH eingereicht hat.

35 Am 21. April 1993 erklärte die Bundesregierung vor dem Deutschen Bundestag: »Diese eurogestützten Nuklearwaffen haben weiterhin eine wesentliche Rolle in der friedenssichernden Gesamtstrategie des Bündnisses, weil konventionelle Streitkräfte allein die Kriegsverhütung nicht gewährleisten können (...) Deshalb wird die Bundesregierung nicht für den Abzug dieser Waffen aus Deutschland oder Europa eintreten. Ebenfalls wird die Bundesregierung nicht für einen Verzicht auf die Option der Allianz eintreten, gegebenenfalls Nuklearwaffen als erste einzusetzen (...). Die Erklärung eines Verzichts auf die Möglichkeit eines Ersteinsatzes von Nuklearwaffen durch das [NATO-]Bündnis würde die Kriegsverhütungsstrategie aushöhlen. Die Möglichkeit und Führbarkeit konventioneller Kriege würde zunehmen.« BT-Drs. 12/4766, S. 3.

36 Art. VI Atomwaffensperrvertrag vom 1. Juli 1968: »Jede Vertragspartei verpflichtet sich, in redlicher Absicht Verhandlungen zu führen über wirksame Maßnahmen zur Beendigung des nuklearen Wettrüstens in naher Zukunft und zur nuklearen Abrüstung sowie über einen Vertrag zur allgemeinen und vollständigen Abrüstung unter strenger und wirksamer internationaler Kontrolle.« Entsprechende Resolutionen der UN-Generalversammlung haben bisher immer die Gegenstimmen der NATO-Staaten erhalten.

37 Genfer Protokoll über das Verbot der Verwendung von erstickenden, giftigen oder ähnlichen Gasen sowie von bakteriologischen Mitteln im Krieg, vom 17. Juni 1925.

38 Vgl. z. B. R. Falk, E. Meyrowitz, J. Anderson, *Nuclear Weapons and International Law*, Princeton 1981.

39 Konvention über die Verhütung und Bestrafung des Völkermordes, vom 9. Dezember 1948.

40 IGH Nicaragua versus USA, Urteil vom 7. Juni 1986, in: ICJ-Reports 1986, S. 14ff.

41 Art. 35 – Grundregeln:
»1. In einem bewaffneten Konflikt haben die am Konflikt beteiligten Parteien kein unbeschränktes Recht in der Wahl der Methoden und Mittel der Kriegführung.
2. Es ist verboten, Waffen, Geschosse und Material sowie Methoden der Kriegführung zu verwenden, die geeignet sind, überflüssige Verletzungen oder unnötige Leiden zu verursachen. 3. Es ist verboten, Methoden oder Mittel der Kriegführung zu verwenden, die dazu bestimmt sind, oder von denen erwartet werden kann, daß sie ausgedehnte, lang anhaltende und schwere Schäden der natürlichen Umwelt verursachen.«

42 Art. 55 – Schutz der natürlichen Umwelt:
1. »Bei der Kriegführung ist darauf zu achten, daß die natürliche Umwelt vor ausgedehnten, lang anhaltenden und schweren Schäden geschützt wird. Dieser Schutz schließt das Verbot der Anwendung von Methoden oder Mitteln der Kriegführung ein, die dazu bestimmt sind oder von denen erwartet werden kann, daß sie derartige Schäden der natürlichen Umwelt verursachen und dadurch Gesundheit oder Überleben der Bevölkerung gefährden.
2. Angriffe gegen die natürliche Umwelt als Repressalie sind verboten.«
Art. 56 normiert den Schutz von »Anlagen und Einrichtungen, die gefährliche Kräfte enthalten, nämlich Staudämme, Deiche und Kernkraftwerke«.

43 In seinem Urteil über das Oberste Heereskommando schloß das US-Militärgericht, daß »Kriegsverbrechen in einem solch weiten Umfang begangen wurden, wie niemals zuvor in der Kriegsgeschichte. Es kann kein Zweifel daran bestehen, daß die Mehrheit von ihnen aus der Nazi-Konzeption des ›totalen Krieges‹ erwuchs, wo alles und jedes den absoluten Diktaten des Krieges unterworfen wurde. Regeln, Vorschriften, Versicherungen und Verträge waren alle gleichermaßen von keiner Bedeutung mehr. Und so, befreit von dem einschränkenden Einfluß des internationalen Rechts, wurde der Aggressionskrieg geführt (...) auf die barbarischste Weise.« Vgl. auch: Fried (Anm. 21), S. 37; Menzel (Anm. 29), S. 20.

44 World Health Organization, *Summary of the Report of the International Committee of Experts in Medical Science and Public Health: Effects of Nuclear War on Health and Health Services* 5–6, 1984. Weitere Beispiele vergleichbarer Einschätzungen bei N. Paech, *Grundgesetz kontra Raketen. Verfassungsbeschwerde gegen die Raketenstationierung*, Köln 1983.

45 Am 12. Dezember 1977 fügten die Vereinigten Staaten ihrer Unterschrift folgenden Vorbehalt hinzu: »This signature is subject to the following understandings: (...) It is the understanding of the United States of America that the rules established by this Protocol were not intended to have any effect on and do not regulate or prohibit the use of nuclear weapons.« Vgl. Denkschrift der Bundesregierung zu den Zusatzprotokollen zu den Genfer Abkommen, Deutscher Bundestag, 11. Wahlperiode, Drucksache 11/6770 v. 22. März 1990, S. 107; M. Bothe, K. J. Partsch, W. A. Solf (Hg.), *New Rules of Armed Conflicts*, The Hague/Boston/London 1982, S. 187ff.

46 Cl. Pilloud, *Les Conventions de Genève de 1949 pour la protection des victimes de la guerre, les protocols additionnels de 1977 et les armes nucléaires*, in: German Yearbook of International Law 21/1978, S. 169ff, 171ff; N. Paech, *Nuklearstrategie gegen Völkerrecht*, in: Demokratie und Recht 4/1985, S. 399ff (408). Die Erklärung

lautet: »Problems relating to atomic, bacteriological and chemical warfare are subjects of international agreements or negotiations by governments, and in submitting these draft Protocols the ICRC does not intend to broach these problems. It should be borne in mind that the Red Cross as a whole at several Red Cross Conferences has clearly made known its condemnation of weapons of mass destruction and has urged governments to reach agreements for banning their use.«

47 »Nach dem Verständnis der Bundesrepublik Deutschland sind die vom I. Zusatzprotokoll eingeführten Bestimmungen über den Einsatz von Waffen in der Absicht aufgestellt worden, nur auf konventionelle Waffen Anwendung zu finden, unbeschadet sonstiger, auf andere Waffenarten anwendbarer Regeln des Völkerrechts.«

48 So etwa H. Meyrowitz, *Stratégie nucléaire et droit de la guerre*, in: Revue générale de droit international public, 83/1979, S. 904ff; ders., *Les armes nucléaires et le droit de la guerre*, in: *Humanitarian law of armed conflict – challenges ahead. Essays in honour of Frits Kalshoven*, Dordrecht 1991, S. 297ff; J. Abr. Frowein, *Rechtsgutachten zu Fragen der Auslegung des Zusatzprotokolls zu den Genfer Konventionen von 1949 für den Bundesminister der Verteidigung*, Bielefeld 1977, S. 36ff; W. A. Solf, in: Bothe, Partsch, Solf (Anm. 45), S. 188ff; St. Oeter, *A-B-C-Kampfmittel*, in: D. Fleck (Hg.), *Handbuch des humanitären Völkerrechts in bewaffneten Konflikten*, München 1994, S. 118ff.

49 So etwa H. Fischer, *Der Einsatz von Nuklearwaffen nach Art. 51 des I. Zusatzprotokolls zu den Genfer Konventionen von 1949*, Berlin 1985; ders., *Einigkeit in der Beurteilung der Zusatzprotokolle, Disssens in der Bewertung der Erklärungen. Die Ratifizierungsdebatte über die Zusatzprotokolle im Bundesrat*, in: Humanitäres Völkerrecht. Informationsschriften 2/1990, S. 77ff; B. Graefrath, *Zum Anwendungsbereich der Ergänzungsprotokolle zu den Genfer Abkommen vom 12. August 1949*, in: Staat und Recht 29/1980, S. 133ff; K. Ipsen, Beitrag in: *Zur Ratifizierungs-Bedürftigkeit des Genfer Zusatzprotokolls I von 1977.* Wort-Protokoll einer Anhörung der SPD-Bundestagsfraktion am 23. September 1985 in Bonn, 1985, S. 37ff; N. Singh, E. Mc Whinney, *Nuclear Weapons and Contemporary International Law*, Leiden 1988; Empell (Anm. 24).

50 Das IKRK hatte schon 1965 auf seiner Konferenz beschlossen: »Die allgemeinen Prinzipien des Kriegsrechts sind auf atomare und vergleichbare Waffen anzuwenden.« Vgl. Resolution Nr. 28, Protection of Civilian Population against the Dangers of Indiscriminate War. International Conference of the Red Cross, Wien 1965, S. 22.

51 So ganz im Ernst St. Oeter (Anm. 48), S. 118.

52 UNGV Res. 1653 (XVI) vom 24. November 1961; 33/71 B vom 14. Dezember 1978; 34/83 G vom 11. Dezember 1979; 35/152 D vom 12. Dezember 1980; 36/92 I vom 9. Dezember 1981; 45/59 A vom 4. Dezember 1990; 46/37 D vom 6. Dezember 1991. Weitere Resolutionen aus den achtziger Jahren bei Paech, Stuby (Anm. 14), S. 491.

53 Vgl. G. Dahm, J. Delbrück, R. Wolfrum, *Völkerrecht*, Bd. I/1, Berlin/New York 1989, S. 71ff.

54 Es ist bekannt, daß in der Johnson-Administration ein Einsatz von Atombomben in Vietnam erwogen worden ist.

Richard Falk

Die humanitäre Intervention und das Gewaltverbot in den internationalen Beziehungen

I. Widersprüchliche Erscheinungsformen »humanitärer Intervention«

In den 1950 von der Völkerrechtskommission formulierten Nürnberger Prinzipien werden in Prinzip VI (a) Verbrechen gegen den Frieden definiert als »Planung, Vorbereitung, Einleitung oder Durchführung eines Angriffskrieges unter Verletzung internationaler Verträge, Abkommen oder Zusicherungen«. Angesichts der jüngsten Praxis der UNO und auch von Staaten, die im Auftrag des UN-Sicherheitsrats handelten – Somalia sei an dieser Stelle nur beispielhaft genannt –, drängt es sich auf, nach dem Verhältnis der humanitären Intervention zur Tatbestandskategorie des Verbrechens gegen den Frieden zu fragen. Verstößt sie gegen internationale Verträge und Abkommen und ist somit verboten, und zwar auch dann, wenn der humanitäre Anspruch nicht lediglich ein Vorwand ist, um den Vorwurf der Aggression zu vermeiden? Oder verleiht der Begriff »humanitäre Intervention« den Staaten und internationalen Organisationen einen Legitimationstitel für Gewaltanwendung mit der Folge, daß die Rechtsprechung von Nürnberg in bezug auf Verbrechen gegen den Frieden heute an Gültigkeit eingebüßt hat?

Es ist wohl unübersehbar, daß Kriege immer weniger zum Zweck der territorialen Expansion geführt werden und der Zerfall der öffentlichen Ordnung in einigen Weltregionen immer größere Ausmaße annimmt. Die nicht mehr vorhandene strategische Rivalität zwischen führenden Staaten, aber auch humanitäre Forderungen unter dem Eindruck des unvorstellbaren menschlichen Leids in vielen Ländern tun ein übriges, um die Diskussion über die völkerrechtliche Zulässigkeit humanitärer Interventionen wiederaufleben zu lassen. Eine Lösung ist nicht in Sicht, und alle bisherigen Erfahrungen deuten auf ein Dilemma hin: Interventionen sind oft fehlgeschlagen und haben äußerst beunruhigende Konsequenzen gehabt, mit der Rolle des Zuschauers wollte und will man sich jedoch auch nicht abfinden. Mit anderen Worten: Humanitäre Interventionen scheinen oft *erforderlich*, aber *undurchführbar* zu sein.

Zwei große Problemkreise sind zu unterscheiden. Im ersten geht es um das Eingreifen von Staaten: 1979 marschierte Vietnam in Kambodscha ein und machte dem Terrorregime Pol Pots ein Ende. Vietnam wurde jedoch weltweit verurteilt und von der UNO zum Abzug seiner Truppen aufgefordert. Die Vereinigten Staaten besetzten 1983 Grenada, um eine ihnen nicht wohlgesonnene Regierung abzusetzen, die angeblich ihr Volk unterdrückte. Hätte man nicht den Anspruch Vietnams als »rechtmäßig« unterstützen, den Anspruch der USA hingegen als »rechtswidrige« Gewaltanwendung verurteilen müssen? Kann diese Unterscheidung unter Berufung auf heutiges Völkerrecht getroffen werden? In beiden Fällen waren die Reaktionen stark geprägt von den Bündnissen aus der Zeit des Kalten Krieges, von Bipolarität und geopolitischem Kalkül. Seit 1989 sind diese Faktoren anderen Überlegungen gewichen, die allerdings nichts mit juristischen Kategorien zu tun haben: Wahrung von Einflußzonen, nationalstaatliches Denken und strategisches Desinteresse. Ein auf Prinzipien beruhendes Fundament für ein Eingreifen oder Nichteingreifen ist nicht entstanden.

Im zweiten Problemkreis geht es um Maßnahmen im Auftrag der UNO. Wenn sie, wie in Somalia, ohne die Einwilligung der Regierung handelt und ohne daß der Frieden durch eine humanitäre Notlage bedroht ist, verstößt sie dann nicht gegen Art. 2 Nr. 7 ihrer Charta, wonach ein »Eingreifen in Angelegenheiten, die ihrem Wesen nach zur inneren Zuständigkeit« der Staaten gehören, verboten ist? Kann die bisweilen fragwürdige Übertragung von Befugnissen durch den UN-Sicherheitsrat die Gewaltanwendung gegen Mitgliedsstaaten rechtfertigen? Dazu ein kleiner Rückblick: 1983 intervenierten die Vereinigten Staaten auf Grenada ohne ein entsprechendes UN-Mandat. Es handelte sich daher um eine ihrem Wesen nach einseitige Gewaltanwendung entgegen globaler Ordnungsprinzipien, selbst wenn die Intervention vordergründig von einem obskuren, bis dato unbekannten »regionalen« Akteur (der Organisation Ostkaribischer Staaten) befürwortet wurde. Und 1989 intervenierten die Vereinigten Staaten in Panama, obwohl es dagegen Widerstände in der Region gab. 1994 aber betraute der UN-Sicherheitsrat mit der Resolution 940 die Vereinigten Staaten damit, Jean-Bertrand Aristide unter Anwendung »aller notwendiger Maßnahmen« wieder einzusetzen, um verfassungsmäßige Verfahren auf Haiti zu unterstützen und eine Militärregierung abzusetzen, die für massive und möglicherweise an Verbrechen gegen die Menschlichkeit im Sinne von Nürnberg grenzende Menschenrechtsverletzungen verantwortlich war. – Der Schluß könnte nahe liegen, daß eine humanitäre Intervention, die kollektiv und unter der Kontrolle einer internationalen Organisation erfolgt, nicht unter das in der Charta verankerte Verbot der Gewaltanwendung fällt, weil dabei an Staaten gedacht war.

Für die Frage nach den Zulässigkeitskriterien einer humanitären Intervention ist damit allerdings noch nicht viel gewonnen. Sie bleiben weiterhin unscharf, denn einmal wird ein ernstzunehmendes Verlangen nach humanitärer Intervention von der UNO abgelehnt oder ignoriert, während ein anderes Mal ein zweifelhafter Anspruch unterstützt und gebilligt wird. Sicher ist jedenfalls, daß der in den Erfahrungen des Zweiten Weltkriegs begründeten Absicht, den Rückgriff auf Gewaltanwendung in den internationalen Beziehungen zu begrenzen, eine internationale Praxis zuwiderläuft, in der Gewalt nicht nur als Selbstverteidigung angewendet wird. Sicher ist auch, daß die UNO in Interventionen involviert ist, die nicht als Reaktionen auf einen vorherigen Angriff erfolgen, woran zu erkennen ist, daß sich das UN-Verständnis von der Souveränität ihrer Mitgliedsstaaten relativiert hat. Nach dem jetzigen UN-Generalsekretär Boutros Boutros-Ghali muß die UNO den Staat zwar als »Grundfeste« ihrer Arbeit betrachten, denn: »Unabdingbare Voraussetzung für gemeinsame Fortschritte auf internationaler Ebene ist die Achtung seiner fundamentalen Souveränität und Unversehrtheit«.[1] Er fügt hinzu, daß »in (...) inneren Krisensituationen (...) die Vereinten Nationen die Souveränität des betroffenen Staates achten müssen; dies nicht zu tun, stände im Widerspruch zu dem, wovon die Mitgliedsstaaten ausgegangen sind, als sie die Grundsätze der Charta angenommen haben«[2]. Mit dem Argument, »die absolute und exklusive Souveränität – ein Postulat, das in der Realität nie seine Entsprechung gefunden hat –, gehört jedoch der Vergangenheit an«, öffnet der Generalsekretär aber die Tür für humanitäre Interventionen. Dies wird durch seinen Hinweis noch unterstrichen, daß »die führenden Staatsmänner heute vor der Aufgabe [stehen], dies zu verstehen und ein Gleichgewicht herzustellen zwischen den Geboten einer ordnungsgemäßen Wahrnehmung der innerstaatlichen Belange und den Anforderungen einer zunehmend interdependenten Welt«[3].

Der Golfkrieg hat, so wird behauptet, zu einem unnötigen und ergo rechtlich zweifelhaften Rückgriff auf Gewalt als Mittel zur Wiederherstellung der Souveränität Kuwaits geführt. Doch handelte es sich eindeutig um einen Fall, in dem die Charta Gewaltanwendung unter der Kontrolle der UNO erlaubt. Die grundsätzliche Berechtigung dieses Unternehmens ist dabei zu trennen von der Art, wie die UNO ihre Befugnisse wahrnahm, indem sie die Einsatzleitung den Vereinigten Staaten übertrug und in ihren Zielen weit über die Verteidigung und Wiederherstellung der Hoheitsrechte Kuwaits hinausging. Im Gegensatz dazu wird durch die Kontroverse um humanitäre Interventionen die Frage aufgeworfen, ob sie grundsätzlich rechtmäßig sind, weil diese Form der Gewaltanwendung eben keine Reaktion auf eine »Aggression« in Form »eines bewaffneten Angriffs« darstellt, sondern als direkte Einmischung in die inneren Angelegenheiten eines Staates und als Verletzung seiner territorialen Souveränität gewertet werden kann. Interventionen dieser Art können aber kleineren Staaten ihre Selbstbestimmung und politische Unabhängigkeit rauben.

Der Autor dieses Beitrags ist der Meinung, daß das Völkerrecht gegenwärtig humanitäre Interventionen von Staaten oder internationalen Organisationen außer bei Völkermord oder Verbrechen gegen die Menschlichkeit nicht *ausdrücklich* erlaubt, sie aber auch nicht eindeutig untersagt. In den Fällen, in denen eine humanitäre Intervention eine Reaktion auf Völkermord oder Verbrechen gegen die Menschlichkeit ist, besteht nicht nur das Recht zur Intervention, sondern auch die Pflicht. Diese Pflicht obliegt Staaten wie internationalen Organisationen gleichermaßen. Ihre Umsetzung ist allerdings im Einzelfall schwierig, da sich immer wieder zeigt, daß Staaten zögern, sich für humanitäre Ziele einzusetzen, wenn diese nicht mit strategischen Interessen einhergehen. Und wenn zwischen beiden ein Zusammenhang besteht, kann das zur Folge haben, daß die humanitäre Dimension bei den Maßnahmen eine untergeordnete Rolle spielt oder außer acht gelassen wird. Die Pflicht zu handeln kann entweder aus den Nürnberger Prinzipien oder aus Art. 1 der Völkermord-Konvention abgeleitet werden. Außerdem könnte man sagen, daß Verbrechen gegen die Menschlichkeit und Völkermord immer eine Bedrohung des Friedens und der Nachbarstaaten darstellen, wodurch eine Situation entstünde, in der die Unverletzlichkeit des Territoriums nicht das ausschlaggebende Kriterium sein kann.

Im Blick auf die sich aus dem Völkerrecht ergebende Widersprüchlichkeit (Gewaltverzicht als Rechtsgrundsatz versus Pflicht zur Gewaltanwendung, um zu verhindern, daß Verbrechen im Namen eines Staates begangen werden) muß sich die rechtliche Bewertung einer Interventionsforderung immer nach den jeweiligen Tatsachen richten. Die Frage, ob eine Interventionsforderung rechtlich vertretbar ist oder nicht, kann nicht nur durch eine theoretische Diskussion geklärt werden. Wenn es zu einer humanitären Intervention kommt, ist die rechtliche Situation per se unklar. Für ihre Analyse kommen eine Reihe kontextueller Faktoren zum Tragen, so zum Beispiel: die Schwere der humanitären Notlage; der fehlende Widerstand gegen die Intervention; das Nichtvorhandensein imperialistischer Absichten; die Beschränkung der Gewaltanwendung auf ein Minimum und die ausreichende Berücksichtigung der Zivilbevölkerung; Ausmaß und Qualität der Zustimmung regionaler Akteure sowie des UN-Sicherheitsrats; die Abschätzung der möglichen negativen Folgen, wenn die Intervention nicht erfolgt; die Glaubwürdigkeit dessen, der diese Faktoren interpretiert. Auch sollte deutlich sein, daß nur dann eine Intervention vorliegen kann, wenn die Staatsführung ihre Zustimmung verweigert oder, wie im Fall des Einmarsches der Sowjetunion in Afghanistan, die »Zustimmung« durch eine vorherige Intervention herbeigeführt wird. Wird die Zustimmung wirklich gegeben, hat die humanitäre Maßnahme eher den Charakter einer »Hilfe« als den einer »Intervention« und stellt kein rechtliches Problem dar, solange das vereinbarte Mandat nicht überschritten wird und sich die ausländischen Streitkräfte bei einem späteren Widerruf der Zustimmung zurückziehen. In der Praxis erweisen sich Grenzziehungen jedoch als äußerst schwierig, da die Staatsführung, die die Zustimmung gibt, umstritten oder gespalten sein kann, wenn zum Beispiel die Herrschaftsstrukturen teilweise oder völlig zusammengebrochen sind oder sich im Stadium revolutionärer Umwälzungen befinden.

Bei Unruhen und Gewalt gegen Menschen, die nicht die einzelnen Tatbestandsmerkmale des Verbrechens gegen die Menschlichkeit oder des Völkermords erfüllen, hat eine humanitäre Intervention keine rechtliche Grundlage im Völkerrecht oder in der UN-Charta, auch wenn eindeutig eine humanitäre Notlage vorliegt. Die trotzdem intervenierende Seite vermeidet denn auch den Begriff »Intervention« zur Beschreibung ihrer Maßnahmen. Sie betont, daß sie humanitäre Ziele verfolge und beruft sich auf alle möglichen Grundlagen, die sie angeblich zu dieser Maßnahme ermächtigen. Auf diese Weise wurde zum Beispiel nach dem Golfkrieg die längere Einschränkung der irakischen Hoheitsrechte gerechtfertigt, zum Teil, um die Kurden vor der irakischen Vernichtungspolitik zu schützen, aber auch, um aus geopolitischen Gründen die Einheit des Irak sicherzustellen.

Obwohl außerhalb der Fragestellung dieser Untersuchung stehend, soll klargestellt werden, daß »Interventionen von unten«, das heißt durch unabhängige Hilfs- und Entwicklungsorganisationen, nicht dem völkerrechtlichen Interventionsverbot unterliegen. Derartige auf internationaler Ebene durchgeführte soziale Maßnahmen sind keine Intervention im Sinne des Völkerrechts, selbst wenn sie dem Grundsatz der Gebietshoheit zuwiderhandeln, wie es oft bei der Organisation *Médecins sans frontières* (Ärzte ohne Grenzen) der Fall ist, vorausgesetzt, die humanitäre Maßnahme ist wirklich unabhängig und keine indirekte Aktion eines Staates. Weniger eindeutig und teilweise umstritten ist der rechtliche Status von Hilfswerken, die Neben- oder Sonderorgane der UNO sind, aber wie zum Beispiel das Weltkinderhilfswerk (UNICEF) oder das Hochkommissariat für Flüchtlinge (UNHCR) im allgemeinen eigenständige Tätigkeitsbereiche haben. Im großen und ganzen wenden sie keine Gewalt an, es sei denn zum Schutz ihrer Mitarbeiter und Hilfsmaßnahmen. Für sie gilt das Interventionsverbot ebenfalls nicht. Aus völkerrechtlicher Sicht kritischer verhält es sich dagegen bei Gruppen, die sich für Menschenrechte und Demokratie engagieren und vom Ausland aus in das Selbstbestimmungsrecht eines Staates eingreifen, dies aber unter Berufung auf Ziele tun, die auf internationaler Ebene allgemein anerkannt sind (zum Beispiel das Eintreten für die Rechte der Frau in Regionen, wo die politische und kulturelle Führung für etwas verantwortlich ist, was von außen allgemein als Unterdrückung bezeichnet wird).

II. Zur Zulässigkeit humanitärer Interventionen nach dem Wortlaut der UN-Charta

Art. 2 Nr. 4 der UN-Charta verbietet kategorisch jede Androhung oder Anwendung von Gewalt in den internationalen Beziehungen der Staaten. Das Verbot gilt für jede Androhung oder Anwendung von Gewalt »gegen die territoriale Unversehrtheit oder die politische Unabhängigkeit eines Staates (...) oder [die] sonst mit den Zielen der Vereinten Nationen« unvereinbar ist. Präzisiert wird es durch eine Reihe von Beschlüssen der UN-Generalversammlung wie der *Deklaration über die Unzulässigkeit von Interventionen in die inneren Angelegenheiten von Staaten und den Schutz ihrer Unabhängigkeit und Souveränität* vom 21. Dezember 1965,[4] der *Deklaration über die Grundsätze des Völkerrechts betreffend die freundschaftlichen Beziehungen und die Zusammenarbeit zwischen Staaten in Übereinstimmung mit der Satzung der Vereinten Nationen* vom 24. Oktober 1970,[5] die *Resolution über die Definition der Aggression* vom 14. Dezember 1974.[6] In diesen Beschlüssen gibt es keinen Hinweis darauf, daß die Verfolgung humanitärer Ziele nicht von dem Gewaltverbot erfaßt wird. Die einzige anerkannte Ausnahme ist das in Art. 51 UN-Charta eingeräumte Recht auf Selbstverteidigung, das aber nur als Reaktion auf einen vorausgegangenen bewaffneten Angriff in Anspruch genommen werden darf und auch nur so lange, bis der Sicherheitsrat selbst die gegen diesen Angriff erforderlichen Maßnahmen ergreift.

Mit dieser klaren Systematik verfolgten die UN-Gründerstaaten das Ziel einer friedlicheren Welt auf zweifache Weise: Zum einen sollte die Gewalt in den internationalen Beziehungen soweit wie möglich eingeschränkt werden. Zum anderen sollten den Staaten keine glaubhaften Gründe an die Hand gegeben werden, mit denen sie sich aus Eigeninteresse auf das Selbstverteidigungsrecht berufen könnten. Noch 1986 bestätigte der Internationale Gerichtshof durch sein Urteil im Verfahren »Nicaragua gegen die Vereinigten Staaten« die Verbindlichkeit dieser Regelung. Er entschied mit einer Mehrheit von 12 zu 3 Stimmen, daß die Vereinigten Staaten nicht den Anspruch erheben könnten, in kollektiver Selbstverteidigung für El Salvador als Reaktion auf die Unterstützung zu handeln, die die sandinistische Regierung in Managua angeblich der FMLN gewährte, der Freiheitsbewegung, die gegen die Regierung in San Salvador kämpfte.

Diese offensichtliche Klarheit in bezug auf die nichtdefensive Gewaltanwendung wird jedoch durch zumindest vier Faktoren in Frage gestellt:

- Erstens befaßt man sich auf internationaler Ebene immer ernsthafter und intensiver mit Menschenrechten. Man fordert eine konkrete Einflußnahme zur Beseitigung menschenrechtswidriger Zustände. Auch wenn dabei nicht unbedingt an den Einsatz militärischer Mittel gedacht wird, erschüttern derartige Forderungen zwangsläufig das Prinzip der territorialen Souveränität.
- Zweitens hat es seit der Gründung der UNO zahlreiche Ausnahmen von dem strikten Verbot der Gewaltanwendung gegeben. So haben einige Länder zur Prävention eines bewaffneten Angriffs gehandelt (zum Beispiel Israel 1967); andere haben ein Recht auf Vergeltungsmaßnahmen beansprucht, wie beispielsweise die Vereinigten Staaten im Hinblick auf Libyens angebliche Unterstützung terroristischer Aktivitäten, die sich gegen die Vereinigten Staaten richteten, oder wie Israel verschiedentlich im Zusammenhang mit vom Libanon ausgehenden Aktivitäten der Palästinenser. Eines der jüngsten Beispiele aus dem Jahr 1995 ist die Türkei, die, wenn man den Zahlenangaben Glauben schenkt, 35 000 Soldaten über die Grenze in den Irak geschickt hat, um Stützpunkte der PKK zu zerstören, dies ohne offizielle Kritik und mit allgemeiner außenpolitischer Zustimmung, trotz des offensichtlichen Charakters und des Umfangs der grenzüberschreitenden Gewaltanwendung. Wieder andere haben humanitäre Rechtfertigungsgründe angeführt, so die Vereinigten Staaten 1989, als sie in Panama landeten, nach dem Tod einiger hundert oder mehr Zivilisten Staatschef Noriega absetzten und gefangennahmen und auf einem amerikanischen Stützpunkt ein neues panamaisches Staatsoberhaupt einsetzten. In all diesen Fällen gab es entweder Zustimmung, die sich allgemein auf die Ansicht stützte, daß die Anwendung von Gewalt in Anbetracht der Umstände »angemessen« schien, oder verhaltene Kritik, deren vorsichtige Formulierung ein Zugeständnis an die »geopolitische Lage« war.
- Der dritte Faktor steht im unmittelbaren Zusammenhang mit dem vorgenannten. Er geht zurück auf die Unfähigkeit der UNO, ein verläßliches Instrumentarium der kollektiven Sicherheit zu bieten, das den

Verlust der Selbsthilfeoption ausgleichen könnte. Es sei daran erinnert, daß bis zu dem Briand-Kellogg-Pakt von 1928 die Selbsthilfe im Völkerrecht als wesentlicher Bestandteil der nationalen Sicherheit enthalten war und einen Krieg als hoheitsrechtliche Angelegenheit sogar erlaubte. Man kann nun argumentieren, daß entgegen dem genannten Pakt dieses Recht so lange bestehenbleibt und Teil des in Art. 51 der Charta aufrechterhaltenen »naturgegebenen Rechts zur individuellen und kollektiven Selbstverteidigung« ist, wie die UNO nicht die Selbsthilfe durch kollektive Hilfe glaubhaft ersetzen kann. Viele Völker haben heute keine andere Möglichkeit als durch Selbsthilfe, ihre Grundrechte auf Überleben geltend zu machen. Die in der UNO organisierte Welt hat bisher für die zahlreichen Klagen unterdrückter Nationen und Völker taube Ohren gehabt und nur dann etwas für ihren Schutz getan, wenn die Übernahme der Verantwortung aus geopolitischen Gründen opportun war.[7] Zu diesen Versäumnis kommt erschwerend die Weigerung der Mitgliedsstaaten hinzu, die UNO mit den notwendigen finanziellen Mitteln und Instrumenten zur Durchsetzung von Zwangsmaßnahmen auszustatten, durch die sie autonom handeln könnte. Diese Weigerung wiegt um so schwerer, als durch das Vetorecht jede Initiative des Sicherheitsrates blockiert werden kann.

- Der vierte Faktor für die Infragestellung des Gewaltverbots ergibt sich aus dem Sprachgebrauch und wird durch mangelnde Symmetrie in bezug auf die relevanten Rechtsbegriffe verstärkt. Da man eine Intervention zu einem wirklichen humanitären Zweck als Gewaltanwendung definieren könnte, die kein Eingriff in die »territoriale Unversehrtheit oder die politische Unabhängigkeit« eines Staates ist oder auf andere Weise gegen die Ziele der UNO verstößt, wäre sie vielleicht mit dem Völkerrecht vereinbar. Dieses Argument gewinnt durch die Fortentwicklung der völkerrechtlichen Menschenrechtsnormen an Gewicht, besonders durch Art. I der Konvention über die Verhütung und Bestrafung des Völkermords, durch den alle Staaten sich zur »Verhütung und Bestrafung« von Völkermord verpflichten. Wenn also humanitäre Ziele im Zusammenhang mit der Verhütung und Bestrafung von Völkermord geltend gemacht werden, wäre eine entsprechende Anwendung von Gewalt möglicherweise vom Verbot durch die UN-Charta ausgenommen. Bislang ist das allerdings nicht ausdrücklich festgestellt worden. Der Einmarsch Vietnams in Kambodscha 1979 und die anschließende mehr als zehn Jahre dauernde Besetzung dieses Landes, durch die unter anderem die Regierung der Roten Khmer an einem weiteren Völkermord gehindert werden sollte, wurde von der UNO zu keinem Zeitpunkt unterstützt. Unter dem Einfluß einer vietnamfeindlichen Diplomatie, die China und der Westen Ende der siebziger und in den achtziger Jahren gemeinsam praktizierten, weigerte sie sich sogar, in dieser Zeit eine andere Regierung als die Roten Khmer als Vertreter Kambodschas zu akzeptieren und sah Vietnam als rechtswidrigen Aggressor an. Zwei weitere heute nicht mehr so bekannte Beispiele sind Indiens Einmarsch in Ostpakistan 1972 zur Unterstützung der Gründung von Bangladesh als Reaktion auf das auf Völkermord abzielende Verhalten der pakistanischen Streitkräfte und der Einmarsch Tansanias in Uganda, um den brutalen und des Völkermords beschuldigten Idi Amin zu entmachten. Beide Fälle wurden seinerzeit jedoch mehr mit Erleichterung als mit Kritik aufgenommen.

Trotz dieser Überlegungen bleibt festzuhalten, daß einer Intervention zur Beseitigung menschenrechtswidriger Zustände in einem Land generell das Stigma der Rechtswidrigkeit anhaftet. Dieser juristische Konsens wurde in den achtziger Jahren unmittelbar durch die sogenannte Reagan-Doktrin in Frage gestellt, die das Recht der Vereinigten Staaten postulierte, den Kampf der Völker für Demokratie zu unterstützen, darunter so verschiedene »demokratiefeindliche« politische Kräfte wie die fundamentalistischen Rebellen in Afghanistan, die Contras in Nicaragua und die UNITA-Truppen Savimbis in Angola. Die Umsetzung dieses Postulats war angesichts der Orientierung der politischen Kräfte, die unterstützt wurden, zweifelhafter Natur. Sie zeichneten sich im wesentlichen durch eine antilinke oder antimarxistische Einstellung aus und vermochten als Vehikel zur Förderung von Menschenrechten nicht zu überzeugen, obwohl sie als »Freiheitskämpfer« bezeichnet wurden. Die These, daß eine Intervention bei Unterdrückung von Demokratie und Menschenrechten rechtmäßig sei, stieß jedoch teilweise auf Zustimmung und löste so Zweifel an der Klarheit des in der Charta niedergelegten Verbots jeglicher Gewaltanwendung aus.[8]

Eine sich am Wortlaut der UN-Charta orientierende Auslegung hat zwar den Vorteil, Klarheit bei wichtigen Problemen zu schaffen, die sich im Zusammenhang mit der Beschränkung der Fälle legitimer Gewaltanwendung auf ein Minimum ergeben. Wie oben dargestellt, wird diese Klarheit aber durch bestimmte Faktoren getrübt, und zwar durch Mängel im System der kollektiven Sicherheit, die von der Konzeption der UNO selbst herrühren sowie durch die Akzeptanz einer Politik, die im Widerspruch zur UN-Charta steht. Vorzuziehen wäre daher eine Kombination von wörtlicher Auslegung und Analyse des Zusammenhangs, in dem Forderungen nach einer humanitären Intervention laut werden.

III. Aktuelle Forderungen nach humanitären Interventionen

Unter den gegenwärtigen internationalen Bedingungen ist es schwierig, zu einer kohärenten Beurteilung über die Zulässigkeit von humanitären Interventionen zu gelangen. Man ist zurückhaltend, führenden Staaten bei der Verfolgung ihrer geostrategischen Ziele die Hintertür zur nichtdefensiven Gewaltanwendung, die sich überdies gewöhnlich gegen den Süden richtet, zu öffnen. Außerdem hat der große Einfluß dieser führenden Staaten in der UNO und in anderen regionalen internationalen Organisationen zur Folge, daß deren Zustimmung zu humanitären Interventionen grundsätzlich verdächtig ist. Ein wichtiger Faktor sind auch die Widerstände gegen solche humanitären Vorrechte in den Ländern des Südens, wo sie als Versuch aufgefaßt werden, Hoheitsrechte insbesondere unter dem Hinweis auf vermeintliche weltwirtschaftliche Notwendigkeiten so auszuhöhlen, daß dies die Gefahr eines Neokolonialismus in sich birgt.

Doch gibt es noch eine andere problembehaftete Seite, die sich in der Unzulänglichkeit der Reaktionen auf Konflikte wie jene in Bosnien, Ruanda oder Burundi zeigt. Hier ist das Ausmaß an Menschenrechtsverletzungen so offensichtlich und massiv, daß im Vordergrund eher die Mobilisierung politischen Handlungswillens steht als die Befürchtung, ein von der UNO übertragenes humanitäres Mandat könnte mißbraucht werden. In diesen Fällen, wo führende Staaten ihre Interessen nicht besonders gefährdet sehen, wird die Verpflichtung, Völkermord und Verbrechen gegen die Menschlichkeit zu verhindern, schnell vergessen. Wenn dann durch die Medien öffentlicher Druck erzeugt wird (der sogenannte CNN-Faktor), kommt es zu einer »Politik der Gesten«, bei der die ergriffenen Maßnahmen nicht darauf angelegt sind, die Lage in diesen Ländern zu ändern, sondern lediglich eine gewisse Betroffenheit signalisieren, der jedes ernsthafte Engagement fernliegt.

Die in den letzten Jahren erfolgten Reaktionen auf »ethnische Säuberungen« und andere Verbrechen gegen die Menschlichkeit in Bosnien sind dafür ein sehr gutes Beispiel. Die wichtigsten Staaten Europas konnten sich nicht auf ein gemeinsames Vorgehen einigen und entfachten alte Balkan-Rivalitäten neu. Auch die Vereinigten Staaten wollten ein stärkeres Engagement nicht riskieren. Gleichzeitig wurden durch die Berichterstattung in den Medien Handlungserwartungen geweckt. Das Ergebnis war eine Politik der Gesten: Sanktionen gegen Serbien, ein Waffenembargo gegen alle Konfliktparteien, eine UN-Mission mit Nahrungsmitteln und Medikamenten für die Zivilbevölkerung und ein ziemlich gescheiterter Versuch, ausgewiesene Sicherheitszonen zu schützen. Die UN-Schutztruppe ist immer noch Geisel der Kriegsparteien in Bosnien und Kroatien, vor allem der Serben, in einigen Fällen auch der Kroaten, und die Zivilbevölkerung in Serbien bekommt die ganze Härte der Sanktionen zu spüren, ohne daß dies eine wesentliche Änderung der Aggressionsgelüste in Belgrad beziehungsweise in Zagreb bewirken würde. Fest steht, daß diese Schwäche der UN-Präsenz zu einer De-facto-Komplizenschaft mit den Serben geführt hat, zu einer Tendenz, sich hinter dem friedenserhaltenden Prinzip der »Neutralität« zu verstecken.[9] Diese gescheiterte Politik wird auch von glaubwürdigen Beobachtern vor Ort überzeugend beschrieben und angeprangert.[10]

So begründete Zweifel lasten sogar auf dem symbolisch interessanten Schritt des UN-Sicherheitsrats, ein Internationales Tribunal für Jugoslawien einzurichten (das seit 1994 auch für Ruanda zuständig ist), seit Nürnberg das erste Gericht für Kriegsverbrechen. Das Tribunal ist offenbar bereit, gegen die größten Verbrecher in Bosnien (Radovan Karadžić und General Ratko Mladić) Anklage zu erheben, weshalb sie die von ihnen beherrschten Gebiete nicht verlassen können, da sie sonst verhaftet und vor das Tribunal gebracht werden könnten. Dieselben politischen Führer sind aber bei den fortgesetzten Versuchen der UNO, Waffenstillstände und »Frieden« auszuhandeln, noch immer Verhandlungspartner mit Diplomatenstatus. Das verstärkt den Eindruck der Inkonsequenz und veranschaulicht die zwangsläufige Ambivalenz einer interventionsorientierten Diplomatie, die nicht auf geopolitischen Berechnungen fußt.

Gleichwohl ist die Existenz eines Tribunals, das die Verbrechen in Bosnien, Kroatien und Ruanda im Auftrag der UNO dokumentiert, ein wichtiger Schritt in Richtung auf eine Institutionalisierung der internationalen strafrechtlichen Verantwortlichkeit unter Voraussetzungen, die nichts mit »Siegerjustiz« zu tun haben, ein Schritt, der im Zusammenhang mit dem wachsenden Druck für die Einrichtung eines Internationalen Strafgerichtshofes innerhalb des UN-Systems zu sehen ist. Die Politik der Gesten führt so vielleicht unerwartet zu einer wichtigen Neuerung bei dem Versuch, die politischen und militärischen Führer zur Rechenschaft zu ziehen, die eine auf Völkermord ausgerichtete Politik betreiben und die für die Verbrechen gegen die Menschlichkeit verantwortlich sind, die innerhalb ihres Machtbereichs verübt wurden.

Abschließend kann gesagt werden, daß nach dem jetzigen Stand der Dinge unabhängige Beobachter die Forderungen nach humanitären Interventionen sehr ausführlich begutachten und gleichzeitig Situationsanalysen erstellen müssen, die sowohl dem Drang des Stärkeren, Gewalt als Herrschaftsinstrument anzuwenden, entgegenwirken als auch die Begehung von Völkermord und anderen Verbrechen gegen die Menschlichkeit verhindern helfen. Solange die UNO für geopolitische Zwecke eingespannt wird und nicht über eigene finanzielle Mittel und Instrumente zur Erhaltung des Friedens verfügt, kann man die Begutachtung von Interventionswünschen nicht ihr allein überlassen, obwohl ihr durchaus mehr vertraut werden kann als den einseitigen und in eigenem Interesse erfolgenden Entscheidungen führender Staaten darüber, ob die Forderungen nach Interventionen aus angeblich humanitären Gründen angemessen sind oder nicht.

Die »humanitäre Intervention« befindet sich im irgendwo zwischen »rechtmäßig« und »rechtswidrig«. In jedem Einzelfall gilt es abzuwägen, auf welcher Seite der Trennlinie sie liegt. Bürgerrechtsgruppen und Wissenschaftler wie auch die Medien und offizielle Einrichtungen sind an diesem Prozeß der Ortsbestimmung von »humanitärer Intervention« beteiligt. Darin zeigt sich die internationale und kosmopolitische Demokratie, wie sie von einigen Autoren verstanden wird, die der habermasschen Denkschule nahestehen.[11]

Aus dem Amerikanischen von Fee Engemann

Anmerkungen

1 An Agenda for Peace, United Nations, New York 1992, Nr. 9; deutsche Übersetzung (Agenda für den Frieden) u.a. in: Blätter für deutsche und internationale Politik 9/1992, S. 1130ff.
2 Ebenda, Nr. 30.
3 Ebenda, Nr. 17.
4 Declaration on the Inadmissibility of Intervention in the Domestic Affairs of States and the Protection of Their Independance and Sovereignity, GA-Res. 2131 (XX).
5 Declaration on Principles of International Law concerning Friendly relations among States, GA-Res. 2625 (XXV).
6 Resolution on the Definition of Aggression, GA-Res. 3314 (XXIX).
7 Zur weiteren Diskussion dieses Aruguments am Beispiel des Nahen Ostens vgl. Falk: *The Cruelty of Geopolitics: The Fate of Nation and State in the Middle East*, in: Millenium 20 (1991), S. 383–393.
8 Vgl. z.B. Thomas Franck: *The Ermerging Norm of Democratic Governance*, in: American Journal of International Law, 86 (1992), S. 46–91.
9 Unlängst haben die Vereinten Nationen die Verlagerung serbischer Enklaven im Nordwesten Kroatiens gerechtfertigt und damit »ethnische Säuberungen« der Kroaten ermöglicht. Vgl. *U.N. to move Some Serbs from Croatia*, Washington Post, 5. Mai 1995, A 27, A 29.
10 Vgl. z.B. David Reiff: *Slaugtherhouse*, New York 1995.
11 So z.B. Daniele Archibugi und David Held (Hg.): *Cosmopolitan Democracy: An Agenda for a New World Order*, Cambridge (Großbritannien) 1995.

Autorennotizen

Kader Asmal, geb. 1934, Professor an der University of Western Cape (Südafrika) und Minister für Wasser und Forstwirtschaft in der Mandela-Regierung. Veröffentlichungen u. a.: Shoot to Kill? (International Lawyers Enquiry into the Lethal Use of Firearms by the Security Forces in Northern Ireland), Cork 1985; Juridical Aspects of the Berlin Conference (1884–1885): Contribution to a New Colonial Order, in: E.-M. Bruchhaus, L. Harding (Hg.), Hundert Jahre Einmischung in Afrika, Hamburg 1984, S. 61; Rassismus und Apartheid, in: M. Hirsch, N. Paech, G. Stuby (Hg.), Politik als Verbrechen – 40 Jahre »Nürnberger Prozesse«, Hamburg 1986, S. 139.

M. Cherif Bassiouni, geb. 1937, Professor für Strafrecht und Direktor des International Human Rights Law Institute an der DePaul-Universität Chicago, Vorsitzender der International Association of Penal Law und des International Institute of Higher Studies in Criminal Sciences, ehemals Vorsitzender der UN-Sachverständigenkommission zur Untersuchung von Verletzungen des humanitären Völkerrechts im Hoheitgebiet des ehemaligen Jugoslawien. Veröffentlichungen u. a.: Crimes against Humanity in International Criminal Law, Dordrecht/Boston/London 1992; Aut Dedere Aut Judicare: The Duty to Extradite or Prosecute in International Law, Dordrecht/Boston/London 1995; International Criminal Law, 3 Bde., 2. Aufl., erscheint 1995; Commentaries on the International Criminal Tribunal for the Former Yougoslavia, erscheint 1995.

Richard Falk, geb. 1930, Professor für internationales Recht an der Universität Princeton. Mitherausgeber zahlreicher Fachzeitschriften. Veröffentlichungen u. a.: Legal Order in a Violent World, New York 1968; Reviving the World Court, Charlottesville (Virg.) 1986; Revitalizing International Law, Ames (Iowa) 1989; Explorations at the Edge of Time: The Prospects for World Order, Philadelphia 1992.

Géraud de Geouffre de La Pradelle, geb. 1935, Rechtsanwalt und Professor an der Universität Paris X (Nanterre). Veröffentlichungen u. a.: Droit international privé, Paris 1987 (zusammen mit D. Holleaux und J. Foyer); Essai d'introduction au droit français, Paris 1990; Analyse des résolutions du Conseil de Sécurité de l'O.N.U. sur l'occupation, in: Revue d'Etudes palestiniennes, 1991; Sang et Nationalité, in: Revue trimestrielle de la Cour de Versailles, 1993.

Bernhard Graefrath, geb. 1928, Dr. jur., Professor für Völkerrecht, vormals Leiter des Bereichs Völkerrecht am Institut für Theorie des Staates und des Rechts der Akademie der Wissenschaften der DDR. 1986–1991 Mitglied der Völkerrechtskommission der Vereinten Nationen. Veröffentlichungen u. a.: Völkerrechtliche Verantwortlichkeit der Staaten, Berlin 1977 (zusammen mit Edith Oeser und Peter A. Steininger); Menschenrechte und internationale Kooperation, Berlin 1988;

Universal Criminal Jurisdiction and an International Criminal Court, in: European Journal of International Law, 1 (1990), S. 67; Die Verhandlungen der UN-Völkerrechtskommission zur Schaffung eines Internationalen Strafgerichtshofes, in: Zeitschrift für die Gesamte Strafrechtswissenschaft, 104 (1992), S. 190.

Herbert Jäger, geb. 1928, Dr. jur., Professor für Strafrecht und Kriminalpolitik an der Universität Frankfurt am Main (emeritiert seit 1993). Arbeitsschwerpunkte: Strafrechtspolitik und Strafrechtsreform, Kritik des Sexualstrafrechts, Konsequenzen der Kriminologie für Strafrecht und Kriminalpoltik, Genozid- und Terrorismusforschung. Veröffentlichungen u. a.: Verbrechen unter totalitärer Herrschaft, Neuausgabe, Frankfurt/M. 1982; Makrokriminalität. Studien zur Kriminologie kollektiver Gewalt, Frankfurt/M. 1989.

Manfred Mohr, geb. 1948, Dr. jur., Professor für Öffentliches Recht, insbesondere Völkerrecht an der Europa-Universität »Viadrina« Frankfurt an der Oder. Veröffentlichungen u. a.: The ILC's Distinction between »International Crimes« and »International Delicts« and its Implications, in: M. Spinedi/B. Simma (Hg.), United Nations Codification of State Responsibility, New York/London/Rome 1987, S. 115; Asyl in Europa. Tendenzen, Fakten, Argumente, Berlin 1992; Einmischung für die Menschenrechte contra staatliche Souveränität?, in: amnesty international (Hg.), Menschenrechte vor der Jahrtausendwende, Frankfurt/M. 1993, S. 88.

Heribert Ostendorf, geb. 1945, Dr. jur., Professor für Strafrecht, Generalstaatsanwalt in Schleswig-Holstein. Veröffentlichungen u. a.: Das Recht zum Hungerstreik, Frankfurt/M. 1983; Das »Nürnberger Juristenurteil«, Frankfurt/M. – Berlin 1985 (zusammen mit Heino ter Veen); Kriminalisierung des Strafrechts, Darmstadt/Neuwied 1987; Kommentar zum Jugendgerichtsgesetz, 3. Aufl., Köln/Berlin/Bonn/München 1994.

Norman Paech, geb. 1938, Dr. jur., Professor für Öffentliches Recht an der Hochschule für Wirtschaft und Politik Hamburg. Veröffentlichungen u. a.: Hugo Grotius, Berlin 1985; Machtpolitik und Völkerrecht in den internationalen Beziehungen, Baden-Baden 1994 (zusammen mit Gerhard Stuby).

François Rigaux, geb. 1926, Professor an der Université Catholique de Louvain (emeritiert). Buchveröffentlichungen u. a.: Droit public et droit privé dans les relations internationales, Paris 1977; Les situations juridiques individuelles dans un système de relativité générale, in: Recueil des Cours de l'Académie de droit international, 213 (1989/1), S. 9–408; La protection de la vie privée et des autres biens de la personnalité, Bruxelles/Paris 1990.

Christopher Simpson, geb. 1952, Professor an der School of Communication der American University in Washington, D.C. Veröffentlichungen u. a.: America's Recruitement of Nazis, the CIA, and the Roots of the Cold War, New York 1987;

The Splendid Blond Beast. Money, Law, and Genocide in the Twentieth Century, New York 1993; Science of Coercion, New York 1994; National Security Directives of the Reagan and Bush Administrations. The Declassified History of US political and military policy, Boulder (Colorado) 1995.

Gerhard Stuby, geb. 1934, Professor für Öffentliches Recht und wissenschaftliche Politik an der Universität Bremen. Veröffentlichungen u. a.: Die gefesselte Souveränität der Bundesrepublik, Heilbronn 1984; Machtpolitik und Völkerrecht in den internationalen Beziehungen, Baden-Baden 1994 (zusammen mit Norman Paech).

Christian Tomuschat, geb. 1936, Professor für Völker- und Europarecht und Direktor des Instituts für Völker- und Europarecht an der Humboldt-Universität Berlin. 1977–1986 Mitglied des Ausschusses für Menschenrechte nach dem Internationalen Pakt über bürgerliche und politische Rechte, 1985–1996 Mitglied der Völkerrechtskommission der Vereinten Nationen, 1993–1997 Vorsitzender der Deutschen Gesellschaft für Völkerrecht. Veröffentlichungen u. a.: Obligations Arising for States without or against Their Will, in: Recueil des Cours de l'Académie de droit international, 241 (1993/IV), S. 194–374; Modern Law of Self-Determination, Dordrecht u. a. 1993; Mitsprache der dritten Ebene in der europäischen Integration, Bonn 1995; The United Nations of Age Fifty, Dordrecht u. a. 1995.

Otto Triffterer, geb. 1931, Professor für Österreichisches und Internationales Strafrecht und Strafprozeßrecht an der Universität Salzburg. Veröffentlichungen u. a.: Dogmatische Untersuchungen zur Entwicklung des materiellen Völkerstrafrechts seit Nürnberg, Freiburg i. Br. 1966; Umweltstrafrecht, Baden-Baden 1980; Die österreichische Beteiligungslehre, Wien 1983; Straf- und Strafprozeßrecht – 100 Fälle mit Lösungsvorschlägen, Bd. 1 und 4, Wien 1989; Von »Nürnberg« zu einem Internationalen Gerichtshof zur Verfolgung von Kriegsverbrechen im ehemaligen Jugoslawien. Zum Schutz der Menschenrecht durch das Völkerstrafrecht, in: H. Neisser (Hg.), Menschenrechte als politischer Auftrag, Wien 1993; Österreichisches Strafrecht. Allgemeiner Teil, 2. Aufl., Wien/New York 1994; StGB-Kommentar, System und Praxis (Hg.), 1.–4. Lief., Wien 1992–1995.

Hermann Weber, geb. 1936, Dr. jur., wissenschaftlicher Referent am Institut für Internationale Angelegenheiten der Universität Hamburg. Veröffentlichungen u. a.: Vietnamkonflikt – bellum legale?, Hamburg 1970; Grundkurs Völkerrecht. Das Recht des Friedens und der internationalen Friedenssicherung, Frankfurt/M. 1977; Vom Völkerbund zu den Vereinten Nationen, Bonn 1987.

Günther Wieland, geb. 1931, Dr. jur., Staatsanwalt a. D. im Geschäftsbereich des Generalstaatsanwalts der ehemaligen DDR. Veröffentlichungen u. a.: Der Jahrhundertprozeß von Nürnberg, Berlin 1986; Das war der Volksgerichtshof, Berlin 1989; System der NS-Konzentrationslager 1933–1939, Berlin 1993 (zusammen mit Klaus Drobisch).

Statut für den Internationalen Militärgerichtshof*

(Anlage zum Londoner Viermächteabkommen vom 8. August 1945)

I. Verfassung des Internationalen Militärgerichtshofes.

Artikel 1:

In Ausführung des Abkommens vom 8. August 1945 zwischen der Regierung des Vereinigten Königreiches von Großbritannien und Nordirland, der Regierung der Vereinigten Staaten von Amerika, der provisorischen Regierung der Französischen Republik und der Regierung der Union der Sozialistischen Sowjet-Republiken soll ein Internationaler Militärgerichtshof (in diesem Statut »Der Gerichtshof« genannt) zwecks gerechter und schneller Aburteilung und Bestrafung der Hauptkriegsverbrecher der europäischen Achse gebildet werden.

Artikel 2:

Der Gerichtshof besteht aus vier Mitgliedern und vier Stellvertretern, von jedem Signatar soll ein Mitglied und ein Stellvertreter ernannt werden. Die Stellvertreter sollen soweit als möglich an allen Sitzungen des Gerichtshofes teilnehmen. Im Falle der Erkrankung eines Mitgliedes des Gerichtshofes oder seiner anders begründeten Unfähigkeit, sein Amt auszuüben, tritt sein Stellvertreter an seine Stelle.

Artikel 3:

Weder der Gerichtshof, noch seine Mitglieder oder Stellvertreter können von der Anklagebehörde oder dem Angeklagten oder seinem Verteidiger abgelehnt werden.

* Die hier abgedruckte deutsche Fassung des Statuts für den Internationalen Militärgerichtshof ist die den Angeklagten und ihren Verteidigern bei Beginn des Verfahrens übergebene und während des Verfahrens benutzte Fassung. Lediglich einige offensichtliche Druck- und Übersetzungsfehler wurden berichtigt.

Jeder Signatar kann sein Mitglied des Gerichtshofes oder seinen Stellvertreter aus Gesundheitsrücksichten oder anderen triftigen Gründen wechseln; während eines Prozesses kann jedoch ein Mitglied nur durch seinen Stellvertreter ersetzt werden.

Artikel 4:

(a) Für Verhandlungen und Entscheidungen des Gerichtshofes ist die Anwesenheit aller vier Mitglieder des Gerichtshofes oder des Stellvertreters für ein abwesendes Mitglied erforderlich.
(b) Die Mitglieder des Gerichtshofes wählen vor Beginn des Prozesses einen Präsidenten. Dieser übt sein Amt während der Dauer des Prozesses aus, falls nicht mit einer Stimmenzahl von mindestens drei Stimmen anderweitig beschlossen wird.

Bei aufeinander folgenden Prozessen findet grundsätzlich ein Wechsel im Vorsitz statt. Wenn jedoch eine Sitzung des Gerichtshofes im Gebiet eines der vier Signatare abgehalten wird, soll der Vertreter der betreffenden Signatarmacht den Vorsitz führen.
(c) Abgesehen von dem vorgenannten Falle trifft der Gerichtshof seine Entscheidungen mit Stimmenmehrheit. Bei Stimmengleichheit ist die Stimme des Vorsitzenden ausschlaggebend; für Verurteilung und Bestrafung ist eine Stimmenmehrheit von mindestens drei Mitgliedern erforderlich.

Artikel 5:

Im Bedarfsfalle und je nach Zahl der abzuurteilenden Fälle können mehrere Gerichtshöfe eingesetzt werden; Einsetzung, Aufgaben und Verfahren der Gerichtshöfe sollen identisch sein und unterliegen den Regeln dieses Statuts.

II. Zuständigkeit und allgemeine Grundsätze

Artikel 6:

Der durch das in Artikel 1 genannte Abkommen eingesetzte Gerichtshof zur Aburteilung der Hauptkriegsverbrecher der der europäischen Achse angehörigen Staaten hat das Recht, alle Personen abzuurteilen, die im Interesse der der europäischen Achse angehörenden Staaten als Einzelpersonen oder als Mitglieder einer Organisation oder Gruppe eines der folgenden Verbrechen begangen haben:

Die folgenden Handlungen, oder jede einzelne von ihnen, stellen Verbrechen dar, für deren Aburteilung der Gerichtshof zuständig ist. Der Täter solcher Verbrechen ist persönlich verantwortlich:

(a) Verbrechen gegen den Frieden: Nämlich: Planen, Vorbereitung, Einleitung oder Durchführung eines Angriffskrieges oder eines Krieges unter Verletzung internationaler Verträge, Abkommen oder Zusicherungen oder Beteiligung an einem gemeinsamen Plan oder an einer Verschwörung zur Ausführung einer der vorgenannten Handlungen;

(b) KRIEGSVERBRECHEN: Nämlich: Verletzungen der Kriegsgesetze oder -gebräuche.

Solche Verletzungen umfassen, ohne jedoch darauf beschränkt zu sein, Mord, Mißhandlungen, oder Deportation zur Sklavenarbeit oder für irgendeinen anderen Zweck, von Angehörigen der Zivilbevölkerung von oder in besetzten Gebieten, Mord oder Mißhandlungen von Kriegsgefangenen oder Personen auf hoher See, Töten von Geiseln, Plünderung öffentlichen oder privaten Eigentums, die mutwillige Zerstörung von Städten, Märkten oder Dörfern oder jede durch militärische Notwendigkeit nicht gerechtfertigte Verwüstung;

(c) VERBRECHEN GEGEN DIE MENSCHLICHKEIT: Nämlich: Mord, Ausrottung, Versklavung, Deportation oder andere unmenschliche Handlungen, begangen an irgendeiner Zivilbevölkerung vor oder während des Krieges*, Verfolgung aus politischen, rassischen oder religiösen Gründen, begangen in Ausführung eines Verbrechens oder in Verbindung mit einem Verbrechen, für das der Gerichtshof zuständig ist, und zwar unabhängig davon, ob die Handlung gegen das Recht des Landes verstieß, in dem sie begangen wurde, oder nicht.

Anführer, Organisatoren, Anstifter und Teilnehmer, die am Entwurf oder der Ausführung eines gemeinsamen Planes oder einer Verschwörung zur Begehung eines der vorgenannten Verbrechen teilgenommen haben, sind für alle Handlungen verantwortlich, die von irgendeiner Person in Ausführung eines solchen Planes begangen worden sind.

Artikel 7:

Die amtliche Stellung eines Angeklagten, sei es als Oberhaupt eines Staates oder als verantwortlicher Beamter in einer Regierungsabteilung, soll weder als Strafausschließungsgrund noch als Strafmilderungsgrund gelten.

Artikel 8:

Die Tatsache, daß ein Angeklagter auf Befehl seiner Regierung oder eines Vorgesetzten gehandelt hat, gilt nicht als Strafausschließungsgrund, kann aber als Strafmilderungsgrund berücksichtigt werden, wenn dies nach Ansicht des Gerichtshofes gerechtfertigt erscheint.

Artikel 9:

In dem Prozeß gegen ein Einzelmitglied einer Gruppe oder Organisation kann der Gerichtshof (in Verbindung mit irgendeiner Handlung derentwegen der Ange-

* Der Beistrich ist durch Protokoll vom 6. X. 1945 an Stelle des im urspr. engl. u. franz. Exemplar enthaltenen Strichpunktes gesetzt worden.

klagte verurteilt wird) erklären, daß die Gruppe oder Organisation, deren Mitglied der Angeklagte war, eine verbrecherische Organisation war.

Nach Empfang der Anklage gibt der Gerichtshof in der ihm geeignet erscheinenden Form bekannt, daß die Anklagebehörde beabsichtigt, den Antrag zu stellen, eine Erklärung nach Abschnitt 1, Artikel 9 auszusprechen. In diesem Falle ist jedes Mitglied der Organisation berechtigt, bei dem Gerichtshof den Antrag zu stellen, über die Frage des verbrecherischen Charakters der Organisation gehört zu werden. Der Gerichtshof hat das Recht, dem Antrag stattzugeben oder ihn abzuweisen. Wird dem Antrag stattgegeben, so bestimmt der Gerichtshof, in welcher Weise der Antragsteller vertreten und gehört werden soll.

Artikel 10:

Ist eine Gruppe oder Organisation vom Gerichtshof als verbrecherisch erklärt worden, so hat die zuständige nationale Behörde jedes Signatars das Recht, Personen wegen ihrer Zugehörigkeit zu einer solchen verbrecherischen Organisation vor Nationalen-, Militär- oder Okkupationsgerichten den Prozeß zu machen. In diesem Falle gilt der verbrecherische Charakter der Gruppe oder Organisation als bewiesen und wird nicht in Frage gestellt.

Artikel 11:

Jede vom Gerichtshof verurteilte Person kann vor einem der in Artikel 10 dieses Statuts erwähnten Nationalen-, Militär- oder Okkupations-Gerichtshöfe wegen eines anderen Verbrechens als der Zugehörigkeit zu einer verbrecherischen Gruppe oder Organisation angeklagt werden, und ein solches Gericht kann im Falle der Verurteilung des Angeklagten eine Strafe gegen ihn verhängen, die zusätzlich erkannt wird und unabhängig ist von der Strafe, die der Gerichtshof wegen Teilnahme an der verbrecherischen Tätigkeit einer solchen Gruppe oder Organisation erkannt hat.

Artikel 12:

Der Gerichtshof hat das Recht gegen eine Person, die wegen eines der in Artikel 6 dieses Status erwähnten Verbrechens angeklagt ist, ein Verfahren in ihrer Abwesenheit durchzuführen, wenn der Angeklagte nicht auffindbar ist, oder wenn der Gerichtshof es im Interesse der Gerechtigkeit aus anderen Gründen für erforderlich hält, in Abwesenheit des Angeklagten zu verhandeln.

Artikel 13:

Der Gerichtshof stellt die Regeln für sein Verfahren selbst auf. Diese sollen mit den Bestimmungen des Status nicht im Widerspruch stehen.

III. Ausschuss für die Untersuchung von Kriegsverbrechen und die Verfolgung von Hauptkriegsverbrechern.

Artikel 14:

Jeder Signatar ernennt einen Generalstaatsanwalt für die Untersuchung von Kriegsverbrechen und die Verfolgung der Hauptkriegsverbrecher.

Die vier Generalstaatsanwälte bilden einen Ausschuß für folgende Zwecke:

a) Ausarbeitung eines Arbeitsplanes für jeden einzelnen Generalstaatsanwalt und seine Mitarbeiter.
b) Die endgültige Entscheidung, wer als Hautkriegsverbrecher zu betrachten und vor Gericht zu ziehen ist.
c) Die Entscheidung über die Anklage und der dem Gerichtshof vorzulegenden Urkunden.
d) Die Einreichung der Anklage und der beizufügenden Urkunden.
e) Der Entwurf der in Artikel 13 dieses Statuts vorgesehenen Prozeßregeln und ihre Vorlage an den Gerichtshof. Der Gerichtshof hat das Recht, die vorgeschlagenen Prozeßregeln mit oder ohne Änderung anzunehmen oder abzulehnen.

Der Ausschuß entscheidet in allen oben erwähnten Fragen mit Stimmenmehrheit und ernennt einen Vorsitzenden, wie es ihm zweckmäßig erscheint und unter Wahrung des Grundsatzes des Wechsels des Vorsitzes.

Wenn in der Frage, wer als Kriegsverbrecher abgeurteilt oder wegen welcher Verbrechen eine Person abgeurteilt werden soll, die Stimmen gleich verteilt sind, entscheidet der Vorschlag derjenigen Partei, die beantragt, daß eine bestimmte Person abgeurteilt werden soll, oder daß eine bestimmte Anklage gegen sie erhoben werden soll.

Artikel 15:

Die Generalstaatsanwälte sollen sowohl selbständig als in Zusammenarbeit miteinander folgende Aufgaben erfüllen:

a) Alles nötige Beweismaterial prüfen, sammeln und dem Gerichtshof vor oder während der Hauptverhandlung vorlegen.
b) Die Anklage vorbereiten und sie dem Ausschuß gemäß Absatz (C) Artikel 14 zwecks Genehmigung vorlegen.
c) Alle nötigen Zeugen und Angeklagten vorläufig einvernehmen.
d) Vor dem Gerichtshof als Anklagebehörde auftreten.
e) Vertreter zur Ausführung bestimmter Aufgaben zu bestellen.
f) Alle sonstigen Schritte unternehmen, die ihnen für die Vorbereitung und Durchführung des Prozesses notwendig erscheinen. Kein Zeuge oder Angeklagter, der sich in der Hand eines Signatars befindet, soll ohne die Zustimmung dieses Signatars dessen Verfügungsgewalt entzogen werden.

IV. Gerechtes Verfahren für die Angeklagten.

Artikel 16:

Zwecks Wahrung der Rechte der Angeklagten soll folgendes Verfahren eingeschlagen werden:

a) Die Anklage soll alle Einzelheiten enthalten, die den Tatbestand der Beschuldigungen bilden. Eine Abschrift der Anklage mit allen dazugehörigen Urkunden soll dem Angeklagten in einer ihm verständlichen Sprache in angemessener Zeit vor Beginn des Prozesses ausgehändigt werden.

b) Während eines vorläufigen Verfahrens oder der Hauptverhandlung soll der Angeklagte berechtigt sein, auf jede der gegen ihn erhobenen Beschuldigungen, eine erhebliche Erklärung abzugeben.

c) Die vorläufige Vernehmung des Angeklagten und die Hauptverhandlung sollen in einer Sprache geführt oder in eine Sprache übersetzt werden, die der Angeklagte versteht.

d) Der Angeklagte hat das Recht, sich selbst zu verteidigen oder sich verteidigen zu lassen.

e) Der Angeklagte hat das Recht, persönlich oder durch seinen Verteidiger Beweismittel für seine Verteidigung vorzubringen und jeden von der Anklagebehörde geladenen Zeugen im Kreuzverhör zu vernehmen.

V. Die Rechte des Gerichtshofes und das Prozessverfahren.

Artikel 17:

Der Gerichtshof hat das Recht:

a) Zeugen für die Hauptverhandlung zu laden, ihre Anwesenheit und Aussage zu verlangen und Fragen an sie zu richten,
b) den Angeklagten zu vernehmen,
c) die Beibringung von Urkunden und anderen Beweismaterialien zu verlangen,
d) die Zeugen zu vereidigen,
e) Delegierte zwecks Ausführung von Aufgaben zu ernennen, die ihnen der Gerichtshof zuweist, einschließlich der Beweiserhebung kraft Auftrags.

Artikel 18:

Der Gerichtshof soll:

a) den Prozeß streng auf eine beschleunigte Verhandlung der durch die Anklage gemachten Punkte beschränken,
b) strenge Maßnahmen ergreifen, um jede Handlung zu vermeiden, die eine unnötige Verzögerung verursachen könnte, und unerhebliche Fragen und Erklärungen jedweder Art ablehnen,

c) ungebührliches Benehmen durch Auferlegung von angemessenen Strafen zu bestrafen, einschließlich des Ausschlusses des Angeklagten oder seines Verteidigers, von einzelnen oder allen weiteren Prozeßhandlungen; die sachgemäße Erörterung der Beschuldigungen darf hierdurch nicht beeinträchtigt werden.

Artikel 19:

Der Gerichtshof ist an Beweisregeln nicht gebunden, er soll im weiten Ausmaß ein schnelles und nicht formelles Verfahren anwenden, und jedes Beweismaterial, das ihm Beweiswert zu haben scheint, zulassen.

Artikel 20:

Der Gerichtshof kann vor der Beweisantretung Auskunft über die Natur des Beweismittels verlangen, um über seine Erheblichkeit entscheiden zu können.

Artikel 21:

Der Gerichtshof soll nicht Beweis für allgemein bekannte Tatsachen fordern, sondern soll sie von Amts wegen zur Kenntnis nehmen; dies erstreckt sich auf öffentliche Urkunden der Regierung und Berichte der Vereinten Nationen, einschließlich der Handlungen und Urkunden der in den verschiedenen alliierten Ländern für die Untersuchung von Kriegsverbrechen eingesetzten Komitees, sowie die Protokolle und Entscheidungen von Militär- oder anderen Gerichten irgendeiner der Vereinten Nationen.

Artikel 22:

Der ständige Sitz des Gerichtshofes ist Berlin. Die ersten Sitzungen der Mitglieder des Gerichtshofes und der Generalstaatsanwälte finden in Berlin in einem von dem Kontrollrat für Deutschland zu bestimmenden Ort statt.

Der erste Prozeß findet in Nürnberg statt, der Gerichtshof entscheidet darüber, wo die folgenden Prozesse stattfinden.

Artikel 23:

Einer oder mehrere der Generalstaatsanwälte können die Anklage im Prozeß vertreten. Die Aufgaben eines Generalstaatsanwaltes können von ihm persönlich oder von einer oder mehreren von ihm bevollmächtigten Personen ausgeübt werden.

Die Verteidigung des Angeklagten kann auf dessen Antrag von jedem übernommen werden, der berechtigt ist, vor den Gerichten seines Heimatlandes als Rechtsbeistand aufzutreten, oder durch jede andere, vom Gerichtshof besonders mit der Verteidigung betraute Person.

Artikel 24:

Die Verhandlung soll folgenden Verlauf nehmen:

a) Die Anklage wird verlesen.

b) Der Gerichtshof fragt jeden Angeklagten, ob er sich schuldig bekennt oder nicht.

c) Die Anklagebehörde gibt eine einleitende Erklärung ab.

d) Der Gerichtshof fragt die Anklagebehörde und die Verteidigung, ob und welche Beweismittel sie dem Gerichtshof anzubieten wünschen, und entscheidet über die Zulässigkeit jedes Beweismittels.

e) Die Zeugen der Anklagebehörde werden vernommen. Nach ihnen die der Verteidigung. Danach wird der vom Gericht als zulässig erachtete Gegenbeweis seitens der Anklagebehörde oder Verteidigung erhoben.

f) Der Gerichtshof kann jederzeit Fragen an Zeugen oder Angeklagte richten.

g) Anklagebehörde und Verteidiger sollen jeden Zeugen und Angeklagten, der Zeugnis ablegt, verhören und sind befugt, sie im Kreuzverhör zu vernehmen.

h) Sodann hat die Verteidigung das Wort.

i) Nach ihr erhält die Anklagebehörde das Wort.

j) Der Angeklagte hat das letzte Wort.

k) Der Gerichtshof verkündet Urteil und Strafe.

Artikel 25:

Alle amtlichen Urkunden müssen in englischer, französischer und russischer Sprache, sowie in der Sprache des Angeklagten vorgelegt werden und die Verhandlung muß in diesen Sprachen geführt werden. Das Verhandlungsprotokoll soll soweit in die Sprache des Landes, in dem der Gerichtshof tagt, übersetzt werden, als es der Gerichtshof im Interesse der Gerechtigkeit und der öffentlichen Meinung für wünschenswert hält.

VI. Urteil und Strafe.

Artikel 26:

Das Urteil des Gerichtshofes über die Schuld oder Unschuld des Angeklagten soll die Gründe, auf die es sich stützt, enthalten. Es ist endgültig und nicht anfechtbar.

Artikel 27:

Der Gerichtshof hat das Recht, den schuldig befundenen Angeklagten zum Tode oder zu einer anderen ihm gerecht erscheinenden Strafe zu verurteilen.

Artikel 28:

Zusätzlich zu jeder auferlegten Strafe kann der Gerichtshof alles gestohlene Besitztum eines Verurteilten einziehen und die Ablieferung an den Kontrollrat für Deutschland anordnen.

Artikel 29:

Urteilssprüche werden entsprechend den Anordnungen des Kontrollrates für Deutschland vollzogen. Dieser kann das Urteil jederzeit mildern oder in anderer Weise abändern; eine Verschärfung der Strafe ist nicht zulässig.

Falls der Kontrollrat für Deutschland nach der Verurteilung eines Angeklagten in den Besitz von neuem Beweismaterial gelangt, welches nach seiner Meinung die Grundlage für eine neue Anklage bildet, soll er dementsprechend an das nach Artikel 14 dieses Status errichtete Komitee berichten, damit es die ihm im Interesse der Gerechtigkeit geeignet erscheinenden Schritte ergreifen kann.

VII. Kosten.

Artikel 30:

Die Kosten des Gerichtshofes und des Verfahrens werden von den Signataren bestritten, und zwar aus den Fonds, die für die Finanzierung des Kontrollrats für Deutschland zur Verfügung stehen.

(aus: Der Nürnberger Prozeß, Band 1, Nürnberg 1947, S. 10–18.)

Das Statut des Internationalen Strafgerichtshofs für das ehemalige Jugoslawien

Statut des Internationalen Gerichts zur Verfolgung der Verantwortlichen für die seit 1991 im Hoheitsgebiet des ehemaligen Jugoslawien begangenen schweren Verstöße gegen das humanitäre Völkerrecht, vorgelegt mit einem Bericht des Generalsekretärs der Vereinten Nationen am 3. Mai 1993 in New York

Betrifft: Zuständigkeit des Gerichts – Verletzungen des Völkerrechts – Verbrechen gegen die Menschlichkeit – strafrechtliche Verantwortlichkeit – Organisation des Gerichts – Richteramt und Wahl der Richter – Verfahrensregeln – Urteil und Strafen.

Statut des Internationalen Gerichts

Das vom Sicherheitsrat kraft Kapitel VII der Charta der Vereinten Nationen errichtete Internationale Gericht zur Verfolgung der Verantwortlichen für die seit 1991 im Hoheitsgebiet des ehemaligen Jugoslawien begangenen schweren Verstöße gegen das humanitäre Völkerrecht (im folgenden als »das Internationale Gericht« bezeichnet) nimmt seine Aufgaben nach Maßgabe der Bestimmungen dieses Status wahr.

Artikel 1
Zuständigkeit des Internationalen Gerichts

Das Internationale Gericht ist befugt, Personen, die für die seit 1991 im Hoheitsgebiet des ehemaligen Jugoslawien begangenen schweren Verstöße gegen das humanitäre Völkerrecht verantwortlich sind, nach den Bestimmungen dieses Statuts strafrechtlich zu verfolgen.

Artikel 2
Schwere Verletzungen der Genfer Abkommen von 1949

Das Internationale Gericht ist befugt, Personen strafrechtlich zu verfolgen, die schwere Verletzungen der Genfer Abkommen vom 12. August 1949 begehen oder anordnen, nämlich die folgenden Handlungen gegen die nach den Bestimmungen des jeweiligen Genfer Abkommens geschützten Personen oder Güter:
a) vorsätzliche Tötung;
b) Folterung oder unmenschliche Behandlung einschließlich biologischer Versuche;

c) vorsätzliche Verursachung großer Leiden oder schwere Beeinträchtigung der körperlichen Unversehrtheit oder der Gesundheit;

d) Zerstörung und Aneignung von Eigentum, die durch militärische Erfordernisse nicht gerechtfertigt sind und in großem Ausmaß rechtswidrig und willkürlich vorgenommen werden;

e) Nötigung eines Kriegsgefangenen oder einer Zivilperson zum Dienst in den Streitkräften einer feindlichen Macht;

f) vorsätzlicher Entzug des Rechts eines Kriegsgefangenen oder einer Zivilperson auf ein faires und ordnungsgemäßes Gerichtsverfahren;

g) rechtswidrige Verschleppung oder Verschickung oder rechtswidrige Gefangenhaltung einer Zivilperson;

h) Geiselnahme von Zivilpersonen.

Artikel 3
Verstöße gegen die Gesetze oder Gebräuche des Krieges

Das Internationale Gericht ist befugt, Personen strafrechtlich zu verfolgen, die gegen die Gesetze oder Gebräuche des Krieges verstoßen. Hierzu gehören, ohne Anspruch auf Vollständigkeit, die folgenden Verstöße:

a) der Einsatz von Giftwaffen oder anderen Waffen, die so ausgelegt sind, daß sie unnötige Leiden verursachen;

b) die mutwillige Zerstörung von Städten und Dörfern oder durch militärische Erfordernisse nicht gerechtfertigte Verwüstung;

c) der Angriff auf unverteidigte Städte, Dörfer, Wohnstätten oder Gebäude oder deren Beschießung/Bombardierung, mit welchen Mitteln auch immer;

d) die Inbesitznahme, Zerstörung oder vorsätzliche Beschädigung von Einrichtungen, die der Religion, der Wohltätigkeit und der Erziehung, den Künsten und den Wissenschaften gewidmet sind, von geschichtlichen Denkmälern und von Werken der Kunst und der Wissenschaft;

e) die Plünderung öffentlichen oder privaten Eigentums.

Artikel 4
Völkermord

1. Das Internationale Gericht ist befugt, Personen strafrechtlich zu verfolgen, die Völkermord im Sinne des Absatzes 2 oder eine der anderen in Absatz 3 aufgeführten Handlungen begehen.

2. Völkermord ist jede der folgenden Handlungen, die in der Absicht begangen wird, eine nationale, ethnische, rassische oder religiöse Gruppe als solche ganz oder teilweise zu zerstören:

a) Tötung von Mitgliedern der Gruppe;

b) Verursachung von schwerem körperlichem oder seelischem Schaden an Mitgliedern der Gruppe;

c) vorsätzliche Auferlegung von Lebensbedingungen für die Gruppe, die geeignet sind, ihre körperliche Zerstörung ganz oder teilweise herbeizuführen;

d) Verhängung von Maßnahmen, die auf die Geburtenverhinderung innerhalb der Gruppe gerichtet sind;

e) gewaltsame Überführung von Kindern der Gruppe in eine andere Gruppe.

3. Die folgenden Handlungen sind zu bestrafen:

a) Völkermord;
b) Verschwörung zur Begehung von Völkermord;
c) unmittelbare und öffentliche Anreizung zur Begehung von Völkermord;
d) Versuch, Völkermord zu begehen;
e) Teilnahme am Völkermord.

Artikel 5
Verbrechen gegen die Menschlichkeit

Das Internationale Gericht ist befugt, Personen strafrechtlich zu verfolgen, die für folgende Verbrechen verantwortlich sind, wenn diese in einem, ob internationalen oder internen, bewaffneten Konflikt begangen werden und gegen die Zivilbevölkerung gerichtet sind:

a) Mord;
b) Ausrottung;
c) Versklavung;
d) Deportierung;
e) Freiheitsentziehung;
f) Folter;
g) Vergewaltigung;
h) Verfolgung aus politischen, rassischen und religiösen Gründen;
i) andere unmenschliche Handlungen.

Artikel 6
Persönliche Zuständigkeit

Das Internationale Gericht hat Gerichtshoheit über natürliche Personen nach Maßgabe der Bestimmungen dieses Statuts.

Artikel 7
Individuelle strafrechtliche Verantwortlichkeit

1. Wer ein in den Artikeln 2 bis 5 dieses Statuts genanntes Verbrechen geplant, angeordnet, begangen oder dazu angestiftet hat oder an dessen Planung, Vorbereitung oder Ausführung auf andere Weise beteiligt war, ist für das Verbrechen individuell verantwortlich.

2. Die amtliche Stellung eines Beschuldigten, ob als Staats- oder Regierungschef oder als verantwortlicher Amtsträger der Regierung, enthebt den Betreffenden

nicht der strafrechtlichen Verantwortlichkeit und gilt auch nicht als Strafmilderungsgrund.

3. Die Tatsache, daß eine der in den Artikeln 2 bis 5 dieses Statuts genannten Handlungen von einem Untergebenen begangen wurde, enthebt dessen Vorgesetzten nicht der strafrechtlichen Verantwortlichkeit, sofern er wußte oder hätte wissen müssen, daß der Untergebene im Begriff war, eine solche Handlung zu begehen oder eine solche begangen hatte und der Vorgesetzte nicht die erforderlichen und angemessenen Maßnahmen ergriffen hat, um die Handlung zu verhindern oder die Täter zu bestrafen.

4. Die Tatsache, daß ein Beschuldigter auf Anordnung einer Regierung oder eines Vorgesetzten gehandelt hat, enthebt den Betreffenden nicht der strafrechtlichen Verantwortlichkeit, sie kann jedoch als Strafmilderungsgrund berücksichtigt werden, wenn dies nach Feststellung des Internationalen Gerichts aus Billigkeitserwägungen geboten ist.

Artikel 8
Räumliche und zeitliche Zuständigkeit

Die räumliche Zuständigkeit des Internationalen Gerichts erstreckt sich auf das Hoheitsgebiet der ehemaligen Sozialistischen Föderativen Republik Jugoslawien und schließt ihr Landgebiet, ihren Luftraum und ihre Hoheitsgewässer ein. Die zeitliche Zuständigkeit des Internationalen Gerichts erstreckt sich auf einen Zeitraum, der am 1. Januar 1991 beginnt.

Artikel 9
Konkurrierende Zuständigkeit

1. Das Internationale Gericht und die einzelstaatlichen Gerichte haben konkurrierende Zuständigkeit für die strafrechtliche Verfolgung von Personen, die seit dem 1. Januar 1991 im Hoheitsgebiet des ehemaligen Jugoslawien schwere Verstöße gegen das humanitäre Völkerrecht begangen haben.

2. Das Internationale Gericht hat Vorrang vor den einzelstaatlichen Gerichten. In jedem Stadium des Verfahrens kann das Internationale Gericht die einzelstaatlichen Gerichte förmlich ersuchen, ihre Zuständigkeit in einem Verfahren in Übereinstimmung mit diesem Statut sowie mit der Verfahrensordnung und den Beweisregeln des Internationalen Gerichts an das Internationale Gericht abzutreten.

Artikel 10
Ne bis in idem

1. Niemand darf wegen Handlungen, die nach diesem Statut schwere Verstöße gegen das humanitäre Völkerrecht darstellen, vor ein einzelstaatliches Gericht gestellt werden, wenn gegen ihn wegen derselben Handlungen bereits vor dem Internationalen Gericht verhandelt wurde.

2. Eine Person, die wegen Handlungen, die schwere Verstöße gegen das humanitäre Völkerrecht darstellen, vor ein einzelstaatliches Gericht gestellt wurde, darf in der Folge von dem Internationalen Gericht nur dann belangt werden,

a) wenn die Handlung, derentwegen sie vor Gericht gestellt wurde, als ein gewöhnliches Verbrechen gewertet wurde; oder

b) wenn das einzelstaatliche Gerichtsverfahren nicht unparteilich und unabhängig war, wenn es darauf ausgerichtet war, den Angeklagten vor der internationalen strafrechtlichen Verantwortlichkeit zu schützen, oder wenn der Fall nicht mit der gebotenen Sorgfalt verfolgt wurde.

3. Bei der Bemessung der Strafe, die über eine eines Verbrechens nach diesem Statut für schuldig befundene Person verhängt werden soll, berücksichtigt das Internationale Gericht, inwieweit diese Person bereits eine von einem einzelstaatlichen Gericht wegen derselben Handlung verhängte Strafe verbüßt hat.

Artikel 11
Organisation des Internationalen Gerichts

Das Internationale Gericht setzt sich aus den folgenden Organen zusammen:

a) den Kammern, und zwar zwei Strafkammern und einer Berufungskammer;

b) dem Leiter der Anklagebehörde und

c) einer Kanzlei, welche die Kammern und den Leiter der Anklagebehörde geschäftsmäßig betreut.

Artikel 12
Zusammensetzung der Kammern

Die Kammern setzen sich aus elf unabhängigen Richtern zusammen, von denen nicht mehr als einer Angehöriger desselben Staates sein darf und die wie folgt tätig werden:

a) drei Richter in jeder Strafkammer;

b) fünf Richter in der Berufungskammer.

Artikel 13
Voraussetzung für das Richteramt und Wahl der Richter

1. Die Richter müssen Personen von hohem sittlichen Ansehen sein, sich durch Unparteilichkeit und Integrität auszeichnen und die in ihrem Staat für die höchsten richterlichen Ämter erforderlichen Voraussetzungen erfüllen. Insgesamt ist bei der Zusammensetzung der Kammern der Erfahrung der Richter auf dem Gebiet des Strafrechts und des Völkerrechts, einschließlich des humanitären Völkerrechts und der Menschenrechte, gebührend Rechnung zu tragen.

2. Die Richter des Internationalen Gerichts werden von der Generalversammlung anhand einer vom Sicherheitsrat vorgelegten Liste wie folgt gewählt:

a) Der Generalsekretär fordert die Mitgliedstaaten der Vereinten Nationen und die Nichtmitgliedstaaten mit ständigen Beobachtermissionen am Amtssitz der Vereinten Nationen auf, Richter für das Internationale Gericht zu benennen;

b) innerhalb von sechzig Tagen nach der Aufforderung durch den Generalsekretär kann jeder Staat bis zu zwei Bewerber benennen, welche die in Absatz 1 genannten Voraussetzungen erfüllen und von denen nicht mehr als einer Angehöriger desselben Staates sein darf;

c) der Generalsekretär leitet die eingegangenen Benennungen an den Sicherheitsrat weiter. Aufgrund der eingegangenen Benennungen stellt der Sicherheitsrat eine Liste von mindestens zweiundzwanzig und höchstens dreiunddreißig Bewerbern auf, wobei die angemessene Vertretung der hauptsächlichen Rechtssysteme der Welt gebührend zu berücksichtigen ist;

d) der Präsident des Sicherheitsrats übermittelt die Liste der Bewerber an den Präsidenten der Generalversammlung. Anhand dieser Liste wählt die Generalversammlung die elf Richter des Internationalen Gerichts. Diejenigen Bewerber, welche die absolute Mehrheit der Stimmen der Mitgliedstaaten der Vereinten Nationen und der Nichtmitgliedstaaten mit ständigen Beobachtermissionen am Amtssitz der Vereinten Nationen erhalten, sind gewählt. Erhalten zwei Bewerber mit derselben Staatsangehörigkeit die erforderliche Stimmenmehrheit, so gilt der Bewerber mit der höheren Stimmenzahl als gewählt.

3. Bei Freiwerden eines Sitzes in den Kammern ernennt der Generalsekretär nach Absprache mit dem Präsidenten des Sicherheitsrats und dem Präsidenten der Generalversammlung für die restliche Amtszeit eine Person, welche die Voraussetzung nach Absatz 1 erfüllt.

4. Die Richter werden für eine Amtszeit von vier Jahren gewählt. Die Beschäftigungsbedingungen sind die der Richter des Internationalen Gerichtshofs. Wiederwahl ist zulässig.

Artikel 14
Amtsträger und Mitglieder der Kammern

1. Die Richter des Internationalen Gerichts wählen einen Präsidenten.
2. Der Präsident des Internationalen Gerichts ist Mitglied der Berufungskammer, in der er auch den Vorsitz führt.
3. Nach Absprache mit den Richtern des Internationalen Gerichts teilt der Präsident die Richter der Berufungskammer und den Strafkammern zu. Ein Richter wird nur in der Kammer tätig, der er zugeteilt worden ist.
4. Die Richter jeder Strafkammer wählen einen Richter zum Vorsitzenden, der alle Verfahren vor dieser Kammer leitet.

Artikel 15
Verfahrensordnung und Beweisregeln

Die Richter des Internationalen Gerichts geben sich eine Verfahrensordnung für die Durchführung des Vorverfahrens, des Hauptverfahrens und des Rechtsmittelverfahrens, für die Zulassung von Beweismitteln, den Schutz der Opfer und Zeugen und andere in Betracht zu ziehende Angelegenheiten.

Artikel 16
Der Leiter der Anklagebehörde

1. Dem Leiter der Anklagebehörde obliegt es, gegen Personen zu ermitteln und sie strafrechtlich zu verfolgen, die für die seit dem 1. Januar 1991 im Hoheitsgebiet des ehemaligen Jugoslawien begangenen schweren Verstöße gegen das humanitäre Völkerrecht verantwortlich sind.
2. Der Leiter der Anklagebehörde handelt unabhängig als selbständiges Organ des Internationalen Gerichts. Er darf von einer Regierung oder von einer anderen Stelle Weisungen weder einholen noch entgegennehmen.
3. Die Anklagebehörde besteht aus dem Leiter der Anklagebehörde und dem erforderlichen Fachpersonal.
4. Der Leiter der Anklagebehörde wird vom Sicherheitsrat auf Vorschlag des Generalsekretärs ernannt. Er muß ein hohes sittliches Ansehen genießen und ein Höchstmaß an Sachverstand und Erfahrung bei der Durchführung von Ermittlungen und der Verfolgung in Strafsachen besitzen. Die Amtszeit des Leiters der Anklagebehörde beträgt vier Jahre; Wiederernennung ist zulässig. Für den Leiter der Anklagebehörde gelten die Beschäftigungsbedingungen eines Untergeneralsekretärs der Vereinten Nationen.
5. Das Personal der Anklagebehörde wird vom Generalsekretär auf Empfehlung des Leiters der Anklagebehörde ernannt.

Artikel 17
Die Kanzlei

1. Die Kanzlei ist für die Verwaltung und geschäftsmäßige Betreuung des Internationalen Gerichts verantwortlich.
2. Die Kanzlei besteht aus dem Kanzler und dem anderen erforderlichen Personal.
3. Der Kanzler wird vom Generalsekretär nach Absprache mit dem Präsidenten des Internationalen Gerichts ernannt. Seine Amtszeit beträgt vier Jahre; Wiederernennung ist zulässig. Für den Kanzler gelten die Beschäftigungsbedingungen eines Beigeordneten Generalsekretärs der Vereinten Nationen.
4. Das Personal der Kanzlei wird vom Generalsekretär auf Empfehlung des Kanzlers ernannt.

Artikel 18
Ermittlungen und Erstellung der Anklageschrift

1. Der Leiter der Anklagebehörde leitet von Amts wegen oder aufgrund von Informationen, die von irgendeiner Stelle, insbesondere von Regierungen, Orga-

nen der Vereinten Nationen, zwischenstaatlichen und nichtstaatlichen Organisationen eingeholt wurden, Ermittlungen ein. Der Leiter der Anklagebehörde bewertet die eingegangenen oder eingeholten Informationen und entscheidet darüber, ob hinreichende Voraussetzungen für die Fortführung des Verfahrens gegeben sind.
2. Der Leiter der Anklagebehörde ist befugt, Verdächtige, Opfer und Zeugen zu vernehmen, Beweis zu erheben und einen Augenschein einzunehmen. Bei der Wahrnehmung dieser Aufgaben kann der Leiter der Anklagebehörde die betreffenden staatlichen Behörden gegebenenfalls um Unterstützung ersuchen.
3. Bei einer Vernehmung hat der Verdächtige Anspruch darauf, sich der Dienste eines Verteidigers seiner Wahl zu bedienen; fehlen ihm die Mittel zur Bezahlung eines Verteidigers, hat er Anspruch auf die unentgeltliche Beiordnung eines Verteidigers; er hat ferner erforderlichenfalls Anspruch auf Übersetzung in eine und aus einer Sprache, die er spricht und versteht.
4. Wird festgestellt, daß ein Prima-facie-Fall vorliegt, so erstellt der Leiter der Anklagebehörde eine Anklageschrift, die eine kurze Darstellung des Sachverhalts und des Verbrechens oder der Verbrechen enthält, die dem Angeschuldigten nach dem Statut zur Last gelegt werden. Die Anklageschrift wird einem Richter der Strafkammer zugeleitet.

Artikel 19
Prüfung der Anklageschrift

1. Der Richter der Strafkammer, dem die Anklageschrift zugeleitet wurde, prüft diese. Hat er sich davon überzeugt, daß der Leiter der Anklagebehörde einen Prima-facie-Fall glaubhaft gemacht hat, so bestätigt er die Anklage. Andernfalls wird die Klage abgewiesen.
2. Nach Bestätigung einer Anklage kann der Richter auf Antrag des Leiters der Anklagebehörde Verfügungen und Befehle zur Festnahme, Inhaftierung, Übergabe oder Überstellung von Personen sowie alle anderen Verfügungen erlassen, die zur Durchführung des Verfahrens erforderlich sind.

Artikel 20
Eröffnung und Führung des Verfahrens

1. Die Strafkammern stellen sicher, daß das Verfahren fair und zügig ist und im Einklang mit der Verfahrensordnung und den Beweisregeln sowie unter voller Wahrung der Rechte des Angeklagten und unter gebührender Berücksichtigung des Schutzes der Opfer und Zeugen geführt wird.
2. Eine Person, gegen die eine Anklage bestätigt worden ist, wird aufgrund einer Verfügung oder eines Haftbefehls des Internationalen Gerichts in Gewahrsam genommen, unverzüglich über die gegen sie erhobene Anklage unterrichtet und an das Internationale Gericht überstellt.
3. Die Strafkammer verliest die Anklageschrift, vergewissert sich, daß die Rechte

des Angeklagten gewahrt sind, bestätigt, daß der Angeklagte die Anklage verstanden hat, und fordert ihn auf, sich zur Anklage zu äußern. Sodann setzt die Strafkammer den Verhandlungstermin fest.
4. Die Verhandlung ist öffentlich, sofern die Strafkammer nicht nach Maßgabe ihrer Verfahrensordnung und den Beweisregeln beschließt, das Verfahren unter Ausschluß der Öffentlichkeit durchzuführen.

Artikel 21
Rechte des Angeklagten

1. Alle Menschen sind vor dem Internationalen Gericht gleich.
2. Der Angeklagte hat Anspruch darauf, daß vorbehaltlich des Artikels 22 über die gegen ihn erhobene Anklage in billiger Weise und öffentlich verhandelt wird.
3. Der Angeklagte gilt als unschuldig, solange seine Schuld nicht nach den Bestimmungen dieses Statuts nachgewiesen ist.
4. Jeder, gegen den eine Anklage aufgrund dieses Status erhoben wird, hat in voller Gleichheit Anspruch auf folgende Mindestgarantien:

a) Er ist unverzüglich und im einzelnen in einer ihm verständlichen Sprache über Art und Grund der gegen ihn erhobenen Anklage zu unterrichten;

b) er muß hinreichend Zeit und Gelegenheit zur Vorbereitung seiner Verteidigung und zum Verkehr mit einem Verteidiger seiner Wahl haben;

c) es muß ohne unangemessene Verzögerung ein Urteil gegen ihn ergehen;

d) er hat das Recht, bei der Verhandlung anwesend zu sein und sich selbst zu verteidigen oder durch einen Verteidiger seiner Wahl verteidigen zu lassen; falls er keinen Verteidiger hat, ist er über das Recht, einen Verteidiger in Anspruch zu nehmen, zu unterrichten; fehlen ihm die Mittel zur Bezahlung eines Verteidigers, so ist ihm ein Verteidiger unentgeltlich beizuordnen, wenn dies im Interesse der Rechtspflege erforderlich ist;

e) er darf Fragen an die Belastungszeugen stellen oder stellen lassen und das Erscheinen und die Vernehmung der Entlastungszeugen unter den für die Belastungszeugen geltenden Bedingungen erwirken;

f) er kann die unentgeltliche Beiziehung eines Dolmetschers verlangen, wenn er die Verhandlungssprache des Internationalen Gerichts nicht versteht oder spricht;

g) er darf nicht gezwungen werden, gegen sich selbst als Zeuge auszusagen oder sich schuldig zu bekennen.

Artikel 22
Schutz der Opfer und Zeugen

Das Internationale Gericht trifft in seiner Verfahrensordnung und seinen Beweisregeln Vorkehrungen für den Schutz der Opfer und Zeugen. Diese Schutzmaßnahmen umfassen, ohne darauf beschränkt zu sein, die Führung der Verhandlungen unter Ausschluß der Öffentlichkeit und den Schutz der Identität der Opfer.

Artikel 23
Urteil

1. Die Strafkammern verkünden die Urteile und verhängen Strafen gegen Personen, die schwerer Verstöße gegen das humanitäre Völkerrecht für schuldig befunden wurden.
2. Das Urteil wird mit Stimmenmehrheit der Richter der Strafkammer gefällt und in öffentlicher Sitzung der Strafkammer verkündet. Das Urteil ergeht zusammen mit einer schriftlichen Begründung, der persönliche oder abweichende Meinungen beigefügt sein können.

Artikel 24
Strafen

1. Die von der Strafkammer verhängten Strafen sind auf Freiheitsentziehung beschränkt. Bei der Bestimmung des Strafrahmens berücksichtigen die Strafkammern die allgemeine Praxis der Gerichte des ehemaligen Jugoslawien in bezug auf Freiheitsstrafen.
2. Bei der Festsetzung der Strafen sollen die Strafkammern Umständen wie der Schwere der Tat und den persönlichen Verhältnissen des Verurteilten Rechnung tragen.
3. Neben einer Freiheitsstrafe können die Strafkammern auch anordnen, daß durch strafbares Verhalten, einschließlich Nötigung, erworbene Vermögenswerte und Erträge den rechtmäßigen Eigentümern zurückgegeben werden.

Artikel 25
Rechtsmittelverfahren

1. Die Berufungskammer verhandelt über Berufungsanträge der von den Strafkammern verurteilten Personen oder des Leiters der Anklagebehörde, die aus folgenden Gründen gestellt wurden:
   a) wegen eines Rechtsirrtums, der die Entscheidung ungültig macht; oder
   b) wegen eines Tatsachenirrtums, der zu einem Fehlurteil geführt hat.
2. Die Berufungskammer kann die Entscheidungen der Strafkammern bestätigen, aufheben oder abändern.

Artikel 26
Wiederaufnahmeverfahren

Wird eine neue Tatsache bekannt, die zum Zeitpunkt des Verfahrens vor den Strafkammern oder der Berufungskammer nicht bekannt war und die für die Entscheidung von ausschlaggebender Bedeutung hätte sein können, kann der Verurteilte oder der Leiter der Anklagebehörde beim Internationalen Gericht einen Antrag auf Wiederaufnahme des Verfahrens stellen.

Artikel 27
Vollstreckung des Urteils

Die Freiheitsstrafe wird in einem Staat verbüßt, der von dem Internationalen Gericht anhand einer Liste von Staaten bestimmt wird, die dem Sicherheitsrat ihre Bereitschaft bekundet haben, Verurteilte zu übernehmen. Die Freiheitsstrafe wird nach den anwendbaren Rechtsvorschriften des betreffenden Staates verbüßt und unterliegt der Aufsicht des Internationalen Gerichts.

Artikel 28
Begnadigung oder Strafumwandlung

Kommt der Verurteilte nach den anwendbaren Rechtsvorschriften des Staates, in dem er seine Freiheitsstrafe verbüßt, für eine Begnadigung oder eine Umwandlung der Strafe in Betracht, so teilt der betreffende Staat dies dem Internationalen Gericht mit. Der Präsident des Internationalen Gerichts entscheidet in dieser Frage im Benehmen mit den Richtern im Interesse der Rechtspflege und nach den allgemeinen Rechtsgrundsätzen.

Artikel 29
Zusammenarbeit und Rechtshilfe

1. Die Staaten arbeiten bei den Ermittlungen gegen Personen, die der Begehung schwerer Verstöße gegen das humanitäre Völkerrecht beschuldigt werden, und bei deren strafrechtlicher Verfolgung mit dem Internationalen Gericht zusammen.
2. Die Staaten kommen jedem Rechtshilfeersuchen und jeder von einer Strafkammer erlassenen Verfügung unverzüglich nach, insbesondere, jedoch nicht ausschließlich, in bezug auf
a) die Ermittlung von Personen und deren Aufenthalt;
b) die Vernehmung von Zeugen und das Beibringen von Beweisen;
c) die Zustellung von Schriftstücken;
d) die Festnahme oder Inhaftierung von Personen;
e) die Übergabe oder Überstellung des Angeschuldigten an das Internationale Gericht.

Artikel 30
Rechtsstellung, Vorrechte und Immunitäten des Internationalen Gerichts

1. Das Übereinkommen vom 13. Februar 1946 über die Vorrechte und Immunitäten der Vereinten Nationen findet Anwendung auf das Internationale Gericht, die Richter, den Leiter der Anklagebehörde und dessen Personal sowie auf den Kanzler und dessen Personal.
2. Die Richter, der Leiter der Anklagebehörde und der Kanzler genießen die Vorrechte, Immunitäten, Befreiungen und Erleichterungen, die Diplomaten nach dem Völkerrecht eingeräumt werden.

3. Das Personal des Leiters der Anklagebehörde und des Kanzlers genießt die Vorrechte und Immunitäten, die nach den Artikeln V und VII des in Absatz 1 genannten Übereinkommens den Bediensteten der Vereinten Nationen eingeräumt werden.

4. Anderen Personen, deren Anwesenheit am Sitz des Internationalen Gerichts erforderlich ist, einschließlich der Angeklagten, wird die für die reibungslose Wahrnehmung der Aufgaben des Internationalen Gerichts notwendige Behandlung gewährt.

Artikel 31
Sitz des Internationalen Gerichts

Das Internationale Gericht hat seinen Sitz in Den Haag.

Artikel 32
Kosten des Internationalen Gerichts

Die Kosten des Internationalen Gerichts werden im Einklang mit Artikel 17 der Charta der Vereinten Nationen aus dem ordentlichen Haushalt der Vereinten Nationen bestritten.

Artikel 33
Arbeitssprachen

Die Arbeitssprachen des Internationalen Gerichts sind Englisch und Französisch.

Artikel 34
Jahresbericht

Der Präsident des Internationalen Gerichts legt dem Sicherheitsrat und der Generalversammlung einen Jahresbericht des Internationalen Gerichts vor.

(aus: Europa-Archiv, Folge 3/1994, D 89–D 98)